안양대HK+
동서교류문헌연구총서
04

17~18세기 프랑스 예수회 신부들의 역경(易經) 이해
성경으로 역경을 해석하다
(상)

안양대학교 신학연구소
안양대HK+ 동서교류문헌연구총서 **04**

17~18세기 프랑스 예수회 신부들의 역경(易經) 이해
성경으로 역경을 해석하다 (상)

초판인쇄 2025년 4월 17일
초판발행 2025년 4월 24일

지은이 진흔우(陳欣雨)
옮긴이 방인 · 등효정(鄧曉正) · 김보름 · 최정섭

펴낸곳 동문연
등 록 제2107-000039호
전 화 02-705-1602
팩 스 02-705-1603
이메일 gimook@gmail.com
주 소 서울시 용산구 청파로 40, 1602호 (한강로3가, 삼구빌딩)
제 작 디자인창공(T. 031-719-5004)

값 30,000원 (＊파본은 바꾸어 드립니다.)

ISBN 979-11-990374-4-1 (94900)
ISBN 979-11-990374-3-4 (세트)

• 이 저서는 2019년 대한민국 교육부와 한국연구재단의 HK+사업의 지원을 받아
  수행된 연구임(NRF-2019S1A6A3A03058791).

안양대HK+
동서교류문헌연구총서
04

17~18세기 프랑스 예수회 신부들의 역경易經 이해

성경으로 역경을 해석하다

조아킴 부베(Joachim Bouvet)의 역학사상

진흔우(陳欣雨) 저
방인 · 등효정(鄧曉正) · 김보름 · 최정섭 역주

동문연

Baijin yixue sixiang yanjiu(白晉易學思想研究-以梵蒂岡圖書館見存中文易學資料為基礎) by Chen Xinyu(陳欣雨)
Copyright ©2017 by People's Publishing House(人民出版社)
All Rights reserved.

Korean translation edition ©2025 by DongMunYeon(東文研)
Published by arrangement with People's Publishing House(人民出版社), Beijing, China
All Rights reserved.

이 책의 한국어판권은 저작권자인 인민출판사와 독점 계약한 동문연에 있습니다.
저작권법에 의해 한국 내에서 보호를 받는 저작물이므로
어떠한 형태로든 무단 전재와 무단 복제를 금합니다.

발간에 즈음하여

안양대학교 신학연구소의 인문한국플러스(HK+) 사업단은 소외·보호 분야의 동서교류문헌 연구를 2019년 5월 1일부터 수행하고 있다. 다시 말하여 그동안 소외되었던 연구 분야인 동서교류문헌을 집중적으로 연구하면서, 동시에 연구자들의 개별 전공 영역을 뛰어넘어 문학·역사·철학·종교·언어를 아우르는 공동연구를 진행하고 있다. 서양 고대의 그리스어, 라틴어 문헌이 중세 시대에 시리아어, 중세 페르시아어, 아랍어 등으로 어떻게 번역되었고, 이 번역이 한자문화권으로 어떻게 수용되었는지를 추적 조사하고 있다.

또한 체계적으로 연구하기 위해서 동서교류문헌을 고대의 실크로드 시대(Sino Helenica), 중세의 몽골제국 시대(Pax Mongolica), 근대의 동아시아와 유럽(Sina Corea Europa)에서 활동한 예수회 전교 시대(Sinacopa Jesuitica)로 나누어서, 각각의 원천문헌으로 실크로드 여행기, 몽골제국 역사서, 명청시대 예수회 신부들의 저작과 번역들을 연구하고 있다. 이제 고전문헌학의 엄밀한 방법론에 기초하여 비판 정본을 확립하고 이를 바탕으로 번역·주해하는 등등의 연구 성과물을 순차적으로 그리고 지속적으로 총서로 출간하고자 한다.

본 사업단의 연구 성과물인 총서는 크게 세 가지 범위로 나누어 출간될 것이다. 첫째는 "동서교류문헌총서"이다. 동서교류문헌총서는 동서교류에 관련된 원전을 선정한 후 연구자들의 공동강독회와 콜로키움 등의 발표를 거친 다음 번역하고 주해한다. 그 과정에서 선정된 원전 및 사본들의 차이점을 비교 혹은 교감하고 지금까지의 연구에 있어서 잘못 이해된 것을 바로잡으면서 번역작업을 진행하여 비판 정본과 번역본을 확립한다. 그런 다음 최종적으로 그 연구 성과물을 원문 대역 역주본으로 출간하는 것이다.

둘째는 "동서교류문헌언어총서"이다. 안양대 인문한국플러스 사업단은 1년에 두 차례 여름과 겨울 동안 소수언어학당을 집중적으로 운영하고 있다. 이 소수언어학당에서는 고대 서양 언어로 헬라어와 라틴어, 중동아시아 언어로 시리아어와 페르시아어, 코카서스 언어로 아르메니아어와 아제르바이잔어와 조지아어, 중앙아시아 및 동아시아 언어로 차가타이어와 만주어와 몽골어를 강의하고 있는데, 이러한 소수언어 가운데 우리나라에 문법이나 강독본이 제대로 소개되어 있지 않은 언어들의 경우에는 강의하고 강독한 내용을 중점 정리하여 동서교류문헌언어총서로 출간할 것이다.

셋째는 "동서교류문헌연구총서"이다. 동서교류문헌연구총서는 동서교류문헌을 번역 및 주해하여 원문 역주본으로 출간하는 과정과 우리나라에 잘 소개되지 않는 소수언어의 문법 체계나 배경 문화를 소개하는 과정에서 깊이 연구된 개별 저술들이나 논문들을 엮어 출간하려는 것이다. 이 본연의 연구 성과물을 통해서 동서교류의 과거·현재·미래를 가늠해 볼 수 있고 궁극적으로 '그들'과 '우리'를 상호 교차적으로 비교해 볼 수 있을 것이다.

안양대학교 신학연구소 인문한국플러스 사업단
곽 문 석

한국어판
저자 서문

올해는 중국과 프랑스 수교 60주년이자 중국-프랑스 문화관광의 해이다. 중국과 프랑스 관계의 전반적인 상황과 장기적인 발전에 초점을 맞춰 양국은 빈번하고 우호적인 교류를 갖고 있다. 이는 청조(淸朝)의 강희 24년(1685년)으로 거슬러 올라가 생각하게 한다. 당시 프랑스 왕 루이 14세가 6명의 국왕수학자(國王數學者)들을 북경에 파견했는데, 그들과 함께 온 것은 선진적인 서양 과학 기술과 사상문화였다. 그들이 중국에 가서 북경의 조정에서 복무하면서 중국과 프랑스 사이에 깊이 있고 지속적인 문화 교류가 시작되어 심지어 프랑스 왕 루이 15세가 건륭제에게 유럽에 "베르사유-베이징 동맹" 설립을 제안하는 편지를 보내기까지했다. 그리하여 유럽 세계에 100년간의 "중국문화열"을 형성하였다.

중국-프랑스 교류에 있어서 조아킴 부베(Joachim Bouvet, 白晉, 1656-1730)는 의심할 여지 없이 가장 전형적인 문화사절이었다. 우선, 1685년에 그는 프랑스 왕 루이 14세의 사절로 중국에 왔다. 이는 포르투갈의 극동 지역 선교보호권(Padroado)의 독점 국면을 깨고 프랑스가 중국 선교 사업의 황금기를 여는 시작이었다. 뿐만 아니라 부베는 "서학동점(西學東漸)"의 주요 촉진자가 되어 교사의 신분으로 서양 수학, 의학 등 자연과학지식을 강희제와 황태자에게 가르쳤다. 다른 한편, 1693년에 부베는 강희제의 사신이 되어 프랑스로 건너가서 강희제의 명령에 따라 새로운 선교사를 모집하였다. 이는 중국 정부와 프랑스 사이의 사절(使節) 외교의 선하(先河)를 열었을 뿐만 아니라 동학서전(東學西傳)을 주도하여 중국의 전통문화, 유가경전, 중국의 학풍속 내지 청 조정의 정치 상황 등을 서양에 소개했다.

부베의 공헌 중 가장 호평받고 그의 독특함을 구체적으로 드러내는 것은 그의 역경 연구이다. 그는 『역경(易經)』을 겉핥기 식으로 연구한 것이 아니라, 스스로 부단한 연구를 통해 번역하고 소개하고 주석하는 과정에서 동서의 종교철학사상을 소통시키고 중국의 『역경(易經)』과 서양의 『성경(聖經)』을 조화시키고자 노력함으로써 독자적인 역학적 사고와 연구를 이루어 예수회 역학의 독창적 특색을 드러내어 예수회 선교사 최초로 『역경(易經)』에 대한 전문적이고 체계적인 학술연구를 수행하였다. 그의 제자 푸케(Jean François Foucquet, 傅聖澤, 1665-1741), 프레마르(Joseph-Henri-Marie de Prémare, 馬若瑟, 1666-1736) 등과 함께 노력하여 역경 연구에서 파생된 "색은주의(索隱主義, figurism)"를 탄생시켰다. 색은파라고 불리는 그들은 중국과 프랑스 문화의 회통을 위한 귀중한 문헌자료를 남겼을 뿐만 아니라 중국과 서양의 화합을 위해 중국의 종교 전통속에서 천주교에서 활용할 수 있는 요소를 발굴하고자 시도하였다.

12년 전을 돌이켜보면 나는 바티칸 도서관에서 부베의 친필 원고를 처음 봤을 때 큰 충격과 감동을 받았다. 원고의 페이지마다 중국과 서양의 역사적 대화가 생생하게 실려 있었던 것이다. 2014년에 박사 논문 심사를 마쳤을 때, 이 논문은 중국인민대학 철학상을 수상했는데, 이는 의심할 여지 없이 나에게 큰 격려가 되었다. 거듭된 수정과 인민출판사 편집장 방국근(方國根) 선생의 지지와 도움을 거쳐 마침내 2017년 인민출판사에서 출판되었고, 2019년에 북경시에서 제15회 철학사회과학 우수성과상 2등상을 받으면서 학계에서 광범위한 인정과 호평을 받았다.

2021년에 연변대학교 마르크스주의 학원의 임해순(林海顺) 교수가 나에게 연락해 한국의 방인 교수가 이 책에 큰 관심을 갖고 있으며 팀을 구성해

한국어로 번역해 한국에 소개할 예정이라고 알려주어서 나는 큰 감동을 받았다. 나는 이 책이 다른 나라 학자들의 관심을 끌 줄은 예상하지 못했다. 이것이 모두 중국과 서양의 문화 교류에 대한 부베의 뛰어난 공헌 덕분임을 나는 알고 있다. 그의 영향력은 이미 국경과 언어를 초월했다. 번역 과정에서 방인(方仁), 등효정(鄧曉正), 김보름, 최정섭(崔正燮) 교수가 공동으로 역주하였는데, 그동안 책에 나오는 고문의 번역과 술어 문제에 대해서 많은 교류가 있었고 절차탁마의 노력을 거쳐 마침내 한국에서 출간되니, 정말 잔을 들어 축하할 일이다. 만약 그들이 전력을 다해 임하지 않았다면 이 책은 결코 출판되지 못했을 것이다. 이 책을 위해 애쓰신 모든 분의 노고와 학문적 열정에 마음 깊이 감사드린다.

2024년 5월 12일 북경에서
진흔우(陳欣雨)

차례(상)

발간에 즈음하여　/v
한국어판 저자 서문　/vii

서문　/1

서론　/15
　제1절　예수회사 역학 연구의 의의　/16
　제2절　선행연구의 분류　/20
　제3절　본서의 문헌자료의 확정　/40
　제4절　경전해석의 중서결합　/47

제1장　『역경』 연구의 다원적 전개　/59
　제1절　유역(儒易)의 변천 - 상수역과 의리역의 발전과 변화　/63
　제2절　도역(道易)의 분화 - 도학역(道學易)과 도교역(道敎易)　/91
　제3절　불역(佛易)의 형성 -『역』의 최초의 동서회통　/105
　제4절　야역(耶易)의 맹아 형성 - 예수회사의 역학 연구　/123

제2장　부베의 역학 저서의 고증 및 주요내용　/171
　제1절　부베의 생애와 중국 입국　/171
　제2절　바티칸도서관에 소장된 부베의 역학저서에 대한 고찰　/182
　제3절　부베 역학의 주요내용 개요　/209

제3장　부베의 역학사상 방법　/297
　제1절　같은 근원을 향해 거슬러 올라가다:『역경』과 『성경』의 만남　/302
　제2절　문자의 구성요소 분석 - 자의(字義)의 기독교적 해석　/314
　제3절　수리(數理)와 도상(圖像) -「천존지비도(天尊地卑圖)」를 바탕으로　/329
　제4절　철학적 의미 해석 - 중서 텍스트의 교섭과 융합　/350

제4장　부베의 역학사상의 특징　/385
　제1절　기독교로『역』을 해석하고,『역』으로 기독교를 담다　/386
　제2절　건곤(乾坤)이 짝을 이루어, 공생(共生)과 화합(和合)을 이루어내다　/396
　제3절　대립(對立)의 논리와 유도(儒道)의 천양(闡揚)　/414
　제4절　선악의 근원으로서 여성의 형상　/423

차례(하)

제5장 부베의 제자 푸케의 역학사상 연구 /439
    제1절 푸케와 부베의 관계 /443
    제2절 바티칸도서관에 소장된 푸케의 역학 자료 개론 /452
    제3절 푸케의 초기『역경』사상 연구 /462
    제4절 푸케의 천문학과 수학 연구 정황 /493
    제5절 푸케의 역학사상의 특징 /512

제6장 부베의 제자 프레마르의 역학사상 연구 /535
    제1절 프레마르와 부베의 관계 /537
    제2절 바티칸도서관에 소장된 프레마르의 역학 자료 개괄 /541
    제3절 프레마르의 역학사상 연구 /545
    제4절 프레마르의 역학사상의 특징 /574
    제5절 유응(劉凝)이 프레마르의 역학 연구에 미친 영향 /591

제7장 부베의 역학사상의 영향 /599
    제1절 기독교 역학의 경학적 발전 /602
    제2절 기독교 역학과 예의논쟁 /606
    제3절 기독교 역학과 색은역학 /619
    제4절 기독교 역학의 유럽 전파 /623

제8장 부베의 역학사상의 한계 /633
    제1절 가치의 기준:『역경』중심인가? 아니면『성경』중심인가? /641
    제2절 방법의 선택:『역경』의리학인가? 아니면『성경』해석학인가? /646
    제3절 형상해독: 복희의 형상에 대한 왜곡인가? 아니면 해석의 다양화인가? /655
    제4절 총체적 충돌: 경학의 돌파인가? 아니면 선교의 본분인가? /663

    맺는말 /673

    부록 /677
    참고문헌 /687
    색인 /711
    연표 /732
    저자 후기 /755
    역자 후기 /763

〈그림〉

그림1　부베가 그린 강희제　/37
그림2　『강희제전(康熙帝傳)』(1946년) 첫 페이지　/38
그림3　강희제의 유지(諭旨)에 나오는 부베에 관한 언급　/42
그림4　광주(廣州) 상천도(上川島) 프란치스코 하비에르 묘원(墓園)　/136
그림5　부베의 묘비(墓碑) 및 탁본(拓本)　/173
그림6　『중국의 현재 상황과 복식』속표지　/180
그림7　『중국 황제의 역사적 초상』속표지 라틴어판　/180
그림8　프랑스국립도서관 소장『고금경천감(古今敬天鑒)』첫 페이지　/205
그림9　「선천하도방위초도(先天河圖方位初圖)」　/216
그림10　「선천하도방위변도(先天河圖方位變圖)」　/216
그림11　「선천하도수도(先天河圖數圖)」　/217
그림12　「선천태극도(先天太極圖)」　/217
그림13　부베가 그린 "구고정의(勾股定義)"　/218
그림14　이광지(李光地)의『주역절중(周易折中)』에 나오는
　　　　「대연구고지원(大衍勾股之原)」　/218
그림15　부베가 그린「삼극삼재도(三極三才圖)」　/232
그림16　「건원삼극도(乾圓三極圖)」　/250
그림17　「지방삼극도(地方三極圖)」　/250
그림18　「삼극삼각도(三極三角圖)」　/250
그림19　「천원미권삼극도(天圓微圈三極圖)」　/250
그림20　「지방미용삼각도(地方微容三角圖)」　/250
그림21　「하도(河圖)」「마도(馬圖)」와「낙서(洛書)」(龜書)　/255
그림22　장리(張理)의「천존지비도(天尊地卑圖)」　/335
그림23　「삼재지도(三才之圖)」　/337
그림24　부베가 그린「천존지비도(天尊地卑圖)」　/338
그림25　「삼각삼변수상총도(三角三邊數象總圖)」　/340
그림26　「사각사변수상총도(四角四邊數象總圖)」　/340
그림27　「오각오변수상총도(五角五邊數象總圖)」　/341
그림28　부베가 수(數)로 해석한「천존지비도」　/342
그림29　「개방구렴원도(開方求廉原圖)」　/345
그림30　「가배변법도(加倍變法圖)」　/346
그림31　「갑합을방(甲合乙方)」　/347
그림32　「개방구렴도(開方求廉圖)」　/347

〈표〉

표1　중국 예수회의 행정관리 체계표　/147
표2　서양의 상주(上主)·원조(元祖)·팔괘(八卦)의 대응도　/211
표3　동양과 서양의 선천(先天) "삼위일체(三位一體)" 비교표　/214
표4　중국과 서양경전에서 선악(善惡) 인물 대조표　/234
표5　『역인(易引)』과 『역학외편(易學外篇)』의 내용 대비표　/245
표6　『천학본의(天學本義)』 하권(下卷) 41개 표제　/294
표7　부베가 작성한 중국과 서양의 역대성인(歷代聖人) 비교표　/321
표8　『성경』 인물의 동방명칭표　/387
표9　삼각칠층(三角七層)의 승멱수(乘冪數)로 계산한
　　　건곤(乾坤)의 효수표(爻數表)　/400
표10　『경의정요(經義精要)』의 역학 핵심개념표　/464
표11　부베의 『식근본진재명감(識根本眞宰明鑒)』에 표시된
　　　"상제(上帝)"의 개념표　/466
표12　『역경제가상설(易經諸家詳說)』의 천간(天幹)·지지(地支)와
　　　성인(聖人)의 핵심개념 대조표　/473
표13　샤를르 메그로 주교가 역학에 대해 가진 의혹(疑惑)에 대한
　　　푸케의 회답표　/490
표14　『주역원지탐(周易原旨探)』과 『주역이수(周易理數)』의
　　　네 개의 목록대조표　/549
표15　『주역이수』와 『원지탐목록(原旨探目錄)』 가운데
　　　"선천미변실의(先天未變實義)" 대조표　/561
표16　이진법과 복희 8괘의 관계 대조표　/625
표17　이진법과 문왕 64괘의 관계 대조표　/626

서문

　　사마광(司馬光, 1019-1086)의 『춘첩자사(春貼子[1]詞)·황후각오수(皇后閣五首)』에 "예전에 잠궁(蠶宮)[2]에서 직접 비단을 짠 적이 있어, 비로소 한 오라기 실을 짤 때마다 온갖 고생을 다했다는 것을 알 수 있었네[曾在蠶宮親織紝[3], 方知縷縷盡辛勤]"라는 구절이 있다. 진흔우 박사는 '(공자가) 석 달이나 고기 맛을 몰랐다[三月不知肉味][4]'는 비유처럼, 바티칸 도서관의 책의 바다에서 다양한 문헌 사이에 몰두해서 매일 해가 질 때까지 힘겹게 글을 썼고, 마침내 직접 화려한 비단을 짜듯 박사논문을 완성했다. 그 달콤함과 쓴맛은 오직 경험한 사람만이 맛볼 수 있다.

1.

　　그것이 화려한 비단인 이유는 첫째, 새로운 재료라는 데 있다. 새로운 재료는 화려한 비단을 짜기 위한 기본 조건으로 비단에 화려한 아름다움을 더

1　춘첩자(春帖子): 입춘(立春)에 맞춰 궁궐의 문에 부착하던 시구를 말한다. 송대(宋代)에 한림원에서 절기마다 작성한 '첩자사(帖子詞)'의 일종으로, 주로 오언이나 칠언 절구 형식을 취하며, 태평성대를 찬양하거나 교훈적 의미를 담아 궁궐 문에 붙여졌으며, 송대에 특히 성행하였다. '춘첩(春帖)', '춘단첩(春端帖)', '춘단첩자(春端帖子)' 등으로도 불린다. (漢語大詞典編輯委員會(1994), p.644)(역주)
2　잠궁(蠶宮): 고대(古代) 왕실(王室)에서 누에를 키우던 궁관(宮館)을 가리킨다. (역주)
3　담(紞): 원문에는 "취(就)"로 되어 있는데, 『춘첩자사(春貼子詞)·황후각오수(皇后閣五首)』에 "담(紞)"으로 되어 있으므로 바로 잡는다. (역주)
4　『論語·述而』. (역주)

해준다. 재료는 역사 기록이면서, 동시에 옛 사람들의 지혜의 결정이며, 성찰의 정수(精髓)이다. 그녀는 조아킴 부베와 그의 제자인 장 프랑수아 푸케와 조제프 앙리 마리 드 프레마르의 역학사상을 연구하기 위해 바티칸도서관, 로마예수회문서고, 로마국립중앙도서관, 로마 사피엔자 대학 도서관, 교황청립 우르바노 대학의 역사기록관 및 중국학연구센터의 관련 문헌을 샅샅이 뒤지고, 그 자료를 연구하여 중국학 교수와 연구자에게 자문을 구한 끝에, 부베 및 그 제자들의 역학사상에 대하여 포괄적이고 체계적인 방식으로 1차 자료를 파악하였다. 이 자료들은 훌륭한 박사논문의 필수 조건으로 논문의 연구와 작성에 튼튼한 기반이 되었다. 만약 새로운 1차 자료가 없었더라면, 2차 자료를 재탕해서 새로운 비단을 짜는 것은 불가능했을 것이다.

두 번째는 새로운 분야라는 데 있다. 진흔우 박사는 기본적으로 역학에 관심이 있었다. 석사 과정에서는 이지(李贄, 즉 李卓吾, 1527-1602)의 역학 사상에 대해 논문을 썼고, 박사 과정에서는 소식(蘇軾)·소순(蘇洵)·소철(蘇轍) 등 삼소(三蘇)의 경학사상에 대해서 논문을 쓰려고 준비하고 있었으며, 역학도 그 가운데 한 부분으로 포함되어 있었다. 그러나 서양 선교사들의 역학사상을 연구하는 것은 완전히 새로운 분야다. 새로운 분야를 개척하는 것은 학자의 연구 경력에서 새로운 길에 나서는 것이기 때문에 더 많은 노력과 심혈을 기울여야 한다. 따라서 모든 것을 다시 시작해야 하며, 더 많은 어려움을 극복해야 한다. 그녀는 마치 관우(關羽)가 다섯 관문을 지나며 여섯 장수를 베듯이 겹겹이 쌓인 난관을 돌파하여 아주 훌륭하게 이 일을 해냈다.

세 번째는 새로운 시야이다. 오늘날 세계화와 정보혁명의 시대에 인터넷은 사람과 사람, 나라와 나라, 민족과 민족을 조금의 틈도 남지 않게 단단히 하나의 망(網)으로 묶어준다. 현대에는 중국 철학 연구도 한 개인, 한 국가, 한 민족이라는 좁은 시야에 갇혀 있을 수 없으며, 마음속에는 전지구적 관점과 인류의 한 사람으로서의 의지가 있어야 한다. 지금은 "국가가 흥하고 망하는 데는 평범한 필부에게도 책임이 있다[國家興亡, 匹夫有責]"가 아니라

"세계가 흥하고 망하는 데에는 모든 사람이 각자 책임이 있다[世界興亡, 人人有責]"고 할 수 있는 시대이다. 진흔우 박사는 중국 역학사상 연구의 시야를 세계 선교 사상과 기독교 역학의 분야로 넓혔다. 아울러 기독교 역학의 태동, 초기 기독교 선교의 실패가 보여주는 시사점, 예수회 신부들의 중국 입국과 선교사들의 『역경』 연구 및 역학 연구 분야에서의 부베 등 예수회 선교사들의 탁월한 성취, 그리고 선교사들과 중국 학자들과의 만남, 절차탁마의 토론, 공동연구 등의 영역에서 기독교 역학의 형성과정을 밝혔다. 그리고 기독교 역학과 중국 전통의 유교, 불교, 도교 역학의 관계에 대해 거시적 고찰 뿐 아니라 미시적 비교 분석도 수행했다. 이렇게 해서 그녀의 역학 사상 연구는 중국과 서양, 그리고 고대와 현대의 비교라는 광범위한 분야를 연구대상으로 갖게 되었으며, 이는 역학에 새로운 영감을 주었다.

네 번째는 새로운 관점이다. 관점은 고전 텍스트 연구의 영혼이다. 혼(魂)이 없는 연구는 생명이 없는 것이며, 영(靈)이 없는 연구는 지혜가 없는 것이다. 영혼이 없다면 죽은 것이나 다름없으니, 영혼이 있어야 비로소 생명이 있고, 지혜가 있어야 비로소 생생불식(生生不息)할 수 있다. 역학이 생생불식하게 발전할 수 있는 이유는 바로 새로운 관점이 나타나기 때문이다. 예를 들어, 역학에서 기독교 신학이라는 연구분야를 개척함으로써 『성경』과 『역경』을 조화시키고 중국의 민족문화와 서양의 기독교 문화가 부딪히면서 찬란한 불꽃이 분출된 것, 교차-문화적(cross-cultural)이고 교차-텍스트적인(cross-textual) 과정에서 주체성과 객체성이 상호 전환을 이루어낸 것, 또 충돌과 융합을 거치면서 화합을 이루어낸 것 등은 바로 이러한 새로운 관점에 해당된다. 서양의 기독교 선교사들은 고대 중국의 성인의 지혜에서 기독교와 합치하는 요소를 찾았으며, 중국에서 기독교의 전파를 확장하기 위해서 기독교 신앙의 관점에서 『주역』의 기원, 내용, 지위, 영향 등을 조사하였다. 『역경』에는 천지귀신(天地鬼神)의 오묘함, 현묘한 상수(象數)와 지혜와 의리(義理) 등 중국문화의 철학과 도덕의 정수가 담겨 있다. 따라서 서양의 선교사들은 여러 세대를 거치면서, 외국 문화와 외국의 종교에 적응하면서 변화해왔으며, 서양의 역학과 경학사에서 의리적 해석의 함의를 충실하게 연구해 온 것이다. 이러한 것에서 나타난 새로운 관점은 기독교 역학의 연구 방향, 이론적 사유의 지향 및 가치평가의 방향을 주도해 왔다.

다섯 번째는 새로운 방법이다. 방법은 객체를 해부하기 위해 주체가 사용하는 기술, 수단 및 도구의 합계이다. 그것은 상·하·좌·우·중앙의 구별이 있으며, 주체의 객체에 대한 판단, 분석, 평가 및 방향을 제약할 뿐 아니라, 거부, 계승, 승인 및 흡수를 지배한다. 올바른 방법을 선택하는 것은 화려한 비단을 짜낼 수 있는지의 관건이 된다. 『장자(莊子)·양생주(養生主)』에 포정(庖丁)이 문혜군(文惠君)에게 소를 잡는 방법을 보여주기 위해, 칼을 들이대며 뼈를 바르는 소리가 울려 퍼지는데, 그 소리가 음절에 맞지 않는 것이 없었으며, 상림(桑林)[5]의 악장(樂章)의 춤동작과 경수(經首)[6] 악장의 운율에도 맞았다는 이야기가 나온다. 포정의 기술이 이렇게 화려한 것은 소잡는 동작을 예술로 전환했기 때문이다. 포정이 말했다. "제가 좋아하는 것은 도(道)이며, 이것은 기술에서 더 나아간 것입니다.[臣之所好者, 道也, 進乎技矣]"[7] 기술을 뛰어넘어, 도의 경계에 들어서니, "마음으로 베었을 뿐이며, 눈으로는 보지 않았고, 감각은 멈추었지만 마음이 움직이며, 하늘의 이치에 따랐습니다.[以神遇而不以目視, 官知止而神欲行, 依乎天理]"[8]라고 하였다. 이것은 소가 가지고 있는 그 본래의 결에 따라 소를 해체한 것을 말한 것이다. 문혜군이 포정으로부터 영감을 받아 양생(養生)의 도리를 깨우쳤듯이, 우리도 소를 잡는 방법을 깨우칠 수 있다. 방법은 형이하(形而下)의 기술일 뿐만 아니라 형이상(形而上)의 도이며 예(藝)이기도 하다. 그녀의 박사논문에서는 거시적 방법과

---

5   상림(桑林): 은나라 탕왕(湯王)이 상산(桑山)에서 기우제를 지낼 때 만들었다고 하는 무악(舞樂)이다. (역주)
6   경수(經首): 요임금의 음악의 이름이다. (역주)
7   『장자(莊子)·양생주(養生主)』의 『포정해우(庖丁解牛)』에서 나온 구절이다. (역주)
8   『장자(莊子)·양생주(養生主)』의 『포정해우(庖丁解牛)』에서 나온 구절이다. (역주)

미시적 방법이 융합적으로 활용되었다. 거시적 방법에는 문헌학·경학(經學)·사회학 및 화합학(和合學) 방법의 활용이 포함되며, 미시적 방법에는 경전해석학·역경색은학(易經索隱學) 등이 포함되어 있다. 그녀는 화합학의 관점에서 조아킴 부베의 역학사상의 본의(本意)와 의리(義理)의 함축 및 사상적 특색을 설명함으로써 부베의 역학사상의 본래의 모습을 드러내려고 시도했다.

2.

주희(朱熹)의 「관서유감(觀書有感)」에 "묻노니 그 연못이 어찌 그리 맑은가? 그것은 샘에서 맑은 물이 솟아나기 때문이라네[問渠那得淸如許, 爲有源頭活水來]"라는 구절이 나온다. 『역경』은 중국문화사상의 원천이다. 모든 경전의 뿌리이자 모든 학문의 근원이며, "천지만물의 이치를 아우른다[範圍天地萬物之理]."[9] 『사고전서총목(四庫全書總目)』에서는 역학사를 양파육종(兩派六宗)으로 나누었다. 역도(易道)는 광대하여, 포괄하지 못하는 것이 없다. 그래서 사상문화·가치관념·천문지리·악률(樂律)·산술(算術)·병법전술·범주개념·사유방식·상수도식(象數圖式) 등 모든 것이 역대의 학자들에 의해 깊고 정밀하게 연구되었다. 그 결과 철학적 사유를 전개하여 형이상의 도가 되었거나 혹은 형이하의 기(器)가 되었다. 혹은 그것에 근거하여 이상적 가치를 지닌 가능세계를 구축하거나 일상생활에서 백성들이 사용하는 예의(禮儀)와 행위 이론을 형성하기도 한다. 혹은 인생의 자아 가치를 실현하는 의의세계(意義世界)를 빌리거나, 금생(今生)과 내세(來世)에 대한 기도(祈禱)의 수단이 되기도 한다. 그래서 중국의 각계 각층의 사람들이 모두 그것을 경외하고 찬양한다.

『역경』은 한나라 이후 육경(六經)의 으뜸이며, 세계 4대 경전 가운데 하

---

9 범위천지만물지리(範圍天地萬物之理): 순치제(順治帝)가 부이점(傅以漸)과 조본영(曹本榮)에게 『역경통주(易經通注)』 편찬을 명하면서 내린 칙령에 보인다. 『역경통주(易經通注)』 1권, 「칙(勅)」(역주)

나로 받들어져 왔다. 세상 사람들은 『역경』을 "높은 산처럼 숭앙하며[高山仰止]",[10] 역대의 『역경』을 해설한 책들은 한우충동(汗牛充棟)이라고 할 정도로 헤아릴 수 없이 많다. 그러나 『역경』을 해석하는 원리와 방법은 대체로 비슷한 점이 있다. 즉 "그 원리는 동일하지만, 그로부터 차별화되는 것[理一分殊]"이거나, 또는 "비록 길은 다르지만, 결국은 같은 곳으로 돌아간다[殊途同歸]."

첫째, 『역경』은 비록 오래된 경전이지만, 동시에 화합과 창신의 경전이다. ["이일분수(理一分殊)"의 차원에서 보면] 경전의 해석은 기원이 깊고, 유구한 역사를 가지고 있다. 『역경』은 전(傳)·소(疏)·전(箋)·주(注)·집해(集解)·외전(外傳) 등 여러 가지 방식으로 해석되어 왔다. 한나라 때에는 고문경학(古文經學)과 금문경학(今文經學)이 같이 있었으며, 청대(淸代)의 건륭제(乾隆帝, 재위: 1736-1796)와 가경제(嘉慶帝, 재위: 1796-1820)의 시대에는 한학(漢學)과 송학(宋學)이 같이 있어 각각 특색있는 경학 해석체계를 형성하였다. '내 마음이 육경의 주석이 되기도 하고, 혹은 육경이 내 마음의 주석이 되기도 한다.[我注六經, 六經注我]'고 했던 육구연(陸九淵)의 말처럼 똑같이 옛 경전 『역경』을 대상으로 해석하더라도 그 해석의 방법은 각각 달랐다. 이것은 시대·가치관·해석주체의 학문적 소양·체험에 차이 때문이다. ["수도동귀(殊途同歸)"의 차원으로 보면] 서로 다른 해석자가 각각 다른 시대사조와 가치관념에 의지하거나 전통적으로 전해져 내려온 종교적 교리, 확고한 가치, 이상, 각종 주의(主義), 학설 등의 이념에 근거하여 옛 경전 『역경』에 대해 각자의 해석적 관점을 제출하게 된다. 이것은 해석자가 융합과 충돌을 거쳐서 화합(和合)에 이르게 되는 과정으로서, 가는 길은 비록 다르더라도 결국 같은 곳에 도달한다. 해석자가 어떤 해석을 하든지 간에, 옛 경전인 『역경』에 대한 새로운 학설과 새로운 해석이 되며, 모두 고전인 『역경』에 대한 새로운 체득

---

10 高山仰止: 『시경(詩經)』 「소아(小雅)·차할편(車舝篇)」에 나오는 문구로 "높은 산처럼 우러러 사모한다"는 의미이다. (역주)

이 된다. 『역경』에 유복(儒服)·도포(道袍)·가사(袈裟)·기독교 사제복[耶裝]을 입힌 것은 모두 고전인 『역경』에 대한 영향력의 확장, 언어적 표현 능력의 향상, 함축된 의미의 충실을 가져왔다. 구체적으로 말하면 화합학(和合學)의 방법론은 『역경』 자체의 핵심범주·주도개념·범주체계, 그 자체의 내포와 품격 및 그 해석이 의존하는 고전 텍스트에 적용될 뿐 아니라, 그 자체로 독창적인 방법과 이러한 방법을 표현하는 개념 및 형식을 갖는다. 이 방법론을 이용해서 부베와 그 제자들의 역학사상의 본래 의미, 철학적 함축, 사상적 특색을 독창적으로 해석할 수 있다. 그리고 그렇게 함으로써 부베의 역학사상의 전체적 조화, 전통과의 연속성, 구조적 질서 등을 재현할 수 있다.

둘째, 『주역』「계사전」에서 "탐색색은, 구심치원(探賾索隱, 鈎深致遠)"이라고 하였으니, 즉 "숨어 있는 것을 찾으며, 깊은 곳에 잠겨있는 것을 낚아 올리며, 멀리 있는 것에 도달한다"라는 뜻이다. 중국에는 『주역』「계사상전(繫辭上傳)」에 보이듯 "글은 말을 다 표현하지 못하고, 말은 뜻을 다 표현하지 못한다[書不盡言, 言不盡意]"[11]라는 오래된 가르침이 있었다. 다시 말하면, 인문적 언어 환경의 한계와 이데올로기의 통제 때문에 언어와 문학에는 한계가 있는 반면에 그 뜻에는 한계가 없어서 글자와 글자 사이에 '언어 밖의 의미[言外之意]'와 '의미 밖의 의미[意外之意]'가 숨겨져 있다. 언어 밖의 의미와 의미 밖의 의미를 탐구하려는 학문의 취지가 바로 "탐색색은, 구심치원"에 있다. 일찍이 당대(唐代)에 사마정(司馬貞, 679-732)은 『사기색은(史記索隱)』이라는 책을 썼지만, 색은학파(索隱學派)를 형성하지는 않았다. 그러나 언어에 은미(隱微)하게 숨겨진 의미를 탐색한다고 하더라도 인문적 언어환경과 정치적 이데올로기의 환경 그리고 가치관 등이 모두 다르기 때문에 서로 다른 시대에서 숨겨진 의미를 찾는 자들(索隱者)의 지향·평가·결론은 각자 차이가 나게 되었다. 그 결과 서로 결론이 합일되지 않은 채 각자의 견해

---

11   書不盡言, 言不盡意: 『주역』의 「계사상전(繫辭上傳)」에 나오는 말이다. (역주)

를 내놓는 상황이 발생하였다. 부베는 『역경』을 색은(索隱)을 위한 텍스트로 선정한 이유를 다음과 같이 말한다.

> "『시경』·『서경』 등의 경전과 여러 다른 고전 문헌들은 그 학문의 근원을 『역경』에 두고 있다. 경전의 장구(章句)와 문자(文字)에 숨겨진 심오한 의미는 그 이치가 『역경』과 다르지 않다. 그래서 경서의 올바른 뜻을 균형으로 취하여 그 심오한 문장의 영기(靈機)에 통달하고, 그 깊은 뜻의 신운(神韻)을 찾아서 취하였다."

그러나 부베가 『역경』을 색은을 위한 텍스트로 선정한 내면적 이유는 『역경』에서 색은을 통해 은폐된 천주를 드러낼 수 있는 '광명'을 찾을 수 있다고 생각했기 때문이다. 부베는 이러한 광명이 천주를 인식하게 할 뿐 아니라, 중국인들에게 그리스도의 구원의 길을 얻게 한다고 여겼다. 그는 중국과 서양에서 사용된 천주의 호칭에 일치되는 점이 있다는 데에서 출발하여, 『역경』과 『성경』에서 상응하는 요소를 색은의 작업을 통해 찾으려고 시도하였다. 부베와 그의 제자 푸케, 프레마르는 모두 색은을 추구하였지만, 그들 각자의 관점과 관심은 달랐으며, 연구의 중점과 지향점도 달랐다. 그러나 그들은 모두 기독교의 입장과 상제(上帝) 신앙의 주체성을 부각시켰는데, 이것은 『역경』을 그들 자신에게 맞춰서 주관적으로 해석한 것이었지, 자신이 『역경』을 객관적으로 해석한 것은 아니었다. 즉 그들은 『역경』에 기독교적 성격을 부여했는데, 이것은 부베 등 색은파의 취지이자 목표였다.

셋째, 중국과 서양의 고전 사이에 소통시켜 주는 화려하고 아름다운 다리를 놓는 것이다. 오늘날 정보 혁명과 인터넷 시대에 중국과 서양 사이를 가로지르는 다리가 놓여져 정치·경제·문화·군사·인사·정보 및 공간이 연결되어 모든 수준이 "간격이 없는 상태[無間]"를 실현했다. 비록 각 영역 사이의 상호 연결의 정도·깊이·수준은 다르지만, "간격없는" 상호 연결은 되돌릴 수 없는 시대의 추세가 되었다. 다양한 문화사상이 존재하는 환경에서 사회제도·이데올로기·국가제도·가치관념·문화배경의 차이로 말미암아 간섭·장애·모순·어려움이 더욱 두드러지며, 상호간의 인정·합의·협력·상생이 더욱 어렵지만 화합학의 화생(和生)·화처(和處)·화립(和立)·화달(和達)·화애(和愛)의 다섯 가지 원칙을 지키면 중국과 서양, 그리고 고대와 현대를 연결할 수 있다. 부베와 그의 제자들이 중국에 선교하러 왔을 때 인문적 언어 환경은 외국에서 유입된 기독교의 종교신앙의 문화와 중국 전통의 유교·불교·도교가 충돌하던 때였다. 그들은 다른 문화와 언어와 종교를 지닌 다른 나라에 와서 선교하면서 엄청난 고생과 끊임없는 노력을 거쳐서, 선교 사업의 초점을 중국 전통 경전의 학술 연구에 두었다. 그들은 『역경』을 해석 텍스트로 삼고 천주교 『성경』의 핵심 교의와 『역경』의 의미를 함축한 무지개 다리를 세움으로써 중국과 서양의 경전이 상호 교류하는 거대한 사상의 흐름을 이루어 세계의 대양(大洋)으로 흘러 모이게 하였다.

오늘날 기독교역[耶易]을 연구하는 주체인 학자들에게 객체대상은 교차-국가적(cross-national)·교차-문화적·교차-텍스트적(cross-textual), 교차-종교적(cross-religion) 연구대상이 된다. 그러므로 연구자는 『역경』과 『성경』에 들어가야 할 뿐 아니라, 『역경』과 『성경』으로부터 나올 수도 있어야 한다. 『역경』과 『성경』으로 들어가지 않는다면 어떻게 『역경』과 『성경』을 깊이 알 수 있겠으며, 『역경』과 『성경』에서 나오지 않는다면 어떻게 객관적이고 공정한 평가를 할 수 있겠는가? 송대의 시인 소식은 「제서림벽(題西林壁)」에서 다음과 같이 말했다. "여산(廬山)의 진면목(眞面目)을 알 수 없는 것은 내 몸이 이 산속에 있기 때문이다.[不識廬山眞面目, 只緣身在此山中]". 단지 들어가기만 하고, 나오지 않는다면 『역경』과 『성경』의 진면목을 알 수 없고, 그 진면목을 모른다면, 중국경전과 서양경전 사이에 화려한 다리를 놓을 수 없다. 반면에 다리가 끊어지면 남의 것으로 나를 주석할 수는 없으니, 『성경』으로써 『역경』을 주석하거나, 혹은 『역경』으로써 『성경』을 주석할 수도 없을 것이다. 해석의 각 주체는 나의 경전을 중심으로 선을 긋거나 기준을 정해서 타자에게 들이대며 나의 선과 기준에 맞추기를 요구한다. 내 기준에 맞지 않는다고 해서 타자를 인정하지 않고 부정하면 패권적 기준이 생겨난다. 그러므로 (이러한 잘못된 방식을 따르지 않고) 중국과 서양의 경전 사이에 화려하고 아름다운 다리를 놓아서 상호 소통을 이루어내기 위해서는 모든 당사자의 성실과 신뢰가 유지되어야 한다.

넷째, 『중용』에 "치광대이진정미(致廣大而盡精微)"라고 하였으니, 즉 "넓고 큰 것에 이르는 것을 목표로 하되, 정미한 것에 이르기까지 정성을 다한다"라는 뜻이다. 오직 광대(廣大)한 것을 목표로 하기에 정미한 것에 힘쓸 수 있다. 그리고 가슴속에 전체『역경』의 발전사를 품고 있어야만 그 가려진 심오한 뜻을 탐구하고, 깊이 파고들어 그 발전 추세와 미래의 운명에까지 멀리 이를 수 있다. 역대 왕조에서 모든 학파의 철학자·사상가·술수학자·문학가·역사가·종교인들은 자기의 견해와 추론에 적합한 요소를 찾기 위해 『역경』에 몰려들었다. 거시적 관점에서 보면 유가역·도가역·도교역·불가역(佛家易)·기독교역[耶家易] 등이 있는데, 이들은 유구한 역사 속에서 다시 다양한 학파로 세분되면서 변화되었다. 미시적 관점에서 보면, 유가역은 내부적 논리에 따라 네 단계로 변화하였다. (1) 복서역(卜筮易)이 변화되어 선진 시대 제자의 『역』이 되었다. (2) 선진 시대 제자의 『역』이 변화되어 양한(兩漢) 시대의 경학(經學)의 『역』이 되었다. (3) 한대 경학의 『역』이 발전하여 송대의 의리역(義理易)이 되었다. (4) 명청(明淸) 시기에 상수역(象數易)과 의리역의 융합이 일어났는데, 이것은 박학역(樸學易)의 형성을 예고하는 것이었다.

더 정확하게 말한다면 한대 경학에서 역학은 고문경학과 금문경학으로 나뉘어 각각 가법(家法)과 사법(師法)을 세웠다. 한무제(漢武帝) 때 처음으로 『역』의 박사(博士)와 학관(學官)을 두는 제도가 시행되었는데, 모두 금문경학가였으며, 고문경학은 민간에서 행해졌다. 금문경학을 중시하던 맹희(孟喜)는 천문역법(天文曆法)·계절변화·음양재변(陰陽災變)·도상(圖象)·술수(術數)

등을 이용하여 『역』을 풀이하였고, 아울러 팔괘(八卦)의 취상(取象)으로 인사(人事)의 길흉을 추단(推斷)하였다. 경방(京房)은 음양학설을 이론적 기초로 삼아 자연현상과 사회현상을 해석함으로써 역학의 내용을 풍부하게 하였으며, 팔궁(八宮)·납갑(納甲)·음양오행(陰陽互行)·괘기설(卦氣說)을 강설하였다.

상수역학이 발전하면서 음양재이를 논하는 위서(緯書)들이 잇따라 생겨났으니, 『역위(易緯)』 『통괘험(通卦驗)』에 "위로는 하늘과 인간 사이에 상호 감응의 이치를 밝히고, 아래로는 괘기(卦氣)의 징험(徵驗)을 말하였다[上明稽應之理, 下言卦氣之徵驗也]"고 하였다. 송대의 의리역과 명청 시기 역학의 상수역과 의리역은 모두 그 연구의 수준이 정미함에 도달한 것으로 평가된다. 특히 이 책의 「백진역학저작고(白晉易學著作考)」(제2장 제2절), 「역학저작내용개요(易學著作內容槪要)」(제2장 제3절)와 「『역약(易鑰)』에 관한 서술」(제2장 제3절)에서는 『성경』의 하느님과 성부·성자·성령의 삼위일체의 "천주"와 『역경』에서 말하는 천지인(天地人) 삼재(三才)의 "도(道)" 및 『노자(老子)』에서 말한 "일생이, 이생삼, 삼생만물(一生二, 二生三, 三生萬物)"의 "삼(三)"을 서로 결부시켜, 선천지도(先天之道)와 천지만물지본(天地萬物之本)과 만민지대부모(萬民之大父母)로 삼았다. 이런 비교를 통해 부베는 서양 문화의 『성경』과 중국문화의 『역경』에서 공통적 핵심 요소를 발견했다고 생각했다. 이러한 분석은 매우 정밀하다고 할 수 있는데, 이는 중국역학과 기독교 역학의 비교라는 새로운 면모를 보여준다.

위에서 진흔우의 박사 논문을 읽고 느낀 점을 서술하였다. 속담에 글은 그 사람과 같다는 말이 있다. 진박사의 논문은 그녀가 유치원 시절 이후로 대학과 박사과정을 마칠 때까지 20년이 넘는 기간 공부에 몰두해서 나온 결실이며, 인생의 성장과정에서 생명지혜가 충실해져서, 도덕과 정신세계의 형상으로 표현된 것이다. 『대학』에서 "대학의 도는 명덕을 밝히는 데 있다[大學之道, 在明明德]"고 하였으니, 여기에서 덕(德)이란 곧 '얻는다[得]'는 뜻이다.

또 『설문해자(說文解字)』에서 '덕(德)'자를 해설하면서, "안으로는 자신에게서 얻어지고, 밖으로는 다른 사람에게서 얻어지는 것이다[內得於己, 外得於人]"라고 하였다. 우선 안으로 자신에게서 얻기 위해서는 모름지기 수신(修身)을 근본으로 삼아야 하며, 수신을 해야 학문을 닦을 수 있다. 『논어·술이(述而)』에서 공자가 말하기를, "덕을 닦지 못하는 것, 학문을 강하지 못하는 것, 의(義)를 듣고도 실천하지 못하는 것, 불선(不善)을 고치지 못하는 것, 이것이 나의 근심이다.[德之不修, 學之不講, 聞義不能徙, 不善不能改, 是吾憂也]"라고 하였다. 여기에서 도덕적 수양과 학문적 탐구는 밀접하게 연계되어 있음을 알 수 있다. 오징(吳澄, 1249-133)은 "학문은 반드시 덕성을 근본으로 삼는다[學必以德性爲本]"고 하였으니, 학습은 덕성을 수양하는 것을 근본으로 삼아야 한다. 덕성의 수양은 학문을 닦는 데 반영되기 때문에, 『논어·학이(學而)』에서 "배우고, 때때로 익히니, 기쁘지 않겠는가[學而時習之, 不亦說乎]"라고 한 것이다. 그러므로 안으로 자기에게서 얻기 위해서는 덕을 닦는 것뿐 아니라 학문을 닦는 것도 필요하다. 그리고 학문을 닦는 것을 위해서는 사근(思勤)·안근(眼勤)·이근(耳勤)·수근(手勤)·행근(行勤) 등 오근(五勤)이 있어야 널리 배우고 많은 재능을 갖출 수 있으며, 널리 채집하고 많이 수확할 수 있고, 색다른 면모를 보여주며, 큰 결실을 맺을 수 있다. 진흔우 박사는 다섯 가지 근면함을 몸소 실행했기 때문에 좋은 논문을 쓸 수 있었다.

밖으로 다른 사람에게서 얻기 위해서는 『논어·옹야(雍也)』에서 말한 것처럼, "자기가 일어서고자 하면 다른 사람을 일으켜 세우고, 자기가 이르고자 하면 다른 사람을 이르게 해야 한다. [己欲立而立人, 己欲達而達人]" 남송(南宋)의 유극장(劉克莊, 1187-1269)은 "사물을 대할 때에는 비가 지나가고 처음 갠 뒤의 바람과 비와 눈이 그친 뒤의 밝은 달(光風霽月)처럼 부드럽게 하고, 몸가짐은 늦가을의 된 서리와 뜨거운 해처럼 엄격하게 하라.[接物見霽月光風, 持身則嚴霜烈日]"[12]고 하였다. 다시 말해서, 다른 사람을 대할 때는 비가 온 뒤의 밝은 달과 시원한 바람처럼 조화로운 모습을 갖추고, 자기에게 요구할 때는 추운 겨울의 서리와 눈과 맹렬한 태양처럼 엄격할 것을 요구해야 하며, 반대로 하면 안 된다. 오직 이렇게 해야 이치를 얻을 수 있고 도움도 받을 수 있다. 이것은 곧 다른 사람을 돕는 것이 곧 자기를 돕는 것을 의미한다. 이것이 또 사업의 성공과 학업의 성공의 비결이기도 하다. 이것이 진흔우 박사가 많은 사람들의 도움을 받은 이유이며, 동시에 그녀가 박사 논문을 써낼 수 있었던 중요한 힘이기도 하다. 진흔우 박사는 학술 연구에 종사할 수 있는 충분한 잠재력과 능력을 가지고 있으며 시(詩)·서예·그림에도 관심이 많은 사람이다. 글이 도를 싣는 것[文以載道]이라면 도는 문장을 변화시킨다.[道以化文] 아무쪼록 앞으로 진흔우 박사가 도(道)와 문장이 한 단계 더 높은 수준으로 향상되길 바란다.

이것으로 서문을 마친다.

중국인민대학 공자연구원에서 장립문(張立文) 쓰다.
2016년 6월 12일.

12　接物見霽月光風, 持身則嚴霜烈日: "사물을 대할 때에는 비가 지나가고 처음 갠 뒤의 바람과 비와 눈이 그친 뒤의 밝은 달[光風霽月]처럼 부드럽게 하고, 몸가짐은 늦가을의 된 서리와 뜨거운 해[嚴霜烈日]처럼 엄격하게 하라"고 하는 뜻이다. (역주)

서론

　시간과 공간을 달리하는 역사적 텍스트에 대한 해석은 종종 무언극이 되어 버린다. 그러나 언어라는 매개체는 역사와 텍스트를 연결해 주고, 텍스트의 목소리를 표현해 주며, 역사 속에서 텍스트의 생명력을 재현시켜준다. 언어로 표현하는 과정은 바로 사상이 형성되는 과정이며, 언어로 구성된 커다란 세계는 마치 깊은 물을 담은 못처럼 인간의 사상을 담고 있다. 이 책에서 주로 다루고 있는 텍스트는 동양의 경전인 『역경』과 서양의 경전인 『성경』이다. 이역(異域) 종교의 강력한 문화적 역량에 의해 뒷받침되고 있는 『성경』과 『역경』 사이에는 아무런 역사적 관련도 찾기 힘들지만, 두 경전 사이에 세워진 무지개는 중국과 서양의 경전 텍스트를 연결하고, 흥미로운 친연성을 만들어 내었다. 프랑스의 예수회 신부 조아킴 부베(Joachim Bouvet, 白晉, 1656-1730)[1]와 그의 제자인 장 프랑수아 푸케(Jean François Foucquet, 傅聖澤, 1665-1741)와 조제프 앙리 마리 드 프레마르(Joseph-Henri-Marie de Prémare, 馬若瑟, 1666-1736) 등은 지극한 정성으로 역학을 연구했으며, 청대 초기에 외국으로부터 유입된 기독교의 신앙문화와 유교, 도교, 불교 등의 중

---

[1] "Joachim"을 국내의 논문 및 서적에서 "요아킴", "조아생" 등으로 표기하고 있다. 필자는 "조아킴"으로 표기하였는데, 그것은 가장 프랑스어 발음에 가까운 표기이기 때문이다. "Joachim"을 독일어로 읽을 경우에는 "요아힘"이 되지만, 부베(Bouvet)는 프랑스인이므로 여기에서는 채택하지 않는다. 프랑스 고전 문헌에서의 전통적 음운은 조아생 부베로 읽지만 현대 프랑스어에서는 조아킴 부베가 더 자연스럽고 실제적인 실용발음이다. 2022년 12월에 안양대에서 부베에 관한 국제학술대회가 열렸는데, 그 때 참가했던 프랑스인 학자 Marie Julie Maitre도 "조아킴 부베"로 읽는 것을 확인할 수 있었다. (역주)

국 본토의 전통사상은 이들을 통해 서로 만나서 대화의 기회를 갖게 되었다. 우리는 이들을 통해 중국과 기독교 사상의 교섭과 융합의 정도를 엿볼 수 있다. 한편으로 천주교도였던 그들은 『성경』에 적힌 하느님의 말씀을 어떻게 이해할 것인가 하는 문제와 성스러운 하느님의 말씀(聖言)과 인간의 언어 사이의 간격을 어떻게 메울 것인가 하는 문제를 고민했다. 기독교 신학의 출발점은 하느님과 인간의 대화이다.[2] 즉 그들은 인간의 경전을 통해 하느님의 얼굴을 드러내려고 시도했다. 다른 한편으로 그들이 중국에 온 이후로 고심했던 것은 중국의 전통적 경전의 학술연구의 측면과 관련하여 선교의 중심 목표를 어디에 둘 것인가 하는 문제였다. 그들은 중국의 전통 경전인 『역경』을 해석의 저본으로 삼고, 천주교의 권위있는 경전인 『성경』의 핵심적인 교리를 『역경』에 연계시켰다. 이렇게 해서 두 개의 경전 텍스트 사이에 소통의 다리가 만들어졌다. 그들은 시간, 지역, 문화 및 언어의 차이를 조화시켰으며, 두 개의 이질적인 문화는 경전 텍스트를 통해 소통의 가능성을 갖게 되었다.

제1절
예수회사 역학 연구의 의의

예수회사[3]들은 중국에 오기 전에 이미 전문적인 학문적 훈련을 받았으며, 깊고 해박한 지식과 총명한 재능을 갖춘 인물들이었다. 새로운 이질적 문화와의 접촉은 그들의 학술적 호기심을 자극하였으며, 그로부터 사상적 공감이 생겨났다. 그들은 궁극적 신앙과 이성적 분석의 경계에 도전했으며, 아

---

2 黃保羅(2012), p.86. (역주)
3 이 책에서는 원문의 "야소회사(耶穌會士)"를 '예수회사'로 통일해서 번역하였다. (역주)

울러 동서 문명을 대하는 인지적 관점에 일대 전환을 가져왔다. 예수회사들의 정신세계를 떠받치고 있었던 것은 하느님에 대한 굳건한 신앙이었다. 그들의 입장에서 보면, 자신들이 믿는 지고(至高)의 하느님이 정당하지 못한 처우를 받는 일은 절대로 없어야 했다. 아울러 그들의 하느님이 중국인들에게 정당한 대접을 받기 위해서는 주체적 사고와 영혼이 없는 "배창자(陪唱者)"가 되어서도 안되었다. 예수회사들은 『역경』을 해석하면서 필연적으로 이질적 텍스트에 대한 오독과 중국과 서양의 중요 용어들을 억지로 대비시키는 방식을 피할 수 없었다. 그러한 견강부회에도 불구하고 예수회사들의 동서문명의 융합 시도가 가치를 상실하는 것은 아니다. 오히려 예수회사들의 역학 연구는 동서사상의 대화 국면에서 연출된 가장 멋진 장면 가운데 하나이다.

첫째, 예수회사들은 역학 연구에서 기독교 역학, 즉 야역(耶易)이라는 새로운 영역을 개척했다. 프랑스 예수회 신부였던 부베와 그의 제자들에 의한 『역경』 연구는 『역경』 텍스트 자체에 대해서도 완전히 새로운 해석이었다. 왜냐하면, 그들은 유역(儒易)·도역(道易)·불역(佛易) 등 전통적 역학 해석과 완전히 다른 야역이라는 새로운 사상적 차원을 개척했기 때문이다. 과거에 도가와 불가는 『역경』을 자신들의 문헌으로 전환시켜, 역학 연구의 주요 종파가 되었다. 특히 도가 역학은 역학의 정통적 연구체계에 성공적으로 진입했다.

이런 상황에서 기독교 역학의 연구 주체인 선교사들은 『역경』에 대한 기독교적 해석을 시도할 때 신학적이나 종교적 요소들을 일시적으로 접어두고 중국의 전통적인 경학연구의 방식을 사용해야 했다. 다행스러운 것은 해석 객체인 『역경』 텍스트 내부에 아주 넓은 해석의 가능성이 있어서 해석 주체의 종교성이 완충될 수 있었고 중국의 경학 전통 속에서 서양의 『성경』이 『역경』과 만날 수 있었다. 따라서 기독교 역학의 연구는 종교적 분위기에서가 아니라 중국의 전통적 경학 연구에서 이루어졌다.

둘째, 그들은 중국에서 기독교가 전파되는 방식을 개척했다. 프랑스의 예수회 신부였던 부베와 그 제자들은 전통적인 중국의 유가 경전, 특히 『역경』에 대면했을 때, 기독교에 바탕을 둔 인생관과 신앙의 추구를 통해 중국인들과 구별되는 종교적 입장과 이국(異國)·이교(異敎)·이질(異質)의 문화에 대한 감수성을 형성했다. 『역경』은 학술 연구의 전반적인 주요 방향이 되었을 뿐만 아니라 중국에서 그들의 가르침을 전파하기 위한 텍스트 매체가 되었다. 그들은 『성경』의 전형적 이야기와 대표적 인물을 『역경』과 그 밖의 중국 전통 경전에 인용하였고, 의리(義理)의 해석 방법으로 중국의 전통문화의 합리적 핵심을 흡수하였다. 이것은 동서양 문화의 동원성(同源性)과 유사성을 탐구함으로써, 전통문화 속에서 기독교의 흔적을 추적한 것이다. 이렇게 해서 독특한 『역경』 연구의 방향과 방법을 형성하고 "색은역학"의 이념을 도출했을 뿐 아니라, 중국과 서양의 경전문화의 이론적 융합을 통해 천주교의 선교 사업을 위한 새로운 길을 개척했다.

    셋째, 그들의 연구는 중국 밖의 지역에서 이루어진 중국 경학사 연구를 보완했다는 의미를 지닌다. 이 책에서 취하고 있는 관점은 전통경학의 의리(義理) 해석의 측면에서 중국 밖의 외국에서 『역경』 해석이 어떻게 발전해 왔는가를 탐구하는 데 있고, 기독교의 전파사의 각도나, 문화교류사의 시각에 국한되어 있지 않다. 여기에서 경학사는 구체적으로 유가경전의 유통, 변화, 발전의 역사를 가리킨다. 일찍이 마테오 리치(Matteo Ricci, 利瑪竇, 1552-1610)는 중국에 온 초기부터 유가경전을 유럽에 소개하려는 생각이 있었다. 선교사들에 의한 끊임없는 번역과 연구를 통하여, 유가경전들은 유럽어로 연이어 번역되었을 뿐만 아니라,[4] 텍스트의 내용을 분석하는 단계로까지 발전하였다. 이 책에서 언급하고 있는 프랑스 국적의 부베는 『역경』에 대한 체계적이고 학술적인 연구를 수행한 최초의 예수회 선교사라고 할 수 있다. 부베와 그의 제자들의 『역경』 연구는 단지 번역, 소개, 및 역주(譯註)의 수준에

---

4 費賴之(1995), p. 46, p. 124, p. 226, p. 317, p. 326, p. 331, p. 420 참고.

머물지 않고, 자신들만의 역학적 사고, 연구 방법 및 사상적 특징을 형성함으로써 서양인들이 스스로 수행한 연구를 통해서 쓰여진 경학 저작을 보유하는 단계로 발전하였다.

이 책에서 필자의 연구목표는 중국의 경학연구를 출발점으로 삼아 중국에서 활동한 외국 선교사들이 문화인식과 수용의 관점에서 중국의 전통 경전에 대한 연구를 어떻게 수행하였는지를 고찰하는 데 있다. 첫째로 중서 교류의 배경에서 텍스트의 비교 연구를 실현하기 위해 선교사들이 어떻게 중국 전통 경전을 연구하였는지 고찰할 것이다. 둘째로 『역경』의 기원, 지위, 주요 내용 및 영향에 대해서 선교사들이 어떠한 관점을 취했는지를 살펴볼 것이다. 셋째로 선교사들이 천주교와 중국문화를 연결시키기 위해 지배적 지위를 누리고 있던 유가의 지혜에서 기독교와 일치하는 요소를 어떠한 방법으로 찾았는지, 그리고 중국에 잘 알려진 철학적이고 종교적인 관념들을 중심으로 서구의 종교문화를 어떻게 해석하였는지 등의 문제를 검토할 것이다. 필자는 개인적 연구 능력의 한계로 말미암아 교차-문화적이고 교차-텍스트적인 연구를 심도있게 수행하지 못했다. 따라서 개인적 한계와 궁극적인 문제(종교문제) 사이의 관계를 여기서 명확히 밝혀두고자 한다. 여기서 말하는 개체는 주체성의 반영이다. 다시 말하면, 다양한 사회적 배경에서 드러나는 주체적 존재이다. 당시 예수회 신부들의 관점에서 본다면, 그들의 주체성은 전적으로 하느님에 의해 결정된 것이었으며, 종교적 사명과 세속적 삶이 부딪히는 불꽃 속에서 존재했다. 『역경』 연구에 반영된 강력한 종교적 메시지는 그 주체성의 두드러진 표현이다. 필자는 예수회사 부베의 종교적 신앙과 그가 저술한 텍스트를 연구할 때 신앙면에서 커다란 간격이 있을 수밖에 없다는 점을 명확하게 인식하고 있다. 필자는 부베의 학술 사상을 연구하면서 기독교 신자가 아닌 비종교인의 관점을 취했다. 필자의 부베 연구가 경학(經學)의 발전과정에 초점을 맞춘 것도 바로 이 때문이다.

제2절
선행연구의 분류

이 책은 주로 바티칸도서관에 소장된 부베와 그 제자들의 중문(中文) 역학 자료를 연구한 것이다. 현재 학계에서 이 문제가 어떻게 연구되어 있는지 잘 파악해야 문제의식을 최종적으로 확립할 수 있고, 이 책의 가치와 의미를 분명히 드러낼 수 있다.

1. 인물에 관한 개별 연구

1) 조아킴 부베

독일의 중국학 연구자 클라우디아 폰 콜라니(Claudia von Collani, 柯蘭霓, 1951-)가 쓴 저서, 『예수회사 조아킴 부베의 생애와 저서』(P. Joachim Bouvet S. J. Sein Leben und sein Werk)[5]는 부베의 생애, 저서, 그의 색은파 사상체계, 그리고 그의 중국에서의 선교의 중요한 의의 등의 내용에 대해서 서술하고 있다. 이 책에서는 『역경』에 기초한 색은주의가 부베의 삶과 학술에 미친 영향을 설명하는 데 중점을 두었다.

이 책에서 콜라니는 부베의 역학 관련 저서인 『역경석의(易經釋義)』(프랑스국립도서관 소장), 『역약(易鑰)』, 『역고(易考)』(바티칸도서관 소장) 등에 대해서 논술하였다. 그중에서 언급된 바티칸도서관 소장본은 라틴어 자료이지 중국어 자료는 아니었다. 콜라니는 『화예학지(華裔學志)에 발표한 「서양과

---

5 Collani(1985). 중국어 번역본 柯蘭霓(2009), 참고.

『역경(易經)』의 최초의 만남」6의 제3절 "『역경』과 중국의 색은파"와 제4절 "중국인들과 부베의 연구"에서 부베의 역학에 대해서 상세히 논술하였다. 아울러 부베가 청대 학자 이광지(李光地, 1642-1718)의 역학사상에 미친 영향에 대해서 설명하였다. 이 논문의 제5절 "제15괘에 대한 다른 해석"에서는 『역경』의 제15괘인 겸괘(謙卦)에 대한 부베의 해석에 대해 다루었으며, 제6절, "색은주의자들의 텍스트"에서는 불어와 라틴어로 쓰인 부베의 서신을 분석하였다. 이 글은 부베가 역학을 연구하게 된 상황에 대해서 상세히 설명하고 있어서 색은학파의 중국 내에서 활동에 대해 소개하고 있는 대표적 저술이라고 할 수 있다. 다만 이 책에서는 바티칸도서관의 중문 역학 자료에 대해서는 다루고 있지 않다.

중국에서는 20세기 초에 염종림(閻宗臨, 1904-1978)이 1940년대에 「부베와 푸케의 역학 연구」(白晉與傅聖澤之學易)라는 글을 발표해서 푸케가 부베와 함께 『역경』을 공동으로 연구하게 된 과정에 대하여 설명했다.7

그리고 방호(方豪, 1910-1980)는 「17-18세기에 중국에 입국한 서양인들의 중국 경적 연구」(十七八世紀來華西人對我國經籍之研究)라는 글을 발표했는데, 그 가운데 "강희제가 서양인들에게 『역경』을 연구하도록 명령하다"라는 한 절에서와 그의 저서 『중서교통사(中西交通史)』의 "청나라 성조(聖祖=강희제)가 서양의 선교사들에게 『역경』을 연구하도록 명령하게 된 과정"(清聖祖命西教士研究『易經』之經過)8이라는 제목의 글에서도 일부 문장을 발췌했다.9 이 문장들은 대부분이 바티칸도서관에 소장된 Borgia·Cinese, 4390(A)와 4390(B)에서 나온 것이었다.

그리고 바티칸도서관에 소장된 부베의 역학 자료에 관해서 한기(韓琦)는

---

6   Collani(2007), pp. 227-377.
7   閻宗臨(2007), pp. 132-134.
8   方豪(1969), pp. 196-197.
9   方豪(2008), pp. 730-733.

「부베의 『역경』 연구와 강희제 시대의 "서학중원설(西學中源說)"」[10]이라는 논문을 발표하였다. 이 글에서 한기는 강희제가 서학중원설을 주장한 시기를 논증하였고, 이를 바탕으로 부베가 『역경』 연구를 통해 세웠던 기독교 선교전략을 분석하였으며, 아울러 서양 수학과 역학의 관계를 서술하였다. 그는 바티칸도서관에 소장된 『역경』 연구와 관련된 부베의 필사본 가운데 특히 『역경총론고(易經總論稿)』에서 명말의 수학자 정대위(程大位)가 쓴 『산법통종(算法統宗)』을 인용한 수학 이론과 「천존지비도(天尊地卑圖)」의 역학 이론의 관계를 분석하여, 강희제가 서학중원설을 주장하는 과정에 부베의 『역경』 연구가 어떠한 영향을 미쳤는지에 대하여 중점적으로 설명했다. 『역경총론고』는 부베의 역학 저술의 내용을 다루었지만 완전한 것은 아니며, 부베가 쓴 많은 역학 저서들 가운데 하나일 뿐이다. 한기는 바티칸도서관에 소장된 부베의 역학 자료에 대한 연구를 계속하였고, 「부베의 『역경』 연구에 대한 재론 - 바티칸도서관 소장 필사본을 통해 분석한 부베의 『역경』 연구의 배경과 목적 및 그 영향」[11], 「과학과 종교 사이: 예수회사 부베의 『역경』 연구」[12] 등의 논문을 연속해서 발표해서, 바티칸도서관에 소장된 부베의 역학 자료에 대한 연구를 한 단계 진보시켰다. 이 논문들 중에서 부베의 저서 『역학외편』과 강희제의 유지(諭旨) 등을 분석하였고 부베가 『역경』을 연구한 목적과 영향을 탐구했는데, 그 중점은 여전히 부베의 『역경』 연구의 수학적 내용에 놓여 있다.

그러나 한기의 논문에는 부베와 그의 제자들의 역학 저작에 대한 정확한 고증이 결여되어 있다. 예를 들어 『주역원지탐(周易原旨探)』에 대해서 "이 책의 원서는 남아 있지 않다"[13]라고 서술하였고, 그 저자를 부베라고 보았다. 그

---

10 韓琦(1998a).
11 韓琦(2004a), pp. 315-323.
12 韓琦(2004b), pp. 413-434.
13 韓琦(2004a), p. 317.

러나 필자의 검토에 따르면, 문장의 명칭이 『주역이수(周易理數)』(혹은 『역리이수(易理理數)』)[14]로 변경되어 있는데, 그 내용이 바티칸 도서관 Borgia·Cinese, 361(4)에 그대로 보존되어 있다. 뿐만 아니라, 대부분 내용이 프레마르에 의하여 쓰인 것으로 추정된다. 장서평(張西平)은 「바티칸도서관 소장 부베의 『역경』 연구 문헌에 대한 예비적 조사」[15]라는 논문에서 우선 바티칸도서관에 소장된 부베의 『역경』 연구 자료에 대한 국내외 학계의 기본적 인식을 소개하였다. 그리고 계속해서 여동(余東, Yu Dong)이 편찬한 『바티칸도서관 소장 초기 선교사들의 중문 문헌목록(16-18세기)(梵蒂岡圖書館館藏早期傳教士中文文獻目錄(十六至十八世紀))』[16]과 폴 펠리오(Paul Pelliot, 1878-1945, 伯希和)[17]의 『바티칸도서관 소장 한적목록(梵蒂岡圖書館所藏漢籍書目)』[18]의 두 가지 목록에 의거해서 부베의 역학 저서들을 확정하였다. 그 다음에 부베과 푸케의 『역경』 문헌, 즉 강희제에게 올린 주절(奏折)을 인용하였다. 다만 장서평의 논문의 한계는 부베의 저서 목록을 열거하였을 뿐이고, 부베 역학의 내용에 대한 분석을 행하지 않았으며, 강희제에게 올린 주절에 대해서도 그것을 소개만 하였고, 그 내용에 대한 심층적 분석은 하지 않았다는 데 있다.

2) 푸케

미국의 중국학 연구자 존 위텍(John W.Witek S. J., 魏若望, 1933-2010)은 그의 저서 『예수회사 푸케 전기, 중국과 유럽에서의 논쟁적 관념들』(Contro-

---

[14] Prémare, 『周易理數』, BAV, Borgia·Cinese, 361(4)-1, p.1.
[15] 張西平(2003).
[16] Yu(1996).
[17] 펠리오는 1922년에 바티칸 도서관에 소장된 중국문헌의 목록을 작성하여 출판하였다. 이것이 *Inventaire Sommaire Des Manuscrits Et Imprimes Chinois De La Bibliotheque Vaticane*이다. 이 책의 영문판은 다카타 도키오(高田時雄)의 교열을 거쳐서 이탈리아 동아시아연구소(ISEAS: Italian School of East Asian Studies)에 의해 1995년에 출판되었으며, 중국어판은 2006년에 중화서국에서 출판되었다. (伯希和(2006))(역주)
[18] Pelliot(1922). 중국어 번역본 伯希和(2006) 참고.

versial Ideas in China and in Europe: A Biography of Jean-François Foucquet, S.J., (1665-1741)』)¹⁹은 푸케의 생애를 줄거리로 삼아 중국 예의논쟁 때 중국 예수회사 선교구(宣敎區) 사이의 분쟁에 관한 자료와 푸케가 강희제의 궁정에서 부베와 함께 종사했던 『역경』 연구에 대한 그의 친필 자료들을 가지고 푸케가 중국 고대 문헌 속에서 『성경』과 일치되는 사상을 탐구하고 유럽에 돌아가서 중국문화를 전파했던 상황을 서술하였다.

책 말미의 부록에는 푸케의 역학 저작들을 나열하였으며, 바티칸도서관의 중문(中文) 역학 저작들에 대해 그 일부를 언급했다. 그러나 그는 부베와 푸케의 한어 역학 저서들의 귀속 문제에 대해서 명확하게 서술하지 않았기 때문에, 이 점과 관련해서 추가적인 논증이 필요하다.

3) 프레마르

덴마크의 중국학 연구자 크누드 룬드백(Knud Lundbaek, 1912-1995)은 그의 저서 『예수회사 조제프 프레마르: 중국 문헌학과 색은학』(Joseph de Premare (1666—1736) S.J. : Chinese Philology and Figurism)²⁰에서 프레마르의 생애와 저서에 대해 다루었다. 주로 프레마르와 푸르몽(Étienne Fourmont, 1683-1745) 사이에 주고 받은 편지와 『육서실의(六書實義)』·『한어차기(漢語劄記)』(Notitia Linguae Sinicae) 등에 의하여 프레마르의 학술적 성취를 밝혔으며, 『역경』에 대한 프레마르의 분석과 관련하여 그의 색은학 이론도 논술하였고, 아울러 부베와 프레마르의 관계에 대해서도 분석하였다.

중국학자로는 장서평이 「청대에 중국에 온 선교사 프레마르 연구」(淸代來華傳敎士馬若瑟硏究)²¹라는 논문에서 프레마르의 중국어 연구서인 『한어차기』와 번역서인 『조씨고아(趙氏孤兒)』(L'Orphelin de la Maison de Tchao) 등

---

19 Witek(1982). 중국어 번역본 魏若望(2006) 참고.
20 Lundbaek(1991). 중국어 번역본 龍伯格(2009) 참고.
21 張西平(2009a).

의 가치와 영향에 대해 분석하였으며, 『육서실의』 등 프레마르의 대표 저서를 중심으로 그의 색은주의의 핵심 관점에 대해 논술하였다. 장서평의 글에서는 프레마르의 『하도』와 『낙서』에 대한 연구를 언급하였으며, 역학과 문자의 관계를 분석하여, 이것이 프레마르의 색은 사상의 기초를 형성하고 있다는 것을 밝혔다. 그는 또 프레마르, 부베, 푸케 등의 색은파 이론이 마테오 리치로 대표되는 제1세대 예수회사들에 비해서 이론적으로 더 일관성을 갖추고 있다고 주장했다. 그러나 그의 글에서는 『육서실의』에 나오는 역학에 관해 분석하였을 뿐이고, 프레마르의 역학 저서에 대해서는 다루지 않았다.

이진(李眞)은 「중국에 온 예수회사 프레마르의 생애와 학술적 성취에 관한 연구」(來華耶穌會士馬若瑟生平及學術成就鉤沉)[22]라는 논문에서 프레마르를 서양 중국어 연구의 창시자로 간주하고, 그의 생애, 중국에 온 시기, 선교활동, 유배 및 병사(病死) 등에 대해 서술하였으며, 특히 중국의 색은파와의 관계 및 자신의 색은파 연구에 대해서 상세하게 논의했다. 그리고 마지막으로 프레마르의 저술에 대해서 개략적으로 소개하였으나, 그의 중문으로 쓰인 역학 저서에 대해서는 다루지 않았다.

반풍연(潘風娟)은 「서학에서 한학으로: 중국 예수회와 유럽의 한학」(從西學到漢學:中國耶穌會與歐洲漢學)[23]이라는 논문에서 예수회사들의 중국 내 학술활동 상황을 위주로 서술하였다. 우선 마테오 리치는 고유(古儒)의 전통에 대해서는 수용적이었지만, 송유(宋儒)의 경전 연구에 대해서는 반박하는 태도를 취했다. 반면에 롱고바르디(Nicola Longobardi, 龍華民, 1559-1654)는 고대 경전에 대해서 전반적으로 부정하였다. 그러나 줄리오 알레니(Giulio Aleni, 艾儒略, 1582-1649)는 고유(古儒)와 정주이학(程朱理學)의 조화를 주장했다. 그리고 마지막으로 프레마르로 대표되는 부상파(符象派, 색은파)의 경전연구에 대해서 서술했다. 이렇게 예수회사들의 중국 경전 연구사를 정리

---

22 李眞(2010).
23 潘風娟(2008).

하였고, 아울러 이것을 유럽 중국학의 기원 가운데 하나로 삼았다. 그중에서 반풍연은 프레마르의 『육서실의』에 대해서 주로 설명하였으나, 그의 『역경』 연구에 대해서는 언급하지 않았다.

그밖에 요명춘(廖名春)이 편집한 『주역연구사(周易研究史)』(1991) 가운데 「역학의 국외 전파와 그 영향」에서 부베와 프레마르의 『역경』 연구를 소개하였으나, 매우 제한적이었다.[24] 부베가 라이프니츠와 주고받은 서신과 그의 역학 연구의 성취 및 서양에 미친 영향에 대해서만 서술하였고 프레마르에 대한 소개는 단지 몇 마디에 불과했다.

2. 인물에 관한 개별 연구인물전기의 전기(傳記) 기록에 관하여

가장 이른 예수회사 전기 자료는 천주교의 예수회 내부의 신부가 저술한 것으로 예수회사들의 중국 내 선교 상황 및 인적 정보를 정리한 기록인데, 그 속에는 부베와 그의 제자인 푸케, 프레마르 등에 대한 정보가 있다. 연구자들의 작업과 비교해도 그들의 작업이 더욱 상세하고 정확하다.

루이 피스터(Louis Pfister, 費賴之, 1833-1891) 신부의 『1552-1773년 사이 예수회의 중국선교에 대한 전기 및 서지정보』(*Notices biographiques et bibliographiques sur les Jésuites de l'ancienne mission de Chine 1552-1773*)[25]에는 부베(No.171), 푸케(No.243), 프레마르(No.235) 등에 대해 간략한 생애 소개 및 저술 목록과 설명이 포함되어 있다. 그중에는 부베의 역학 저서인 『고금경천감(古今敬天鑒)』(파리국가도서관과 바티칸도서관이 모두 소장)과 『역경석의』 그리고 그의 역학 연구와 관련된 편지도 포함되어 있고 푸케와 프레마르의 역학 연구와 관련된 편지 등도 포함되어 있다.

24　廖名春·康學偉·梁韋弦(1991), pp. 457-458.
25　Pfister(1932-1934). 중국어 번역본 費賴之(1995) 참고.

조제프 데에르뉴(Joseph Dehergne, 榮振華, 1903-1990)의 저서 『1552-1800년 사이의 중국 예수회사 목록』(Répertoire des jésuites de Chine de 1552 à 1800)[26]에서는 예수회사들의 출생, 영세, 중국으로 출발한 시기, 중국에 도착한 시기, 중국어 이름, 중국에서의 활동기간, 직무, 사망 시기 및 주요 저서 등이 목록화되어 있다. 그 가운데 색은파의 대표인물인 부베(No.106, pp.79-80), 푸케(No.330, pp.155-156), 프레마르(No.660, pp.280-281) 등에 관한 인적 정보가 수록되어 있는데, 중요한 사건의 발생 시기 등에 관한 기록이 매우 정확하다. 무엇보다 중요한 것은 학계의 연구 성과를 열거함으로써 각 인물의 연구 상황을 잘 파악하게 해 준다는 점이다.

방호의 저서, 『중국천주교사인물전(中國天主教史人物傳)』(1988)[27]에는 부베, 푸케, 프레마르 등의 중국 내 선교 활동과 학술연구 정황 등이 소개되어 있다.

서종택(徐宗澤, 1886-1947)의 편저, 『명청간야소회사역저제요(明淸間耶穌會士譯著提要)』[28]에서는 성서(聖書)·진교변호(眞教辯護)·신철학(神哲學)·교사(教史)·역산(曆算)·과학·격언 등 7개 범주로 나눠 예수회 신부들의 역저(譯著)를 개괄했다. "진교변호"에서는 부베의 『고금경천감천학본의(古今敬天鑒天學本義)』, 프레마르의 『주역원지탐(周易原旨探)』 등의 저서를 언급하고, 뒤에 부베와 프르마르에 관한 간략한 전기도 실었다.

탁신평(卓新平)과 레오폴드 레브(Leopold Leeb, 雷立柏, 1967-)의 편저, 『중국기독종교사사전(中國基督宗教史辭典)』[29]에서는 1949년 이전 중국 기독교 역사자료를 수록하였는데, 부베(p.42), 푸케(p.128) 등의 생애, 중국 내 활동, 대표 저서 등을 간략히 설명하였으며, 그들의 『역경』 연구 상황에 대해서

---

26 Dehergne(1973). 중국어 번역본 榮振華(2010); 榮振華(1995) 참고.
27 方豪(1988).
28 徐宗澤(1989).
29 卓新平(2013).

서론 · **27**

도 언급하였다. 그 밖에 고위민(顧衛民)의 『중국천주교편년사(中國天主敎編年史)』[30]에서도 시간순으로 부베와 그 제자들의 중국 내 활동 정황을 기록하였다.

3. 색은파 학파 연구

『역경』에서부터 파생된 색은주의는 부베와 그의 제자들의 가장 주요한 특징이다. 따라서 색은파 역학 사상 연구는 바로 부베와 그 제자들의 연구를 중점적으로 반영한다. 데이비드 먼젤로(David E. Mungello)의 저서, 『진기한 나라, 예수회 적응주의와 중국학의 기원』(Curious Land: Jesuit Accommodation and the Origins of Sinology)[31]은 예수회의 적응정책을 선교·학술·문화 등 여러 방면에 걸쳐 연구한 성과이다. 그는 이 책에서 마테오 리치로부터 시작된 적응주의 정책의 전개과정을 정리했는데, 그 가운데에는 부베의 『역경』 연구에 관련된 언급도 있다. 먼젤로는 부베가 색은주의를 이용하여 적응주의 정책의 새로운 체제를 형성해갔음을 서술하였다. 그는 색은주의를 서양의 헤르메스(Hermes) 신비주의 체계를 흡수한 기초 위에서 중국의 고대 사상을 결합하여 형성된 이념으로 정의했다. 즉 부베는 "유교와 기독교를 융합하여 새로운 사상을 제시함으로써 양자를 일치시키려고 시도한 것이다."[32] 제9장 「부베의 색은주의에 나타난 예수회 적응주의의 전개과정」(The Evolution of Jesuit Accomodation in the Figurism of Bouvet)에서는 부베의 색은주의와 유럽에서의 전파 및 그 영향력에 대해 집중적으로 서술하였다.

먼젤로는 그의 또 다른 저서, 『동양과 서양의 위대한 만남』(The Great En-

---

30 顧衛民(2003).
31 Mungello(1985). 중국어 번역본 孟德衛(2010) 참고. 한국어 번역본은 데이비드 E. 먼젤로(2009). (역주)
32 孟德衛(2010), p.8.

counter of China and the West)[33]의 제4장 「중국문화와 유학에 대한 유럽의 수용」(European Acceptance of Chinese Culture and Confucianism)에서 라이프니츠·부베·색은파에 대해 소개하였다. 특히 부베의 중국문화 연구와 라이프니츠와의 서신 교환에 대해 서술하면서『역경』의 수(數)·도(圖)·이진법 등에 대한 두 사람의 토론에 대해 중점적으로 서술하였다. 이를 통해 두 외국인이 중국문화를 수용해서 이것을 어떻게 활용했는지를 보여 주었다.

호주의 학자 폴 룰(Paul A. Rule)은『공자인가? 콘푸시우스(Confucius)인가?: 예수회의 유학 해석』(*K'ung-tzu or Confucius?: Jesuit Interpretation of Confucianism*)[34]에서 마테오 리치로부터 시작된 예수회의 유학 해석을 소개했다. 이 책의 내용은 예의논쟁 및 예수회와 중국학의 발전 사이의 관계에 중점을 두고 있다. 제4절, "모세인가? 중국인가?: 예수회 색은주의자들"(Moses or China? The Jesuit Figurists)에서는 색은파의 상황 및 그들이 받은 비판에 대해 다루었으며, 색은파의 대표인물의 사상에 대해 사람별로 서술하였다. 그에 따르면 부베는 역경예시학(易經豫示學)을 주장하였고, 푸케는 경전상징학(經典象徵學)을 강조하였으며, 프레마르는 기독교의 "유적(遺蹟)" 이론을 중시하였다. 제4편의 분량은 많지 않지만, 학계에 미친 영향력은 매우 크다.

미국 학자 리차드 스미스(Richard J. Smith)는 그의 논문, 「역사적·비교적 관점에서 본 예수회의 역경 해석」(*Jesuit Interpretations of the Yijing in Historical and Comparative Perspective*)[35]에서『역경』텍스트의 특징과 지위에 대해서 상세하게 서술하였다. 더 나아가, 예수회사들의『역경』에 대한 연구 상황, 즉, 부베가 색은파의 선구자로서 푸케와 프레마르 등과 함께 색은법으로『역경』을 해석하고 중국의 전통 종교에서 천주교와 일치되는 요소를 발굴하여

---

33   Mungello(1999). 중국어 번역본 孟德衛(2007) 참고.
34   Rule(1986).
35   Smith(2001).

그 교의(敎義)를 홍보한 것 등에 대해 서술하였다. 그는 논문에서 바티칸 도서관에 소장된 부베의 역학 저서 몇 편을 언급했다. 예를 들면, 『역고(易稿)』·『역약(易鑰)』·『역인원고(易引原稿)』·『역학총설(易學總說)』·『대역원의내편(大易原義內篇)』·『역학외편(易學外篇)』 등이 언급되어 있다. 또 리차드 스미스는 「세계적 관점에서 본 『역경』: 몇 가지 교육적 고찰」(The Yijing in Global Perspective: Some Pedagogical Reflections)[36]이라는 그의 글에서 먼저 한국·일본·베트남 등 동아시아에서 『역경』의 연구 정황을 소개하고, 이어서 서양의 『역경』 연구 정황에 대해 서술했다. 그리고 마지막으로 『역경』과 기독교의 『성경』, 이슬람의 『코란』, 인도의 『베다』 등을 비교해서 『역경』의 핵심적이고 중심적인 지위를 확인했다.

리차드 스미스는 그의 논문에서 바티칸도서관에 소장된 부베의 역학 자료로 Borgia·Cinese 317(7) 『고전유적론(古傳遺蹟論)』, 317(8) 『석선천미변시종지류유천존지비도이생(釋先天未變始終之類由天尊地卑圖而生)』(원문제목: 『역학총설(易學總說)』, 317(15) 『천학본의(天學本義)』, 317(3) 『역경총론고(易經總論稿)』, 317(4) 『역고(易考)』, 317(10) 『역학외편(易學外篇)』, 317(2) 『역약(易鑰)』, 317(16) 『역약(易鑰)』, 317(6) 『역인원고(易引原稿)』 및 Borgia·Cinese 316(14) 『고금경천감(古今敬天鑒)』 등을 특별히 언급했다. 그 밖에 부베, 강희제, 푸케 등과의 관계에 대해서도 언급했다.

또한 그는 『우주의 이치를 탐구하고, 세계에 질서를 부여하다: 중국에서 『역경』과 그 전개과정』(Fathoming the Cosmos and Ordering the World: The Yijing and Its Evolution in China)[37]이라는 저서의 「강희 시대의 『역경』 연구」(The Kangxi Era in Changes Scholarship)(pp.177-183)라는 절에서 부베가 중국에서 했던 역학과 관련된 활동과 연구에 대해 대략적으로 서술했으며, 그 중에서도 특히 『역경총설고』와 『천존지비도』에 대해 언급했다. 이 두 개의

---

36 Smith(2002).
37 Smith(2008).

사본은 모두 바티칸 도서관에 소장되어 있다.

니콜라 스탄다트(Nicolas Standaert, 鐘鳴旦)는 『중국기독교편람』(Handbook of Christianity in China)[38]에서 색은주의를 소개하였다. 거기에는 색은파 연구방법의 기원, 구성원, 그들이 당면했던 이해관계, 핵심적 주제 및 영향 등 여러 측면에 대해 개략적으로 서술되어 있다. 그는 이 책에서 예표론적 해석(typological exegesis)[39], 고대신학(ancient theology), 유대-기독교 카발라 신비주의(Judaeo-Christian Cabala)의 세 가지 방법을 색은주의의 원천으로 간주하였다. 색은파는 천지인(天地人) 삼재(三才)의 도(道)에 의거해서 역사를 세 개의 시대로 구분했고, 복희와 에녹(Enoch)을 동일한 인물로 보았다고 서술했다. 그리고 그들은 중국전통에서 기독교적 요소를 찾았는데, 도(道), 조물주(造物主), 삼위일체, 지혜의 뿌리, 중국인들이 기다리는 성인의 도래 및 중국문자의 색은주의적 분석 등을 색은주의의 연구주제로 삼았는데, 그 내용이 학계에서 많이 인용된다.

황보라(黃保羅, Paulos Huang)는 그의 논문, 「한어색은신학-마테오 리치 이후 프랑스 예수회의 문명대화에 관한 연구」(漢語索隱神學 - 對法國耶穌會士續講利瑪竇之後文明對話的研究)[40]에서 마테오 리치의 적응주의 정책과 예의논쟁의 배경에 대하여 서술하였다. 아울러 그는 부베, 프레마르, 푸케 등의 한어색은신학(漢語索隱神學)이 갖는 의미, 형성과정, 주제, 방법 및 그 영향 등에 대해 밝혔으며, 한어색은신학이 받은 비판과 그 합리성에 대해 고찰하였다. 그 중에는 바티칸 도서관에 소장된 부베의 『역경』 연구 저서들에 대해 언급하였을 뿐 아니라, 부베가 중국 경학의 방법을 사용하여 색은신학의 진

---

38 Standaert(2001).
39 예표론(typology, 모형론, 유형론)적 해석은 성경 해석학에서 구약과 신약을 상응(相應) 관계로 이해하는 이론으로, 신약에 원형(原型, antitypes)이 구약에 모형(模型, types)이 실려 있다고 본다. 즉, 구약에 실린 사건, 대상, 사상 등은 신약에 나타난 그리스도의 구원의 역사 혹은 계시가 미리 드러난 것이라는 관점이다. 구약과 신약의 상응관계에 주목하여 구원의 역사의 연속성을 보여주는 이 해석은 초기 교회에 시작되어 중세에 큰 영향을 끼쳤다. (역주)
40 黃保羅(2011).

로를 모색해서『역경』과『성경』을 연계시켰다고 서술하였다. 다만 부베 등의 색은파 인물들의 역학 저서의 내용에 대해서는 구체적 분석이 행해져 있지 않다.

중국학자 장국강(張國剛)은『명청시대 선교사와 유럽 한학』(明淸傳敎士 與歐洲漢學)[41]에서 프랑스 출신 예수회 선교사들의 중국에서의 활동과 연구를 유럽의 중국학 연구사에서 초창기에 해당되는 것으로 간주하였다. 이 책의 제4장과 제5장의 내용은 프랑스 출신 예수회 선교사들의 선교 활동과 학술 연구, 그리고 후세에 미친 영향에 대해 중점적으로 소개하였다. 여기에서는 색은주의 사상 가운데 특히 편년사(編年史, chronology)에 대한 연구는 "18세기말에 진지하게 학문을 갈고 닦는 최초의 한학가(漢學家) 연구 집단의 탄생에 토대를 마련해 주었다"고『역경』과 색은파의 관계에 대해 특별히 소개했다.[42] 그의 책에서는 문자(文字) 연구의 방면에서 색은파의 문자 이론을 전문적으로 소개하였는데, 특히 프레마르의 문자 연구와 색은주의적 해석방식을 분석하였다. 그 밖에도 라이프니츠의 "보편문자(universal character)"와 한자(漢字)의 관계를 서술하면서, 부베의『역경』연구에 대해서 소개하였다. 장국강·오리위(吳莉葦)는『예의논쟁이 중국 문헌의 서구 전파에 미친 영향』(禮儀之爭對中國經籍西傳的影響)[43]에서 예의논쟁을 배경으로 선교사들의 중국경전 번역과 연구, 그리고 서구 세계로의 전파 상황을 분석하였다. 선교사들의 예의문제에 대한 논쟁과 사서오경에 대한 번역이나 연구를 정리하였고, 색은파와 경전 연구의 관계를 집중적으로 소개하였으며 색은파의 구성원, 이론적 근원, 경전 연구 및 그 영향 등에 대해서도 진술하였다. 다만 선교사의 사상 분석에서 사람별로 나눠서 서술하지 않고, 모두 부베의 사상이라고 한 것은 적당하지 않다.

41　張國剛(2001).
42　張國剛(2001), p.195.
43　張國剛·吳莉葦(2003).

양굉성(楊宏聲, 1952-2013)은 「명청교체기 예수회사들의 역학이론」(明淸之際在耶穌會士之"易"說)⁴⁴에서 명청 교체기의 예수회사들을 『역경』 연구의 개창자로 보았다. 이 논문에서는 이탈리아와 프랑스 예수회사들의 『역경』 연구에 대해 요약했을 뿐 아니라, 부베, 푸케, 프레마르 등으로 대표되는 "『구약(舊約)』 색은파"들의 역학 연구에 대해서도 철학적 분석을 하였다. 부베는 형상주의(形象主義)를, 푸케는 고대사와 도가의 학설을, 프레마르는 문자학(文字學)을 중시했다고 보았는데, 이것은 색은파의 특징이자 역학의 중요한 발전이라고 보았다.

장서평의 저서, 『전교사 한학 연구』(傳敎士漢學硏究)(2005)⁴⁵는 부베의 역학 연구에 관한 세 편의 논문을 수록하고 있다.⁴⁶ 즉 「역경연구: 강희제와 부베 사이의 문화적 대화」(易經硏究:康熙和白晉的一次文化對話), 「바티칸도서관 소장 부베의 역경연구문헌에 대한 초보적 연구」(梵蒂岡圖書館藏白晉讀易經文獻初探), 「서양에서 역경의 초기 전파」(易經在西方的早期傳播)가 그것이다. 그 내용은 그의 또 다른 저서, 『유럽의 초기 한학(漢學) 연구사: 중서 문화교류와 서구 한학의 흥기』(歐洲早期漢學史―中西文化交流與西方漢學的興起)와 동일하며, 주로 부베와 프레마르를 색은파 한학가로 간주하고 그들의 사상에 대해 분석하였다.⁴⁷ 그는 색은파 한학가들을 중국에 온 선교사들 가운데 한학에서 최고의 성취를 이룩한 집단으로 간주했다. 그리고 바티칸도서관 소장 도서 목록과 강희(康熙) 주절(奏折)을 중심으로 부베의 역학 연구 정황에 대해 초보적 정리를 했다. 그러나 바티칸 도서관에 소장된 부베의 저서의 내용을 구체적으로 다루지는 않았다.

탁신평은 「색은파와 중서문화의 정체성」(索隱派與中西文化認同)⁴⁸에서 색

---

44 楊宏聲(2003).
45 張西平(2005), pp.91-126.
46 이 책은 전홍석에 의하여 2024년 한국어로 번역되었다. (장시평 저, 전홍석 역, 『명청시기 예수회의 선교사 한학의 史』, 소명출판, 2024)(역주)
47 張西平(2009b), pp.514-593.

은파의 『역경』 연구가 갖는 의미를 심층적으로 설명하였다. 색은파는 중국 문화에 동화되려고 노력하는 과정에서 종종 역사학과 선교의 동기 사이에서 모순에 부딪히게 되었다고 하였으며, 이러한 과정을 거치면서 색은파의 사상은 더욱 계발되고, 그 잠재적 생명력이 발휘되게 되었다고 서술하였다. 탁신평은 특히 부베가 『역경』의 의미를 표층(表層)과 심층(深層)으로 나누어 분석했다는 것을 강조하고, 색은 역학의 주요 내용을 대략적으로 서술했다. 그리고 푸케, 프레마르, 장 알렉시 드 골레(Jean-Alexis de Gollet, 郭中傳, 1664-1741) 등의 인물이 색은학을 통해 중국문화에 동화하려는 노력을 보였음을 언급했다.

악봉(岳峰)·정려영(程麗英)은 「색은식번역연구(索隱式翻譯研究)」[49]에서 번역의 문제와 관련하여 색은파의 철학 연구 해석을 연구하였다. 선교사들은 "유학과 기독교를 융합"하려는 동기에서 중국 고전 연구를 통해 천주교에 적합한 체제를 발견하려고 노력했다. 필자들은 논문에서 색은학파가 발원-전파-연속의 세 단계를 거쳐 발전했으며, 부베·푸케·프레마르 등은 전파 단계에 해당한다고 주장했다. 특히 그들의 『시경』 연구를 예로 들어 색은주의적 특징을 해석하였다.

양평(楊平, 1964-)의 「예수회 선교사들의 색은주의적 『역경』 해석」(耶穌會傳教士易經的索隱法詮釋)[50]은 예수회 선교사들의 『역경』 연구 방법을 설명한 논문이다. 그녀는 부베, 푸케, 프레마르의 『역경』 연구방법론으로 예를 들어 ① 한자(漢字)의 형태 분석법, ② 『역경』과 『성경』의 종교적 인물의 대비, ③ 『역경』의 괘상과 천주의 신성한 계시의 결합, ④ 『역경』의 편년(編年)을 『성경(聖經)』의 편년사에 합치시킴, ⑤ 경학과 기독교의 관계를 밝힘 등 다섯 가지 색은 방법을 통해서 그 사상을 분석했다. 색은파의 방법은 역학의 국제

---

48 卓新平(2006), pp.1-26.
49 岳峰·程麗英(2009).
50 楊平(2013).

적 홍보 및 번역, 심지어는 문화전파학(cultural communication) 연구에 있어서도 중요한 참고 자료가 된다고 인정된다. 위의 (악봉·정려영과 양평의) 두 논문은 예수회에 의한 색은주의 역학에 대한 연구를 소개하는 것을 목표로 하였지만, 바티칸도서관의 관련 자료는 참조하지 않았다.

4. 관련 배경에 대한 기록

여기에서는 주로 부베와 그 제자들의 중국 내 생활에 대해 소개하려고 한다. 먼저 부베의 저서, 『중국 황제의 역사적 초상』(Portrait historique de l'empereur de la Chine)[51]은 본래 부베가 프랑스 황제 루이 14세(Louis XIV, 1638-1715)에게 헌정한 것으로서 강희제에 대한 평가와 중국의 민족·종교·문화 등 여러 방면에 걸쳐 서술하였기 때문에, 그의 중국 생활에 대한 정보뿐 아니라 당시 중국과 서양 문화의 교류의 정도도 알 수 있다. 그러므로 "예수회 적응 정책의 전이(轉移)를 보여주는 표지가 된다."[52]

또한 장 밥티스트 뒤 알드(Jean Baptiste du Halde, 杜赫德, 1674-1743)[53]는 『예수회사 중국서간집: 중국회고록 I-III』(Lettres édifiantes et curieuses,

---

51　Bouvet(1697). 원저는 로마국립중앙도서관에 소장되어 있다. 白晉(1981) 참고.
52　孟德衛(2010), p.332.
53　중국 역사를 전공한 예수회 학자이다. 뒤 알드는 1692년에 예수회에 입회했으며, 르 고비엥(Charles Le Gobien)을 이어서, 파리 대학의 교수가 되었다. 그는 1711년부터 1743년까지 중국의 예수회 선교사들의 서간집 Lettres Édifiantes et Curieuses의 출판을 감독했으며, 이 책은 1703년에서 1776년 사이에 34권으로 출판되었다. 그는 중국을 여행한 적이 없고, 중국어를 몰랐으나, 1687년부터 1700년대 초반 사이 중국에 들어간 17명의 프랑스 예수회 선교사의 원고를 바탕으로 1735년에 『중화제국전지(中華帝國全志)』를 편찬했다. 이 책의 원제목은 Description géographique, historique, chronologique, politique, et physique de l'empire de la Chine et de la Tartarie chinoise (『중국과 이민족 중국 제국의 지리, 역사, 연대기, 정치, 자연에 대한 서술』이며, 줄여서 『서술(Description)』이라고도 한다. 『서술』은 18세기 유럽의 중국학을 대표하는 저서로서, 1권이 754쪽, 2권이 1249쪽, 3권이 933쪽, 4권 804쪽으로 구성된 매우 방대한 책이다. 이 책에는 중국 본토와 만주, 몽골, 서장(西藏), 신강(新疆)은 물론, 조선과 일본의 다양한 풍속, 물산(物産), 제도에 대한 자세한 설명, 중국 원전의 번역, 선교사들의 포교에 대한 관심이 들어있다. 18세기 프랑스 중국학은 『서술』에서 집대성된 내용을 바탕으로, 중국의 개별적인 사항에 대한 연구를 심화시킬 수 있었다. (정철웅(2016) (역주)

écrites des missions étrangères par quelques missionnaires de la Compagnie de Jésus)[54]을 편집해서 출판했는데, 그 중에 제1권에 부베와 프레마르의 편지가 포함되어 있다. 즉, 부베가 프랑수아 덱스 드 라 셰즈(François d'Aix de La Chaise, 拉雪茲, 1624-1709) 신부에게 보낸 편지와 프레마르가 샤를 르 고비앵(Charles Le Gobien, 郭弼恩, 1653-1708) 신부에게 보낸 편지 등에는 그들이 중국에 올 때 거쳐온 해상 경로와 강희제와의 면담 기록 등이 적혀 있어, 이것을 통해 그들의 삶의 파편들을 복원할 수 있다. 그리고 그들의 연구 배경과 관련하여 부베와 그의 제자들이 당면했던 예의논쟁 등의 문제에 대해서도 다루고 있다.

자크 제르네(Jacques Gernet, 謝和耐)의 『중국과 기독교: 작용과 반작용』(Chine et christianisme: Action et réaction)[55]은 명말청초에 들어온 예수회의 상황과 중국과 서양 문화 사이의 최초의 충돌에 대한 심층적 연구이다. 부베 등의 기독교 선교사들이 중국에 입국하게 된 배경과 예의논쟁의 과정 그리고 포르투갈이 예수회사에 미친 영향에 대해서 상세하게 설명했다. 그 밖에 니콜라 스탄다트(Nicolas Standaert, 鐘鳴旦)·아드리안 두딩크(Adrian Dudink, 杜鼎克)·나탈리 모네(Nathalie Monnet, 蒙曦) 등이 편집한 총서, 『프랑스국가도서관명청천주교문헌』(2009)[56] 속에 부베와 프레마르의 저서가 포함되어 있다. 예를 들어, 부베의 저서로는 『천학본의(天學本義)』(第26冊, pp.1-24)·『고금경천감(古今敬天鑒)』(第26冊, pp.25-160)·『고금경천감(古今敬天鑒)』(第26冊, pp.161-330)·『조물주진론(造物主眞論)-고금경천감(古今敬天鑒)』(第26冊, pp.331-480)이 있고, 프레마르의 저서로는 『육서실의(六書實義)』(第25冊, pp.441-502)·『천학총론(天學總論)』(第26冊, pp.481-524)·『경전중설(經傳衆說)』(第26冊, pp.525-571) 등이 있다.

54　Du Halde(1724). 중국어 번역본은 杜赫德(2001) 참고.
55　Gernet(1982). 謝和耐(1991) 참고.
56　鐘鳴旦(Nicolas Standaert)·杜鼎克(Adrian Dudink)·蒙曦(Nathalie Monne) 等編, 『法國國家圖書館明淸天主教文獻』, 26冊, 台北利氏學社, 2009.

〈그림1〉 부베가 그린 강희제[57]

Bouvet, Joachim, *Icon Regia Monarchae Sinarum Nvnc Regantis Ex Gallico Versa*, 1699, Bayerische Staats Bibliothek, p.1.

---

57 부베(Joachim Bouvet)의 저서 *Icon Regia Monarchae Sinarum Nunc Regantis* (1699)에 수록된 강희제의 초상화에는 "CAM-HY Empereur de la Chine et de la Tartarie Orientale, Âgé de 41 ans et peint à l'âge de 32."라는 문구가 삽입되어 있다. 이를 번역하면 "강희, 중국과 동타타르의 황제, 41세이며, 32세 당시의 모습으로 그려짐"이라는 의미가 된다. 이 문구에서 'à l'âge'는 17세기 말 프랑스어로 '~세의 나이로'라는 뜻이며, 현재 프랑스어 'à l'âge'와 동일한 표현이다. 이와 같은 설명은 부베가 강희제의 현재 나이와 과거의 모습을 병기하여 서술한 것인데, 이 표기 방식은 도상 제작 시점과 관련하여 중요한 단서를 제공한다. 강희제가 32세였던 해는 1686년으로, 이 시기는 부베가 아직 중국에 도착하기 전(1687년 닝보 도착)이므로, 부베가 직접 강희제의 32세 당시 모습을 본 뒤 초상화를 제작했다고 보기는 어렵다. 또한 41세는 1695년에 해당되는데, 이 시기에 부베는 이미 1693년에 북경을 떠나 귀국길에 있었고, 1697년 3월에 브레스트(Brest)에 도착하였다. 따라서 1695년은 부베가 중국에도, 유럽에도 없던 과도기의 시점이었다. 이러한 사실은 이 초상화가 부베가 직접 그린 것이 아니라, 부베가 지닌 도상 자료나 문헌 기록, 혹은 개인적 기억에 기반하여 제3자가 유럽에서 제작하였을 가능성을 시사한다. 특히 부베는 이 책을 유럽에서 간행하며 자신의 후원자였던 라이프니츠(G. W. Leibniz)에게 헌정한 것으로 알려져 있는데, 이 책의 출판 목적이 강희제 및 청제국의 위상을 유럽에 전달하려는 외교적·선교적 성격을 띠고 있었다는 점을 감안하면, 초상화의 실제 모델이 되었던 연령(32세)과 현재 군주의 통치 연령(41세)을 병기한 것은 중국 황제의 안정적 통치와 위엄을 강조하려는 의도적 장치로 보인다. 즉, 해당 문구는 그림 자체의 제작 시점을 반영한 것이 아니라, 간행 시점의 황제 연령을 표시한 것으로 해석함이 타당하다. 결론적으로 이 초상화는 부베가 직접 제작한 것이 아니라, 그의 설명 혹은 소장한 자료에 근거하여 유럽의 화가가 제작하였을 가능성이 높으며, '41세'라는 연령 표기는 그림의 모델이 된 연령이 아니라, 간행 시점 기준의 황제 나이를 병기한 설명적 표현으로 이해되어야 한다. (역주)

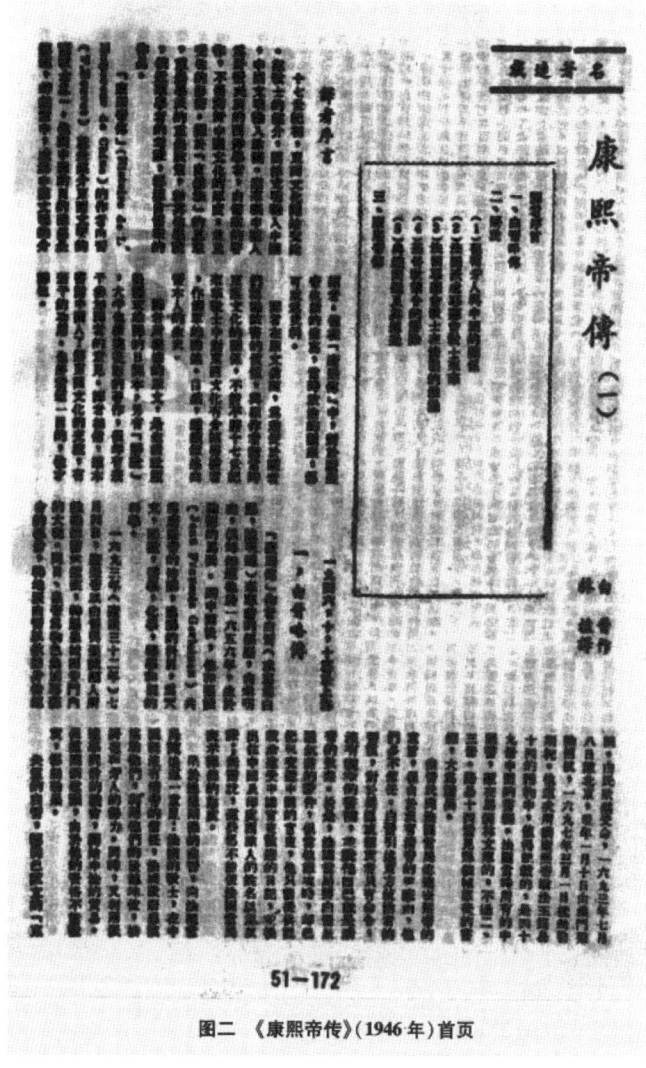

〈그림2〉『강희제전(康熙帝傳)』(1946) 첫 페이지

그러나 스탄다트·두딩크·황일농(黃一農)·축평일(祝平一) 등이 편집한 총서 『서가회장서루명청천주교문헌(徐家匯藏書樓明淸天主敎文獻)』(1996)[58]과 스탄다트·두딩크가 편찬한 『야소회라마당안관명청천주교문헌(耶蘇會羅馬檔案館明淸天主敎文獻』(Chinese Christian Texts from the Roman Archives of the Society of Jesus)[59]에는 부베 등의 저서가 포함되어 있지 않다. 두딩크는 2002년에 『화예학지』에 「로마 예수회 기록보관소 일본어-한어 장서 I-IV」 (The Japonica-Sinica Collections I-IV in the Roman Archives of the Society of Jesus)[60]라는 논문을 발표했는데, 중요한 참고자료이다.

이상에서 살펴본 바와 같이, 바티칸 도서관에 소장된 부베와 그의 제자들의 중문 역학 자료에 대해 국내외 학자들이 정도의 차이는 있으나 주목해왔으며, 그 수록 현황에 대해 상세하거나 간략한 형태로 설명한 바 있음을 알수 있다. 다만 그 역학의 구체적 내용에 대해서는 시간적 제약이나 혹은 다른 이유때문에 지금까지 상세한 학술적 분석이 이루어지지 않았으며, 기껏해야 몇 개의 문장으로 간략한 설명을 덧붙이고 있을 뿐이다. 대부분 서둘러 한 번 보고, 잠깐의 인상에 의거하여, 단지 몇 마디로서 단편적 견해를 제출한 것이기 때문에 여러 사람들이 코끼리를 묘사하였지만, 그 전체 모습을 그려내지 못하는 것과 같다. 이러한 연구 현황은 필자가 이 책을 집필하는 데 학술적 의의를 제공한다.

---

58 鐘鳴旦(1996).
59 Standaert & Dudink(2002). 鐘鳴旦·杜鼎克(2002) 참고.
60 Dudink(2002), pp. 481-536.

제3절
본서의 문헌자료의 확정

이 책에서 활용하는 자료의 범위는 "바티칸도서관[61]에 소장된 중문 역학 자료"에 한정된다. 그 이유는 다음의 세 가지이다.

첫째, 폴 펠리오와 다카타 도키오(高田時雄, 1949-)의 『바티칸도서관소장한적목록(梵蒂岡圖書館所藏漢籍目錄)』에 따르면, 바티칸도서관에는 부베와 그의 제자 푸케와 프레마르의 중문 역학 자료가 소장되어 있다.

둘째, 필자는 이탈리아 유학 시기에 바티칸 도서관에서 거의 석 달을 보내면서 교황청 도서관에서 부베와 그의 제자 푸케와 프레마르가 저술한 중문 역학 자료를 필사하고 대교(對校)하였다. 그러므로 필자는 제1차 자료를 바탕으로 연구할 수 있었다. 그러나 필자가 프랑스와 독일 등 다른 국가에 소

---

61 일반적으로 토마스 파렌투첼리(Tommaso Parentucelli)로 알려진 교황 니콜라스 5세(Nicholas V, 1397-1455, 재위 1447-1455)는 15세기 중반의 인본주의학자였으며, 그는 영국, 독일, 그리스 등지로 사람들을 파견하여 진귀한 서적을 수집하게 했다. 니콜라스 5세는 재위 기간 동안에 교황의 개인 도서관을 학계에 개방하기로 결정했는데, 이것이 바티칸 교황청 도서관의 시작이다. 니콜라스 5세는 재임 7년 동안에 약 1,300개의 원고를 수집하고 조반니 토르텔리(Giovanni Tortelli)를 교황청 초대 도서관장으로 임명하여 바티칸도서관을 서방세계에서 가장 크고 중요한 컬렉션 중 하나로 만들었다. 바티칸도서관은 1450년경에 학자들에게 개방된 이후 바티칸도서관의 소장품은 계속해서 확장되어 100년 후에는 유럽에서 가장 풍부한 소장품을 보유한 도서관이 되었다. 그 소장품은 신학 분야에 국한되지 않고, 초기 라틴어와 그리스어 문헌에서부터 히브리어, 그리고 인도어·일본어·중국어 등 극동 지역의 언어에 이르기까지 다양한 언어로 된 자료를 망라하고 있다. 새로운 도서관은 1590년에 지어졌으며 오늘날에도 여전히 사용되고 있다. 현재 바티칸 도서관은 다양한 언어로 된 총 82,000개의 사본, 100,000개의 기록, 1,600,000개의 종이책(요람 8,700권 포함), 400,000개의 주화 및 메달, 100,000개의 판화, 그림 및 도판과 부조 작품, 150,000개의 사진을 보유하고 있다. 그 중에서 중국과 관련된 소장품은 총 7,000점에 달하며, 여기에는 희귀한 고서 2,000권 이상, 중화민국 인쇄물 600점, 당대 간행물 1,000점, 지도, 탁본, 자수, 상아 조각, 사진, 그리고 3,000개의 고대 동전 등을 포함한다. 또한 도서관에는 15종의 만주 문서, 1종의 몽골 문서, 일부 티베트 문서 2종이 있다. 바티칸 도서관은 교황이 수집한 풍부한 필사본 컬렉션을 보유하고 있으며, 수세기에 걸쳐 교황의 개인 소장품, 왕립 도서관 또는 개인 도서관과 같은 다양한 출처에서 중요한 소장품이 추가되었다. 바르베리니(Barberini) 가문은 17-18세기 이탈리아의 부유한 가문으로 교황 우르바노 8세(Pope Urban VIII)를 비롯해서 여러 명의 추기경을 배출하였다. 바르베리니 가문에 의해 세워진 바르베리니 도서관(Barberini Library)은 2세기에 걸쳐 상당히 확장되었으며, 교황 우르바노 8세의 희귀한 책의 선호 및 수집은 가족도서관 컬렉션의 급속한 성장에 결정적인 역할을 했다. 바르베리니 도서관의 장서와 서가는 1902년에 바티칸도서관에 인수되었다. (余東(2019), pp. 2-3)(역주)

장된 부베 등의 역학 자료를 직접 본 것은 아니기 때문에, 필자의 연구범위를 여기에서 한정해야 한다.

셋째, 현재 관련 연구의 진행 정도를 고려할 때, 부베의 『역경』 연구 자료, 특히 외국어로 쓰인 편지와 수고(手稿) 등은 프랑스 국가 도서관, 예수회 기록보관소 자료 등을 통해 이미 광범위하게 열람되고 연구되어 왔다. 선교사들의 『역경』 연구 자료는 바티칸 도서관에 집중되어 있음에도 불구하고, 그 구체적인 사상에 대해서는 아직 종합적 연구가 이루어지지 않았다.

바티칸 도서관의 목록실에는 세 종류의 한적(漢籍) 도서목록이 있다.

첫 번째 도서목록: 『바티칸도서관 소장 한문 사본 및 인쇄본 서적 간명 목록』(Inventaire sommaire des manuscrits et imprimes chinois de la Biblioteque Vaticane)이며, 바티칸도서관의 편호(編號) 512로 등록되어 있다. 이 책은 프랑스의 한학가 펠리오가 1922년 6월 13일부터 7월 6일까지 3주 동안 바티칸도서관에 소장된 한문의 필사본과 인쇄본을 정리해서 작성한 목록이다. 이 목록은 비록 완벽한 것은 아니지만, 바티칸도서관 한적 목록 가운데 첫 번째 목록으로서, 외부 세계 특히 학계에 바티칸도서관의 한적에 쉽게 접근할 수 있는 방법을 제공한다. 이 책에는 앙리 코르디에(Henri Cordier 高弟, 1849-1925)의 『17-18세기 유럽인들이 중국에서 출판한 도서목록』(Bibliographie des ouvrages publies en Chine par les Europeens au XVIIe et au XVIIIe siecle, Paris 1901)과 모리스 쿠랑(Maurice Courant 古恒)의 『중국, 한국, 일본 등의 도서목록』(Catalogue des livres chinois, coreens, Japonais, etc., Paris 1902-1912)의 편호가 적혀 있어서, 이를 통해 한적 도서의 한문 원명(原名)을 명확하게 조회할 수 있다.

두 번째 도서목록: 『바티칸도서관 소장 한문 사본 및 인쇄본 서적 간명 목록』(Inventaire sommaire des manuscrits et imprimes chinois de la Biblioteque Vaticane)이며, 바티칸 도서 편호는 512A이다. 이 책은 일본의 교토대학(京都大學) 인문과학연구소의 다카타 도키오(高田時雄) 교수가 1995년에 번

역, 수정 및 정리해서 펴낸 것인데, 교토의 이탈리아국립동방학연구소(Istituto Italiano di Cultura Scuola di Studi sull'Asia Orientale)에서 펴낸 『참고문헌총간(參考文獻叢刊)』 제1종에 해당된다.

다카타 도키오의 작업은 펠리오의 목록을 교정했을 뿐 아니라, 참고문헌도 보충하였다. 코르디에와 쿠랑의 책 목록과 조반니 스타리(Giovanni

〈그림3〉 강희제의 유지(諭旨)에 나오는 부베에 관한 언급[62]

---

62 강희제의 유지를 판독하면 그 내용은 다음과 같다. "覽多羅所奏. 朕知道了. 無用再諭, 但白晉已與沙圖書不和. 喚回白晉何如. 還有不盡之諭. 等多羅好了陛見之際, 再諭. 傳與多羅寬心之養病. 不必爲愁."(투르농(多羅)이 올린 상주(上奏)를 잘 읽었다. 짐은 이미 알고 있으니, 다시 분부를 내릴 필요는 없다. 그러나 부베(白晉)는 이미 사투(沙圖)와의 서신(書信)에서 불화를 빚고 있다. 부베를 불러들이는 것이 어떻겠는가? 아직 다 전하지 못한 지시가 있다. 투르농(多羅)이 병세가 호전되어 짐을 알현하게 될 때를 기다려, 다시 지시하겠다. 투르농에게는 병을 편한 마음으로 요양하고, 걱정하지 말라고 전하라.(中國第一歷史檔案館編纂, 『清中前期西洋天主教在華活動檔案史料』제1책, 中華書局, 2003, p.11.) 여기서 다라(多羅)는 탁라(鐸羅)라고도 하며, 투르농(Carlo Tommaso Maillard de Tournon, 1668 - 1710)를 가리킨다. 투르농은 예의논쟁에서 부베와 불화(不和)를 일으켰던 인물이다.

Stary)⁶³의 이탈리아 국립도서관과 바티칸도서관 필사본 목록, 그리고 왕중민(王重民, 1903-1975)의 『라마방서기(로마에서 책찾기)(羅馬訪書記)』⁶⁴ 등을 참조하여 참고문헌의 색인을 보완했다.

세 번째 도서목록: 편호(編號) 512B의 『바티칸도서관 소장 한적 목록 보편(補編)』(Supplement a l'inventaire des livres chinois de la Bibliotheque Vaticane)도 다카타 도키오의 저서로서, 펠리오의 책에서 누락된 자료들을 보충해서 편집한 것이다. 1997년에 교토대학 인문과학연구소에서 출판한 『동양학문헌중심총간(東洋學文獻中心叢刊)』의 제7권 상(上)에 해당한다.

그 밖에 바티칸 도서관 사서 여동(余東, Yu Dong)이 편집한 목록집, 『바티칸도서관 소장 초기 선교사들의 중문 문헌목록(16-18세기)』(Catalogo delle opere cinesi missionarie della Biblioteca Apostolica Vaticana, XVI-XVIII secolo)(1996)은 16-18세기에 중국에 온 선교사들이 저술한 중문 문헌에 대해 명확한 이해를 준다. 이상에서 언급한 목록들은 우리에게 바티칸 도서관에 소장된 한적과 천주교 선교사들에 의해 중국어와 서양어로 쓰인 저작물에 대해 기본적 이해를 제공한다. 한적 목록에 수록된 자료를 보면, 중국서적 이외에도 다양한 기독교 교파의 선교사들이 중국에 있을 때 저술한 저서, 초록 및 서신 등이 포함되어 있음을 알 수 있다. 이러한 문서들은 모두 기독교가 중국에 들어온 역사와 명청 시기의 중국 문화가 서양으로 전파된 역사를 연구하는 데 중요한 참고자료가 된다.

초보적 검색을 통해서 바티칸 도서관에 소장된 한적 목록에서 『역경』에 관한 책이 대략 47책이 있다는 것이 확인된다. 그 중에는 관방(官方)에서 편찬한 서적으로 『흠정일강역경강의(欽定日講易經講義)』, 이광지(李光地)의 『어찬역경절중(御纂易經折中)』이 있다. 또 유가(儒家) 전통의 학자들이 쓴 역

---

63 바티칸 도서관에는 15종의 만주 문헌이 있으며 모두 청나라 때 인쇄되었다. 조반니 스타리(Giovanni Stary)는 1985년에 바티칸도서관에 소장된 이탈리아와 바티칸의 만주어 텍스트를 목록화했다. (역주)
64 王重民(1992), pp. 799-809.

학저작도 있는데, 예를 들면 호일계(胡一桂, 1247-?)의 『역부록찬주(易附錄纂注)』, 장문달(張問達)의 『역경변의(易經辨疑)』, 반사조(潘士藻, 1537-1600)의 『독역술(讀易述)』, 임희원(林希元)의 『역경존의(易經存疑)』, 장차중(張次仲)의 『주역완사곤학기(周易玩辭困學記)』 등이다. 그리고 세례를 받은 중국인인 주지(周志, 세례명: Jacob 雅克伯)의 저서 『독역기(讀易記)』도 있다.

그 중에서 가장 독특한 것은 예수회 선교사가 저술한 『역경』 연구 저서들인데, 부베의 『역고(易考)』, 『역인원고(易引原稿)』, 푸케의 『거고경전고천상불균제(據古經傳考天象不均齊)』, 프레마르의 『역경원지탐(易經原旨探)』, 레지스(Jean Baptiste Regis, 雷孝思, 1663-1738)의 『역경(易經)』 선편(選編) 등이 있다. 필자의 저서는 바티칸 도서관에 소장된 부베와 그의 제자들이 중문으로 쓴 역학 저작들을 연구 텍스트로 삼아, 그들의 역학사상을 탐구한 연구이다.

그 중에서 부베의 역학 저서는 "FONDS[65] BORGIA CHINOIS (Borgia·Cinese[66]) 수고본(手寫本)과 각인본(刻印本)" 목록 편호(編號) 317에 포함되어

---

[65] 퐁(Fonds): 기록물 관리와 관련하여, 프랑스어에서 유래된 단어이다. 도서관의 문서고(archive)는 그 문서가 유래된 출처, 즉 개인, 가족, 조직 등에 따라 각각 별도의 단위로 분류된다. 기록을 생산하는 여러 부서나 개인을 총괄하는 최상위 조직이나 개인의 모든 전체 기록을 하나의 퐁으로 모음으로써, 이는 기록을 서고에 보존할 때나 분류, 기술할 때 존중해야 할 하나의 출처가 된다. 이 각각의 단위를 퐁(fonds)이라고 한다. 하나의 조직이나 가족, 개인이 생산·수집한 전체 기록을 뜻하며, 역사적 가치를 지닌 기록물만을 의미하는 경우가 있고, 반면에 특정 기관에서는 생산된 기록물 전체를 나타내기도 한다. 영국에서는 'archive group'이라고 하고, 미국에서는 'record group'이라고 한다. (역주)

[66] Borgia Cinese: Borgia cinese에는 중국어 필사본, 음각판, 지도 및 기타 문서와 2개의 일본 문서를 포함하여 총 538개의 항목이 포함되어 있다. 이 자료들은 교황청의 포교성성(布敎聖省: Congregazione de Propaganda Fide) 차관으로 재직했던 스테파노 보르자(Stefano Borgia, 1731-1804)에 의해서 수집되었다. 스테파노 보르자는 1731년 이탈리아 벨레트리(Velletri)의 귀족가문에서 태어났다. 페르모의 주교(主敎)인 숙부 알렉산드로 수하에서 교육받았으며, 젊은 시절부터 역사와 고대 유물에 관심이 많아 19세 때는 고고학 분야를 연구하는 코르토나 아카데미(Academy of Cortona)에 입학할 정도였다. 보르자는 1756년에 로마의 사피엔자 대학교에서 교회법으로 박사 학위를 받은 후 고위 성직자에 취임했다. 1770년에 포교성성(布敎聖省: Congregazione de Propaganda Fide) 차관이 되었으며, 예수회 해산(1773)과 프랑스 혁명(1789), 포교성성의 해체(1798) 등 교회사적으로 '격동의 세기'라 이를만한 18세기 중 후반, 격랑의 포교성성과 고스란히 운명을 같이 했다.(장동훈, 「포교성성 차관, 스테파노 보르자(Stefano Borgia, 1731-1804) - 교황청의 18세기 세계 선교 업무 구조와 정책 결정 과정」, 『가톨릭신학』, 제23호, 2013) 포교성성 차관이 된 이후 그의 컬렉션은 더욱 풍부해져 고향 벨레트리(Velletri)에 보르자 박물관을 설립했다. 괴테(Goethe)는 로마에서 나폴리로 여행하는 동안에 1787년 2월 22일에 벨레트리에 있는 스테파노 보르자의 박물관에 들렀는데, 다양하고 희귀한 유물을 보고 극찬을 아끼지 않았다. (https://www.romeartlover.it/Velletri2.html) "보르자 치네제(Borgia Cinese)"에는 538개의 사본이 있으며, 그 가운데 37개는 디지털화 되어 있다. 그것은 비(非) 라틴어 계열의 외국 수집품 가운데 최대

있으며, 그의 제자들의 역학 저서들은 91·316·357·361·380·379·439 등 편호(編號)에 흩어져 있다.[67] 이 책에서 부베와 그 제자들의 중국어 역학 저서들의 내용과 경학적 특징 및 그 영향 등을 통해 그들의 역학 사상을 연구하고, 그들이 중국의 전통문화에 적응하는 과정에서 중국과 서양이라는 두 이질적 문화를 융합하기 위해 어떤 노력을 했는지 살펴볼 것이다.

바티칸 도서관의 자료 외에도 로마의 예수회기록보관소(the Roman Archives of the Society of Jesus)[68]에 중국어 문헌자료가 일본 관련 문헌과 합쳐 보르자·치네제(Borgia·Cinese)의 "일본-중국서적"에 포함되어 있다. 그 중에는 제1-4류의 색인 목록은 알버트 찬(Albert Chan, S.J., 陳綸緖 1915-2005)의 『로마 예수회 기록보관소 소장 한(漢)-일(日) 문헌목록 제요』((羅馬耶穌會檔案館處藏漢和圖書館文獻目錄提要, *Chinese Books and Documents in the Jesuit Archives in Rome*)[69]를 참조할 수 있다.

부베의 역학 연구와 관련된 자료로는 Japonica·Sinica, IV-5에 『식근본진재명감(識根本眞宰明鑒)』 및 『천주삼일론(天主三一論)』이 포함되어 있고, Japonica·Sinica, IV-25-2에 『천존지비도(天尊地卑圖)』와 『육십사괘도(六十四卦圖)』가 포함되어 있으며, Japonica·Sinica, IV-25-3에 부베가 예수회 총회장 미켈란젤로 탐부리니(Michelangelo Tamburini, 1648-1730)에게 보낸 편지가 포함되어 있다.[70] 이 편지에는 부베가 『역경』을 연구하게 된 정황과

의 것이며, 중국에 선교사를 파견하는 것에 대한 스테파노 보르자의 관심을 반영한다. Borg. cin. 396에는 안토니오 몬투치(Antonio Montucci)의 수집품도 포함되어 있다. (http://www.wiglaf.org/vatican/fonds/Borg.cin.html)(역주)

67 http://www.wiglaf.org/vatican/fonds/Borg.cin.html(역주)
68 바티칸 도서관을 제외한다면 이탈리아 최대의 한적(漢籍)을 수장(收藏)하고 있는 도서관은 로마의 국립중앙도서관(Biblioteca Nazionale Centrale di Roma)로서 그 동방부(Sezione Orientale)에는 한적(漢籍)이 1,500종 15,000책이 있다. 예수회 본부에서 설립한 아카이브, ARSI(Archivum Romanum Societatis Iesu)에는 예수회 해외 선교와 관련된 대량의 문헌이 소장되어 있다. 그 중에는 한적(漢籍)도 섞여 있으나, 그 양은 많지 않다. 나머지 한적(漢籍)은 포교성 부설 대학인 Pontificia Università Urbaniana에 소장되어 있으며, 그 수량이 상당히 많다. (역주)
69 Chan(2002).
70 제1쪽과 제2쪽은 부베가 예수회 총장 미켈레 탐부리니에게 보낸 편지이다. (Albert Chan, *Chinese Books and Documents in the Jesuit Archives in Rome*, 2002. p.550)(역주)

동료 선교사들이 부베에게 반대하는 태도를 취했던 이야기 등이 적혀 있다.

Japonica·Sinica, IV-25-4에서 부베는 『하도』와 『낙서』의 기원, 주돈이(周敦頤, 1017-1073)의 『태극도(太極圖)』, 『천존지비도』, 64괘 등에 대해서 해석하였다. 그 중에는 『하도밀법(河圖密法)』, 『낙서밀법(洛書密法)』, 『복희64괘차서도(伏羲六十四卦次序圖)』, 『복희64괘방원이도(伏羲六十四卦方圓二圖)』, 『문왕64괘원도(文王六十四卦原圖)』 등이 포함되어 있다. 도서관의 열람 시간 제한 때문에 부베의 저서 Japonica·Sinica IV-5와 IV-25만 적초(摘抄)할 수 있었다. 그 밖에도 부베의 서신 원문 중 일부는 프랑스어 및 라틴어로 적혀 있는데, Japonica·Sinica, 편호 177에 연도별로 수록되어 있다.

그리고 로마에 있는 교황청립 우르바노 대학교의 포교성성(布敎聖省) 역사기록보관소와 우르바노 대학의 중국학연구센터에도 라틴어 혹은 불어로 쓰인 선교사들의 수고(手稿)·서신·서적 등이 소장되어 있다.

그 중에는 역사기록보관소의 「1723년 대회에서 보고된 동인도와 중국지역의 『성경』」이라는 문서에 푸케가 중국의 고대 경전에 대해 소개하고 있는 내용이 있다.[71]

그리고 로마의 국립중앙도서관(Biblioteca nazionale centrale di Roma)에는 부베가 쓴 『강희황제(康熙皇帝)』의 불어 판본 *Portrait historique de l'emperur de la Chine* (1697)가 소장되어 있다.

독일 바이에른 도서관(Bayerische Staatsbibliothek)에는 부베가 쓴 『강희황제』의 라틴어 판본 *Icon Regia Monarchae Sinarum Nvnc Regnantis* (1699)가 소장되어 있어 참고할 수 있다.

---

71 *Archivio Storico: Indie Orientali e Cina Scritture Riferite nei Congressi 1723(640-1252)*, Vols. 16, ff 698-723V.

제4절
경전해석의 중서결합

글쓰기 방법이란 사유(思維)의 성문(城門) 앞에 서서, 사상(思想)의 왕국을 여는 열쇠를 쥐고 있는 것과 같은 것이다. 명확한 사상 분석의 수단과 연구의 관점이 결핍된 상태에서는 뿔뿔이 흩어진 병사들이 이리저리 방황하며, 사상의 본질을 파악하지 못하고, 어떤 주제를 잡더라도 공허하고 논리적인 질서를 갖추지 못한 글이 된다. 주제에서 아주 멀리 벗어난 글을 아무리 많이 써 봤자, 기대했던 효과를 얻지 못할 것이다. 그러한 글은 과거의 저작들에 대한 오해를 불러일으켰을 뿐 아니라, 독자들에게도 더 큰 오해를 불러일으킨다.

글을 잘 쓰기 위해서는 수많은 방법이 있다. 그런데 "좋은 도구를 잘 이용해야 일을 잘 할 수 있다"[72]라는 말처럼 글을 잘 쓰기 위해서는 가장 적당한 방법을 사용해야 한다. 전통적으로 그 효과가 검증된 문법독해법, 역사고증법, 경학해석법을 사용하는 것은 마치 레오나르도 다빈치(Leonardo da Vinci, 1452-1519)가 그림 그리는 기술을 배우기 위해 "계란을 반복해서 모사하는 연습을 한 것"과 같다. 하지만 계란을 잘 모사하기 위해서는 많은 노력이 필요하다. 똑같은 칼을 사용해서 소를 해부하더라도 그 칼이 누구의 손에 쥐어져 있는가에 따라 소의 해부는 전혀 다른 양상을 보일 것이다.[73] 이러한 방법을 지속하여 새로운 연구 진로를 모색하고, 숙련된 기술을 익힌 이후에는 다시 좋은 칼로 바꾼다면, 금상첨화의 결과를 얻게 된다. 따라서 문제연구

---

[72] 『논어·위령공(衛靈公)』의 "장인이 일을 잘 하고자 하면 반드시 먼저 도구를 날카롭게 다듬는다(功欲善其事, 必先利其器)"의 문구를 이용하였다.(역주)
[73] 『장자·양생주(養生主)』에 "포정해우(庖丁解牛)"의 고사(故事)가 나온다.(역주)

에 적합한 연구방법을 도출하기 위해서는 선행자료를 읽는 과정에서 타인의 연구방법을 잘 이해하고 그 연구방식도 자세히 관찰해야 한다. 요컨대, 연구방법의 제출은 생각을 구속하거나 혹은 견강부회하는 사유의 틀을 만들어내는 방식에 의해서가 아니라, 사상 연구에 필수적인 심층적인 자유를 주고, 사유의 가능성의 차원을 확장하고, 그 최대의 가능성을 발휘시킬 수 있는 방식으로 이루어져야 한다.

이 책에서는 연구방법과 관련하여 전통적인 측면과 혁신적인 측면의 두 방향에서 접근하고자 한다. 전통적 측면에서는 주로 문헌학, 사회학, 화합학 등의 방법론을 적용한다. 문헌의 정리는 바티칸도서관 소장 도서 중에서 부베와 그 제자들이 중국어, 프랑스어 및 라틴어 등으로 저술한 제1차 역학 자료를 바탕으로, 원전연구, 초록(抄錄) 및 대교(對校) 작업 등을 행할 것이며, 고전의 내적 논리에 충실하고 원문의 형태를 최대한 보존하고자 한다. 아울러 사회와 인문의 전반적 내용뿐 아니라, 구체적 학술 연구의 방법까지도 포함될 것이다. 부베와 그 제자들의 역학 사상에 대한 연구는 국가별로 텍스트 표현의 차이와 사상 문화의 비교를 포함하기 때문에 개인의 구체적인 학문 형성 배경, 종교적 소속, 교육 배경, 지역 문화 등을 모두 고려해야 한다. 그리고 사회학 연구를 통해 이들이 어떻게 중국에서 정치적으로 선교의 합법적 권리를 획득하고, 학술 연구에서 예수회의 주도 세력이 될 수 있었는지에 대해서 탐구할 것이다. 또한 화합학 연구방법에 관련하여 필자는 이 책에서 장립문(張立文) 선생이 창안한 화합학(和合學)의 방법론을 참고하여, 부베의 역학사상의 본질적 의미와 철학적 함축 및 사상적 특징 등을 설명할 것이다. 이러한 방식으로 부베의 역학사상의 전체적인 조화, 전통의 연속성 및 구조의 질서가 보다 명확하게 드러날 수 있을 것이다.

혁신의 측면에서 이 책은 고전 해석학을 통해 『역경』을 재조명하고 분석하는 독창적인 접근 방식을 이용하였다. 고전해석학은 고전 텍스트의 의미를 철학적으로 분석하는 방법을 사용하여 기호학 이론에 바탕을 둔 현대의 언어 해석과 함께 지속적으로 드러낼 수 있는 토대를 제공한다. 이 책에서는 부베와 그 제자들의 역학 저서의 문맥, 장구(章句), 사리(辭理), 의미의 전달 방식을 분명하게 정리하고, 경전 텍스트에 대한 그들의 해석과 이론의 융합 과정을 분석하는 데 중점을 둘 것이다. 아울러 색은파 학설의 핵심 내용에 대한 귀납을 통해 그들의 역학사상의 특징과 영향 및 그 한계를 분석하고자 한다.

이 책의 핵심어 가운데 하나인 헤르메스(Hermes)라는 단어는 두 가지 측면의 의미를 갖고 있다.

한편으로, 헤르메스는 본래 고대 그리스 신화에 나오는 신으로서, 그 주요 임무는 신의 메시지와 지시를 인간에게 전달하여, 천상과 인간을 연결하는 것이다. 부베는 헤르메스를 동방의 복희와 같은 존재로 보았다. 왜냐하면 헤르메스는 하느님의 말씀을 전하는 사자(使者)이며, 복희는 성인의 도를 전하는 성현(聖賢)인데, 두 인물의 역사적 기능이 유사하기 때문이다.

다른 한편으로, "해석학"(Hermeneutic)은 바로 헤르메스에서 파생된 용어로서, 이 책의 중심 방법론이기도 하다. 해석이란 행위는 한 세계에서 다른 한 세계로의 전환, 즉 신의 세계에서 인간의 세계로, 낯선 언어 세계에서 익숙한 언어세계로 옮겨가는 것을 의미한다.[74] 따라서 해석학은 이 책에서 사유 방식과 사상 연구에 적용되는 중요한 이론적 접근법이 된다.

고전을 마주할 때 우리는 한 민족의 역사적 전개를 목격하는 경우가 많다. 왜냐하면 고전 텍스트에 의해 형성되는 주제 구조는 권위있는 전통적인 문체로 구성되며, 그 텍스트가 다루는 핵심 주제는 해당 민족의 신앙과 정신을 함양해 온 문화의 핵심에 해당하기 때문이다.

서구에서 『성경』은 하느님의 말씀과 행위를 기록한 이야기로 인식되며, 그 자체가 하나의 완전한 해석 체계로 간주된다. 『구약』 텍스트가 계시(啓示)의 양식을 취하는 반면에 『신약』은 예수 그리스도에 대한 초기 신자들의 믿

---

[74] Gadamer(1989), p. 28. 중국어 번역본 伽達默爾(1993), p. 102 참고.

음을 기록한 것으로서 일종의 "견증(見證, temoignage, testimony)"[75]의 문서로 볼 수 있다. 이러한 견증의 문서는 해석을 통해 역사에서 연속적(延續的)으로 전개된다. 『성경』해석학은 인간의 언어를 사용하여 하느님의 말씀을 이해하고, 하느님에 대한 믿음의 뒷받침 아래 『성경』의 원융성(圓融性)을 실현한다. 『성경』의 해석이 보편성에 부합해야 하는 이유는 지역, 언어, 민족의 차이로 인해 『성경』의 역사와 함께 경문의 해석과 번역이 발달했기 때문이다. 『성경』해석의 최초의 방식은 『신약』으로 『구약』을 해석하는 것이었다. 이러한 방식을 발단으로 삼아, "『구약』과 『신약』의 경문을 상호 대조해서 해석하는 방법[經文互釋]"은 공식적으로 인정받는 방식이 되었다. 『신약』과 『구약』을 대비시켜 해석과 주석하는 방식은 예표론(預表論, typology)으로 발전되었으며, "『구약』의 사건, 인물, 대상으로써 『신약』의 사건, 인물, 대상의 예시(預示) 혹은 원형(原型)으로 삼는 방법"으로 간주되었다.[76] 『구약』에 나타난 메시아(Messiah)의 예언(預言)은 『신약』에서 예수에 의해 성취되었다. 이러한 방식의 "우의(寓意, allegory)"[77]의 비유법은 『성경』의 신성함과 상징적 깊이를 강조한다.

　　타 민족에 의한 『구약』 번역과 서로 다른 교파들의 자기중심적 해석으로 말미암아 권위를 인정받을 수 있는 『성경』 해석 문헌의 정비와 개정이 시급히 요청되었다. 알렉산드리아 학파는 안티오키아(Antioch) 학파와 더불어 『성경』의 해석을 둘러싸고 뚜렷한 견해 차이를 드러냈다. 알렉산더 학파는 "인간에게는 육신(soma), 영혼(psyche), 정신(noûs)의 구분이 있다"는 플라톤

75　Mudge(1980) p. 50. 林子淳(2008), p. 167에서 재인용.
76　盧龍光(2009), p. 542.
77　우의적 성경해석(allegorical interpretation of the Bible)은 성경의 문자(rhete) 혹은 분명한 것(phanera) 이면(裏面)에 담긴 구절의 실제적 의미(hyponaia)가 존재한다고 믿는 해석 방법을 말한다. 그래서 어떤 사람들은 알레고리 해석을 확대된 은유(metaphor)라고 정의하기도 한다. 우의적 성경해석법은 2세기부터 등장한 성경 해석 방법으로 역사적 성경 해석과 더불어 양대 성경 해석방법론이다. 성서가 다양한 수준의 의미를 가지고 있으며, 문자적 의미와는 반대로 쓰이는 영적 의미, 우의적 의미, 혹은 신비적 의미가 있다고 해석하는 것이다. 기독교 공인 이후 교회에서는 역사적 성경해석을 기준으로 삼고, 우의적 성경해석법을 보조적으로 활용하였다. (역주)

사상의 영향을 받아 『성경』의 상징적 의미를 탐구하는 데 더욱 주의를 기울였으며, 『성경』의 비유 전통을 확립하기 위해 노력했다. 반면에 삼위일체 사상을 신봉했던 안티오키아(Antioch) 학파는 숨겨진 정신들에 관심이 없었고, 『성경』의 문자적 의미를 존중했으며, 『성경』의 역사적 의미에 주목했다. 『성경』 해석 방식을 둘러싸고 벌어진 이 두 학파의 대립은 『성경』 해석학의 발전을 촉진시켰다. 상층의 정신에 더 많은 관심을 기울였던 알렉산드리아 학파와 하층의 역사적 전통을 중시했던 안티오키아(Antioch) 학파 사이에서 초기 기독교의 교부(敎父)들은 대부분 알렉산드리아 학파를 선택했다.

아우구스티누스(Aurelius Augustinus, 354-430)의 해석학은 중세의 『성경』 해석학의 진로를 결정하였다. 그는 『성경』을 주석했을 뿐 아니라, 『성경』을 해석하는 방법을 안내하는 전문적인 책을 저술했으며, 언어학, 기호학 등의 측면에서 『성경』의 언어를 해석함으로써 『성경』 해석이 언어적 기초 위에서 이루어질 수 있도록 했다.

초기 기독교의 알렉산드리아의 클레멘스(Clement of Alexandria, 150-215)와 알렉산드리아의 오리겐(Origen of Alexandria, 약 185-254)은 성경의 우의적 해석 전통을 정립하는 데 중요한 기여를 하였으며, 이러한 전통은 후대의 토마스 아퀴나스(Thomas Aquinas)에 이르러 '다중 의미'[78]이론으로 더욱 체계화되었다.[79] 그러나 중세의 성경해석학은 기독교 내부에서의 과도한 해석의 남용으로 말미암아 고전 철학은 신학의 시녀로 전락하고 말았다. 그 결과, 구약의 역사적 의미는 종교 권위에 의해 맹목적으로 종속되었고, 본래의 역사적 맥락을 상실하게 되었다.

『성경』 구절에 담긴 문자적 의미(literal sense), 우의적 의미(allegorical

---

[78] 아퀴나스는 성서의 문자적 의미를 강조하였고, 알레고리적 해석을 극소화하였다. 사실 알레고리적 해석은 성서 주석에 있어서 의미있는 방법으로는 아퀴나스에 이르러 거의 종말에 이르게 되었다. 이는 그가 알레고리를 철저히 배격했다거나, 그의 동시대적 및 그 이후의 성서해석이 결코 알레고리화되지 않았음을 의미하는 것이 아니라, 르네상스와 종교개혁 및 성서에 대한 고등비평이 대두하면서 알레고리는 더 이상 교부시대나 중세초기만큼 무대의 중심을 차지하지 못했음을 의미한다.(역주)

[79] 楊慧林(1999), pp. 9-14, 190-193참고.

meaning), 함의(implication), 그리고 심오한 의미(奧義, profound meaning)는 은밀한 의미(隱)와 명시된 의미(現)라는 두 차원을 따라 점점 더 복잡하게 발전하였다. 토마스 아퀴나스는 문자적 의미와 영적 의미(spiritual sense)에 대한 해석을 통해 신학과 역사학 사이의 조화를 모색하였으며, 『구약』의 의미를 그 텍스트 자체의 문맥에 두어, 문자적 의미와 영적 의미 사이에 균형을 유지하고자 했다. 마르틴 루터(Martin Luther, 1483-1546)의 "칭의신학(稱義神學, theology of justification)"[80]은 그리스도 중심주의를 적극적으로 내세웠다. 그리고 이를 바탕으로 해석된 역사적, 예언적 텍스트는 문법적-예언적 해석(grammarico-prophetic exegesis)을 강조함으로써 그리스도에 대한 믿음과 칭의를 더욱 심화시켰다. 이로부터 『성경』 해석에 있어 전통적 해석 방식과 구별되는 새로운 규범과 기준이 형성되었다.

18세기에 이르러, 안티오키아 학파에서 발전한 역사문법적 해석법(historico-grammatical method)은 『성경』 해석에서 지배적인 방법론으로 자리 잡게 되었다. 당시의 성경 해석자들은 『성경』 속에 보석처럼 숨겨진 거룩한 메시지가 내포되어 있다고 믿었다. 이들은 문자적 의미(literal meaning)와 문장 구조(句法) 분석을 통해, 그 신비로운 메시지를 해독하고자 하였으며, 이를 통해 해석에 권위 있는 진리를 부여하려 하였다. 그러나 성경 해석학은 단순히 번역이나 구문론적 분석에만 국한되지 않는다. 오히려 해석은 해석 주체의 이해를 중심에 두며, 이는 곧 해석학의 근본 명제인 "해석은 이해(Verstehen)의 표현 형식이다"[81]라는 명제에서도 확인할 수 있다. 언어를 이해한다는 것은 단지 문장을 분석하는 행위가 아니라, 존재를 드러내는 실천적 행위이기도 하다.

따라서 시대와 지역이 다른 민족들의 『성경』 해석은 그 지역의 문화와

---

[80] '칭의'(稱義, justification)란 '의롭다고 불러준다'는 뜻으로서, 하나님께서 예수 그리스도의 의(義)를 통해 죄인(罪人)을 의롭다 여겨주시는 것을 가리키는 신학용어이다. (역주)

[81] 洪漢鼎(2001), p.3.

결합하여 각기 다른 특징을 나타내었다. 가다머(Hans-Georg Gadamer, 1900-2002)가 철학적 해석학에서 말했듯이 원본 텍스트와 현재의 상황적 맥락(context) 사이에 의사전달(communication)의 기제(機制)가 형성됨으로써 텍스트의 생명이 연속적으로 유지되며 텍스트 해석자의 역사성도 같이 형성된다. "모든 해석에는 해석자 자신에 대한 해명이 포함되어 있다."[82]

미셸 푸코(Michel Foucault, 1926-1984)는 초기 담론(discourse) 분석에서 텍스트를 중심으로 삼아 텍스트의 상호텍스트성(intertextuality)을 강조하였다. 그리고 노먼 페어클러프(Norman Fairclough, 1941-)에 따르면, "그것은 담론 변화의 우선성 및 담론 질서(order of discourse)의 구성과 재구성의 양립가능성에 기인한다."[83] 현대에 이르러 성경 해석학은 담론환경에 더욱 주목하고, 해석자 자신의 역사적 요인을 고려하게 되었다. 따라서, 『성경』 해석의 경향이 "상황에 따라 적응해서[因時制宜]" 변화해 왔음을 알 수 있다. 예를 들어 선교사는 『성경』과 『역경』 사이에서 한편으로 『성경』의 권위를 옹호하면서, 동시에 텍스트의 실제 맥락을 고려해야 한다. 선교사는 『역경』이 중국 경전 중에서 갖는 핵심적 지위를 인정해야 하며, 경전 해석에서 수용자의 이해와 관용의 정도 및 인식 태도 등을 고려해야 한다. 이러한 해석은 『성경』의 사고 차원을 어느 정도 개방해 준다.

동양에서 『역경』의 해석은 선진(先秦) 경전 해석학의 범주에 속하는데, 그 목적은 실제 일반 사회에서 정치적 통치, 사상문화적 통합 등 사회생활의 발전에 적응하는 데 있다. 따라서 『성경』의 해석처럼 종교적 성격의 계시나 신비적 기적에 대한 해석과는 다르다.

강광휘(姜廣輝)는 『중국경학사상사(中國經學思想史)』[84]에서 고대 중국어

82　烏多 蒂茨(2010), p.30.
　　원서: Tietz(1992)(역주)
83　諾曼 費爾克拉夫(2003), p.93.
　　원서: Fairclough(1992)(역주)
84　姜廣輝(2003).

의 문자체계에서의 텍스트 해석에 관련하여, 유가경전 해석학의 개요를 ① "지인논세, 이의역지(知人論世, 以意逆志)"[85] ② "서부진언, 언부진의(書不盡言 言不盡意)"[86] ③ "아주육경, 육경주아(我注六經, 六經注我)"[87] ④ "실사구시, 육경개사(實事求是, 六經皆史)"[88] ⑤ "반본개신, 탁고개제(返本改新, 托古改制)"[89] 등 다섯 개 명제로 제시했다. 그리고 서보경(徐葆耕)은 「전통의 전환과 전통해석학(傳統轉化與傳統解釋學)」이라는 논문에서 훈고학(訓詁學)을 중국의 전통 해석학으로 간주했다. "해석자의 담론 - 해석자가 처한 정치·인문·배경의 삼중구조(歷史話語-解釋人的話語-解釋人所處的政治、人文、背景的三重結構)"[90]의 학설을 제출하고, 아울러 「중서회통의 세 가지 처리방식(中西會通及其三種操作)」이라는 글에서는 "중국에서 넓은 의미에서 훈고학이라고 부르는 것이 바로 해석학"[91]이라고 주장하였다. 반덕영(潘德榮)도 역시 "중국의 해석 전통은 훈고학에 뿌리를 두고 있다"[92]고 했다. 따라서 훈고학은 고전 해석의 방법일 뿐 아니라 중국 고전 해석학의 기초이기도 하다.

서학(西學)의 진입과 함께 중국 고전의 해석범위는 훈고학의 범위를 넘어섰다. 『역경』은 "고대 전적 중에서 중국 사상과 해석 방식이 형성되고 발

---

[85] "지인논세(知人論世)"와 "이의역지(以意逆志)"는 『맹자·만장상편(萬章上篇)』에 나오는 말이다. 즉 "지인논세(知人論世)"라는 말은 "그 사람의 시를 읽고, 그 사람의 책을 읽고도 그 사람을 모른다면 말이 되겠는가? 이 때문에 그 시대를 논하게 되는 것이니, 이것이 옛 사람과 벗하는 것이다.[頌其詩, 讀其書, 不知其人, 可乎? 是以論其世也 是尙友也.]라는 구절에 나온다. 그리고 "이의역지(以意逆志)"는 "시를 말하는 사람이라면 글로 말을 해치지 않고, 말로 뜻을 해치지 않는다. 자신의 뜻으로 작자의 뜻을 찾아 아는 것이 시를 안다고 할 것이다[說時者, 不以文害事, 以意逆志, 是爲得之]"라고 한 데에서 나온다. (역주)

[86] "서부진언, 언부진의(書不盡言 言不盡意)": "글로는 말을 다하지 못하고, 말로는 뜻을 다하지 못한다"라는 뜻으로서, 『주역』의 「계사전」에 공자가 한 말로 나온다. (역주)

[87] "아주육경, 육경주아(我注六經, 六經注我)": 육구연(陸九淵)의 어록(語錄)에 나오는 말이다. "육경이 나의 사고를 보충해주기도 하고 내가 육경의 의미를 풀이하기도 한다[或問先生何不著書? 對曰: 六經注我, 我注六經.]"라는 뜻이다. (역주)

[88] "육경개사(六經皆史)"는 장학성(章學誠)의 저서 『문사통의(文史通義)』의 1권 「역교(易敎)」편에 나오는 말이다. 육경이 모두 역사와 관련 있는 책들이며, 옛사람들은 사실(事)에 대한 내용 없이 사상(理)을 말한 적이 없다는 뜻이다. (역주)

[89] 탁고개제(托古改制)는 왕망(王莽)이 옛것에 의탁해서 제도를 개혁하려고 한 것을 가리키는 말이다. (역주)

[90] 徐葆耕(1997), p.19.
[91] 徐葆耕(1997), p.29.
[92] 潘德榮(2003), p.43.

전되는 데 가장 큰 영향을 미쳤다."고 여겨진다.[93] 따라서 『역경』의 독해 방법에 대하여, 전기박(錢基博, 1887-1957)은 『주역의 해제 및 독법[周易解題及其讀法]』에서 『역경』을 역사서처럼 읽어서는 안된다고 주장했다. 그의 관점에 따르면, "역사란 과거의 지나간 사건을 기록한 것이고, 『역』은 아직 오지 않은 미래를 예측하는 것이다. 역사는 통치와 관련된 모든 사건들을 기록한 것이고, 『역』은 통치가 진화해나가는 대표적 사례를 읽는 것이다.[史以藏往, 『易』以知來, 史者所以記群治之事爲, 而『易』者所以籀群治演化之大例者也]" 라고 하였다.[94]

역사는 "뒤를 돌아보고[顧後]" 기록한 것이라고 한다면, 『역경』은 "앞을 내다보고[瞻前]" 예측하는 것이라고 할 수 있다. 이를 바탕으로 전기박은 역학(易學)을 이해하고 파악하는 데 중점을 두면서 『주역』을 읽는 방법을 (1) 명역지학(明易之學)[95], (2) 독역지서(讀易之序)[96], (3) 주역지례(籀易之例)[97], (4) 설역지서(說易之書)[98]의 네 가지 방법으로 정리하였다.

반덕영은 『역경』의 해석 개념을 분석해서, 중국 전통 해석학의 특징을 세 가지로 정리하였다. 첫째, 해석의 변증성(관련성, 역동적 발전 및 변화), 둘째, 해석의 응용성(『역경』의 해석 계통은 3가지로 나누어볼 수 있음. (1) 부호(符號): 64괘와 384효, (2) 판단(判斷): 괘사(卦辭)와 효사(爻辭), (3) 괘상과 판단(判斷)에

---

93 何行之(1966), p.119. 潘德榮(2003), p.64.에서 재인용.
94 傅宏星(2011), p.307.
95 명역지학(明易之學): 전기박(錢基博)에 따르면 『역』의 이치를 밝히기 위해서는 4폐(四蔽)를 없애고 일제(一諦)를 밝혀야 한다. 4폐란 (1)음양점험(陰陽占驗)으로 『역』의 이치를 논하는 것. (2)노자(老子)로써 『역』의 이치를 논하는 것. (3)참선(參禪)으로 『역』의 이치를 논하는 것. (4)토머스 헉슬리(1825-1895)가 『천연론(天演論)』을 지어 다윈(Darwin)의 진화론(進化論)을 적용한 것을 가리킨다. 그리고 일제(一諦)란 64괘의 「대상전(大象傳)」에서 "군자이(君子以)"라는 말로써 인사를 징험(徵驗)한 것을 가리킨다. (錢基博(2010), pp.66-71)(역주)
96 독역지서(讀易之序): 전기박에 따르면 『역(易)』을 읽는 순서는 먼저 「설괘」를 읽고, 그 다음으로 「계사전」, 상하경의 「계사」, 「단」, 「상」, 「문언」을 읽고, 그 다음에 경문을 읽고, 마지막으로 「서괘」로써 종합해야 한다. (錢基博(2010), pp.71-72)(역주)
97 주역지례(籀易之例): 전기박에 따르면 『역(易)』을 읽는 원칙은 (1)획괘지례(畫卦之例), (2)계사지례(繫辭之例), (3)완점지례(玩占之例) 등이 있다. (錢基博(2010), pp.72-96)(역주)
98 설역지서(說易之書): 전기박은 『사고전서』에 설역지서(說易之書)가 158부 1757권에 달한다고 하고, 이를 (1)한학(漢學), (2)송학(宋學), (3)한학과 송학에 속하지 않으면서 스스로 일가(一家)를 이룬 것 (4)통론(通論), (5)점서서(占筮書)의 다섯 부류로 분류하였다. (錢基博(2010), pp.96-101)(역주)

대한 해석: 십익(十翼)),[99] 셋째, 해석의 가치성(곤괘(坤卦)의 유순(柔順)의 예와 군자(君子)의 예)으로,[100] 이 세 가지를 경전 해석의 방법론으로 참조할 수 있다고 한다. 이상을 통하여 『역경』의 해석은 주로 『역경』에 대한 이해를 기반으로 하고 있으며, 『역경』 텍스트의 범위 내에서 수행된 작업임을 알 수 있다.

『역경』과 『성경』을 결합하는 것은 전체적으로 보면 경학 연구를 기독교 연구와 연계시키는 것이다. 황보라는 "한어학술성경학(漢語學術聖經學)"을 수립할 때 중국 경학의 의리(義理)·고석(考釋)·사장(辭章)의 세 요소를 결합해야 한다고 주장했다.[101] 그는 "한어학술성경학"을 "중국어의 언어 맥락에서 '천주', 즉 '신(神)'과 기독교의 완전한 지식의 '학문', 즉 천주와 기독교의 완전성에 대한 연구"로 정의했다.[102] 한어학술신학(漢語學術神學)의 정의에 따르면, 전통 경전은 이미 권위를 자체적으로 인정받고 있었기 때문에 천주에 대한 지식을 연구하는 가장 적합한 매개체가 되었다. "경학에서 '주(注)'는 경전 본문에 대한 주석이며, 이는 서양의 성서(聖書) 연구에서 성경주석학(exegetics) 및 해석학(hermeneutics)[103]에 해당한다. 따라서 이러한 전통에 비추어 보면, 『역경』의 주석도 역시 해석학의 구현이 된다.

부베와 그 제자들은 『성경』을 한어의 맥락으로 가져왔으며, 『성경』을 인식의 출발점으로 삼고, 『역경』을 인식의 대상으로 삼았다. 그들의 개인적인 종교적 신앙과 학문적 배경은 필연적으로 학술 연구에 영향을 미칠 수밖에 없다. 그러므로 그들에게 있어서는 문화적 교류에서 기독교 신앙을 어떻게 실천할 것인가, 그리고 『역경』에 기독교적 성격을 어떻게 부여할 것인가의 과제를 해결하기 위해 해석학적 역량이 매우 중요하게 된다. 이 책에서 채택한 입장은 전통적 경학에서 출발하여 『역경』에 대한 선교사들의 해석에서

---

99 潘德榮(2003), p.73.
100 潘德榮(2003), p.65.
101 黃保羅(2012), p.5.
102 黃保羅(2012), p.52.
103 黃保羅(2012), p.153.

나타나는 특징을 분석하고, 그 실패 원인도 살펴보는 것이다, 이것은 역시 이 책의 목표이기도 하다.

결론적으로, 경문 자체의 의미는 경전 해석자가 처해 있는 인문적 언어 맥락에서 각자의 관점에서 서로 다른 의미와 효과를 나타낸다. 이 책에서 채택한 주요 방법은 주로 부베와 그 제자들의 역학 저서들을 출발점으로 삼아, 텍스트의 구체적 의미와 맥락을 문헌학적 연구를 통해 고찰하고, 『역경』 자체의 의미에 주의를 기울이는 것이다. 경전 해석을 통해 선교사들이 『성경』의 역사적 상황을 어떻게 해석했는지, 그리고 『역경』에 함축되어 있다고 믿는 『성경』의 상징적 의미를 드러내기 위해 어떻게 특징적인 색은방법을 운용했는지를 엿볼 수 있다. 필자는 이 책에서 화합(和合)의 해석학을 통해 중국과 서양의 경전 해석학의 의미를 분석할 것이다. 그리고 중국의 경학과 서양의 신학을 결합함으로써, 역사 속에서 두 개의 이질적인 문화가 만나서 분출했던 사상적 불꽃과 학문적 혁신을 드러내고자 한다.

필자는 이 책을 쓰면서 최대한 논리적으로 서술하고, 확실한 추론의 근거를 제시하려고 힘썼다. 이러한 학술적 글쓰기를 통해 필자는 무미건조한 글쓰기 방식을 벗어나서, 독자와 더불어 의미 있는 대화를 시도하려고 노력했다. 유럽 내에서도 최고의 지식인들이었던 예수회사들은 중국에 와서 오랜 세월이 지났어도 시들지 않은 신비로운 『역경』을 만났다. 그들에게 『역경』과의 만남은 사상의 거대한 성찬을 제공해 주었음이 틀림없다. 이 책에서 필자는 앞서 언급했던 연구방법을 따라 글을 쓸 것이다. 필자는 경학 연구의 관점에서 성경과 역경이라는 두 개의 이질적 텍스트 사이에서 벌어진 사상 투쟁을 느껴보고, 중국과 서양 문화의 비교를 통해 전통 경전인 『역경』에서 시대가 변해도 쇠퇴하지 않는 끈질긴 내성(耐性)을 확인할 것이다.

제 1 장
『역경』 연구의 다원적 전개

　『역경』 연구는 여러 세대에 걸쳐 이루어졌으며, 중국 문화에서 필수적인 부분이 되었다. 중국에 불교, 기독교 등 서로 다른 종교가 들어오면서 『역경』 연구가 다원화되는 양상이 나타났다. 제1장에서는 부베가 중국에 왔을 때 『역경』을 어떻게 이해했는지, 그리고 그러한 『역경』 이해가 부베의 학술적 사고에 어떠한 영향을 미쳤는지 등의 문제에 대해 서술할 것이다. 리치 이후로 형성된 예수회 선교전략의 목표는 중국의 상류층과의 교류를 중시하고, 서양의 과학기술을 전파하는 데 있었다. 그렇다면 마테오 리치의 선교전략을 계승한 부베가 어떻게 해서 『역경』 연구에 전념하게 되었는지, 그리고 『역경』을 선교 전략의 핵심 연구대상으로 삼은 이유는 무엇인지 등의 주제는 이 장에서 중요하게 다루어져야 할 질문들이다. 『역경』은 여러 경전의 근본이며, 모든 학문의 원천으로서, "그 의리는 정밀하고, 용도는 광범위해서, 천하만물의 이치를 그 속에 모두 포함하고 있다.[義精而用博, 範圍天地萬物之理]"[1] 『역경』에는 중국문화의 사상적 정수(精髓)가 담겨 있으며, 그 사상적 함의, 이념적 원칙, 범주개념, 상수(象數) 도식 등은 역대학자들에 의해 끊임

---

[1] (清)傅以漸·曹本榮(1986), p.1.

없이 깊고 넓게 탐구되어 왔다. 그들이 남긴 주해(注解)는 실로 "한우충동(汗牛充棟)", "목불가접(目不暇接)"이라고 할 정도로 많다. 사고관신(四庫館臣)[2]은 역학의 전개사를 다음과 같이 양파육종(兩派六宗)이라는 말로 요약하였다.

"그러므로 『역』이라는 책은 천도(天道)를 추론하여 인사(人事)를 예측하는 것이다. 『좌전(左傳)』에 있는 여러 점서 관련 기록은 태복(太卜)이 남긴 고대의 점법(占法)이다. 한유(漢儒)들은 상수(象數)를 말하였는데, 그 시기는 고대로부터 그렇게 멀지 않다. 한 번 변하여 경방(京房, BC. 77-BC.37)과 초연수(焦延壽)가 기상(機祥)을 살피는 이론이 되었고, 다시 변하여, 송대의 진단(陳摶, 871-989)과 소옹(邵雍, 1011-1077)의 무궁조화(無窮造化)의 이론이 되었다. 『역』이 마침내 민간의 실용에 절실하게 쓰이지 않게 되니, 왕필(王弼, 226-249)이 마침내 상수를 몰아내고, 노장(老莊)의 이치로 『역』을 설했다. 또 한 번 변하여, 호원(胡瑗, 993-1059)과 정자(程子)가 유학의 이치를 천명하였다. 다시 변하여 이광(李光)과 양만리(楊萬里)가 역사적 사건(史事)을 참증(參證)하여 『역』을 설명하였다. 이렇게 해서 『역』이 마침내 그 논의의 실마리를 얻게 되었으니, 양파(兩派)와 육종(六宗)이 서로 공박하였다."[3]

일반적으로 말해서, 『역경』의 변천사를 주도한 것은 상수파와 의리파의 양대 학파였으며, 그 아래 점복종(占卜宗)·기상종(機祥宗)·조화종(造化宗)·노장종(老莊宗)·유리종(儒理宗)·사사종(史事宗) 등 여섯 학파로 나뉜다. 『역』의 도는 광대하여, 포함하지 않는 것이 없으니, 그 범위가 "천문·지리·악률·병법·운학(韻學)·산술 및 도가의 연단술(煉丹術)에까지 미쳤다."[4] 『역경』은 지

---

2 사고관신(四庫館臣): 『사고전서』의 편찬업무를 맡은 학자들. (역주)
3 (淸)紀昀(1997), p. 3.
4 (淸)紀昀(1997), p. 3.

속적으로 발전가능한 넓은 해석공간을 가지고 있으며, 다양한 분야와 관계를 맺고 있다. 따라서 각자가 자신의 영역에서 적당한 근거와 논리를 갖추고 있으면 자기의 학설을 내세워 학문을 표방(標榜)할 수 있었다. 다른 종교문화, 특히 외래의 이질적 신흥 요소가 침투함에 따라,『역경』연구는 더욱 다원화되었다.

이렇게 해서 역학은 단지 중국 전통의 유가와 도가만을 위한 것이 아니라, 각 종교 각 교파에 의해 "자신을 위해 필요한 방식으로 사용하는[爲我所用]" 사상적 자원으로 변화되었다. 이 책에서는 청대 초기까지 역학의 역사적 발전 및 외부에서 전래된 불교 및 기독교 등의 영향을 받아 형성된 역학의 흐름을 유역(儒易, 유가역)·도역(道易, 도가역)·석역(釋易, 불교역)·야역(耶易, 기독교역)[5]의 4가(家)로 분류하였다. 이들 네 계통의 역학가들은『역경』연구를 수행하면서 각자가 서로 다른 연구 목적을 가지고 고유한 특성을 제시하였으며,『역경』연구에 대하여 다양한 해석과 사유 방식을 제공하였다. 특히 기독교 역학의 색은파의 대표인물은 부베와 그 제자 푸케, 프레마르 등이었다. 그들은 중국 본토 문화와 기독교를 융합할 때,『역경』을 학술 연구의 대상으로 삼아서 특정한 종교 배경과 사상의 관점에서 학술 교류와 대화를 전개하여 중국문화의 핵심에 접근하는 방법을 찾으려고 했다.

복희가 팔괘를 그린 뒤에 주문왕(周文王)이 중괘(重卦)하여, 384효로 만들어 연역(演繹)한 후에, 마침내『역』이 흥기(興起)하기 시작했다. "『역』은 본래 복서(卜筮)를 위해 만들어진 것이다[易本爲卜筮而作]"[6]라는 말에서 알 수

5　"야역(耶易)"의 "야(耶)"는 곧 기독교의 약칭이다. "야역(耶易)"은 기독교의『역경』에 대한 연구 성과를 가리킨다. 이 책에서는 특히 프랑스 선교사 부베와 그 제자 푸케, 프레마르 등의『역경』연구를 가리킨다.

6　(宋)黎靖德(1986), p. 1620. 주희(朱熹)는 역학(易學)의 복서(卜筮)에 대해 여러가지 언급을 했다. 『역』을 지은 것은 본래 복서를 위한 것일 뿐이다.[『易』之作, 本只是爲卜筮]"(p. 1621), "『역』은 복서로 가르침을 세운다.[易以卜筮設敎]"(p. 1621), "『역』은 본래 복서를 위한 책이다.[『易』本爲卜筮之書](p. 1622), "팔괘의 획은 본래 복서이다.[八卦之畫, 本只卜筮](p. 1622), "『역』은 성인이 단지 복서를 위해서 지은 것이라고 나는 말한다.[『易』, 某便說道聖人只是爲卜筮而作](p. 1623), "『역』은 본래 복서의 책이다.[『易』本是卜筮之書](p. 1626), "『역』은 복서를 위해 만들어졌으며, 모두 길흉을 통해 훈계를 보여준다.[『易』爲卜筮而作借因吉凶以示訓誡]"(p. 1626), "『역』은 본래 복서를 위해 지은 것이다.[『易』本爲卜筮作]"(p. 1627), "『역』은 대연지수 이하로는 모두 복서를 말한 것이다.[『易』, 自'大衍之數'以下, 皆是說卜筮](p. 1627), "『역』은

있듯이 『역』은 초기에 복서를 위한 책이었다. 복서를 기본으로 학설을 만들고, 변괘(變卦)·사점(辭占)·상점(象占) 등을 이용하여, 인사(人事)의 길흉을 판단하였다. 요명춘(廖名春)의 통계에 따르면, 『좌전』과 『국어』에 『주역』의 복서에 관한 기록이 모두 22조가 있다.[7] 반면에 『시경』과 『서경』에는 서법과 관련된 언급이 많지 않다. 이것은 "주나라 초기부터 춘추 시대에 이르기까지 복서가 유행하여 많은 사람들이 그것을 믿었다[自周初以至春秋卜筮流行, 爲很多人所篤信]"는 것을 설명해준다.[8]

『상서(尙書)·홍범(洪範)』에는 인사(人事)의 길흉에 대한 점복(占卜)이 많이 언급되어 있는데, 복서를 통해 천명(天命)과 신(神)의 뜻을 알고 민중의 염원에 대응하여 천인 관계를 처리한 것이 구체적으로 나타난다.[9] 『주례』에서는 복서를 전문적 직업으로 삼는 이들의 명칭이 보이는데, 예를 들면, 태복(大卜)·복사(卜師)·복인(卜人)·귀인(龜人)·점인(占人)·서인(筮人) 등이 그것이다. 이들은 직급에 따라 점복의 업무에 중요하고 중요하지 않은 차이가 있었으며, 복서를 다루는 방법에 대한 요구도 같지 않았다.

예를 들어, "태복"은 복서를 다루는 관청의 장이었으며, 그에게는 최고 수준의 기술이 요구되었다. 즉 "(태복에게는) 먼저 삼조(三兆)를 풀이하고, 그 뒤에 삼역(三易)을 풀이하고, 그 다음으로 삼몽(三夢)을 풀이할 것이 요구되었다."[10] 그리고 "복사"에게는 "거북의 네 가지 징조를 해석하는 것이 요구되었다".[11] 그 다음으로 "서인"에게는 『연산』·『귀장』·『주역』 등 삼역을 다루고, 구서(九筮)[12]의 명칭을 변별하는 것이 요구되었다."[13] 이를 통해 주나라 때 복

본래 복서에서 기원한 책이다.[『易』書本原於卜筮]"(p.1627) 등등.
7 廖名春(2004), p.197 참고.
8 李學勤(2007), p.15.
9 "『洪範』卜筮考"에 관해서는 李學勤(2007), p.1527을 참고.
10 (漢)鄭玄(1999), p.635.
11 (漢)鄭玄(1999), p.634.
12 구서(九筮): 『주례(周禮)·춘관(春官)·서인(筮人)』에 고대에 서인(筮人)은 아홉 가지 대사(大事)를 점칠 수 있어야 한다고 하였다. 구서(九筮)란 무경(巫更)·무함(巫咸)·무식(巫式)·무목(巫目)·무역(巫易)·무비(巫比)·무사(巫祠)·무참(巫參)·무배(巫环)를 말한다.(『周礼·春官·筮人』, "筮人掌三易, 以辨九筮之名 … 一曰巫

서의 권위가 이미 관청에 의하여 공식적으로 권위를 부여받았음을 알 수 있다. 공자 시대에 이르러서는 "『역』을 철두철미하게 복서를 위한 책으로 보는 것이 그 당시 사회의 상류층의 일반적 사고방식이었다."[14] 그리고 복서의 효능을 인정받아 진(秦) 나라 때 분서(焚書)의 운명을 피할 수 있었다. "진나라에서는 학문을 금지했지만, 『역』은 복서를 위한 책이라는 이유로 유일하게 금지되지 않았다."[15] 그 결과 "세상에는 오로지 복서와 관련된 『역』의 서적만 남게 되고, 다른 서적은 존재하지 않았다".[16] 그러므로 『역경』의 복서의 학문은 점차 제자백가(諸子百家)의 철학적 해석의 범주에 들어가게 되었으며, 점복으로부터 학문적 탐구의 대상으로 이행되었다.

제1절
유역(儒易)의 변천 — 상수역과 의리역의 발전과 변화

유가 내부에서 『역경』 연구는 네 차례 변화를 겪었다. 제1차는 복서역(卜筮易)에서 선진 시대 제자(諸子)의 역학으로 발전한 것이며, 제2차는 선진 시대 역학에서 양한 시대 경학의 역학으로 발전한 것이며, 제3차는 한대 경학의 역학에서 송대 의리역으로 발전한 것이며, 제4차는 명청시대에 역이 상수와 의리의 경향을 보이면서 한학(漢學)의 역학이 출현한 것이다.

복서역이 변해서 선진 시대에 제자의 역학이 되면서, 역학파는 상수파와

更, 二日巫咸, 三日巫式, 四日巫目, 五日巫易, 六日巫比, 七日巫祠, 八日巫参, 九日巫环, 以辨吉凶")(역주)
13 (漢)鄭玄(1999), p.650.
14 楊慶中(2005), p.121.
15 (漢)班固(1962), p.3597. 또한 (晉)皇甫謐(1989), p.14도 참고.
16 (漢)班固(1962), p.1968.

의리파로 나뉘었다. 문왕이 연역(演易)하고, 그 뒤에 "공자가 찬역(贊易)하고"[17] 다시 공자(孔子, BC.551-BC.479)의 후학들이 『역전(易傳)』을 저술하여 역학의 철학적 이치를 풀이하였다. 주희(朱熹, 1130-1200)는 다음과 같이 말했다. "『역』은 복서의 책이니, …… 공자가 이를 취하여 부역(敷繹)하여 『문언』·『잡괘』·『단(彖)』·『상(象)』을 지었으니, 이로부터 도리(道理)를 밝혔다."[18] 복서로부터 강학(講學)의 도(道)를 펼쳤으니, "양절공부(兩節功夫)"[19]가 된 것이다. 그러므로 『역전』은 『역』의 의리적 해석의 시작이 된다.

맹자(孟子, BC.385-BC.304)는 『주역』에 관한 전문적 연구 저서를 남기지 않았다. 그러나 주희(朱熹)는 "'공자는 성인 가운데 때를 안 사람이다.' 그러므로 맹자만큼 『주역』을 잘 아는 사람이 없다.['孔子聖之時者也.' 故知易者莫如孟子.]"[20]라고 한 정자(程子)의 말을 인용하였다. 사마천은 『사기』의 「맹자순경열전(孟子荀卿列傳)」에서 순자(荀子, BC.325-BC.238)가 (나이 50세에 처음 제나라에 와서 제나라 양왕에 의해) "가장 지위가 높은 스승(最爲老師)"[21]으로 봉해졌다고 말했다. 그렇다면 순자는 오경(五經)에 대해서도 당연히 잘 알고 있었을 것이다. 이학근(李學勤)은 다음과 같이 지적했다. "순자는 제양왕(齊襄王)의 즉위(BC.283) 이전에 이미 『역』을 잘 아는 것으로 유명했다."[22] 이로 미루어 보아 선진의 제자 시대에 이미 유역(儒易)이 형성되어 있었고, 이러한 상태가 지속되고 있었음을 알 수 있다. 이 밖에 유가 이외에도 선진 도가의 노자역(老子易)·장자역(莊子易)도 모두 역학에서 비중이 큰 것으로 인정받고 있다. 항신재(杭辛齋, 1869-1924)는 "역(易)은 태복(太卜)이 관장하였고, 노자

17　(清)黃宗羲·全祖望(1982), p.523.
18　(宋)黎靖德(1986), p.1626.
19　(宋)黎靖德(1986), p.1626.
　　주희는 『周易』의 의리강학지도(義理講學之道)와 복서(卜筮)를 구분하여 양절공부(兩節工夫)라고 하였다. (역주)
20　(宋)朱熹(1983), p.197.
21　(漢)司馬遷(1959), p.2348.
　　사마천, 『사기열전』(상), 까치, 1995, p.209. (역주)
22　李學勤(1989).

(老子)의 집안은 대대로 (주나라의 수장실(守藏室)의) 사관(史官)이었다. 수장실에 있던 책들은 음양(陰陽)에 관한 내용이었다.[老氏世爲史官, 陰陽之學, 乃其所世守]"고 하였다.[23] 그러므로 노자(BC.570-BC.500)는 (주나라의 수장실에 보관되어 있던) 음양복서(陰陽卜筮)의 학문을 그대로 계승한 것이다. 이어서 장자(莊子, BC.369-BC.286)에 대해서 말하기를 "노자의 학문을 정통으로 전수받았으며, 음양의 정의(正義)에 바탕을 두고 있으며, 『역경』의 상수(象數)로써 논증하고, 참위(讖緯)까지 갖추었다."고 하였다.[24] 청조(淸朝)의 혜사기(惠士奇, 1671-1741)는 말하기를 "장주(莊周)는 『역』에 정통했고, 음양을 잘 말했으며, 선유(先儒)들 중에서 『역』을 설한 자들이 그에 미치지 못했다."라고 하였다.[25]

그 밖에도 관자(管子, BC.475-BC.221), 묵자(墨子, BC.468-BC.376), 열자(列子) 등이 음양의 기수(器數)를 말함에 그 구도(矩度)가 정연하고, 그 언어가 정밀하여, "『역』과 합치하지 않는 바가 없었다."[26] 따라서 선진 시대의 복서역(卜筮易)은 후대의 상수역학의 기초가 되었으며, 제자백가는 『역경』에 대한 철학적 사고를 통해 『역경』의 의리화(義理化)의 발전을 향한 발단(發端)을 열었다.

두 번째 변화는 선진 역학에서 양한 시대의 유가 경학으로 발전한 것이다. 특히 상수역학은 왕성하게 발전해서 역학 연구에서 높은 봉우리에 이르렀다. 이론적 측면에서 볼 때 역학은 수학, 천문학, 역법(曆法) 등과 결합하여, 물상(物象)을 부호(符號)와 수량으로 표시함으로써, 사물과 인간사의 변화를 추산했다. 현실적 측면에서 볼 때, 한대의 역학 연구는 정치와 지속적으로 밀접한 관계를 맺었고, 정치권력에 아부하였다. 경학에서 역학은 정치적으로

---

23 (淸)杭辛齋(1988), p.1030.
24 (淸)杭辛齋(1988), p.1034.
25 (淸)紀昀(1997), p.63.
26 (淸)杭辛齋(1988), p.1036.

이용 대상이 되었고, 상수를 이용하여 참위(讖緯)의 학문을 부회하는 학문이 되었다. "시수(施讎)·맹희(孟喜)·양구하(梁丘賀)"[27] 이후로 한대 역학은 고문경학(古文經學)과 금문경학(今文經學)으로 나뉘고, 각자 가법(家法)과 사법(師法)을 세워, "서한(西漢)에서는 사법을 계승하는 데 뛰어났으며, 동한(東漢)에서는 훈고(訓詁)를 전문으로 하였다."[28]

이에 상응해서 한대에서는 한무제 이후로 『역』을 전공하는 박사와 학관(學官)을 두는 제도가 시작되었다. 선제(宣帝) 때 시수와 맹희의 이가(二家)의 역학이 성립되었는데, 모두 금문경학 계통이었다. 반면에 고문경학은 비직(費直)과 고상(高相)이 대표였는데,[29] 양한의 4백년 동안에 고문경학의 학관(學官)은 세워지지 않았고, 단지 민간을 통해 유행되었을 뿐이다. 그러므로 "사람들 사이에서 행해졌으며, 학관은 세워지지 않았다[行於人間, 而未得立]"고 한 것이다.[30] 서한(西漢)시대에는 맹희(孟喜, BC.90-BC.40)[31]의 "괘기설(卦氣說)"과 경방(京房, BC.77—BC.37)의 음양점복(陰陽占卜)의 학문이 가장 성행하였다. 맹희는 "전왕손(田王孫)으로부터 『역』을 전수받았으며",[32] "역가(易家)의 음양재변(陰陽災變)을 살피는 책을 얻었다."[33] 그는 천문역법, 물후(物候: 동물과 식물 등 자연환경)의 시운(時運: 계절적 변화)·음양재변(陰陽災變)·도서(圖書)·상수(象數) 등으로 『역』을 풀이하고, 팔괘의 상(象)을 취하여 인사(人事)의 길흉을 추단(推斷)하였으며, 금문경학을 중시하였다. 맹희의 "괘기설(卦氣說)"은 방위와 계절로 사정괘(四正卦), 십이월소식괘(十二月消息卦), 육일칠분법(六日七分法) 등의 학설을 주장하였다. "당(唐)의 승려 일행

27　(漢)班固(1962), p.3598.
28　廖平(1989), p.138.
29　비직(費直)과 고상(高相)의 전기는 (漢)班固(1962), p.3602에 보인다.
30　(唐)魏徵(1973), p.912.
31　맹희의 생졸년(生卒年)에 관하여 임충군(林忠軍)은 BC.90-BC.40년으로 추정했다. 반면에 장기성(張其成)은 생몰년대가 확실하지 않다고 보았다. (張其成(2003), p.98 참고)
32　(漢)班固(1962), p.3598.
33　(漢)班固(1962), p.3599.

(一行)이 말하기를, "십이월괘(十二月卦)는 『맹씨장구(孟氏章句)』로부터 나온 것인데, 그 학설은 『역』은 기(氣)에 근본을 두고 있으며, 나중에 인사(人事)로써 밝힌 것이다"라고 하였다.[34] 이로써 맹희의 괘기설이 처음으로 규모를 갖추었음을 알 수 있다.

경방은 "서한 시대 양(梁)[35] 나라 사람 초연수(焦延壽)로부터 역학을 배웠다."[36] 그는 점법(占法)을 중시하였으며, 재변을 점치는 데 뛰어났다. "경방은 재이에 밝아 총애를 얻었다[房以明災異得幸]"[37]라고 하였으니, 그 요점을 말하자면 그의 학설은 음양설을 기초로 삼아서 자연과 사회 현상을 설명하였다. 그의 역학의 내용은 괘기설·팔궁(八宮)·납갑(納甲)·음양오행설 등으로 이루어져 있다. 상수역학의 지속적 발전에 따라 음양재이를 설하는 위서(緯書)[38]가 추세를 타고 나오면서 신비화된 참위신학(讖緯神學)이 흥성하였다. 그 중에서 대표적 위서는 『주역건착도(周易乾鑿度)』인데, "위로 점을 쳐서 묻는 것에 응하고, 아래로 괘기의 징험을 말했다.[上明稽應之理, 下言卦氣之徵驗也]"[39] 『주역건착도』는 한편으로 공자의 학설과 경전의 뜻에 의존하여 여론을 조성함으로써, 권위를 높였다. 다른 한편으로 도가의 학설도 채택하였다. 예들 들면, 『열자(列子)』의 내용을 모방해서 태역(太易)·태초(太初)·태시(太始)·태소(太素)의 네 단계로 전개되는 우주생성론을 논하였다. 실제로 『주역건착도』와 『열자』의 문장을 비교해 보면 두 책의 문장이 매우 유사하다는

---

34 (唐)一行, 『卦議』((宋)歐陽修·宋祁(1975), p.598).
35 양(梁): 서한(西漢) 시대의 양(梁)나라. 지금의 하남성(河南省) 상구시(商丘市)를 중심으로 한 지역에 해당된다.(역주)
36 (漢)班固(1962), p.3160.
37 (漢)班固(1962), pp.3601-3602.
38 『경인문연각사고전서(景印文淵閣四庫全書)』 경부(經部) 四七 『부록(附錄)』 속에는 위서(緯書) 여덟 종류가 수록되어 있다. 정현(鄭玄) 주(注)에 따르면, 그 여덟 종류는 『건곤착도(乾坤鑿度)』, 『역위계람도(易緯稽覽圖)』, 『역위변종비(易緯辨終備)』, 『주역건착도(周易乾鑿度)』, 『역위통괘험(易緯通卦驗)』, 『역위건원서제기(易緯乾元序制記)』, 『역위시류모(易緯是類謀)』, 『역위곤령도(易緯坤靈圖)』 등이다. 그 내용에 대해서는 『(附錄)』(『景印文淵閣四庫全書』(1986), pp.821-909) 참고. 그 밖에 『역위(易緯)』와 관련된 저록(著錄) 및 집일(輯佚) 문헌의 정황에 대해서는 林忠軍(2002), p.14를 참고.
39 『周易乾鑿度』 二卷 提要(『景印文淵閣四庫全書』(1986), p.825).

것을 알 수 있다.[40]

또한 경방은 팔괘방위(八卦方位)·구궁설(九宮說)·효진설(爻辰說) 등을 다루어 음양재이와 천인감응 등의 관념을 선양(宣揚)하였으며, 그 결과 경학은 부호화(符號化)되고 신비화되는 경향을 보이게 되었다. 그 학설의 영향력은 매우 깊고 커서, 송대의 정대창(程大昌, 1123-1195)이 "한(漢)나라와 위(魏)나라 이후로 역학자들은 모두 경방의 설을 종지로 삼았다"[41]고 말할 정도였다. 동한(東漢) 시대에 이르러 정현(鄭玄, 127-200)이 금문과 고문에 모두 통하고, 의리와 상수의 학문을 겸하여『경씨역(京氏易)』에 통달하였고, 마융(馬融, 79-166)을 따라『역』을 배웠으며, "부풍(扶風)[42] 출신의 마융을 섬겼다[事扶風馬融]".[43] 사고관신은 다음과 같이 말했다. "정현에 대해 고찰해 보면, 그는 처음에 제오원선(第五元先)[44]을 따라『경씨역』을 배웠으며, 마융으로부터『비씨역(費氏易)』을 배웠다. 따라서 그의 학문은『경씨역』과『비씨역』의 양가로부터 나온 것이다."[45] 정현의 학설은 "실로 역학의 정통을 계승한 것[實爲傳『易』之正脈]"[46]이며, "순유(純儒)" 혹은 "제나라와 노나라의 전통을 종주로 삼았다[齊魯間宗之]"[47]고 평가된다.

상수의 측면에서 정현은 먼저 건(乾)·곤(坤)의 두 괘의 12효를 기초로 삼아 효진설(爻辰說)을 전개했다. 그 다음으로 오행으로 천지지수(天地之數)를 만들고, 천지지수로써 만물지수(萬物之數)를 생성시켜, 오행생성(五行生成)

---

40 『주역건착도(周易乾鑿度)』와『열자(列子)』의 관계에 대해서 마달(馬達)은「열자여주역건착도(列子與周易乾鑿度)」라는 논문에서 마서륜(馬敍倫)의『열자위서고(列子僞書考)』의 잘못을 바로잡았으며,『주역건착도』가『열자』를 모방해서 쓴 것이라고 주장했다. (馬達(1997) 참고)
41 『周易乾鑿度』二卷((淸)紀昀(1997), p.70).
42 부풍(扶風): 부풍(扶風) 무릉(茂陵)은 지금의 섬서성(陝西省) 흥평시(興平市)에 해당한다. 마융(馬融)이 부풍 지역의 인물이라는 것을 가리킨 것이다. (역주)
43 (南朝)範曄(1965), p.1207.
44 제오원선(第五元先): 후한 경조(京兆, 섬서성 西安) 사람. 정현(鄭玄)의 스승이다. 정현이 태학(太學)에 들어갔을 때 스승으로 섬겨 경씨역학(京氏易學)과『춘추공양전(春秋公羊傳)』,『삼통력(三統曆)』,『구장산술(九章算術)』에 정통하게 되었다. 제오(第五)가 성(姓)이다. ((南朝)範曄(1965) 참고)
45 『周易鄭康成注』一卷((淸)紀昀(1997), p.6).
46 『周易鄭康成注』一卷((淸)紀昀(1997), p.6).
47 (南朝) 範曄(1965), p.1207.

의 학설을 제창하였다. 『건착도』에 근거해서 구궁(九宮)의 수(數)의 학설을 제기하였으며, 자연법칙과 유가윤리를 통합하였고, 천상(天象)을 참고하여 인사(人事)를 해석하였다. 의리의 측면에서 정현은 삼례(三禮), 사서(史書), 도가학설 등을 광범위하게 인용하여 『역경』을 해석하였다. 괘상으로 인사를 해석하였으며, 인륜(人倫)과 물리(物理)에 함축된 의미를 해명하였다. "이것은 송대(宋代)의 하도(河圖)와 낙서(洛書)의 학설의 선도(先導)가 된다."[48] 정현 이외에도 순상(荀爽, 128-190)이 괘기설(卦氣說)을 중시하여, "건승곤강(乾升坤降)"의 학설을 주장하였으며, 양승음강(陽升陰降)의 이론을 제출하였다. 우번(虞翻, 164-233)은 괘변설(卦變說)로 『역』을 풀이하였으며, 소식괘(消息卦)를 중시하였고, 효위(爻位)의 "지정(之正)"설[49]을 주장하였다. 순상과 우번은 맹희와 경방의 역학을 직접 계승하였으며, 한대의 상수역학의 발전을 주도했다. 한대 역학의 발전을 통하여 마침내 상수파와 의리파가 최종적으로 설립되었다.

한대 이후로 유역은 충격을 받았고, 위진남북조(魏晉南北朝) 시기에는 도교역학이 유교역학의 지위를 빼앗아[50] 차지했다. 불교역학의 흥기와 번영은 유역을 더욱 평범하게 보이게 하였다. "한대 이후로 학술이 공자를 벗어나지 않았으며, 천하를 어지럽히는 자가 많았다. 진(晉)나라는 노장(老莊)으

---

48 張其成(2003), p.105.
49 지정(之正): 동한(東漢)의 역학자 우번의 역학 술어이다. 효(爻)를 개변(改變)하여 그 정(正)을 얻는 것, 즉 득위(得位)를 가리킨다. 우번은 효위(爻位)의 부당(不當)한 경우, 모두 "지정(之正)"을 통해 그 당위(當位)를 얻는다. 예를 들어, 몽괘(蒙卦)의 「단(象)」에서 "제2효와 제5효가 모두 실위(失位)하였으므로, 그것을 변화시켜 정(正)을 얻어 이롭게 하므로 '이정(利貞)'이라고 하였다[二五失位, 利變之正, 故利貞]"고 한 것이 그것이다. 즉 몽괘(蒙卦)에서 구이(九二)와 육오(六五)가 모두 부당위(不當位)가 되므로, 그것을 서로 교환하면, 구오(九五)와 육이(六二)가 되어, 당위(當位)가 되고 정(正)을 얻게 되므로, '이정(利貞)'이 된다. 곤괘에서 "곤위빈, 진위마, 초동득정, 즉이빈마지정(坤爲牝, 震爲馬, 初動得正, 則利牝馬之貞)"이라고 하였으니, 이것은 곧 곤괘의 초육(初六)이 변하여 초구(初九)가 되어 정(正)을 얻은 것이 된다. 그렇게 되면 하괘(下卦)는 진(震)이 되고, 마(馬)가 되고, 상괘(上卦)는 곤(坤)이 되고 빈마(牝馬)가 된다. 또 준괘(屯卦)에서 "감이지초, 강유교진, 고원형. 지초득정, 고이정(坎二之初, 剛柔交震, 故元亨. 之初得正, 故利貞)"이라고 하였다. 이것은 준괘(屯卦) 육이효(六二爻)와 초구효(初九爻)가 서로 교환되어, 정(正)을 얻었으므로, '이정'이 된 것이다.(역주)
50 훤빈탈주(喧賓奪主): 훤빈(喧賓)은 왁자지껄하게 떠드는 손님, 즉 주인보다 더 큰 소리로 말하는 손님을 가리킨다. '훤빈탈주'는 '왁자지껄하게 떠드는 손님이 주인의 자리를 빼앗는다', 즉 '목소리 큰 손님이 주인 노릇한다'는 뜻이다.(역주)

로 망하였고, 양(梁)나라는 불교로 망하였다."⁵¹ 따라서 유교 내에서 역학 연구는 줄곧 한역(漢易)의 노선(路線)을 따라 힘들게 진행되어 왔다.

당대(唐代)에 이르러 역학에 대한 유생(儒生)들의 공헌은 혁신이 아니라, 전대(前代)의 역학 연구에 대한 총결(總結)과 집성(集成)에서 나타났다. 예를 들어 공영달(孔穎達, 574-648) 등이 쓴 『주역정의(周易正義)』는 왕필(王弼) 역학의 관점을 따르고 있는데, 그 기본 전제는 "소(疏)는 주(注)의 뜻을 바꾸지 않는다(疏不破注)"에 있었다. 『주역정의』는 양한 시대 이후의 역학을 총결산한 것으로 당나라 역학을 대표하는 최고 성과였다. 또 『주역정의』는 관청에서 편찬한 경학의 표준이 되는 서적이었으며, 과거 시험을 위한 교과서였다. 이정조(李鼎祚, 생몰년 미상)의 『주역집해(周易集解)』도 역시 역학 대가들의 학설을 채록한 것으로서, 한대의 상수역학의 경향을 보여준다. "여러 선현들이 남긴 문집에서 채록하고, 삼성(三聖)의 심오한 도리를 의논하였으며, 우번과 순상 등 삼십 명이 넘은 역학가들의 학설을 집성하였다.[采群賢之遺言, 議三聖之幽賾, 集虞翻、荀爽三十餘家]"⁵²라고 하였으니, 한역(漢易)과 현역(玄易: 도가역)의 경향을 융합한 것이다.

제3차 역학의 연변(演變)은 한대 훈고 역학에서 송대 의리 역학으로 발전하였고, 이로써 두 학파가 성숙해졌다. 송대에 이르러 의리로써 『역』을 해석하니, 경전의 철학적 이치를 탐구하고, 『역경』에 대한 의리적 해석 경향을 강화함으로써 『역』의 제3차 변혁을 이루어내었다. 『송사(宋史)·예문지(藝文志)』에 따르면 "역류(易類)에 213부, 1740권이 있다고 하고, 왕백(王柏, 1197-1274)의 『독역기(讀易記)』에서는 19부, 186권을 기재하지 않았다"⁵³고 하였다. 대체로 상수와 의리의 구분을 따르지만 구체적인 연구 방법에서는 많은 차이를 드러낸다.

---

51 (宋)歐陽修(1986), p.4.
52 張文智(2005), p.84. 또한 『周易集解』 十七卷((淸)紀昀(1997), p.7)도 참고.
53 (元)脫脫(1977), p.5042.

첫째, 송대의 상수역은 상수의 범주에서 벗어나지는 않았지만, 역도(易道)에 대한 해석을 더욱 중시하였고, 단지 『역』의 문장 해석에만 그치지 않고, 전체적으로 수학적 해석과 철학적 해석을 지향하였다. 진단은 송대 상수학의 창시자이며, "『역』을 읽기를 좋아해서, 손에서 책을 놓지 않았다.[好讀易, 手不釋卷]"[54] 『역』을 세상에 전해, 종방(種放), 목수(穆修), 이지재(李之才) 등을 통해 전수하였고, 여기에서 상수학 중에서도 도서역(圖書易)의 계통이 분화되어 나왔다. 도서학(圖書學)은 대체로 「선천도(先天圖)」, 「하도(河圖)」, 「낙서(洛書)」, 및 「태극도(太極圖)」의 세 부류로 발전했다. 소옹(邵雍, 1011-1077)은 "「하도」, 「낙서」, 복희 8괘와 64괘의 도상(圖像)을 이지재(李之才)로부터 전수받았다."[55] 역학 중에서도 특히 수학(數學)을 전문적으로 연구하였으며, 『황극경세(皇極經世)』와 「선천도」를 저술하였고, 선천학(先天學)을 제출하였다. 그 주요 특색이 선천학에 있으므로, "소강절의 역학은 선천학을 계승하였다.[康節之易, 先天之嗣也]"고 한 것이다.[56] 「선천도」로 천지만물의 이치를 묘사하였으니, "천지만물의 이치가 모두 거기에 있으니, 선천도라고 한다.[天地萬物之理盡在其中矣, 謂先天圖也]"[57]라고 하였다.

후에 제자 장행성(張行成, 생몰년 미상)은 "소자(邵子)의 수학(數學)의 기원은 진단으로부터 나온 것이며, 복희, 문왕, 주공, 공자의 역학과는 다르다"[58]라고 주장했다. 이것은 소옹이 상수역학 중에서도 또 다른 길을 연 것을 의미한다. 주희의 『주역본의(周易本義)』 권수(卷首)에 수록된 도표 중 많은 것이 소옹과 관련이 있다.[59] 채원정(蔡元定, 1135-1198)은 소옹을 도서상수학

---

54 (元)脫脫(1977), p.13421.
55 (元)脫脫(1977), p.12726.
56 (宋)張行成(1986), p.2.
57 (宋)張行成(1986b), p.199.
58 (宋)張行成(1986c), p.1.
59 소옹(邵雍)과 관련된 도(圖)로는 『하도도(河圖圖)』, 『낙서도(洛書圖)』, 『복희팔괘차서도(伏羲八卦次序圖)』, 『복희팔괘방위도(伏羲八卦方位圖)』, 『복희육십사괘차서도(伏羲六十四卦次序圖)』, 『복희육십사괘방위도(伏羲六十四卦方位圖)』, 『문왕팔괘차서도(文王八卦次序圖)』, 『문왕팔괘방위도(文王八卦方位圖)』 등이 있다. ((宋)朱熹(1986), pp.627-632 참고)

(圖書象數學)의 전통을 계승한 것으로 간주했다. "도서의 상(象)은 한(漢)의 공안국(孔安國, BC.156-BC.74), 유흠(劉歆, BC.50-AD.23), 위(魏)의 관랑(關朗, 字는 子明)으로부터 유래된 것이다. 송(宋)의 강절(康節) 선생은 소옹(邵雍, 字는 堯夫)이니, 모두 이와 같다."[60] 소옹의 역학이 후세에 미친 영향이 이처럼 심원하였다. 유목(劉牧, 1011-1064)은 도서학(圖書學)을 처음으로 주장한 인물이다. "상수의 여러 학파 가운데 도서학을 주장하였다. 유목은 소옹 이전에 도서학을 가장 먼저 제창한 인물이다."[61] 그의 저서 『역수구은도(易數鉤隱圖)』의 연원은 『하도』와 『낙서』의 수에 있으며, "구(九)를 『하도』의 수로 하고, 십(十)을 『낙서』의 수로 한 것은 소옹과 다른 점이다."[62] 음양재변 혹은 신선의 단술(丹術)에 대해서는 거의 언급하지 않았으며, 태극과 상수에 대한 해석에 중점을 두고 오행생성의 이치로 역리(易理)를 논하였다.

주돈이는 "후세 유자(儒者)의 비조(鼻祖)"[63]로서 『역』의 태극을 근본으로 음양과 오행의 이치를 주장하였다. 그는 천리(天理)의 근원을 밝히고 만물의 종시(終始)를 탐구하기 위해서 『태극도(太極圖)』를 저술하였다. 이 책에서 천·지·인의 세 가지 도를 통하여 "무극(無極)·태극(太極)·인극(人極)"의 진화 도식을 수립했으며, 자연과 인문을 일체화하였다. 또 『통서(通書)』를 저술하였는데, "『통서』는 본래 『역통(易通)』이라고도 불렸으며, 『태극도설』과 함께 쓰여져서 같이 배치되었다."[64] 이 책은 『역』을 바탕으로 해서, 성명(性命)의 학문을 탐구한 것이다. 주돈이는 『통서』의 제1장, 「성상(誠上)」에서 다음과 같이 말했다. "위대하도다. 『역』이여, 성명(性命)의 근원이도다[大哉易也, 性命之源也]"[65] 이 책에서는 태극도상학(太極圖象學)의 모형을 제시함으로써

---

60 (宋)朱熹(1986), p.628.
61 『易數鉤隱圖三卷附遺論九事一卷』((清)紀昀(1997), p.9).
62 『易數鉤隱圖三卷附遺論九事一卷』((清)紀昀(1997), p.9).
63 (清)黃宗羲·全祖望(1982), p.482.
64 (清)黃宗羲·全祖望(1982), p.494.
65 (宋)周敦頤, 『通書』, 『周敦頤集』, 中華書局, 2009, p.14.

"태극의 함의를 밝혔다."[66] 장행성은 소옹의 제자이며, 선천수학(先天數學)의 방면에서 큰 공을 세운 인물이다. 그는 『황극경세색은(皇極經世索隱)』을 저술하여, 소옹의 상수학에서 상세히 밝혀지지 않았던 이치를 서술했다. 그리고 『황극경세관물외편연의(皇極經世觀物外篇衍義)』를 저술하여 소옹의 『황극경세』 외편(外篇)의 뜻을 해설하였다. 또 장행성은 『역통변(易通變)』을 지어 진단 이후 소옹에 이르기까지 전수된 『선천괘수(先天卦數)』 등 14개의 도표를 중심으로 『역』의 "수(數)" 개념을 집중적으로 검토하였다. 그는 소옹의 도식을 "상도(象圖)"와 "수도(數圖)"로 구분하였으며,[67] 천수(天數)·물수(物數)·지수(地數) 등에 대해 논해서 "이수(理數)"의 개념을 제출했다. 위료옹(魏了翁, 1178-1237)은 「찬(贊)」을 지어 "상에 근거해서 수를 추론하고, 수에 근거해서 리를 알았다[因象以推數, 因數以知理]"고 평가했다.[68] 이것은 『역』에 근거해서 리(理)를 근본으로 하는 철학사상을 제출했음을 말한 것이다. 채원정과 채침(蔡沈, 1167-1230) 부자는 이수(理數)의 측면에서 하도와 낙서의 학문을 발전시켰으며, "수(數)의 영역에서 『주역』의 법칙을 탐구하였다."[69] 그들은 송대 상수역학을 대표하는 인물로 평가된다.

그 다음으로 의리(義理) 방면의 서술이다. 송대 초기의 전환기에 구양수(歐陽修, 1007-1072)와 이구(李覯, 1009-1059) 등 유학자들은 상수역학에 대해 이의(異議)를 제기했다. 그들은 복서학(卜筮學)은 물론이고 도서학(圖書學)까지도 비평의 대상으로 삼았다. 구양수는 대담하게 경(經)을 의심하여[70], 『역동자문(易童子問)』[71]을 저술하였으며, 『역』의 십익(十翼)은 공자(孔子)의

66　(元)脫脫(1977), p. 12712.
67　(宋)張行成(1986b), p. 199.
68　(淸)黃宗羲·全祖望(1982), p. 2618.
69　張其成(2003), p. 12.
70　구양수(歐陽脩)는 『역전』 중에서 「계사(繫辭)」·「문언(文言)」·「설괘(說卦)」·「서괘(序卦)」·「잡괘(雜卦)」 등 다섯 종류는 공자가 저술한 것이 아니라고 주장했다. 다만 「단전(彖傳)」·「상전(象傳)」에 대해서는 공자의 저술이라는 것을 인정했다.(역주)
71　(宋)歐陽脩(1986), pp. 603-615.

저술이 아니므로『역』의 본지(本旨)가 될 수 없다고 주장하였다. 그는『역』의 괘효사는 인사에 관련된 것으로 해석해야 한다고 주장하였고, 복서로 해석하는 것에 대해서 반대했다. 이구(李覯, 1009-1059)는 "왕필의 주를 끌어들여『역』을 해석하였다."[72] 그는『역론(易論)』13편을 저술하였고, 음양의 기로 효사(爻辭)를 해석하였으며, 상수역학을 비판하였다. 그 주지(主旨)는 인사를 제창하는 데 있으니, (그의 역학은) "송역(宋易) 중에서 의리학파에 속하며, 특히 기학파(氣學派)의 선구 가운데 한 사람이다."[73] 사마광(司馬光, 1019-1086)은『온공역설(溫公易說)』을 지었는데, "왕필 학설의 주지는 궁벽된 허무(虛無)와 현묘(玄渺)의 학설에 있다"고 지적하면서 노장(老莊)으로『역』을 풀이하는 왕필의 해석에 반대했다.[74] 그리고 사마광은 자기의 신설(新說)을 주장하였는데, 인륜의 일용지사(日用之事)로써『역』을 해석하였다. "덕이 있는 말(有德之言)은 포백(布帛)과 숙속(菽粟: 콩과 조)처럼 매일마다 일상적으로 쓰이는 것이라야 한다."[75]라고 하였으니, 이것은 의리의 현실성을 강조한 것이다.

반면 소순·소식·소철 등 소씨 부자가 지은『소씨역전(蘇氏易傳)』은 대체로 왕필의 역해석에 가깝지만, 도가의 현묘한 이치(玄理)를 주장하지 않았으며, 인정(人情)으로『역』에 대해 강론하는 것을 중시하였다. 즉 "그 효상(爻象)을 완상(玩賞)하되, 그 강유(剛柔)·원근(遠近)·희로(喜怒)·역순(逆順)의 정(情)을 살핀다."[76] 자연스러운 인정을 중시하고, 경의(經義)를 인간의 감정으로 해석함으로써 스스로 하나의 학파를 이루었다. 이것이 "공허한 의리의 논변에 비해서 활발한 기운이 훨씬 더 많았다"고 평가받는 이유이다.[77] 이를 통해 의리로서『역』을 해석하는 풍조가 일어났음을 알 수 있다. 북송(北宋)의

72　(宋)李覯(1986), p. 53.
73　朱伯崑(1995), p. 55.
74　『溫公易說』((淸)永瑢·紀昀(2000b), p. 10).
75　『溫公易說』((淸)永瑢·紀昀(2000b), p. 10).
76　『蘇氏易傳』((淸)永瑢·紀昀(2000b), p. 11).
77　潘雨廷(2003a), p. 113.

장재(張載, 1020-1077)에 이르러 의리역학 중에서 기학(氣學)의 학파가 창시되었다. 장재는 역학에 조예가 매우 깊었고 그 정밀한 뜻에 대해 잘 알고 있었다. "그가 일찍이 경사(京師)에 있을 때 호피(虎皮)에 앉아 『역』을 강론하였다."[78] 저서로는 『횡거역설(橫渠易說)』과 『정몽(正蒙)』 등이 있는데, "『역』을 종지로 삼았으며",[79] "기(氣)의 학설로 『역』을 회통(會通)시키고", 『역』의 깊은 뜻을 이해했다. 정호(程顥, 1032-1085)와 정이(程頤, 1033-1107)의 이정(二程) 형제가 창립한 이학파(理學派)의 역학체계로 말미암아 유가사상은 대역(大易)의 생생지도(生生之道)를 싣게 되었다. "『역』은 단지 한 개의 책이 아니라, 역의 도이다.[『易』又不只是一部書, 是易之道也]"[80] 『정씨역전(程氏易傳)』은 유학의 리(理) 철학에 근거한 역학(易學)을 유감없이 발휘하였다. 장재는 일찍이 말하기를, "이정에 비교해 볼 때 『역』의 깊은 의미를 밝히는 데 있어서 나는 그에 미치지 못하니, 너희들은 마땅히 이정을 스승으로 삼아야 할 것이다."[81]라고 하였다.

주희는 어릴 적부터 『역』을 배웠고, 또 과거(科擧)에서 『역』으로 진사시(進士試)에 급제했다.[82] 한편 그는 『역』을 복서의 책으로 여겨, 상수학을 연구하였으며, 여기에는 『하도』・『낙서』・선천학(先天學)・후천학(後天學) 등의 주제가 포함된다. 한편 그는 『역』의 의리에 대해서 설명하였는데, 여기에는 우주본체론 - 특히 태극음양지도(太極陰陽之道)와 리(理)의 관계, 심성론(心性論) 및 공부론(工夫論) 등이 포함된다. 주희는 역학 저작이 매우 많으며[83], 그 중에서 『주역본의(周易本義)』가 가장 중요한 저술이다. 명조에서는 학자와

78　(元)脫脫(1977), p.12723.
79　(元)脫脫(1977), p.12724.
80　(淸)黃宗羲・全祖望(1982), p.567
81　(元)脫脫(1977), p.12723.
82　진사(進士)를 뽑는 제술과(製述科)와 관련하여 '등진사제(登進士第)', '탁진사제(擢進士第)', '거진사제(擧進士第)', '중진사제(中進士第)' 등 다양한 표현이 사용되었다. 이는 진사를 뽑는 제술과에 등제・탁제・거제・중제하였다는 뜻으로서, 본고사에 급제하였다는 의미를 지닌다. (역주)
83　역학사상과 관련된 주희의 저서로는 다음과 같은 책들이 있다. 『주역본의(周易本義)』, 『역학계몽(易學啓蒙)』, 『시괘고오(蓍卦考誤)』, 『태극도(太極圖)』, 『통서(通書)』, 『주자어류(朱子語類)』.

사인(士人)들이 『정씨역전(程氏易傳)』을 버리고, 오로지 『주역본의』만을 썼으며, 청조에서 강희제는 『어찬주역절중(禦纂周易折中)』에서 역시 『주역본의』의 순서를 따랐다.[84] 장립문 선생은 『주희평전(朱熹評傳)』에서 주희의 역학에 대해 다음과 같이 언급했다. "(주희의 역학은) 한나라 이후로 특히 송대 이후 역학사상의 총결산이다. 상수와 의리를 종합하고, 하락학파(河洛學派), 즉 도서학파(圖書學派)의 발전을 위한 길을 열었다."[85] 이로써 우리는 주희가 의리역학의 관점에서 한대역학과 송대역학을 집대성하였음을 알 수 있다.

『사고전서총목제요(四庫全書總目提要)』에서는 역학사를 양파육종의 전개과정으로 요약하였는데, 그 중에서 송대(宋代)의 이광(李光, 1078-1159)과 양만리(楊萬里, 1127-1206)의 사사참증파(史事參證派)는 역사적 사실을 인용하여 『역』을 해석하는 방법을 주장했다. 『역경』과 『역전』에 이미 여러 사료(史料)를 이용한 사례가 보인다. 예를 들면 고힐강(顧頡剛)이 언급한 것처럼 『역경』에는 상주(商周) 시기의 "다섯 항목의 고사(故事)"가 나온다.[86] 그것은 사역(史易)의 단초(端初)가 된다고 볼 수 있다. 전국시대의 추연(鄒衍)은 오행상승설(五行相勝說)을 역사해석에 적용하여 오덕사관(五德史觀)을 주장하였다. 즉 "오행(五行)의 덕(德)의 순환과 교체로 역사를 해석하였다."[87] 한대와 당대에 이르러서는 역사로써 『역』을 해석하는 방법이 더욱 일반적으로 되었으나, 그 규모가 크지 않았다. 송대(宋代)에 와서 "『역』이라는 책은 천도(天道)를 추론하여, 인사(人事)를 밝히기 위해 쓰였다. ⋯ 다시 변하여 이광과 양만리에 의해 역사적 사실을 참증(參證)하여 『역』을 해석하게 되었다."[88] 이 때 역사적 사실을 경전의 의미를 증명하기 위한 수단으로 사용함으로써 비로소

---

84 『原本周易本義』 十二卷((淸)紀昀(1997), p.19).
85 張立文(1998), p.174.
86 "다섯 개의 고사(五項故事)"는 다음과 같다. 즉 ① "왕해상우양우역(王亥喪牛羊于易)", ② "고종벌귀방(高宗伐鬼方)", ③ "제을귀매(帝乙歸妹)", ④ "기자명이(箕子明夷)", ⑤ "강후용석마번서(康侯用賜馬蕃庶)". 또 다음 책을 참조할 것: 楊慶中(2000), pp.62-64; (淸)顧頡剛(1982), pp.5-28.
87 周桂鈿(1997).
88 『易類一』序((淸)紀昀(1997), p.3).

역학 해석의 한 종(宗)이 되었다.

예를 들어, 이광은 『독역상설(讀易詳說)』에서 "책에서 괘효사(卦爻詞)는 모두 군신(君臣) 관계에 대해 말한 것이고, 역사적 사실을 가져와 입증하였다"[89]고 하였다. 양만리는 『성재역전(誠齋易傳)』에서 "이 책의 큰 뜻은 정자(程子)의 학설에 근본을 두고 있고, 사서(史書)와 전기(傳記)로 논증하였다"[90]고 하였다. 이기(李杞)는 『용역상해(用易詳解)』에서 "모든 효사(爻辭)를 풀이한 후에 다시 관련된 역사 사건을 끌어와서 그 효사 의미를 입증하였다"[91]고 하였다. 이러한 사례들은 모두 "사사종(史事宗)"의 전형(典型)이 된다. 그 『역』해석의 특징은 역사적 사실이나 사례(史例)를 인용하여 『주역』의 괘효사를 해석하거나 논증함으로써 인사(人事)의 이해관계를 중시하고, 역사적 혹은 사회적 사건으로 진퇴(進退), 존망(存亡), 치란(治亂)의 이치를 설명하는 데 있다.

그 다음으로 『역경』에 대한 심성론(心性論)적 해석에 대해서도 논의할 필요가 있다. 그 대표적인 경우는 양간(楊簡, 1141-1226)의 역학(易學)이다. 양간은 육구연(陸九淵)을 스승으로 모시고 따랐다. "양간의 학문은 육구연에서 나왔다. 그의 『역경』해석은 오로지 인심(人心)을 위주로 하였으며, 상수(象數)와 물상(物象) 해석은 소략한 바가 있었다."[92] 『양씨역전(楊氏易傳)』은 "심성(心性)"의 설을 전문적으로 다루었다. "인심은 곧 역의 도이다[人心即易之道也]"라고 하고, "인심이 곧 천도이다[人心即天道]"[93]라고 하였으며, 괘효(卦爻)와 사물의 변화는 모두 인심에서 나오는 것이라고 주장하였다. 그는 심성론을 『역』과 합쳐서 하나의 통합된 철학체계로 만들었다. 따라서 그는

---

89 『讀易詳說提要』((淸)紀昀(1997), p.14).
90 『誠齋易傳』二十卷((淸)紀昀(1997), p.23).
91 『用易詳解』十六卷((淸)紀昀(1997), p.31).
92 "簡之學出陸九淵, 故其解『易』惟以人心爲主。而象數事物皆在所略", 『楊氏易傳』二十卷((淸)紀昀(1997), p.21).
93 (宋)楊簡(1986), p.96.

『역』에 대한 심성론적 해석의 선구자라고 말할 수 있으며, 그 학설은 명대에 크게 유행하였다.

마지막으로 사공학(事功學)의 관점에서 『역경』을 연구한 인물로 엽적(葉適, 1150-1223)[94]이 있다. 엽적은 복희획괘설(伏羲畫卦說)과 문왕중괘설(文王重卦說)을 부정했으며, 사공학(事功學)의 관점에서 『역경』의 괘상과 괘효를 해석했다. 그는 『역전(易傳)』과 관련하여 『단사(彖辭)』와 『상전(象傳)』을 중시하였다. 그는 괘의 의미는 상(象)에서 나오는데, 상(象)은 형이상학적 리(理)를 함축하고 있다고 하더라도 형기(形器)로부터 벗어날 수 없다고 주장했다. 이것은 『역경』의 현실성을 강조한 것이다. 이처럼 송대 유가의 역학 연구는 상수파와 의리파가 모두 다원적 특색을 드러내고 있으며, 역학의 발전 방향이 더욱 넓어졌음을 알 수 있다.

원대(元代)에 이르러 관방(官方)의 공식적 학설은 정주이학(程朱理學)이었다. 따라서 『역경』 연구도 정주역학(程朱易學)의 범위를 벗어나지 않았다. 특히 주희의 역학은 더욱 표준[圭臬]으로 추앙되었고, 과거 시험에서 『역』은 정주의 학설을 위주로 하였다. 원대의 인물 조채(趙采)[95]는 "지금 학자들이 『역』을 읽을 때 마땅히 소옹·정이(程頤)·주희의 세 선생의 설로 거슬러 올라가야 한다"[96]고 하였다. 예를 들어 호일계의 『역본의부록찬소(易本義附錄纂疏)』는 거듭 『주역』의 본지(本旨)를 강조하면서, 주희 역학의 상수(象數) 부분에 대해 주로 해석했으며, "오직 주자를 으뜸으로 삼는다[惟以朱子爲宗]"[97]고

---

94 '葉'이 성(姓)으로 쓰일 때는 '섭'으로 읽어야 한다는 주장이 있다. 그러나 이미 송(宋)나라 문헌인 『통지(通志)』에서 "葉씨는 옛음이 '섭(攝)'이었으나 후세에 나뭇잎의 '엽(葉)'과 음이 같아졌다"고 되어 있다. 현재 중국 현지에서도 'yè'로 부르고 'shè'는 고대의 지명이나 인명에 한정되어 있으므로, "엽"으로 읽는 것이 옳다. (역주)

95 조채(趙采)는 원대(元代)의 경학가이다. 생졸년(生卒年)은 알려져 있지 않다. 자(字)는 덕량(德亮)이며, 호(號)는 융재(隆齋)이다. 원(元)의 동천(潼川), 지금의 사천(四川) 삼태(三台) 출신이다. 『역(易)』을 해석함에 송학(宋學)을 위주로 하였고, 선유(先儒)들의 상수(象數) 이론과 변괘(變卦), 호괘(互卦) 등의 학설을 취하였다. 저서로는 『주역정주전의절충(周易程朱傳義折衷)』, 『가인연의(家人衍義)』 등이 있으며, 신원사(新元史)에 그의 전기(傳記)가 실려 있다. (역주)

96 『周易程朱傳義折衷』三十三卷((淸)紀昀(1997), p.37).

97 『易本義附錄纂疏』十五卷, (淸)紀昀(1997), p.35.

말했다. 그리고 『역학계몽익전(易學啓蒙翼傳)』 삼편(三篇) 『내편(內篇)』에서도 역시 "모두 주자의 설을 밝힌 것이다[皆發明朱子之說者也]"[98]라고 하였으니, 그가 정주이학을 신봉하고 표방했음을 알 수 있다.

오징(吳澄, 1249-1333)의 『역찬언(易纂言)』은 여조겸(呂祖謙)의 『고역(古易)』을 참조하였지만, 그 나머지는 "호원(胡瑗)·정자(程子)·주자(朱子)의 여러 설에 많이 의지하고 있다".[99] 호병문(胡炳文, 1250-1333)의 『주역본의통석(周易本義通釋)』 등의 저서도 역시 주자 역학을 종주(宗主)로 삼고 있다. 그는 주희의 이본론(理本論)적 측면을 잘 드러내어, 역리(易理)를 해석하였기 때문에, "오로지 주자의 학문에 전념했다"[100]고 평가된다. 조방(趙汸, 1319-1369)의 저서인 『주역문전(周易文詮)』은 "그 큰 뜻은 정자와 주자로부터 나왔으며, 수(數)에 대해서는 대략적으로만 논하고, 주로 리(理)를 말하였다."[101] 보파(寶巴, ?-1331)[102]의 『역원오의(易原奧義)』와 『주역원지(周易原旨)』는 "그 뿌리를 송유에 두고 의리를 해석하였으며, 경방과 초연수의 참위설에 관해서는 한 글자도 언급하지 않았다."[103] 이를 통해 원대역학은 주자 역학의 영향을 받아 주자 역학을 심화시켰으며, 의리적 역학파에 속한다는 것을 알 수 있다.

명대(明代)에 이르러 역학 연구는 의리역학의 방면에서 우선 관방에서 역학서적의 편찬을 주도하였다. 호광(胡廣, 1369-1418) 등이 편찬한 『주역전의대전(周易傳義大全)』은 가장 큰 영향을 미쳤다. "성조(成祖)가 직접 「서(序)」를 써서 책 머리에 배치하였고, 예부(禮部)에 명하여 간행하여 천하에 배포하도록 하였다."[104] 주이존(朱彛尊, 1629-1709)은 『경의고(經義考)』에서

---

98 『易學啓蒙翼傳』四卷, (淸)紀昀(1997), p.35.
99 『易纂言』十卷, (淸)紀昀(1997), p.36.
100 『周易本義通釋』十二卷, (淸)紀昀(1997), p.39.
101 『周易文詮』四卷, (淸)紀昀(1997), p.43.
102 보파(寶巴, ?-1331): 원대(元代)의 저명한 사상가이다. 자(字)는 공맹(公孟)이며, 호(號)는 보암(普庵)이다. 보파(保巴)라고도 한다. 몽고족이며, 일설(一說)에는 색목인(色目人)이라고 한다. 저서로 『주역원지(周易原旨)』, 『역학오의(易學奧義)』 등이 있다. (역주)
103 『易原奧義』一卷; 『周易原旨』六卷((淸)紀昀(1997), p.37.
104 『周易大全』, 二十四卷((淸)紀昀(1997), p.44).

호광(胡廣) 등이 여러 학파의 역설(易說)을 채록하였으며, "이전의 유학자들의 학설을 모아서 편집하고 초록하였다[就前儒成編, 雜爲鈔錄]"[105]고 하였다. 그 뒤에 원문과 부합하는지를 낱낱히 검증하였는데, 틀린 것이 하나도 없었다. 그 인용한 문헌에는 원대의 동진경((董眞卿), 호일계, 호병문 등의 역학저서 등도 포함되어 있다. 채청(蔡清, 1453-1508)의 『역경몽인(易經蒙引)』은 그 문자(文字)와 체례(體例)가 모두 주희의 『주역본의』를 따랐다. 사고관신은 이 책에 대하여 다음과 같이 매우 높게 평가하였다. "주자는 정자의 『역전(易傳)』을 전적으로 따른 것은 아니었지만 정자의 『역전』의 뜻을 명확히 드러낸 것은 주자만한 인물이 없었다. 채청은 주자의 『주역본의』를 전적으로 따른 것은 아니었지만 『주역본의』의 뜻을 명확히 드러낸 것은 채청만한 인물이 없었다. 학문이 깊게 닦은 순유(醇儒)들이 마음으로 체득한 학문은 단지 명성을 얻기 위해 그 문호(門戶)를 두고 다툰 자들과는 확실히 다르다."[106] 이것은 채청이 주희의 『주역본의』의 뜻을 잘 드러낸 것을 주희가 정이의 『정씨역전』의 역학을 명확히 드러낸 것에 비유한 것이니, 채청의 역학을 크게 칭송한 것이다.

또한 양명심학파(陽明心學派)는 "이심해역(以心解易)", 즉 심성(心性)으로 『역』을 해석하는 방법을 발전시켰다. 그들은 "심체의 탐구와 재건을 출발점으로 삼는다[探討和重建心體爲起點]"[107]는 것을 내세워 학술 연구에서 『역』을 학습하는 전통을 이어왔다. 왕양명(王陽明, 1472-1529)은 옥중에 갇혀 『역』을 읽었는데, 그가 옥중에서 지은 「독역(讀易)」이라는 시(詩)에서 다음과 같이 말했다. "눈을 감고 앉아 복희의 『역』을 완상(玩賞)하니, 맑은 마음으로 정미(精微)하고 심오(深奧)함을 본다[瞑坐玩羲易, 洗心見微奧]"[108] 왕양명은

---

105 『周易大全』, 二十四卷((淸)紀昀(1997), p.44).
106 "朱子不全從程『傳』, 而能發明程『傳』者莫若朱子, 淸不全從『本義』, 而能發明『本義』者莫若淸, 醇儒心得之學, 所由與爭門戶者異歟!"((明)蔡淸(1986), p.2).
107 方國根(1998).
108 (明)王守仁(1992), p.675.

그가 독서를 하던 자리를 "완역와(玩易窩)"라고 불렀으며, 『완역와기(玩易窩記)』를 지어 경전을 학습할 때의 심경과 과정을 기록했다. 따라서 왕양명의 철학사상을 이해하기 위해서는 "왕양명의 생애와 인생 체험에 대한 이해가 필수적으로 요구된다."[109] 우리는 왕양명의 역학사상에 대한 검토를 통해 왕양명의 철학사상에 대한 연구를 한 단계 더 발전시킬 수 있다.

왕간(王艮, 1483-1541)은 왕양명이 양지(良知)로써 『역』을 해석하고, 『역』으로써 양지를 인증(印證)했던 전통을 이어갔다. 그는 '간이직절(簡易直截)'[110]한 양지를 강조한 왕양명의 가르침을 마음에 새기면서, 『역』의 도는 양지를 인증(印證)하는 데 있다고 여겼다. (왕간은 다음과 같이 말했다.) "만약 양지에 털끝만큼도 차이가 없다면, 진퇴(進退)와 보신(保身)의 도를 스스로 깨달을 수 있다."[111]

왕기(王畿, 1498-1583)는 정호와 양간과 왕양명 역학에서 영향을 받아,[112] 『역』을 깊게 연구하였으며, "도가 그 안에 있다[道存其中矣]"[113]고 생각했다. 그의 학설은 "인심(人心)"을 위주로 하였으며, "『역』은 곧 심역(心易)이다"[114]라고 주장했다. 『역』은 곧 심역이기 때문에, 마음으로 『역』을 다스릴 수 있다. 사람의 마음은 본래 착하기 때문에, 『역』을 공부하면 곧 양지를 밝혀, "그 본래의 선한 마음을 회복할 수 있다[復其本善之心]."[115] 마음을 바르게 하는 것[正心]에 대해 "이것은 곧 간이직절의 근원이다"고 하였으며, '일념지기(一念之幾)' 혹은 '일념지미(一念之微)'가 '마음을 바르게 하는 법[正心之法]'[116]이 된다고 하였다. 이로부터 심학(心學)의 본체를 구체적으로 드러내려는 역

109　陸玉林(1997).
110　方國根(1999b).
111　"以此印證吾良知, 無毫厘之差, 自能知進退保身之道矣."(明)王艮(1846), p.155)
112　方祖猷(2001), p.305.
113　(明)王畿(1997), p.392.
114　(明)王畿(1997), p.392.
115　(明)王畿(1997), p.613.
116　方國根(1999b).

학 연구가 중시되게 되었다.

이지(李贄, 1527-1602)는 그의 역학저서 『구정역인(九正易因)』[117]에서 "심(心)"에서 출발하여 동심(童心)을 내세우고, 인정(人情)과 성명(性命)을 중시하였다. 그는 역학을 '간이자연지성학[簡易自然之聖學: 쉽고 자연스러운 성인의 학문]'으로 간주하였다. 또 그는 역학 해석을 경세치용지학(經世致用之學) 및 계몽사상 등과 결합하여, 성인(聖人)과 범인(凡人)이 평등함을 주장하였다. 이로부터 그의 역학은 자연적 인정(人情)을 중시하는 사상적 특색을 나타내게 되었다.

명대 역학 연구는 상수역학의 방면에서 대부분 송학을 답습했지만 혁신적인 점도 있었다. 그 중에서 내지덕(來知德, 1526-1604), 황도주(黃道周, 1585-1646), 방이지(方以智, 1611-1671) 등이 대표적이다. 내지덕은 『주역집주(周易集注)』를 저술하였는데, 그 책의 가장 큰 특색은 "착종설(錯綜說)"에 있다. 그는 착종의 개념으로 상수를 논하였고, 거기에 의리를 합쳐서 상수와 더불어 일체가 되게 하였다. "착(錯)이란 교착(交錯)과 대대(對待)의 명칭이니, 왼쪽에 양이 있으면, 오른쪽에는 음이 있고, 왼쪽에 음이 있으면 오른쪽에 양이 있는 것을 가리킨다"[118] 그러므로 음양이 서로 반대되는 것을 착(錯)이라고 한다. 그 다음으로 "종(綜)이란 위와 아래로 왕복하면서 직물(織物)을 짜는 것을 가리키는 명칭이니, 양이 위에 있으면, 음이 아래에 있고, 음이 위에 있으면, 양이 아래에 있게 된다."[119] 그러므로 상하(上下)가 전도(顚倒)된 것을 종(綜)이라고 한다. 괘의 유행(流行)과 변화(變化)의 원리가 그 가운데 있다고 밝혔으니 "스스로 일가(一家)의 학설을 이루었으며, 당시에 절학(絶學)이라고 추존되었다.[自成一說, 當時推爲'絶學']"[120] 그 취상설(取象說)은 역학

---

117 陳欣雨(2012a).
118 (明)來知德(1986), p.3.
119 (明)來知德(1986), p.3.
120 (明)來知德(1986), p.2.

파의 상(象) 이론의 큰 총결산이라고 볼 수 있다. 특히 부베가 그의 저서 『대역원의내편』에서 건괘(乾卦)의 『상전(象傳)』의 "천행건, 군자이자강불식(天行健, 君子以自強不息)"을 해석하면서, 내지덕의 역상(易象) 이론을 인용한 것은 주목할 만한 가치가 있다.[121]

황도주(黃道周, 1585-1646)의 저서 『역상정(易象正)』의 특징은 동효(動爻)의 변화를 중시하는 데 있다. 그는 상(象)의 변화를 관찰하여, 변괘(變卦)와 동효로써 괘효사를 해석하였다. "즉 각 괘의 여섯 효에 (동효로써 형성된) '지괘(之卦)'로써 괘의 변화를 관찰하였다."[122] 글 가운데에는 대량의 역도(易圖)[123]가 포함되어 있으며, 고경(古經)을 인용하여 『역경』을 해석하였다. 사고관신은 안(案)에서 "이 책과 『삼역동기(三易洞璣)』는 모두 소옹의 『황극경세』의 지류이다"[124]라고 하였으니, 황도주가 소옹 역학의 계승자라는 것을 말한 것이다.

방이지의 상수역학은 더욱 철학적 의미를 갖추고 있다.

첫째, 그의 상수역학은 상(象)·수(數)·리(理)·기(氣)의 관계로써 철학적 해석을 수행하였으며, 형이상학과 논리적 변증을 중시하였다.[125]

둘째, 선천학을 『주역』의 근원으로 간주하여 매우 중시하였으며, 소옹의 도서학(圖書學)을 발전시켰다.

셋째, 방이지는 「하도」와 「낙서」를 강조하여, "소옹과 채침을 선구자로 삼아, 「하도」와 「낙서」의 부호(符號)의 의미를 해석하였다."라고 하였다.[126] 황종희(黃宗羲, 1610-1695)는 방이지의 역학에 대해서 "하도와 낙서의 수에 대

---

121 Bouvet, 『大易原義內篇』, BAV, Borgia-Cinese, 317-9°, p.5.
122 (明)黃道周(1986), p.101. 그밖에 『易象正』十六卷((清)紀昀(1997), p.50) 참고.
123 권의 시작에는 상하에 24개의 도(圖)가 있고, 권 14에는 7개의 도가 있으며(내용은 없음), 권말의 상하에는 22개의 도가 있다. 총합하여 대략 46개의 도로 이루어져 있다. (『易象正』目錄((清)紀昀(1986), p.103; pp.108-109) 참고.
124 『易象正』, 十六卷((清)紀昀(1997), p.50).
125 羅熾(1998), pp.150-160.
126 (明)方以智(1986), p.745.

해 새로운 학설을 제출했다."[127]라고 평가했다. 방이지는 수학의 숫자와 도상에 근거해서 역리(易理)를 논했다. 그는 "처처(處處)에 하락(河洛)의 도(圖)가 있고, 처처(處處)에 ○∴卍가 있다"[128]고 하였는데, 여기에서 "○, ∴, 卍"은 각각 "일(一)·삼(三)·만(萬)"을 표시하는 기호이다. 그는 이 기호를 세계의 존재 모형으로 간주했던 것이다. 그리고 "일(一)·이(二)·삼(三)·사(四)·오(五)는 상수(象數)"[129]라고 하였는데, 이것은 이 숫자를 수(數)의 생성의 기초로 간주했음을 의미한다.

넷째, 방이지는 역학의 생극(生克)과 제화(制化)[130]의 원리를 탐구하면서 실증(實證)과 검증의 방식을 적용하여 「하도」·「낙서」와 괘효의 상(象)을 해석했다. 그리고 이러한 기초 위에서 물리학 지식을 사용하여 역학의 "기(幾)" 개념의 함의(含義)를 이해했다. 즉 "『역』은 천지의 기미[幾]를 징험하는 것이다.[『易』者, 徵天地之幾也.]"[131] 방이지는 "태극"을 그의 역학의 최종적 귀착점으로 삼았으며, 태극의 개념 위에 형이상학적 체계를 세웠다. 그의 상수역학은 상수파 중에서도 송역의 이론을 총괄한 것이다. 이상에서 볼 때 명대 역학의 발전은 의리학의 방면에서는 심학의 경향이 뚜렷하게 나타나며, 상수학의 영역에서는 송역의 영향을 아직 벗어나지 못했으며, 새로운 상수 이론을 개척하지는 못했음을 알 수 있다.

제4차 역학의 연변(演變)은 명청 전환기에 의리역과 상수역이 결합된 경향이 나타난 것으로서, 이것은 청대 역학의 시작을 예시(預示)한다. 명청 전환기의 역학 연구 경향은 사회의 다원화 현상으로 말미암아 더욱 복잡한 양

---

127 沈善洪·吳光(2005), p.367.
128 『易餘-三冒五衍』, 羅熾(1998), p.169에서 재인용.
129 『易餘-三冒五衍』, 羅熾(1998), p.164에서 재인용.
130 제화(制化): 제(制)는 극제(克制)를 뜻하고, 화(化)는 화생(化生)을 의미한다. 오행(五行) 학설에서 화생(化生)과 극제(克制)는 상호 작용하는 관계에 있다. 사물에는 생성과 억제의 두 가지 측면이 모두 있다. 즉 사물은 생성하는 가운데 억제되고, 억제되는 가운데 생성된다. 이처럼 생성과 억제의 두 기능이 균형을 이루면서 상호 작용함으로써 생극(生克)의 배합(配合)이 이루어지는데, 이것을 제화(制化)라고 한다. (역주)
131 (明)方以智(2001), p.221.

상을 나타냈다. 당시에 명말 청초의 왕조 교체를 겪은지 얼마 되지 않아 사상적으로도 이러한 사회 사조의 변화의 영향을 받아, 역학에서도 "백가쟁명(百家爭鳴)"의 사태에 직면하게 되었다. 한유들의 경전 해석 방법으로 송학의 의리역을 논할 뿐만 아니라, 여러 경을 어찬(御纂)하여 역대의 학설을 반영하여 종합하였다. 유학 내부에서도 『역경』 연구와 관련하여 손기봉(孫奇逢, 1584-1675), 황종희(黃宗羲, 1610-1695), 고염무(顧炎武, 1613-1682), 조포(刁包, 1603-1669)[132], 왕부지(王夫之, 1619-1692), 모기령(毛奇齡, 1623-1716), 진몽뢰(陳夢雷, 1650-1741) 등이 모두 명청 전환기 역학 연구에서 사상적 전환을 일으킨 인물로 평가된다. 상수역과 의리역을 막론하고, 또 주자 역학을 종주로 하는 것이건 심학역(心學易)을 논하는 것이건 간에 모두 문호의 구분이 없었으며, 유파의 구별이 없었다. "제유들은 옛 것을 좋아해서 부지런히 찾아 배웠으며,[133] 각자 자신의 영역을 만들고, 문호를 세우지 않았다. 당파를 만들어 다른 당파를 배척한다든지 하는 짓을 하지 않았으며,[134] 몸가짐을 자제하여 실천하며, 남몰래 스스로 수신(修身)하였다.[諸儒好古敏求, 各造其域, 不立門戶, 不相黨伐束身踐行, 暗然自修]".[135]

예를 들어, 손기봉의 『독역대지(讀易大旨)』는 육상산과 왕양명의 심학에 근거해서 도서역에 관여하지 않았다. 또 그는 「상전(象傳)」으로써 64괘의 의미를 해석하였으며, 천리(天理)를 체인(體認)하고, 이정(二程)의 의리와 주자의 복서를 종합하였다. 손기봉에 따르면, 『역』의 원리는 본래 천지 사이의 사리(事理)를 모사한 데 있으며, "64괘와 384효에는 모두 리(理)가 있다."[136] 또

---

132 조포(刁包: 1603-1669): 자(字)는 몽길(蒙吉)이며, 『역작(易酌)』 등의 저서가 있다. 명말청초의 저술가이며, 명나라가 망하자, 은거해서 독서를 했다. 강희 8년에 병으로 죽었다.(역주)

133 호고민구(好古敏求): 『논어』 「술이(述而)」편에 나오는 말로서, "옛 것을 좋아해서 부지런히 찾아 배운다"는 뜻이다.(역주)

134 '당벌(黨伐)': 당리당벌(黨利黨伐)의 줄인 말로서 자기 당을 위하여 다른 당을 치고 배척한다는 뜻이다. 옳고 그름을 따지지 않고 뜻이 같으면 한 무리가 되고 그렇지 않으면 상대방을 공격한다는 의미이다. 당동벌이(黨同伐異)라고도 한다.(역주)

135 『儒林一』(1995), 影印本, p.1495.

136 (淸)孫奇逢·張顯淸(2003), p.116.

천지인 삼재의 도를 논하여, 천인지학(天人之學)으로 인문을 변화시켰으니[137], 그 "대의는 의리를 밝히는 데 있고, 인사(人事)에 절실하게 실용적으로 쓰는 데 있다."[138]

황종희는 『역학상수론(易學象數論)』을 저술하였는데, 도서역에 대해 고증하고 해석하는 데에 중점을 두었으며, 진단의 학문에 대해서는 적극적으로 배척하였다. 특히 그는 『하도』, 『낙서』, 「선천도」, 「태극도」 등에 대한 비판을 바탕으로 도서학과 상수역학의 관계를 해결하였고, 상(象)으로써 『역』을 해석하는 것을 중시하였다. 정길웅(鄭吉雄)은 황종희의 『역학상수론』을 청대 초기의 역도(易圖)에 대한 논변 중에서 가장 중요한 저작으로 간주했다.[139] 사고관신은 『역학상수론』에 대해 "강목(綱目)의 체계를 크게 세우고, 변론이 매우 정밀하여, 호위(胡渭, 1633-1714)의 『역도명변(易圖明辨)』과 더불어, 역도(易道)에 공을 크게 세웠다!"[140]고 평가하였다. 주백곤(朱伯崑)도 황종희와 황종염 형제를 "경학사에서 고증학으로 도서학을 비판한 대표적 인물"[141]이라고 평가했다.

고염무의 역학사상은 그 저서인 『일지록(日知錄)』과 『음학오서(音學五書)』 등에서 흩어져 발견된다. 그는 먼저 『역경』의 텍스트 생성, 유통 및 성질 등에 대해 고찰하여 『연산(連山)』과 『귀장(歸藏)』도 역시 『역』이 아니며, 중괘(重卦)는 문왕(文王) 이전에 이미 시작되었다고 주장했다. 그는 또 한유가 괘효 밖에서 상(象)을 논한 것을 비판하고, 송유의 도가적 해석 전통을 부정하는 등[142] 복고존경(復古尊經: 고대로 돌아가 경을 존중함과 거짓을 분별함)과 변

---

[137] 인문화성(人文化成): "인문으로 교화시키고 이룬다(人文化成)"의 뜻이다. 『주역』 비괘(賁卦)의 「단사(彖辭)」에 "천문을 바라보아 사시의 변화를 살피고, 인문을 바라보아 천하를 교화시켜 이룬다(觀乎天文以察時變, 觀乎人文以化成天下)"는 말이 나오는데, "인문화성(人文化成)"은 "관호인문이화성(觀乎人文以化成)"를 줄인 말이다. (역주)
[138] 『讀易大旨』五卷((清)紀昀(1997), p.54.
[139] 鄭吉雄(2004), p.84.
[140] 『易學象數論』六卷((清)紀昀(1997), p.56.
[141] 朱伯崑(1995), p.232.
[142] 林忠軍(2012).

위구실(辨僞求實: 거짓을 가려내고 사실을 추구함)을 중시했다. 그는 『주역』의 본경(本經)으로 돌아가, 인륜(人倫)의 일용(日用)을 목표로 삼고, 경세치용을 중시하였으니, 고거학(考據學)의 특색이 뚜렷이 드러났다. 서근정(徐芹庭)은 고염무에 대해 "비록 그를 역학 명가(名家)라고 할 수는 없겠지만", 『역』에 대해 논리로써 해설하였기 때문에, "근본이 있으며, 실제에 힘쓰며, 도(道)의 근본을 숭상했다."[143]고 평가할 수 있다고 말했다. 조포의 『역작(易酌)』은 정이의 『정씨역전』을 위주로 하여, 주희의 『주역본의』에 대해 참고하였으니, 의리를 근본으로 『역』을 설한 것이다. 그는 경전의 원문과 정주의 학문을 함께 참조하여 논증하였는데, 정주의 후학의 계열에 속하였다. 그는 "정주의 학문을 충분히 보좌할 수 있었으며, 송학에서 실로 깊이 체득한 바가 있었다."[144] 그 중에서 상수(象數)를 논할 때 한대가 아닌 송대의 진단과 이지재의 학문을 전한 것을 보면 한대 상수학이 아니라 송대 상수역학의 영향을 받았음을 충분히 알 수 있다.

왕부지는 『역경』에 의지해서 자신의 철학체계를 세우려고 시도했다. 그는 『역경』에 대해 가장 탄복하여 "『역』은 지극한 천명의 학문[易爲至命之學]"[145]이라고 하고, "오경(五經)"은 모두 "『역』이 그 (『오경』의) 원리를 통합하고 있다"[146]라고 말했다. 그는 한역(漢易) 이후 역학사를 정리하고, 왕필, 삼소(三蘇, 즉 蘇洵·蘇軾·蘇轍) 및 정주의 역학에 대해 분석하였다.[147] 그는 『역경』해석에서 사(辭)·변(變)·상(象)·점(占)의 네 가지 요소를 종합적으로 고려하였다. 상수(象數)를 중시하고, 점서(占筮)를 폐지하지 않았다. 중괘설(重卦說), 괘변설(卦變說) 등 상수의 해석체계를 강조하였고, 또 천인지학(天人之學)의 방면에서 의리역학을 해석하여, 천인(天人)의 성명(性命), 가치론 등 학설을

---

143 徐芹庭(1987), p.475.
144 『易酌』十四卷((淸)紀昀(1997), p.55).
145 (明)王夫之(1996), p.524.
146 (明)王夫之(1996), p.989.
147 (明)王夫之(1996), pp.652-653.

통해 역학과 철학을 통합한 사고를 전개했다. 그러나 정치적 이유로『사고전서』에서는 왕부지의 가장 중요한 역학저술인『주역외전(周易外傳)』,『주역대상해(周易大象解)』,『주역내전(周易內傳)』등이 수록되어 있지 않고, 단지『주역패소(周易稗疏)』한 책만 수록되어 있을 뿐이다.『사고전서』에서는 이 책에 대해 "말을 하려면 사실적 근거가 필요하고, 뜻을 주장하려면 절실한 원리가 있어야 한다. 최근에 역학가 중에서 가장 근거를 갖추었다[言必徵實, 義必切理, 於近時說『易』之家爲最有根據]"고 하였다.[148]

호위는 진단의 도서학을 기초로『역도명변(易圖明辨)』을 "오로지 하도와 낙서에 대한 진위를 분별해서 정설을 확립하기 위하여 저술하였으며[專爲辨定圖書而作]"[149],『역경』의 도보(圖譜)의 계통을 세우려고 시도했다. 그 중에 역대의 역도(易圖)를 다룬 것이 거의 47폭(幅)인데, 역대의 역도의 체계 및 득실(得失)을 개괄적으로 서술했다. "호위는 하도·낙서·오행·구궁(九宮)·참동계(參同契)·선천도·태극도·용도(龍圖)·역수구은도(易數鉤隱圖)·계몽도서(啓蒙圖書)·선천·후천·괘변(卦變) 등 상수(象數)의 누적되어온 폐단을 옛 문장을 인용하여 증명하고, 그것을 옹호하는 자들의 입을 막아버렸다."[150] 이것은 호위가 (상수의 잘못된 폐단을 바로잡고, 올바른) 상수를 선양하려고 한 것이다. 호위는 또『홍범정론(洪範正論)』을 저술하여, 이전의 폐단에 대해 종합적으로 지적하고, 절실히『역』을 논하고, "한유(漢儒)들의 견강부회로 가득찬 담론과 송유(宋儒)들의 혼란스러운 논리를 쓸어내버렸다."[151]라고 하였다. 이에 따라 올바른 상수역학을 수립하려고 시도했다.

모기령의 저서로『중씨역(仲氏易)』이 있는데, "하루에 한 괘씩 써서, 64일만에 저서가 완성되었다."[152] 그는『역』은 복서를 위해 만들어진 것이라고

---

148 『周易稗疏』四卷((淸)紀昀(1997), p.55).
149 『儒林二』(1995), p.1505.『四庫全書提要』, (淸)胡渭(1991), p.1 참고.
150 (淸)胡渭(1991), p.1.
151 (淸)胡渭(1991), p.1.
152 (淸)胡渭(1991), p.1.

주장했으며, "오역(五易)"설을 주장하였는데, 오역이란 변역(變易)·교역(交易)·전역(轉易)·대역(對易)·이역(移易)을 가리킨다. 아울러 그는 추역(推易)설을 주장하였는데, 이것은 전통적 괘변설(卦變說)을 변형시킨 이론이다. "그의 역학 학설은 순상(荀爽)·우번(虞翻)·간보(干寶)·후과(侯果) 등 여러 역학가들의 이론을 참조하고 괘변과 괘종(卦綜)의 방법도 융합하였다."[153] 역학 해석 방법의 측면에서 볼 때 모기령은 다른 경을 인용해서 『역』을 해석하였으며, 역사적 사실을 인용하여, 『역』의 원리를 증명하였다. "전체적으로 볼 때, 그는 옛 사람들을 인용하여 증명하는 방법을 썼으며, 주관적 억측에 빠지지 않았다.[大致引據古人, 終不同於冥心臆測者也]"[154] 아울러 그는 『계사(繫辭)』의 뜻을 연역하여 『역』의 논지를 설명했다. 그 밖에 송대의 『하도』, 『낙서』, 소옹의 『선천도』, 주돈이의 『태극도』 등에 대해서 고증과 비판을 하였으며, 광범위하게 증거를 채집하여 사실을 밝혀, 고증하고, 실용적인 것에 힘쓰는 것을 추구하였다.

진몽뢰의 저서 『주역천술(周易淺述)』은 "대체적으로 주자의 『주역본의』를 중심으로 논지를 전개했다."[155] 그러나 주자가 『주역본의』에서 "아직 주자의 학설에 정설(定說)이 아닌 해석이 있는 경우[尙有朱子未定之解]"[156]에는 여러 역학가들의 학설을 채집하여, 최종적으로 자신의 주장을 제출하였다. 상수의 측면에서는 『역』의 의미가 리(理)·수(數)·상(象)·점(占)의 네 가지 원리를 벗어나지 않는다고 보고, 괘기(卦氣)와 효상(爻象)의 설을 중시하였으며, 상(象)의 의미를 밝히는 것을 중심으로 학설을 전개했다. 의리의 측면에서는 태극·무극·음양·신(神)·도(道) 등의 개념에 대해서 해석하였다. 인간을 만물의 우두머리로 삼고, 천지의 리(理)를 체득하고, 인성(人性)·성명(性命)·

---

153 『儒林二』(1995), p.1505.
154 『仲氏易』三十卷((淸)紀昀(1997), p.57).
155 『周易淺述』八卷((淸)紀昀(1997), p.59).
156 陳夢雷(1982), p.6.

체용(體用)·경세(經世) 등 방면에서 인사에 절실한 것을 추구하였다. 이렇게 해서 그는 상수학과 의리학을 융합하였고, 경세치용(經世致用)을 중시하는 것에 대해 탐구하였다.

한편 명말청초의 역학 연구에서는 여전히 정주학파가 주류였으며, 정주역학은 송명역학의 주류를 이루었다. "청대 초기의 학술이 송명대의 학술에서 직접 유래한 것처럼, 청대 초기의 역학도 역시 송명역학에 원천을 두고 있다."[157] 여기에서 우리는 명말청초의 역학이 정주역학을 직접적으로 계승하였음을 알 수 있다. 다른 한편으로, 명말청초의 역학 연구는 점차 훈고(訓詁)를 존중하는 방향을 발전하였으며, 한학(漢學) 및 박학(樸學)[158]의 흥기를 위한 토대를 마련하였다. "명말청초는 송역(宋易)이 박학역(樸學易)으로 전환한 시기로서, 명청역학 중에서도 가장 생기가 넘치는 단계이기도 하다."[159]

이 책에서 검토대상으로 삼고 있는 역학의 범위는 예수회사 조아킴 부베가 중국에 와서 체류하던 시기까지의 역학에 한정된다. 따라서 혜동(惠棟, 1697-1758)의 역학에서는 아직 박학의 기풍이 형성되지 않았으므로 그의 역학사상에 대한 논의는 생략한다. 결론적으로 말하면, 『역경』은 유가에 있어서 항상 지극히 중요한 입문 경전으로 여겨져왔다. 그러나 유가의 『역경』 연구는 전체적으로 상수와 의리의 관점을 통해 서로 다른 역사 단계에서 『역경』의 상·수·리·점 등의 측면 가운데 특정 부분에 치우쳐 논술하였기 때문에 각 시기마다 독특한 특징이 나타나게 되었다. 이것은 역학 연구의 끊임없는 발전을 추동하여, 역학은 명실상부하게 "생생(生生)"의 학문이 되었다.

---

157 汪學群(2004), p.3.
158 박학(樸學): 이 말은 『한서(漢書)』 「유림전(儒林傳)」에서 『서경(書經)』을 박학(樸學)이라고 지칭하면서 처음 쓰였다. 한유(漢儒)들은 경(經)을 연구함에 있어 명물(名物)·훈고(訓詁)·고증(考證)을 중시하였기 때문에, 후세에 한학(漢學) 중에서 고문경학(古文經學)을 박학이라고 불렀다. 또한 고증을 중시한 청대(淸代)의 학문, 특히 건가학파(乾嘉學派)를 지칭하기도 한다. (역주)
159 廖名春·康學偉·梁韋弦(1991), p.7.

제2절
도역(道易)의 분화 — 도학역(道學易)과 도교역(道敎易)

    유가역 뿐 아니라 도가와 『역경』 사이에는 철학적 범주의 측면에서 일치하는 점이 많이 발견된다. 간단히 말해서, 도가의 도(道)라는 용어는 『역경』의 「계사전」의 "형이상자위지도(形而上者謂之道)"[160]에도 나온다. 노자의 "도생일, 일생이, 이생삼, 삼생만물(道生一, 一生二, 二生三, 三生萬物)"[161]의 구절에서 도(道)는 철학의 최고범주로 사용되고 있다. 그리고 『역경』에서 "역유태극, 시생양의(易有太極, 是生兩儀)"[162]의 "태극"과 『장자(莊子)』 「천하」편의 "주지이태일(主之以太一: 태일을 중심으로 삼았다)"[163]의 태일(太一)은 동일한 본체론적 범주이다. 우주론과 생성론의 측면에서 『역경』의 함괘(咸卦) 「단전(彖傳)」에 나오는 "천지감이만물화생(天地感而萬物化生)"의 생생철학(生生哲學)은 노자 철학에서 "도(道)가 천지를 낳고, 천지가 만물을 낳는다[道生天地, 天地生萬物]"의 원리와 일치한다.

    변증법의 측면에서 『역경』의 풍괘(豐卦) 「단전」의 "천지영허, 여시소식(天地盈虛, 與時消息: 천지의 차고 비는 것은 때의 꺼지거나 자라남과 일치한다)"[164]에서 표현된 변역(變易) 개념은 노자 『도덕경』 제25장에서 "주행이불태(周行而不殆: 두루 운행하면서도 위태롭지 않다)"[165]라고 한 것과 동일하다. 그리고 『역경』과 노자의 철학은 모두 천지가 항구적인 운동 과정에 있으며, 음양의

---

160 (魏)王弼(1999), p. 344.
161 (魏)王弼(2008), p. 117.
162 (魏)王弼(1999), p. 340.
163 (淸)王先謙·劉武(1987), p. 294.
164 (魏)王弼(1999), p. 363.
165 (魏)王弼(2008), p. 63.

대립과 전화(轉化)는 만물의 운동의 동력이 된다고 주장하였다는 점에서도 일치한다. 전체적 사유방식의 측면에서 볼 때, "천일합일(天人合一)", 즉 천도(天道)·지도(地道)·인도(人道)가 일치한다는 것은 『역경』과 도가사상의 사유의 공통적 기초가 되는 개념이다. 『역경』의 "겸삼재이양지(兼三才而兩之)"[166]와 노자 제25장의 "도대, 천대, 지대, 왕역대(道大, 天大, 地大, 王亦大: 도도 크고, 천도 크고, 땅도 크고, 왕도 역시 크다)"[167]의 문구는 "천도를 추론하여, 인사를 밝힌다[推天道以明人事]"는 점에서 그 근본 취지가 같다. 소옹은 "노자가 역경의 근본을 깨달았다[老子得『易』之體]"[168]라고 하였고, 청조(淸朝)의 혜사기는 "장주(莊周)는 『역』에 정통했고, 음양을 잘 말했으며, 선유(先儒)들 중에서 『역』을 설한 자들이 그에 미치지 못했다."[169]라고 하였다. 이로써 도가와 『역』이 밀접하게 연계되어 있음을 알 수 있다.

    진한(秦漢) 시대에 정치적 이유로 인해 황로학(黃老學)이 흥기했다. "효경황제(孝景皇帝)의 시대에 이르러서는 유학자에게 직책을 주지 않았고, 효경황제의 모친 두태후(竇太后)는 황로의 학술을 좋아했다."[170] 도가는 『역경』의 연구를 통해 천인감응설(天人感應說)에 의거해서 왕권의 정당성을 추구했고, 왕실을 위해 수명을 연장해나가는 기술(延年益壽之術)을 연구했다. 그러므로 주희가 말했듯이, "노자의 학술은 처음부터 오로지 청정무위(淸淨無爲)에 뜻을 두었으며, 청정무위는 곧 장생불사(長生不死)를 얻기 위한 수단이었다."[171] 『여씨춘추(呂氏春秋)』는 음양오행설을 기본틀로 삼고, 『주역』의 동기상응(同氣相應)과 동류상감(同類相感)의 이론에 의거하여 천인감응설을 더욱 발전시켰다. 『회남자(淮南子)』는 학술이론, 정치책략, 윤리수양, 신선이 되

---

166 (魏)王弼(1999), p.375.
167 (魏)王弼(2008), p.64.
168 (宋)黎靖德(1986), p.2986.
169 (淸)永瑢·紀昀(2000a), p.168.
170 (漢)班固(1962), p.3592.
171 (宋)黎靖德(1986), p.3005.

는 방법 등 여러 방면에서 도가사상을 수용하여, 도가사상의 걸작이 되었다. 노자 『도덕경』에 대한 가장 오래된 주석인 『하상공장구(河上公章句)』는 도가와 신선 사상을 융합하여, 이론적으로 "불사지도(不死之道)"의 양생(養生) 방법에 대해 논증하였다.

한(漢)·위(魏) 이후로 『역』을 설하는 자가 매우 많았다. 『한서·예문지』에 기록된 역학 저작으로 십삼가(十三家), 이백구십사편(二百九十四篇)이 있었고,[172] 『수서·경적지』에 기록된 역학저작으로 육십구부(六十九部), 오백오십일권(五百五十一卷)이 있었다.[173] 도가의 역학 연구에 관해서는 『고사전(高士傳)』과 『후한서(後漢書)·일민전(逸民傳)』에 많이 기록되어 있다. 양한 시대는 정치적 격동이 심했던 시기였기 때문에 속세를 멀리 떠난 도가의 은사(隱士)와 일민(逸民)이 많았다. 예를 들어, 후한의 은사 상장(向長, 생몰년 미상)이 은거하여 벼슬을 하지 않고, "『노자』와 『역』을 즐겨 통했다[好通老易]"고 한다.[174] 『역』의 손괘(損卦)와 익괘(益卦)를 읽고 은거했는데, 그의 말년에 대해서는 알려진 것이 없었다.[175] 고사(高士) 지순(贄恂, 생몰년 미상)은 "『예』와 『역』에 밝았고, 오경을 전문적으로 연구하였으며, 백가의 서적에 두루 통하였다."[176] 마융이 일찍이 지순의 학문을 배우고자 하여, 그의 사위가 되었다. 신도반(申屠蟠, 생몰년 미상)은 학문에 스승이 없었으며, 세상에 숨어 살았다. "오경에 두루 통했으며, 아울러 도서(圖書)와 참위에 밝았다."[177] 『경방역(京房易)』·『엄씨춘추(嚴氏春秋)』·『소대례기(小戴禮記)』 등을 전공하였고, 태

---

172 (漢)班固(1962), p.1704.
173 (唐)魏徵(1973), p.912.
174 (晉)皇甫謐(1989), p.16.
175 상장(向長): 『후한서(後漢書)』 「일민전(逸民傳)」에 따르면, 상장은 후한(後漢)의 은사(隱士)이며, 자(字)는 자평(子平)이다. 그는 특히 노장(老莊)과 『역(易)』에 정통하였는데, 어느 날 『주역(周易)』의 손괘(損卦)와 익괘(益卦)를 읽고 나서 탄식하기를 "내가 이미 부귀는 빈천함보다 못하다는 것을 알았으나 죽음이 삶보다 어떻다는 것만은 모르겠다(吾已知富不如貧貴不如賤, 但未知死何如生耳.)"라고 하였다고 한다. (역주)
176 (晉)皇甫謐(1989), p.21.
177 (晉)皇甫謐(1989), p.22.

학(太學)에 종사하였다. 강기(姜岐, 생몰년 미상)는 "『서경』·『역경』·『춘추』를 전공하였고",[178] 그의 강의를 듣는 자가 매우 많았다. 한대(漢代)에 왕원(王遠, 생몰년 미상)은 "오경을 두루 공부하였고, 천문(天文)·도참(圖讖)·하락(河洛)을 모두 연구하였으며, 천하의 성쇠의 시기와 구주(九州)의 길흉의 사건을 예언했다."[179] 이로써 도학(道學)과 『역경』이 융합되어 일체가 되었음을 알 수 있다.

위진남북조 시기에 『역경』은 『노자』·『장자』와 함께 삼현학(三玄學)에 편입되었다. 그 가운데 왕필(王弼, 226-249)의 영향이 가장 커서, 『노자』와 『장자』의 언어로 『역』의 효사(爻辭)의 의리(義理)를 해석함으로써, 현학적(玄學的) 『역』 해석의 전형을 이루었다. 피석서(皮錫瑞, 1850-1908)는 역학이 상수와 의리로 나뉘어졌고, "왕필의 『역주(易注)』는 비직(費直)의 『역』에 근원을 두고 있으며, 상수를 없애고, 다시 『노자』와 『장자』의 뜻을 덧붙였다."[180]고 하였다. 또 『사고전서총목』에서는 공영달의 『주역정의』에 대한 해제에서 왕필의 『주역주(周易注)』를 "한유를 배격하고, 스스로 신학(新學)임을 내세운"[181] 역작으로 평가했다.[182] 왕필은 『역경』을 단순히 『역전(易傳)』으로 해석하거나 혹은 유가의 예법과 도덕 등으로 해석하던 방식으로부터 벗어나 노자의 무위(無爲)·허정(虛靜)·자연(自然) 등의 개념으로 『역경』을 해석하였으므로 "그 역주(易注)는 노자의 뜻과 뒤섞였다"고 평가된다.[183] 정통적 역학가[184]의

---

178 (晉)皇甫謐(1989), p.23.
179 (宋)張君房(2003), p.2365.
180 (清)皮錫瑞(1959), p.154.
181 『周易正義』十卷((清)紀昀(1997), p.6).
182 "魏王弼, 晉韓康伯, 注, 唐, 孔穎達, 疏, 易本卜筮之書, 故末派浸流於讖緯, 王弼乘其極敝而攻之, 遂能排擊漢儒, 自標新學.("위나라 왕필과 진나라 한강백이 주를 내고, 당나라 공영달이 소를 냈다. 역은 본래 복서의 책이다. 그러므로 말류가 점점 참위설로 흘렀는데, 왕필이 그 지극한 병폐를 틈타, 공격하여, 마침내 한나라 학자들을 배격하고, 스스로 새로운 학문을 표출해 내었다.)"(성백효(2014), p.77)(역주)
183 高志成(2011), p.138.
184 정통치역지가(正統治易之家): 당대(唐代)의 역학자 이정조(李鼎祚)를 가리킨다. 이정조가 『주역집해(周易集解)』의 자서(自序)에서 "우번과 순상 등 삼십여가의 글을 모아서, 王輔嗣의 야문(野文)을 펴내고, 정강성(鄭康成)의 일상(逸象)을 보충하였다(集虞翻荀爽三十餘家, 刊輔嗣之野文, 補康成之逸象)"라고 하였다. (역주)

관점에서 보면, 왕필은 정현역학의 고원하고 탈속적인[185] 기풍을 보완하는 점이 있었으니, "왕보사(王輔嗣)의 문장을 펴내고[186], 정강성(鄭康成)의 일상(逸象)[187]을 보완하였다"[188]라고 한 것이 그것이다. 한편 왕필은 음양재이(陰陽災異)에 대해서는 말하지 않았고, 의리의 관점에서 경을 해석할 것을 주장하였다. "상수를 완전히 폐기하고 …… 의리를 밝혔으니, 『역』을 술수와 섞이지 않게 한 것이다".[189] 그는 각 괘의 주지(主旨)를 강조하고, 인사(人事)와 도리(道理)를 통합하고, 음양과 팔괘의 뜻을 중시하였으며, 변명석리(辯名析理)[190]의 방법으로 언(言)·의(意)·상(象)의 관계를 분석하였다.

한편 노자의 숭본식말(崇本息末), 순시수시(順時隨時), 상겸무위(尚謙無爲) 등의 관점을 받아들여 "허무(虛無)를 본받고 숭상하여, 마침내 『역』을 노장(老莊)으로 들어가게 하였다(祖尚虛無, 使『易』竟入於老莊者)"[191]고 하여 독특한 도가역학 체계를 형성하였다. 진고응(陳鼓應)은 왕필을 『역』과 도가(道家) 사이에서 쌍방향으로 해석한 인물로 평가한다. "그는 나아가 도역일체(道易一體)적 이론 사유를 전개했으며",[192] 그러한 쌍방향 해석은 "이도해역(以道解『易』)", 즉 노장사상의 범주로서 『역』을 해석하였으며, 또 "이역명도(以易明道)", 즉 『역』의 특색을 도가사상에 호응하는 방식으로 해석하여,

---

185 표일(飄逸): 표(飄)는 '회오리바람'을 뜻하고, 일(逸)은 '뛰어나다' 혹은 '무리에서 벗어나 숨는다'는 것을 뜻한다. 표일(飄逸)은 신선처럼 세상 위에 우뚝 솟아 헤아릴 수 없는 기풍을 가리킨다. (역주)

186 본서에서 "輔嗣之野文, 補康成之逸象"라고 하였기 때문에 앞의 구절이 문장의 주어처럼 읽힐 우려가 있다. 이정조(李鼎祚)의 자서(自序)에는 "刊輔嗣之野文"으로 되어 있다. 따라서 '刊'자를 보충해서 읽어야 한다. (唐)李鼎祚(2016), p.9)(역주)

187 일상(逸象): 산일(散逸) 혹은 실전(失傳)된 팔괘(八卦)의 괘상(卦象)을 가리킨다. '일상'은 산일실전된 팔괘상을 가리키며, 구체적으로 말하자면 「설괘전」에는 언급되지 않았지만, 『주역』 경문이나 『좌전(左傳)』과 같은 각종 고서의 기록에서 찾을 수 있는 일부 괘상을 가리킨다. (역주)

188 (淸)李道平(2004), p.9.

189 『周易注』十卷((淸)紀昀(1997), p.6).

190 변명석리(辯名析理): 변명석리(辯名析理)는 곽상(郭象)의 『장자주(莊子注)』의 「천하(天下)」편에서 나온 용어로서, 위진(魏晉) 시대의 현학(玄學)에서 경전을 해석하는 방법 가운데 하나이다. 변석(辨析)은 변별분석(辨別分析)의 뜻인데, 명칭의 의미를 따지고, 도리를 분석하는 것을 뜻한다. 풍우란(馮友蘭)은 『신원도(新原道)』의 「현학(玄學)」에서 이 용어를 위진현학의 철학적 방법론으로 부를 것을 제안했다. (역주)

191 『周易注』十卷((淸)紀昀(1997), p.6).

192 陳鼓應(2003), 第58期.

"『역』과 『노자』와 『장자』의 삼현(三玄)이 서로 영향을 주고 받으며 일체(一體)가 되게 함으로써, 위진현학(魏晉玄學)의 핵심정신을 실현한 것이다".[193] 뒤에 한강백(韓康伯, 생몰년 미상)은 왕필에게 친히 수업을 들었는데, 취의(取義)의 설을 받아들여, 『역』과 노자를 뒤섞어 현학(玄學)에 바탕을 둔 『역』을 발전시켰다. 남북조 시기에는 왕필역학과 정현역학이 함께 관학(官學)이 되었다. 즉 "양(梁)나라와 진(陳)나라에서 정현과 왕필 두 사람의 역주(易注)가 국학(國學)에 들어갔다." 그리고 "수(隋)나라에서 왕필의 주가 성행(盛行)하였다."[194] 수나라와 당나라 시기의 역학은 현학의 영향을 여전히 받았다. 이 시대의 역학의 발전은 전대(前代) 역학의 총결산이었다. 아울러 현학의 역학 해석의 풍조가 송대에까지 영향을 미쳐 『송사』에서는 이들을 "진단일파(陳摶一派)"라고 불렀다. 진단의 도서학(圖書學) 이후에 유목(劉牧)이 나와서 『하도』와 『낙서』를 높이 받들었고, 이지재(李之才)는 괘변설(卦變說)을 중시하였으며, 그 이후에 주돈이가 「태극도설(太極圖說)」을 지었는데, 이것은 모두 도가역학의 영향을 받은 것이다.

한대에는 도가사상의 해석은 점차 도교(道敎) 사상의 직접적 근원을 다루는 방향으로 발전해 갔고, 도교의 『역』 연구가 이로부터 흥기하게 되었다. 예를 들어, 『태평경(太平經)』은 초기 도교 사상에 관련된 문헌으로서, "역사상 최초로 체계적 이론체계를 세운 도교경전"[195]으로 간주되는 책인데, 천도의 음양의 순환을 중시하고, 역학 중에 천지인 삼재(三才)의 사상을 수용하여, "화(和)"의 사상을 강조하여, 수명(壽命)과 천지의 상응 관계를 설명하고, 역학에서 후천팔괘(後天八卦)의 상수 이론을 차용하여, 성명(性命)에 대해 해석했다.[196] 서한(西漢)의 엄군평(嚴君平, BC.86-BC.10)은 한 때 성도(成都)에서

193　陳鼓應(2003), 第58期.
194　(唐)魏徵(1973), p.913.
195　卿希泰(2009), p.259.
196　王明(1980), p.465.

사람들의 운세를 봐주면서 먹고 살았다. 그리고 스스로 "이제 나는 복서(卜筮)를 직업으로 삼는다."¹⁹⁷라고 하였다. 저서로는 『노자지귀(老子指歸)』가 있는데, 그 책의 자서(自序)에서도 "나는 복서를 직업으로 삼는다."¹⁹⁸라고 하였다. 노자 철학으로 『역』을 해석하였는데, 특히 자연생성론과 본체론에 관한 서술에는 유가철학과 도가철학을 상보적으로 보는 견해가 반영되어 있다. 예수회사 푸케의 저서에서도 엄군평의 『노자지귀』의 영향이 보이는데, 이에 대해서는 이 책의 뒷 부분에서 푸케에 관해 설명할 때 언급하게 될 것이다. 양웅(楊雄, BC.53-18)은 『역』을 모방하여 『태현(太玄)』을 지었는데, "그는 진실로 옛 것을 좋아하여 도를 즐겼다. 문장으로 명성을 후세에 남기는 것에 뜻을 두었는데, 경전 중에서는 『역경』 만한 것이 없으므로 『태현』을 지었다."¹⁹⁹ 양웅은 노자의 천도관과 음양변역관을 『역』과 결합하여 다음과 같이 말했다. "그러므로 『역』을 관찰하는 자는 그 괘(卦)를 관찰하여 그 명칭을 부여하였으며, 『태현』을 관찰하는 자는 그 획을 세어 그 명칭을 정하였다. 『태현』의 수(首)에 나오는 네 겹(四重)의 부호(符號)는 괘(卦)가 아니라 수(數)이다."²⁰⁰ 이것은 『태현』의 세계도식(世界圖式)의 구조를 보여준다.

동한(東漢)시대에 신선술(神仙術)이 널리 유행했는데, 모자(牟子, 170-?)가 먼저 "신선이 되어 죽지 않는 책을 읽었다."고 하였고, 나중에 불교도가 되어 『모자이혹론(牟子理惑論)』을 저술했다. 『모자이혹론』에 따르면, 당시에 "(후한의 영제(靈帝, 제위:168-189)가 승하한 뒤로 천하가 혼란에 빠졌는데, 오직 교주(交州) 지방만 평안하였으므로) 북방의 이인(異人)들이 모두 이리로 모여들었다. 그들 대부분은 신선의 벽곡(辟穀)²⁰¹과 장생술(長生術)을 행하였기 때문에

197　(晉)皇甫謐(1989), p.16.
198　(漢)嚴遵(1994), p.3.
199　(漢)班固(1962), p.3583.
200　(漢)班固(1962), p.3575.
201　벽곡(辟穀): 도교(道敎)에서 장생하기 위해 오곡(五穀)을 먹지 않는 수행법을 가리킨다. 인체에 거처하면서 인욕을 일으키는 샀된 마귀들이 곡기(穀氣)에 의존하기 때문에, 곡식을 먹지 않아서 이들을 소멸시키는 한편, 약물(藥物)을 섭취하고 도인(導引)을 수련해야 한다는 것이다. 단곡(斷穀), 절곡(絶穀),

당시 사람들중에 그것을 배우는 이가 많았다."²⁰² 동한(東漢) 말년(末年)에 위백양(魏伯陽, 約100-170)이 고문(古文)『용호경(龍虎經)』의 묘지(妙旨)를 터득하여, "『주역』의 이치를 간략히 줄여『참동계(參同契)』세 편을 저술하였다."²⁰³ 그의 저서『참동계』는『주역』의 상수(象數)와 의리(義理), 황노사상(黃老思想) 및 도교의 연단술(煉丹術: 內丹과 外丹)을 밀접하게 연계시켜 저술한 것으로서 "연단술의 수련과 천지조화는 같은 도이므로 역상(易象)을 빌려 이를 논하였다."²⁰⁴『참동계』에서 "건곤(乾坤)은『역』의 문호(門戶)이고, 감리(坎離)는『역』의 광곽(匡郭: 테두리)이다"라고 했으니,²⁰⁵ 건곤감리의 네 괘는 연단의 기본이 된다. "그 설은 마치『주역』을 해석하듯이, 실제로 효상(爻象)을 빌려와서, 연단의 뜻을 설명하였다.".²⁰⁶

외단(外丹)으로 말하면, 건곤은 노정(爐鼎)이 되고, 감리는 약물(藥物), 즉 연홍(鉛汞: 납과 수은)²⁰⁷에 해당한다. 또 팔괘(八卦)와 납갑(納甲)의 설을 참조하였으니, 시간에 따라 약한 불[文火]과 센 불[武火]로 불의 세기를 조절하는 것은 단약(丹藥)을 제조할 때 반드시 필요한 과정이다. 내단(內丹)으로 말하면, 사람의 음양이 교합(交合)해야, 그 성명(性命)을 보전할 수 있기 때문에 건곤(乾坤)이 사귀어 태(泰)를 이루고, 수화(水火)가 사귀어 약(藥)이 되니, 이렇게 하여 선천(先天) 정기(精氣)의 법을 운용하는 것이다. 그러므로『참동계』는『주역』의 원리를 운용하고, 황노(黃老)의 학설을 차용하여, 자연의 조화를 흉내내서, 내단과 외단을 통합하여 하나로 만듦으로써, 도교를『역』과

휴량(休糧)이라고도 한다. (쫑자오펑(2004), p.801-803) (역주)
202 『牟子理惑論』((南朝) 僧祐, p.1).
203 『周易參同契分章通眞義』; 潘雨廷(2003b), p.13.
204 潘雨廷(2003b), pp.13-14.
205 "건곤(乾坤)은 역(易)의 문호(門戶)로서 모든 괘(卦)의 부모다. 감괘(坎離)는 광곽(匡郭)으로 수레통을 움직이게 하고 굴대를 바로잡는다.[乾坤者, 易之門戶, 衆卦之父母. 坎離, 匡郭, 運轂正軸, 牝牡四卦, 以爲橐龠]"(『周易參同契』) (역주)
206 (宋)張君房(2003), p.2365.
207 연홍(鉛汞): 도가의 추환법(抽換法)에서 연(鉛, 즉 납)과 홍(汞, 즉 수은)을 솥에 넣어 단약(丹藥)을 제조한다. (역주)

통합시킨 시초가 된 것이다.『참동계』는 효상으로 연단술을 논하였으며, 음양의 학설을 중시하였다. 한편으로『참동계』는 도가의 신선가들의 필독서가 되었고, 도교인들의 공식적 인정을 받았다. 팽효(彭曉)는『환단내상금약시(還丹內象金鑰匙)』에서 "위백양(魏伯陽)의『주역참동계』는 환단(還丹)과 경결(經訣)에 대해서 설명한 가장 오묘한 책이다."[208]라고 하였다. 다른 한편으로『참동계』는 송대에 진단·주돈이·주희 등에게 풍부한 철학적 사유의 자원이 되었다. 주희는 "『참동계』의 문장은 매우 좋다. 후한(後漢) 시기에 탁월한 문장가의 솜씨로 쓴 것이니, 읽어보면, 얻는 바가 있다"[209]고 하였다.

갈홍(葛洪, 284-364)은 도교 계통의 전승자이다. 그는 다음과 같이 말했다. "지금 전하는 것은 황제(黃帝)·황노자(黃盧子)[210]·서악공(西嶽公)[211]·포정(鮑靚)[212] 등으로부터 포박자(抱樸子)[213]가 전수(傳受)받은 것이다."[214] 그는『역경』을 깊이 연구하였으며,『역경』에 최고의 지위를 부여했다. "아홉 성인이 함께『역경』을 지었으니, 음양을 다스렸으니, 다시 더 보탤 것이 없다"[215]고 하였다. 갈홍은 음양의 법을 논하고, 또한『주역』의 "삼재지도(三才之道)"를 운용하여, 도가의 "불언이화행(不言而化行)"의 도를 유가의 "도덕인의(道德

---

208 (宋)張君房(2003), p.1547.
209 (宋)黎靖德(1986) 1986, p.3002.
210 황노자(黃盧子): 진(晉)의 갈홍(葛洪)의『신선전(神仙傳)』권사(卷四) 제15장에 나온다. 280세까지 살았다고 하며, 큰 가뭄이 들었을 때, 연못의 용을 불러 비를 오게 하였으며, 그 뒤에 용을 타고 가서 돌아오지 않았다고 한다.『서악화산지(西岳華山志)』에 따르면, 황노자는 화산(華山)에 살았는데, 적송자(赤松子)에게 배웠고, 화산(華山)의 황신곡(黃神谷)에서 은거(隱居)했다고 하였다. (역주)
211 서악공(西嶽公)은 황노자(黃盧子)의 호(號)이다. (역주)
212 포정(鮑靚): 중국 남북조시대 진(晉) 나라의 문신·도사. 남해 태수(南海太守)로 있으면서 낮에는 정사를 돌보고, 저녁이면 신발을 제비가 되게 하여 나부산(羅浮山)의 갈홍(葛洪)에게 날아가 신선술을 함께 연구하였다고 한다. (역주)
213 포박자(抱樸子): 동진(東晉, 317-419)의 갈홍(葛洪)의 저서로서 후한(後漢)의 위백양(魏伯陽)이 쓴『참동계』와 신선도(神仙道)를 결합시켜, 춘추전국시대 이후 전해 내려오는 신선에 관한 이론을 집대성하였다.「내편」20권과「외편」50권으로 이루어져 있는데,「내편」에서는 신선(神仙), 양생(養生), 연단술(煉丹術) 등에 대해 다루었고,「외편」에서는 신선도의 이론과 도술(道術)에 대해 설명하였다. 갈홍이『포박자』의 자서(自序)에서 포박자라는 명칭은 자신이 소박한 성격을 소중하게 여기기 때문에 쓴 것이라고 하였다. (역주)
214 (宋)張君房(2003), p.91.
215 王明(1985), p.153.

仁義)"의 도와 합치시켜, "백가(百家)의 군장(君長)이며, 인의(仁義)의 조종(祖宗)"이 되게 하였다.[216] 그 밖에 그 밖에 갈홍은 상수역으로 수행법을 논하는 것에 대해 큰 관심은 없었지만, 『포박자(抱樸子)』의 외편(外篇) 『문행(文行)』과 『상박(尚博)』에서 팔괘와 육갑의 방법을 언급하는 등 역학을 활용하고 있는 것이 책의 곳곳에 보인다.

이리하여 『역』은 이미 "도학칠경(道學七經)"[217]의 근원이 되어, 내적으로는 도가를 근본원리로 삼았을 뿐 아니라, 외적으로 유가 논리도 인용하였다. 따라서 도교경전에서는 『역』에 대한 언급을 많이 발견할 수 있으며, 특히 수행법과 관련된 인용이 많다. 예를 들면, 천문자(天門子, 생몰년 미상)[218]는 "특히 보양(補養)의 요지(要旨)에 밝았으며"[219], 『역』의 음양, 오행 및 사방(四方)의 이십팔(二十八) 성수(星宿)의 요지를 결합하여, 연단술을 닦았으며, 장생불사(長生不老)의 방법을 터득했다. 또 다른 예로 장도릉(張道陵, 34-156)[220]은 "본래 대유학자 출신으로서『오경』에 대해 모두 능통했다."[221]고 하는데, 만년에는 장생(長生)의 도를 배워 구정단법(九鼎丹法)의 요지를 얻었다.

서진(西晉)의 위부인(魏夫人. 原名: 魏華存, 251-334)[222]의 『황정내경옥경(黃庭內景玉經)』, 즉 『황정경』은 대대로 도교의 연단술과 양생술의 서적으로

---

216 王明(1985), p.188.
217 도학칠경(道學七經): 『인경(仁經)』, 『예경(禮經)』, 『의경(義經)』, 『신경(信經)』, 『지경(智經)』, 『덕경(德經)』, 『도경(道經)』을 가리킨다. 그 사상의 연원은 "『시(詩)』, 『예(禮)』, 『전(傳)』, 『역(易)』에서 『상서(尚書)』, 『예(禮)』, 『악(樂)』, 『효경(孝經)』에 이른다."(宋)張君房(2003), p.174)
218 천문자(天門子): 이름은 왕강(王綱)이며, 보양술(補養術)에 능하였다. 진주를 가열하여 만든 단약(神丹藥)의 주례(珠醴)를 복용(服用)하고 신선이 되었다고 함. (역주)
219 (宋)張君房(2003), p.2379.
220 장도릉(張道陵, 34-156): 중국 도교의 일파인 오두미도(五斗米道)의 창시자. 본명은 장릉(張陵)이며, 자는 보한(輔漢)이다. 본래 대학(大學)을 배웠으며, 오경(五經)에도 능통하였던 유학자였다. 만년에 촉(蜀)의 곡명산(鵠鳴山)에 들어가 선도(仙道)를 배워, 도서(道書) 24편을 저술했으며, 후에 청성산으로 들어가, 123세에 사망하였다고 한다. 그의 교법의 중심은 기도를 주체로 한 치병(治病)이며, 신자에게 오두미(五斗米)를 내게 한 데서 오두미도(五斗米道)라고 하는 이름이 생겨났다. (역주)
221 (宋)張君房(2003), p.2381.
222 위부인(魏夫人): 부인의 성은 위(魏), 이름은 화존(華存), 자는 현안(賢安)이다. 임성인(任城人)으로, 곧, 진(晉)나라, 무제(武帝)의 좌복시(左僕射) 위서(魏舒)의 딸이며, 남양(南陽)의 유문(劉文)의 부인이다. 타고난 재주가 뛰어나고, 신선(神仙)을 좋아하여, 도법(道法)을 수련했다. (역주)

간주되어 온 책이다. 그 중에서 가장 기본이 되는 것은 『황정경(黃庭經)』의 「상유장(上有章)」(第二)에 나오는 사구수행법(四句修行法)이다.[223]

>상유혼령하관원(上有魂靈下關元)
>좌위소양우태음(左爲少陽右太陰)
>후유밀호전생문(後有密戶前生門)
>출일입월호흡존(出日入月呼吸存)

위(머리)에는 혼령(魂靈)이 있고, 아래(배꼽 아래)에는 관원(關元)[224]이 있다.

왼쪽에는 [묘방(卯方)의 간장에] 소양(少陽)이 있고, 오른쪽에는 [유방(酉方)의 폐장에] 태음(太陰)이 있다.

뒤 쪽에는 [북쪽의 신장에 두 개의 구명인] 밀호(密戶)[225]가 있고 앞 쪽에는 [남쪽의 심장에 하늘과 소통하는 일곱 개의] 생문(生門)[226]이 있다.

해(陽)에서 나와 달(陰)로 들어가는 호흡이 있다[227]

여기에서 "소양"과 "태음" 등의 개념은 모두 『역경』에서 나온 것이다. 구체적인 수신(修身)에 관해서는 『역경』의 인용이 많다. 예를 들어 『역경』의 복

---

223 潘雨廷(2003), p.34.
224 관원(關元): 관(關)은 문빗장, 관문(關門)의 뜻이고, 원(元)은 근원, 시초, 원기(元氣), 원양(元陽) 등을 뜻한다. 따라서 관원은 양기의 근원인 원기에 관여하는 중요혈을 가리킨다. 관원(關元)을 단전(丹田)이라고도 한다. 한의학에서는 정혈(精血)과 정신이 저장되어 있는 곳을 말한다. 옛 의학서에는 관원에 남자는 정(精)이 간직되어 있고 여자는 혈(血)이 모여 있다고 하였다. 일반적으로 뇌를 상단전(上丹田)이라고 하고, 관원을 하단전(下丹田)이라고 한다. 그리고 심장은 중단전(中丹田)이라고 한다.(역주)
225 밀호(密戶): 신장(腎臟) 쪽에 있는 두 개의 구명을 가리킨다.(역주)
226 생문(生門): 배꼽을 생문이라고 한다.(역주)
227 출입일월호흡존(出日入月呼吸存): "해에서 나와 달로 들어가니 호흡이 있다", 혹은 "양에서 나와 음으로 들어가는 호흡이 존재한다"는 뜻이다. 이 구절에 이어서 "日月者, 陰陽之精也. 左出右入身有, 陰陽之氣, 法上天地之氣, 出爲呼氣入爲吸氣", 즉 "일월(日月)은 음양(陰陽)의 정(精)이다. 몸에 있어서는 좌에서 나와 우로 들어간다. 음양의 기는 천지를 본받는다. 나오면 호기(呼氣)가 되고, 들어가면 흡기(吸氣)가 된다"라는 구절이 나온다.(역주)

괘(復卦)에 나오는 "칠일래복(七日來復)"을 간장(肝臟)의 순환[228]을 가리키는 것으로 해석했고, "일음일양지위도(一陰一陽之謂道)"[229]를 음양 혼백(魂魄)의 지킴으로 해석했으며, "태극"과 "양의(兩儀)"으로 "삼일(三一)" 천지(天地)의 대응[230]으로 해석한 것 등이 그 사례들이다.

『황제음부경(黃帝陰符經)』[231]에서 『역경』에 나오는 '시(時)'와 '기(機)'의 개념을 빌려 부(符)를 논하였다. 즉 "성인은 그 시(時)를 관찰하여, 그 부(符)를 쓰고, 그 기(機)에 응해서 그 사(事)를 제어한다."[232]고 하였다. 이어서 '부(符)'의 기원은 천시(天時)를 받들어 후천(後天)에서 만든 것[233]이라고 설명하였다. 『원기론(元氣論)』에서는 『역경』의 '음양지도(陰陽之道)'로써 기(氣)가 전환되어 "역익지도(易益之道)"를 형성하였다는 것을 설명하였다. 즉 "능히 보태고, 능히 바꿀 수 있다면 그 이름이 선적(仙籍)에 오르게 될 것이며, 능히 보태지 못하고, 능히 바꾸지 못한다면 죽음의 재앙을 피하지 못할 것이다. 능히 보태고, 능히 바꾸는 이러한 도를 행한다는 것은 항상 영보(靈寶)[234]를 생각하는 것을 가리킨다."[235] 이어서 원기(元氣)의 수련법과 선인(仙人)과 지인

---

[228] (宋)張君房(2003), p.219.

[229] (宋)張君房(2003), p.231.

[230] (宋)張君房(2003), p.254.

[231] 『음부경』은 약 300자(字)로 된 짧은 경전으로서, 『도덕경』, 『주역참동계』와 더불어 대표적인 도경(道經)으로 평가된다. 주나라 초기의 대신인 강태공(姜太公)이 지었다고 하는 설, 황제(黃帝)가 지었다고 하는 설이 있으나 모두 정설(定說)은 아니다. 전국시대의 역사서에 이 책에 대한 언급이 등장하는 것으로 볼 때 전국시대부터 당대(唐代) 사이의 어느 시기에 익명의 도사가 강태공 혹은 황제의 이름을 빌려 저술한 것으로 추측된다. 주석본으로 이전(李筌)의 주석본, 장과(張果)의 주석본 등 여러 주석본이 존재한다. 황정견(黃庭堅)은 『음부경』이 당대(唐代)의 이전(李筌)에 의해서 위작(僞作)된 것이라 비판했으나, 소옹(邵雍)과 정이천(程伊川) 등 북송 신유학자들은 『음부경』을 은주(殷周) 또는 전국시대 이전의 책이라 평가하였다. 주자는 『음부경』의 이전위작설(李筌僞作說)에 찬성했으나, 내용면에서는 취할 점이 있다고 평가했다. 채원정(蔡元定)의 『음부경해(陰符經解)』는 조선을 포함하여 동아시아의 문인들 사이에서 널리 읽혔다. 특히 채원정의 주석이 주자의 것으로 오인(誤認)되고, 『음부경』이 주자학이 인정한 도경이라는 인식이 확산되면서 문인들에게 수용되어 널리 읽혔다.(역주)

[232] 聖人觀其時而用其符, 應其機而制其事: 『음부천기경(陰符天機經)』에 나온다. 『음부천기경(陰符天機經)』은 당송(唐宋) 시기에 편찬된 것으로 보이지만, 그 편찬자에 대해서는 알려진 것이 없다. 『정통도장(正統道藏)』태청부(太淸部)에 수록되어 있으며, 『운급칠첨(雲笈七籤)』권십오(卷十五)에도 수록되어 있다.(역주)

[233] (宋)張君房(2003), p.383.

[234] 영(靈)은 신(神)을 가리키고, 보(寶)는 정(精)을 가리킨다.(역주)

[235] (宋)張君房(2003), p.1226.

(至人)이 될 수 있는 방법을 설명하였다.[236] 내단의 밀전(密傳)에 『대환단계비도(大還丹契秘圖)』[237]가 있는데, 『역경』의 64괘, 384효로써 1년 360일, 24절기에 대응시켜 화후(火候)[238]를 논하였다.

음양의 손익(損益)에 따라 복(復)·임(臨)·태(泰)·대장(大壯)·쾌(夬)·건(乾)·구(姤)·둔(遯)·비(否)·관(觀)·박(剝)·곤(坤) 등 12괘를 취하여 12월에 대응시켰다.(11월부터 시작)

복(復)	임(臨)	태(泰)	대장(大壯)	쾌(夬)	건(乾)	구(姤)	둔(遯)	비(否)	관(觀)	박(剝)	곤(坤)
11월	12월	정월	2월	3월	4월	5월	6월	7월	8월	9월	10월
자(子)	축(丑)	인(寅)	묘(卯)	진(辰)	사(巳)	오(午)	미(未)	신(申)	유(酉)	술(戌)	해(亥)

12시진(時辰: 子時부터 시작), 음양의 기(氣)의 양수(兩數)를 소수(小數)의 일(日)에 대응시키는 등 자월(子月)의 동지(冬至)로부터 화(火)의 양기(陽氣)를 일으켜 해월(亥月: 음력 10월)에 이르기까지 360일이니, 음양의 기(氣)가 모두 164냥(兩)이고, 내외(內外) 양월(兩月)의 목욕(沐浴)[239]이 삼천육백년이

"能益能易, 名上仙籍; 不益不易, 不離死厄。行此道者, 謂常思靈寶": 『운급칠첨(雲笈七籤)』 권오십육(卷五十六) 제가기법부일(諸家氣法部一) 원기론(元氣論) 병서(並序)에 나온다. 이 구절의 앞에는 "역익지도(易益之道)를 행하다고 할 때, 익(益)은 정기를 보태는 것이고, 역(易)은 형체를 바꾸는 것이다. (所为 易益之道, 益者益精也, 易者易形也.)"라는 구절이 있다. 이 구절은 『태선진경(太仙眞經)』에서 인용한 것으로 되어 있다. 『태평광기』, 권3, 「신선 한무제」에도 같은 구절이 인용되어 있다. (풍몽룡, 『태평광기초』, 김장환 옮김, 지식을 만드는 지식, 2022)(역주)

236 원기(元氣)를 수련하는 법에 "1년에 역기(易氣)하고, 2년에 역혈(易血)하고, 3년에 역맥(易脈)하고, 4년에 역육(易肉)하고, 5년에 역수(易髓)하고, 6년에 역근(易筋)하고, 7년에 역골(易骨)하고, 8년에 역발(易發)하고, 9년에 역형(易形)한다. 이로써 수명을 연장하여, 선인(仙人)이라고 부른다. 9년에 기(氣)를 수련하여 형(形)을 완성하니, 진인(眞人)이라고 부른다. 형(形)을 수련하여, 기(氣)가 되고, 기(氣)를 수련하여 신(神)이 되니, 지인(至人)이라고 부른다."((宋)張君房(2003), p.1240) 또 『연릉군수양대략(延陵君修養大略)』에서도 천지인의 합일을 논하였고, 음양의 기(氣)가 섞여 "양의(兩儀)를 조화시켜, 오행에 상응하게 한다(均乎二儀, 應乎五行也)"고 하였다. ((宋)張君房(2003), p.1299)

237 『대환단계비도(大還丹契秘圖)』: 『운급칠첨(雲笈七籤)』 권칠십이(卷七十二) 내단(內丹)에 실려 있다. (역주)

238 (宋)張君房(2003), pp.1611-1616.

239 목욕(沐浴): 사주명리학에서는 천간(天干) 오행(五行)의 생왕쇠사(生旺衰死)를 12가지로 구분하여 운명에 미치는 영향력을 사람이 출생해서 사망할 때까지의 과정에 비유해서 설명한다. 목욕(沐浴)은 세상에 태어난 후 유아(幼兒) 시절에 때를 씻기고 목욕시켜 주는 것이다. 목욕은 태어나서 몸을 보여주고 씻는 것을 의미하지만 얼굴을 보여주는 일이나 직업이라는 의미도 가진다. (역주)

다. "이것은 작은 것으로써 큰 것을 밝히는 것이며, 큰 환단(還丹)의 공(功)을 마친다[此以小明大, 大還丹之功畢]".[240]

그 밖에 『주역칠십이후도(周易七十二候圖)』,[241] 『칠성주서(七星朱書)』,[242] 『주역칠십이후전도결(周易七十二候纏度訣)』[243] 등의 책에서 모두 『역경』의 천문(天文)·기상(氣象)·물후(物候) 등에 대한 지식으로 도가의 조명(造命)·개운(開運) 계열의 괘도(卦圖)를 논했고, 단도(丹道)의 학문을 반영했다.

도가의 철학 사상 체계와 도교의 종교이론의 구성에서 도가의 학문을 공부한 사람들이 대부분 『역경』을 읽었을 정도로 『역경』은 불가결의 지위를 차지하고 있다. 도가의 경전과 도교의 저작 중에서 『역경』과 관련된 요소를 항상 찾을 수 있다. 어떤 경우에는 『역경』을 직접 인용하기도 하며, 어떤 경우에는 『역경』을 간접적으로 반영하였다. 특히 『역경』의 천도(天道)에 대한 견해와 도가(道家)의 "도(道)"의 형이상학적 세계와 도교의 신선세계에 의거해서 『역경』의 천인관계의 해석, 도가의 천인상통(天人相通)의 신선계통, 『역경』의 체계적 논리 및 자연변증법과 도가의 변증법의 관계, 『역경』이 구비한 음양오행과 도가의 수양론의 관계 등에서 모두 『역경』과 도가사상의 합일성(合一性)을 볼 수 있다.

---

240 (宋)張君房(2003), p.1616.
241 (宋)張君房(2003), p.1630.
242 『칠성주서(七星朱書)』: 조명개운(造命開運)에 관련된 괘도(掛圖)이며, 『운급칠첨(雲笈七籤)』 권(卷) 칠십이(七十二)에 나온다. ((宋)張君房(2003), p.1631)(역주)
243 (宋)張君房(2003), pp.1632-1638.

제3절
불역(佛易)의 형성 —『역』의 최초의 동서회통

『사고전서』에서는 전통적 관점에서 유가와 도가에 의한 『역경』의 해석과 발전을 인정하였으나, 불교의 『역경』 연구는 『사고전서』의 경부(經部) 류(類)에 포함시키지 않았다. 그렇지만 불교의 『역경』 연구도 역학사의 발전 과정에서 결코 소홀히 여길 수 없는 한 부분이다. 불교는 하(夏)·상(商)·주(周)의 삼대(三代) 이전에는 없었고, 후한 시기 이후로 중국으로 유입되었다. "한(漢)·위(魏) 이후로 상교(像敎)[244]가 점차로 퍼졌는데"[245] 심지어 "민간에서는 불경이 육예(六藝)[246]의 서적보다 오히려 더 많았다."[247] 불교는 동한 말기에 중국에 전래된 이후로 유교 및 도교와 경쟁하는 관계에 놓이게 되었다. "중국의 유교와 도교 철학은 불교철학의 충격으로 말미암아 개혁하지 않을 수 없었으며,[248] 불교의 입장에서는 중국의 전통문화에 침투하기 위해 노력하지 않을 수 없었다. 그 결과 불교는 중국 땅에 점차 확고한 발판을 마련할 수 있었다.

많은 승려들이 중국의 전통문화를 더 깊이 이해하기 위하여 『역경』과 불교의 교의(敎義)의 계합점(契合点)을 찾았으며, 『역경』에 대해서도 깊이 연구했다. 예를 들어 삼국시대 위(魏) 나라의 강승회(康僧會, ?-280)는 중국 경전에 대해서 정밀하게 연구한 사람이었는데, "삼장(三藏)을 분명하게 해석하였

---

244 상교(像敎): 불교의 다른 이름. 불상(佛像)을 만들어 놓고 절을 하는 데에서 유래되었음. (역주)
245 (後晉)劉昫(1975), p.605.
246 육예(六藝): 고대 중국의 여섯 가지 교육과목, 곧, 예(禮), 악(樂), 사(射), 어(御), 서(書), 수(數) 등 육학(六學)을 가리킨다. (역주)
247 (宋)釋志磐(1995), p.512.
248 張立文(2000), 第2期.

고, 육경(六經)을 두루 읽었으며, 천문(天文)과 역도(易圖)와 참위(讖緯) 등 많은 분야를 종합적으로 섭렵했다. 중요한 문제(樞機)에 대해서 변론하여, 문장가로 명성이 높았다."[249] 『역경』의 원리를 불교의 교리와 합치시켜, 유가와 불가의 두 이론의 많은 주제들을 통일시켰다. 그에 따르면, "비록 유가 문헌의 격언이라고 하더라도 불교의 교훈이 될 수 있다.(雖儒典之格言, 即佛教之明訓)"[250] 승(僧) 지둔(支遁, 314-366)은 문장이 뛰어난 사람이었다. "손작(孫綽)·허순(許詢)·지둔 등이 모두 문장으로 명성이 높았다."[251] 『광홍명집·통귀편(統歸篇)』 권삼십(卷三十)에 지둔이 지은 「사월팔일찬불시(四月八日贊佛詩)」 등 불교 시가 여러 편 수록되어 있다. 그 중에는 역리(易理)와 현학의 의미를 포함한 것이 많이 있으며, 불교와 『역경』과 현학이 일체가 되어 있다. 축법태(竺法汰, 320-387)는 유불도의 삼교를 합치시켜, 현학으로 이를 해석했다. 상(象)을 버리고, 『역』을 주석했으며, 심무(心無)의 이론을 숭상하였다. 그 제자에 담일(曇一)과 담이(曇二)가 있었는데, "두 사람은 모두 경전의 뜻을 두루 익혀, 『노자』와 『역경』 등에 밝았다."[252]

혜원(慧遠, 334-416)은 도안(道安)을 따라 불경을 공부하였다. 한편으로 그는 "육경을 두루 공부하고, 『장자』와 『노자』에 대해서도 특히 잘 알았다"[253], 항상 『역경』을 인용하여, 불경을 설명하였으며, 문헌들을 광범위하게 인용하여 논증하였다. 다른 한편으로 명사(名士)들과 더불어 변론하는 것을 즐겼으며, 『역경』으로 불교의 이치를 해석하였다. 『세설신어(世說新語)』에는 혜원이 "[형주자사(荊州刺史) 은중감(殷仲堪, ?-399)[254]과 함께 여산(廬山)의] 북

---

249 (南朝·梁)釋慧皎(1960), p.325.
250 (南朝·梁)釋慧皎(1960), p.325.
251 (唐)柳宗元(1979), p.667.
252 (南朝·梁)釋慧皎(1960), p.351.
253 (南朝·梁)釋慧皎(1960), p.357.
254 은중감(殷仲堪, ?-399): 생년 미상으로 진(晉) 안제(安帝) 융안(安安) 3년에 죽었다. 청담(淸談)을 좋아하여 한강백(韓康伯)과 함께 『논어(論語)』를 주석하였는데, 황간의 『논어의소(論語義征)』에 그 중 일부가 수록되어 후대에 전해졌다. (역주)

간(北澗)에서 『역경』의 본체에 대해서 논했다[與遠共臨北澗, 論易體]"[255]고 기록하였다. 유종원(柳宗元)이 말하기를, "옛날에 불문(佛門: 桑門)에서 상좌(上座)들이 현사대부(賢士大夫)들과 함께 놀기를 좋아했다. 진송(晉宋) 이래 도림(道林), 도안(道安), 법원사(法遠師), 휴상인(休上人)[256] 등 승려들이 현사대부들과 함께 놀았다"[257]고 말했는데, 그 중에서 법원사(法遠師)가 바로 혜원이었다. 담제(曇諦, 347-411)[258]가 『역』에 관해 강의하였는데, 『역경』을 포함한 "오경(五經)"을 불경과 함께 같은 자리에서 강의하였다. "『예』·『역』·『춘추』 등을 7회, 『법화(法華)』·『대품(大品)』·『유마(維摩)』 등을 15회 강의하였다."[259]

남조(南朝) 시대의 사문(沙門) 담도(曇度, 생몰년 미상)[260]는 "『삼장(三藏)』 및 『춘추』·『장자』·『노자』·『역』 등에 능통했다."[261] 제(齊) 나라 때에는 승려 도성(道盛, 생몰년 미상)이 "『열반경』·『유마경』 등에 능통했고, 『주역』에 대해서도 잘 알았다."[262]

심지어 남조(南朝)의 양무제(梁武帝) 소연(蕭衍, 464-549)의 생애를 보면, "젊은 시절에서는 주공과 공자를 공부했고, 약관의 나이에는 육경을 공부했다." 그리고 "중년에는 다시 유명하거나 이름없는 책이거나를 막론하고 도가의 책을 읽었다" "만년에는 책을 펼치면, 마치 달이 비치고 여러 별들이 빛나는 것 같았다."[263] 그 학술의 연원이 유불도 삼가에 있었으니, 불전(佛典)에 통

---

255 (南朝·梁)釋慧皎(1960), p.359.
256 휴상인(休上人): 남조(南朝)의 송(宋)의 승려 혜휴(惠休)의 별칭(別稱)이다. 시문(詩文)에 능하여 세조(世祖)로부터 환속의 명을 받고, 탕(湯)씨 성을 하사받았다. 탕휴(湯休)라고도 한다. (역주)
257 (唐)柳宗元(1979), pp.667-668.
258 담제(曇諦, 347-411): 안식국(安息國: Parthia) 출신으로 계율의 학문을 잘했다고 한다. 산스크리트어로 다르마사티야(Dharma-satya)라고 하고, 중국어로 법실(法實)이라 불렀다. 담무제(曇無諦)라고도 한다. (역주)
259 (南朝·梁)釋慧皎(1960), p.371.
260 담도(曇度, ?-489): 남조(南朝)의 승려 여러 경전에 대해 두루 통했으며, 특히 열반과 법화에 대해서 잘 알았다. 노장(老莊)과 역학(易學)에 대해서도 능통하였다. (역주)
261 (南朝·梁)釋慧皎(1960), p.374.
262 (南朝·梁)釋慧皎(1960), p.375.
263 (唐)釋道宣(1960), p.352.

달했을 뿐 아니라 역학에도 정통하여 '신명(神明)'과 '무명(無明)' 등의 문제에 대하여 깊이 연구하였다. 그의 저서로 『역경』 주석 여러 편이 있었으나, 애석하게도 일찍이 망실되었다. 『광홍명집(廣弘明集)』에 그의 불교 연구에 관한 저서에 대하여 많이 기록되어 있다. 경전 번역의 방면에서 "위진(魏晉) 이후로 여러 경전을 번역하는 것이 성행하였고, 뛰어난 여러 논사들이 강석(講席)에 앞다투어 올랐다."[264] 불교는 경전의 의미를 해석할 때 격의(格義)의 방식을 취하였는데, 유가와 도가의 두 학파의 철학사상을 흡수하였다. 축법아(竺法雅, 생몰년 미상)[265]는 "격의"에 대하여 "불경에 나오는 사수(事數)[266]에 대하여 불교 밖의 논서들을 짝지워서 해석하는 것을 '격의'라고 한다"[267]고 정의하였다. 탕용동(湯用彤, 1893-1964)은 '격의'에 대해서 다음과 같이 정의했다. "격의의 방법은 축법아가 처음으로 만든 것이다. …… 격(格)은 헤아린다(量)는 뜻이다. 대응되는 중국사상을 짝지워서 사람들로 하여금 불교 책을 쉽게 이해시키기 위한 방법이다."[268]

『역경』과 관련해서는 대부분 상수(象數)의 도형(圖形)을 빌려 불교 이론을 해석하였고, 『역경』의 팔괘, 음양, 길흉에 "명현(明玄)"과 "진현(眞玄)" 등의 개념을 연계시켰다. 격의불교에서는 『노자』, 『장자』, 『역경』의 삼현(三玄)을 통해 불교 경전의 사수(事數)를 해석함으로써 중국화된 불교의 강습(講習) 규범을 확정하였다. 공영달은 『주역정의』 「서(序)」에서 다음과 같이 말했다. "근원을 따져 보면 『주역』의 이치는 이해하기 어려워서 비록 "현지우현(玄之又玄)"의 현묘(玄妙)한 가르침이기는 하지만, 수범작칙(垂範作則: 모범을 보이고, 법칙을 만드는 것)에 이르러서는 바로 유(有)를 가지고 유(有)를 가르친 것

---

[264] (宋)釋志磐(1960), p. 129.
[265] 축법아(竺法雅): 서진(西晉) 말의 승려. 고읍(高邑)에 사찰을 세우고 수백 명의 제자를 가르쳤다. 중국 고전에 대해 해박한 지식을 가지고 있었으며, 격의불교의 단서를 열었다. (역주)
[266] 사수(事數): 불경 중의 명상(名相)의 술어(術語)로서 오음(五陰), 십이입(十二入), 사제(四諦) 등 숫자가 달린 개념을 사수(事數)라고 한다. (역주)
[267] (南朝·梁)釋慧皎(1960), p. 347.
[268] 湯用彤(1999), p. 168.

이다. 내공(內空)과 외공(外空), 그리고 능취(能取: 인식주관)·소취(所取: 인식객관) 등의 학설은 불교의 석가모니와 관련된 것이지, 공자의 가르침이 아니다."[269] (공영달이 『주역정의』에서 강남의소(江南義疏)의 『역경』 해석이 불교에 의해 영향받은 것을 비판한다는 취지이지만, 어쨌든 이를 통해) 『역경』이 유불도 삼교의 공동의 연구범주였음을 알 수 있다. 유종원은 다음과 같이 말했다. "부처의 가르침은 참으로 배척할 수 없는 점이 있다. 『역경』과 『논어』 등과 더불어 합치되는 점이 간혹 있다."[270] 당시에 융성했던 현학의 핵심문제는 "본말유무(本末有無)"의 문제였으며, 이것은 불교의 반야학(般若學)의 "공(空)"과 "유(有)"의 문제와 관련이 있다. 그러므로 당시에 명승들은 유불도 삼교의 이론을 융합해서 그 의미를 밝혔다.

그 가운데 승조(僧肇, 384-414)가 대표적 경우인데, 그는 중국의 전적에 대해 상당한 지식을 갖고 있었다. 그의 저서 『조론(肇論)』은 "명교(名敎, 즉 儒敎)[271]에 잘 통하여, 의리(義理)를 정밀하게 찾았으니, 이것은 군현(群賢)의 말씀의 전통을 존중한 것이다.[善竅名敎精搜義理, 挹此群賢語之所統.]"[272] 그는 "공자가 『역』의 십익(十翼)을 지은 것을 모방하여", "『열반무명론(涅槃無名論)』을 저술하고, 『구절십연(九折十演)』이라는 논문을 지었다."[273] "내적인 의미의 함축 혹은 방법적 측면에서 당시에 유행했던 왕필 역학과 매우 관계가 깊다."[274]

또 진인각(陳寅恪, 1890-1969)은 『지민도학설고(支愍度學說考)』에서 동진(東晉)의 손작(孫綽)이 『도현론(道賢論)』에서 일곱 명의 내교(內敎)인 불교 고승(高僧)을 일곱 명 외학(外學)인 학자(竹林七賢)에 대응시킨 것을 '격의(格

269　(魏)王弼(1999), p.3.
270　(唐)柳宗元(1979), p.673. 그밖에 馮友蘭(1998), p.728.
271　명교(名敎): 인륜의 명분 곧 부자유친(父子有親), 부부유별(夫婦有別) 등을 밝히는 유교(儒敎)를 가리킨다. (역주)
272　(後秦)釋僧肇(1960), pp.150-161.
273　(後秦)釋僧肇(1960), p.157.
274　王仲堯(2001), p.58.

義)'의 지류(支流)라고 볼 수 있다고 언급했다. 진(晉) 나라 때 승려 지민도(支愍度)[275]가 창안한 "심무의(心無義)"의 학설은 "왕보사(王輔嗣), 한강백, 노자(老子),『주역』등에서 그 의미가 서로 비슷한 것"을 찾아서 그 사상의 실질이『노자』및『역경·계사(繫辭)』와 서로 부합한다는 것을 논증한 것이며, "반야(般若, prajñā)의 공종(空宗)의 뜻이 아니다."[276]

당나라에는 많은 승려와 비구니가 있었고, 많은 불교 사찰이 모여 있었다. "사부(祠部: 제사에 관한 일을 맡아 보던 관청)[277]에 칙령(勅令)을 내려, 전국의 불교 사찰과 승려의 수를 조사했는데, 사찰의 숫자는 4천 6백개였고, 아란야(阿蘭若, araṇya)가 4만이었으며, 승려와 비구니가 26만 5백명이었다."[278] 불교의 큰 종파는 비교적 치밀한 교리 체계를 형성하였고, 또 화엄종(華嚴宗)은 "국교(國敎)"의 지위에 획득하였다. 이러한 상황에서『역경』은 불교의 사상적 연원이 되어 불교와 깊이 융합되었다. 특히 화엄종과 역학의 관계는 더욱 밀접했다. 반우정(潘雨廷)은『역관화엄송(易貫華嚴頌)』[279]이라는 글에서『역경』과 화엄종이 합쳐져서 성불(聖佛)의 마음과 일체가 되었다고 하였다. 화엄의 오조(五祖) 종밀(宗密, 780-841)은『원인론(原人論)』을 써서,『역』으로 불교의 이치를 해석했으며,『역』의 원리에 입각해서 자신의 학설을 전개했다. 또 종밀은『회통본말제사(會通本末第四)』에서 역학(易學)의 태극과 양의(兩儀)의 설을 "경(境)도 또한 미미한 것으로부터 확연히 드러나는 것에 이르러 끊임없이 변화가 일어나고 이에 하늘과 땅이 되기에 이른다.[境亦從微至著, 展轉變起乃至天地.]"의 한 구절과 대비시켜 해석했다. "저것은 태역(太易)으로부터 시작하여 오중(五重)으로 운전(運轉)하여 태극에까지 이르

---

275 지민도(支愍度): 진대(晉代)의 승려. 지민도(支敏度)라고도 한다. 반야학파(般若学派). 육가칠종(六家七宗) 가운데 하나인 심무종(心無宗)의 창시자. (역주)
276 陳寅恪(1992), p. 102.
277 사부(祠部): 제사에 관한 일을 맡아 보던 관청. (역주)
278 (後晉)劉昫(1975), p. 604.
279 潘雨廷(2005), pp. 5-6.

니, 태극이 양의(兩儀)를 생성하였다. 저 학설은 자연히 도달하여, 이와 같이 진성(眞性)을 설하게 되었다. …… 불설(佛說)에 내사대(內四大)와 외사대(外四大)[280]가 같지 않다고 하니, 바로 이것을 두고 한 말이다".[281]

종밀은 태역의 운전(運轉)을 『역』의 생성의 근원과 천지우주의 근본으로 삼고, 불성(佛性)에 건도(乾道)를 대응시켰으며, 불교의 "상락아정(常樂我淨)"을 건도(乾道)의 "원형이정(元亨利貞)"의 사덕(四德)에 대응시켰다.[282] 종밀의 해석에서 가장 큰 특징은 『역경』의 상수학 이론을 중시했으며, 건곤감리(乾坤坎離)의 사정괘(四正卦)의 이론을 끌어와서 감(坎)과 리(離)의 두 괘를 변괘(變卦)의 근원으로 삼고, 『참동계(參同契)』의 "원상도(圓相圖)"를 참고해서, "아뢰야식원상(阿賴耶識圓相)"의 이론을 저술했다는 데에 있다. 참동계와 아뢰야식의 이론은 서로 비슷한 점은 있지만 그 내적 의미는 서로 다르다.

화엄종의 학자 이통현(李通玄, 635-730)은 『역』의 상수학설로써 『화엄경』을 해석했다. 『화엄경합론(華嚴經合論)』은 그의 『역』과 불교를 융합시킨 대표적 작품이다. 그는 화엄종에서 주장하는 "[차별의] 현상계에 의존하여 [진여(眞如)의] 상(像)을 드러낸다[托事顯像]"는 이론을 『역경』의 "앙즉관상, 부즉관법(仰則觀象, 俯則觀法)"의 방법을 대응시켰다. 또 『역경』의 팔괘의 "상(上), 하(下)"를 "시방(十方)", 즉 주방신(主方神)[283]에 대응시켰다.[284]

---

280 불교에서는 물질을 구성하는 네 가지 요소인 지수화풍(地水火風)을 사대(四大, cattāri mahā-bhūtāni)라고 한다. 우리의 신체를 구성하고 있는 사대(四大)를 내사대(內四大)라고 하고, 신체 바깥의 외부 물질을 외사대(外四大)라고 한다.(역주)

281 (唐)宗密(1960), p. 710.

282 王仲堯(2001), p. 262.

283 주방신(主方神): 주방신은 방향·방위를 수호하는 신이다.(역주)

284 이통현은 『역』의 방위와 관련하여 괘효(卦爻)와 불교의 시방(十方)의 대응 관계를 다음과 같이 설명하였다. "주방신(主方神)이 방위에 따라 회전(回轉)한다. 진(震), 손(巽), 리(離), 곤(坤), 태(兌), 건(乾), 감(坎), 간(艮)의 팔괘와 상(上), 하(下)의 두 개의 방위를 합쳐서 시방(十方)이라고 한다. 모두 주방신에 따라 회전하여 운행한다."((唐)李通玄(1960), p. 1031) 이통현은 이러한 바탕위에서 남(南), 북(北), 동(東), 북(北), 동남(東南) 등 방위에 대해서도 설명하였다. 진(震)은 동방이 되니, 불교에서는 동방을 개단(開端)으로 삼는다. "진(震)은 음성(音聲)이니, 진(震)은 움직임(動), 청룡(青龍), 길경(吉慶), 춘(春), 생(生), 발명(發明)이 되며, 모든 선의 우두머리(衆善之首)가 된다. 이로써 법사(法事)는 동방을 으뜸으로 삼는다."((唐)李通玄(1630), p. 1031) 리(離)는 남방이니, 광명(光明)의 장소이다. 불성(佛性)의 지혜(智慧)가 빛나는 방위이다. "남방(南方)은 리(離)이니, 허무(虛無), 정(正), 일(日), 목(目), 심(心), 문장(文章), 성명(盛明)이 된다. 심(心)의 허무(虛無)에 도달하게 되면, 지혜와 문장(文章)이 빛나게 된

그 밖에 그는 『역위(易緯)』의 괘기설(卦氣說)과 구궁도(九宮圖)와 "오행휴왕설(五行休旺說)"을 이용하여 화엄종의 여러 신들과 명상(名相) 및 개념에 대하여 논했다. 그 설은 "유불도 삼교의 회통의 역사에서 비교적 이른 시기에 속할 뿐 아니라 역상(易象)의 묘(妙)를 최대한 표현하였다."[285] 밀종(密宗)의 창시자인 일행(一行, 683-727)은 『역』의 연구의 중점을 『역경』의 천인(天人)의 호동(互動)과 감응(感應) 등 "천인관계"를 천문학과 연계시켜 자연음양의 오묘(奧妙)를 탐구하는 데 중점을 두었다. 저서로는 『역전(易傳)』, 『주역론(周易論)』(일실됨), 『대연현도(大衍玄圖)』, 『대연론(大衍論)』, 『개원대연력(開元大衍曆)』 및 『의결(義決)』 등이 있다. 『태현경(太玄經)』이 『역』을 모방해서 지은 것이라면, 『대연력(大衍曆)』은 『역』의 수(數)로 천문을 논한 것이니, 『역』을 빌려와서 불교이론을 발전시킨 것이다.

송대에 이르러 승려와 비구니, 사원이 지속적으로 증가하고, 관방(官方)의 역경원(譯經院)과 인쇄업의 발전에 힘입어 "석가모니의 계율(戒律)의 서적은 주공(周公), 공자, 순자, 맹자와 더불어 그 자취는 다르지만 같은 길을 가게 되었으며,[286]" 불교와 역학은 날이 갈수록 더욱 융합되게 되었다. 한편으로 전통역학 내부에서 역학대가들 가운데 몇 사람은 불문(佛門)에 속한 사람처럼 행세했다. 『불조통기(佛祖統記)』와 『속보고승전(續補高僧傳)』 중에는 "마의도자(麻衣道者)"가 역학의 대가(大家)이며, 진단의 스승이라고 소개되

다."((唐)李通玄(1960), p.1031) 리(離)의 괘상(卦象)은 가운데가 텅 비어있으므로, 심체(心體)의 허무(虛無)를 체현(体現)하며, 부처의 지혜를 수용한다. 감(坎)은 북방이니, 험(險)의 뜻이다. "북방(北方)은 감(坎)이며, 수(水)며, 현무(玄武)이며, 시명(始明)이 된다. 이 방위로써 명암(明暗)이 비로소 나뉘어진다. 북방은 11월이며, 일양(一陽)이 처음으로 생성되니, 이로써 명암(明暗)이 비로소 나뉘기 시작한다 ……"((唐)李通玄(1960), p.1031) 선악(善惡), 정사(正邪), 미오(迷悟)는 상호 전환될 수 있는 관계에 있으며, 부처는 나쁜 것에서 좋은 것으로 나아갈 것을 가르친다. 간(艮)은 동북(東北)인데, 불과(佛果)의 지(地)로써 수행(修行)의 심경(心境)을 상징한다. 간(艮)으로써 그 마음을 그치게 하니, 정도(正道)를 드러나게 하는 것이 간(艮)의 뜻이다. 방위에 따라 회전(回轉)하는 의미를 지닌다." 손(巽)은 동남(東南)이니, 손은 바람이며, 바람으로써 교화(敎化)하는 것을 상징한다. "손(巽)은 바람이니, 가르침으로써 대중을 교화하는 것을 상징한다"((唐)李通玄(1960), p.1031) 이렇게 해서 『역』의 팔괘과 불교의 교의(敎義)는 일체(一體)가 되었다.

285 張立文(2008), p.25.
286 (宋)釋志磐(1960), p.402.

어 있다. 진단은 스스로 "나의 스승은 마의도자이다"[287]라고 했을 뿐 아니라 여러 곳에서 "처사(處士) 진단은 마의도자로부터 『역』을 전수받았으며, 정역심법(正易心法) 42장을 얻었다"[288]고 서술되어 있다. 『불조통기』에서는 "방복(方服)[289]에 마의(麻衣)를 입은 자가 있어 역도(易道)의 오묘한 이치에 통달하였다. 「하도(河圖)」의 신비(神秘)를 처음으로 밝혀서 진희이(陳希夷)에게 전수하였다."[290]라고 하였다. 진단은 마의도자로부터 선천역학(先天易學)을 전수받아 역주(易注)를 지었으며, 「하도」와 「낙서」의 비결(祕訣)을 얻어 역도(易圖)의 비밀을 밝히고, 송역(宋易)의 학풍을 일으켰다. 또 그의 학문은 종방(種放), 이개(李溉), 허견(許堅), 범악창(範諤昌), 유목(劉牧) 등에게 전해졌는데, 이들은 마의도자의 후학이다. 그 밖에도 많은 유생들이 불교에 확실하게 물들어 오랜 기간에 걸쳐 유교와 불교가 서로 융합되었다. 주돈이는 『거사분등록(居士分燈錄)』에서 자신의 묘심(妙心)이 있는 선열(禪悅)의 경계(境界)를 다음과 같이 표현하였다.

"황룡사(黃龍寺)의 황룡혜남(黃龍慧南, 1002-1069) 선사로부터 참된 깨달음으로 가는 길을 안내받았고, 귀종사(歸宗寺)의 불인요원(佛印了元, 1019-1086) 선사로부터 깨달음의 인가(認可)를 받았다. 그러나 동림사(東林寺)의 상총(常總, 1025-1091) 선사가 깨달음으로 들어가는 법을 가르쳐주지 않았더라면 안팎으로 『역경』의 요사(繇辭)에 통하여 역리(易理)를 깨닫지 못했을 것이다.[實啓迪於黃龍, 發明於佛印, 然『易』理廓達, 自非東林開遮拂拭, 無繇表裏洞然]"[291]

---

287 (宋)釋志磐(1960), p.396.
288 (宋)釋志磐(1960), p.395.
289 방복(方服): 승려가 입는 가사(袈裟)가 사각형의 형태를 하고 있기 때문에 부르는 명칭. 방포(方袍)라고도 한다. (역주)
290 (宋)釋志磐(1960), p.396.
291 『居士分燈錄』, 卷下, 『卍新纂續藏經』, 第一四七冊. "황룡(黃龍)"은 임제종(臨濟宗) 황룡파(黃龍派)의 창시자 황룡혜남(黃龍慧南, 1002-1069)을 가리킨다. "불인(佛印)"은 운문종(雲門宗)의 여산(廬山) 개선사(開

여기에서 불교계 인물들과의 교류가 주돈이의 사상에 매우 큰 영향을 미쳤음을 알 수 있다.

소옹(邵雍, 1011-1077)은 선어(禪語)를 써서 태극(太極)을 깨달아서 선의(禪意)가 충만했다. 장재도 역시 "불교와 노자에 드나든지 이미 여러 해가 되었다[出入於佛老者累年]"[292]고 했다. 정호[293]는 "제가(諸家)를 두루 섭렵했으며, 도가와 불가에 출입한지 몇 십년이었다[泛濫諸家, 出入於老釋者幾十年]"[294]고 말했다. 주희도 "불가와 도가에 출입한지 십년이 넘었다.[出入於釋老者十餘年]"[295]고 했고, "마음이 공묘(空妙)한 영역에 기울어진지가 이십년이 넘었다.[馳心空妙之域者二十餘年]"[296]고 했다. 그의 불교에 대한 평가는 비방과 칭찬이 반반인 셈이다. 비록 그가 불교철학의 형이상학, 인륜도덕 및 수양공부 등 방면에서는 많은 비평을 쏟아내었지만, 불교의 심성설(心性說)에 대해서는 상당히 호의적 평가를 내렸다. 즉, "불교에서 말한 심처(心處)는 좋은 것이 매우 많다. 이전 사람들이 말하기를, 양주(楊朱)와 묵적(墨翟)보다 낮다고 하였다.[佛家說心處, 盡有好處. 前輩云, 勝於楊墨]"[297]고 하고, "석가의 도는 오로지 이 마음을 중요하게 여긴다.[釋道專專此心]"[298]라고 하였다. 더욱이 그는 형이상학, 인성론 및 수양론의 이론 체계를 수립하는 과정에서 불교의 학설을 수용하였는데, 그 중에서도 특히 화엄종의 "리(理)", "사(事)" 및 선종(禪宗)의 심성론(心性論)을 중요한 요소로 받아들였다.

다른 한편으로 불교 측에서도 『역』을 연구한 인물들이 나와서 선기(禪

先寺)의 선섬(善暹) 선사의 법사(法嗣)인 불인요원(佛印了元, 1019-1086)을 가리킨다. 동림(東林)은 임제종 황룡파(黃龍派)의 동림상총(東林常聰, 1025-1091)을 가리킨다.

292 (清)黃宗羲·全祖望(1982), p.532.
293 "泛濫諸家, 出入於老.釋者幾十年"라는 어구는 정이천(程伊川)이 쓴 『명도선생행장(明道先生行狀)』에 나온다. (역주)
294 (清)黃宗羲·全祖望(1982), p.664.
295 (宋)朱熹, 『晦庵先生朱文公文集』卷三十八, 『答江元適』, (宋)朱熹(2002), p.1700 참고.
296 (宋)朱熹, 『晦庵先生朱文公文集』卷三十八, 『答薛士龍』, (宋)朱熹(2002), p.1696 참고.
297 (宋)黎靖德(1986) p.91.
298 (宋)黎靖德(1986) p.3013.

機)를 발휘해서 역상(易象)을 드러냄으로써, 불교와 역학의 대화를 심화시켰다. 임제종(臨濟宗)에서는 "삼(三)"의 "삼구(三句)"[299]와 "삼현삼요(三玄三要)"[300]를 말하였고, 이어서 "사(四)"를 중시하였다. 『역경』의 음양양의(陰陽兩儀), 사상팔괘(四象八卦)의 개념을 끌어들여 선(禪)을 설명하고, "사조용(四照用)"[301]과 "사빈주(四賓主)"[302]를 팔괘의 상(象)에 대응시켜 거기에 함축된 불교적 의미를 설명하였다. 선문(禪門)에서 조동종(曹洞宗)의 석두희천(石頭希遷, 700-790)이 저술한 『남악석두대사참동계(南嶽石頭大師參同契)』[303]는 위백양(魏伯陽)의 『주역참동계(周易參同契)』의 영향을 받아, 중감(重坎)과 중리(重離)의 두 괘에 대해 "화(火)의 열기(熱氣)에 풍(風)이 동요(動搖)하며, 수(水)의 습기(濕氣)에 지(地)는 견고(堅固)해진다"고 하여, 수(水)와 화(火)의 함축에 따라 풍(風)과 지(地)가 나뉘어짐을 말하였고, "명암각상대(明暗各相對)"[304]의 구절로 '밝은 것 가운데 어두운 것이 있고[明中有暗]', '어두운 것 가운데 밝은 것이 있다[暗中有明]'는 "명암각상대[明暗各相對]"구절로 음양

---

299 (宋)釋智昭(1960), p.301.
300 (宋)釋智昭(1960), p.302.

삼현삼요(三玄三要): 임제종의 개조(開祖)인 임제(臨濟)에 의해 주창되었으며, 임제가 "선의 종지(宗旨)를 제창함에 있어서 일구(一句) 가운데 모름지기 삼현문(三玄門)을 갖추고, 일현(一玄) 가운데 모름지기 삼요(三要)를 갖춘다."고 한 것에서 비롯되었다. 삼현(三玄)은 ① 체중현(體中玄), ② 구중현(句中玄), ③ 현중현(玄中玄)을 가리킨다. 첫째 체중현(體中玄)은 삼세일념(三世一念)이고, 둘째는 구중현(句中玄)은 모든 생각과 이론을 초월한 화두(話頭)인 경절어구(徑截語句) 등이며, 셋째 현중현(玄中玄)은 선상(禪床)에 올라가서 한참 동안 말없이 앉아 있거나 상대방을 주장자로 치거나 할(喝)을 하는 것 등이라고 하였다. (역주)

301 (宋)釋智昭(1960), p.304.

사조용(四照用): 임제종의 종풍(宗風)과 학인의 제접(提接)에 상용되는 선법(禪法)의 하나로서, ① 선조후용(先照後用), ② 선용후조(先用後照), ③ 조용동시(照用同時), ④ 조용부동시(照用不同時)의 네 가지를 가리키는 용어이다. 『인천안목』권1에는 "나는 어떤 때는 먼저 비추고 뒤에 쓰며[先照後用], 어떤 때는 먼저 쓰고 뒤에 비추며[先用後照], 어떤 때는 비춤과 씀을 동시에 하고[照用同時], 어떤 때 비춤과 씀을 동시에 하지 않는다[照用不同時]"라고 하여 '사조용'을 언급하고 있다. (역주)

302 (宋)釋智昭(1960), p.303.

사빈주(四賓主): '사빈주'는 선사가 학인을 제접할 때의 상황을 네 가지로 나눈 것이다. 선에서는 학인과의 직접적인 제접(提接)에 있어서 주빈의 관계는 반드시 필요하다고 본다. 임제종에서는 이러한 주빈관계를 ① '빈간주(賓看主)', ② '주간빈(主看賓)', ③ '주간주(主看主)', ④ '빈간빈(賓看賓)'의 '사빈주(四賓主)'로 정리하고 있다. (역주)

303 (宋)釋道原(1960), p.459.
304 명암각상대(明暗各相對): 『주역참동계』에 "밝음과 어둠은 상대적인 것이니 비유컨대 앞걸음과 뒷걸음 같다. [明暗相對, 比如前後步]"라는 구절이 있다. (역주)

과 이사(理事)의 차별을 논했다.

동산양개(洞山良价, 807-869) 선사는 『보경삼매가(寶鏡三昧歌)』[305]에서 말했다.[306]

중리육효(重離六爻): 리괘(離卦)를 겹쳐 육효(六爻)를 만드니,
편정회호(偏正回互): 바깥 선과 안쪽 선이 서로 작용한다.
첩이위삼(疊而爲三): 쌓으면 세 개의 쌍이 되고,
변진성오(變盡成五): 끝까지 변하면 다섯이 된다.

동산양개는 『역』의 괘효와 불교의 편정회호·삼층분괘(三疊分卦)·오변성위(五變成位)[307] 등의 도설을 연계시켜, 그 정밀한 뜻을 드러냈다.

동산양개의 제자 조산본적(曹山本寂, 840-941) 선사는 "오위(五位)"[308]를 중시하여, "조산오위군신지결(曹山五位君臣旨訣)"[309]을 저술하였다. 그 근거는 경방 역학의 "오위군신(五位君臣)"과 위백양(魏伯陽)의 (『참동계』에서) "군신관계를 빌려 내단과 외단을 밝힌다[假借君臣, 以彰內外]"[310]라고 한 뜻을 계발하는 데 있다. 그는 오위(五位)의 편(偏)과 정(正)을 중시하였고, 오위의 잘못을 변별하고, 오위의 순서를 논하였으며, 오위의 송(頌)을 지었다. "(무릇

---

305 (宋)釋智昭(1960), p.321.
  『보경삼매가(寶鏡三昧歌)』는 4언(言), 94구(句), 376자(字)로 이루어져 있는데, 그 가운데서도 중리육효(重離六爻)와 편정회호(偏正回互)는 전체적인 대의를 드러내주고 있는 구절이다.(역주)
306 (宋)釋智昭(1960), p.321.
307 "오변성위(五變成位)": 오변성위(五變成位)는 중리(重離)괘의 여섯 효가 다섯 가지 모습으로 변화하는 경우를 오위에 배대(配對)하여 설명한 것이다.(역주)
308 오위군신(五位君臣): 조선본적(曹山本寂)은 그의 스승 동산양개(洞山良价)가 지은 편정오위송(偏正五位頌)에 근거해서 군신(君臣)의 오위(五位)를 설정했다. 오위(五位)란 ① 군(君), ② 신(臣), ③ 신향군(臣向君), ④ 군시신(君視臣), ⑤ 군신합(君臣合)을 가리킨다. 군(君)은 본체를 상징하며, 신(臣)은 현상계를 상징한다. 그리고 흑(黑)의 부호 ●은 정(正)을 표시하며, 백(白)의 부호 ○은 편(偏)을 가리킨다.(역주)
309 (宋)釋智昭(1960), pp.313-314.
310 "가차군신, 이창내다복(假借君臣, 以彰內外)": 팽효(彭曉)의 『주역참동계분장통진의서(周易參同契分章通眞義敘)』에 나오는 말로서 "군신관계를 빌려 내단과 외단을 밝혔다"는 뜻이다.(역주)

흑(正)과 백(白)으로 나누어지지 않았을 때에는 이 쪽과 저 쪽을 알기 어렵지만) 천현(天玄)과 지황(地黃)으로 나뉜 이후에 비로소 자기와 남으로 드러나도다.[黑白未分, 難爲彼此] 玄黃之後, 方見自他.]"[311] 그는 『역경』의 음양·방위·시진(時辰) 등을 『조산오위군신도(曹山五位君臣圖)』[312]와 『오위공훈도(五位功勳圖)』[313] 등과 융합하였다.

    이후 불교역학의 발전은 송대에 왕종전(王宗傳, 생몰년 미상)과 양간(楊簡, 1141-1226)으로부터 시작해서 심학(心學)으로 『역』을 말하고, 선(禪)으로 흘렀다. 즉 "심성(心性)으로 『역』을 설명하는 것은 왕종전과 양간으로부터 시작되었다."[314] 『역』에 대한 심학적(心學的) 해석의 경향이 너무 심해지자, 선학적(禪學的) 경향에 대해 경계도 나타났다. "리(理)는 『역』의 온축(蘊蓄)이지만, 리(理)를 위주로 하는 것이 지나쳐, 왕종전과 양간의 학설이 넘쳐 흐르게 되었고, 마침내 『역』이 불교의 학설로 빠지게 되었다."[315] 명대 말기에 이르러 선학으로 『역』을 해석하는 학풍이 일어나서, 사고관신이 말하기를, "명대 사람들의 『역』에서 수(數)를 말하는 자들은 도가(道家)가 되고, 리(理)를 말하는 자들은 불가(佛家)가 되었다. 바로 이런 까닭이다"라고 하였다.[316] "명대 말기에 심학(心學)이 범람하여, 대체로 광선(狂禪)[317]으로 『역』을 해석하였다"[318]고 하니, 선역(禪易)의 출발(濫觴)이 여기에서 비롯되었음을 알 수 있다. 명대에 방시화(方時化, 생몰년 미상)가 불교로써 『역』을 해석하는 것을 종지(宗旨)로 삼아, 『역인(易引)』을 저술하였는데, "각 장(章)의 대지(大旨)가 불경(佛經)으로 『역』을 해석하는 것이었다."[319] 방시화(方時化)의 『주역송(周易

---

311 (宋)釋智昭(1960), p.314.
312 (宋)釋智昭(1960), p.316.
313 (宋)釋智昭(1960), p.316.
314 『楊氏易傳』二十卷((淸)紀昀(1997), p.21).
315 『禦纂周易折中』二十二卷((淸)紀昀(1997), p.53).
316 『周易象旨決錄』七卷((淸)紀昀(1997), p.46).
317 광선(狂禪): 불교의 경전, 계율, 교학 등을 무시하고, 대장경 등 경전을 아주 하찮게 여긴 나머지 종잇조각이나 휴지조각, 또는 쓸데없는 말, 부질없는 말을 수록한 것으로 여기는 선의 풍조를 가리킨다. (역주)
318 『周易翼簡捷解』十六卷; 附『群經輔易說』一卷((淸)紀昀(1997), p.102).

頌』은 상수(象數)를 개괄적으로 서술하였으며, "그 문체가 초씨(焦氏)의 『역림(易林)』을 모방하였으나, 그 요점은 불가(佛家)의 종지(宗旨)에서 벗어나지 않는다."[320] 방시화는 『학역술담(學易述談)』에서 『역』을 종의술(密義述)·명상술(名象述)·괘의술(卦義述)의 세 가지 부분으로 서술하였는데, "전체적으로 선기(禪機)를 위주로 하였고, 권수(卷首)의 끝 부분에서 불가(佛家)의 삼승(三乘)의 설에 대해 설명하였다."[321]

또 마권기(馬權奇, 생몰년 미상)의 『척목당학역지(尺木堂學易志)』는 그 책이 대지(大旨)를 해석함에 훈고(訓詁)를 중시하지 않았고, 『장자』와 『문중자(文中子)』 등 여러 학설을 인용하였으며, "아울러 경서(經書)와 사서(史書)를 다루면서 선승(禪乘)으로 논증하였다."[322] 그 밖에 서세순(徐世淳, 1585-1641)의 『역취(易就)』는 유가(儒家)의 어록의 형태를 취하고 있지만, "동시에 선가(禪家)의 기봉(機鋒)의 분위기를 풍긴다."[323] 이러한 것들은 유가와 선가가 결합되어 만들어진 역학의 대표적 경우이다.

명나라 말기에 사대고승(四大高僧)으로 운서주굉(雲棲袾宏, 1535-1615), 자백진가(紫栢眞可, 1543-1603), 감산덕청(憨山德淸, 1546-1622), 우익지욱(藕益智旭, 1599-1655)의 네 사람이 있었는데, 그들은 "불교의 관점에서 『주역』을 해석하였으며, 유학자들을 선(禪)으로 유인(誘引)하려고 시도했다."[324] 그중에서 자백진가와 우익지욱은 불교 역학의 방법을 깊이 연구하였다. 자백진가의 저서로는 『해역(解易)』이 있는데, 먼저 "64괘와 384효는 비록 성정(性情)에 차이가 있더라도 그 무상(無常)하다는 점에서는 모두 같다"[325]고 주장하였으며, 리(理)·사(事)·성(性)·정(情)을 모두 일체(一體)로 간주하였다. 그

---

319 『易引』九卷((淸)紀昀(1997), p.93).
320 『周易頌』二卷((淸)紀昀(1997), p.93).
321 『學易述談』四卷((淸)紀昀(1997), p.93).
322 『尺木堂學易』三卷((淸)紀昀(1997), p.101).
323 『易就』六卷((淸)紀昀(1997), p.98).
324 金生楊(2010).
325 曹越(2005), p.576.

리고 "『역』에는 이사(理事)·성정(性情)·괘효가 있으니, 세 가지는 명칭만 다르고, 본체는 같다"[326]라고 주장하였다. 또 성(性)의 막히고 통함은 리(理)와 정(情)을 형성하고, 리(理)와 정(情)은 심통(心統)을 이루므로, "심통성정(心統性情)"[327]이 된다고 주장하였고, "심(心)"으로써 『역』의 종지를 통합하였다. 마지막으로 불법(佛法)을 심학(心學)과 같은 것으로 간주하여, "불법(佛法)은 곧 심학(心學)이다"[328]라고 주장하였다. 이렇게 해서 그는 『역』을 유불도(儒佛道) 삼가와 통합하였다.

우익지욱은 『주역선해(周易禪解)』[329]의 서문에서 책의 성격에 대해서 "해석되는 대상은 『역』이면서 동시에 『역』이 아니다"[330]라고 정의하고, 『역』의 괘효사와 괘상에 대해서 설명하였다. 그러나 그는 또 『주역』이 『역』에 그치는 것이 아니라, 풍부한 불교적 내용을 담고 있다고 보았다. 따라서 그는 또 불교 지식을 끌어들여 『주역』의 경전의리를 해석하였으며, 불성(佛性)의 이론을 중시하였다.

첫째, 우익지욱은 역리(易理)가 원래 불성으로부터 나오는 것이라고 보고, 『역』이 곧 진여의 성(性)이며, 현상계의 모든 존재는 "진상(眞常)의 불성(佛性)에 의해 건립되었으며",[331] "꿈틀거리고 움직이는 동물과 지각을 가진 인류가 모두 불성을 가지고 있다"[332]고 주장하였다.

둘째, 우익지욱은 『역』의 리(理)는 불교의 리(理)와 동등한 개념이라고 주장했다. 천지만물로 말미암아 역서(易書)가 성립되었고, 역서로 말미암아 역학이 성립되었으며, 역학으로 말미암아 역리와 계합(契合)할 수 있다. "이른바 리(理)는 곧 불(佛)이니, 구경(究竟)에 이르면 곧 불(佛)이다"[333] 그러므로

---

326 曹越(2005), p. 576.
327 曹越(2005), p. 11.
328 曹越(2005), p. 294.
329 謝金良(2006), p. 1.
330 (明)藕益智旭(1979), p. 2.
331 (明)藕益智旭(1979), p. 26.
332 (明)藕益智旭(1979), p. 559.

『역』은 불교의 리(理)를 갖추고 있으며, 『역』은 불교의 리(理)를 드러낸다.

셋째, 불성은 곧 건도(乾道)이니, 불교와 『역』을 통합할 수 있다. "불성이 상주(常住)하는 리(理)를 건원(乾元)이라고 부른다"고 하였다. 그리고 건괘(乾卦)의 "육위시성(六位時成)"에 대응시켜 "다만 시절인연(時節因緣)에 따라 가상(假象)으로 나타나는 것이다"[334]라고 하고, 육위(六位)를 "그 각각의 위가 모두 용이다[位位皆龍]"라고 하고, "각각의 위가 모두 법계이다[位位皆是法界]"[335]라고 하였다.

그리고 그는 건괘(乾卦)의 원형이정(元亨利貞)의 사성(四性)을 불성에 본래 갖추어져 있는 상락아정(常樂我淨)의 사덕(四德)에 대응시켰다. 불성은 항구적이며, 상락아정의 사덕을 갖추어야 한다.[336] 역리(易理)와 불법(佛法)에 함축된 의미는 같으니, 건도가 곧 불성이다. 그리고 이어서 『역』의 천지지수(天地之數)를 불교에 합치시켜, 오행(五行)의 십수(十數)를 불문(佛門)의 십도(十道)에 배당하였으며, 하도(河圖)의 수(數)와 방위로써 십바라밀(十波羅蜜)을 해석하였다. 이처럼 우익지욱은 『주역』과 불교를 일치시켜 우주천지의 도식(圖式)을 구성했다.

넷째로, (일체법의 미혹됨을) 부수고[破]하고, (일체법을 거느려) 통솔[統]하고, (일체법에 통달하여) 달[達]하는 삼관(三觀)[337]과 (일체법에 미혹됨을) 쉬고(息), (일체법을) 통솔하며[統], (일체법을) 쉬는[停] 삼지(三止)[338]를 건곤부모(乾

333　(明)蕅益智旭(1979), p.26.
334　(明)蕅益智旭(1979), p.24.
335　(明)蕅益智旭(1979), p.27.
336　(明)蕅益智旭(1979), p.25.
337　삼관(三觀): 종가입공관(從假入空觀), 종공입가관(從空入假觀), 중도제일의관(中道第一義觀)을 가리킨다. (역주)
338　삼지(三止): 천태종에서 공가중(空假中)의 삼관(三觀)에 대응되는 세 종류의 수행법이다. ①체진지(體眞止), ②방편수연지(方便隨緣止), ③식이변분별지(息二邊分別止)의 세 가지 수행법을 가리킨다. 체진지(體眞止)는 공(空)의 이치를 체득하여 그곳에 머무르는 것이고, 방편수연지(方便隨緣止)는 교묘한 방편으로 현실[假]의 모습에 수연(隨緣)하는 것이며, 식이변분별지(息二邊分別止)는 공(空)과 가(假)의 양변을 분별하는 것을 멈추고 그 어느 곳에도 집착하거나 치우치지 않고 중도에 머무르는 것이다. (지욱선사(2007), pp.882-883) (역주)

坤父母)의 육자(六子)인 장남(長男)·중남(中男)·소남(少男)·장녀(長女)·중녀(中女)·소녀(少女)³³⁹에 대응시켰다. "성인은 건도(乾道)를 체험하여 지혜(智慧)를 얻으니 지혜는 남(男)과 같다. 곤도(坤道)를 체험하여 선정(禪定)을 얻으니, 선정은 여(女)와 같다."³⁴⁰

건곤과 강유(剛柔)를 지관(止觀)과 정혜(定慧)에 연계시켰으며, 지(止: vipassana)와 관(觀: samatha)의 수행법을 함께 운용하여, 마침내 해탈을 얻게 된다. 그는 역괘를 이용하였으니, 함괘(咸卦)의 구사효(九四爻)에서 법계(法界)의 이미(離微)³⁴¹의 도(道)를 말하였고³⁴², 곤괘(困卦) 육삼효(六三爻)에서 혜정(慧定)의 요(要)를 논하였으며³⁴³, 해괘(解卦) 상육효(上六爻)에서는 계(戒)·정(定)·혜(慧)의 용(用)을 논하였다.³⁴⁴

그 밖에, "방옥구궁(房屋九宮)의 설을 『복희육십사괘방위설(伏羲六十四卦方位說)』과 합하여, "이 64괘는 만약 여기에서 깨닫는다면 화엄(華嚴)의 사사무애법계(事事無礙法界)에 들어갈 것이다"³⁴⁵라고 하였다. 『문왕팔괘차서

---

339 "자연의 사물들(衆物)과 (신체의) 각 지체(肢體)들에 배분한 팔괘에 또 하늘과 땅, 남자와 여자 등을 배분할 수 있다. 이렇듯 작은 것속에 큰 것이 있음을 보고, 또 큰 것이 있음을 보고 또 큰 것속에 작은 것이 나타남을 팔괘에서 볼 수 있다. (불교의 이론으로 보면) 모든 개별적 현상이 서로 평등하고, 모든 개별적 현상이 서로 다른 현상들을 갖추고 있다. 이야말로 진정 화엄에서 가르치는 사사무애법계(事事無礙法界)이다. 다시 불법으로 팔괘를 해석해 보면, 방편은 아버지요, 지도(智度)는 어머니요, 공가중(空假中)의 삼관(三觀)의 수행은 모든 마음의 현상에 미혹됨을 깨는[破] 장남이다. 삼지(三止)의 수행은 모든 마음의 현상에 미혹됨을 쉬게(息)하므로 장녀(長女)이다. 삼관은 모든 마음의 현상을 거느리므로[統], 중남(中男)이다. 삼지도 역시 모든 마음의 현상을 통솔[統]하므로 중녀(中女)이다. 삼관은 모든 마음의 현상에 통달[達]하므로 소남(少男)이다. 삼지는 모든 마음의 현상을 쉬게(停) 하므로 소녀(少女)이다. [只此衆物各體之八卦, 卽是天地男女之八卦, 可見小中現大, 大中現小, 法法平等, 法法互具, 眞華嚴事事無礙法界也。佛法釋者, 方便爲父, 智度爲母; 三觀皆能破一切法爲長男, 三止皆能息一切法爲長女; 三觀皆能統一切法爲中男, 三止皆能統一切法爲中女; 三觀皆能達一切法爲少男, 三止皆能停一切法爲少女]((明)蕅益智旭(1979), pp. 560-561)

지욱 선사(2007), pp. 882-883 참고. (역주)

340 (明)蕅益智旭(1979), p. 468.
341 이미(離微): 이(離)는 출리(出離), 즉 '벗어났다'는 뜻이다. 미(微)는 '미묘(微妙)', 은미(隱微)의 뜻이다. 법성의 본체는 분별을 떠난 자리이며, 말과 생각이 끊어진 자리임을 가리켜 '이(離)'라고 하고, 미(微)는 법성의 미묘(微妙)한 성격을 가리키는 말이다. 법성 자체가 청정함을 가리켜 이미체정(離微體淨)이라고 한다. (역주)
342 (明)蕅益智旭(1979), p. 528.
343 (明)蕅益智旭(1979), p. 528.
344 (明)蕅益智旭(1979), p. 529.
345 (明)蕅益智旭(1979), p. 594.

설(文王八卦次序說)』에서는 인륜인 부모와 자녀를 팔괘에 대응시켜, 팔괘의 "하나하나가 모두 법계이다[一一皆法界也]"346라고 하였다. 또 불교의 시방계(十方界)·사유(四維)·사보(四寶)의 설로써 『문왕팔괘방위도』347를 논하였으며, 유교와 불교의 심요(心要)에 대해 통합적으로 서술하였다. 그 제자 통서(通瑞)는 『교각역선기사(校刻易禪紀事)』라는 글에서 지욱(智旭)의 「주역선해」가 역학을 오랫동안 공부한 선비들의 찬사를 받았으며, 그것이 『역』의 해석이든지 혹은 도설(圖說)에 관련된 것이든지간에 성인이 『역』을 지은 정미(精微)한 뜻을 잘 드러내었다고 평가하였다.348 지욱의 불교 역학의 이론은 매우 대중적이며, 이해하기 쉬우며, 그의 불성론(佛性論)은 유가의 가치관과 융합되어 더욱 토착화되었다. 따라서 지욱은 유교의 『역』을 불교와 회통시킴으로써 큰 공을 세운 것으로 평가된다.

사고관신은 불교의 『역』 해석을 "정통(正統)"의 역학발전사에 편입시키는 않았다. 그러나 불교문화의 토착화가 심화되면서, 불교역학의 연구가 탁월한 성과를 내었고, 역학 연구 분야에서 하나의 큰 학파를 형성하였다는 것은 부정할 수 없다. 한편으로 불교는 전통적 역학의 텍스트와 체례(體例) 및 해석방법을 계승하였고, 유가역과 도가역의 사상을 흡수하였다. 다른 한편으로 불교는 『역』의 이론을 빌려와서 불교의 학술적 관점을 더욱 효과적으로 전파할 수 있었으며, "선역상통(禪易相通)"의 관념과 "선역호증(禪易互證)"의 사유방식을 주장하였다. 이처럼 불교의 역학 연구와 불교의 중국 유입은 별개가 아니라 동시에 진행된 과정이었다. 이러한 과정은 학문적 교류와 융합을 촉진시키는 데 그치지 않고, 더 나아가 불교 문화를 중국 사상에 통합시키는 데도 도움이 되었다. 이것은 외래종교가 『역경』을 통해 "비전통적" 해석의 토착화를 시도할 때 중요한 방향 제시와 참고 사례를 제공한다.

---

346 (明)蕅益智旭(1979), p.596.
347 (明)蕅益智旭(1979), p.598.
348 (明)蕅益智旭(1979), p.528.

제4절
야역(耶易)의 맹아 형성 — 예수회사의 역학 연구

1. 초기 기독교의 선교 실패에 대한 계시

기독교 역학에 대하여 먼저 살펴보아야 할 주제는 중국에서 기독교 선교의 역사다. 중국 기독교의 기원에 대해서는 많은 학자들이 심층적 연구를 해 왔다. 기독교가 최초로 중국에 전래된 시기에 관해서는 여러 가지 설이 있으나, 아직 확고한 정설은 없는 것으로 보인다.[349]

그러나 당(唐)나라 때, 경교(景敎)는 중국의 기독교 신앙의 흥기의 표지로 널리 인식되어 왔다. 경교는 기독교이며, 더 정확하게 말하면 고대 기독교의 지파(支派)인 네스토리우스파를 가리킨다.[350]

실크로드가 열리면서, 중국과 페르시아는 우호적인 정치 관계를 수립하였다. 경교도들은 의학·천문학 등의 분야에서 높은 수준의 학문적 지식과 유용한 생활 기술을 갖추고 있었다. 서기 635년에 알로펜 아브라함(Alopen Abraham, 阿羅本) 등의 네스토리우스교 선교사들은 실크로드를 통해서 섬서(陝西) 지역의 장안(長安, 지금의 西安)으로 와서 선교하였다.

당태종(唐太宗)은 경교를 존중했다. 서기 781년에 장안에 세워진 대진경

---

349 陳垣(1980), pp. 83-106 ; 朱謙之(1993), pp. 76-81 ; 孫尙揚·鐘鳴旦(2004), pp. 60-64.
350 네스토리우스파는 신성사도대공시리아동방교회(神聖使徒大公叙利亞東方敎會; The Holy Apostolic Catholic Assyrian Church of the East)라고도 하며, 줄여서 "아시리아 동방교회(The Assyrian Church of the East)"라고도 한다. 당나라 때에는 대진교(大秦敎)라고 불렸다. (陳垣(1980), p. 84) 파비에르 주교는 경교를 "네스토리안 이교(異敎)"로 간주하고, 그들을 성교(聖敎)를 배반하고 떠난 자들이라고 보았다. 이 비문(碑文)을 해독한 예수회사 세메도(Semedo, 塞梅多), 포이목(包伊木), 길이사(吉而舍), 엠마누엘 주니어 디아스(Emmanuel Junior Dias, 陽瑪諾, 1574-1659), 루이 르 콩트(Louis Le Comte, 李明, 1655-1728) 등은 경교비(景敎碑)를 "로마성공회의 선교사가 세운 것[羅馬聖公會之傳敎士所立]"이라고 주장했다. (樊國梁(2005), p. 274)

교유행중국비(大秦景教流行中國碑)[351]는 경교의 기본 교의인 삼위일체, 천주의 세계창조, 원죄(原罪), 구원, 예수의 강생(降生), 신약, 교회, 종교생활 등의 내용을 포괄해서 이 교파의 150년 역사를 기술하였다. 뿐만 아니라, 이 비문에서는 당태종 9년(AD.635)으로부터 당 건중(建中) 2년(AD.781)에 이르기까지, 당태종, 고종(高宗), 현종(玄宗), 숙종(肅宗), 대종(代宗), 덕종(德宗)의 여섯 명의 황제를 거치면서 경교의 역사의 변천을 서술하였다. 특히 각 주(州)에서는 경교 교회를 세워서, 한 때 "그 교리는 여러 계층에 전파되었으며[法流十道]", "그 교회는 여러 도시에 건설되었다[寺滿百城]"[352]라고 비문에서도 특별히 기술하였다. 프랑스인 알퐁스 파비에르(Pierre Marie Alphonse Favier, 樊國梁, 1837-1905) 주교는 『연경개교략(燕京開敎略)』에서 경교비에 관해 상세하게 기록하면서,[353] "태종에서 덕종에 이르기까지 경교는 중국에서 크게 유행하였다"라고 하였다.[354] 서광계(徐光啓, 1562-1633)는 중국에 천교(天敎)가 있었다고 말하고, "명나라 희종(熹宗) 천계(天啓) 3년 계해(癸亥)(1623년)에 관중(關中, 즉 섬서(陝西) 중부 평원지역) 사람이 땅을 파다가 당나라 비석(碑石)을 발굴하여 천교가 중국에 있었다는 사실을 알게 되었다[以天啓癸亥關中人掘地而得唐碑知之也]"고 하였다.[355]

진원(陳垣, 1880-1971)도 역시 다음과 같이 말했다. "중국에서 기독교의 역사를 이야기하려면 당대의 「대진경교유행중국비」로부터 시작해야 한다."[356] 이 발언은 경교비가 기독교의 중국 유입의 역사적 중요성에 대해 말해주고 있다. 서기 845년 회창(會昌) 5년에 당 무종(武宗)은 (불교를 비롯한 외래) 종교를 훼멸(毁滅)하라는 칙령을 내렸고, 당시에 "요사스러운 술법이 홀

---

351 경교비(景敎碑)의 성격, 진위(眞僞), 번역 및 주석, 경교문헌의 지위, 경교의 연구 현황 및 중문 자료 등에 관해서 다음 책을 참조할 것. (朱謙之(1993), pp.74-106, p.115)
352 朱謙之(1993), PP.74-106, p.75 재인용.
353 樊國梁(2005), pp.271-276.
354 樊國梁(2005), p.276.
355 『景敎堂碑記』. 徐光啓(1984,) p.531 참고.
356 陳垣(1980), p.94.

로 존재해서는 안된다[邪法不可獨存]"는 이유로 3천여 명의 경교 선교사들을 모두 환속시키도록 하였다. 즉 "대진(大秦)의 천교(祆敎: 조로아스터교)의 목호(穆護: 조로아스터교 선교사) 3천여 명을 환속시켜, 더 이상 중국의 풍속을 오염시키지 않도록 하였다.[勒大秦穆護祆三千餘人還俗, 不雜中華之風]"[357]라고 하였다. 또 일부 외국인 선교사들을 국경 밖으로 쫓아내니, "외국인들의 경우에는 그들을 원래 살던 지역으로 송환시키도록 명령하여, 관청에서는 이 업무를 철저히 감독하도록 하였다.[如外國人, 送還本處收管]"고 하였다.[358] 통계에 의하면, 당 무종 시기에 환속시킨 종교인이 26만 5천 명에 달했고, 그중에 "대진의 천교(祆敎: 조로아스터교)의 목호(穆護: 조로아스터교 선교사)가 2천여 명"이었다.[359] 서기 878년에 황소(黃巢)의 난이 일어났을 때, 광동(廣東) 지역에서 전사한 아랍인, 유태인, 페르시아인이 모두 10만 명이었는데, 그 가운데 다수가 경교도들이었다고 한다. 대략 서기 980년 무렵이 되면, 중국 내에서 경교도들은 더이상 존재하지 않게 된다.

헨리 율(Henry Yule, 裕爾, 1820-1889)의 『고대중국견문록』(*Cathay and the Way Thither: being a collection of Medieval Notices of China*)(1866)에 따르면, 중세의 아랍 작가 마호메트(Mahomet)[360]가 어떤 아랍인의 기록을 인용하였는데, 다음과 같다. "송(宋)나라 태종(太宗) 태평(太平) 흥국(興國) 오년(五年) 980년에 대총관(大總管)의 명을 받고, 다섯 명의 선교사와 함께 중국으로 가서, 현지의 기독교를 정돈(整頓)하는 일을 맡았다. 내가 방문하게 된 여행지의 정황을 물으니, 그들이 나에게 다음과 같이 말했다. '중국의 기독교는 전부 망했습니다. 기독교도들은 모두 제 명을 다하지 못하고 죽었고, 교회는 모두 훼손당했습니다. 중국 전국을 통틀어, 한 사람의 기독교인이 남아 있을

---

357 (後晉)劉昫(1975), p.605. Deeg(2006), p.105.
358 (後晉)劉昫(1975), p.605. Deeg(2006), p.106.
359 (宋)歐陽修·宋祁(1975), p.1361.
360 Mahomed는 Isaac의 아들이며, 성은 Abulfaraj였다.(Henry Yule, *Cathay and the Way Thither*, 1915, p.113) (역주)

뿐이고, 그 이외에는 기독교인이 없습니다.' 전국을 살살이 뒤져도 이제는 더 이상 전도할 사람이 없었기 때문에 서둘러 귀국했다."[361] 그 이후에는 경교가 사라져 흔적을 찾을 수 없게 되었다.

원대(元代)에는 몽골인들과 중앙 아시아인들의 상업적 왕래 때문에 원(元)의 수도 대도(大都), 즉 칸발리크(Khanbaliq 汗八裏)에서 경교에 귀의하는 풍조가 다시 일어났다. 그렇지만 이 시대에는 더이상 경교라고 부르지 않았고, "타르사(Tarsa: 迭屑[362] 혹은 達娑)" 또는 몽골어로 "야리가온(Arkagun,[363] 也裏可溫, 혹은 也裏阿溫)"으로 불렸다.[364] 여기서 "야리가온"은 천주교뿐 아니라 네스토리아교, 동방 정교회 등을 모두 포괄하는 명칭이다. 진원(陳垣)은 『원야리가온교고(元也裏可溫敎考)』에서 중국인들과 일본인들이 "야리가온"을 부르는 명칭과 평가를 나열했다.[365]

몽골의 세력이 유럽으로 확대되자 교황 인노첸시오 4세(Innocentius IV)는 1245년에 프랑스 리옹에서 제1차 세계공의회(世界公議會, ecumenical councils)를 열고, 이탈리아 출신의 프란치스코회의 수도사 지오반니 다 피안 델 카르피네(Giovanni da Pian del Carpine, 1182-1252)[366]를 사절로 임명해서

---

361 裕爾(2008). 그밖에 張星烺(2003), pp. 203-204 참고.
원서: Yule(1866). (역주)
362 원(元)나라 때로 접어들면서 1289년 경교는 다시 그 선교활동이 허용되었고, 삼위일체를 신봉하며, 로마교황의 수위권을 승인하여 원나라의 정치적 심부름을 충실히 하였다. 그렇지만 이 시대에는 경교라고 부르지 않고, 중국측 역사문헌에서는 '타르사'(達娑, Tarsa) 또는 '에르케운'(也里可溫)으로 알려져 있으며, 원의 경교 사원인 십자사(十字寺)가 72개소나 있었다는 기록이 있다. 이렇게 잠시 재흥했던 중국의 경교는 원의 멸망과 더불어 그 터전을 잃고 말았다. 따라서 몽골 각지에 그 유적을 남긴 것 중에 원대 이후의 것은 거의 없다. (역주)
363 야리가온(也里可溫): 원(元)나라 때 기독교를 야리가온교(也里可溫敎)라고 했는데, 야리가온(也里可溫)·야리극온(也里克溫)·야리교(也里喬) 등으로도 음사했다. 그 교도까지 포함시킨 호칭이었다고는 하나 확실한 근거는 없다. 몽골어로 "Arkagun"이라고 하는데, 야리가온이란 말은 원래 몽골어로 '인간에게 복을 나누어준다', '인연이 있는 사람' 혹은 '복음을 받은 사람'이란 뜻이다. "Arkagun"은 시리아어의 arku에서 왔다는 설이 있으나, 명확하지 않다. (역주)
364 중문서적의 청호에 관해서는 阿 克 穆爾(1984), pp. 248-270를 참고.
원서: Moule(1972). (역주)
365 陳垣(1980), pp. 2-6 참고.
366 징키스칸이 호라즘(Khwarizm) 왕국을 멸망시킨 후에 서양은 몽골 침략에 대한 두려움을 가지게 되고, 결국 교황 인노첸시오 4세(Innocentius IV)는 1245년 몽골에 카르피네(Giovanni da Pian del Carpine) 수도사를 파견한다. 카르피네는 서양의 카톨릭 수도사로는 최초로 카라코룸(Kharakorum)을 방문하여, 4개월간 체류하고, 1247년 리옹으로 귀국해서, 교황에게 몽골제국과 관련하여 서양에 남겨진 첫번

원(元)의 조정에 파견하기로 결정했다. 이 결정에서 교황은 몽골 황제는 철군(撤軍)해서, 더이상 무고한 사람들을 죽이지 않도록 권고하였으며, "특히 기독교인들을 학대하지 말 것"[367]을 희망하였다. 아울러 중국에 기독교를 소개하고, 황제를 설득하여 기독교에 입교(入敎)하도록 권고할 것이며, 기독교도들을 잘 대우해 주기를 희망했다.

그러나 원나라 정종(定宗) 구육(Güyük Khan, 貴由, 1206-1248)[368]은 교황의 강화(講和) 요청에 대하여 아무런 응답도 하지 않았다. 그는 기독교에 입교할 생각이 없었을 뿐 아니라, 전쟁에 대해서도 포기할 생각이 없었다.

1253년에 프랑스 국왕 루이 9세(Louis IX, 1214-1270)는 다시 프랑스의 프란치스코회 수도사 기욤 드 루브룩(Guillaume de Rubruquis)과 이탈리아 출신의 바르텔레미 드 크레모네(Barthélémy de Crémone, 克雷莫雷, 생몰년미상) 일행을 동쪽으로 보내, 몽골 제국에 선교하도록 명령하였다. 그러나 원(元) 헌종(憲宗) 몽케(Mongke, 蒙哥, 1209-1259)에 의하여 완곡하게 거절당했다.

이탈리아 베네치아 출신의 마르코 폴로(Marco Polo, 1254-1324)는 중국에 선교 사업을 하러 온 것은 아니었지만, 천주교의 동방 전파를 촉진하는 데 자극을 주었다. 그의 아버지와 삼촌은 상인이었는데, 그들은 칠예(七藝)에 능하고 변론을 잘하는 서양인 학자 백 명을 선발하여, 동방으로 보내달라고 요청하는 원의 세조(世祖) 쿠빌라이(Khubilai Khan, 忽必烈, 1215-1294)의 옥새가 찍힌 외교 문서를 휴대하고 로마 교황을 만났다. 쿠빌라이는 "기독교 신앙이 우상 숭배자들의 신앙보다 훌륭하다는 것은 당연합니다"라고 말하였다.[369] 그러나 그러는 사이에 교황이 바뀌는 바람에 그 임무는 이루어지지 않

째 몽골제국 답사 보고서 제출한다. 보고서에서 카르피네는 초원에 세워진 화려하게 정비되고 건설된 계획도시 카라코룸의 풍경에 큰 감명을 받았다고 한다. (역주)

367 顧衛民(2003), p.11에서 재인용.

368 정종(定宗) 귀유(貴由, 1206-1248)는 태종(太宗)의 장자이며, 몽골의 원(元) 제국의 제3대 황제이다. 간평황제(簡平皇帝)라고도 한다. 휘(諱)가 귀유(貴由)인데, 몽골어로 귀위크칸(Güyük Khan)이라고 한다. (역주)

앉고, 마르코 폴로는 다시 동방으로 갔다. 『마르코 폴로의 여행기』는 마르코 폴로가 중국에서 보고 들은 바를 기록한 것으로, 그는 다양한 종교 의례(儀禮)에 참여하는 몽골 칸(大汗, Khan)과 사회 풍습 등에 대해 다루었다.[370] 이 책은 한편으로 서방세계에 중국을 소개하였고, 다른 한편으로 중국의 원대사(元代史) 연구에 중요한 사료적 가치를 지닌다.[371]

중국에서 처음으로 선교 허가를 받은 사람은 프란치스코회의 선교사 조반니 다 몬테코르비노(Giovanni da Montecorvino, 孟高維諾, 1246-1328)였다. 그는 니콜라스 4세(Nicolas IV, 1227-1292)에 의해 1289년에 원나라에 파견되었다. 원나라 조정에서는 숭복사(崇福司)를 세워, 기독교 선교사와 관련된 업무를 담당하게 했다. 몬테코르비노는 중국에서 30년 넘게 선교 활동을 했는데, 칸발리크(Khanbaliq, 汗八里 즉 大都, 지금의 北京)에 최초의 천주교 교당(敎堂, 전체적으로는 3개)을 세워 3만 명에 달하는 사람들에게 세례를 주는 데 앞장섰다.[372] "원나라 성종(成宗) 대덕(大德) 3년(1299년)에 …… 사대부와 서민들을 통틀어 감화를 받아 입교한 자가 3만 명이 넘었다."[373] 뿐만 아니라, 수백 명의 어린아이들을 입양하고 『성경』을 중국어로 번역하여, 가장 유능한 설교자가 되었다. 몬테코르비노는 제1대 칸발리크 총주교(總主敎)로 임명되어, 원동(遠東) 지구의 교무(敎務)를 겸임하였으며, 선교 사업을 급격하게 발전시켰다. 이때의 상황을 『원전장(元典章)』[374]에서는 "화상(和尙)이 가장 앞에

---

369 阿 克 穆爾(1984), p.148 참고.
370 대칸(大汗, Khan)은 기독교 신앙이 가장 진실하고 뛰어난 것으로 여겼으나, 통치를 위해 기독교, 이슬람교, 유대교, 불교의 주요 절기에 행사를 치루었다. 그 이유와 관련 "모든 사람이 숭배하고 존경하는 네 명의 예언자가 있다. 기독교도들은 자기네 신이 예수그리스도라 하고, 사라센은 마호메트라 하며, 유대인은 모세라 하고, 우상숭배자들은 여러 우상들 가운데 최초의 신인 사가모니 부르칸이라고 한다. 나는 이 넷을 모두 존경하고 숭배하며, 특히 하늘에서 가장 위대하고 더 진실한 그분에게 나는 도움을 부탁하고 기도를 올린다."라고 말한다.(『동방견문록』, 제81장)(역주)
371 馬可 波羅(1998), pp.6-7.
372 "제 계산에 따르면, 지금까지 저는 그곳에서 약 6천 명에게 세례를 베풀었습니다. 만약 위에서 언급한 모함과 중상이 없었다면, 아마도 3만 명이 넘는 사람들에게 세례를 베풀었을 것입니다. 왜냐하면 저는 끊임없이 세례를 베풀고 있었기 때문입니다.[根據我的計算, 迄今爲止, 我在那裡已爲大約六千人施行了洗禮. 如果沒有上述的造謠中傷, 我可能已爲三萬餘人施行了洗禮, 因爲我是不斷地施行洗禮的.]"(顧衛民(2003), p.25. 재인용)
373 黃伯祿(2005), p.507 참고.

있고, 그 다음에 도사(道士)가 있었고, 야리가온이 그 뒤에 있었다[和尙在前, 次道士, 也裏可溫在後]"라고 기록하였다.[375] 그러나 몬테코르비노 이후에는 그 직무를 계승하는 자가 없었으며, 원나라가 멸망하면서 천주교는 다시 한 번 자취를 감추었다.

여기서 우리는 당대의 경교와 원대의 야리가온교의 좋은 시절은 오래가지 못했다는 것을 알 수 있다. 두 경우는 모두 토인비(Arnold Joseph Toynbee)가 말한 "유산(流産) 문명(abortive civilization)"[376]과 같은 방식으로 종언을 고하고, 역사 속에 묻혀 버렸다. 마치 갓 태어난 어린 아기가 외부 환경의 제약으로 말미암아 너무나 일찍 요절해 버린 경우처럼.

그러나 그 실패의 원인은 두 경우가 같지 않다. 먼저 경교의 경우에는 외국에서 들어온 종교로서 발전 초기에 그 교리가 유교, 불교, 도교를 용납하지 않았다. 불교도 역시 외래종교이기는 하지만 중국에 전래된 시기가 매우 이르다. 그리고 중국에서 이미 뿌리를 깊이 내렸으며, 유교 및 도교와 어깨를 나란히 겨루었고, 심지어 도교를 능가하여 "본토종교(本土宗教)"를 형성하였다. 그리고 "어떤 외래 종교도 이 세 종파에 의지해야만 살아남을 수 있었으니",[377] 경교와 유(儒)·불(佛)·도(道) 삼교(三教)와의 차이가 하늘과 땅처럼 확연했다. 여기에 유교와 도교의 본위의식(本位意識)과 불교의 선입견이 결합

---

374 『원전장(元典章)』: 원대(元代, 1271-1368)에 관수(官修) 편찬된 『대원성정국조전장(大元聖政國朝典章)』의 약칭이다. 원세조(元世祖, 1260-1294)에서 영종(英宗, 재위 1320-1323) 사이의 조령, 판례 등 전장(典章) 제도(制度)를 기록한 것으로서, 모두 60권(卷)으로 되어 있다. 내용은 조령(詔令)·성정(聖政)·조강(朝綱)·대강(台綱)·이부(吏部)·호부(戶部)·예부(禮部)·병부(兵部)·형부(刑部)·공부(工部) 10문(門), 모두 373목(目)이며, 각각의 목(目)이 약간의 조격(條格)으로 나뉘었다. (역주)

375 陳垣(1980), p.86.

376 토인비(A. J. Toynbee, 1889-1975)에 따르면, 시리아(Syria) 지역의 극서(極西)의 기독교 세계는 "유산(流産) 문명(abortive civilization)"이다. "유산문명"이란 하나의 문명을 창조할 단계에 거의 도달했지만, 강보(襁褓)에 싸여 있을 때, 도저히 저항할 수 없는 도전을 만나서, 불행하게도 요절해 버린 문명이다. 경교(景教)는 바로 이 유산문명으로부터 나온 것이다. (湯因比(1986), p.192 참고) 채홍생(蔡鴻生)은 경교(景教)가 여전히 "유산 문명"의 운명을 벗어나지 못했다고 믿는다. "만약에 우리가 문명의 운명에 초점을 맞춘다면, 당나라 덕종(德宗) 때 건중(建中) 2년, 781년에 세워진 경교비(景教碑)는 경교의 광영방(光榮榜, 즉 表彰板)이 아니라, 대진(大秦)의 경교(景教)가 유망(流亡)을 겪다가 마침내 유산(流産)에 이르게 되었음을 알리는 묘지명(墓誌銘)이다. (蔡鴻生(2004), pp.208-209 참고)

377 林悟殊(2005), p.47.

되어, 경교는 현지 종교의 자연스러운 배척 대상이 되었다. 당시에 경교·마니교·조로아스터교(火祆敎, 즉 拜火敎)를 모두 통틀어 "잡이(雜夷)"의 종교, "천하의 세 오랑캐의 종교를 합친 것[合天下三夷寺]"이라고 불렀다.[378] 그 다음으로, 마니교·조로아스터교·이슬람교 등 여러 잡다한 이교(異敎)들 사이에서도 배척과 분쟁이 있었다. 마니교도들은 위그르(Uyghurn, 回紇)인들의 정치적 정체성에 의존했고, 조로아스터교는 서역(西域)의 이민자 집단을 기반으로 삼았기 때문에 경교보다 세력이 조금 더 강했다. 게다가 경교는 정치적 지원 혹은 군사적 보호가 없었기 때문에 그 발전의 속도가 항상 완만했다. 그리고 "중국에 온 경교 선교사들은 중국의 불교 승려에 비교할 때, 뚜렷하게 부족한 점(遜色)이 있었다."[379] 서원여(舒元輿, 791-835)가 쓴 『악주영흥현중애사비명병서(鄂州永興縣重崖寺碑銘幷序)』 가운데, 경교를 마니교 뒤에 배치해서, "중국에 온 잡이(雜夷)들 가운데, 마니교, 대진교(大秦敎, 즉 景敎), 조로아스터교(襖神) 등이 있었다"라고 하였다.[380] 이를 통해 당시 경교의 사회적 지위가 높지 않았음을 알 수 있다.

[그 다음으로] 경교 내부에서 중국 전통문화 환경에 적응하기 위해 노력해야 했다.

[한편으로] 경교는 정통 유교사상의 비위를 맞추는 것이 필요했다. 그 당시 왕성했던 한어(漢語) 불교와 억지로 비교하거나, 혹은 도교의 문화술어(文化術語)를 모방하여, "경교도들은 예수를 노자, 혹은 이미 중국화된 석가모니의 얼굴로 분장시켰으며, 동시에 유학사상도 흡수했다."[381] 경교는 중국의 다양한 종교의 강력한 세력에 완전히 가려져서 의식적 혹은 무의식적으로 "꾸미려고(矯飾) 하였기 때문에" 독립적인 종교로서 교리와 특색을 발전시켜 나

---

378 (唐)舒元輿(1986), p.49.
379 林悟殊(2005), p.363.
380 舒元輿(1986), p.49.
381 胡戟·張弓·葛承雍·李斌城(2002), p.607.

가는 것이 어려웠다.

[다른 한편으로], 경교는 그 자신의 고유한 종교적 이상을 가지고 있었기 때문에 중국문화와 융합하는 것이 매우 어려웠다. "중국인들의 윤리에서는 현세를 초월한 하느님에 대한 동경(憧憬)이 없었기 때문에",[382] 이질적인 문화와의 근본 대결은 마침내 경교가 갖고 있었던 모든 기력을 소진시켜 버렸다. 경교는 "중국인들의 고유한 문화와 어긋난 상태에서 시작해서, 중국문화에 순응하는 것으로 끝났을 뿐이다."[383]

[마지막으로] 정치의 방면에서 경교는 황실에 더욱 영합하는 태도를 취했다. 대진경교비도 황실의 공적과 은덕을 찬양하는 것으로 가득 차 있다. 일단 종교가 정치에 예속되면, 황실은 종교를 살리고 죽일 수 있는 큰 권력을 장악하게 된다. 당무종(唐武宗, 814-846)이 외래 종교를 박해할 때, 경교는 마니교, 조로아스터교와 더불어 살아남았지만, 모두 정치적 박해를 받고 금지되어 분열하여 와해의 길을 걷게 되었다.

그러나 원대의 야리가온교는 교회조직의 형태로 볼 때 경교에서와 같이 독립적인 전담 선교사를 두는 교회전통을 유지하지 않았으며, 오히려 원조(元朝) 정부의 관할 아래 있는 종교기구에 가까웠다. "당대의 경교와 원대의 야리가온교의 가장 큰 차이점은 선교사의 역할이 약화되었다는 점에 있다."[384] 교의의 선전이나 경전 번역의 측면에서 보면, 이러한 문제는 더 심각한 것 같다. 선교의 대상으로 볼 때, 야리가온교는 일반 대중을 상대로 선교한 것이 아니라, 당시의 왕실과 사회 상류층을 위해 선교하였기 때문에, 견실한 민중적 기반이 결여되어 있었다. 또한 교회 내부의 생활이 부패하고 본래의 신앙에 충실하지 못했던 것도 야리가온교가 일찍 생명을 다하고, 소멸의 길로 들어서게 된 원인이 되었다. 따라서 중국 기독교 발전사에서 당과 원의

382　謝和耐(2003), p.145.
　　원서: Gernet(1982). (역주)
383　『景教堂碑記』(徐光啓(1984), p.532)
384　殷小平(2012), p.190.

두 왕조 시대에는 기독교가 주로 사회의 상부 계층과의 접촉이나 민간 선교 등의 전통적 방식을 통해 선교 활동을 하였다. 그러나 이처럼 중국 문화의 토양에 생경한 이질 문화를 이식할 때, 옷깃을 여미면 팔꿈치가 밖으로 나와 버리는 것처럼 현지문화에 적응하지 못하는 상황이 되어, 생존하기 매우 어려웠다.

2. 예수회사들의 중국 입국

중국 기독교의 역사는 명대의 예수회사 하비에르(Francis Xavier, 沙勿略, 1506-1552)가 천주교를 들여온 것을 계기로 시작되었으며, 선교사들의 역학 저작은 모두 "기독교의 중국 전입(傳入) 제3기"[385]에서 나온 것이다. 예수회사의 『역경』 연구는 선교사들의 역학 연구의 전형이라고 할 수 있다. 16세기 중반에 설립되어 유럽에서 평판이 그다지 좋지 않았던[386] 신흥 수도회 예수회(Societas Jesus, 줄여서 S.J.)가 중국 선교의 중심 세력이 되리라고는 아무도 예상하지 못했다. 그들의 인적 자원은 매우 제한되어 있었지만, 매우 우수한 정예들로 구성되어 있었던 예수회 조직은 유럽뿐 아니라 아메리카와 아시아 등으로 해외 선교 사업을 빠르게 개척해 나갔다.

중국과 서양의 문화교류가 일단 생명력을 갖추게 되자, 두 문화 사이의 교류의 역사도 서서히 전개되기 시작했다. 중국과 서양의 문화의 톱니바퀴가 접점을 찾아 회전하기 시작하면서, 천주교는 새로운 희망을 맞이하였다. 예수회의 중국 진출과 더불어 "완전히 독립적으로 발전해온 두 문화 사이에서 최초로 진정한 의미에서 실질적인 접촉"[387]이 발생했으며, 천주교는 중국의 대지에 새로운 천주의 영광의 씨앗을 파종할 수 있게 되었다.

---

[385] 陳垣(1924), pp. 17-23. 그밖에 陳垣(1980), p. 93 참고. 또한 Standaert(2001), p. 296도 참고.
[386] 葉瀟(2007), p. 5 참고.
[387] 謝和耐(2003), p. 3.

예수회가 보여준 특징은 그들이 해외에서의 선교 능력을 강력하게 보장한 데 있었다.

첫째, 예수회는 복장(服裝)과 장식 등 외모와 생활방식에서 융통성과 자율성을 부여하였다. 그러나 본질적으로는 여전히 종교적 보수성을 견지하였으며, 한편으로 정결(貞潔)·청빈·순종의 세 가지 계율을 지키고, 다른 한편으로 "교황의 절대권력"[388]을 옹호했다. 그들은 천주교 조직의 고도의 중앙 집중화를 강조하였으며, 스콜라 철학의 전통적 권위를 옹호하였다.

둘째, 프란체스코회, 도미니코회 등의 다른 수도회에 비해 예수회는 수사(修士) 개인의 문화적 소양을 배양하는데, 더 많은 관심을 기울였으며, 일반적으로 15년 정도의 훈련 기간을 거쳤다. 그들은 과학과 예술의 재능을 중시했으며, "일반적 기준으로 볼 때 예수회사들은 유럽에서 가장 재능있는 사람들이었다."[389]

예수회의 수도 규정에 의해 부여된 학습 의무는 "유럽에서 가장 어려운 훈련 과정"[390]이었다. 그러므로 예수회사들은 모두 저명한 학자들의 집합체였으며, 개개인이 모두 홍유(鴻儒)와 석학(碩學)이라고 부를 수 있는 수준이었다. 그 결과 예수회 공동체는 뚜렷하게 구별되는 문화적 학문적 특징을 가지고 있었으며, 이는 중국에서 후대의 문화와 학문의 전승을 위한 지식의 배양을 보장했다.

셋째, 예수회는 지식을 증진시키는 것을 중시하기 때문에 폭넓은 교과과정과 학문적 자유를 통해 개방적 학문 태도를 갖게 되었고, 그들이 섭렵한 문화유산은 단지 종교 저술에 한정되지 않고, 이교(異敎)의 철학, 신학, 문학 작품들까지도 포괄하였다. 이것은 후에 그들이 중국의 전통문화를 폭넓게 탐구할 수 있는 토대가 되었다.

---

388 杜赫德(2001), p.2.
389 柯毅霖(1999a), p.12.
    원서: Criveller(1997). (역주)
390 李熾昌(2005), p.3.

넷째, 예수회가 채택한 선교의 방식은 확장 전략이었다. 그들은 "가능한 전체의 긍정적인 열망을 표현하고 신성한 하느님의 율법을 선양하기 위해 세계의 어느 궁벽한 구석에라도 무조건 찾아갈 의향이 있음을 표명하였다."[391] 실제로 많은 선교사들이 외국에 체류하면서 포교 활동을 하였는데, 15세기 말에는 항해 기술의 발달과 지리적 대발견으로 예수회는 포르투갈의 보교권(保教權, Padroado)[392]의 도움을 빌려서 적극적으로 선교사업을 해외로 확장해 나갔다. 즉 유럽에서 시작하여 남미·인도·말라카·일본·중국에 이르기까지 선교 활동에 나서,[393] 예수회사들이 전세계에 퍼지게 되었다.

예수회가 동쪽으로 선교를 확장해 감에 따라 인도 고아(Goa)가 최대의 교성(教省, Province)이 되었다.[394] 그 후 일본과 중국에 부교성(副教省, Vice-province)을 설치하여 16세기부터 18세기까지 중국에는 900여 명의 예수회사들이 있었는데, 그중 100여 명 이상이 중국인(마카오인 포함)이었고 나머지는 외국인이었다.[395] 그리고 중국의 예수회사들은 포르투갈·프랑스·이탈리아·독일·스페인 등 유럽의 여러 나라 국적 출신이었다. 그들은 한편으로 선교의 임무뿐 아니라, 천주교의 교리를 선전하는 등 일상적인 종교 업무를 수행해야 했고, 그 밖에도 "신자들의 고해성사를 들어 주어야 하고, 병자를 위해 성사(聖事)를 드리고, 이교도들을 교육하고, 일부 문인(文人)과 선비들

---

391 柯毅霖(1999a), p.12.
392 포르투갈의 보교권(保教權, Padroado: Patronatus Missionum)은 비(非) 카톨릭 국가에서 하느님의 가르침이 전파되는 것을 보호하기 위해 로마 교황이 세속정권에게 부여한 권리와 의무이다. 포르투갈은 1493년 교황 알렉산더 6세(Alexander VI, 1492-1503)로부터 보교권을 획득했다. '보교권(保教權)'의 상세한 내용에 관해서는 李天綱(1998), p.21 참고.
'파드로아도(Padroado)'는 '호교권(護教權)' 혹은 '보호권(保護權)' 등으로도 쓰이는데, '보교권(保教權)'은 중국에서 쓰는 용어이다. 보교권은 유럽의 대항해시대에 로마 가톨릭교회 교황이 직접 스페인과 포르투갈 국왕에게 부여한 로마 가톨릭교회를 보호하는 권한(Protectorate of missions)으로서 선교사 선발권과 배치권뿐 아니라 식민지에서 교회 설립권과 주교 후보자 제청권 및 십일조를 징수할 수 있는 권한 등을 포괄했다. 동아시아 선교사는 포르투갈 정부에 등록하고 포르투갈 상선을 아시아로 데려가야 하며, 동아시아 주교는 포르투갈 국왕의 추천을 받아야 하고 포르투갈 현지 교섭을 대표해야 한다. 포르투갈 정부는 선교사 수당을 제공할 책임이 있다. 중국의 선교 업무는 마카오의 포르투갈 총독6이 감독한다. (역주)
393 黃正謙(2010), p.76 참고.
394 高一志, 『聖人行實』(鐘鳴旦·杜鼎克(2002), p.170) 참고.
395 杜赫德(2001), p.6 참고.

과 더불어 토론해야 했다."[396] 다른 한편으로 중국의 조정에서 관직(官職)을 맡고, 중국 외교에 참여하면서, 만주어와 중국어를 학습할 뿐 아니라 중국 고적(古籍), 역사, 중국지도제작, 천문학 및 지리학 등 거의 모든 분야의 학술 연구에 종사하였다.

심지어 지방의 각 성(省)에 파견되어, 민정(民情), 민속, 문화재의 전고(典故) 및 연혁(沿革)·물산·공예 등을 조사하였다. 뿐만 아니라 그들은 뛰어난 문화적 전달자이기도 하여, 저술·서신·교무보고 등 다양한 문서를 통해 중국의 모든 면에 관한 정황을 유럽에 전달하였으며, 유럽인의 시야에 중국을 보다 포괄적이고 생동감있게 보여주었다. 이렇게 해서 중국은 당시 유럽 사회의 토론의 뜨거운 화제거리가 되었다.

예수회 설립 초기에 프란치스코 하비에르는 동아시아의 선교에 나서서, 고아, 마나파드(Manapad)[397], 말라카, 일본 등 여러 곳에서 성공적으로 선교하였다.

하비에르는 중국 연해(沿海)에서 무역업에 종사하는 포르투갈 상인들과의 접촉과 일본에서 선교할 때의 개인적 실천과 문화적 경험을 통해 중국 문화의 중요성을 절실하게 깨달았다. 그는 "예수의 성스러운 이름으로 명명(命名)한 수도회인 예수회의 노력을 통해 중국인과 일본인들이 우상숭배를 버리고 만민의 구원자이신 하느님을 경배하게 될 것"[398]이라는 간절한 소망을 갖고, 중국으로 가려는 계획을 여러 번 세웠다.

"나는 1552년 금년에 중국 왕국에 가고 싶습니다. 그래야 내가 우리 주

---

396 『중국에서의 선교 현황에 대한 보고서(1703)』, 예수회 신부 프랑스와 노엘(François Noël, 衛方濟, 1651-1729)이 로마의 예수회 총장에게 보낸 편지. (杜赫德(2001), p.237 참고)

397 마나파드(Manapad)는 인도 남부 타밀나두 주의 투티코린(Tuticorin) 근처에 위치한 해안 마을로, 16세기 예수회 선교사들의 활동으로 인해 "인도의 작은 예루살렘(Little Jerusalem)"이라 불린다. 1540년, 포르투갈 무역선이 폭풍을 만나 마나파드 근처 해안에 도착하게 되었고, 선장은 감사의 표시로 난파된 돛대 일부를 사용하여 해안에 십자가를 세웠다. 이후 1542년, 예수회 선교사 프란치스코 하비에르(St. Francis Xavier)가 마나파드를 방문하여 선교 활동을 펼쳤다. 마나파드는 포르투갈과 예수회 선교사들의 영향으로 독특한 가톨릭 문화를 형성하였으며, 예수회 선교사들의 초기 선교 활동과 그 영향을 보여주는 중요한 장소로, 인도 가톨릭 역사에서 특별한 의미를 지니고 있다. (역주)

398 河野純德(1985).

예수 그리스도의 나라를 영화롭게 할 수 있기 때문입니다."³⁹⁹ 그리고 중국이 그의 인생의 마지막 시기를 보낼 선교의 장소라고 생각하고 그의 친구 디오고 페레이라(Diogo Fernandes Pereira)에게 보낸 편지에서 다음과 같이 말했다. "우리 주 하느님께서는 우리를 불쌍히 여기셔서 반드시 우리들을 금생(今生)에 중국에서 모이게 하여 하느님을 섬기게 하실 것입니다. 그렇지 않으면 우리는 다음 생에서 천국에서 만날 것입니다."⁴⁰⁰

하지만 중국의 엄격한 금지령과 "유아독존(唯我獨尊)"적인 폐쇄적 문화로 인해 그는 결국 중국 본토에 진출하는 데 실패했다. "하비에르 성인은 중국인들을 천주교로 귀화시키기를 원했으나, 그 간절한 뜻을 이루지 못하고 중국의 해안을 바라보면서 세상을 떠났다."⁴⁰¹ 그는 1552년 12월 3일에 중국 광동성 연해의 상천도(上川島)에서 사망했다.(그림4 참조)⁴⁰²

〈그림4〉 광주(廣州) 상천도(上川島)의 프란체스코 하비에르 묘원(墓園)

하비에르는 최초의 중국 선교를 시도했던 선교사였을 뿐 아니라 중국어로 된 최초의 천주교 교리를 해설서를 편찬하였다.⁴⁰³ 또 하비에르는 중국 정

---

399 戚印平(2007), p.109.
400 원문은 Schurhammer(1944-1945)에 실려 있다. 顧衛民(2003), p.68에서 재인용.
401 樊國梁(2005), p.313.
402 하비에르의 묘비에 관해 파비에르는 다음과 같이 썼다. "무덤 앞에 비(碑)가 있는데, 높이는 5척(尺)이고, 폭은 3척(尺)이며, 라틴어(라틴어), 포르투갈어, 중국어 및 일본어로 '일근세대종도, 방제각사물략지묘(日近世大宗徒, 方濟各沙勿略之墓)'라고 새겨져 있다."(樊國梁(2005), p.314 참고) 그러나 지금 이러한 비문 기록은 확인되지 않는다.
403 戚印平(2007), p.2.

세에 대한 특별 보고서를 작성하였는데,[404] 이 문서는 예수회사가 중국에 관해 작성한 최초의 기록으로 간주되고 있다.[405] 하비에르는 예수회 총회장인 이냐시오 데 로욜라(Ignacio de Loyola, 1491-1556)에게 보낸 보고서에서 중국에 가서 선교사로 활동할 예수회사들의 자격조건으로 풍부한 경험과 깊고 해박한 학문적 지식을 반드시 갖추어야 하며, 설교를 잘하며, 고난을 견디는 것을 두려워하지 않을 것을 제시하였다.

더 중요한 것은 동방선교의 창시자인 동시에 개척자로서, 그가 세운 선교 전략이 그 이후로 중국에서 예수회사들의 선교에 심원(深遠)한 영향을 미쳤다는 것이다. 그는 "상층노선을 향해 가는 것(走上層路綫)"[406]을 선교전략으로 확립했다. 여기에는 선교활동과 함께 상업과 무역을 병행하고, 신기하거나 진귀한 기물(器物)과 예물을 선물하고, 외교 사절의 신분을 이용해서 정치적 인정을 획득하는 등의 방법을 통해 동방종교와 대화하고, 종교와 신학에 관련된 저서를 번역하거나 저술하는 등의 선교 방침이 포함된다. 이것은 후에 알렉산드로 발리냐노(Alessandro Valignano, 范禮安, 1539-1606)[407]와 마테오 리치[408] 등이 동방의 선교정책을 세울 때, 기본적 정책방향을 제공했을 뿐만 아니라 순교정신의 구현에 대한 그의 믿음을 반영했다.

그리고 하비에르의 발자취를 따라간 발리냐노는 동방선교를 총괄하는 시찰원(視察員, Visitor) 겸 부주교(副主敎, vice-provincial)가 되어 "바위처럼" 삼엄한 해금령(海禁令)에 직면하여, 문화화해정책인 적응정책(適應政策)을

---

404 費爾南 門德斯 平托(1998), pp.1-8.
405 1546년 5월 10일, 프란치스코 하비에르는 안문도(安汶島, Ambon)에서 프랑스 예수회사들에게 편지를 썼다. (戚印平(2001) 참고)
406 "주상층노선(走上層路綫)" 혹은 "하비에르방침(沙勿略方針)"이라고 한다. (戚印平(2003), pp.126-130 참고)
407 발리냐노의 생졸년에 대하여 루이 피스터는 "1538년 12월 20일에 태어나 1606년 1월 20일에 죽었다"라고 하였다. (費賴之(1995), p.20 참고) 데에르뉴는 그가 "1539년 2월초(혹20일)에 Abruzzi의 Chieti에서 태어나 1606년 1월 20일에 마카오에서 죽었다"라고 하였다. (榮振華(2010), pp.358-359. 참고) 이에 따르면 그의 생졸연대는 "1539년 2월 15일-1606년 1월 20일"이 된다.
408 마테오 리치에 관한 연구 문헌은 셀 수 없이 많다. 마테오 리치에 관한 연구문헌목록에 대해서는 조나단 스펜스의 책에 나오는 참고문헌을 참조할 것. (Spence(1984)).

수립하고 중국에 기독교를 전파하기 위해 노력했다. "적응정책"이란 문자 그대로 중국에 온 선교사들이 중국문화에 적응하는 방법을 가리키며, 중국의 예절, 사회 및 풍습을 이해하기 위해서 학식과 품성이 뛰어난 사람들을 중국에 거주하게 해서, 중국의 한자를 배우고, 중국어로 말하고, 중국의 고전을 읽고, 유가의 전통 의상을 입게 함으로써 선교에 편리하도록 하는 것을 가리킨다.[409] 그 후로 예수회사들은 발리냐노의 지휘 아래 마카오에서 중국어를 공부하고 기본적인 중국의 전통 의례(儀禮)를 익혔다. 그래서 미켈레 루제리(Michele Ruggieri, 1543-1607)는 "발리냐노가 이 일에 관여하지 않았더라면 이 포교(布敎)의 협상이 어떻게 진행되었을지 모르겠다"고 말했다."[410] 발리냐노의 제자 가운데 루제리는 중국에서 최초로 기독교 선교단을 창건했다. 로니 샤(Ronnie Po-Chia Hsia, 夏伯嘉, 1955-)는 루제리가 "예수회의 중국 선교단의 창시자이며, 중국어 학습의 선구자이며, 중국 최초의 기독교 종교서적의 저자였다"고 말했다.[411] 그리고 마테오 리치는 의심할 여지없이 가장 뛰어난 사람이며, 중서 교류의 역사에서 가장 뛰어난 업적을 이룩한 인물이라고 평가했다.

마테오 리치의 적응주의를 발리냐노의 경우와 비교해 보면, 발리냐노는 일본 문제를 기준으로 삼았던 반면에 마테오 리치는 중국의 상황을 기준으로 삼았다. 따라서 마테오 리치의 경우가 중국의 상황에 더 부합한다. 마테오 리치는 중국의 관습을 존중하였으며, 현지의 교사 교육을 강화하고, 심층적인 학술 문화 교류를 진행하였으며, 유교와 기독교의 융합(Confucian-Christian Synthesis)[412]과 천주교와 유가사상의 조화를 적극적으로 옹호하였다. 마테오 리치[413]는 중국어를 공부하고, 중국 책을 읽고, 중국 글자를 썼다.『사고

---

[409] 적응정책을 언급한 서적에 관해서는 黃正謙(2010), pp. 94-95 참고.
[410] 黃正謙(2010), p. 98에서 재인용.
[411] 夏嘉伯(2012), p. 104.
[412] Mungello(1985), pp. 71-72, 105 참고.
[413] 마테오 리치의 구체적 선교 정책과 관련하여, 앙리 베르나르드(Henri Bernard S.J., 裴化行, 1889-1975)

『전서총목』에서는 "중국어와 서양어에 모두 능통했기 때문에 그가 쓴 책들은 모두 중국의 문자로 되어 있어서, 애써 번역할 필요가 없었다."고 평했다.[414] 그리고 지역의 풍속을 따랐으니, 천축승(天竺僧)·유승(儒僧)·유사(儒士)·도인(道人)·거사(居士)·술사(術士) 등 신분이 상황에 따라 변하였다.[415]

마테오 리치가 더욱 대단한 것은 중국의 고문(古文) 전적(典籍)을 모두 읽고, 중국의 풍속과 예절에 대해서 다 알고 있었으며,『육경(六經)』·『사서(四書)』등의 경전에 정통했고, 중국의 고전을 전문으로 연구하기 위해 열심히 노력했다는 것이다. 줄리오 알레니는『대서리선생행적(大西利先生行跡)』에서 마테오 리치가 "육경과 자(子)·사(史) 등에 이르기까지 글의 의미를 충분히 이해할 수 있었다"고 평가했다.[416] 파비에르는『연경개교략』에서 마테오 리치가 "중국 고대의 성현의 학문에 대해 상당히 알고 있었다"고 평가했다.[417] 일상의 대화에서도 전고(典故)를 자유자재로 이용할 만큼 숙련된 정도에 도달했다. 중국 문화에 대한 마테오 리치의 적극적인 접근은 유생과 사대부 계층으로부터 승인과 존경을 받았으며 점차 중국 사대부의 생활에 융화되어 갔다. 한편으로 그는 자신의 선교 사업을 위해 관청으로부터 공식적 지원을 얻었고, 개인적으로도 사회적 교유를 통해 지식을 확장해 나갔으며, 돈독한 우정을 많이 쌓을 수 있었다. 다른 한편으로, 마테오 리치는 명나라의 많은 문인들의 사상에 자극을 주고, 계발하는 역할을 했으며, 명대 사상계에도 신선한 바람을 불어 넣었다.

는 마테오 리치가 과학지식을 이용하여, 탁월한 학자로서의 명성을 얻었으며, 순정(純正)한 한문으로 저서를 출판하고, 중국 경전을 읽을 수 있었다고 했다.(Bernard(1937), pp. 375-384 참고) 요한 베트라이(Johannes Bettray, 1919-1980)는 적응정책을 표면(表面), 어언(語言), 미학(美學), 사회법칙(社會法制), 학술(學術), 종교(宗教) 등 6대 범주로 설명했다.(Bettray(1955)). 진원(陳垣) 선생은 마테오 리치의 일생을 6가지로 요약했다. (1)한학을 열심히 공부했다. (2)유교를 찬미했다. (3)명사들과 교제했다. (4)불교를 배척했다. (5)서학을 소개했다. (6)중국어로 저술했다. 여기에도 마테오 리치의 적응정책이 반영되어 있다. (陳垣(1980), p.87 참고)

414 (清)紀昀(1997), p.1390.
415 중국에서의 마테오 리치의 신분에 대한 고찰은 宋黎明(2011), p.2 참고.
416 艾儒略(1920), p.1.
417 樊國梁(2005), p.317.

마테오 리치가 쓴 저서, 『천주실의(天主實義)』·『변학유독(辯學遺牘)』,[418]·『기인십편(畸人十篇)』·『곤여만국전도(堪輿萬國全圖)』·『기하원본(幾何原本)』 등은 서로 칭송하고, 앞다투어 사들였기 때문에, 일시적으로 낙양(洛陽)의 지가(紙價)를 올릴 정도였다. 그의 저작은 물론 중국 문인들의 윤색을 거쳤다. 만력(萬曆, 1573-1620) 시기에서 천계(天啓) 초년(初年, 1621)에 이르기까지 유생과 사대부 계층 중에서 마테오 리치의 개인적 매력 때문에 서학과 천주교에 우호적 태도를 취하는 사람들이 배척하는 사람들보다 훨씬 많았다. "마테오 리치는 유학에 정통했고, 명사들은 한동안 그와 더불어 교유하는 것을 즐겼다."[419] 그중에는 성계원(成啓元. 생몰년미상)·이응시(李應試, 생몰년미상)·서광계(徐光啓, 1562-1633)·이지조(李之藻, 1565-1630)·양정균(楊廷筠, 1562-1627)·손원화(孫元化, 1581-1632) 등 관신(官紳)과 유생(儒生)도 있었다. 그리고 풍기(馮琦, 1558-1604)[420]·장문달(張問達, ?-1625)·엽향고(葉向高, 1559-1627)·풍응경(馮應京, 1555-1606) 등 사대부들의 도움과 지원을 받았다.[421] 마테오 리치도 역시 이제는 더이상 사람들에게 자신을 외국 종교 인물로 드러내지 않게 되었으며, "태서유사리마두호태서(泰西儒士利瑪竇號泰西)", 즉 "태서(泰西) 유사(儒士) 이마두(利瑪竇) 호(號) 태서(泰西)"라는 이름을 사용하였다.(순천부윤(順天府尹) 왕응린(王應麟)이 지은 『이마두묘비(利瑪竇墓碑)』) 예부시랑(禮部侍郎) 오도남(吳道南, 1547-1620)은 마테오 리치를 찬송하여, "성현의 의리를 사모하여 멀리서 와서, 부지런히 공부하고, 이치를 밝혔다.

---

418 『변학유독(辯學遺牘)』: '변학유독'은 '천주교 교리를 변호한 서한(書翰)'이라는 뜻이다. 마테오 리치가 불교의 교리를 비판하고 천주교의 교리를 변호하기 위해 편찬한 호교(護教) 서적이다. 내용은 마테오 리치가 명대 말기의 관리로 유명한 불교 신자 우순희(虞順熙, 호는 德園)와 유학자 출신의 승려인 항주(杭州)의 주굉(株宏)과 주고받은 서한 3편으로 구성되어 있으며, 끝에 이지조의 발문이 붙어 있다. (역주)

419 "瑪竇精通儒術, 一時名士均樂之遊." 陳垣(1980), p. 71.

420 풍기(馮琦, 1558-1604): 자는 용온(用韞)이며, 임구(臨朐) 출신으로 만력(萬曆) 5년에 진사가 되었으며, 예부우시랑(禮部右侍郎), 예부상서(禮部尚書) 등의 직을 역임했다. 중국 명(明) 나라 신종(明神宗) 때의 문신. 정사에 임하여 부지런하고 엄숙하였으며, 학문에 조예가 깊었다. 마테오 리치와 친분이 있었다. 『기인십편(畸人十篇)』에 대담자로 나온다. (역주)

421 명나라 말기에 천주교 영세를 받은 관원과 천주교에 대해 우호적인 태도를 보인 유생 및 사대부에 관한 구체적 정황에 대해서는 黃一農(2006), pp. 74-110 참고.

그 저술로 유명하다.[慕義遠來, 勤學明理, 著述有稱]"라고 썼다.[422]

남경교안(南京敎案)[423]이 발생한 이후에 많은 유생(儒生)들이 선교사들의 보호를 추진했는데, "당시에 교회를 보호하는 데 가장 힘을 많이 쓴 사람으로는 천주교 내부에는 서광계가 있었고", "천주교 외부에는 이지조와 양정균이 있었다."[424] 또 마테오 리치는 과학과 기술 등의 방면에서 서양문화를 적극적으로 전파했다. 그래서 마테오 리치는 이렇게 말했다. "이러한 행위는 명나라에 과학을 소개하고 중국인들에게 유용한 도구를 제공했을 뿐 아니라, 중국인들이 우리 종교에 대한 존경심을 더 많이 가지게 만들었습니다."[425] 현대 학자인 조세프 니담(Joseph Needham, 1900-1995)은 마테오 리치에 대해 다음과 같이 평가했다. "그는 중국어를 거의 완벽하게 마스터했던 뛰어난 언어학자일 뿐만 아니라 저명한 과학자이자 수학자였다. 그와 그의 동료 선교사들은 계속해서 유가 사대부들의 관습을 모방했고, 조정에서 순조롭게 환영을 받아서 역법(曆法)을 개혁하고 과학 기술의 방면에서 관심을 불러일으켰다.[426]

마테오 리치는 천주교 중국 선교의 개척자이며, 중국 고전을 연구한 서양학자로서 중국과 이탈리아의 문화교류의 물꼬를 텄을 뿐 아니라, 천주교의 교리를 생소한 중국의 대지에 가져와서, 천주교가 싹을 틔울 수 있도록 가꾸어 나갔다. "마테오 리치의 적응주의 정책에는 유교 전통의 본질에 대한 이해와 중국에 기독교를 소개하는 교묘한 방법이 포함된다."[427] 그러나 마테

422　徐宗澤(1933), pp.15-16. 또한 羅光(1982), pp.231-235도 참고.
423　남경교안(南京敎案): 명나라 만력 44년(1616)에 심각(沈㴶)이 알폰소 바뇨니(Alfonso Vagnoni 高一志, 1566-1640) 등의 천주교 선교사들의 선교 활동을 공개적으로 비판하면서 벌어진 중국 최초의 천주교 박해 사건. 1615년에 남경(南京)의 예부시랑(禮部侍郞)으로 부임한 심각(沈㴶)은 동료이자 독실한 불교도였던 양정균이 천주교로 귀의하고, 자신의 스승인 항주 운루사 승려인 연지(蓮池)와 불교를 비판한 것에 앙심을 품고, 1616년 5월 8일 상소문을 올리면서 남경교난을 일으켰다. 이에 서광계는 「변학장소(辨學章疏)」를 올려 천주교를 변론했으나 교난의 타격은 상당했다. (역주)
424　陳垣(1980), p.75.
425　羅漁(1986), p.356.
426　Needham(1954), Preface, p.149.
427　孟德衛(2010), p.43.

오 리치는 1610년 5월에 피에르 코통(Pierre Coton, 1564-1626)[428]에게 편지를 보내서, 당시 프랑스 예수회사들이 중국에 오지 않은 것에 대하여 유감을 표명했다.[429] 그리고 리치는 그해 5월 11일에 사망했다.[430]

마테오 리치가 죽은 뒤로 선교사들이 적응정책에 대해서 취한 태도는 서로 달랐다. 선교사들 가운데 일부는 마테오 리치의 적응정책을 따랐는데, 예를 들어 디에고 데 판토하(Diego de Pantoja, 龐迪我, 1571-1618)·사바티노 데 우르시스(Sabatino de Ursis, 熊三拔, 1575-1620)·알바로 세메도(Alvaro Semedo, 曾德昭, 1585-1658)·가브리엘 데 마갈량이스(Gabriel de Magalhães, 安文思, 1609-1677)[431] 등은 유교와 기독교의 융합을 위해서 노력했다.

---

[428] 프랑스 네롱드(Néronde) 출신인 피에르 코통(Pierre Coton, 1564-1626)은 파리와 부르주(Bourges)에서 법학을 공부했으나, 1583년 이탈리아 아로나(Arona)에서 예수회에 입회하고 밀라노와 로마에서 철학과 신학을 공부했다. 코통은 리옹에서 신학 공부를 마무리하고 설교가로서 경력을 쌓았으며, 프랑스 남부의 위그노와 충돌하면서 가톨릭교회와 예수회를 지키기 위한 논쟁가로서 활동했다. 앙리 4세와도 친분을 갖게된 코통은 1603년 프랑스에서 예수회가 재건될 수 있도록 왕실 정책에 영향을 끼쳤으며, 1608년 왕실 고해사제가 되었다. 코통은 17세기 프랑스 영성 지도자들과도 교류하면서 프랑스 영성이 부흥기를 맞는 데에 기여했다. 베륄(Pierre de Brulle, 1575-1629)과도 친분을 맺었던 코통은 프란치스코 드 살(Francis de Sales)의 영성과 유사한 영성을 강조했다. 코통에 따르면, 외적인 일에만 치중하면서 사도직 활동을 과다하게 하는 것은 영성생활에 바람직하지 않다는 것이다. 영성생활에서는 내적 생활이 중요한데, 이를 위해서 자신의 마음의 움직임을 잘 관찰할 필요가 있다는 것이다. 즉, 코통은 외적 활동보다 묵상을 통해 기도생활에 전념하는 것이 하느님께 나아가는 데에 더 유익하다고 강조했다. (역주)

[429] Martin(1989), pp.141-142 참고.

[430] "마테오 리치가 사망한 뒤에는, 롱고바르디가 예수회사 중 최연장자였다. 또한 조정 관원들과의 관계를 잘 맺어서 자주 서양의 신기한 물품들을 선물했다. 한 번은 상아로 만든 작은 해시계[日晷]를 선물했는데 그 정교함과 정밀함이 뛰어나 조정 관원들이 그것을 귀하게 여겼다. 이로 인해 각 부서에서 친하게 지낸 고위 관원들이 가장 많았다. 롱고바르디는 이를 바탕으로 조정 관원들을 통해 주청을 올려 마테오 리치의 묘지를 하사받고자 요청하였다. 황제가 이를 허락하였다. 당시 부성문(阜成門) 밖, 등공책란(滕公柵欄) 지역에는 관청 소유의 토지 20묘와 38칸의 건물이 있었다. 이는 양태감(楊太監)의 몰수된 사찰이었다. 황제는 명하여 이를 롱고바르디 등에게 하사하고 영구적으로 관리하여 묘지를 조성하고 장사지낼 재원으로 사용하게 하였다. 또한 건물을 개축하여 천주를 공경하고 축원하기 위한 장소로 삼게 하였다."(樊國梁(2005), p.319) 현재 마테오 리치의 묘지는 중국 베이징시 당교(黨校) 내에 있는 '리마두여외국전교사묘지(利瑪竇與外國傳教士墓地)'에 있다. 묘비문은 중국어와 라틴어로 되어 있으며, 내용은 다음과 같다: "예수회 신부 리공(利公)의 묘. 리 선생의 이름은 마두(瑪竇)이며, 호는 서태(西泰)이다. 그는 대서양(大西洋) 이탈리아 사람이다. 어릴 때부터 예수회에 들어가 수도하였다. 명나라 만력 임신년(1592)에 항해를 통해 처음으로 중국에 들어와 교리를 전파하였고, 만력 경자년(1600년)에 수도로 들어왔으며, 만력 경술년(1610년)에 사망하였다. 향년 59세이며, 예수회에서의 생활은 42년이었다. (D.O.M.P. MATTHAEUS RICCI, ITALUS MACERATENSIS, SOC. IESU PROFESS, IN QUA VIXIT ANNOS XLII, EXPENSIS XXVIII IN SACRA APUD SINAS EXPEDITIONE; UBI PRIM., CUM CHRI. FIDES TERTIO IAM INVEHERETUR, SOCIORUM DOMICILIA EREXIT. TANDEM DOCTRINAE ET VIRTUTIS FAMA CELEBER OBIIT PEKINI A.C. MDCX, DIE XI. MAII, AET.SUAE LIX.)" 마테오 리치 외에 아담 샬, 페르비스트 역시 여기에 묻혀있다. (Beijing Administrative College (2013), pp.15 참고).

예수회는 초기 중국문화의 상제(上帝)와 서구 기독교의 하느님(God) 개념을 통합하려고 시도했다. 이것은 중국인들에게 더 친숙하게 받아들여진 토착 문화유산을 통해 선교의 사명을 완수할 수 있다고 생각했기 때문이다.[432] 그러나 롱고바르디(Nicolas Longobardi, 龍華民, 1559-1654)[433]와 같은 일부 선교사들은 "입향수속(入鄕隨俗)"[434]의 정신을 이해하지 못하고 중국 문화에 적응하기 위해 천주교의 종교의식을 변경할 것을 주장한 마테오 리치에 대해서 반대했다. 예를 들어, 마테오 리치는 "남녀수수불친(男女授受不親)[435]의 전통을 따르기 위해 세례(洗禮)에서 도유(塗油: anointment)[436]의 행위를 취소했다.[437] 그러나 예수회 외부에서는 특히 프란체스코회, 도미니코

---

[431] 가브리엘 데 마갈량이스(Gabriel de Magalhães, 安文思 1609-1677)는 1610년에 포르투갈의 코임브라(Coimbra)에서 태어나서, 1625년에 예수회에 입회했으며, 1640년에 중국에 와서 절차탁마의 공을 들여 37년 동안 선교했으며, 1677년 5월 6일에 북경에서 향년 69세로 세상을 떠났으며, 등공책란(滕公柵欄) 묘지(墓地)에 묻혔다. 강희제가 직접 제문(祭文)을 지어 다음과 같이 썼다. "상유(上諭): 나는 마갈량이스가 병이 들었다고 들었다. 제3대 청세조(淸世祖) 장황제(章皇帝), 즉 순치제(順治帝 1643-1661) 시절에 그가 기구(器具)를 제작하여 순치제의 뜻을 정성스럽게 받들었다. 그 후에도 건물 관리 등의 일에 힘을 다하였다. 그가 해외에서 중국에 온 지 오랜 세월이 지났으나, 그 성품이 일찍부터 질박하였다. 비록 몸이 병들어 낫기를 기약하였으나, 뜻하지 않게 오래지 않아 세상을 떠나니, 짐의 마음이 매우 아프다. 은(銀) 200량, 비단 14필을 특별히 하사함으로써, 짐이 멀리서 온 신하의 뜻을 잊지 않고 있음을 나타내고자 한다. 특유(特諭). 강희 16년 4월 초 6일"(Beijing Administrative College(2013), pp.13-14 참고).

[432] Wilhelm & Wilhelm(1979), p.36.

[433] 롱고바르디(Nicolas Longobardi)의 출생 연도와 관련하여 데에르뉴는 1656년으로 기록했다. (榮振華(2010), p.216) 롱고바르디는 1701년 파리에서 『중국종교의 여러 문제에 관한 논문』을 발표한 후, 당시 두 명의 저명한 철학자 말브랑슈(Malebranche)와 라이프니츠(Leibniz)의 주목을 받았다. (戴密微(1993) 참고.

[434] 입향수속(入鄕隨俗): "나그네가 다른 마을에 가면 그 마을의 풍속을 따라야 한다"는 뜻. "로마에 가면 로마법을 따르라"는 것과 같은 뜻이다. 송(宋)·석보제(釋普濟), 『오등회원(五燈會元)』에 나오는 말이다. "그래 말하라! '입향수속(入鄕隨俗)'의 일구(一句)를 어떻게 말하겠는가? 양구(良久: 한동안 묵묵히 있음)하고 가로되, 서천(西天)에서는 범어(梵語)를 쓰지만, 차토(此土)에서는 당언(唐言)을 쓴다.['且道入鄕隨俗一句作么生道?'良久曰:'西天梵語；此土唐言"](역주)

[435] 남녀수수불친(男女授受不親): "남녀 사이에는 물건을 주고 받기 위해 직접 접촉하지 않는다"는 뜻. 『맹자』 「이루상(離婁上)」에 나오는 말. "제나라의 변론가 순우곤(淳于髡)이 맹자에게 묻기를, '남녀간에 물건을 주고받을 때 직접 접촉하지 않는 것이 예(禮)입니까?'라고 하니, 순우곤(淳于髡)이 물었다. 맹자가 '예입니다'라고 대답하였다. 순우곤이 맹자에게 다시 '그렇다면 제수(弟嫂)가 우물에 빠졌을 경우에 손을 잡아 구해주어야 합니까?'라고 물으니, '제수가 물에 빠졌는데 구해주지 않는다면 이는 승냥이입니다.'라고 하였다. [淳于髡曰男女授受不親, 禮與? 孟子曰禮也, 曰嫂溺則援之以手乎, 曰嫂溺不援, 是豺狼也.]"(역주)

[436] 도유(塗油): 천주교에서 세례, 견진, 종부성사 등의 종교 의례에서 주교나 사제가 성사(聖事)를 집행할 때, 성유(聖油)를 바르는 행위다. 개신교에서는 이러한 의례가 없다. (역주)

[437] 孫尙揚·鐘鳴旦(2004), p.123 참고.

회, 아우구스티누스회, 심지어 파리외방선교회까지 유교에 대해 계속해서 반대하는 입장을 취했다.

신앙심에 있어서 선교사들은 천주교 교의를 엄격히 지키고, 신앙을 확고히 지키는 데 익숙해져 있었다. 그런데 중국의 유생과 사대부들이 사이에서 종교에 대한 어느 정도 냉담한 태도가 있고, 종교적 감정이 결여되어 있다는 것을 알게 되자 유생들에 대해 반감을 느꼈으며, 그들의 불신앙에 대해 원망을 품었다. 그리고 그들은 교무(敎務)를 집행함에 있어 유가의 학설을 비판했으며, 특히 후기의 "예의논쟁"의 과정에서 유가에 대해 적대적 태도를 취했다. 이것은 중국과 서양의 종교적 신앙의 충돌일 뿐 아니라 천주교 내부에서 선교방식에 관련된 이견(異見)이기도 했다.

아담 샬(Johann Adam Schall von Bell, 湯若望, 1591-1666)과 페르비스트(Ferdinand Verbiest, 南懷仁, 1623-1688)는 마테오 리치 이후로 가장 영향력 있는 예수회사들이었다. 중국에서 그들의 선교사업의 중심은 천문역법, 서양 과학기술서적의 번역, 서양 군사무기의 수입 등 선진적 과학기술 방면으로 옮아갔다. 또한 그들은 중국에서 매우 높은 정치적 지위를 누리고 있었다. 예를 들어 순치제는 아담샬을 총애하여, 일품(一品)의 관직을 수여하고, "통미교사(通微敎師)"[438]라는 칭호를 부여했다. 뿐만 아니라, 천주교회를 건축할 땅도 기부했으며, 직접 편액(匾額)에 천주교를 찬양하는 글을 써주기도 했다.[439]

순치(順治) 17년 1660년에 페르비스트는 아담 샬을 돕기 위해서 북경으로 갔고, 아담 샬이 죽은 뒤에 1669년 4월 1일(강희 8년 3월 1일)에 아담 샬이 맡고 있던 흠천감(欽天監)의 부감(副監) 직위를 물려받았다. 당시 중국에서의

---

[438] "황제가 탕약망(湯若望, 아담 샬)에게 '통미교사(通微敎師)'라는 호를 하사하였다. 삼가 생각건대, 세조황제가 내린 호는 원래 '통현교사(通玄敎師)'였으나, 나중에 강희제 때의 피휘로 인해 '통미교사'로 변경되었다." (鐘鳴旦(1996), p.999) "탕약망은 강희 5년, 강생 후 1666년 양력 8월 15일, 향년 75세로 사망하였다. 그러나 그에 대한 사형 선고는 아직 철회되지 않았다. 몇 년 후, 성조인황제(聖祖仁皇帝, 강희제)가 탕약망을 추봉(追封)하고 그의 원래 관직과 '통미교사'라는 칭호를 복원하였다. 은 524냥을 지급하여 그의 묘지를 조성하도록 하였다."(黃伯祿(2005), p.629)

[439] 費賴之(1995), p.170.

선교 상황을 살펴보면, "중국에는 11만 5천 명 또는 그보다 약간 더 많은 기독교인이 있으며, 1664년에는 모두 20만명의 기독교인과 159개의 예수회 교당이 있었다."[440] 페르비스트는 1678년 8월 15일에 예수회 총회장인 조반니 파울로 올리바(Giovanni Paolo Oliva, 1600-1681)[441]에게 편지를 보내, 중국에 파견할 신규 회원의 모집을 요청했다.[442] 그의 제안은 예수회 수학자들을 동방으로 보내 천문 관측을 하게 하려는 파리 천문대의 초대(初代) 대장(臺長) 카시니(Giovanni Domenico Cassini, 1625-1712)의 계획과 일치하여, 루이 14세의 지지를 얻었다. 그리고 1660년에 중국과 무역 업무를 할 회사를 설립하고, 중국, 일본, 코친차이나(Cochin China)[443] 및 인근의 여러 도서(島嶼) 지역에 기독교 신앙을 전파함과 동시에 상업적 무역을 병행하였다. 이처럼 선교와 무역은 프랑스의 가장 중요한 해외 진출 사업이 되었다. 중국에서 선교 활동을 하고, 유럽으로 돌아온 벨기에 출신의 예수회 선교사 필립 쿠플레(Philippe Couplet, 1622-1693)는 1684년에 프랑스 국왕 루이 14세를 알현하였으며, 루이 14세는 1685년 3월 3일에 섬라(暹羅, 즉 태국)에 프랑스 대사를 파견했다. 쿠플레는 루이 14세와 예수회 총회장을 설득해서 여섯 명의 예수회 신부로 "국왕수학자"[444]들을 중국에 파견하는 계획을 성사시켰는데, 그중

---

440 榮振華(2010), p.407.
441 Giovanni Paolo Oliva(1600-1681): 이탈리아의 제노바 출신으로 1664-1681년 사이에 제11대 예수회 총회장을 지냈다. 본서의 원문에는 'Orival'로 되어 있는데, 'Oliva'로 바로잡는다. (역주)
442 ARSI, Japonica·Sinica, 104, 312R-V.
443 코친 차이나(Cochin China): 프랑스 식민 지배기에 인도차이나 반도에 있는 베트남 남부의 메콩 평야 지역을 가리키던 명칭. '코친(Cochin)'은 베트남을 가리키던 말레이어 '쿠치(Kuchi)'에서 차용되었고, 인도 말라바르(Malabar) 해안에 위치했던 코친 왕국과 구별하기 위해 '차이나(China)'라는 단어를 추가했다. (역주)
444 콜베르(Colbert)는 1683년에 사망했고 루브와(Louvois)가 그를 계승하여 과학아카데미(Académie des sciences)를 담당하는 행정 책임자가 되었다. 1684년 마지막 몇 달 동안 선교사를 파견하기 위한 준비가 급히 진행되었다. 부베 신부에 따르면, 루브와는 동부 지역 선교 총독인 베르쥐(Verjus) 신부에게 네 명의 예수회원을 요청할 생각이었고, 선택된 4명은 퐁타네(Fontaney), 타샤르(Tachard), 부베, 비스들루(Visdelou) 신부였다. 그중에서도 가장 우선적으로 선택된 사람은 브르타뉴 출신의 드 퐁타네 신부였다. 그는 당시 42세였으며, 중국에 갈 기회를 10년 넘게 기다려왔다. 퐁타네 신부는 의심할 여지 없이 당시 최고의 프랑스 예수회 수학자였으며, 파리에서 가장 유명한 클레르몽(Clermont) 대학(즉 Louis-le-Grand)에서 8년 동안 수학을 가르쳤다. 벤자민 엘만에 따르면, 퐁타네는 1685년에 조직된 국왕수학자 집단에서 유일하게 잘 훈련된 전문적 수학자였다. 부베도 역시 수학자였지만, 그는 수학을 공부하기 이전에는 자연사와 약학을 공부했다. 그리고 르 콩트(Le Comte)의 전공은 역사와 기계였

에는 조아킴 부베도 포함되어 있었다.

여기서 언급해야 할 것은 천주교의 원동(遠東) 교구의 관할권 문제이다. 한편으로, 선교사의 해외파견을 관장하는 포교성성(布敎聖省: Sacra Congregatio de Propaganda Fide)에서는 재정적 문제로 말미암아 해외 교회에 대해 효과적으로 관리하지 못하고 있었다. 다른 한편으로, 중국에 온 선교사들은 각각 다른 국가 출신으로서 그 소속 수도회도 서로 달랐다. 포르투갈인들은 처음에 보호권을 행사해서 중국 선교구의 모든 교직을 독점했고, 심지어 교황청조차 개입할 수 없었으며, 교황청을 대표하는 일부 교황청 대목(代牧: vicar apostolic) 주교(主敎: bishop)만 파견할 수 있었다. 그러나 동아시아에서 예수회의 지속적인 발전을 위해서는 동아시아 지역의 광대함과 의사소통의 어려움 등의 문제 등을 고려해서 개별적 교구의 관할권과 관리방식을 조정하는 것이 필요했다. "중국 교구는 예수회에 의해 전면 개방되었으며",[445] 일본 교구와 함께 개별적 성(省)의 회장(會長)의 관리를 받게 지정되었다. 1640년에 포교성은 모든 선교 구역에 대한 통제권[446]을 소유하고 있으며, 선교구의 영도권(領導權)은 포교성 주교에게 부여되어 있음을 명확히 선언했다. 총회에서는 교성(敎省)과 부교성(副敎省)을 구분하였으며, 선교구에서 임명한 시찰원으로 하여금 원래 로마의 예수회 총회장이 관장하고 있던 업무를 처리하도록 했다. 이로 말미암아 성회장(省會長)·성부회장(省副會長)·시찰원(視察員) 사이에 관할권이 나누어지게 되었다. 존 위텍(John Witek)의 책에서는 중국 예수회의 행정 관리 구조를 다음과 같이 정리했다.(표1 참조)[447]

다. (Elman(2005), p. 169) 제르비용(Gerbillon) 신부와 르 콩트(Le Comte) 신부를 추가하여 국왕수학자는 6명으로 늘어났는데, 그 결정은 최종 단계에서 내려졌으며, 그러한 결정이 내려지게 된 과정은 잘 알려져 있지 않다. (Landry-Déron(2001), pp. 431-432) (역주)

445 李天綱(1998), p. 21.
446 魏若望(2006), p. 14.
447 魏若望(2006), p. 103.

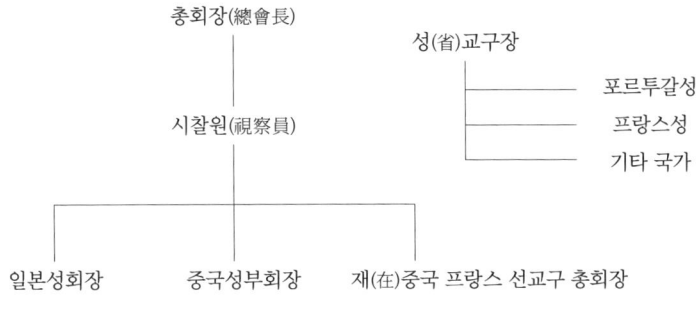

〈표1〉 재중국 예수회의 행정관리 체계표

    이러한 조치는 1773년 건륭(乾隆) 38년에 취체령(取締令)[448]이 반포되어 같은 해에 예수회가 해산될 때까지 유효했다.[449] 그런데 프랑스 국왕수학자[450]들의 도착으로 포르투갈 선교사들과 프랑스 선교사들 사이에 논쟁이 벌어지고 프랑스 선교사들은 포르투갈의 리스본항구를 이용할 수 없게 되자, 프랑스 브레스트(Brest) 항구에서 출발해서 극동으로 갔다. 프랑스 선교사들은 프랑스 국왕의 윤허를 받아 선서하고, 독립적으로 프랑스의 선교구를 설립하려고 시도하였다. 또한 파리외방선교회(Missions étrangères de Paris)도 중국에서 선교 사업을 시작했고, 상급(上級)의 종좌(宗座) 대목(代牧)[451] 주교(主敎)

---

448 취체(取締): 규칙, 법령, 명령 따위를 지키도록 통제함. (역주)
449 예수회는 중국과 인도에서 선교활동을 하면서 종교와 도덕에 어긋나지 않는 한 현지의 전통적인 관습을 바꾸도록 강요하지 않는 적응주의 노선에 있었다. 그러나 1742년에 교황 베네딕트 14세(Benedikt XIV)는 칙서 '엑스 쿠오 싱굴라리(Ex quo singulari: 경우에 따라서)'와 1744년에 '옴니움 솔리키투디눔(Omnium sollicitudinum)을 발표하여 그와 같은 조치를 금지시켰다. 이 여파로 인해 예수회는 1773년 7월 21일 클레멘스 14세 교황에 의해 해산됐다. (Bosch, p.460 참고)
450 국왕수학자: 국왕수학자들은 파리를 떠나기 불과 며칠 전인 1684년 12월 20일 과학아카데미의 회원으로 임명되었다. "국왕수학자(Mathématiciens du roi)"라는 호칭은 샤토브리앙(François-René, vicomte de Chateaubriand, 1768-1848)에 의해서 사용된 것으로 알려져 있다. 그러나 그 이전에도 르 콩트가 1697년에 출판된 그의 저서 Les Nouveaux Mémoires sur l'Etat présent de la Chine에서 자신을 "Mathématicien du Roy"라고 불렸다는 사실에 주목할 필요가 있다. (Brizay(2013), pp.25-40)(역주)
451 대목(代牧, Vicariate Apostolic): 정식 교계제도가 설정되지 않은 지역의 교구로서 교황청에서 직접 관할하는 교구. 정식 명칭은 교황대리감목구(敎皇代理監牧區)이지만 일반적으로 대목구라고 하며, 이 교구의 장(長)을 대목(代牧) 또는 대목구장(代牧區長, 정식 명칭은 敎皇代理監牧區長)이라고 한다. 대목은 교황청에서 임명하며 교황을 대리하여 정식 교구의 주교와 같은 권한을 대목구에 행사한다. 이 교구제도는 17세기 이후에 정식 교구로 설정되기에 어려운 지역 및 새로운 포교지인 동양(東洋) 지역에서 주

에게 복종해야 하는 문제를 둘러싸고, 예수회사들과 불편한 관계를 가졌다. 이러한 교구(敎區) 관할권 및 권한 문제는 이후 중국에서 예의논쟁의 문제로 이어지는 길을 열었다.

3. 선교사들의 『역경』 연구

첫째, 선교사들의 경학 연구와 관련하여, 방호(方豪)는 선교사들이 중국 전적을 열심히 연구하게 된 원인을 다음의 열 가지로 제시했다. (1) 선교에 대한 열망, (2) 중국인들의 경적(經籍)에 대한 관심, (3) 중국어의 본질, (4) 다수(多數)의 학문 연구자, (5) 반대자의 공격, (6) 중국 사대부들의 환영, (7) 황제의 권력, (8) 선교사의 편안하고 고요한 생활, (9) 중국 예의 문제를 둘러싸고 발생한 장기적인 논쟁, (10) 중국을 제2의 조국으로 간주한 것 등이다.[452] 이러한 원인 분석은 매우 구체적이며 선교사들이 경학 연구를 하게 된 동기·원인·조건 등을 여러 방면에서 보여주고 있다. 여기서 말하는 전통 경전은 주로 사서·오경을 가리킨다. 미켈레 루제리는 사서·오경의 중국어 원본과 라틴어 원본을 대조한 교재(敎材)를 만든 최초의 예수회 신부이다. 그는 『대학』(전반부만 정식으로 출판)과 『맹자』(간행되지 않음)를 번역했으며, 『사서』를 "유럽의 언어로 번역한 최초의 인물"이다.[453]

마테오 리치는 "성인의 가르침은 경전에 있다[聖人之敎在經傳]"[454]고 믿고, 중국경전에 본격적으로 관심을 기울이기 시작했다. 그는 유가 학설을 일종의 "도덕철학"이며, 중국인이 아는 "유일하게 높은 수준의 심오한 일종의

로 시행되었는데, 대체로 장차 정식 교구로 설정될 수 있는 지역들에 대해 시행되었다. 그리고 이 제도의 시행과정에서 대목은 대개 명의(名義)주교로 성성되었기 때문에 많은 대목구들이 명의주교구를 겸하게 되었다. (가톨릭사전) (역주)

452 方豪(1969), pp. 199-201.
453 孟德衛(2010), p. 45.
454 朱維錚(2012), p. 61.

철학적 원리의 학문[唯一一種較高深的哲理科學]"⁴⁵⁵이라고 간주했다. 마테오 리치는 『천주실의』에서 천주교와 중국 경전을 연계시키려고 시도했다. 예를 들면, 그는 『천주실의』 하권, 제7편, "인간 본성의 본래적 선을 논하고, 천주교인의 올바른 배움을 서술함[論人性本善, 而述天主門士正學]"⁴⁵⁶에서 유가의 인성론과 천주교의 선천적 인성론을 연계시켰다. 그리고 공자의 "인(仁)"과 천주의 "애인(愛人)"의 관계에 대하여 논하고. "하느님이 사람을 사랑하신다[天主愛人]"는 것과 "다른 사람을 사랑하기를 제 몸처럼 사랑하라[愛人如己]"는 천주교의 가르침을 유가의 인(仁)의 덕(德)과 조화시키려고 시도했다.⁴⁵⁷ 마테오 리치 이후로 중국에 온 예수회사들은 대부분 마테오 리치의 보유론(補儒論)의 노선을 따랐고, 고대 경전에 나오는 천주교의 가르침을 확증해 줄 수 있는 이른바 순수한 유학적 관점을 찾으려고 노력했다.⁴⁵⁸

풍응경⁴⁵⁹은 『천주실의』의 서문에서 이 책이 "우리의 『육경』에 나오는 말들을 두루 인용해서 그 사실됨을 증명했다[歷引吾六經之語, 以證其實]"⁴⁶⁰고 말했다. 이지조(李之藻)⁴⁶¹는 마테오 리치가 "하늘을 알고, 하늘을 섬긴다는 큰 뜻은 중국의 유교 경전에 근거한 바와 신표(信標)의 두 쪽처럼 딱 들어맞

---

455 孟德衛(2010), p. 43.
456 "論人性本善, 而述天主門士正學"(『天主實義』 下卷, 第7篇) 朱維錚(2012), p. 72. 참고.
457 朱維錚(2012), p. 79 참고.
458 張國剛 等, 『明淸傳敎士與歐洲漢學』, 中國社會科學出版社, 2001, p. 189 참고.
459 풍응경(馮應京, 1555-1606): 중국 명말(明末)의 학자이자 관료. 마테오 리치의 중국 선교에 가운데 특히 주요 출판물의 간행과 배포에 실질적인 후원자로서 역할을 하였으며, 명말 중국 천주교회의 기반을 확장하는데 중요한 기여를 한 인물이다. 『천주실의』와 『이십오언(二十五言)』의 출판 보급은 풍응경의 동의에 따른 것이었으며, 출판 비용도 역시 그가 담당하였다. 그는 『천주실의』 서(序)와 『교우론(交友論)』 서(序)를 썼는데, 여기에는 서학과 유학을 절충하려는 의도가 담겨있다. 이외에 그는 마테오 리치의 『세계여지이소도(世界輿地二小圖)』, 『사원행론(四元行論)』 등을 판각 인쇄하였다. 풍응경은 3년의 옥살이 중 유교와 기독교의 두 가지 신앙이 그 자신에게 모순없이 공존한다는 것을 보여 주었다. 그는 옥중에서 『역경』과 주자학을 강의하는 한편, 교리문답 등 여러 책의 도움을 받아 기독교 교리를 깊이 학습하여, 감옥 밖의 자신의 가족들까지도 세례를 받게 하였다. 풍응경은 1604년 9월에 석방되었는데, 마테오 리치는 그가 석방된 뒤에 그를 기독교에 귀의하게 하려고 하였으나, 1606년에 사망할 때까지 끝내 영세를 받지 못하였다. (역주)
460 『天主實義』, 馮應京 序(朱維錚(2012), p. 98)
461 이지조(李之藻, ?-1631): 중국 명말(明末)의 학자이자 관료. 서광계와 함께 마테오 리치에게 사사하고, 『천주실의』, 『건곤체의(乾坤體儀)』, 『곤여만국전도(坤與萬國全圖)』 등의 간행에 관여했다. (역주)

왔다[知天事天大旨, 乃與經傳所紀, 如券斯合]"⁴⁶²라고 하였으며, "동해든 서해든 간에 사람의 마음의 이치는 동일하다[東海西海, 心同理同]"⁴⁶³라는 목표에 도달했다고 말했다. 여기서 우리는 마테오 리치의 중국 경전에 숙련된 정도를 알 수 있다. 그 밖에 마테오 리치는 『사서』의 역주본을 저술했는데, 그것이 출판된 적이 있는지 여부는 확실하게 알 수 없다.⁴⁶⁴

독일 출신의 루터파 선교사 리하르트 빌헬름(Richard Wilhelm, 1873-1930)은 마테오 리치의 번역본이 당시에 중국에 온 서양 선교사들이 중국어를 공부하는 교과서로 사용되었다고 보았다. 필립 쿠플레 신부 등이 편찬한 라틴어본 『중국철학자공자』(Confucius Sinarum philosophus, sive Scientia sinensis latine exposita)⁴⁶⁵에서는 책의 뒷 쪽에 『대학(大學)』(Adultorum schola), 『중용(中庸)』(Immutabile medium), 『논어(論語)』(Liber sententiarum), 『맹자(孟子)』(Mencius), 『효경(孝經)』(Filialis observatia), 『소학(小學)』(Parvulorum) 등 288쪽 분량의 번역을 첨부하였다.⁴⁶⁶ 『중국철학자공자』의 중국어 표제는 『서문사서직해(西文四書直解)』이며, 1687년에 파리에서 출판되었다. 이 책은 유럽의 지성계에 심원(深遠)한 영향을 미쳤으며, 그 책의 서론(序論)에는 『주역』 64괘의 괘도(卦圖)와 그에 대한 간략한 소개가 포함되어 있다.

이후 니콜라스 트리고(Nicolas Trigault, 1577-1628)⁴⁶⁷는 교황 바오로 5세(Paul V, 1552-1621)를 알현하고, "경전 번역"을 허가해 줄 것을 요청했고, "중국에서의 선교 상황에 대해 상세히 설명하고, 중국문화에 대해서도 홍보했

462　朱維錚(2012), p.100.
463　朱維錚(2012), p.100.
464　費賴之(1995), p.46 참고.
465　費賴之(1995), p.317 참고.
466　孟德衛(2010), p.45 참고.
467　중국어 이름은 금니각(金尼閣)이다. 1610년경에 아시아 선교를 위해서 유럽을 출발했고, 마침내 중국의 남경에 도착했다. 중국인 카톨릭 신도 이지조(李之藻)에 의해 항주(抗州)로 초청되었고, 1628년에 상제(上帝) 용어를 사용하는 것을 방어할 수 없다는 우울함 때문에 자살했다. 이러한 사태의 여파로 안드레 팔메이로(André Palmeiro)는 천주라는 명칭을 하느님을 상징하는데 사용하도록 했고, 천과 상제라는 단어를 사용하지 못하도록 명령했다. (리암 매튜 브로키(2024), p.160 참고)(역주)

다."⁴⁶⁸ 라틴어로『중국오경(中國五經)』(Pentabilon Sinense)을 한 권 번역하고, 여기에 주해(注解)를 덧붙여 항주(杭州)에서 출판했다.⁴⁶⁹ 이 책의 정식 명칭은 Pentabiblion Sinense quodprimae atque adeo Sacrae Auctoritatis apud illos est 이며,『중국오경-중국제1부신성지서(中國五經: 中國第一部神聖之書)』⁴⁷⁰라는 명칭으로 번역되었다. 이 책은『오경』의 최초의 서양어 번역으로 간주되지만 불행히도 어디에서도 그 자취를 발견할 수 없다.⁴⁷¹ 또 트리고는 유교의 일부 경전을 번역하려고 시도했는데, 그것은『논어』일 가능성도 있고, 아니면 다른 경전일 수도 있다. 그는 만약에 시간이 허락한다면 중국인들의 풍습과 중국의 편년사(編年史)의 개요(槪要)에 관한 책을 쓰고 싶다고 말했다. "그 가운데 일부는 중국의 윤리 규범을 라틴어로 번역해서, 도덕적 문제를 토론하는 데 사람들의 관심이 많다는 것을 알게 할 것이며, 아울러 이 민족의 정신이 기독교 신앙을 받아들이는 데 얼마나 적합한지 알 수 있을 것입니다."⁴⁷² 이를 통해, 우리는 트리고가 중국학을 서방으로 전파하기 위해 많은 노력을 기울였음을 알 수 있다.

이냐시오 다 코스타(Ignace da Costa, 郭納爵, 1599-1666)와 프로스페로 인토르체타(Prospero Intorcetta, 殷鐸澤, 1626-1696)는 1662년에 강서(江西)에서『대학』을 공동으로 라틴어로 번역하여 Sapientia Sinica (『중국의 지혜』)⁴⁷³라는 제목으로 출판했다. 이 책에는 공자의 전기(傳記)와『논어』의 일부가 포함되어 있는데, 나중에 그들이 유럽으로 갈 때 가지고 갔다. "이 책은 현대 학자들에 의해 '최초의 중국어-라틴어 대역본(對譯本)으로 평가되고 있다."⁴⁷⁴ 요하네스 그뤼버(Johannes Grüber, 1623-1680)는 1697년에 플로렌스

---

468 徐宗澤(1989), p.362.
469 費賴之(1995), p.124. 그밖에 許明龍(1993), pp.94-95 참고.
470 이 책에 대해서는 Vieira(2001), p.223을 참고.
471 鄭錦懷·岳峰(2011).
472 金尼閣,『金尼閣致讀者』(利瑪竇·金尼閣(1983), p.42)
473 費賴之(1995), p.226.
474 梅謙立(2008)에서 재인용.

(Florence)에서 *China illustrata* (『중화제국잡기(中華帝國雜記)』)를 출판하면서, 뒷부분에 『공자전(孔子傳)』 및 『중용』 선역(選譯)을 덧붙였다.[475] 프랑수아 노엘(François Noël, 衛方濟, 1651-1729)은 프로스페로 인토르체타(Prospero Intorcetta, 1626-1696)와 여러 사람들이 공동 번역한 『대학』·『중용』·『논어』를 합쳐서 합본(合本)으로 만들고, 거기에 『공자전(孔子傳)』[476]을 덧붙여서, 『사서(四書)』를 서양어로 최초로 완역했다. 그 서명(書名)을 *Sinensis Imperii Libri Classici Sex* (『중국제국의 여섯 가지 경전』)[477]이라고 붙여서, 1711년에 프라하 대학교[478]에서 출판했다.

프랑수아 노엘은 사서(四書)를 라틴어로 번역했을 뿐 아니라, 공자와 그 제자들의 가르침을 선별하여 주석을 달았다. 그 밖에도 *Philosophia Sinica Tribus Tractatibus* (『중국 철학에 대한 세 논문』)를 써서 1711년에 프라하 대학에서 출판했다. 이 책은 유명한 중국 철학자의 이론을 선별해서 수록한 것이다. 그는 유교뿐 아니라 도가 경전도 유럽에 소개되었는데, 앙투안 고빌(Antoine Gaubil, 宋君榮, 1689-1759)은 노엘 신부가 그 당시에 노자가 쓴 『도덕경』을 번역하여, 프랑스로 보냈다고 언급했다.[479]

선교사들은 번역과 해석의 주체가 되어 문헌을 번역했을 뿐 아니라 끊임없이 주석을 달고 해석하는 등 중국의 전통 고전에 대하여 지식을 추구하는 태도를 갖고 있었음을 알 수 있다. 부베 이전에는 대부분의 선교사들의 연구가 중국의 전통 경전 연구의 범주에 속했지만, 일반적으로 유가의 사서에 중점을 두었고, 대부분 주해(注解)를 붙인 번역서였다.

그 원인은 두 가지 측면에서 분석할 수 있다.

---

475 梅謙立(2008) 참고.
476 費賴之(1995), p.331 참고.
477 어떤 서양학자는 노엘(François Noël)이 번역한 『소학(小學)』을 『삼자경(三字經)』이라고 오인(誤認)했다. (Taam(1953), p.148) 실제로 그것은 주희(朱熹)의 『소학』이었다. (楊平(2008))
478 프라하 대학(the University of Prague, Latin: Universitas Pragensis)은 체코의 프라하에 있는 카렐대학(Charles University)를 가리킨다. 이 대학은 유럽에서 가장 오래된 대학 중 하나이다. (역주)
479 費賴之(1995), pp.420-421 참고.

첫째, 당시에 유학이 명청 시기의 관방(官方)의 주류 학설이었기 때문이다. 당시에 사서는 유가 전통의 기본 교재였으며, 그 영향력과 실용성이 오경을 훨씬 뛰어넘었으며, 유교의 기본 정신을 반영하고 있었다. 따라서 선교사들의 사서연구는 당시에 그들이 주장하고 있었던 적응주의 전략과 부합하는 것이었다.

둘째, 중국어를 배우는 측면에서 미켈레 루제리와 마테오 리치 이후로 사서는 예수회사들이 중국어를 공부할 때 기본 교재로 사용되었다.[480] "예수회 선교사들이 사서를 번역하기 시작한 이유는 중국에 새로 오는 선교사들에게 중국어를 가르치기 위해서였다."[481] 사서는 그 문법적 규칙으로 볼 때, 오경에 비해서 상대적으로 단순하고 쉽다.

그 다음으로, 예수회사들은 『역경』에 대해 일찍부터 그 중요성을 인식하고 있었다. 마테오 리치는 이미 초기에 『팔괘와 구궁의 변화[八卦與九宮之變化]』라는 책을 썼다.[482]

필립 쿠플레도 『주역』 64괘와 64괘의 의의(周易六十四卦和六十四卦意義)[483]라는 책을 저술하는 등 이미 『역경』에 대해 어느 정도 다루고 있었다.[484]

후안 곤잘레스 데 멘도사(Juan Gonzalez de Mendoza, 1545-1618)는 *Historia del Gran Reino de la China* (『중화대제국사(中華大帝國史)』)에서 복희

480　利瑪竇(1983), p.506. 참고.
481　梅謙立(2008)에서 재인용.
482　마테오 리치의 사후에 1615년에 트리고가 마테오 리치의 저서를 라틴어로 정리해서 『기독교원정중국사』(De Christiana expeditione apud Sinas suscepta ab Societate Jesu)라는 제목으로 1615년에 크리스토퍼 만지우스(Christopher Mangius)에 의해 독일 아우구스부르그(Augsburg)에서 출간되었다. 이 책은 현재 미국 보스톤 대학교(Boston College)의 "예수회 수집품(Jesuitica Collection)"에 소장되어 있다. (http://ricci.bc.edu/books/) 여기에 『팔괘여구궁지변화(八卦與九宮之變化)』이라는 논문이 실려 있다고 한다. 그러나 마테오 리치는 평소에 『역경』에 대해 매우 부정적 견해를 갖고 있었기 때문에, 이 글이 과연 마테오 리치의 저술인지 의심스럽다. (역주)
483　이 도표와 문장의 근거는 호양(胡陽)·이장탁(李長鐸)이 『중국철학자공자(中國哲學家孔子)』로부터 고증한 것에 있다. 현재 벨기에 루뱅(Louvain)의 예수회 아카이브에 소장되어 있다. (胡陽·李長鐸(2006), p.5)
484　沈延發(1992) 참고.

를 언급하고 점복(占卜)에 대해서도 이야기했지만 『역경』과 연계시키지는 않았다.

마르티노 마르티니(Martinus Martini, 衛匡國, 1614-1661)는 1658년에 뮌헨(München)에서 라틴어로 된 *Sinicae historiae decas prima*(『중국역사초편(中國歷史初編)』) 10권을 출판했는데, 여기에서 『역경』의 괘효의 변화, 64괘, 384효의 전도(全圖) 등을 소개하였다. "이것은 유럽에서 가장 이른 시기에 64괘를 소개한 서적 가운데 하나이다."[485]

포르투갈의 예수회사 알바로 데 세메도(Alvarus de Semedo, 曾德昭, 1585-1658)는 1645년 프랑스 파리에서 불어로 출판한 *Relatio de magma monarchia Sinarum, ou Histoire universelle de la China*(『대중국지(大中國志)』)에서 중국 고대사의 문화 발전을 서술하면서, 『역경』의 발전 과정에 대해서도 설명했다. 이 책에서 그는 『역경』의 기원이 복희·신농(神農) 및 황제(黃帝)가 기수(奇數)·우수(偶數) 등의 부호(符號)를 사용하여, 도덕과 윤리의 규범을 제정한 것으로부터 비롯되었다고 서술하였다. 『역경』은 주나라 문왕이 간행한 책으로서, 도덕적 훈계와 문헌 및 법령 등을 포함하고 있고, 공자는 여기에 근거해서 오경을 저술하였으며, 도덕·윤리·정치·관리를 중시했다고 설명했다.[486] 또한 그는 또한 사서와 오경이 중국 과거 시험의 핵심 내용이라는 사실에 주목했다. 초기 예수회 학자들은 중국 문화를 유럽으로 전파하는 길을 개척했지만 후에 그들은 『역경』이 "광적(insane)" 또는 "이단적(heretic)"이라고 선언했다.[487]

그 원인을 분석해 보면 한편으로 『역경』 자체가 가진 복서(卜筮)와 신비적 성격 때문에, 일반 선교사들의 관점에서 『역경』은 미신의 대표적 경우로 여겨졌다. 가브리엘 데 마갈량이스는 "『역경』의 내용이 후대 사람들에 의하

---

[485] 吳孟雪(2000), p.197.
[486] 曾德昭(2012), p.73 참고.
[487] Wilhelm & Wilhelm(1979), p.8.

여 첨가되었으며, 믿을만한 가치가 없다"고 주장하였다. 르 콩트(Louis le Comte, 李明, 1655-1728)는 "『역경』이 극도로 그 의미가 난해하고 모호해서, 미신으로 이끈다"라고 주장했다. 롱고바르디는 『역경』을 "샤마니즘에 연관된 저술[巫術作品]"로 간주했다.[488] 존 위텍은 선교사들의 대다수가 "『역경』을 미신에서 나온 저술이며, 『역경』 그 자체뿐 아니라, 역대의 학자들의 『역경』 해석에도 확고한 도덕성과 심오한 철학적 이치가 없다고 여겼다"고 하였다.[489] 부베와 같은 시기에 중국에 온 클로드 비스들루(Claude de Visdelou, 劉應, 1656-1737)도 강희제의 황사자(皇嗣子)인 윤잉(胤礽, 1674-1725)으로부터 "대동(大懂, Ta-tong)", "지금까지 중국에 온 유럽인 가운데 가장 재능 있는 사람 중 한 명[目今爲止來中國的歐洲人中最有才能的一位]",[490] "중국의 모든 경서에 대해 잘 알고 있다[以熟悉中國經書著稱]"[491]라는 칭송을 받았음에도 불구하고, 중국 고전이 기독교 원칙과 일치하지만 "그 유일한 예외는 『역경』이며, 이 책은 완전히 미신적인 책"[492]이라고 주장하였다. 이를 통해 대부분의 선교사들에게 『역경』은 철학 저술이 아니라, "미신"으로 가득찬 서적이라는 인식이 자리잡고 있었음을 알 수 있다.

또한 『역경』의 문자는 본래 추상적이고 난해하기 때문에 선교사들은 확고한 학문적 기초와 탁월한 언어 능력, 그리고 강한 관심이 없으면 그 깊은 의미를 이해하기 어려웠다. 비록 "다른 나라의 종교와 문화를 파괴해야만 그 폐허 위에 거룩한 종교를 세울 수 있다"[493]라는 극단적 견해가 없었던 것은

---

488 張國剛·吳莉葦(2003)에서 재인용.
489 John Witek(1982), p.60. 그밖에 魏若望(2006), p.55 참고.
490 John Witek(1982), p.60. 그밖에 魏若望(2006), p.55 참고.
491 杜赫德(2001), p.287.
492 魏若望(2006), p.55. 그러나 비스들루의 『역경』 연구가 전혀 없는 것은 아니다. 그는 『역경』을 최초로 유럽어로 번역한 인물이다. 그의 『역경』 번역은 앙투안 고빌(Antoine Gaubil, 1689-1759)의 『서경(書經)』 번역의 부록으로 1770년에 출판되었다. 비스들루는 이 글에서 『역경』의 제15괘 겸괘(謙卦)를 불어로 번역하고 역경에 대한 간략한 해석을 붙였다. 그는 삼획괘를 "trigramme"으로, 육획괘를 "hexagramme"로 번역하였는데, 이것은 이후에 서구에서 괘(卦)를 가리키는 지칭으로 정착되었다. (汪嵐(2010) 참고. 또한 樊洪業(1992), p.171도 참고)
493 柯蘭霓(2009), p.20.

아니었지만, 중국 고적(古籍)을 존중했던 당시의 대부분의 예수회사들은 『역경』에 대해서 "비록 존중은 하지만, 가까이 하지는 않는[敬而遠之]" 태도를 보였다.

4. 기독교『역』의 확정 및 대표인물

프랑스 예수회 신부 부베가 중국에 도착하면서 선교사들의 중국 고전의 번역과 연구 작업은 새로운 단계에 진입했다. "18세기 이후 중국 문학 번역에 탁월한 업적을 남긴 사람들은 대부분 프랑스인들이었으며",[494]『역경』연구를 더욱 촉진시킨 것도 역시 프랑스 예수회사들이었다. 선교사들은 중국의 고전을 공부해 가는 과정에서『역경』이 가장 이해하기 힘들지만 그로부터 매우 다양하고도 풍부한 의미를 끌어낼 수 있다는 것을 느끼게 되었다. 특히 부베는『역경』에서 독특한 아름다움을 발견하였으며,『역경』에 대하여 번역과 주석을 했을 뿐 아니라,『역경』에 대한 독창적 사고를 형성해서 저서를 남김으로써, 예수회 선교사들 가운데『역경』에 관한 전문적인 학술적 연구를 수행한 최초의 인물이 되었다.

중국에 입국한 국왕수학자 다섯 명 가운데 부베와 비스들루는 중국의 문헌과 역사 분야에서 가장 뛰어난 두 사람이었다.[495] 그 가운데 부베는『시경』과『역경』을 중시하였으며, 특히『역경』에 대해서는 남다른 애정을 지니고 있었다.[496] 그가『역경』의 "가치에 대한 정당한 평가[正名]"를 처음으로 주장한 것은 1697년에 강희제의 특사 자격으로 프랑스를 방문했을 때였다. 그는 한편으로 샤를르 메그로(Charles Maigrot, 1652-1730)가 1693년에 반포한 "7개 조항의 금지령(Mandement ou Ordonnance)"[497]을 반박하였고, 다른 한편

---

494 吳孟雪(2000), p.198.
495 魏若望(2006), p.108 참고.
496 Chan(2002), p.518.

으로 연구의 중점을 『역경』에 집중시켜, 『역경』이야말로 중국에서 가장 수준 높은 도덕철학과 자연철학의 원리가 집약된 책이라고 주장하였다.[498]

부베는 55세 때인 강희제 50년(1711)[499]부터 『역경』 연구를 본격적으로 시작하였다.[500] 그는 『식근본진재명감(識根本眞宰明鑒)』[501], 『천주삼일론(天主三一論)』[502] 및 『고금경천감천학본의』 등에서 『역경』을 칭송하고, 대량으로 인용하였다. 또 그는 『역고(易考)』・『역인(易引)』・『역학외편』・『천존지비도(天尊地卑圖)』[503]・『역경석의(易經釋義)』[504] 등 역학에 관한 전문 저서를 집필했다.

부베가 얼마나 『역경』을 열렬하게 좋아했던지, 동료 선교사들이 "『역경』의 귀신이 씌었다[着了易經的魔]"[505]라고 수군거릴 정도였다.[505] 다행히 부베

---

497 구체적인 내용은 Rule(1986), pp.129-131 참고.
　　메그로가 반포한 7개 조항의 금지령은 천 혹은 상제(上帝)를 하느님에 대한 칭호로 사용하지 말 것, 기독교인들은 공자와 조상에 대한 제사를 드리지 말 것, 태극을 하느님을 가리키는 대체적 용어로 사용하지 말 것, 『역경』을 최고의 도덕적 가르침을 담고 있는 경전이라는 견해를 받아들이지 말 것 등의 견해를 포함하고 있었다. (역주)

498 魏若望(2006), p.138 참고.

499 부베는 1714년 11월 3일에 쓴 편지에서 강희제가 4년 전에 『역경』의 숨겨진 의미를 연구하라고 명령했다고 회고하였다. 따라서 강희제가 부베에게 『역경』을 연구하도록 명령한 시기는 강희 49년(1710) 혹은 강희 50년(1711)이었을 것으로 추정된다. 강희제가 부베의 『역경』 연구를 독려한 기간은 강희 50년(1711)부터 강희 55년(1716) 사이의 5년간이다. 부베는 강희 50년, 즉 1711년(辛卯年)에 『역인원고(易引原稿)』와 『천존지비도』를 완성하였다. 이때는 부베의 나이 55세 때에 해당된다. 『역학총설(易學總說)』은 1711년 이후에 지어진 것으로 추정되며, 1712년에는 『역약(易鑰)』을 저술하였다. 1713년 5월(강희 52년)에는 『역경총설고(易經總說稿)』 초록(抄錄)이 완성되었다. (역주)

500 "강희제는 부베의 활약에 매우 만족하여, 강희 50년(1711)에 부베에게 『역경』에 대한 연구를 시작하도록 명령하였다."(李眞(2010) 참고.

501 『식근본진재명감(識根本眞宰明鑒)』: '진재명감(眞宰明鑒)'이라고도 한다. 대략 1705년에서 1710년 사이에 쓰인 저술로 추정된다. BAV. Borgia·Cinese, 316(18)에 소장되어 있다. (伯希和(2006), p.36)(역주)

502 『천주삼일론(天主三一論)』: 1710년경에 쓰인 저술로 추정된다. ARSI. Jap.Sin. IV, 5.c, appendix (fols. 15-20)에 소장되어 있다. 『식근본진재명감(識根本眞宰明鑒)』의 15-20쪽에 『천주삼일론(天主三一論, Tian zhu san yi lun)』이 포함되어 있다. (Japonica·Sinica I-IV-5C, Chan(2002), p.524)(역주)

503 羅馬耶穌會檔案館, Japonica·Sinica, IV, 25(1).

504 시찰원(視察員, Visitor)인 장 폴 고잔(Jean Paul Gozan, 駱保祿, 1659-1732) 신부의 요청에 응하여, 중국 경전에서 효상(爻象)에 관한 내용을 바탕으로 『주역(易經)』을 해석한 필사본으로, 현재 이 필사본은 파리 국립도서관에 소장되어 있다(프랑스어 서적 분류 편호 17239). (費賴之(1995), pp.438 참고)

505 강희 55년, 1716년 4월 23일에 킬리안 스툼프(Kilian Stumpf)는 수아레즈(Suarez), 파르냉(Parrenin), 자르투(Jartoux), 틸리쉬(Tillisch), 곤자가(Gonzaga), 드 타르트르(de Tartre), 카르도조(Cardozo), 모랑(Mourão), 프레마르 등의 동료 선교사들의 연대 서명을 받아 강희제에게 부베가 『역경』 연구를 계속하는 것을 금지시켜달라고 청원을 올렸다. 그러나 강희제는 교지를 내려서 부베가 『역경』 연구를 계속해도 좋고, 계속하지 않아도 좋다고 하였다. 같은 날 강희제는 "백진수료역경기마(白晉受了易經氣魔)"라고 했는데, 이 말을 많은 동료 선교사들, 특히 파르냉은 부베가 『역경』에 귀신들렸다는 의미로 해석하였다. 그러나 푸케(Foucquet)는 부베에 대한 동료 선교사들의 반응에 매우 화가 났으며, 동료 선교사들이 오해로 말미암아 부베가 미쳤다는 잘못된 견해를 퍼트렸다고 생각했다. 강희제는 4월 25일의 교서

는 『역경』을 연구하는 과정에서 강희제의 지원을 받았다. 강희제는 부베의 『역경』 연구에 대하여 흥미를 보였을 뿐 아니라,[507] 그의 『역경』 연구의 진행 상황에 대해서도 특별한 관심을 보였다.

바티칸 도서관에 소장된 한적(漢籍), 『역고』(Borgia·Cinese, 317(4)에 첨부된 글과 Borgia·Cinese, 439(A))에는 부베의 『역경』 연구의 정황에 대하여 문의하는 강희제의 어지(御旨)가 많이 발견된다.[508] 이처럼 강희제가 『역경』에 관심을 보인 원인을 분석해 보면, 우선 "예의논쟁"에서 중국문화와 서양종교 간의 갈등을 조정하는 데 『역경』이 도움이 될 것이라는 생각이 있었고, 아울러 문화적 정통성의 유지와 통치를 위한 고려에서 전통수학과 율려(律呂) 및 『역경』의 연구에 짙은 관심을 보였던 것으로 추정된다. 『역경』과 관련해서 강희제는 강희 22년(1683)에 우뉴(牛紐, 1648-1686) 등이 편찬한 『일강역경해의(日講易經解義)』의 서문을 직접 썼다. 그는 이 글에서 다음과 같이 말했다. "『역경』이란 책은 네 성인이 상(象)을 세우고, 괘(卦)를 만들어, 그 괘상에 사(辭)를 연결한 것이니, 그 뜻이 광대하고, 세상의 이치를 모두 갖추고 있다. 복희·신농(神農)·황제(黃帝)·요(堯)·순(舜) 이후로 천하를 다스리는 도를 모두 여기에서 취했다."[509]

또 강희제 54년(1715)에 강희제는 이광지(李光地) 등이 편찬한 『주역절

에서 이 구절의 잘못된 해석을 바로 잡았으며, 부베를 잘 돌보라고 지시하였다. (역주)

506 Chan(2002), p. 518.
507 로마에 있는 프랑스 관구의 보조 관구장이었던 장 조제프 귀베르(Jean-Joseph Guibert)에게 보내는 조아킴 부베(Joachim Bouvet)의 서한, 베이징, 1719년 5월 26일을 참조. (Chan(2002), p. 518; p. 527)
부베는 이 편지에서 강희제가 자신의 『역경』 연구에 관심을 가지고 있을 뿐 아니라, 예수회 총장도 그의 성공을 바라고 있다고 말했다. 이 편지는 귀베르 뿐 아니라 중국과 일본 지역의 시찰원이었던 조반니 라오레아티(Giovanni Laureati)에게 동시에 보내졌다. (역주)
508 BAV, Borgia·Cinese 317(4) 후면(後面)에 큰 편폭(篇幅)의 강희제의 어지(御旨)가 있다. 장서평(張西평)은 『범체강도서관장백진독역경문헌초탐(梵蒂岡圖書館藏白晉讀『易經』文獻初探)』에서 강희제의 어지(御旨)를 인용했고, 한기(韓琦)도 역시 마찬가지로 인용했다. (韓琦(2004a)) Borgia·Cinese 439에 이와 관련된 어지가 있다. 장서평은 콜라니의 『야소회사백진적생평여저작(耶穌會士白晉的生平與著作)』에 쓴 중국어 서문에서 역시 이를 인용했다. 여기에서는 번거로우므로 다시 인용하지 않는다.
509 "易之爲書, 合四聖人, 立象設卦繫辭焉, 而廣大悉備. 自昔包犧神農黃帝堯舜, 王天下之道, 咸取諸此"(ARSI, Japonica·Sinica, I-18, p. 18)

중』의 서문을 써서, 다시 한번 『역경』의 "광대실비(廣大悉備)"함을 말했다.[510] 그리고 강희제는 『일강역경해의』의 서문에서 "『역경』에 대해서 넓게 탐구하여, 가장 핵심이 되는 것을 정리해서, 정밀하고 심오한 대역(大易)의 이치를 지극히 연구하였다"[511]라고 하였다. 또 강희 50년 정월에는 "산법(算法)의 원리는 모두 『역경』에서 나온 것이다. 서양의 산법도 역시 좋기는 하지만, 원래 그것은 중국의 산법으로부터 발전된 것이다. 서양사람들은 산법을 '알지브라(algebra, 阿爾朱巴爾)'라고 부르는데, 그것은 동방으로부터 전해진 것이다."라고 하였다.[512]

이 밖에도 강희제는 서양과학과 수학을 대단히 좋아했고, 그 중에서도 특히 알지브라(algebra, 즉 서양대수학)에 대해 특별한 관심을 보였다.[513] 이질적 문화를 연구하는 능력을 갖추고 있었던 부베는 강희제의 취향에 딱 맞았기 때문에 제왕의 스승이 되었다. 그래서 『역경』에 대한 학술적 연구를 진행할 수 있는 충분한 명분과 특권을 갖게 되었다. 부베의 『역경』 연구는 단순한 번역이나 초록(抄錄) 혹은 필사의 정도가 아니라, 철학 혹은 종교적 관점에서 심층적인 비교 연구를 한 것이다. 이것은 물론 강희제의 재가(裁可)를 얻어서 진행된 것이기 때문에 탁월한 성과를 보여주는 것이 필요했다.

바티칸 도서관에는 부베의 역학 저서가 대략 10편이 있다.(자세한 내용은 다음 장에서 설명) 그 밖에 소장하고 있는 중국 역학 서적에 관한 대략적 정보는 다음과 같다.

---

510 (淸)李光地(1990), p.1.
511 "嘗博綜簡編玩索精蘊至于大易, 尤極研求."(羅馬耶穌會檔案館, Japonica·Sinica, I-18, p.18)
512 "夫算法之理, 皆出于『易經』, 西方算法亦善, 原系中國算法, 彼稱爲'阿爾朱巴爾'者, 傳自東方之謂也."((淸)蔣良騏(1980), p.348)
513 바티칸도서관 소장도서 Borgia·Cinese 439(A)에 강희제의 서양대수학(algebra) 연구 및 독서에 관련된 문서인 "황제조서(皇帝詔書)"가 있다.

바티칸도서관 소장 한문(漢文) 사본(寫本)과 인본(印本) 서적의 간명(簡明) 목록

퐁(FONDS) 보르자(BORGIA) 시누와(CHINOIS): 보르자 치네제(BORGIA CINESE) 필사본과 각인본(刻印本)

69-70. 미서명(未署名) 『주역절중(周易折中, *Zhouyi zhezhong*)』: 황제의 명령에 의해 만들어진 흠정본(欽定本) 『역경』

73. 미서명(未署名) 『주역전서(周易全書, *Zhouyi quanshu*)』: 『역경(易經)』. 『주역』에 대한 연구. 17세기 초 판본. 첫 번째 상자가 결실(缺失)됨.

75. 장문달(張問達, ?-1625) 『역경변의(易經辨疑, *Yijing bianyi*)』: 『역경』에 대한 토론, 1680년 판.

78. 일명(佚名) 『역경대전(易經大全, *Yijing daquan*)』: 『역경』에 대한 연구, 1687년 판.

84. 반사조(潘士藻, 1537-1600), 『독역술(讀易述, *Du yishu*)』: 『역경』에 대한 주해, 1606년판.

87. 일명(佚名) 『역경상해(易經詳解: *Yijing xiangjie*)』: 『역경』에 대한 연구.

90. 호일계(胡一桂, 1247-?) 『역부록찬주(易附錄纂注, *Yi fulu zuanzhu*)』: 『역경』에 대한 연구, 통지당판본(通志堂板本).

91. 미서명(未署名) 『역경(易經: *Yijing*)』: 국자감(國子監) 텍스트에 의거해서 유럽식으로 삽입된 페이지 및 중국어, 불어 및 라틴어 주가 붙은 표지가 있음. 1700년 판.

115. 임희원(林希元, 1482-1567)의 『역경존의(易經存疑, *Yijing cunyi*)』: 『주역』에 대한 연구.

245. 장차중(張次仲, 1589-1676)의 『완사곤학기(玩辭困學記, *Wanci kunxue ji*)』: 『역경』에 대한 평주(評注), 1700년경, 주(注) 가운데 일부는 중국어로 필사되어 있음.

331-3. 장진연(張振淵)의 『주역설통(周易說統, *Zhouyi shuotong*)』(25권)[514]의 제23권과 제24권. 『역경』에 대한 연구이다.

384. 미서명(未署名) *Commentaires populaires du Yijing*.(민간판본『역경』주석)

510. 미서명(未署名) 『역경(*Yijing*)』, 『시경(*Shijing*)』, 『서경(*Shujing*)』 소책자본(Edition en petit format) 고향재(古香齋, Guxiang-Zhai).[515] 안토니오 몬투치(Antonio Montucci, 1762-1829)의 구장본(舊藏本).

---

514 『주역설통(周易說統)』: 명대(明代) 장진연(張振淵)의 저서 『석경산방증정주역설통(石鏡山房增訂周易說統)』(二十五卷)을 가리킨다. 명(明) 천계(天啟) 6년(1626) 석경산방(石鏡山房) 각본(刻本)이다. (역주)

515 고향재(古香齋): 자금성(紫禁城)의 중화궁(中華宮)의 동배전(東配殿)을 보중전(葆中殿)이라고도 하는데, 그 전내에 고향재(古香齋)라고 쓰인 편액이 붙어 있었다. 고향재는 『흠정고금도서집성(欽定古今圖書集成)』과 같은 도서의 수장고로 사용되었다. (역주)

514. 미서명(未署名)『역경(Yijing)』: 소책자, 모두 2책(Deux fasciules) 첫머리에 다음과 같은 몬투치의 설명이 있다: "내가 매우 비싼 가격을 치르고 구매한 클라프로트(Heinrich Julius Klaproth, 1783-1835)[516]의 예물(禮物)이다.(Cadeau de M.Klaproth que j'ai acheté au poids de l'or.)"[517]

534. 미서명(未署名) 2.『역경(易經)』이라는 표제가 붙어 있음. 제목이『역경』이며, 음양 철학과 인간의 영혼에 관한 연구이다(Text intitulé Yijing: sur la philosophie du Yin 陰 et du Yang 陽; sur l'âme humainie.(RACCOLTA GENERALE-ORIENTE 필사본과 인쇄본. 8.5 RACCOLTA GENERALE-ORIENTE-iii)[518]

251. 미서명(未署名) 1-2.『역경(Yijing)』(Livre des Changements), 민간판본.『바티칸도서관소장한적목록(梵蒂岡圖書館所藏漢籍目錄)』보편(補編) RAC.GEN.OR I.

1335. 미서명(未署名)『어찬주역절중(御纂周易折中)』. 흠정『역경』비주(欽定『易經』批注). 10책.

1138. 미서명(未署名)『일강역경해의(日講易經解義)』. 매일 황제 앞에서 진행한『역경』강의. 18권 3책. RAC.GEN.OR.IV.

2825. 진치허(陳致虛)『주역참동계(周易參同契)』. 진치허(陳致虛, Chen Zhixu)의 참동계 주(注), 동일한 판본. 1책[519]

2845. 미서명(未署名)『역경진전(易經眞詮)』.『역경』에 대한 주(注)가 달린 책(Livre des Changements avec commentaire). 4장(張 juang). 광서(光緒) 경진(庚辰, 1880), 소주(蘇州) 녹음당(綠蔭堂)[520] 판본,『역경(易經)』주본(注本).

위의 표를 보면 이 책들은 당시 유럽으로 귀국한 선교사들이 가지고 가서 교황에게 헌정한 것임을 알 수 있으며, 또한 당시 선교사들이 역학에 관한 책들을 중시하였던 상황을 반영하고 있다. 조금만 주의를 기울여서 보면, 이러한 종류의 역학서적은 모두 관방(官方)에서 공식적으로 인정된『사고전서(四庫全書)』에 포함된 책이라는 것을 알 수 있다. 시대에 따라 구분하여 보면,

---

516 클라프로트(Heinrich Julius Klaproth, 1783-1835): 독일의 초기의 중국학 연구의 선구자. 1805년에 골로프킨 사절단을 따라 통역사로 중국에 갔으며, 아시아 각지를 여행하고 연구하였다. 저서에『캅카스와 조지아의 여행(Reise in den Kaukasus und Georgien in den Jahren 1807 und 1808)』『아시아 박언집(博言集)(Memoires relatifs a l'Asie)』 등이 있다. 라이프니츠와도 서신을 교환했다. (데이비드 B. 허니(2018). p.165)(역주)
517 伯希和(2006), p.78. (역주)
518 伯希和(2006), p.82. (역주)
519 fascicule: 불어로 (총서·전집 따위의) 낱권, 분책(livraison) 등의 뜻. (역주)
520 녹음당문아당(綠蔭堂文雅堂)은 소주(蘇州)에 있었던 서방(書房)이었다. 당시에 관청에 소속되어 있지 않고, 개인이 경영하는 서방은 매우 희귀했다. 부베는 프랑스로 귀국하기 위해 1693년 7월 8일에 북경을 출발했는데, 마카오로 가는 도중에 소주(蘇州)에 들러 이 책들을 구입했을 가능성이 있다. (Zhou(2020). p.76)(역주)

원대(元代) 호일계의 『역부록찬주(易附錄纂注)』, 명대(明代) 임희원의 『역경존의』, 반사조의 『독역술(讀易述)』, 장문달의 『역경변의』, 청대(淸代) 관방의 『흠정일강역경해의(欽定日講易經解義)』, 이광지의 『어찬주역절중(御纂周易折中)』 등이다. 그 밖에도 도가(道家)의 역학 저작들이 있는데, 예를 들면 진치허(陳致虛, 1290-?)의 『주역참동계(周易參同契)』와 민간의 『역경』 판본이 있다.

『역』을 해석하는 방식은 모두 의리역의 전통을 따랐으며, 대부분 주자(朱子)를 기준으로 삼았으며, 과거(科擧) 고시서(考試書)로 쓰였다. 예를 들어, 호일계의 『역부록찬주(易附錄纂注)』는 전편(全篇)에 걸쳐 "주자의 『본의』를 근본으로 삼았다[以朱子本義爲宗]"고 하였으며, "오직 주자를 기준으로 삼아 판단한다[惟以朱子爲斷]"[521] 등의 주(注)가 붙어 있어, 주자학을 계승하고 있음을 알 수 있다.

임희원의 『역경존의』는 주자의 『주역본의』를 중심으로 지은 책으로서 관방의 고시서로도 사용되었다. 『사고전서총목제요』에서는 "이 책은 본래 과거 공부를 위해 쓰였다. 한역을 계승하면서 동시에 송역을 받들었다[蓋其書本爲科擧之學, 故主于祧漢而尊宋]"[522]고 평가하였다.

장진연(張振淵, ?-?)의 저서 『석경산방주역설통(石鏡山房周易說統)』[523]은 "이 책의 요지는 정자의 『역전』과 주자의 『본의』를 중심으로 삼았다[是編大旨宗程朱傳義]"라고 하였으며, 이러한 바탕 위에서 여러 유학자들의 학설을 참조하여 논증했다.

반사조의 『독역술(讀易述)』은 『세심재독역술(洗心齋讀易述)』이라고도 하는데, 먼저 경전의 원문을 나열한 다음에, "술왈(述曰)" 두 글자를 덧붙여, 자기 자신의 의견을 서술했으며, 다시 여러 유가(儒家)들의 학설을 뒤에 첨부

---

521 『易本義附錄纂疏』 十五卷 ((淸)紀昀(1997), p. 35).
522 『易經存疑』 十二卷 ((淸)紀昀(1997), p. 45).
523 『周易說統』 十二卷 ((淸)紀昀(1997), p. 104).

했다. "모든 주석에서 자기 의견을 드러냈으며", "그 전체 요지는 의리에 있었다".[524]

장차중(張次仲, 1589-1676)의 『주역완사곤학기(周易玩辭困學記)』는 상수와 참위에 대해서는 말하지 않았고, 왕필(王弼)의 학문을 존중하였으며, 언어와 문자의 분석을 통해 진리를 추구했다. 따라서 『사고전서총목제요』에서는 이 책에 대하여 "뒤얽히고, 어지러운 학설을 쓸어버리고, 오로지 의리를 중심으로 삼았다[蓋掃除轇轕之說, 獨以義理爲宗者]"고 평가하였다.[525] 물론 심학(心學)의 관점에서 『역』을 해석한 경우도 있다. 예를 들어, 청대의 장문달의 『역경변의』(4권)는 왕필의 이론을 계승하였다. 즉 "오로지 왕필이 리(理)를 위주로 하고, 수(數)를 생략했으니, 천하가 이를 받들었다.[王弼獨主理略數, 天下宗之]"[526]라고 하였는데, 이로써 육구연(陸九淵)과 왕양명의 심학(心學)이 영향을 미쳤음을 알 수 있다.

『사고전서존목총서(四庫全書存目叢書)』에서는 이 책에 대하여 "왕양명의 양지의 학문에서 힘을 얻었다[得力于陽明良知之學]"[527]고 평가하였다. 이 책은 복서(卜筮)에 대해서는 말하지 않았으며, 오로지 의리(義理)의 관점에서 심역(心易)을 논하였다. 여기서 바티칸도서관에 소장된 역학 관련 서적들이 대부분 의리역 계통의 서적임을 알 수 있다.

이 책들 중에서 부베는 『흠정일강역경해의(欽定日講易經解義)』와 이광지의 『어찬주역절중(御纂周易折中)』을 가장 중요하게 여겼다. 이 두 종류의 책은 관방에서 편찬한 역학의 집성(集成)으로서, 강희제가 편찬에 직접 참여하였다. 먼저 『흠정일강역경해의』는 우뉴[528]가 총재관(總裁官)이 되고, 손재

---

524 "每條皆發己意, … 大旨主于義理"(『洗心齋讀易述』 十七卷((淸)紀昀(1997), p.48))
525 (明)張次仲(1986), p.384.; 『周易玩辭困學記』 十五卷((淸)紀昀(1997), p.52).
526 (淸)張問達 撰, 『易經辨疑』序(四庫全書存目叢書編纂委員會(1997b), p.436).
527 (淸)張問達 撰, 『易經辨疑』序(四庫全書存目叢書編纂委員會(1997c), p.434).
528 우뉴(牛鈕, 1648-1686): 성(姓)은 혁사리(赫舍裏)이며, 순치(順治) 5년에 태어나 강희(康熙) 25년에 죽었다. 한림원(翰林院) 장학원사(掌學院士), 내각학사(內閣學士), 예부시랑(禮部侍郞) 등을 지냈으며, 『일강역경해의(日講易經解義)』의 편찬 업무에서 총재관(總裁官)을 맡았다. 동명이인(同名異人)으로 청

풍(孫在豊, 1644-1689)과 장영(張英, 1637-1708) 등이 편찬을 맡아 강희 19년 (1680)에 어명을 받들어 완성하였다. 강희 22년(1683)에는 "『역경』의 열정적 숭배자"[529]였던 강희제가 직접 서문을 써서, 『역』의 지위를 분명히 밝혔다. 강희제는 서문에서 제왕의 도법(道法)과 천인성명(天人性命)과 인사물칙(人事物則)의 원리가 "『역』보다 더 상세한 것은 없기 때문에[莫詳于易], … 매일 『역경』을 강의하여, 괘사와 효사의 뜻을 반복적으로 익혀서[日以進講, 反復卦爻之辭]",[530] 『역』의 정수(精髓)를 연구하였다고 하였다.[531] 이를 바탕으로 『역』의 대지(大旨)를 탐구한다면, 음양의 변화로써 인사(人事)의 정사(正邪)의 도(道)에 짝지우고, 기우(奇偶)의 수(數)로써 군자와 소인의 리(理)를 밝힐 수 있을 것이다. 이어서 관방에서 『역』의 지위와 작용을 확정하였다. 『역』은 "인사의 마땅함을 드러내기 때문에, 제왕의 학문에 가장 필요한 것[以示人事之宜, 于帝王之學, 最爲切要]"[532]이다.

따라서 『역』의 이치를 체득한다면, 치리국가[治理國家:국가의 통치]와 관민설교[觀民設敎: 백성의 삶을 헤아려 가르침을 베푸는 것][533]의 방법을 획득하는 데 쓰일 수 있다. 그러므로 이 책을 간행하여, 천하에 반포하였다고 밝혔다.

이 책과 부베의 관계에 대해 살펴보면 다음과 같다.

첫째, 바티칸 도서관(BAV) Rac.Gen.Or.II 1138 『흠정일강역경강의』,[534]

조 제3대 황제 순치제(順治帝)의 장남(長男) 우뉴(牛鈕, 1651-1652)가 있다. 순치제(順治帝)의 장남(長男) 애신각라(愛新覺羅, 아이신기오로) 우뉴(牛鈕, 뉴뉴)는 1651년 12월 13일에 출생하였으나, 병약하여 83일만인 1652년 3월 9일에 사망하였다.(역주)

529 "An ardent admirer of the Yijing"(Smith(2008), p.177).
530 (淸)牛鈕(1986a), p.201.(역주)
531 "朕惟帝王道法, 載在六經, 而極天人窮性命, 開物前民, 通變盡利, 則其理莫詳於『易』. … 朕夙興夜寐, 惟日孜孜, 勤求治理, 思古帝王立政之要, 必本經學. 嘗博綜簡編, 玩索精蘊, 至於大易, 尤極硏求. 特命儒臣, 參考諸儒註疏傳義, 撰爲『解義』一十八卷. 日以進講, 反復卦爻之辭, 深探作『易』之旨. … 若乃體諸躬行, 措諸事業, 有觀民設敎之方, 有通德類情之用, 恐懼脩省以治身. 思患豫防以維世. 引而伸之, 觸類而長之, 而治理備矣. 於是刊刻成書, 頒示天下.(康熙二十二年 十二月 十八日『欽定日講易經解義』, 康熙, 「序」)(역주)
532 『奉旨刊行日講易經解義』, 羅馬耶穌會檔案館, Japonica·Sinica, I(18), pp.4-6. 그밖에 『日講易經講義』序言((淸)紀昀(1997), p.53 참고.
533 관민설교(觀民設敎): 관괘(觀卦)의 「대상전(大象傳)」에 나오는 말이다. 즉 "바람이 땅 위를 지나가는 것이 관괘의 상이다. 선왕은 이 괘상을 관찰함으로써 사방을 순시하고, 백성을 살펴서 가르침을 베푼다[風行地上, 觀, 君子, 以省方觀民設敎]"(역주)

예수회 기록보관소(ARSI) Japonica·Sinica, I (『봉지간행일강역경해의(奉旨刊行日講易經解義)』). 이 책은 중요한 중국책으로 간주되어 유럽으로 반입되었다. 부베는 강희제가 지은 서문에 대해 특별히 다음과 같은 설명을 덧붙였다. "강희제는 중국 고대의 성현들의 학설에 경의를 표하기 위해, 직접 어제서(御制序)를 써서 권두(卷頭)에 배치했고, (그의 나이 30세 때에) 강희 22년(1683)에 자신의 이름으로 간행했다."[535] 『봉지간행일강역경해의』(18권)는 그 중의 하나이다.[536]

둘째, 『봉지간행일강역경해의』는 강희제가 『역경』 강의를 듣고, 그 편찬과 정리 작업이 1683년에 완성되어, 당시에 가장 권위있는 역학 서적이 되었다.[537] 부베는 1687년에 중국에 입국하였고, 그 이후로 강희제의 수학 선생으로 임명되어, 조정의 황실 서적을 접할 기회가 있었기 때문에, 부베가 『봉지간행일강역경해의』를 열람했을 가능성이 충분히 있다.

셋째, 부베의 역학 저서에서 『봉지간행일강역경해의』가 여러 번 언급되고 있는데, 여기에서는 『일강(日講)』으로 줄여서 부르기로 한다. 『일강』은 바티칸 도서관의 도서 편호 Borgia·Cinese, 317에서만 25번이나 언급되었으며, 그 중에서도 특히 부베의 저서 『역인』과 『역학외편』에서 많이 인용되었다. 예를 들어, 부베는 태괘(泰卦)의 육오효에서 "제을귀매(帝乙歸妹)"에 관한 『일강』의 주(注)를 구체적으로 인용하고, 본인의 해석을 덧붙였다. 부베에 따르면 태괘의 육오효(六五爻)에서 음(陰)이 존귀한 자리에 있어,[538] 태괘의 괘

---

534 伯希和(中華書局), 2006, p.132.
535 白晉(1981), p.28.
536 『일강역경해의(日講易經解義)』(십팔권)은 강희 22년(1683)에 내부각본(內府刻本)으로 간행되었다. 이 밖에도 강희 32년(1684)에는 내부각본 만문본(滿文本)이 간행되었다. (역주)
537 강희제는 숭유중도(崇儒重道)의 정책에 따라 경연일강(經筵日講)을 중시하였다. 경연(經筵)은 강희제가 18세였던 강희 10년(1671) 4월부터 시작되었으며, 이후로도 15년간에 걸쳐 계속되었다. 경연의 과목은 『사서오경(四書五經)』과 『통감(通鑒)』 등이었으며, 『역경』 공부는 강희제가 가장 좋아하던 과목이었다. 『봉지간행일강역경해의』의 편찬 작업은 강희 19년(1680)에 시작되어 강희 22년(1683)에 완성되었다. (汪學群(2004), p.408)(역주)
538 Bouvet, 『易鑰』, BAV, Borgia·Cinese, 317(2), p.19.

주(卦主)가 된 것은 제을(帝乙)이 자신의 누이를 시집보낼 때에 성모마리아가 성자(聖子)를 낳은 길상(吉象)을 상징한다.[539] 여기에서 부베는 「설괘전」의 "제출호진(帝出乎震)"의 구(句)에 대한 『일강』의 주, "조화지주재, 위지제(造化之主宰, 謂之帝)"[540]의 구절을 인용해서, "제출호진"이 조물주가 만물 창조의 기제(機制)를 주재(主宰)하여, 선천(先天) 세계에서 조화의 공을 이룬 것을 상징한다고 보았다.[541] 아울러 그는 『일강』 가운데 나오는 충(衷)·성(性)·덕(德)·심(心)의 이해에 근거해서, 조물주가 우주를 창조한 근본 의미에 대하여 설명함으로써, 조물주의 애인지심(愛人之心)과 홍애지심(洪愛之心)을 분명하게 드러냈다.[542]

부베는 『대역원의내편』에서 특별히 『일강』에서 인용했음을 밝혔다. 즉 "내의(內意)의 문구는 측면(側面)의 원권(圓圈: 둥근 동그라미: 用下橫線 아래에 밑줄 그은 부분)에 있으며, 『일강』에서 인용했다."[543] 그 밖에도 "측면에 첨권(尖圈: 위가 뾰쪽한 동그라미: 채색하여 표시한 부분)은 명유(名儒)들의 고어(古語)에서 취한 것이다."[544]라는 문구도 있다. 이러한 구절은 『일강』과 "명유고어(名儒古語)"를 서로 대응시킴으로써, 『일강』의 지위를 알 수 있게 했다.

부베는 『봉지간행일강역경해의』 이외에도 이광지의 『주역절중』을 매우 중요시했다. 이광지는 1705년에 문연각 대학사(大學士)에 임명되었으며, 충전시독권관(充殿試讀卷官)·국사관(國史館)·전훈관(典訓館)·방략관(方略館)·일통지관총재(一統志館總裁) 등을 역임했다. 그는 관방의 정통 역학가가 되어, 주자의 역학을 종주(宗主)로 삼았으며, 『주역절중』의 교정과 정리를 감독

---

539 "故無始與有始者, 或于上主大父前比而論之, 則無始者眞爲上主無際寵愛之兒, 有始者當上主寵愛之女. 或交互而論之, 則無始者爲至尊之兄, 有始者爲妹"(黎子鵬 編注, 『淸初耶穌會士白晉易經殘稿選注』, 2020. p.251)(역주)
540 "蓋造化之主宰, 謂之帝"(牛紐 等 撰, 『日講易經解義』, 中州古籍出版社, 2019. p.630)(역주)
541 Bouvet, 『易鑰』, BAV, Borgia·Cinese, 317(2), p.22.
542 Bouvet, 『易鑰』, BAV, Borgia·Cinese, 317(2), p.22.
543 Bouvet, 『大易原義內篇』, BAV, Borgia·Cinese, 317(9), p.3.
544 Bouvet, 『大易原義內篇』, BAV, Borgia·Cinese, 317(9), p.9.

하는 책임을 맡았다. 이광지는 성리학의 관점에서 『역』을 설명했는데, 이것은 의리(義理)의 관점에서 역학 연구를 종합하는 효과가 있다. 강희제는 1715년에 직접 『주역절중』의 서문을 써서 다음과 같이 말했다. "대학사 이광지는 평소에 학문에 근본이 있고, 『역』의 이치를 정밀하고 상세하게 연구하였음을 잘 알고 있기 때문에, 『주역절중』을 편찬하도록 특별히 명령하였다. 위로는 「하도」와 「낙서」의 본말(本末)을 정비하고, 아래로는 여러 유학자들의 주석을 살펴보아, 경전에 통달한 사람의 바꿀 수 없는 이론과 절충하여 취하도록 하였다."[545] 그리고 "대학사 이광지로 하여금 여러 학자들의 주(注) 중에서 좋은 것을 가려내어 수집해서, 황제에게 보내서 을람(乙覽)[546]하게 하였고, 이 책을 저술하게 하였다"고 하였다.[547] 당시에 청나라 조정에서는 송대 역학의 의리(義理)와 상수(象數)의 두 학파의 논쟁을 종식시키고, 올바른 역학을 정립하려는 시도가 있었다.

부베가 이광지와 직접 접촉했다는 것을 증명할 자료는 없다. 그러나 부베가 강희제에게 보낸 주절(奏折)[548]에는 강희제를 매개로 이루어졌던 부베와 이광지 사이의 사상적 교류가 나타나 있다.[549] 예를 들어, 그 주절 중에 "원도(圓圖) 한 폭과 설책(說冊) 한 절(節)을 부베와 함께 보았습니다[幷圓圖一幅, 說冊一節, 卽與白晉看]"[550]라고 한 구절이 있고, 또 부베가 올린 문서에 "대학사 이광지는 역리에 정통하고, 역법에도 통달하였다고 탄복하여 칭송

---

545 "深知大學士李光地素學有本, 易理精祥, 特命修『周易折中』, 上律河洛之本末, 下及衆儒之考定, 與通經之不可易者, 折中而取之"((淸)李光地(1990), p.1).
　　이광지(2018), p.14. (역주)
546 을람(乙覽): '을야지람(乙夜之覽)'의 줄임말. 한(漢)나라 때부터 밤을 갑(甲)·을(乙)·병(丙)·정(丁)·무(戊)의 다섯 개로 나누었는데, '을야(乙夜)'는 밤 10시부터 12시까지에 해당된다. 황제가 낮에는 정사(政事)를 보고 잠자기 전인 밤 10시부터 12시까지 책을 읽는다고 하여 생긴 말이다. (역주)
547 "詔大學士李光地采摭群言, 恭呈乙覽, 以定著是編."(『御纂周易折中』, 二十二卷((淸)紀昀(1997), p.53)
548 주절(奏折): 신하가 황제에게 보내는 상소(上疏)를 가리킨다. (역주)
549 엘만(Benjamin Elman)은 부베와 이광지가 강희제를 매개로 사상적 교류를 한 것은 사실이지만, 강희제와 이광지는 불어 혹은 라틴어로 쓰인 부베의 글을 읽을 수 없었기 때문에, 고대 중국사로 거슬러 올라가면 중국 역사가 기독교의 하느님의 가르침으로부터 유래된 것이라는 부베의 색은주의 이념에 대해 알지 못했다고 주장하였다. (Elman(2005), p.170)(역주)
550 Bouvet, 『易考』, BAV, Borgia·Cinese, 317(4), p.23.

하였습니다[稱深服大學士李光地, 精通易理, 通曉曆法]"[551]라고 한 구절도 있다. 부베의 문장 중에는 『주역절중』을 본보기로 삼은 것이 많이 있으며,[552] 부베는 『주역절중』에 포함된 수리도상(數理圖像) 가운데 『가배변법도(加倍變法圖)』[553]·『대연구고지원(大衍句股之原)』[554] 등 두 종류의 도표를 특히 중시하였다.[555]

그 밖에 야역(耶易)에 대한 연구를 수행하기 위해서는 서양 경전인 『성경』이 중국에 도입되고 발전된 과정을 다루지 않으면 안된다. 『성경』은 기독교의 도입과 더불어 점차로 중국 땅에 들어왔다. 황보라는 『대국학의 관점에서 본 한어학술성경학[大國學視野中的漢語學術聖經學]』(2012, 民族出版社)이라는 저서에서 경교·천주교·신교(新敎) 및 동방정교회(東正敎) 등 다양한 기독교 교파의 『성경』 번역사에 대해 서술했다. 임동승(任東升)은 『성경한역

---

551 Bouvet, 『易鑰』, BAV, Borgia·Cinese, 317(2), p. 22.
552 『주역절중』의 「계몽부론(啓蒙附論)」에는 기하학적 도형이 많이 포함되어 있다. 그 가운데 「대연구고지원(大衍句股之原)」은 『주비산경(周髀算經)』에 나오는 구고정리(句股定理)를 응용한 것이고, 「가배변법도(加倍變法圖)」는 소옹(邵雍)의 가일배법(加一倍法)을 응용한 것이다. 이 두 개의 도표는 중국의 학술에 기원을 두고 있지만, 동시에 예수회 선교사들로부터 전해진 서양 수학지식의 영향을 받은 것이다. 즉 구고정리는 피타고라스의 정리(Pythagoras' theorem)와 같고, 「가배변법도」는 파스칼 삼각형(Pascal Triangle)과 같다. 강희제에게 이 두 개의 도표와 관련된 서양수학지식을 전수한 인물들은 강희제에게 서양수학을 가르친 예수회 선교사들이었다. 강희제는 이광지에게 『주역절중』을 편찬하도록 명령하였을 뿐 아니라, 이광지로 하여금 이러한 기하학적 도형들을 『주역절중』에 포함시키도록 권고하였던 것으로 보인다. 따라서 부베가 『주역절중』을 본보기로 삼았다기 보다는 오히려 『주역절중』이 부베의 영향을 받았다고 말하는 것이 더 정확할 것이다. (역주)
553 이광지는 『주역절중』을 편찬할 때 『산학통종』에서 정대위의 도표를 취해서 「가배변법도(加倍變法圖)」로 이름을 고쳐서 『주역절중』의 「계몽부론(啓蒙附論)」에 첨부하였다. 정대위의 「개방구렴률작법본원도(開方求廉率作法本源圖)」와 부베의 「천존지비도(天尊地卑圖)」와 이광지의 「가배변법도(加倍變法圖)」는 비록 이름은 다르지만 그것이 다루고 있는 내용은 사실상 동일하다. (방인(2019). p. 43) (역주)
554 (淸)李光地(1990), p. 552, p. 546. ; Bouvet, 『易經總說稿』, BAV, Borgia·Cinese, 317-30, p. 12.
555 『대연구고지원(大衍句股之原)』은 피타고라스의 정리와 관련된 것이고, 「가배변법도(加倍變法圖)」는 파스칼 삼각형과 관련된 것이다. 예수회 선교사들은 피타고라스의 정리와 파스칼 삼각형을 소개하여, 중국인들의 관심을 끌었다. 그러나 중국학자들은 피타고라스의 정리에 상응하는 구고정리(句股定理)를 『주비산경(周髀算經)』에서 찾아내었고, 명대의 수학자 정대위(程大位, 1533-1606)의 『산법통종(算法統宗)』에서 파스칼 삼각형과 내용적으로 동일한 「개방구렴률작법본원도(開方求廉率作法本源圖)」를 발견했다. 중국인들은 『주비산경』이 상나라 대부(大夫) 상고(商高)와 주공(周公)의 토론을 기록한 것이기 때문에 피타고라스보다 더 오래된 것이고, 정대위(程大位)는 명대의 수학자이기 때문에 파스칼 보다 이전에 이미 파스칼삼각형은 중국에 알려져 있었다고 생각했다. 강희제는 만주족 출신이었지만, 「어제삼각형추산법론(御制三角形推算法論)」을 써서 서양의 삼각형에 관한 이론이 사실은 중국으로부터 건너간 것이라고 주장했다. 이처럼 서학의 기원이 중국에 있다는 주장을 서학중원설(西學中原說)이라고 하는데, 서학중원설의 발단을 제공한 것은 삼각형에 관한 논란이었다. (역주)

문화연구(聖經漢譯文化硏究)』(2007, 湖北敎育出版社)에서 번역학의 관점에서 한어『성경』의 역사를 체계적으로 설명하였다.

"『성경』의 한역은 중국 당나라 때부터 시작되었다."[556] "『대진경교유행중국비』는 기독교의 중국 전파와『성경』의 중국어 번역을 입증해주는 최초의 증거이다."[557] 당나라 때 경교가 전파될 때에는『성경』의 일부 장절이나 내용이 중국어로 번역되어 있었다. 원대에 몽골 민족의 통치 시기에는『성경』이 몽골어로 번역되었다. 예수회사들의 중국 입국은『성경』의 전파에 새로운 발전의 계기를 가져왔다. 예를 들어, 미켈레 루제리는 중국어로『천주성교실록』을 저술했는데, 그것은 "명말청초(明末淸初) 기독교의 한역『성경』이 최초로 실용화된 사례"[558]였다. 마테오 리치는『성경』을 독자적으로 번역하지는 않았지만,『천주실의』에서『성경』의 가르침과 중국의 전통 경전을 결합시키려고 시도하였으며, 이것은『성경』에 대한 소개이기도 했다. 그 결과『성경』은 유생들에게도 알려지게 되었다. 부베가『성경』을 끌어들여『역경』텍스트 해석의 기초로 삼은 것은 두 텍스트에 상응하는 문자를 대조할 수 있어서 세상 사람들에게 쉽게 이해시킬 수 있었기 때문이다.

부베는 중국에 온 이후로 죽을 때까지 줄곧『역경』연구에 몰두했으며, 기독교 역학 연구의 선구자가 되었다. 부베의 제자가 된 푸케와 프레마르는 부베의 발자취를 따라『역경』의 매력을 계속해서 탐구했다. 부베와 그의 제자들은 기독교 역학의 출현에 직접적인 기여를 했으며, 이것은 청대 초기에『역경』연구에서 최초의 새로운 해석의 경향으로 이어졌다. 그것은 기독교 선교사들이 한 차례 불러일으킨 비정통적 신경학(新經學)의 시도였다. 한편으로 그들은 전통역학의 지혜를 흡수하고『역경』의 내용·본의(本義)·체례(體例)를 숙지하고 있었으며,『역경』을 동방의 권위있는 대표적 경전으로 여겼

556　傅敬民,『聖經漢譯的文化資本解讀』, 復旦大學出版社, 2009, p. 82.
557　趙維本,『譯經溯源-現代五大中文聖經翻譯史』, 中國神學硏究所, 1993, p. 8.
558　傅敬民,『聖經漢譯的文化資本解讀』, 復旦大學出版社, 2009, p. 104.

다. 다른 한편, 그들은 서양의 『성경』을 해석의 기초로 삼아 역학의 심오한 의미를 탐구하였으며, 『역경』에 새로운 함의를 부여했다.

제 2 장
부베의 역학 저서의 고증 및 주요내용

제1절
부베의 생애와 중국 입국

부베는 1656년 7월 18일에 프랑스의 르망(Le Mans) 시(市)에서 태어났다.[1] 부베는 그의 나이 17세인 1673년 10월 9일에 예수회에 가입하였다.[2] 그리고 29세인 1685년 3월 3일에 브레스트 항구를 출발해서 중국으로 향한 긴 항해에 나섰다.[3]

---

1 부베의 출생 시기에 관해 콜라니는 1656년 7월 18일로 기록했다. (柯蘭霓(2009), p.12 참고); 『Polybiblion: Revue Bibliographique Universelle (通用文獻綜述)』에서도 역시 "신부는 1656년 7월 18일에 태어났다"고 기록되어 있다. (Société Bibliographique(1869), p.384 참고) 그리고 데에르뉴는 1656년 7월 8일이라고 하였다. (榮振華(2010), p.79) 출생지에 관해 데에르뉴는 부베의 출생지를 르망(Le Mans)시의 망소(Manceau) 혹은 콩리에(Conlie) 콩데 쉬르 사르트(Condé-sur-Sarthe)로 추정했는데, 그 중에서 어떤 것이 맞는지를 확정할 수 없다고 했다. (榮振華(2010), p.79 참고)

2 데에르뉴에 따르면 "부베는 1673년 10월 9일에 예수회에 가입했다"(榮振華(1995), p.79 참고) 콜라니도 역시 마찬가지로 주장했다. (柯蘭霓(2009), p.13 참고) 크누드 룬드백도 역시 마찬가지이다. (龍伯格(2009), p.9) 이러한 기록에 따르면, 부베는 17세에 예수회에 가입한 것이 된다. 이와는 달리, 부베가 22세에 예수회에 가입했다고 보는 견해도 있다. (清史委員會(1995), p.391 참고) 피스터의 책에서는 "1678년 10월 9일에 입회했다"고 하여, 역시 22세에 입회한 것으로 보았다. (費賴之(1995), p.434 참고)

3 당시에 유럽에서 중국까지 항해하는 데에는 평균적으로 1년 정도 걸렸다. 예수회 아시아 사역의 경우 목적지에 도착한 사람들보다 더 많은 사람들이 배에서 죽었다. 17세기 해외 선교단의 연대기 기록자인 바르톨리(Daniello Bartoli)는 바다에 묻혀 성직을 실현하지 못한 소명자 동료들을 "예수회가 바다에 지불하는 연례공물"이라고 표현했다. 마르티니가 이끄는 36명의 신입회원 중 12명이 중국에 도착하기 이전에 사망했고, 쿠플레의 15명의 신입회원 중 8명도 비슷한 운명을 만났다. 데에르뉴는 부정확한 자

강희제의 특사로 유럽으로 여행했던 1693년에서 1698년 사이의 기간[4]을 제외하면 부베는 내내 중국에서 머물렀으며, 1730년 6월 29일에 북경에서 사망했다.[5]

부베의 묘비에는 그의 생애가 다음과 같이 소개되어 있다.[6]

료를 인용하여 포르투갈을 거쳐 중국으로 보내진 249명 중 127명이 도중에 사망했다고 주장하고, 스탄다르트는 좀 더 많은 숫자를 제공하지만 항해 중 아주 많은 선교사들이 죽었음을 짐작할 수 있을 뿐이다. 1581년에서 1712년 사이의 선교사의 손실을 계산해 보면 바다에서 거의 50% 이상이 사망한 것으로 추정된다. (리암 매튜 브로키(2024). pp.404-405 참고) 아마도 배에서 예수회원들의 가장 일반적인 사역은 병자를 간호하는 것이었다. 처음 여행을 하는 많은 사람들이 최초의 배멀미를 극복한 후, 정신착란, 그리고 괴혈병으로 잇몸, 다리, 팔 등이 썩는 고통을 경험했다. 예수회원들이 일반적으로 충분하고 다양한 식량을 지니고 있었으며, 이로 말미암아 다른 승객들보다 건강하기는 했지만 질병에 노출되지 않는 것은 아니었다. 예를 들어 1681년에 한 예수회원은 인도로 가는 교역선에 탑승한 승객 312명 중 5명만 아프지 않았다고 기록했다. 그 여행 중에 선교사들은 "자신들을 인도로 데려갈 수 있게 해 준 열정과 자비를 지속적으로 경험"하였다. 그러나 그러한 미덕이 그들에게 면역력을 가져다 준 것은 아니었다. 19명의 예수회원들 중 단 2명만이 자신들의 동료 4명의 목숨을 앗아간 질병으로부터 벗어났다. (費賴之(1995), pp.414-415 참고)

4 부베는 파리 예수회에 선교활동의 보고를 위해 1693년 7월 8일에 북경을 출발하여 귀국길에 올랐다. 1697년 3월 1일에 브레스트에 도착하였다. 부베가 프랑스로 돌아오는 여행은 매우 위험하고 험난하였다. 부베는 이 여행이 "3년 만에 걸친 매우 힘들고 지루한 여행이었다"고 회고하였다. (Collani(2005), p.285 참고) 부베의 여행기에 따르면, 이 여행을 험난하고도 시간을 많이 걸리게 만든 원인은 항해 기술의 부족이나 불순한 기후의 위험 보다는 오히려 유럽국가들 사이의 전쟁과 경쟁, 그리고 마호메트교도들과 일부 배의 선장들과 세관원들의 신뢰할 수 없는 행동들이었다. 1694년 1월에 부베는 마카오에서 배를 타고 출발하여, 1694년 1월에 1694년 5월에 인도의 구자라트 주의 항구 수라트에 도착했다. 1695년 3월에 그는 수라트에서 터키 배를 타고, 1695년 4월에 지금의 사우디아라비아의 항구 제다(Giodda; Jeddah, port of Mecca)에 도착했다. 그는 제다에서 무굴제국의 황태자가 그곳을 공격할 것이라는 소문을 듣고, 1695년 12월에 다시 수라트로 되돌아갔다. 마침내 1696년 4월에 프랑스 배를 타고, 희망봉과 브라질을 경유하여, 12년 전에 중국으로 가기 위해 출항했던 브레스트 항구로 1697년 3월에 되돌아왔다. (Collani(2005), p.374 참고)

5 부베의 서세(逝世) 시기는 묘비 기록을 따른 것이다. 묘비에 부베가 옹정(雍正) 8년 경술(庚戌)년 5월 15일에 사망했다고 되어 있다. 이것은 그레고리력(양력)으로 1730년 6월 29일에 해당된다. 데에르뉴는 1730년 6월 28일이라고 하였다. (榮振華(2010), p.80 참고) *Polybiblion: Revue Bibliographique Universelle*에서도 역시 "부베 신부는 1730년 6월 28일에 사망했다"고 하였다. (Société Bibliographique (1869), p.384)

6 현재 부베의 묘지는 북경시 해정구(海淀區) 오탑사촌(五塔寺村) 24호에 있는 석각예술박물관(石刻藝術博物館)의 야외전시장에 전시되어 있다. 원래 북경에 있었던 유럽인 선교사 묘지는 두 군데였다. 하나는 책란(柵欄, Zhalan) 묘지이고, 나머지 하나는 정복사(正福寺) 묘지이다. 책란 묘지는 1610년에 마테오 리치가 사망한 후에 명나라 황실에서 묘지로 쓰도록 하사한 곳이다. 여기에는 아담 샬 폰 벨, 페르디난드 페르비스트 등 예수회 선교사 등이 묻혔다. 책란 묘지는 현재의 행정구역으로 북경시 서성구(西城區) 차공장대가(車公莊大街) 6호에 있는데, 북경시 행정학원이 그 자리에 들어서 있다. 그래서 행정학원의 후원을 찾아가야만 선교사들의 무덤과 여러 묘비들을 만날 수 있다. 묘역 전체를 담으로 둘러싸서 출입을 통제하고 있으며, 쇠창살과 담장 너머로만 무덤과 묘비를 확인할 수 있다. 묘비는 대략 63개 정도 남아 있다. 한편 1700년 이후 프랑스 선교사들이 대거 입국하게 되자 별도의 묘지를 물색하였다. 그리하여 1732년에 청나라 황실은 정복사(正福寺)라는 절이 있던 곳을 새로운 묘지로 하사하였다. 정복사 묘지에는 주로 18세기 이후 19세기 말까지 북경에서 활동한 유럽인 선교사들의 묘비가 전시되어 있다. 20세기에 들어 정복사 묘지는 1900년의 의화단 사건과 1966년의 문화대혁명 때 두 차례에 걸쳐 훼손되었다. 그리고 1969년부터 1971년 사이에는 여기에 전쟁과 흉년을 대비한다는 구호 아래 방공호가 건설되었다. 이 때 정복사 묘지의 비석들은 북경 시내 방공호를 짓는 건축자재로 동원되

〈그림 5〉 부베의 묘비(墓碑) 및 탁본(拓本)

예수회사 백공(白公)의 묘(墓): 예수회사 백(白) 선생은 이름이 진(晉)이고, 호(號)는 명원(明遠)이다. 태서(泰西)의 프랑스 국적의 사람이다. 진리를 탐구하는 것을 좋아해서, 일찍부터 가정과 세속을 떠나 예수회에 가입해서 활동한 것이 52년이다. 강희(康熙) 26년 정묘(丁卯)년[7]에 동쪽으로 와서 중국에서 천주성교(天主聖敎)를 전도했다. 옹정(雍正) 8년[8], 경술(庚戌), 5월 15일[9]에 도성(都城)에서 죽었다. 향년 74세이다.[耶穌會士白公之墓: 耶穌會士, 白先生, 諱晉, 號明遠。泰西, 拂郎吉亞, 國人. 緣慕精修, 棄家遺世, 在會五十二年, 于康熙二十六年, 丁卯, 東來華傳天主聖敎, 至雍正八年, 庚戌, 五月十五日, 卒于都城. 年七十四歲.]

었다. 이 비석들은 1990년대 초에 어느 중학교 체육관을 보수하다가 발견되었으며, 북경시 문물국(文物局)에서는 이 비석들을 문화유적으로 지정하고, 북경시에서 운영하는 석각예술박물관으로 옮겨서 보존하게 되었다. (조현범(2017)) (역주)

7 강희 26년 정묘(丁卯)년은 1687년에 해당된다. (역주)
8 옹정 8년은 1730년에 해당된다. (역주)
9 옹정 8년 경술(庚戌)년 5월 15일은 그레고리력(양력)으로 1730년 6월 29일에 해당된다. (역주)

하느님은 가장 좋으시고 가장 위대하시다.(D.O.M.)¹⁰ 조아킴 부베 신부. 프랑스인, 예수회 소속. 예수회에서 52년 동안 지냈고 중국에서 43년 (XLIII)¹¹ 동안 선교사로 지냈다. 그는 북경에서 1730년 6월 29일에 74 세로 죽었다.(D.O.M. P.JOACHIMUS BOUVET GALLUS SOCIE.JESU PROFESSUS VIXIT. IN. SOc. ANNIS. LII. IN MISS.SIN.ANNIS. XLIII. OBIIT. PEKIN. ANNO. DOM. MDCCXXX. DIE. XXIX. JUN. AETATIS ANN. LXXIV.)¹²

부베는 부유한 가정에서 태어나서, 어린 시절부터 라 플레슈(La Flèche)에 있는 예수회 학교¹³에서 공부하였다. 그는 그 곳에서 엄격한 전문 과정을 거치면서 어학능력, 과학지식 및 인문학적 소양을 빠르고 꾸준하게 향상시켰으며, 장차 해외에서 학술 연구에 빠르게 진출할 수 있는 탄탄한 기반을 다질 수 있었다. 부베는 독실한 카톨릭 신자로서 예수회에 가입한 이후 중국 선

---

10 D.O.M.: "Deo Optimo Maximo"의 약자(略字)이다. 즉 "가장 좋으시고 가장 위대하신 하느님"이라는 뜻이다. (역주)
11 "XLIII"은 43에 해당된다. 이것은 부베가 중국에서 선교한 해를 가리킨다. 부베는 1685년 3월 3일에 브레스트 항구를 떠나서 1687년 7월 23일에 절강(浙江)성 영파(寧波)에 도착했다. 그리고 1730년 6월 29일에 북경에서 74세로 죽었다. 따라서 1687년에서 1730년까지의 기간을 합치면 43년이 된다. 그러나 부베는 부베는 파리 예수회에 선교활동의 보고를 위해 1693년 7월 8일에 북경을 출발하여 귀국길에 올랐다. 그리고 부베는 1698년 11월 7일에 광주(廣州) 항구에 도착했다. 따라서 부베가 중간에 유럽에 다녀온 기간을 빼면, 그가 중국에서 실제로 살았던 기간은 대략 37년이다. (역주)
12 부베는 죽은 뒤에 원래 북경의 정복사(正福寺) 묘지에 묻혔으며, 정복사 묘지에 묻힌 최초의 선교사가 되었다. 뒤에 정복사 묘지는 의화단(義和團) 사건 때 파괴되었으며, 부베의 묘도 훼손을 당했다. 복원된 묘비는 현재 북경의 오탑사(五塔寺) 석각박물관(石刻博物館)에 보관되어 있다. 묘비는 전체가 용리(龍螭: 전설에 나오는 뿔이 없는 용)의 머리가 있는 네모난 비석의 형태를 취하고 있으며, 비석의 몸체는 용리(龍螭)의 머리로 되어 있고, 비부(碑趺)와 비좌(碑座)는 일률적으로 네모난 받침대(方座)를 사용하였다. 일반적으로 '중방(中榜)'으로 불리는 묘비 중앙 부분에는 "야소회사백공지묘(耶穌會士白公之墓)"라는 여덟 글자가 대문자로 새겨져 있다. 왼쪽에는 한문으로, 오른쪽에는 라틴어로 적혀 있어, 좌가 우보다 우월하다는 전통적 관념에 부합한다. 한문 부분은 중국 전통문화에 따라 이름, 휘(諱), 자(字), 출생지 등이 기록되어 있으며, 그의 생애를 간략하게 기록하였다. 비문의 라틴어 문장을 번역하면 다음과 같다. "프랑스 예수회 신부 부베의 묘비: 예수회에 입회에서 52년 동안 지냈고, 중국에서 선교한 것이 18년이다. 1730년 6월 29일에 74세의 나이로 북경에서 사망했다. 향년 74세이다." 부베가 소속된 수도회, 입회(入會) 연령, 중국에 온 시기, 그리고 출생과 사망의 시기를 밝혔다.(明曉燕·魏揚波(2007), p.101 참고) 그러나 프랑스 백과사전의 부베 항목에는 부베가 "1732년에 북경에서 사망했다(Il mourut à Pékin en 1732)"라고 언급되어 있다.(Philippe Le Bas(1812), p.299 참고) 아마도 착오가 있는 것 같다.
13 라 플레슈(La Flèche): 라 플레슈는 프랑스 루아르(Loire) 지역에 있는 도시이다. 라 플레슈의 예수회 학교가 배출한 가장 유명한 인물은 르네 데카르트(René Descartes, 1596-1650)이다. 데카르트는 1606년에 예수회가 운영하는 라 플레슈 콜레주(Collège la Flèche)에 입학하여 1614년까지 8년간에 걸쳐 철저한 중세식 인본주의 교육을 받았다. (역주)

교를 필생의 꿈으로 삼았으며, 다음과 같이 말했다. "나는 중국 선교에 헌신하기로 결심했는데, 내가 예수회에 가입했을 당시에 이미 그런 계획을 가지고 있었다."[14]

부베가 중국이라는 낯선 나라에 가려는 생각이 왜 이처럼 강렬했는지는 알 수 없다. 다만 그가 이 목표를 실현하기 위해 줄기찬 노력을 거듭했다는 점은 확실하다. 한편으로 그는 신학·철학·어학·수학 등의 과목을 열심히 공부하였고, 다른 한 편으로 예수회의 고위층에 편지를 써서 선교사가 되고 싶다는 뜻을 밝혔다. 아울러 그는 프랑스 부르주(Bourges)[15]에서 선교사로 중국에 가겠다는 선서(宣誓)를 했다. 그러나 그의 중국몽(中國夢)은 곧바로 실현될 수 있는 계기를 얻지 못했다. 그런데 1680년에 필립 쿠플레가 페르디난드 페르비스트의 부탁을 받고 우수한 인재를 확보하기 위해 파리에 왔다. 이때 페르비스트가 인재선발의 목표로 삼았던 것은 특히 천문학, 수학 등 자연과학 분야에 지식이 있는 사람을 선발하는 것이었다. 페르비스트는 유럽의 종교계나 학계에 중국 선교에 더욱 관심을 가져줄 것을 호소했다. 프랑스 입장에서 보면 그것은 극동 지역에 프랑스의 영향력을 확대함과 동시에 포르투갈이 장악하고 있었던 호교권을 약화시킬 수 있는 절호의 기회이기도 했다.

마침내 운명의 신은 부베에게 행운의 손을 내밀었다. 그 당시 부베는 파리의 루이르그랑 대학(Collège de Clermont: Lycée Louis-le-Grand)에서 신학을 공부하고 있었다. 이때 중국에 갈 선교사를 모집한다는 소식을 듣고 부베는 곧바로 쿠플레와 퐁타네 두 사람에게 연락을 취했다. 부베는 많은 행정적 절차와 최종심사를 거쳐 마침내 "국왕수학자(Mathématiciens du Roy)"[16] 중

---

14 柯蘭霓(2009), p.13에서 재인용.
15 부르주(Bourges)는 파리에서 약 250km 남쪽에 중부 프랑스의 셰르(Cher) 주에 위치한 도시이다.
16 여섯 명의 국왕수학가(國王數學家) 중에서 부베를 제외한 나머지 다섯 명은 퐁타네(Jean de Fontaney, 1643-1710), 제르비용(Jean-Francois Gerbillon, 1654-1707), 르 콩트(Louis Daniel Le Comte, 1655-1728), 클로드 드 비스들루(Claude de Visdelou, 1656-1737), 기 타샤르(Guy Tachard, 1651-1712) 등이었다. (Standaert(2008), pp.169-185 참고) 그리고 "부베는 루이 14세에 의해 수학과 천문학자로 중국으로 파견된 다섯 명의 예수회원 가운데 한 사람이었다."(Albert Chan(2002), p.518 참고) 한편으로 선교사들은 선교전략을 수립하면서 종교와 과학 기술과 문화를 융합하는 방식을 추진하였다. 다른 한편으

한 명으로 선발되었다. 1685년 3월 3일에 선교사 일행은 와조(Oiseau)[17] 및 말린(Maligne)호 등 세 척의 돛배를 타고 브레스트 항을 출발해서 동쪽으로 나아갔다.

6명의 선교사 중에서 기 타샤르(Guy Tachard, 1651-1712)[18]는 샴(Siam, 현재의 태국)[19]의 나라이(Somdet Phra Narai, 1632-1688 재위: 1656-1688) 국왕이 도와달라고 요청했기 때문에 현지에 남게 되었고, 나머지 다섯 명은 1687년(강희 26년) 7월 23일에 샴의 국왕이 마련해준 중국배를 타고 절강성(浙江省) 영파(寧波)항에 도착했다.[20] 그리고 다음 해인 1688년(강희 27년) 2월 7일에 북경에 도착했다.

퐁타네[21] 신부는 드 라 셰즈(Françoise d'Aix de La Chaise, 1624-1709) 신

로는 문화적 정체성의 문제도 있었기 때문에 이들 선교사들은 국왕수학가의 신분을 활용하여, 정치, 문화, 종교의 세 가지 요소를 통합하였다. 이것은 중국과 서양 문화가 만났을 때 형성된 복잡한 상황을 반영하고 있다.

17 존 위텍은 "와소[瓦索]"호라고 번역하기도 했다. (魏若望(2006), p.36)
18 기 타샤르는 샴에 다녀온 여행기, *Voyage de Siam, des P, Envoyez par le Roy aux Indes & à la Chine* [A Relation of the Voyage to Siam: Performed by Six Jesuits, Sent by the French King, to the Indies and China]를 남겼다. 1686년에 작성된 이 여행기는 예수회 문서고에 소장되어 있다. 이 여행기는 1687년에 프랑스어로 된 암스테르담 판이 나왔으며, 영어와 태국어로 번역되었다. 타샤르의 여행기는 대사관의 종교적 측면과 샴의 국민들을 기독교인으로 개종시키기 위해 더욱 노력을 기울여야 한다는 것을 강조하고 있다. 부베도 역시 샴 여행기를 남겼는데, Voiage de Siam은 1963년에 코넬 대학에 보관된 필사본으로부터 출판되었다. 대사관에 소속된 부관이었던 클로드 드 포리빈(Claude de Forbin, 1656-1733)은 외교사절이 탄 배가 떠난 뒤에도 샴에 남아서 근무했으며 회고록을 남겼다. 포르빈의 책은 1729년까지 출판되지 않다가 "클로드 포르빈 백작의 샴 회고록"(The Siamese Memoirs of Count Claude de Forbin)이라는 제목으로 영어로 번역되었다. 이탈리아의 저명한 지도제작자 빈첸조 마리아 코로넬리(Vincenzo Maria Coronelli, 1650-1718)는 프랑스인들이 타고온 배를 그려넣은 지도를 1687년에 제작했다. 그 제목은 "브레스트에서 샴까지 1685년과 1686 사이의 항해기록"(*Route maritime de Brest à Siam, et de Siam à Brest, faite en 1685 et 1686*)이다. (Andrew Gosling(2013) 참고) (역주)
19 프랑스와 샴(Siam, 즉 Thailand)은 17세기 후반에 동맹 관계였다. 이 시기는 프랑스의 루이 14세와 샴의 나라이의 재위 기간에 해당된다. 루이 14세는 1685-1686년에 시암에 그의 첫 번째 대사관을 보냈다. 당시 대사관은 사절단이 외국에 상주하는 것이 아니라 외국을 방문하는 것을 의미했다. 루이 14세가 선물, 외교관, 선교사 및 군인으로 가득 찬 두 척의 배를 전 세계에 보낸 데는 몇 가지 이유가 있다. 그와 나라이는 동남아시아에서 지배적인 유럽 강대국인 네덜란드에 대항하기를 원했다. 프랑스인들은 당시 국제적인 상업 중심지였던 아유타야(Ayuthaya)와의 더 많은 무역을 추구했다. 그리고 루이 14세는 또 한 나라이가 기독교인이 될 준비가 되어 있다는 아주 잘못된 충고를 받았다. (Gosling(2013) 참고) (역주)
20 鐘鳴旦(1996), p.1257.
21 퐁타네는 루이 르 그랑에서 수학과 천문학을 가르치던 교수였으며, 파리 천문학회의 저명한 회원이었다. 그는 국왕수학가를 통솔하여 1687년 7월 23일에 절강성 영파에 도착했고 북경에 와서 페르비스트가 맡고 있던 흠천감의 업무를 물려받았다. 강희제의 학질을 치료해 주었기 때문에 강희제가 감사하는 뜻으로 성당을 지을 땅을 하사하였다. 그 땅 위에 세워진 것이 북당(北堂)이다. 1702년에 유럽으로 돌아와서, 라 플레슈에 있는 앙리 르 그랑 왕립대학(Collège Royal Henry-Le-Grand)의 총장을 맡았으며,

부에게 보낸 편지에서 그때 상황을 다음과 같이 전했다. "모든 사람들이 궁정에 도착했다. 수학에 능통한 학자들은 황제의 신변에 두고, 나머지 사람들은 그들이 희망하는 지방으로 가도록 했다."[22] 부베와 제르비용은 수학 방면에 조예가 깊었기 때문에 북경에 남아 중국에서의 선교 활동을 시작하게 되었다. 부베는 이 광대한 나라에 도착하자마자 중국 생활에 빠르게 적응해 뛰어난 재능을 발휘했다. 그는 천문학·철학·수학·의학 등을 강희제에게 만주어로 가르쳤을 뿐만 아니라 기하학·철학·자연과학에 관한 논문을 중국어와 만주어로 저술했다. 또 궁중에 약학(藥學) 연구소를 마련해, 1692년에 강희제가 열병을 앓았을 때, 1온스의 키니네(Quinine)를 써서 그를 치료했다. 퐁타네의 편지에는 "황제는 제르비용 신부와 부베 신부의 가루약이 자신의 생명을 구했다는 사실을 공개했다"고 적혀 있다.[23] 부베와 그의 동료들은 자신의 재능을 활용하여 황제를 크게 기쁘게 할 수 있었고, 그 덕택으로 북경에 장기 체류할 수 있는 기회를 얻었다.[24] 황제는 그들에게 포상으로 저택을 주었고, 교회를 짓는 것을 허락했다. 그리고 1692년에는 사면령, 즉 '강희용교령(康熙容敎令)'을 반포하였다. 이와 관련하여 강희제에게 천주교의 활동을 허용할 것을 건의한 상소문은 다음과 같다.

> 예부(禮部) 등(等) 아문(衙門) 상서(尙書) 강일급(降一級) 팔대(八代) 등(等)이 삼가 아뢰옵니다. 황상(皇上)의 명을 받들어 신하들이 모여서 논의한 결과 서양인들이 성인의 교화를 동경하여 만리(萬里)를 항해하여 왔다는 것을 알게 되었습니다. 서양인들은 오늘날 역법(曆法)을 잘 관리하였고 군사 분야에서도 대포 등의 무기를 만들었으며, 러시아에 파

1710년 죽기 전까지 그 곳에 머물렀다. (역주)
22 杜赫德(2001), p. 264.
23 퐁타네 신부가 1703년 2월 15일 드라셰즈 신부에게 보낸 서신. (杜赫德(2001), p. 290)
24 『프랑스 백과사전』의 부베 항목에서는 프랑스 국왕 루이 14세가 제창한 과학선교 정책에 따라 부베는 다른 선교사들과 함께 중국에 갔고, 제르비용 신부와 함께 뒤에 남겨졌다고 언급되어 있다. 강희제는 그들을 매우 소중히 여기고, 계속해서 수학 연구에 참여하도록 했다. (Philippe Le Bas(1812), p. 298)

견되어 성실하게 봉사해서, 그 성과를 올린 것이 매우 많습니다. 각 지방에 사는 서양인들은 악행과 무질서한 행위를 하지 않았고, 미신(左道)으로 대중을 현혹하거나, 이단(異端)과 어울려 문제를 일으키는 일도 없었습니다. 라마(Lama) 승려들이 그들의 사원에서 향을 피우는 등의 행동을 하는 데 반해서, 서양인들은 그러한 위법적 행동을 하는 것이 없으므로, 그들의 종교를 금지하는 것은 옳지 않은 것으로 보입니다. 따라서 모든 천주교 교회는 평소와 같이 그대로 허용하고, 향과 예배를 드리는 사람들은 여전히 평소처럼 허용할 것이며 금지할 필요가 없을 것입니다. 황제께서 명령을 내려주시면, 직예(直隸)와 각 성(省)에 시행토록 하겠습니다. 강희제 31년(1692) 2월 3일(양력 3월 22일), 웅사리(熊賜履), 석이달(席爾達), 왕양창(王颺昌), 다기(多奇), 왕택홍(王澤弘), 이상가(伊桑呵), 아란태(阿蘭泰), 왕희(王熙), 장옥서(張玉書), 만비(滿丕), 원납합(圓納哈), 사개칙(思个則), 왕국창(王國昌), 왕윤방(王尹方), 왕궤(王机), 이남(李柟)[25]

위의 문서를 통해 강희제가 당시 중국에서 가톨릭의 선교를 용인하고 있었음을 엿볼 수 있다. 부베는 라 셰즈 신부에게 보낸 편지에서 다음과 같이 말했다. "강희 황제는 궁중에서 복무(服務)하는 선교사 뿐 아니라 지방에 있는 선교사들에게도 이처럼 명백하고 보편적인 존경과 애정을 보였습니다."[26] 1693년에 강희제는 부베를 특사[27]로 임명하여 루이 14세에게 선물을 전달하

---

25 南懷仁(2005), p.664.
26 부베 신부가 1699년 11월 30일 라 셰즈(La Chaise) 신부에게 보낸 편지. (杜赫德(2001), p.149)
27 콜라니는 부베가 강희제의 특사로 임명되어 프랑스로 귀국할 때 강희제가 선물로 준 22종 49권의 중국어와 만주어로 된 책을 가지고 왔다고 한다. 그러나 주월산(周玥珊, Zhou Yueshan)은 중국학계에서 널리 받아들여진 콜라니의 주장에 대해 의심하였다. 우선 부베가 강희제의 특사로 임명되었다면, 신임장을 지니고 있어야 하지만 부베는 강희제의 신임장을 제출하지 않았다. 그뿐 아니라 중국의 공식 자료에는 부베가 강희제의 특사로 임명되었다는 어떠한 기록도 나오지 않는다. 아울러 부베가 이들 책을 프랑스로 가져간 것은 사실이지만, 이 책들이 강희제의 선물이라는 증거는 아직까지 제시되지 않았다. 이 책들은 현재까지 프랑스 국립도서관에 소장되어 있다. 여기에는 『신편직지산법통종(新編直指算法統宗)』(十七卷), 『자휘보(字彙補)』(十二集), 『본초강목(本草綱目)』(五十二卷), 『서경대전정해(書經大全正

기 위해 귀국시켰다.[28]

먼젤로는 "하느님의 종으로서 중국의 황제를 섬겼던 그는 유럽에 있는 주인 프랑스 왕을 위해 선물을 들고 유럽으로 돌아갔다"고 표현하였다.[29] 부베는 유럽 방문의 임무를 성공시켰을 뿐만 아니라 『중국의 현재상황과 복식』(L'Estat présent de la Chine en figures)(그림6)[30]과 『중국황제의 역사적 초상』(Portrait Historique de l'Empereur de la Chine)(그림7)이라는 두 종류의 책을 집필해서 부르고뉴 공작부인 마리 아델라이드[31]에게 헌정하였다. 이것은 중국과 강희제를 유럽에 소개하는 계기가 되었다.

게다가 루이 14세의 재정적, 인적 지원으로 장 밥티스트 레지스,[32] 조셉 드 프레마르, 도미니크 파르냉[33] 등 9명의 학식있는 선교사들이 모여 중국 선교가 이루어지게 되었다. 그들은 중국의 전통적인 선교 사업과 중국문헌의

解)』(十二卷), 『성리표제종요(性理標題綜要)』(二十二卷), 『효경소학집주(孝經小學集注)』 등이 포함되어 있었다고 한다. (Zhou(2020), pp.73-78)(역주)
28 디드로(Denis Diderot, 1713-1784)의 『디드로 전집: 디드로와 18세기 철학운동에 관한 연구』(Oeuvres complètes de Diderot: revues sur les éditions originales, avec une étude sur Diderot et le mouvement philosophique au XVIIIe siècle)에서는 부베가 루이 14세에게 강희제에게 49권의 중국 서적을 가져왔다고 언급하였다. (Diderot(1875-1877), p.471 참고)
이 책들은 현재 프랑스 국립도서관에 소장되어 있다. (Zhou(2020), p.70)(역주)
29 孟德衛(2010), p.332.
30 Bouvet(1697a).
『중국의 현재상황과 복식』은 도판(圖版)을 통해 "복장으로 본 중국의 현재 상태(The Present State of China in Images)"를 보여주기 위해 제작되었으며, 부르고뉴 공작부인 마리 아델라이드에게 헌정되었다. 부베는 1697년에 유럽으로 돌아올 때 43장의 값진 도판을 가져왔으며, 그것을 피에르 지파르(Pierre Giffart, 1643-1723)에게 맡겨서 판각하여 판화로 만들었다. 지파르는 중국의 원본을 복각하기 위해 온갖 정성을 기울였다. 이러한 도판들은 강희제와 황제의 친족들, 만주족 저명인사들, 불교 승려, 군인 및 학자 등이 그들의 직책에 상응하는 전통 의상을 입고 있는 모습을 그린 것이다. 이 그림을 본 많은 독자들은 중국 부인들의 예복의 우아함에 대해 감탄하고, 유럽의 여성들에게 동아시아인들의 우아한 아름다움을 본받도록 권했다. (Johns(2016), p.1)(역주)
31 마리 아델라이드 드 사보이(Marie Adélaïde de Savoie, 1685-1712): 부르고뉴 공작 도팽 루이(Dauphin Louis)의 아내이자 루이 15세의 생모이다. 토리노에서 사르데냐 왕국의 초대 군주 비토리오 아메데오 2세와 그 왕비 오를레앙의 안나 마리아의 맏딸로 태어났다. 1697년 루이 14세의 손자이자 도팽 루이의 장남인 부르고뉴 공작 루이와 결혼했다. 두 사람은 정략결혼으로 맺어진 부부임에도 불구하고 대단히 금슬이 좋았고, 세 명의 아들을 두었다. 1712년 천연두로 사망했다. (역주)
32 장 밥티스트 레지스(Jean-Baptiste Regis, 雷孝思, 1663-1738): 프랑스인, 예수회 신부, 60년간 예수회 활동, 중국 선교 40년. 1738년 11월 25일에 북경에서 사망. 향년 75세. 정복사(正福寺) 묘지에 묻힘. 묘비는 현재 북경의 석각박물관에 있다. (明曉燕·魏揚波(2007), p.103 참고)
33 도미니크 파르냉(Dominique Parrenin, 巴多明, 1665-1741): 프랑스인, 예수회 신부, 57년간 예수회 활동, 중국선교 43년. 1741년 9월 29일 북경에서 사망. 향년 77세. 정복사(正福寺) 묘지에 묻힘. 묘비는 현재 북경의 석각박물관에 있다. (明曉燕·魏揚波(2007), p.109 참고)

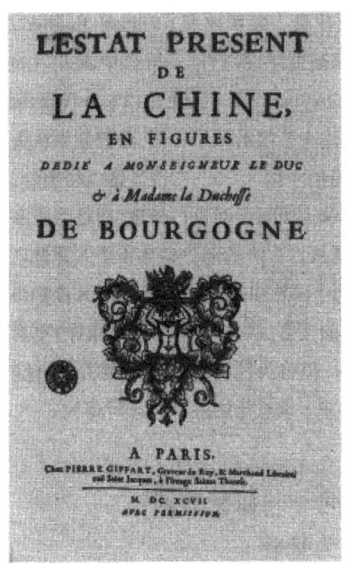 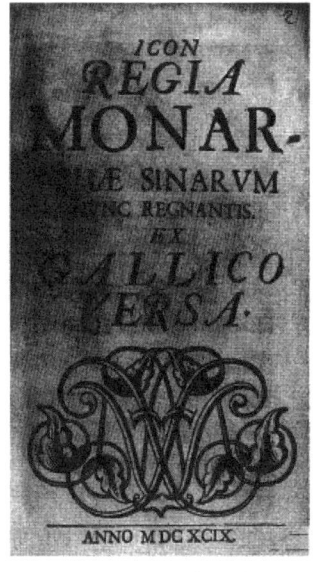

图六 《中国现状和服饰》(L'Estat présent de la Chine en figures) 扉页

图七 《中国皇帝的历史画像》(icon Regia Monarchae Sinarvm Nvnc Regnantis) 扉页拉丁文版本

〈그림 6〉 『중국의 현재상황과 복식』 속표지

〈그림 7〉 『중국황제의 역사적 초상』 속표지 라틴어판

연구 및 보급에 결코 사라지지 않을 공헌을 하였다. 중국에서 부베는 청 조정의 명령에 따라 중국의 전통적 문화와 관습을 따라야 했으며, 동시에 마테오 리치가 중국에 온 이후 천주교회에서 지켜온 규정도 준수해야 했다. 강희제는 선교사들에게 다음과 같이 명령했다. "당신들은 중국에 살고 있으므로 오래 전에 마테오 리치가 중국에 온 이후로 확립된 예수회의 규약을 지키고, 예수회 수장(首長)의 명령에 복종해야 한다."[34] 부베는 선교 과정 중에 천주교와 중국 문화를 연결시키기 위하여 중국에 적응하기 위한 선교방식을 찾으려고 노력했다.

그는 알레산드로 발리냐노의 문화적응정책과 마테오 리치의 현지화 전

---

34 ARSI, Japonica·Sinica, 174, F. 358.

략을 참고하여 문화수용의 입장에 서서 "기독교의 방식에 맞게 수정되고 조정된(Emandata ed accomodate al modo della Christianita)"[35] 정책을 실시함으로써 이질적인 문화의 도입으로 말미암아 생기는 편견과 충돌을 피하고자 했다. 미켈레 루지에리는 다음과 같이 말했다. "요컨대 우리는 중국을 그리스도께 드리기 위해 중국인이 되었습니다.(In breve, Siam fatti cini ut Christo Sinas lucri faciamus.)"[36] 피에르 뱅상 드 타르트르(Pierre Vincent de Tartre, 湯尚賢, 1669-1724)[37]도 역시 다음과 같이 말했다. "우리는 이 제국의 풍속과 관습에 적응하기 위해서 머리부터 발끝까지 우리 자신을 재창조하고 유럽인을 철두철미하게 중국인으로 변화시켜야 합니다."[38] 부베는 자신의 과거 경험을 바탕으로 유생과 사대부와 접촉한다든지 혹은 민간에 직접 뛰어들어 선교하는 것보다 오히려 중국과 서양의 학문적 비교연구에 더 많은 힘을 쏟았다. 그는 당시 지배적 입장에 있던 유교의 성인의 지혜 속에서 기독교와 상통하는 요소를 발견하려고 시도했다.[39] 중국인들에게 친숙한 중국 고대의 철학과 종교 개념을 중심으로 서양의 종교 문화를 해석하고, 중국인들, 특히 관리, 유생, 학자 및 민중들이 천주교의 가르침을 받아들이기 쉽게 하려고 노력했다. 이러한 학문적 탐색 과정에서 그는 『역경』에 주목하게 되었고, 『역경』을 『성경』과 연계시켜 심층적으로 연구함으로써 기독교역학[耶易]이라는 독특한 학문을 창출해 내었다.

---

35 柯毅霖(1999b).

36 柯毅霖(1999b. 가장 상세한 관련 자료 소개는 柯毅霖(1999a), p.59에 보인다. 이와 비슷한 내용이 마테오 리치는 예수회 상관(上官)에게 보내는 편지에도 나온다. 마테오 리치는 라틴어가 섞인 이탈리아어로 다음과 같이 말했다. "우리는 중국인들을 그리스도께 드리기 위해 중국인이 되었다.(Ci siamo fatti cinesi per guadagnare i cinesi a Cristo.)"(Venturi(1913), p.416)

37 드 타르트르(Pierre Vincent de Tartre): 프랑스인, 1700년 중국에 와서 선교. 1724년 2월 25일 사망. 중국에서 24년간 선교. 향년 56세. 북경 등공책란(滕公柵欄) 묘지에 묻힘.(Beijing Administrative College (2013), p.34)

38 드 타르트르가 1701년 12월 17일에 그의 부친 타르트르에게 보낸 편지.(杜赫德(2001), p.191 참고)

39 장 폴 비뇽(Jean Paul Bignon, 1662-1743)에게 보낸 편지에서 부베는 고대 중국 철학은 만약에 올바르게 해석된다면, 기독교 신앙에 반대되는 어떤 것도 긍정하지 않는다고 매우 명확하게 주장하였다. (Bouvet, Lettre à l'abbé Bignon, fol. 18r: "si on l'entend comme il faut, ne renferme rien de contraire a la loy Chretienne."(Mori(2020), p.195. p.203)(역주)

제2절
바티칸도서관에 소장된 부베의 역학 저서에 대한 고찰

바티칸도서관에 소장된 한적(漢籍)[40] 서목(書目)을 검색해보면 부베와 관련된 역학 저서는 주로 편호(編號) Borgia·Cinese[41] 317에 소장되어 있다. 그 목록은 다음과 같다.[42]

Borgia·Cinese 317(1): 『주역원지탐목록(周易原旨探目錄)』(Zhou Yi

---

[40] 바티칸 도서관의 적극적인 중국어 서적 수집은 마르첼로 체르비니(Marcello Cervini, 1501-1555)로부터 시작되었다. 체르비니는 인본주의 학자이자 신학자이기도 했으며, 예수회의 한결같은 후원자였다. 그는 1550년부터 1555년까지 5년 동안 추기경 사서로 재직하면서 동서양 문서의 방대한 필사본을 정리했다. 1554년의 도서관의 기록에 따르면 베네치아의 유명서점 Tramezzino에서 중국 서적을 구입하였다. 체르비니는 나중에 교황 마르첼로 2세(Pope Marcellus II)가 되었다. 바티칸 도서관에 있는 명나라 시대의 가장 귀중한 중국 회귀 서적은 대부분 바르베리니 도서관의 소장품이다. 필립 쿠플레(Philippe Couplet, 1622-1693)는 중국에서 유럽으로 돌아올 때, 총 414권의 중국어 책을 가지고 돌아왔으며, 쿠플레는 교황 인노첸시오 11세(Innocentius XI, 1611-1689, 在位 1676-1689)에게 330권의 중국 책을 선물했는데, 이 책들은 대부분 바티칸도서관에 소장되었다. 쿠플레가 교황에게 선물한 중국책은 초기 바티칸 도서관에서 가장 큰 중국 고전 컬렉션에 속한다. (余東(2019), pp.12-13)(역주)

[41] Borgia Cinese: 바티칸교황청도서관에 소장된 중국 관련 필사본으로서 교황청의 포교성성 차관으로 재직했던 스테파노 보르자(Stefano Borgia, 1731-1804)가 수집했던 문헌이다. 스테파노 보르자는 1731년 이탈리아 벨레트리(Velletri)의 귀족가문에서 태어났다. 페르모의 주교(主教)인 숙부 알렉산드로 수하에서 교육받았으며, 젊은 시절부터 역사와 고대 유물에 관심이 많아 19세 때는 고고학 분야를 연구하는 코르토나 아카데미(Academy of Cortona)에 입학할 정도였다. 보르자는 1756년에 로마의 사피엔자 대학교에서 교회법으로 박사 학위를 받은 후 고위 성직자에 취임했다. 1770년에 포교성성 차관이 되었으며, 예수회 해산(1773)과 프랑스 혁명(1789), 포교성성의 해체(1798) 등 교회사적으로 '격동의 세기'라 이를만한 18세기 중 후반, 격랑의 포교성성과 고스란히 운명을 같이 했다.(장동훈, 「포교성성 차관, 스테파노 보르자(Stefano Borgia, 1731-1804) - 교황청의 18세기 세계 선교 업무 구조와 정책 결정 과정」, 『가톨릭신학』, 제23호, 2013) 표교성성 차관이 된 이후 그의 컬렉션은 더욱 풍부해져 고향 벨레트리에 보르자 박물관을 설립했다. 1787년 이 박물관을 방문한 괴테(Goethe)는 다양하고 희귀한 유물에 극찬을 아끼지 않았다고 한다. "보르자 치네제(Borgia Cinese)"에는 538개의 사본이 있으며, 그 가운데 37개는 디지털화 되어 있다. 그것은 비(非) 라틴어 계열의 외국 수집품 가운데 최대의 것이며, 중국에 선교사를 파견하는 것에 대한 스테파노 보르자의 관심을 반영한다. Borg. cin. 396에는 안토니오 몬투치(Antonio Montucci)의 수집품도 포함되어 있다. (Biblioteca apostolica vaticana(2011))(http://www.wigl af.org/vatican/fonds/Borg.cin.html)(역주)

[42] Borgia·Cinese 317 편호(編號)에 속한 저서들이 모두 부베의 저서는 아니며, 프레마르, 푸케의 저서가 섞여 있다. 예를 들어, Borgia·Cinese 317. No.1의 『주역원지탐목록(周易原旨探目錄)』은 프레마르의 저서이며, Borgia·Cinese, 317. No.13. 『거고경전고천상불균제(據古經傳考天象不均齊)』와 Borgia·Cinese, 317. No.14. 『천상불균제고경적해(天象不齊考古經籍解)』는 푸케의 저서이다. (역주)

Yuan Zhi Tan Mu Lu)[43]

    Borgia·Cinese 317(2): 『역약(易鑰)』(*Yi louen*), 應爲(Yi yo)[44]

    Borgia·Cinese 317(3) 『역경총설고(易經總說稿)』(*Yi Jing Zong Shuo Gao, Dissertation générale sur le Yi King*)』

    Borgia·Cinese 317(4): 『역고(易考)』(*Yi Kao*)

    Borgia·Cinese 317(5): 『태극약설(太極略說)』(*Tai Ji Lüe Shuo*)

    Borgia·Cinese 317(6): 『역인원고(易引原稿)』(*Yi Yin Yuan Gao*)

    Borgia·Cinese 317(7): 『역고(易稿)』(*Yi Gao*)

    Borgia·Cinese 317(8): 『역학총설(易學總說)』(*Yi Xue Zong Shuo*)

    Borgia·Cinese 317(9): 『대역원의내편(大易原義內篇)』(*Da Yi Yuan Yi Nei Pian*)

    Borgia·Cinese 317(10): 『역학외편(易學外篇)』(*Yi Xue Wai Pian*)

    Borgia·Cinese 317(11): 『*L'Y King*[45]』(대응되는 중국어 표제가 없음)

    Borgia·Cinese 317(12): 『마방배열법(魔方排列法)[46]』(*Maniere d'arranger les quarrés magiques*)

    Borgia·Cinese 317(13): 『거고경전고천상불균제(据古經傳考天象不均齊)[47]』(*Ju Gu Jingzhuan Kao Tianxiang Bu Junqi*) 대응되는 외국어 표제가 없음

---

43 진혼우의 책에서는 『역경원지탐목록(易經原旨探目錄)』으로 되어 있으나, 원제는 『주역원지탐목록(周易原旨探目錄)』일 가능성이 있다. 왜냐하면 그것의 로마자 표기를 "Tcheou yi(周易)"이라고 하였기 때문이다. 펠리오(Pelliot)는 『주역원지탐목록(周易原旨探目錄)』이 프레마르의 저술일 가능성이 있다고 보았다. (伯希和(2006), p. 36) 저자도 참고문헌에서 이 책을 프레마르의 저서로 분류하였다. (역주)

44 펠리오는 이 책의 표제(標題)를 "Yi louen"으로 표기하였다. (Pelliot(1922), p. 25) 다카타 도키오(高田時雄)는 Borgia Cinese 317-16과 마찬가지로 "Yi yue 역약(易鑰)"이라고 번역했다. 현재 중국에서는 이 문헌과 관련된 논의로는 다음 두 논문을 참조할 수 있다. 장서평은 두 종의 책을 모두 『역륜(易輪)』이라고 부르고 작자미상이라고 하였다. (張西平(2003)) 한편 한기는 부베의 역학 저서로 『역약(易鑰)』을 언급하였으나 『역륜(易輪)』은 언급하지 않았다. (韓琦(2004a), p. 316) 원문을 대조해보면, 원고에는 "Yi yue 역약(易鑰)"으로 되어 있다.
    그러나 "Yi louen"은 『역약(易鑰)』의 음사(音寫)와 일치하지 않는다. "응위(應爲)"는 제목의 일부가 아니라 "마땅히 …로 되어야 한다"는 뜻으로 보인다. 그러므로 "『易鑰』(Yi louen), 應爲(Yi yo)"는 'Yi louen'이라고 한 것은 마땅히 'Yi yo'로 표기되어야 한다"는 의미로 풀이된다. (역주)

45 "L'Y King"은 『역경(易經)』의 불어 음역이다. (역주)

46 "Maniere d'arranger les quarrés magique": "마방진(魔方陣)을 배열하는 방법"(역주)

47 Sophie Ling-chia Wei(魏伶珈)는 이 책의 제목을 "고대 경전에 의거해서 본 천체의 불규칙성에 관한 고

Borgia·Cinese 317(14): 『천상불제거고경적해(天象不齊考古經籍解[48])』 (Tianxiang bujunqi kaogu jingji jie) (대응되는 외국어 표제가 없음)

Borgia·Cinese 317(15): 『천학본의(天學本義)』[49] (Tianxue benyi)

Borgia·Cinese 317(16): 『역약(易鑰)』[50] (Yi Yue)

이 16개의 책의 저자에 관하여 학계에서는 견해가 엇갈리고 있다. 많은 학자들이 편호가 붙은 참고 문헌 및 저자에 대하여 언급하였다. 예를 들어 여동의 『바티칸도서관 소장 초기 선교사들의 중문 문헌목록(16-18세기)』(Catalogo delle opere cinesi missionarie della Biblioteca Apostolica Vaticana (XVI-XVIII sec.))에서는 부베의 저작 및 그와 관련된 저작으로 모두 22개 항목[51]을 언급하였다.[52] 그것을 종합해서 정리하면 다음과 같다.

1. 『천학본의(天學本義)』『경천감(敬天鑒)』二卷 316(14);357(9)
2. 『역인(易引)』『역고(易考)』二卷 317(6)
3. 『택집경서천학지강(擇集經書天學之綱)』317(15) (『천학본의(天學本義)』와 동일함)
4. 『종론포열류락서등방도법(宗論布列類洛書等方圖法)』317(12)
5. 『천상불균제고고경적해(天象不均齊考古經籍解)』(『거고경전고천상불균제(據古經傳考天象不均齊)』317(13)(14); 380(6)(7) ("푸케의 자필 서명이 있는 라틴어 주석이 첨부 됨(con note latine autografe di Foucquet)"이라

---

48 찰(The Examination of the Irregularities in the Sky based on the ancient Classics)"로 번역했다. (역주)
  『천상불제거고경적해(天象不齊考古經籍解)』은 『거고경전고천상불균제(据古經傳考天象不均齊)』과 동일한 책이며, 다만 필사자만 다르다. (伯希和(2006), p.37)(역주)
49 최근에 콜라니는 『천학본의(天學本義, Tianxue benyi)』의 라틴어본에 의거하여 독일어 주석본을 출판하였다. (Collani(2023))(역주)
50 Bouvet, 『역약(易鑰)』: Borgia·Cinese 317(16)은 Borgia·Cinese 317(2)와 제목이 같다. (역주)
51 Yu(1996), p.1-5, p.9, p.6-11, p.10, p.12-17, p.11, 주고(奏稿) pp.12-13.
52 여동의 목록(Yu(1996))에서 부베의 저서로 언급된 것은 모두 16종이다. 17.『유지(諭旨)』는 부베의 저서로 언급되지 않았다. 저자가 22개 항목이라고 한 것은 오기(誤記)로 추정된다. (張西平(2003), p.20)(역주)

는 메모가 있음); 469(solo testo latino 라틴어 문장만 있음)

6. 『태극약설(太極略說)』[53] 317(5)
7. 『석선천미변시종지수유천존지비도이생(釋先天未變始終之數由天尊地卑圖而生)』317(11);
8. 『역학외편원고(易學外篇原稿) 십삼절(十三節)』316(6)(5);
9. 『역학외편(易學外篇) 팔절(八節)』317(4)(10);
10. 『역학총설(易學總說)』317(8)
11. 『역경총설휘(易經總說彙)』317(3);
12. 『역고(易稿)』317(7);
13. 『역약(易鑰)』317(16);
14. 『역약자서(易鑰自序)』317(2);
15. 『주역원의내편(周易原義內篇)』317(9);
16. 『주역원지탐목록(周易原旨探目錄) 이수내외이편(理數內外二篇)』317(1);
17. 『유지(諭旨)』439(C)1\2\3\4\5;439(A)b\k\h.

위에 열거한 17종 중에서 Borgia·Cinese 317의 (1)에서 (16)까지 16종이 부베의 저술이다.[54] 그 밖에도 부베의 저술은 Borgia·Cinese 편호 316, 357 및 439 등에 분포되어 있는데, 검토해 본 결과 그 내용이 많이 중복된다. 예를 들면 Borgia·Cinese 317에서 (7)『역고(易稿)』와 Borgia·Cinese 316에서 (3)-(4)『역해』(상하권)의 내용은 완전히 같다. Borgia·Cinese 317에서 (4)(『역고(易考)』, (6)『역인총고』, (10)『역학외편』, (8)『역학총설』등의 편 가운데 『역학외편』과 관련된 부분은 그 원고가 Borgia·Cinese, 316에서 (5), (6) 가

53　진혼우의 책에는 『태극도설(太極圖說)』로 되어 있으나, 오기(誤記)이므로 『태극약설(太極略說)』로 수정하였다. (역주)
54　『유지(諭旨)』는 황제가 신하에게 내린 글을 뜻하기 때문에 부베의 저서는 아니다. 따라서 부베의 저서로 분류될 수 있는 것은 모두 16종이다. 여동의 책에서도 부베의 저서는 16종이라고 하였다. (역주)

운데 있다. Borgia·Cinese 316(14)와 Borgia·Cinese 357(9)는 모두 『천학본의 경천감』 2권 등에 있다. 존 위텍은 그의 영문 저서 『*Controversial Ideas in China and in Europe: A Biography of Jean-François Foucquet, S.J., 1665-1741*』(耶穌會士傅聖澤神甫傳: 索隱派思想在中國及歐洲)의 부록에서 Borgia·Cinese 317의 여러 편목이 모두 푸케와 관련이 있는 것으로 보았다. 그리고 장국강은 위텍과 펠리오의 목록을 Borgia·Cinese 317의 목록과 비교하여, "바티칸도서관에 소장된 역학 저술들은 대부분 푸케의 것"이며, 부베의 저술이 "『대역원의내편』과 유사하다"고 주장하였다.[55]

사실 존 위텍은 그의 영문 저서에서 Borgia Cinese 317의 작품을 푸케가 썼다고 말하지는 않았다. 4쪽 분량의 317(1)『역경원지탐목록』은 "푸케가 소유하고 있었던 것"이라고 했으며,[56] 317(3)『역경총설고』는 "푸케에 의해서 지어졌을 가능성이 있다"[57]고 하였고, 317(4)『역고(易考)』는 "푸케의 중국인 비서에 의해 필사되었을 가능성이 있다"고 하였다.[58] 그리고 317(7)『역고(易稿)』는 중국 문헌 중에서 『역경』에 관련된 것을 "푸케가 정리한 것이며"[59] 317(8)『역고(易稿)』는 "아마도 푸케에 의해서 쓰여졌을 것"이라고 하였다.[60] 다시 말해 위의 저술들은 모두 푸케와 관계가 있지만, 그것이 푸케 자신의 저술인지는 명확하게 지적되지 않았다.[61]

리차드 스미스는 그의 논문 「역사적 비교의 관점에서 본 예수회의 『역경』해석」[62]에서 부베의 저서로 『역고(易稿)』[63], Borgia·Cinese, 317 가운데 2

---

55 張國剛(2001), pp.191-192.
56 Witek(1982), p.457.
57 Witek(1982), p.456.
58 Witek(1982), p.457.
59 Witek(1982), p.457.
60 Witek(1982), p.456 참고.
61 317(3) 『역경총설고(易經總說稿)』의 "probably composed by Foucquet"에서 "composed"와 『역고(易稿)』의 "probably written by Foucquet"에서 "written"은 저술하였다는 의미로 해석될 수 있는 것으로 보인다.
62 Smith(2001) 참고.
63 「康熙詔書」, BAV, Borgia·Cinese, 4398 A(h).

『역약(易鑰)』, 4『역고(易考)』, 6『역인원고(易引原稿)』, 11『L'Y King』(중문표제 없음) 및 『천존지비도(天尊地卑圖)』 등을 언급했다. 리차드 스미스는 그의 논문 「세계적 관점에서 본 『역경』: 몇 가지 교육적 고찰」에서 다음의 책들을 부베의 저서에 편입했다.[64]

Borgia·Cinese, 317(7): 『고전유적론(古傳遺跡論)』
Borgia·Cinese, 317(8): 『석선천미변시종지수유천존지비도이생(釋先天未變始終之數由天尊地卑圖而生)』(원표제는 『역학총설(易學總說)』)
Borgia·Cinese, 317(15): 『천학본의(天學本義)』
Borgia·Cinese, 317(3): 『역경총설고(易經總說稿)』
Borgia·Cinese, 317(4): 『역고(易考)』
Borgia·Cinese, 317(10): 『역학외편(易學外篇)』
Borgia·Cinese, 317(2): 『역약(易鑰)』
Borgia·Cinese, 317(16): 『역약(易鑰)』
Borgia·Cinese, 317(6): 『역인원고(易引原稿)』
Borgia·Cinese, 316(14): 『고금경천감(古今敬天鑒)』

그 밖에 스미스는 다음의 책들을 푸케의 저술에 편입시켰다.[65]

Borgia·Cinese, 317(7): 『역고(易稿)』
Borgia·Cinese, 316(5): 『역경제가해설(易經諸家解說)』
Borgia·Cinese, 316(2): 『주역약례(周易略例)』

호양(胡陽)·이장탁(李長鐸)의 저서 『라이프니츠의 이진법과 복희팔괘도

---

64 Smith(2002), pp. 19-20 참고.
65 Smith(2002), p. 23 참고.

(萊布尼茨二進制與伏羲八卦圖考)』(2006)[66]에서는 바티칸도서관의 필사본 Borgia·Cinese 중에서 다음의 책들을 부베의 저술로 나열하였다.

Borgia·Cinese, 317(6): 『역인(易引)』(원표제는 『역인원고(易引原稿)』)

Borgia·Cinese, 317(12): 『총론포렬류락서등방도법(總論布列類洛書等方圖法)』(원표제는 『마방배열법(魔方排列法)』)

Borgia·Cinese, 317(5): 『태극약설(太極略說)』

Borgia·Cinese, 317(11): 『석선천미변시종지수유천존지비도이생(釋先天未變始終之數由天尊地卑圖而生)』(원표제는 『L'Y King』)

Borgia·Cinese, 317(4)와 Borgia·Cinese, 317(10)은 통칭(統稱)은 『역학외편(易學外篇)』(각각의 제목은 『역고(易考)』, 『역학외편(易學外篇)』),

Borgia·Cinese, 317(8): 『역학총설(易學總說)』,

Borgia·Cinese, 317(3): 『역학총휘(易學總彙)』(원표제는 『역경총론고(易經總論稿)』,

Borgia·Cinese, 317(7): 『역고(易稿)』,

Borgia·Cinese, 317(16): 『역약(易鑰)』,

Borgia·Cinese, 317(9): 『주역원의내편(周易原義內篇)』(원표제는 『대역원의내편(大易原義內篇)』,

Borgia·Cinese, 317(1): 『역경원지탐목록이수내외이편(易經原旨探目錄理數內外二篇)』(원표제는 『역경원지탐목록(易經原旨探目錄)』).

이 밖에 Borgia·Cinese, 357(9) 『독역기(讀易記)』[67] 등이 있다.

방호(方豪)는 「17-18세기 중국에 온 서양인들의 중국 경전에 대한 연구

---

66 胡陽·李長鐸(2006), p. 27.
67 『독역기(讀易記)』: 중국인 가톨릭 신자 주지(周志, 세례명: Jacob 雅克伯)가 1678년에 쓴 저서이다. BAV, Borgia·Cinese, 357(9)에 편입되어 있다. (余東, 『梵蒂岡圖書館所藏漢籍目錄』, p. 56) (역주)

(十七八世紀來華西人對我國經籍之硏究)」에서 선교사들의 『역경』 연구와 관련된 바티칸도서관에 소장된 중문(中文) 자료 14종에 대해 언급하였으나, 그 저자에 대해서는 밝히지 않았다.[68] 이것은 서로 다른 저술 사이에 통일된 이론이 없음을 보여준다. 아래에서 문헌 검토를 통해 각 저술의 저자 문제를 상세히 설명하였다.

Borgia·Cinese 317(1) 『주역원지탐목록』: 펠리오는 이 책의 저자를 프레마르로 추정하고 있다.[69] 검토해 본 결과, 이 목록의 내용은 현재 Borgia·Cinese 361(4) 『주역이수(周易理數)』(혹은 『역리이수(易理易數)』)에 나온다는 것이 밝혀졌다.[70] 그 가운데 『주역이수』의 첫 페이지 장정(裝訂)의 선내(綫內)에 "주역원지탐목록(周易原旨探目錄)"이라는 표제가 적혀 있다. 이것은 이 책이 『역경원지탐목록』의 내용 전개 및 분장(分章) 해독(解讀)이라는 것을 말해준다.[71] 그 내용은 매우 자세하며, 대략 3만 7천 단어이다.

펠리오는 Borgia·Cinese 361(2)와 361(6)을 "예수회 선교사들의 『역경』 연구와 관련된 각종 한문 필사본(*Manuscrits variés en chinois se rapportant aux travaux des Jésuites sur le Yijing*)"이라는 통칭(統稱)으로 불렀다. 따라서 그 구체적인 내용은 간과되기 쉽다. 『주역원지탐목록』은 『역경원지탐목록(易經原旨探目錄)』의 원저자와 동일인이라는 것을 확정해 줄 뿐 아니라, 원저자인 프레마르에 대하여 더 상세한 증거를 제공해 준다. 문장(文章)의 쪽머리 부분과 여러 장절(章節)의 전면(前面)에 모두 "*dans exemplaire du De Prémare* (프레마르의 책에서 필사한 것)", "*dans les exemplaire de P·Prémare* (프레마르의 책에서 필사한 것)", "*P·de Prem* (프레마르)", "*Exemplaire de*

---

68 方豪(1969), p.192 참고.
69 伯希和(2006), p.36.
70 Prémare, 『周易理數』, BAV, Borgia·Cinese, 361(4-I), p.1.
71 『주역이수(周易理數)』에는 두 개의 목록이 포함되어 있다. 첫번째 목록은 19장으로 되어 있으며 (『역리역수(易理易數)』라는 제목이 붙어 있음), 두번째 목록은 23장으로 되어 있다. 정고(定稿) 이후에 상세한 내용이 서술되어 있다. 한기(韓琦)는 "『주역원지탐』의 원문은 보존되어 있지 않다(『周易原旨探』原文沒有保存下來)"라고 했는데, 이것은 아마도 오류인 것 같다. (韓琦(2004a), p.317 참고)

Prem (프레마르로부터 필사한 것)" 등의 글자가 적혀 있다. 또한 그 글에 "후유(後儒)들이 태사공(太史公) 사마천(司馬遷)을 공부하고 본받아서, 황제(黃帝)로부터 지금의 강희제 54년에 이르기까지 고대사 이후로 계속된 역사를 서술하였으니, 모두 4천 4백년이 넘는 통일된 전체 역사를 이룬다"[72]라고 하였다.[73] 강희 54년은 1715년이므로『주역원지탐목록(周易原旨探目錄)』이 1715년에 필사된 것임을 알 수 있다.

서종택(徐宗澤, 1886-1947)은『주역원지탐(周易原旨探)』에 대해서 다음과 같이 언급했다.

"저자의 성씨를 밝히지 않았으며, 바티칸도서관 소장 도서의 초본(抄本)이다. 이 책은 부베와 관련이 있으며, 왕도화(王道化)[74]가 강희에게 진정(進呈)했다는 것을 볼 때 아마도 부베 등의 저술로 보인다."[75]

그 당시 프레마르는 1714년에 북경에 와서 부베의 역경 연구를 돕기 시작했으며,[76] 1716년에 다시 강서(江西)로 돌아왔다. 그러므로 여기에서 "부베 등"이라고 한 것은 부베와 프레마르를 포함해서 말한 것일 수 있다. 종합적으로 말해서,『역경원지탐목록』의 원저자는 프레마르로 추정된다.

Borgia·Cinese 317(2)『역약(易鑰)』: "『역경』과 기독교의 조화에 대한 연구(對易經和基督宗教的和諧性研究)"라는 표제(標題)가 있다. 서명(署名)은 없다. 우선 이 책의 제목은 Borgia·Cinese 317(16)(『역약(易鑰)』)과 동일하지

---

[72] 『주역원지탐목록(周易原旨探目錄)』에 "황제(黃帝)로부터 지금의 강희제 54년에 이르기까지 … 모두 4천 4백년이 넘는 통일된 전체 역사를 이룬다"고 하였다. 이로부터 프레마르가 황제(黃帝)의 재위(在位)의 기산점(起算點)을 강희제 54년(1715)으로부터 4천 4백년 이전인 BC. 2685년으로 보았음을 알 수 있다. 참고로 마르티노 마르티니는 황제(黃帝)의 재위(在位)가 BC. 2697년에 시작되었다고 보았다. (역주)

[73] Prémare,『周易理數』, BAV, Borgia · Cinese, 361(4-I), p.62.

[74] 서종택은 왕화도(王化道)로 적고 있으나, 오기(誤記)이므로, 왕도화(王道化)로 바로잡는다. (역주)

[75] 徐宗澤(1989), p.134.

[76] 柯蘭霓(2009), p.77. 그 외에 李眞(2010) 참고.

만, 그 내용에 차이가 있다. Borgia·Cinese 317(16) 『역약(易鑰)』의 저자는 부베로 확정되어 있다.

그 다음으로 로마예수회문서보관소(ARSI: Archivum Romanum Societatis Iesu)에 Japonica·Sinica IV, 5-C에 『식근본진재명감(識根本眞宰明鑒)』 (*Shi Gen Ben Zhen Zai Ming Jian*)[77]이라는 표제가 붙은 부록이 있다.[78] 이 명칭은 『천주삼일론(天主三一論)』(*Tian Zhu San Yi Lun*)인데, 그 내용과 『역약(易鑰)』의 "천주성경선천지대지(天主聖經先天之大旨)"의 한 장(章)은 매우 비슷하며, 단지 앞의 두 문단에 몇 글자만 차이가 있을 뿐이다.[79]

그리고 콜라니는 『예수회사 부베의 생애와 저서』에서 『역약』이 부베에 의해서 1712년에 저술되었다고 말했다.[80] (다만 구체적 내용에 대해서는 설명하지 않았다.) 필자는 콜라니의 견해를 따라 『역약』의 저자를 부베로 간주한다.

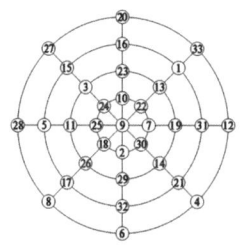

「찬구도(攢九圖)」

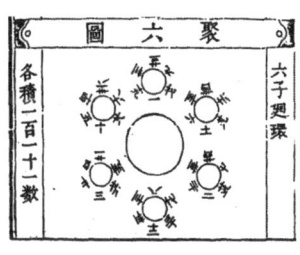

「취육도(聚六圖)」

---

77 『식근본진재명감(識根本眞宰明鑒)』: 부베의 저서, 중문(中文)은 등초(謄抄)하였음, 병음(拼音) 및 프랑스어 표주(標注)가 있음. 앞에서 부베가 자기 저서라는 것을 말하였고, 글에서 31개의 중요 범주에 대해 경전에서 근거를 밝히는 방식으로 설명과 주해(注解)를 하였다. 그 31개의 범주는 다음과 같다. 1)제(帝), 2)상황(上皇), 3)천지주재(天之主宰), 4)조물자(造物者), 5)무명(無名), 6)천지(天地), 7)고제(古帝), 8)황천(皇天), 9)주재(主宰), 10)도리(道理), 11)신(神), 12)주(ヽ)(고주자古注子), 13)상제(上帝), 14)호천(昊天), 15)진재(眞宰), 16)도(道), 17)음양(陰陽), 18)유일(唯一), 19)천제(天帝), 20)상천(上天), 21)재(宰), 22)리(理), 23)건곤(乾坤), 24)태극(太極), 25)제천(帝天), 26)천(天), 27)주(主), 28)자연(自然), 29)부모(父母), 30)태일(太一), 31)삼일(三一).(Chan(2002), pp.523-524 참고)

78 https://archive.org/details/JS-4-5c(역주)

79 Bouvet, 『易鑰』, BAV, Borgia·Cinese, 317-20, p.3,; ARSI, Japonica·Sinica, IV 5C, p.15.

80 "같은 해 1712년에 부베가 북경에서 완성한 다른 저서도 그 명칭을 『역약(易鑰)』에서 취했다."(柯蘭霓(2009), p.75)

Borgia·Cinese 317(3), 『역경총설고(易經總說稿)』: 첫번째 부분은 『역학총설(易學總說)』의 제2편, "차론계역학칠절팔절(此論系易學七節八節)"이다. 여기에서는 상수학과 기하학의 이치로써 『역학외편』 가운데 「천존지비도」를 상세히 해설하였는데, 특히 정대위(程大位, 1533-1606)의 『산법통종(算法統宗)』을 언급하였다. (1710년 7월 초5일에 강희제는 부베의 역경 해석이 잘 진행되고 있는지 관심을 갖고 물었다. 왕도화가 대답하기를, 요즈음 『산법통종』의 「찬구도(攢九圖)」와 「취육도(聚六圖)」 등을 공부하고 있습니다고 아뢰었다.[81]

강희제는 부베에게 어지(御旨)를 내려 『역경』에 대한 설명을 요청하고, 다음과 같이 말했다. "지금 부베의 설명을 들어보니, 『산법통종』의 「찬구도」[82]와 「취육도」 등이 갖추어졌다. … 부베가 『역경』을 해석하려면 반드시 여러 종류의 책을 모두 본 뒤에라야 비로소 그 옳고 그름을 따질 수 있을 것이다"[83] 부베는 『역경』을 산수(算數)와 연계시켰는데, 특히 정대위의 수학적 방법과 연계시켜 해석하였다.[84]

그 다음으로 이 책 Borgia·Cinese 317(3) 『역경총설고』의 14쪽에 장정선(裝訂綫) 안쪽으로 다음과 같이 프랑스어로 적혀 있다.

"Sur *L'y King*. ses nombrés sortem du Tian Tcun Ti Pi. 1713 mois de may. L'emp.r Partant pour Tartarie."[85] (『역경』에 관련된 숫자들

---

81 방호(方豪)(2021), p. 688. (역주)
82 『양휘산법』과 『산법통종』에는 「취오도(聚五圖)」·「취육도(聚六圖)」·「취팔도(聚八圖)」·「찬구도(攢九圖)」·「팔진도(八陣圖)」·「연환도(連環圖)」와 같은 다양한 수배열이 제시되어 있다. 원래 마방진(魔方陣 magic square)은 정사각형 모양으로 수를 배열하여 가로, 세로, 대각선의 합이 같아지도록 만든 수배열을 가리키는데, 취육도(聚六圖)·찬구도(攢九圖) 등은 마방진에서 정사각형이라는 조건을 제거하였을 때 생기는 수배열(non-regular magic squares)의 종류이다. (이경언(2010), pp. 195-220) (역주)
83 「康熙詔書」, BAV, Borgia·Cinese, 439-A(c). (余東, 『梵蒂岡圖書館所藏漢籍目錄』, p. 68)
84 부베는 정대위의 『산법통종(算法統宗)』에서 마방진(魔方陣, magic square)를 설명한 것을 인용하였다. 이것은 강희제가 1593년에 출판된 정대위의 『산법통종』에 관심을 갖고, 조정에 그것을 복간하도록 명령한 계기가 되었다. 부베는 정대위의 『산법통종』에 나오는 「개방구렴율작법본원도(開方求廉率作法本源圖)」가 유럽의 파스칼 삼각형과 동일하다고 주장했으며, 3-4-5의 직각삼각형(right triangle)을 설명했다. (Elman(2005), p. 170) (역주)
85 Bouvet, 『易經總說稿』, BAV, Borgia·Cinese, 361(5), p. 9.

은『천존지비도(天尊地卑圖)』에서 나온 것이다. 강희황제가 타타르(Tartar)로 출행(出行)한 1713년 5월(강희 52년)에 초록(抄錄)되었다.)

이것은 제3편의 논문, "『역경』의 괘효의 수가「천존지비도」로부터 나왔음을 해석함(釋易卦爻之數由天尊地卑圖所衍而出)"에 대한 설명으로서 317(11)의 문장의 설명과 완전히 같다. 그 논문에서 열거된 내용들은 다음과 같다.

(A) 『역경』의 괘효의 대성괘(大成卦)와 소성괘(小成卦)의 수에 대해서 말한 것,

(B) 317(4)의『역고(易考)』에서 "『역학외편』의 5절 상. 이것은 소성괘 팔괘가 먼저 성립된 다음에, 선사(先師)가 그 삼효(三爻)를 육효(六爻)로 확장하여 64괘를 이루었고, 선천의 방도(方圖)와 원도(圓圖)의 두 개의 도표가 크게 이루어졌다"라고 한 것,

(C) 317(8)에서 "원도와 방도의 두 개의 도표를 해석함. 팔괘의 각3효가 소성괘를 이루었는데,「천존지비도」로부터 그 근거가 나온 것이다"라고 한 것,

(D) "선천역의 원도와 방도의 두 개의 도표를 해석함. 64괘의 각6효가 대성괘(大成卦)를 이룬다. 이것은「천존지비도」로부터 그 근거가 나온다."

위에서 열거된 내용들은 그 서술한 내용이 대체로 같다.『역학외편』의 내용에 따르면,[86] 317(3)은『역경』연구의 일부를 발췌해서 만든 초록(抄錄)

---

[86] Bouvet,『易經總說』, BAV, Borgia·Cinese, 317(8), p. 47 참고.

으로, 그 가운데 상당 부분이 부베의 저서임을 추측할 수 있다.

Borgia·Cinese 317(4) 『역고(易考)』: 펠리오는 『역고(易考)』의 저자가 부베라고 분명히 밝혔다. "이것은 『역경』과 『성경』의 전통의 일치에 대한 연구이며, 그 저자는 부베 신부이다."[87] 문장 내용에 대한 고증을 통해 『역고』의 원저자가 부베로 확정되었다.

Borgia·Cinese 317(5) 『태극약설』[88]: 이 편의 문장은 "태극"에 대해 간략히 설명하였다. 본문에서는 "태극함삼위일(太極含三爲一)"을 "태극함삼미연(太極含三未衍)", "태극함삼이연(太極含三已衍)", "혼돈태극(混沌太極)" 등 세 부분으로 나누어 설명하였다. 그 가운데 부베는 「천존지비도」를 인용하면서 해석하였다. 한기는 『태극약설』이 부베의 저술이 아니라 푸케의 저술일

---

87   伯希和(2006), p. 36.
88   『태극약설(太極略說)』은 바티칸도서관에 소장되어 있는 짧은 분량의 논서로서, 그 저자에 관해 아직까지도 논란이 있다. 첫째, 펠리오는 『태극약설』을 부베의 저술로 보았다. 그 근거는 『태극약설』의 제2편 논문의 앞 부분에 적혀 있는 다음의 문장에 있다. "'Ecrit chinois sur la racine quarrée et cube, je ne le presentai pas à l'emp. r. Par(énin?)(Parraine sous), je le fis en 1711. A l'occasion du 天 Tcun 地 Pi Tou du P. B", 즉 "평방근(平方根, la racine quarrée)과 입방근(立方根, la racine cube) 등의 용어를 중국어로 표현하였다. 나는 중국 황제에게 강의할 때 그러한 용어를 쓰지 않았다. 혹시 도미니크 파르냉에 의한 것인가? 나는 『천존지비도』를 1711년에 완성했다." 이 책의 저자는 일인칭 주어를 써서 자신이 강희제에게 수학 강의를 했다고 말했다. 그리고 자신이 강희제에게 강의할 때는 평방근과 입방근 등의 용어를 사용하지 않았다고 말했다. 아울러 자신이 1711년에 『천존지비도』를 완성했다고 말했으며, 실제로 『천존지비도』에 의거해서 논리를 전개하고 있다. 그리고 『태극약설』의 본문에서는 부베의 또 다른 저서인 『역학외편』이 언급되고 있다. 강희제에게 수학을 강의했으며, 1711년에 『천존지비도』를 완성한 두 가지 조건을 모두 충족시키는 인물은 부베 밖에 없다. 둘째, 존 위텍은 『태극약설』을 푸케의 수고본으로 추정했다. 위텍이 그렇게 본 이유는 『태극약설』이 1711년에 쓰여진 평방근과 입방근에 관한 수학 논문과 함께 묶여 있었기 때문이었다. 위텍에 따르면, 이 수학논문은 1711년에 완성되었으나, 황제에게 증정되지는 않았다. 그러나 위텍은 표지에 불어로 쓴 필기(筆記)의 저자는 푸케가 아니라고 했다. 아마도 그것은 표지에 불어로 쓴 메모에서 저자가 1711년에 『천존지비도』를 완성했다고 말했기 때문일 것이다. 부베가 『천존지비도』를 1711년에 저술한 것은 너무나 명백한 사실이기 때문에, 위텍은 『태극약설』의 저자를 푸케라고 주장하기 위해서는 책 표지의 메모의 저자와 책 본문의 저자를 분리시키지 않을 수 없었다. 셋째, 한기와 소피 링차웨이는 이 책이 예수회 신부 프레마르의 저술일 가능성을 제기했다. 소피 링차웨이는 이 책이 그 동안 서지 목록에 "기재 착오(mislabeled)"로 말미암아 충분히 연구되지 못했다고 말했다고 말했다. 한기와 소피링차웨이가 이 책의 저자를 프레마르로 본 이유는 『태극약설』에 강서(江西) 남풍(南豐) 지역의 천주교 신자 유응(劉凝, c. 1625-1715)이 언급되어 있기 때문이다. 프레마르는 유응과 교류했을 뿐 아니라, 그의 영향을 많이 받았다. 넷째, 저자는 이 책의 저자를 부베와 프레마르의 공저로 보았고, 부베의 초청으로 프레마르가 북경에 왔을 때, 부베와 프레마르의 『역경』 공동연구의 결과로 나온 저서라고 하였다. (방인(2022), pp. 496-503)(역주)

가능성을 제기한 바 있다.[89] 문장의 첫 번째 부분에서 "태극함삼이연", "혼돈
태극" 및 Borgia·Cinese 317(8)『역경총설(易經總說)』의 "석태극함삼, 삼재
이연, 외미현우형상지도(釋太極函三, 三才已衍, 外未顯于形象之圖)", "석혼돈
태극(釋混沌太極)"의 내용이 서로 부합한다.

문장의 "부일함삼, 삼위일험설(附一含三, 三爲一驗說)"의 장(章)은 프레
마르가 지은 것이다. (상세한 설명은 본서의 제6장, 「부베의 제자 프레마르의 역학
사상 연구(白晉弟子馬若瑟易學思想研究)」를 참조할 것) 프레마르는 이 글의
앞 부분에서 육서(六書)에 대하여 상세한 수정을 하였다.[90]

그 육서(六書)의 논술 순서와 행문(行文)은 프레마르의 저서『육서실의』
에서 말한 것과 부합되며,『육서실의』의 원문과 일치하는 부분이 많다. 그리
고 다음과 같이 말했다.

"경전을 이해하려면 먼저 글자를 이해해야 하고, 글자를 이해하기 위해
서는 먼저『역』에 밝아야 한다. 지극하도다!『역』은 모든 학문의 근원이
도다![欲明經者, 先明乎字. 欲明字者, 先明乎易, 至哉! 易其萬學之原
乎]"

---

[89] 韓琦(2004a), p.316 참고.
[90] "생각건대 상고사의 황제(皇帝)가 글자를 제정한 것은 모두『주역』에 근거한다. 육서(六書)의 구성 원
리는 다음과 같다. ① 지사(指事): (상(上)·하(下)가 이에 해당한다.) 지사란 관찰하여 알 수 있고, 살펴
보아 드러나는 것이다. 위에 있으면 '상(上)', 아래에 있으면 '하(下)'가 된다. ② 상형(象形): (일(日)·월
(月)이 이에 해당한다.) 상형이란 태양이 둥글고, 달이 차고 이지며, 그 모양을 본뜬 것이다. ③ 형성(形
聲): (강(江)·하(河)가 이에 해당한다.) 형성이란 비슷한 종류를 형상으로 삼고, 소리를 짝지은 것이다.
④ 회의(會意): (무(武)·신(信)이 이에 해당한다.) 회의란 '무(武)'는 창을 멈춘 것에서, '신(信)'은 사람이
말을 하는 것에서 의미를 형성한 것이다. ⑤ 전주(轉注): (노(老)·고(考)가 이에 해당한다. 전주란 '노
(老)'는 '수(壽)'를 의미하며, '고(考)'는 이를 이어받아 형성된 것이다. ⑥ 가차(假借): (장(長)이 이에 해
당한다.) 가차란 여러 말이 같은 글자를 사용하되, 그 소리는 비록 다를지라도, 글자의 뜻은 하나인 것
이다. [按上古史, 皇制之字皆本於易. 爰立六書: 一曰指事. (上下是也, 指事者, 觀而可識, 察而可見, 在上爲
上, 在下爲下.) 二曰象形. (日月是也, 象形者, 日滿月虧, 效其形也.) 三曰形聲. (江河是也. 形聲者, 以類爲形,
配以聲也.) 四曰會意. (武信是也, 會意者, 止戈爲武, 人言爲信也.) 五曰轉注. (老考是也. 轉注者, 以老壽考
也.) 六曰假借. (長是也. 假借者, 數言同字, 其聲雖異, 文意一也.)"(Bouvet,『易學外篇(九節)』, BAV, Borgia·
Cinese, 361(5), p.7 참고)

이와 같이 경학을 연구함에 있어 문자학과 역학을 연계시킴으로써 중국 문화의 기원을 『역경』으로 귀결시킨 것이다. 그는 글의 말미에서 자신의 학습 진행 상황을 다음과 같이 요약했다.

"우리 신하들은 서양에서 태어나고 자라나서, 그 경전의 의미를 살피고 선택하여, 다행히 중국에 와서 육서(六書)[91]를 익히고, 육경(六經)을 읽는 데 이르렀습니다[愚臣等生長西土, 審擇旨歸, 幸至中華, 由六書而進讀六經]."[92]

그가 서양에서 온 외국인으로서 중국문화의 육서를 읽고, 나아가 육경을 이해함으로써 전통문화에서 천주교의 교리와 부합하는 요소를 찾았음을 알 수 있다.

그 밖에 여러 곳에서 유응(劉凝, 약 1625-1715)의 발언을 인용한 것은 학자들이 언급했던 프레마르의 유응에 대한 존경과 부합한다.[93] 글 가운데 11쪽(제2편 논문의 앞)에 다음과 같은 말이 적혀 있다.

"평방근(平方根, la racine quarrée)과 입방근(立方根, la racine cube)의 용어를 중국어로 표현하였다. 나(ie)[94]는 중국 황제에게 강의할 때 그러한 용어를 쓰지 않았다. 혹시 파르냉에 의한 것인가? 나는 『천존지비도』를 1711년에 완성했다."(Ecrit chinois sur la racine quarrée et cube, je ne le presentai pas à l'emp.r. Par(énin?)(Parraine sous). je le fis en

---

[91] 육서(六書)란 ① 지사(指事) · ② 상형(象形) · ③ 형성(形聲) · ④ 회의(會意) · ⑤ 전주(轉注) · ⑥ 가차(假借)를 가리킨다. (역주)
[92] Bouvet, 『易學外篇(九節)』, BAV, Borgia·Cinese, 361(5), p.9.
[93] "이 사람은 유응(劉凝)을 가리킨다. 유응은 자(字)가 이지(二至)이다. 프레마르는 그를 매우 존경했다. 프레마르가 뒤에 푸르몽에게 준 편지와 특히 『육서실의』에서 여러 차례 유응을 언급했다."(龍伯格(2009), pp.159-160)
[94] 이 책의 저자는 일인칭 주어 "ie"를 써서 자신이 강희제에게 수학 강의를 했다고 말했다. 17~18세기에 쓰인 프랑스어 "ie"는 현대 프랑스어에서 "je", 즉 "나"에 해당되는 단어이다. (방인(2022), p.497)(역주)

1711. A l'occasion du 天 Tcun 地 Pi Tou du P.B)

> *[손글씨 메모 이미지]*

여기서 "天 Tcun 地 Pi Tou du P.B"라고 한 것은 부베 신부가 1711년에 완성한 『천존지비도』를 가리키는 것으로 보인다. 이 글 가운데 파르냉과 부베가 언급되고 있고, 글의 뒷 부분에 첨부된 『역학외편』에는 "이 글은 『역학외편』의 7절과 8절과 관계된다.[此論系易學七節八節]"라는 말이 적혀 있다. 이 부분의 글은 뒷면의 부베의 문장에 대한 설명이고, 세 번째 부분인 "차론계역학칠절팔절(此論系易學七節八節)"은 부베에 의해 쓰여진 초록(抄錄)임을 알 수 있다.

Borgia·Cinese 317(6) 『역인원고』: 펠리오는 "이 편은 Borgia·Cinese 317(4) 『역고(易考)』의 첫째 부분, 즉 "역인(易引)이라고 한 것은 이 글이 중국 고전과 서양의 고전을 비교하여 고증한 것을 가리킨다"라고 한 것의 원시(原始) 초고(草稿)[95]에 해당된다. 『역인』을 포함하며, 모두 9절이다. 이 글의 뒤에 "이 논문은 『역학외편』의 제7절과 제8절과 관계된다[此論系易學七節八節]"라는 구절이 첨부되어 있다. 그런데 그 내용이 완정하지 않을 뿐 아니라, 단지 일부분일 뿐이다.[96] 『역인』의 내용과 관련하여 현재 40 『역고』(제1절) 이외에도 현재 Borgia·Cinese 317(10) 『역학외편』(前7節)은 『역학외편』

---

95 伯希和(2006), p. 37.
96 Borgia·Cinese 317(3) 『역경총설고(易經總說稿)』와 Borgia·Cinese 317(5) 『태극약설(太極略說)』 중에서 "『역학외편』의 제7절과 제8절은 모두 완전한 인용이다. 글 뒤에 모두 '산법통종-개방구렴면원도(算法統宗-開方求廉(面)原圖)'라는 구절이 첨부되어 있다."(BAV, Borgia·Cinese, 316(3), p. 14.; Borgia·Cinese, 316(5), p. 10a 참고) 그리고 Borgia·Cinese 317(6) 『역인원고(易引原稿)』는 단지 일부분의 인용이며, 발췌일 가능성이 있다.

과 밀접한 관계가 있으며, 기본적으로 모두 『역학외편』과 함께 출현한 것이다. 이 편의 제5절에 "삼위일체(一三)의 조물주가 만물을 처음 창조하였을 때는 언제이며, 무슨 이유에서, 어떤 순서로 하였는가?[一三造物主初造萬有何時何由何序]"의 서술에 "금강희오십년신묘(今康熙五十年辛卯)"[97]라는 언급이 있다. 이로써 『역인원고(易引原稿)』가 강희 50년, 즉 1711년(辛卯年)에 완성되었음을 알 수 있다. 『역학외편』의 저자가 확정되면, 그것을 근거로 『역인』의 저자가 부베라는 것을 알 수 있다.

Borgia·Cinese 317(7) 『역고(易稿)』: 이 글에는 서명(署名)이 없다. 이것은 『역경』의 준(屯)·몽(蒙)·수(需)·송(訟)·사(師)·비(比)·소축(小畜)·리(履)·태(泰)·비(否) 등 10괘를 경문(經文)과 내의(內意)의 두 부분으로 나누어 한 글자 한 글자 해석한 것이다. 이 편은 Borgia·Cinese, 316(3)-(4)에서 수록한 『역해(易解)』라는 제목의 책과 내용이 일치되며, 상·하로 나누었다. 펠리오는 Borgia·Cinese, 316(3)의 표지에 적힌 메모에 근거해서 본문이 레지스와 관련이 있는 것으로 보았다.[98] 다만 그는 이 책이 레지스의 저서라고 확정하지는 않았다. 그 문장에 저자와 관련된 어떠한 서명도 적혀 있지 않다. 여기에서는 『역경』을 경문과 내의로 나누어 강의하였는데, 이것은 존 위텍의 책에서 장 폴 고잔[99]에게 보낸 답변서[100]에서 부베가 외현(外顯, external sense)과 내은(內隱, internal sense)을 구분한 것과 비슷하다.[101] Borgia·Cinese, 317(9)

---

97 Bouvet, 『易引原稿』, BAV, Borgia·Cinese, 317(6), p. 18.
98 "표지에 적힌 메모는 이러한 발췌문들이 레지스 신부를 위해 만들어졌음을 암시한다. (La note de la couverture suggere que ces extraits ont pu être faits pour le P. Régis.)" (BAV, Borgia·Cinese, 317(3)의 표지)
99 장 폴 고잔(Jean Paul Gozan, 1659-1732): 잔파올로 고자니(Giampaolo Gozani) 혹은 파울로 조반니(Paulo Giovanni)라고도 한다. 중국이름으로는 로보록(魯保祿) 혹은 락보록(駱保祿)이라고도 한다. 예수회 복주(福州) 교당(教堂)의 주지(主持) 신부였다. 그의 생애에 관해서는 다음의 자료를 참조할 것: Répertoire des Jésuites en Chine de 1552 à 1800 (Roma, pp. 116-117) 고잔 신부는 이탈리아 사람이며, 1694년에 중국에 도착해서, 여러 해 선교했다. 마카오에서 죽을 때까지 복건(福建)에서 고자니 신부의 "직속상사(頂頭上司)"는 샤를르 메그로(Charles Maigrot) 주교였다. (역주)
100 안재원(2021), pp. 35-76. (역주)
101 魏若望(2006), p. 186 참고.

『대역원의내편』과 비교분석을 통하여 저자가 부베라는 것을 알 수 있다.

글의 뒤에는『고전유적론(古傳遺跡論)』을 첨부하였는데, 원문(原文)에 쪽수(pp.19-29)가 붙어 있다. 첨부는 다른 책의 일부이며 완정한 전체가 첨부되지 않은 것으로 추정된다. 저자는 "삼위일체"의 뜻을 자학(字學)과 경학의 관점을 중심으로 고대문화의 전통적 자원을 통해 설명하였다. 천주성교(天主聖敎)가 사실은 선성(先聖)들이 서로 주고받으면서 계승해온 참된 전통임을 증명하였고, 『노자』·『장자』 등 도가 서적을 많이 인용하였다. 그 가운데 유응의 발언을 인용한 것이 많다. "유이지(劉二至, 유응(劉凝)가 말하기를, 한(漢)과 진(晉) 시대에는 자의(字義)가 다시 분명치 않아졌다"고 하였다.[102] 그러므로『고전유적론』[103]은 프레마르의 저서일 가능성이 비교적 크다.

Borgia·Cinese 317(8)『역학총설』: 책의 시작 부분에 "역경총설(易經總說)"이라고 하고, 다음과 같은 언급이 있다. "이제 다행스럽게도 성조(聖朝)에 참여하게 되니, 우리 황상께서는 천부적으로 총명함을 타고 나셨다. …… 이로써 역학을 내편과 외편의 두 편으로 나누었다. 선천미변(先天未變)과 선천이변(先天已變)과『주역(周易)』의 불변(不變)의 뜻으로써 비교하여 해석하였다. 먼저 외편에 대해 설명하고, 그 다음으로 내편으로 뜻을 이었다."[104] 이와 같은 언급을 통해 이 책이 황제에게 헌정(獻呈)한 글이라는 것을 알 수 있다. 여기서 언급한 "역학내외이편(易學內外二篇)"은 나중에 실제 저서로 나오게 된다.『역학외편』의 내용은『역경』의 수치와 서양전통문화와 조화의 문제 등을 연구한 것이며, 「천존지비도」를 빈번하게 사용하였다. 그러므로 부베의 저술일 가능성이 높다. 어떤 학자는 이것을 역학 연구를 위한 초록과 발

102　Bouvet,『易學總說』, BAV, Borgia·Cinese, 317(8), p. 40.
103　필자는 이 논문과 프레마르의 색은학 저서 *Selectae quaedam vestiga praecipuorum religionis christianae dogmatum ex antiquis Sinarum libris eruta* ; *Vestiges des principaux dogmes chrétien tirés des anciens livres chinois, avec reproduction des texts chinois* (中國古籍中之基督宗教主要教條之遺迹)를 중국 고대서적과 결합된 삼위일체 사상의 해석과 관련된 것이라고 추론했다. (龍伯格(2009)), pp. 173-174.
104　Bouvet,『易學總說』, BAV, Borgia·Cinese, 317(8), p. 1.

췌라고 보았으며, 그 내용은 부베의 역학이 된다고 보았다.

Borgia·Cinese 317(9) 『대역원의내편(大易原義內篇)』: 글 가운데 『주역원의내편(周易原義內篇)』이라는 명칭으로도 불렀다.[105] 제1부는 '삼역원의지이(三易原義之異)'의 해석이며, 제2부는 건(乾)·곤(坤) 두 괘를 경문(經文)·내의강(內意綱)·내의목(內意目)으로 나누어 해석하였다.

이 책의 표지에는 불어로 다음과 같이 적혀 있다. "Aux RP.PP.Foucquet, De Prémare, De Chavageac, de la Comp.e de Jesu".[106] 즉 이 글은 예수회 동료신부 푸케, 프레마르, 샤바냑(Emeric de Chavageac, 1670-1717) 등 세 사람에게 읽어보라고 보낸 것이다.[107] 그러나 프레마르는 이 글을 읽지 않았다.("Le P.De Prémare ne las pas veue").

펠리오는 배제(排除)의 방식을 통해 저자가 부베일 가능성도 있다고 추정했다.[108] 이진(李眞)은 「중국에 온 예수회사 프레마르의 생애와 학술적 성취에 관한 연구」라는 논문에서 이 메모를 인용해서 다음과 같이 말했다. "부베의 일부 수고(手稿)의 속표지에는 그가 손수 작성한 기록이 있었다[在白晉一份手稿的扉頁, 曾有一段出自他手的記錄]"[109] 이진은 이 책이 부베의 수고(手稿)일 가능성을 언급한 것이다. Borgia·Cinese 317(7) 『역고(易稿)』와 Bor-

---

105 Bouvet, 『大易原義內篇』, BAV, Borgia·Cinese, 317(9), p.3.
106 Paul Rule, *K'ung-tsz or Confucius?*, p.163. (역주)
107 『진도자증』은 샤바냑(Emeric Langlois de Chavagnac, 沙守信, 1670-1717)의 저술이다. 프랑스 국적의 샤바냑은 1685년에 예수회에 입회하였고, 1701년에 중국에 건너가 선교하다가 1717년에 강서성(江西省) 파양현(鄱陽縣)에 있는 요주(饒州)에서 죽었다. 그가 죽은 지 일 년 후인 1718년에 같은 예수회 선교사인 에르비외(J.P. Herviue, 赫蒼壁, 1671-1746)가 여기에 「정진도자증(訂眞道自證)」을 추가하여 북경에서 4권 2책으로 출판하였다. 『진도자증』은 "참된 진리는 스스로 증명된다"는 뜻으로서, 그 책 이름이 뜻하듯이 천주교의 교리를 체계적으로 명쾌하게 설명한 교리서이다. (샤바냑(2013), pp.14-15 참고) 이 책은 1784년에 북경에서 세례를 받은 이승훈(李承薰)에 의하여 조선에 전래되었다고 추정된다. 『벽위편』을 편찬하여 척사(斥邪)에 앞장섰던 이기경(李基慶)은 "이승훈이 밤중에 휴대하기 간편한 수진본(袖珍本) 『진도자증』 3권을 가지고 왔다"고 했다. 다산 정약용(丁若鏞)도 이벽(李蘗)에게 천주교 교리를 듣고 그의 열정적인 논리와 강직한 태도에 호기심을 느껴 천주교 교리서를 몇 권 빌려다 읽었는데, 그 중에 『진도자증』이 있었다고 했다. 한편 홍정하(洪正河)와 안정복(安鼎福)은 『진도자증』을 읽고 구체적으로 비판하는 글을 남겼다. (송란희(2019) 참고)(역주)
108 "Par élimination, l'œuvre est donc peut-être du P. Bouvet."(Pelliot(1922)). 伯希和(2006), p.37 참고.
109 李眞(2010), p.142.

gia·Cinese 317(9)『대역원의내편』이 비슷한 점이 매우 많다는 점은 주목할 만한 가치가 있다.

첫째, 문장의 체례(体例)로 볼 때, 두 편의 문장은 모두 "경문"과 "내의"의 두 부분으로 나누어 각각의 괘를 해석해 나가는 방식을 취하고 있다. Borgia·Cinese 317(9)『대역원의내편』의 건괘 앞에 논술의 체례에 관한 설명이 나온다. "건곤 이하 모든 괘는 괘효의 경문의 예(例)가 모두 같다. 여기 건곤 두 괘의 경문도 역시 같은 순서로 해석한다."[110]

둘째, 『역고(易稿)』와 『대역원의내편』이 본문에서 내용적으로 참조하고 있는 것은 모두 『성경』의 이야기를 통해 『역경』을 설명하고 있다. 두 편의 문장이 모두 『역경』의 전12괘의 괘서(卦序)를 따르고 있다. 그 순서는 Borgia·Cinese 317(9)『대역원의내편』이 앞이 되고, Borgia·Cinese 317(7)『역고』가 뒤가 된다.

셋째, 참고문헌으로 볼 때, Borgia·Cinese 317(7)『역고(易稿)』에 "외편상석(外篇詳析)", "정의상해, 비재외편(精義詳解, 備載外篇)", "외편상명(外篇詳明)" 등이 언급되어 있고, 90『대역원의내편』에 여러 차례에 걸쳐 "외편해(外篇解)", "외편상해(外篇詳解)", "상총론상지유, 외편특상(上總論象之由, 外篇特詳)", "특상우외편(特詳解于外篇)" 등이 언급되어 있다. 두 책에서 언급한 "외편(外篇)"은 부베의 『역학외편』을 가리킨다.

Borgia·Cinese 317(9)의 표제(標題)는 『대역원의내편』이다. 부베는 일찍이 『역학외편』을 저술한 바 있다. 따라서 『대역원의내편』과 『역학외편』의 두 책의 제목에서 내(內)와 외(外)가 상응한다. 부베는 강희제에게 올린 편지에서 다음과 같이 말했다. "신(臣) 백진(白晉)은 황제께서 보시도록 『역학총지(易學總旨)』를 지어서 바쳤으니, 『역경』의 내의는 천주교와 대략적으로 같습니다. 그러므로 신이 황제의 뜻을 받들어 바친 초기의 『역경』 원고 내에 이

---

110 Bouvet, 『大易原義內篇』, BAV, Borgia·Cinese, 317(9), p.3.

미 천주교와 관련이 있는 말들이 있었습니다. 푸케가 도착한 후, 저와 함께 이전에 쓴 원고를 함께 수정하고, 몇 가지 요점을 추가했습니다."[111] 그 속에 내의와 관련된 문장이 나오는 것으로 보아서, 『역고(易稿)』와 『대역원의내편』의 양편의 문장의 저자가 부베일 가능성이 높은 것으로 추정된다.

  Borgia·Cinese 317(10) 『역학외편』: 펠리오는 이 책을 "매우 중요한 저술(Ouvrage assez considérable)"이라고 평가했다.[112] 『역인』 7절을 포괄하며, Borgia·Cinese 317(6) 『역인원고』의 전7절의 내용과 중복된다. 『역학외편』 9절은 Borgia·Cinese 317(6) 『역학외편원고(易學外篇原稿)』의 전9절의 내용과 완전히 일치할 뿐 아니라, Borgia·Cinese 317(4) 『역고(易稿)』와 Borgia·Cinese 317(8) 『역학총설』 중 『역학외편』을 강술한 순서와 일치하며, 내용에서도 서로 부합하는 곳이 많다.

  Borgia·Cinese 317(10) 『역학외편』의 시작 부분의 "차편발명역수상도(此篇發明易數象圖)"에서 『역(易)』의 이(理), 수(數), 상(象)의 관계에 따라 문장에 포함된 『역인』의 문장에 대해서 설명했다. "삼역(三易)의 모든 수상도(數象圖)의 본원(本原)을 끝없이 상세하게 추론하기 위해서는 먼저 선천과 후천의 삼역의 모든 이치를 밝혀야 한다. …… 그러므로 수(數)의 이치로써 『역인』 한 편을 선천과 후천의 삼역의 강령을 드러내고, 그 리(理)의 대략을 밝혔다".[113] 부베는 『역인』을 선천·후천·삼역의 벼리[綱]로 간주했다. 그는 이 책을 모든 상수(象數)의 도(圖)의 기초이며, 동시에 『역학외편』의 내용적 기초로 삼았다. 그리고 글 가운데 『역인』과 『역학외편』의 두 편의 문장이 뒤섞여 나오며, 그 내용에도 관련성이 있다. 첫째, 『역학외편』 제1절에서 선천·후천·삼역을 소개하며 다음과 같이 말했다. "참으로 『역인』 제1절, 제2절에서 논한 바에 따르면 삼역의 여러 수상(數象)의 도(圖)는 어느 것 하나라도 서로

---

111 「康熙詔書」, BAV, Borgia·Cinese, 439-A-h. (余東, 『梵蒂岡圖書館所藏漢籍目錄』, p. 68)
112 伯希和(2006), p. 37.
113 Bouvet, 『易學外篇』, BAV, Borgia·Cinese, 317(10), p. 1.

부합해서 인증(引證)되지 않음이 없다."[114] 둘째, 선천의 수상의 본원의 이치를 밝혔다. "『역인』의 제3절과 제4절은 선천에서 처음으로 창조가 이루어졌을 때의 이치를 밝힌 것이다. 무릇 유형(有形)과 무형(無形)의 도(道)는 그 리(理)가 일(一)에서 시작해서 삼(三)에서 이루어진다."[115] 『역인』과 『역학외편』의 관계를 고려해 볼 때, 두 저서의 작자는 같은 사람이며, 즉 부베라는 것을 추정할 수 있다.

Borgia·Cinese 317(11) 『L'Y King』: 중문 표제가 없음. 선천미변시종지수(先天未變始終之數)로 말미암아 「천존지비도(天尊地卑圖)」가 생겨났다는 것을 해석하였다. 여기에는 두 편의 문장이 포함되어 있다. 제1편은 「석선천미변시종지수유천존지비도이생」인데, 317(8)과 비슷하다. 제2편은 「석류낙서지수함출우천존지비도」인데, 앞 면(面)의 317(3)에 대한 분석이다. 선교사들의 역학 연구의 초록(抄錄) 및 발췌이며, 그 내용은 부베의 『역학외편』에서 나왔다.

Borgia·Cinese 317(12) 『마방배열법(魔方排列法)』: 서명(署名)이 없음. 표지에 마법(魔法)의 사각형의 배열방법이라는 주(注)가 있음(Sur couverture, note; Maniere d'arranger les quarres magiques). 「총론비열류낙서등방도법(總論比列類洛書等方圖法)」, 「논포열류낙서방도기우수자연법(論布列類洛書方圖奇偶數自然法)」, 「논포열류낙서방도우수자연법(論布列類洛書方圖偶數自然法)」의 세 부분을 포함함. 작자(作者)는 고증할 수 없음.

Borgia·Cinese 317(13) 『거고경전고천상불균제(據古經傳考天象不均齊)』: 서명(署名)이 없음. 천체 운동의 불규칙적 현상에 관한 연구(Sur les ir-

---

114 Bouvet, 『易學外篇』, BAV, Borgia·Cinese, 317(10), p.7.
115 Bouvet, 『易學外篇』, BAV, Borgia·Cinese, 317(10), p.24.

régularités des mouvements celestas).

    Borgia·Cinese 317(14) 『천상부제고고경적해(天象不齊考古經籍解)』; 또 다른 필사본 317(13) 『거고경전고천상불균제』와 같은 내용의 또 다른 사본 (Autre manuscrit du même écrit)이다. 서명(署名)이 없다. 여동은 Borgia·Cinese 317(13) 『거고경전고천상불균제』와 Borgia·Cinese 317(14) 『천상부제고고경적해』를 부베의 역학 저서에 귀속시켰다.[116] 그러나 콜라니는 위의 두 책을 푸케의 저서로 간주했다. 푸케는 부베의 제자이기 때문에, 그의 연구가 부베의 영향을 받았던 것은 피할 수 없었다. 푸케의 관심은 천문학(天文學)과 도가(道家) 사상에 있었다. 콜라니는 "푸케의 첫 번째 저술의 명칭이 『거고경전고천상불균제』이었다"고 언급하였다.[117] 이 책은 중국인들에게 색은파(索隱派) 사상을 믿도록 설득하기 위해 "혹문(或問)", "답왈(答曰)" 등의 대화방식을 사용하고 있으며, 천문학의 지식을 통해 『역경』과 천문학과의 관계를 해명하고 있다. 그 밖에 위텍은 이 책이 푸케가 유럽인들과 중국인들 사이에서 있었던 천문학 대화에 관하여 저술한 것이라고 언급하였다. 즉 "푸케가 중국인에게 접근하여 색은파 사상을 믿도록 설득한 방법을 보여준다."[118]

    또한 『거고경전고천상불균제』이라는 책은 푸케의 "중국어와 일어로 된 통계수치(中文與日文數據)"라는 칼럼(一欄)에도 포함되어 있다.[119] 그리고 Borgia·Cinese 317(14) 『천상부제고고경적해』는 Borgia·Cinese 317(13) 『거고경전고천상불균제』의 또 다른 사본(寫本)이며, 그 내용이 대체로 같으므로, 두 편의 문장의 작자는 푸케일 가능성이 높다고 추론할 수 있다.

---

116   Yu(1996), p. 29 참고. 張西平(2003) 참고.
117   柯蘭霓(2009), p. 70.
118   魏若望(2006), p. 175.
119   魏若望(2006), p. 433.

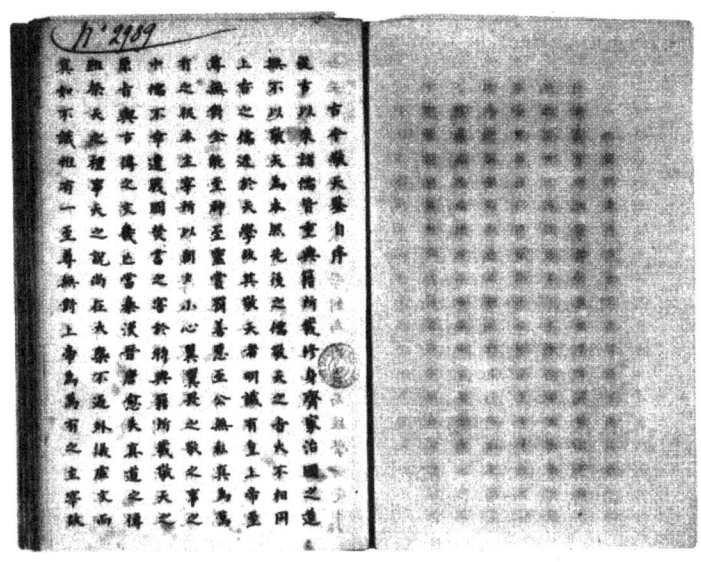

〈그림8〉 프랑스국립도서관 소장 『고금경천감(古今敬天鑒)』 첫 페이지

Borgia·Cinese 317(15) 『천학본의(天學本義)』: 저자는 부베이며, 1703년에 완성되었다. Borgia·Cinese, 316(14)의 『고금경천감천학본의(古今敬天鑒天學本義)』(1707)도 같은 책이다. 『고금경천감천학본의』에는 자서(自序) 뒤에 다음과 같은 구절이 있다.

"대청제국 강희 46년(1707년) 정해(丁亥)년 5월에 극서(極西)의 예수회 신부 부베가 쓰다[大淸康熙四十六年歲次丁亥五月極西耶穌會士白晉題]."¹²⁰

서종택은 『고금경천감천학본의』의 「제요(提要)」에서 다음과 같이 말했다.

120　Bouvet, 『古今敬天鑒-天學本義』, BAV, Borgia·Cinese, 316(14), p.7.

"(이 책은) 예수회 선교사 부베가 편집한 책으로서 경연(經筵)의 강관(講官)이었던 예부상서(禮部尙書) 한담(韓菼)이 서문을 썼으며, 강희 42년과 46년에 부베가 자서(自序)를 썼다."[121]

따라서 1703년에 나온 Borgia·Cinese 317(15) 『천학본의』와 1707년에 나온 Borgia·Cinese 316(14)의 『고금경천감천학본의』가 모두 부베의 편저라는 것을 알 수 있다. 두 편의 책은 현재 프랑스 국가도서관에 소장되어 있다. 모리스 쿠랑(Maurice Courant) 장서의 편목(編目) 7161호와 7162호의 초본(抄本) 『고금경천감』(1707년)은 기본적으로 일치한다(그림8). 방호(方豪)는 부베의 저서 『고금경천감』에 대해 다음과 같이 언급했다.

"이 책은 경적(經籍)으로써 교리(敎理)를 증명하는 것을 전문으로 하며, 인용된 텍스트는 매우 많으며, 사용된 고전은 포괄하지 않는 것이 없다.[專以經籍證敎理, 引證之文旣繁, 采用之經籍尤無所不包]"[122]

또 고토 스에오(後藤末雄, 1886-1967)는 다음과 같이 말했다.

"부베는 자신이 중국 고전 서적에서 천주교의 최초의 전래에 대한 기록을 발견했다고 확신했고, 두 명의 동료와 함께 『고금경천감』이라는 책을 썼다."[123]

Borgia·Cinese 317(16) 『역약(易鑰)』: 이 책의 부표제(副標題)는 "역경을

121　徐宗澤(1989), p. 132.
122　方豪(1969), p. 189.
123　後藤末雄, 『白晉傳略』; 白晉(1981), p. 71 참고.

해독하기 위한 열쇠[解讀易經的鑰匙]"로 되어 있다. 속표지에 "도(道), 문(文), 록(錄)"[124]의 세 글자가 적혀 있으며, "경천감인(敬天鑑引)"과 "발명천학본의(發明天學本義)"를 포괄한다. 그 중에 "경천감인(敬天鑒引)"과 Borgia·Cinese 317(15)의 『천학본의』의 앞 부분에서 말한 내용이 서로 비슷하며, 그 의미가 대략적으로 같다. 콜라니(Colllani)는 『역약』의 저자를 부베로 간주했다.[125] 그 밖에 Borgia·Cinese, 357(9a)의 『경천감인-발명천학본의(敬天鑒引-發明天學本義)』와 『역약』의 내용은 일치한다. 이로써 『역약(易鑰)』이 부베의 저서라는 것을 추정할 수 있다.

『천학본의』의 저자는 부베로 이미 확정되었다. 1705년에 아스칼론(Ascalon)의 주교였던 알바로 데 베나벤테(Alvaro de Benavente, C.M., 白萬樂, 1646-1709)[126]는 『천학본의』의 부본(副本)을 교황 클레멘스 11세(Pope Clement XI, 1649-1721)가 파견한 특사 투르농(Charles-Thomas Maillard de Tournon, 1668-1710)을 환영하기 위하여 예물(禮物)로 가져갔다.[127]

종합적으로 정리해서 말해보면, 필자가 추정하는 바로는 바티칸도서관 Borgia·Cinese 317의 16개의 필사본(筆寫本) 가운데, 한문으로 쓰여진 역학

---

124 책의 본문에는 "道(+)文(T)錄(d)文(ㄴ)"이라고 되어 있다. 저자(著者) 진흔우(陳欣雨)에게 확인해 본 바에 따르면, "道, 文, 錄"이 되어야 옳다. '(+)', '(T)', '(d)', '(ㄴ)' 등의 부호는 왜 들어갔는지 저자 자신도 잘 알지 못한다고 했다. 그리고 두번째 "文(ㄴ)"도 역시 잘못 들어간 것이다. 아마도 책의 제작과정에서 오식(誤植)을 바로잡지 못한 것으로 추정된다. (역주)

125 "같은 해 부베는 북경에서 또 다른 작업을 완성하고 이름을 『역약(易鑰)』으로 정했다."(柯蘭霓, 「耶蘇會士白晋的生平與著作」, 大象出版社, 2009, p.75)

126 진흔우는 아시켈론(Ashkelon)의 주교 백만락(百萬樂)의 서양 이름을 베르나르-뱅상 라리브(Bernard-Vincent Laribe)라고 하였다. 그러나 백만락에 해당되는 서양선교사는 어거스틴 수도회의 알바로 데 베나벤테이다. 진흔우의 착오로 보인다. 베르나르-뱅상 라리브 주교는 1802년 8월 15일에 태어나 1850년 7월 20일에 사망한 프랑스 출신의 가톨릭 사제이자 주교이다. 1844년 3월 2일에 명의주교로 서임되었으며, 1845년 5월 13일부터 1850년까지 중국 남창대목구의 대목구장을 역임했다. 따라서 연대가 맞지 않는다. (역주)

127 부베는 한림원의 인가를 받아 『천학본의』를 간행한 이후에 이 책을 알바로 데 베나벤테에게 보냈는데, 그것은 베나벤테 신부가 예수회에 대해 상당히 우호적이었기 때문이다. 1705년에 로마교황의 특사 투르농 주교가 광동에 도착했을 때 베나벤테 신부는 『천학본의』의 부본(副本)을 그에게 예물로 주었다. (오순방, 『명말청초 천주교 예수회 선교사의 천주교 중문소설과 색은파 문헌 연구』, 숭실대 출판부, 2019. p.176) (역주)

관련 필사본의 저자는 다음과 같다.

Borgia·Cinese 317(1) 『역경원지탐목록(易經原旨探目錄)』과 Borgia·Cinese 317(5) 『태극약설(太極略說)』의 상당 부분은 부베의 제자 프레마르의 저술이다.

Borgia·Cinese 317(13) 『거고경전고천상불균제(据古經傳考天象不均齊)』과 Borgia·Cinese 317(14) 『천상불균제고경적해(天象不均齊古經籍解)』는 부베의 제자 푸케의 저술이다.

Borgia·Cinese 317(11) 『L'Y King』(중문표제없음)는 서양의 선교사들의 『역경』 연구와 관련된 초록(抄錄)이며, 서명(署名)이 없다. 그 내용으로 볼 때, 대부분 부베의 역학 저서로부터 초록(抄錄)한 것이다.

Borgia·Cinese 317(12) 『마방배열법(魔方排列法)』의 저자는 고증되지 않았다.

그 밖에 317(2)와 317(16)의 『역약』, 317(3)의 『역경총설고(易經總說稿)』, 317(4)의 『역고(易考)』, 317(6)의 『역인총고(易引總稿)』, 317(10)의 『역학외편(易學外篇)』, 317(8)의 『역학총설(易學總說)』, 317(7)의 『역고(易稿)』, 317(9)의 『대역원의내편(大易原義內篇)』, 317(15)의 『천학본의』 등 10편은 모두 부베의 저서이다.[128]

---

[128] 이 밖에도 저자가 언급하지 않은 부베의 저서로서 *Idea generalis doctrinae libri Ye Kim* (『易經釋義』)가 있다. 이 책은 라틴어로 1712년에 저술되었으며, 프랑스 국립도서관에 소장되어 있다. (MS BnF Fr. 17239, fols. 35r-T 38v.) 콜라니는 이 책을 라틴어에서 독일어로 번역하고, 그 개요를 영문으로 설명했다. (Collani(2007), pp. 278-288; pp. 288-313; pp. 360-365) (역주)

제3절
부베 역학의 주요내용 개요

Borgia·Cinese 317 편호(編號)에 속한 부베의 역학저작은 문장의 성격 혹은 내용상의 유사성에 따라 다음의 몇 가지 종류로 분류될 수 있다.

첫째, 논문의 제목이 같은 것으로, 317(2) 『역약(易鑰)』과 317(16) 『역약』이다.

둘째, 주요내용이 같은 것으로, 317(3) 『역경총설고』, 317(4) 『역고(易考)』, 317(6) 『역인원고』, 317(8) 『역학총설』, 317(10) 『역학외편』, 317(11) 『L'Y King』(중문표제 없음) 등이다. 이들을 같이 분류한 것은 비록 제목은 다르더라도 내용이 겹치는 곳이 아주 많기 때문이다. 그 내용은 대부분 『역학외편』, 『역인』의 내용에 속한다.

셋째, 문장양식이 같은 것으로, 317(7) 『역고(易稿)』와 317(9) 『대역원의 내편』이다.

넷째, 부베의 기타 저작으로, 317(15) 『천학본의』가 있다.

이러한 저서들의 내용은 대단히 풍부하며, 그 내용을 대략적으로 정리하면 다음과 같다.

1. 『역약(易鑰)』에 관한 서술

Borgia·Cinese, 317(2) 『역약』(약 28,000자)과 Borgia·Cinese, 317(16) 『역약』(약 20,000자)의 두 편은 이름이 같고 내용도 모두 『성경』과 중국 경전의 비교를 통해 선천·후천의 학문을 설명한 것들이다. 두 개의 필사본은 모두 중국 경전과 기독교 성학(聖學)의 역사적 동질성을 강조하였다는 점은 같으나, 구체적인 표현 방법에 차이가 있다. Borgia·Cinese, 317(2) 『역약』 중에서 첫 번째 글은 부베의 자서(自序)이다. 부베는 서술 방식에서 우선 『역경』을 동양의 모든 경전의 근본으로 삼았고, 이어서 "천학(天學)과 심학(心學)은 무엇인가?"라는 의문에서부터 출발하여 『역경』이 모든 경전의 도를 싣고 있음을 끌어냈다. 그리고 성인지학(聖人之學)은 곧 "사실상 오직 천학이며, 심학일 뿐이다.[實惟言天學心學而已]"[129]라고 결론을 내렸다. 그 다음으로 중국과 서양은 모두 동일한 원조(元祖)와 성학(聖學)에서 나왔으나, 중국은 진(秦)의 분서갱유를 거친 이후에 많은 경전들이 이미 전해지지 않기 때문에 후대 학자들이 경전의 진의를 깨달을 수가 없었다고 주장했다. 이어서 다행스럽게도 대진국(大秦國)의 『성경』과 중국의 『역경』은 그 내용이 실제로 같고, 모두 천학(天學)과 성학(聖學)의 이치를 포함하고 있다고 말했다. "이런 까닭에 특히 먼저 천주의 진전(眞傳)인 『성경』의 대강(大綱)을 천주성교(天主聖敎)의 대도(大道)의 세목(細目)과 함께 상권에 배치하고, 그 다음에 중국 경전에 실린 옛 전승 문헌을 택하여 『역경』 등의 경전에서 언급된 원리와 정밀한 문장들과 함께 하권에 배치하였다."[130] 그렇게 하여 성인의 학문을 깨닫게 하였다. (그러나 원문에는 상·하로 나누지 않았다.) 이어서 또 (1) "천주 『성경』의 선천의 큰 뜻("天主『聖經』先天之大旨")", 즉 성부(聖父)·성자(聖子)·성신(聖神)의 삼위일체[131]로부터 원조의 원죄(原罪)의 이야기까지, (2) "천주성경의 후천의 큰 뜻(天主『聖經』後天之大旨)", 즉 아담과 이브 두 사람의 원조가 벌을 받는 것에서부터 예수의 부활 이야기까지, (3) "천주께서 아들을 보내 세상을 구하고 만방을 변화시킨 공(天主降主救世變化萬方之功)", 즉 선천의 원수(元首) 아담과 후천의 원수(元首) 예수가 모두 하느님이 세상을 구하고자 하는 뜻이 된다고 해석함의 세 부분으로 나누어, (세 번째 부분은 설명하지 않음) 『성

---

129 Bouvet, 『易鑰』, BAV, Borgia·Cinese, 317(2), p. 1.
130 Bouvet, 『易鑰』, BAV, Borgia·cinese, 317(2), p. 1.
131 하느님은 성부·성자·성령의 세 위격(位格)을 가지며, 이 세 위격은 동일한 본질을 공유하고, 유일한 실체로서 존재한다는 교리이다. (역주)

경』의 선천과 후천의 큰 뜻을 서술하였다. 내용의 미완성 상태로 보아 이 글이 정식으로 출판된 글은 아니라는 것을 알 수 있다.

『역약』의 제2편에서는 먼저 중국철학의 태일(太一)의 개념에 대해 서술하였다. 태일은 유일한 근본적 주재지물(主宰之物)이자 역수(易數)의 근본이며, 모든 상(象)과 그림(圖)의 기초이다. 『성경』 중에서 하느님의 삼위일체의 관념과 결합하여 태일을 주(主)로 삼고, 다시 삼위일체의 성자 구세주 예수를 일위삼체의 상(象)으로 만들었다. 이러한 기초 위에서 계속해서 상주(上主) 하느님(造物主, 天主)과 원조(元祖)(인류의 시조인 아담과 이브)의 원초적 마음·귀·눈의 세 기관[三司] 사이의 관계를 서술하였고, 성부·성자·성신의 삼위일체가 복희의 「선천팔괘도」와 서로 대응됨을 통해서 선천의 도를 형성하였다는 것을 서술하였다. 서양의 상주와 원조가 팔괘와 대응하는 관계는 다음과 같다.(표2)

상주(上主)·원조(元祖)의 대응괘	『복희선천팔괘도』(伏羲先天八卦圖)	『주역·설괘(說卦)』
상주(上主)는 건(乾) ☰	건상곤하(乾上坤下), 분거북남(分居北南)	천지정위(天地定位)
원조(元祖)는 곤(坤) ☷		
상주(上主)의 눈은 리(离) ☲	감우리좌(坎右离左), 분거서동(分居西東)	수화불상석(水火不相射)
원조(元祖)의 눈은 감(坎) ☵		
원조(元祖)의 귀는 손(巽) ☴	손거동북(巽居東北), 진거서남(震居西南)	뇌풍상박(雷風相薄)
상주(上主)의 명령은 진(震) ☳		
원조(元祖)의 심(心)은 간(艮) ☶	간거동남(艮居東南), 태거서북(兌居西北)	산택통기(山澤通氣)
상주(上主)의 심(心)은 태(兌) ☱		

〈표2〉 서양의 상주(上主)·원조(元祖)·팔괘(八卦)의 대응도

그러나 원조 아담과 이브가 상주를 배신하고, 원죄를 범함으로써 아래(아담과 이브)가 위(의 하느님)를 범하게 되었으니, 천지가 서로 사귀지 못하였다. 『역경』에서 여기에 대응되는 것은 태괘(泰卦)가 비괘(否卦)로 변하는 괘상이다. 여기에 이르러 선천의 도가 이미 다시 존재하지 않게 되었다. 그러나

하느님께서 이 때문에 차마 인류를 버리지 못하고, 그 인애(仁愛)의 마음을 써서 아들을 내려 보내, 계천입극(繼天立極: 하늘을 계승하고 중심을 세움)으로써 인류를 새롭게 구원하셨다. 그리하여 비괘(否卦)가 끝나고, 태괘(泰卦)가 와서, 후천의 도가 시작되었다. 이 글 뒤에는 많은 중국의 전통 경전을 인용하였다. 예를 들어『중용』의 성인이 세상에 출현하는 시기에 대한 기록을 통해 천주가 세상에 내려와 태어나는 시간을 계산하였고,『역경』의 함괘(咸卦)와 건괘(乾卦) 등의 괘를 가지고 천주의 강림을 예감하였다. 또『춘추』·『시경』·『회남자』·『사기』 등에 나오는 "기린"에 대한 묘사를 인용하여 천주를 상징하였고, "서수획린(西狩獲麟)"¹³²에 대한 고사를 가지고 예수가 만민을 위해 희생이 되어 속죄하고, 세상을 구원하는 공을 이루었음을 형용하였다. 그리고 공자의 "내 도가 다하였구나[吾道窮矣]"라는 문구를 써서 성부의 자애(慈愛)와 원조의 원죄, 성부가 아들을 내려보내, 성자가 희생한 것으로써 천지음양의 대립관계를 형용하였다. 글의 끝 부분에서는 전문적으로『역전』을 인용하여 성인과 현사(賢士)와 진유(眞儒)가 동등함을 밝히고, "유(儒)"자가 '인(人)'과 '수(需)'의 두 글자로 되어 있음을 설명하고, 유자(儒者)는 태괘(泰卦)에서 언급한 "천지를 돕고(輔相天地)", "백성을 돕는(以左右民)" 대인(大人)이라고 하였다. "수(需)"는 수괘(需卦)를 대표하며, 수괘는 건(乾)이 아래에 있고 감(坎)이 위에 있는 괘상으로서『성경』에 나오는 원조가 하늘에 죄를 지어 천하가 가뭄이 들었으나, 하느님께서 자애를 베풀어 단비를 내려 창생(蒼生)들이 윤택해졌음을 상징한다. 종합하여 말하자면, "유자(儒者)"는 곧 세상을 구원해줄 성인 즉 구세주 예수이며, "유교(儒敎)"는 곧 천주의 성스러운 가르침이고, 더 나아가 종교를 믿는 것(信敎)은 곧 성스런 말씀의 가르침을 듣는 것과 같다.

---

132 서수획린(西狩獲麟): 노애공(魯哀公) 14년(BC. 481)에 숙손씨(叔孫氏)가 서쪽으로 사냥 가서 기린을 붙잡으니, 공자가 가서 보고 울면서 돌아오며, "내 도가 다했구나[吾道窮矣]"라고 하고,『춘추(春秋)』에 "애공 14년 봄에 서쪽으로 사냥 가서 기린을 잡다[哀公十四春西狩獲麟]"라고 쓰고 절필(絶筆)하였다. (역주)

Borgia·Cinese 317(16)의 『역약』 가운데 「경천감인-발명천학본의」라는 제목의 글도 "천학(天學)이란 무엇인가?"라는 질문으로 시작한다. 이어서 『역경』을 천리(天理)의 이치를 밝히고 후세에 가르침을 내리는 것으로 삼았으나, 공자가 죽은 뒤로 경문(經文)이 2천여 년의 긴 밤으로 접어들었다고 하였다. 그 다음으로 부베는 『상서(尙書)·대우모(大禹謨)』편에 나오는 "십육자구결(十六字口訣)", 즉 "인심유위, 도심유미, 유정유일, 윤집궐중(人心惟危, 道心惟微, 惟精惟一, 允執厥中)"[133]을 인용하였다. 부베의 해설에 따르면, 도심(道心)은 숨겨져 드러나지 않고, 인심(人心)은 도심을 덮어 가리기 쉽기 때문에, 아무리 많은 박사와 유명한 학자들이 서로 다투어 해석하여 그 주소(注疏)가 산(더미)처럼 쌓이더라도 끝내 천학의 본의(本義)를 밝혀낼 수 없었다. 다만 다행스러운 것은 천학과 하느님의 『성경』이 모두 성학(聖學)으로서 동일한 근원에서 나왔다는 데 있다. 옛날에 서양의 선사(先師)[134]가 중국으로 와서, 그 공(功)이 복희씨와 같았다. 위로는 하늘을 우러러 보거나, 아래로 땅을 굽어보아, 괘(卦)를 그려 서계(書契)와 문자(文字)를 만들고, 『역』을 제작하여 천학의 대도(大道)를 거기에 담았으며, 하늘의 가르침인 성학(聖學)을 다시 열었다. 중국에서는 하·상·주 삼대(三代)의 『서(書)』와 삼황(三皇)[135]의 삼분(三墳)과 오제(五帝)[136]의 오전(五典)이 모두 대도의 뜻을 구현하였다.[137]

부베의 관점에서 볼 때, 수신(修身)·제가(齊家)·치국(治國)하며 천학을 좋아하는 자는 모두 하늘을 공경함(敬天)을 근본으로 삼았다. 그러나 다같이 천

---

133   (漢)孔安國(1999), p.93.
134   저자는 "西土先師(暗指每瑟, 即摩西, 『聖經』中的先知人物)前往中華"라고 하였다. 원문을 그대로 번역하면, "서토(西土)의 선사(先師)는 모세(Moses 每瑟, 혹은 摩西)이며 『성경』에 나오는 선지자인데, 옛날에 중국에 왔다"는 것이 된다. 그러나 부베는 트리스 메기스투스(Tris Megistus) 혹은 에녹이 중국에 왔다고 하였지, 모세가 중국에 왔다고 주장한 적은 없다. 따라서 이 부분은 원저(原著)에 나오는 대로 번역하지 않았다. (역주)
135   삼황(三皇): 복희씨(伏羲氏)·신농씨(神農氏)·여와씨(女媧氏)를 가리킨다. (역주)
136   오제(五帝): 황제(黃帝)·전욱(顓頊)·제곡(帝嚳)·요(堯)·순(舜) (역주)
137   공안국(孔安國)은 삼분(三墳)은 삼황(三皇)의 일을 실은 책이요, 오전(五典)은 오제(五帝)의 사적(史蹟)을 적은 책이라고 했다. 그러나 시대에 따라 이설(異說)이 있어 일정치 않다. (역주)

(天)이라는 말을 쓰더라도 사상가 마다 그 의미는 모두 다르며, 유형지천(有形之天), 도덕지천(道德之天), 리(理)·도(道)·심(心)·성(性)·태일(太一)·태극(太極) 등의 형이상지천(形而上之天) 등의 개념이 있다. 『성경』에서 말하는 천은 우주만물의 창조주이자, 성부·성자·성령의 삼위일체로서 하느님이며, 『역경』에서 말하는 천지인 삼재와 같으며, 또한 『노자』의 "일생이, 이생삼, 삼생만물(一生二, 二生三, 三生萬物)"의 삼(三)과 같다. 서양의 선사(先師)는 이러한 기초 위에서 한편으로 삼위일체[三一] 및 일본이원(一本二元)의 이치에 의거해 수학과 문자의 이치를 발명하였고, 더 나아가 천학의 도를 해석하였다. 또 다른 한편으로 선사는 선천태극도(先天太極圖)·음양기우(陰陽奇偶)·동정(動靜)·방원(方圓)을 모두 그림으로 보여주었고, 그리하여 대덕(大德)의 핵심을 얻었다. 그러므로 조물주의 지일(至一)은 불변의 성삼위(聖三位)의 체(體)이다. 삼위의 제1위는 성부이며, 제2위는 성자이며, 제3위는 성신이다. 이것은 선천(先天)의 도(道)이자, 천지만물의 근본이며, 만민의 큰 부모이다. 아래의 표는 『역약』의 글 가운데 선천의 삼위일체에 관한 동양과 서양의 사상을 비교한 것이다.

경전(經典)	사상출처(思想出處)	제일위(第一位)	제이위(第二位)	제삼위(第三位)
성경	『성경』 "삼위일체(三位一體)"	성부(聖父)	성자(聖子)	성령(聖靈)
		성부(聖父)	성자(聖子)	성신(聖神)
	성질 (性質)	지전지능 (至全至能)	지명지정 (至明至靜)	지신지감 (至神至感)
중국경전	『주역』 "삼극삼재(三極三才)"	천(天)	지(地)	인(人)
	『노자』 "삼생만물(三生萬物)"	일(一)	이(二)	삼(三)
	인륜(人倫)	부(父)	아(兒)	신(神)
	도교 (道敎)	황천황부 (皇天皇父) 태일전능 (太一全能)	황태자천자 (皇天太子天子) 지명지정지덕 (至明至靜至德)	황천황부 (皇天皇父) 지신지감 (至神至感)

덕행 (德行)	일덕왕(一德王) 지능주명 (至能主命)	이덕왕(二德王) 지덕지명 (至靜至明)	삼덕왕(三德王) 지신지덕 (至神之德)
제도기지법 (制陶器之法)	주의자 (主意者)	명영자 (明靈者)	수신기자 (手神奇者)
문자 (文字)	일점지미 (一点之微)	이점지소 (二点之小)	삼점지대 (三点之大)
종교 (宗敎)	일불 (一佛)	이보살 (二菩薩)	삼청대제 (三淸大帝)

〈표3〉 동양과 서양의 선천(先天) "삼위일체(三位一體)" 비교표

    중국과 서양 문화를 비교해 보면, 거기에는 공통되는 핵심 요소들이 발견된다. 부베는 이러한 핵심요소들에 근거해서 선천의 도로부터 후천의 도로 전향하였다. 서양의 『성경』에서 선천과 후천의 구별은 선천 세계의 인심(人心)에 있다. 선천은 최초의 본래 상태이며, 이때 인류의 시조인 아담과 이브의 마음은 하느님의 마음과 일치되어 있었다. 그런데 후천세계에 이르러 인류의 시조가 원죄를 저질러 그 마음이 손상을 당했고, 이 때문에 하느님이 구세주를 내려보내, 만방(萬方)의 죄를 친히 짊어지게 하였고 만민을 구원하여 인심의 도를 회복시켰다. 『역경』에서 선천의 도는 분서갱유로 말미암아 끊어져 버렸고, 후천의 도는 성인과 선사(先師)들이 오기를 기다려 마침내 열리게 되었다. 선사는 선천과 후천의 두 가지 도의 큰 뜻을 밝히기 위해 괘를 그려서 『역』을 만들어 고전에 기록하였는데, 그렇게 해서 만든 『역』의 수(數)·상(象)·문(文)이 곧 『하도』와 『낙서』가 되었다. 그 다음에 나오는 글에서는 선천의 『하도』에 대해 분석하였는데, 그 가운데 포함된 선천·후천의 큰 강령(綱領)은 하느님의 『성경』과 서로 같다.

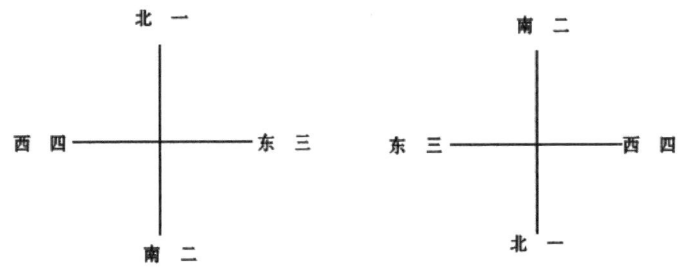

〈그림9〉「선천하도방위초도(先天河圖方位初圖)」   〈그림10〉「선천하도방위변도(先天河圖方位變圖)」

『하도』는 처음에는 선천·후천의 만사만물(萬事萬物)의 전체의 근원이 되어, 음양·남북·동서가 대대(對待)의 수서(數序)를 취하여 배열되고, 1·2·3·4의 비례 관계가 포함하고 있다. 북쪽의 1은 위에 있고, 남쪽의 2는 아래에 있어 천지가 대대하는 방향이 된다. 3은 생생변화의 근본이고, 동쪽은 제왕(帝王)이 나오는 방향이므로 높여서 오른쪽에 배치하였다. 서쪽은 사람이 생명을 받는 수생(受生)의 방위이므로 낮추어 왼쪽에 배치하였다. 이것이 선천태화자연(先天太和自然)의 상이다.(그림9) 그러나 인류의 조상이 하늘에 죄를 지어서 상하가 화합되지 않는 상황을 초래하니, 천지의 질서가 뒤바뀌고, 천지의 사귐이 완전히 끊어진 흉상(凶象)이 되었다. 방위에 있어서는 북쪽의 1은 아래에 있고, 남쪽의 2는 위에 있으며, 동쪽의 3은 왼쪽에 있고, 서쪽의 4는 오른쪽에 있다.(그림10)

이러한 기초 위에서 『하도』의 안쪽은 생수(生數)인 1·2·3·4가 되고, 그 바깥쪽은 성수(成數)인 6·7·8·9가 되며, 5와 10은 중앙에 머물러 태극을 상징한다. 1·3·5·7·9는 천수(天數)이며, 순양(純陽)의 수가 서쪽에서 천도(天道)를 끝마친다. 2·4·6·8·10은 지수(地數)이며, 순음(純陰)의 수가 동쪽에서

지도(地道)를 마친다. 또한 천도인 9는 지수인 6에 통할 수 없고, 지도인 8은 천수인 7에 통할 수가 없다. 이것은 선천 『하도』(그림11)에서 내외·상하·좌우의 관계가 자연히 바르지 못하여, 인류의 시조가 하늘에 죄를 얻은 이후에 상하의 존비의 질서가 올바름을 잃고, 천지가 도치된 흉상을 상징한다.

 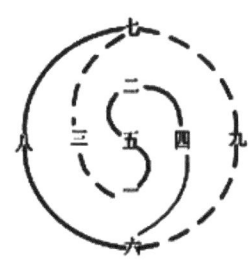

〈그림11〉 「선천하도수도(先天河圖數圖)」   〈그림12〉 「선천태극도(先天太極圖)」

후천의 관점에서 보면 "황하에서 그림이 나왔다(河出圖)"라고 한 것은 성왕(聖王)이 출현하여, 성인이 후천을 세우는 길상(吉象)을 상징한다. 하느님의 『성경』에 따르면, 세상을 구하는 큰 성인이 사람의 모습으로 탄생하여, 인의(仁義)를 밝혀서 후천의 도를 열었다. 『하도』의 중앙에 위치하는 5에 의거하여, 먼저 천도와 지도의 두 가지 도를 연결하고, 상하와 안팎이 중앙에서 합해져서 밖으로 통하고, 그 후에는 중앙의 5를 세워서 후천의 역수(易數)와 역상(易象)의 근본으로 삼으니, 1·3·5·7·9는 『하도』에서 천수이자 양수이며, 생생(生生)의 기수(奇數)가 되며, 5는 그 중앙이 된다. 2·4·6·8·10은 『하도』의 지수이자 음수이며 형성을 주관하는 우수(偶數)이며, 6이 그 중앙이 된다. 5는 지수 2와 천수 3을 합하여 생겨난 수이니, 즉 5는 생성[生]을 주관하며 천지의 모든 생수(生數)의 근본이 된다. 6은 지수 2와 천수 3을 곱하여 이루어진 수이니, 즉 6은 형성[成]을 주관하며, 천지의 모든 성수(成數) 가운데서 가장 밑에 있는 수가 된다. 천도와 지도는 중앙에서 다시 합쳐져서, 밖으로 통하고, 『선천태극도』(그림12)를 이루며, 역도(易道)의 근본이 된다.

그 밖에 부베는 수학지식을 근거로 하여 천지지수(天地之數)의 논증에로 나아갔다.(그림13) 『기하원본(幾何原本)』의 직각삼각형(句股三角)의 원리를 참고하여 짧은 선은 구(勾), 긴 선은 고(股), 사변(斜邊)은 현(弦)으로 삼아, 직각의 짧은 선과 긴 선을 각각 제곱하여 합하면 현(弦)의 사각형 면적(方積)의 수가 된다. "구·고·현의 각각 제곱한 사각형의 눈금(方目)을 '멱(冪)' 또는 '실(實)'이라고 한다.(勾股弦自乘之方目曰冪, 或曰實)"[138] 만약 우선 천수 3을 구로 하고, 지수 4를 고로 하여 각각 제곱하면 9와 16이 되며, 천수 9와 지수 16인 구고의 두 사각형의 면적의 수를 합하면 모두 25가 되어, [9+16=25] 그 현의 수 5의 사각형 면적의 수가 된다.[(3×3) + (4×4) = (5×5)] 후천의 2와 3은 중앙의 5이니, 이는 천지의 덕이 된다.

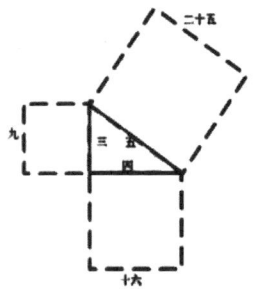

〈그림13〉 부베가 그린 "구고정의(勾股定義)"

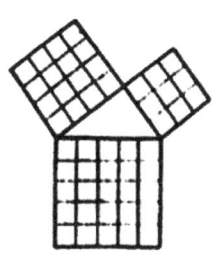

〈그림14〉 이광지(李光地)의 『주역절중(周易折中)』에 나오는 「대연구고지원(大衍勾股之原)」

이광지(李光地, 1642-1718)의 『주역절중』에 「대연구고지원(大衍勾股之原)」(그림14)이 있는데, 그 그림에 대한 설명은 다음과 같다.

---

138 「勾股名義」, 郭彧(2006), p.137에서 재인용.

"구가 3이면 그 면적은 9이고, 고가 4이면 그 면적은 16이며, 현이 5이면 그 면적은 25가 되니, 9와 16과 25를 합하면 50이 된다. 이것이 대연지수(大衍之數)이며, 구와 고와 현을 곱해서 생긴 세 개의 사각형의 면적의 합이다.[勾三其積九, 股四其積十六, 弦五其積二十五, 合之五十 是大衍之數函勾股弦三面積]"[139]

부베는 구고정리(勾股定理)[140]에 근거해 천수 3과 지수 2, 중앙의 5의 덕이 선천의 천수 3과 지수 4의 덕과 같고, 또한 그 5·2·3의 비례를 파악하여 음양의 음악[樂]과 합하여 천지의 모든 율려[141]의 덕을 밝혔다. 그러므로 천수 3, 지수 4, 인수(人數) 5라고 칭하여, 구·고·현의 삼각면(三角面)을 천·지·인의 뜻으로 삼고, 『역』의 천·지·인 삼재의 도와 태화(太和)·자연(自然)의 상(像)으로 삼았다.

그 밖에도 부베는 율려(律呂)를 예로 들어 구고정리 중의 현인 5의 덕(5×5=25)이 천(天)과 지(地)가 3:2의 비례를 이루며, 이것이 음양이원(陰陽二元)의 상하(上下)가 9:4의 비례를 이루는 것과 같다고 주장했다. 이렇게 해서 상하가 서로 감응하여 천지의 율려가 조화되는 아름다움을 이루어낸다고 하였다. 태음(太陰)의 일순(一旬)은 10이고, 태양(太陽)의 일절(一節)은 15이며, 상구(上九)는 태양이고, 하사(下四)는 태음이어서, 선천의 상주(上主)와 하인(下人)이 되고, 천지가 서로 단절되는 수가 된다. 중간의 6은 소양(少陽)과 소음(少陰)이며, 이에 상하의 수가 같다.

9·4·6의 세 가지는 역도(易道)의 상(上)·하(下)·중(中)에 대응되고, 천지인의 모든 율려의 대강(大綱)이 된다. 『성경』에 결합해서 보면, 인류의 시조

---

139 李光地(1990), p.546.
140 구고정리(勾股定理)는 피타고라스의 정리를 가리킨다. (역주)
141 율려(律呂): 십이율(十二律)의 양률(陽律)인 육률(六律)과 음려(陰呂)인 육려(六呂)를 통틀어 율려(律呂)라고 일컬음. (역주)

는 하늘에 죄를 지어 사방을 혼란케 하였으나, 하느님께서 구세주를 내려보내 덕이 천지와 짝지워, 선천의 남·북·동·서의 원래의 올바름을 회복시켰고, 『하도』의 중앙에 포함된 5와 배합되게 하였다. 따라서 동서남북의 사방과 상·하·중이 서로 통하여 십이율(十二律)을 갖추고, 60갑자가 그 가운데 운행하니, 이것이 모든 율려의 근본이다. 그러므로 역수(易數)의 근본 강령(綱領)은 천수 9와 지수 6에 갖추어져 있으니, 천수 9는 천주(天主)의 수이고, 지수 6은 구세주의 수가 된다. 성부(聖父)와 성자(聖子)의 심신(心身)이 모두 올바르면, 음악과 춤의 미려(美呂)는 중간의 6의 려(呂)에 통하고, 그리하여 상하의 수에 합치된다.

이를 통해 부베는 『역경』의 괘효사에 대한 해설에 중점을 두었으며, 유가와 도가의 학설을 융합하였으며, 문자학·경학·역사학 등의 술어를 사용하여 『성경』과 『역경』의 근원이 같으며, 모두 성학(聖學)이라고 주장하였음을 알 수 있다. "『역약(易鑰)』의 본문은 두 부분으로 나뉜다. 하나는 천주교의 교리를 서술하는 것으로, 삼위일체로부터 시작해서 예수의 생활로 끝을 맺었다. 다른 하나는 『역경』에 대한 주석을 통해 첫 번째 부분에 대해 증명한다."[142] 두 편의 문장은 모두 선천과 후천의 큰 뜻에서 『역경』을 이해하려는데 그 취지가 있다. 부베는 중국과 서양의 문화와 경전을 융합하고 소통하려고 시도하였을 뿐 아니라, 이것을 천주교의 옛 뜻을 이해하는 열쇠로 삼았다.

『역약』의 제1편은 『성경』의 구약과 신약이 선천·후천으로 구분됨을 강조하였고, 『역경』을 대조하여 태일(太一)에 대해 논술하였다. 아울러 성부·성자·성신의 삼위일체와 복희의 『선천팔괘도』를 대응시켜 하느님과 원조(元祖)의 마음·귀·눈의 세 기관(三司)이 각각 상대된다는 것과 선천과 후천의 도의 변화를 설명하였다. 『역약』의 제2편에서는 중국과 서양 문화의 비교를 통하여 삼위일체의 사상을 중점적으로 해석하였고, 아울러 『하도』·『낙서』·구

---

142 柯蘭霓(2009), p. 75.

고정리(句股定理)·율려지수(律呂之數) 등의 방면에서 천지지수(天地之數)에 대해 설명하였다.

2. 『역학외편(易學外篇)』과 『역인(易引)』의 해석

Borgia·Cinese 317 중에서 내용이 비슷한 것으로 317(3)『역경총설고』, 317(4)『역고(易考)』, 317(6)『역인원고』, 317(8)『역학총설』, 317(10)『역학외편』, 317(11)『L'Y King』(중문제목이 없음) 등이 있다. 비록 이름은 다르지만, 내용에서 중복된 곳이 많고, 대체로『역학외편』과『역인』의 내용과 일치한다. 그 중에서 Borgia·Cinese 317(3)『역경총설고』(약 6,600자)는 부베의 역학저작에 관련된 초록(抄錄)이며, 모두 세 부분으로 나누어져 있다. 제1편은「역학총설」인데, Borgia·Cinese 317(8)『역학총설』의 앞 부분과 유사하다. (뒤에 서술하는 317(8)『역학총설』에 그에 관련된 논의가 있다.) 제2편은 "이 논의는 역학의 제7절과 제8절에 관한 것이다.[此論系易學七節八節]" 즉 평면(平面)의 상수학(象數學)과 형상수학(形象數學)의 이치를 사용하여『역학외편』의 제7절과 제8절에서 논의한「천존지비도(天尊地卑圖)」에 대해 해석하였다. (이렇게 해서 한편으로 삼각형 등의 도형에서 각변(角邊)[143]의 수(數)와 상(象)은 모두「천존지비도」에서 생겨남을 밝혔고, 다른 한 편으로 여러 가지 개방법(開方法)[144]의 근본이 이 도표 안에 포함되어 있다고 설명했다.) Borgia·Cinese 317(10)『역학외편』및 Borgia·Cinese 316(6)『역인외편원고(易學外篇原稿)』에서 중복되어 나타난다. 제3편「석역괘효지수유천존지비도소연이출(釋

---

[143] 각변(角邊): 2차원 평면 도형에서 각(角)을 만드는 직선을 변(邊: side)이라고 한다. 꼭짓점과 꼭짓점을 잇는 선분이 변(邊)이 된다. 삼각형의 아래쪽에 위치한 선분을 보통 밑변이라고 부르며, 한 변이나 한 각을 마주보고 있는 변을 대변(對邊: opposite side)이라고 부른다. 직각삼각형에서는 직각을 이루고 있는 두 변을 가리켜 직각변(直角邊)이라고 한다. (역주)

[144] 개방법(開方法): 개방산법(開方算法)이라고도 한다. 평방근 혹은 입방근 즉 제곱근 혹은 세제곱을 산출하는 공식을 말한다. 개방산법(開方算法)에는 개립방법(開立法)과 개평법(開平法)이 있다. 개립법(開立法)은 입방근(立方根: 즉 三乘根)을 계산하여 답을 구하는 방법이고, 개평법(開平法)은 평방근(平方根: 즉 自乘根)을 구하는 방법이다. (역주)

易卦爻之數由天尊地卑圖所衍而出)」이라는 논문은 Borgia·Cinese 317(8) 『역학총설』의 마지막 부분의 "석역괘효지수유천존지비도소연이출(釋易卦爻 之數由天尊地卑圖所衍而出)"의 제목 및 내용과 완전히 동일하다.[145] 따라서 이것도 역시 『역학외편』에 속하는 내용이라고 볼 수 있다.

　　Borgia·Cinese 317(4) 『역고(易考)』(약 10700자)도 역시 문장을 발췌하 여 편집한 것으로서 『역인』의 제1절, 『역학외편』의 제1절, 제2절, 제3절, 제4 절, 제5절(상·하)의 내용 및 『역학외편』의 「역수상도총설(易數象圖總說)」, 「일 이삼위역수상도지본(一、二、三爲易數象圖之本)」, 「일삼미연위온역수상도지 본(一三未衍爲蘊易數象圖之本)」 등의 편을 모은 것이다. 문장의 뒷부분에는 강희제가 부베의 『역경』 연구 상황을 물어보는 어지(御旨) 아홉 조문(條文)이 첨부되어 있다.

　　첫 번째 부분은 『역인』의 첫 번째 절에 대해 논의하였는데, 그 요지는 중 국의 전적과 서양의 『성경』을 인용하여 진리를 비교하고 고증하는 것이다. 우선 서양의 대진국(大秦國)에서 현사(賢士)들을 파견하여 천주교의 『성경』 을 가지고 중국으로 들어갔으며, 이를 통해 중국의 옛 경전들이 분서의 화를 입었던 것을 구제하였다고 주장하였으며, 당(唐) 왕조의 『대진경교유행중국 비(大秦景敎流行中國碑)』를 그 증거로 삼았다. 이러한 기초 위에서 천주교의 『성경』은 만물이 천·지·인(純神·純形·兼神形)의 세 가지 범주를 넘지 않으 며, 역학의 전체 강령은 선천·후천·삼역(天道·地道·人道 혹은 天皇·地皇·人 皇[146] 혹은 『연산』·『귀장』·『주역』)으로 나누어지는 것과 같다고 여겼으며, 이로 써 선천·후천·삼역의 대강(大綱)을 설명하였다.

　　제2부에서는 『역학외편』의 다섯 절을 나누어 논하였는데, 다음과 같다.

　　『역학외편』 제1절: 여기에서는 역의 수(數)·상(象)·도(圖)가 「하도」와

145　Bouvet, 『易學總說』, BAV, Borgia·Cinese 317(8), pp. 47-49.
146　삼황(三皇): 중국 고대 전설에 나타난 세 임금. 즉 천황씨(天皇氏)·지황씨(地皇氏)·인황씨(人皇氏) 또는 수인씨(燧人氏)·복희씨(伏羲氏)·신농씨(神農氏) 또는 복희씨·신농씨·황제(黃帝) 등 여러 설이 있다. (역 주)

「낙서」에 근본을 두고 있다고 해석하였다.

『역학외편』 제2절: 여기에서는 선천의 미변(未變)의 『연산(連山)』의 수·상·도를 해석하였는데, 『천존지비도』, 「하락미분도(河洛未分圖)」, 「원정삼극지도(圓正三極之圖)」에 근본을 두었다.

『역학외편』 제3절: 여기에서는 『천존지비도』가 태극(太極)·천지(天地)·음양강유(陰陽剛柔)를 갖추었으며, 생생변화(生生變化)에 통하였으며, 건곤(乾坤)·삼기삼우(三奇三偶)·육효삼극(六爻三極)의 도(道)가 나오는 근원이 된다는 것을 설명하였다.

『역학외편』 제4절: 표제(標題)가 없다.

『역학외편』 제5절 상(上): 여기에서는 소성괘(小成卦) 팔괘(八卦)가 이루어진 뒤에 선사(先師)가 그 삼효(三爻)를 확장시켜 육효(六爻)로 만들어 64괘, 「선천방도(先天方圖)」, 「선천원도(先天圓圖)」 등이 이루어졌다는 것을 설명하였다.

『역학외편』 5절 하(下): 여기에서는 선사(先師)가 『역』을 만들고, 괘(卦)를 변화시킨 것을 설명하였는데, 그 원리가 『천존지비도』에 바탕을 두고 있으며, 건곤의 각 6효에 적용시켜, 선천 64괘의 방도(方圖)와 원도(圓圖)의 두 개의 도표가 만들어졌다고 하였다.

여기에서는 『역학외편』의 각 절의 표제(標題)를 인용함으로써 『역학외편』의 내용을 대략적으로 소개하고자 한다.

제1절에서 부베는 『하도』·『낙서』의 숫자를 주로 분석하였고, 이것을 『역』의 수·상·도의 근본으로 삼았다. 아울러 선천·후천·삼역을 구분하였으며, 『하도』·『낙서』의 나뉘고 합쳐짐이 선천과 후천의 『역』의 변화에 따라 변화한다는 것을 밝혔다.

제2절에서는 주로 선천 미변(未變)의 『연산역』의 수·상·도가 『천존지비

도』에 근본을 두고 있음을 설명하였다. 「천존지비원도(天尊地卑圓圖)」의 [원도(圖)의] 수(數)가 천지(天地)의 오기오우(五奇五偶)와 『하도』의 완전한 수(全數)에 상응한다는 것, 그리고 『낙서』의 (10개의 수가) 완전히 갖추어지지 않고 결핍되어 있는 수는 『역』의 방도(方圖)가 된다는 것을 중점적으로 소개하였다.

제3절에서는 『천존지비도』의 성질을 건(乾)·곤(坤)의 육효(六爻)와 삼극(三極)의 근원으로 정하였다. 건(乾)·곤(坤)의 삼기삼우(三奇三偶)의 육효(六爻)는 모두 『천존지비도』의 내(內)·중(中)·외(外)의 삼층(三層)의 괘획으로부터 나온 것이며, 모두 천구지육(天九地六), 삼천양지(三天兩地)의 (3:2의) 비례를 취하고 있다.

제4절에서는 『역경』의 선천팔괘(先天八卦)가 『혼방원천존지비도(渾方圓天尊地卑圖)』의 내·중·외의 삼층으로부터 전개되어 나온 것이라고 주장하였다. 내층에서는 일기일우(一奇一偶)가 대대 관계를 형성하고 있고, 중층에서는 내층의 음양으로부터 사상(四象)이 형성되었으며, 외층에서는 사상으로부터 팔괘가 형성되었다. 이것은 선천방위의 질서와 같으며, 소성괘(小成卦) 팔괘가 된다.

제5절(上·下)에서는 『역경』의 방도(方圖)·원도(圓圖)의 두 개의 도에 있는 64괘의 대성괘(大成卦)가 소성괘 8괘의 추연(推衍)에 의해서 형성된 것이며, 또한 천지지수와 「하도」와 「낙서」의 수에 공통적으로 적용되는 상겸지수(相兼之數)라는 것을 주로 소개하였다.

제3부는 『역학외편』 중에 포함된 「역수상도총설(易數象圖總說)」[147]과 「일이삼위역수상도지본(一二三爲易數象圖之本)」, 「일삼미연위온역수상도지본(一三未衍爲蘊易數象圖之本)」 등으로 나뉜다. 선천미변(先天未變)·선천역변(先天易變)·후천불변(後天不變), 삼역지도(三易之道)는 각각 삼재(三才)로 되

---

147 Borgia·Cinese 317(8): 『역학총설(易學總說, Yi Xue Xong Shuo)』의 3쪽의 「역수상도총설(易數象圖總說)」과 제목이 같지만, 문장에는 차이가 있다. (역주)

어 있고, 각각 삼위일체의 태극에 그 근본을 두고 있다. 그 길흉의 차이는 모두 『하도』와 『낙서』로부터 생긴 것이다. 일·이·삼으로부터 나온 삼재·일본(一本)·이원(二元)을 『역』의 수·상·도의 근본으로 삼고, 또한 천지의 음양과 만수(萬數)가 생기는 근본으로 삼는다. 즉 삼극지열(三極之列)과 삼원일관지열(三圓一貫之列)의 두 가지 배열방식으로 일삼(一三)의 미연(未衍)이 『역』의 수·상·도의 근본을 함축하고 있다[一三未衍爲蘊易數象圖之本]는 것을 설명했다. 글의 부록은 강희제의 유지(諭旨: 황제가 신하에게 내린 지시)이다.[148] 문자판독, 표점부호 및 내용의 완정성 등의 측면을 고려하여 아래에 인용하였다.

24일. 새로 고친 「석선천미변지원의(釋先天未變之原義)」(선천미변의 원래 뜻을 해석함)」의 한 절을 황제에게 진상했으며, 그리고 「하락합일천존지비도위선천미변역수상도지원(河洛合一天尊地卑圖爲先天未變易數象圖之原)」(「하도」와 「낙서」가 통합된 『천존지비도』가 선천미변(先天未變)의 『역』의 수·상·도의 근본이 된다.)」는 한 편의 글과 『역법문답(曆法問答)』[149]의 정세실법(定歲實法) 책 한 권을 이삼호(李三湖)에게 건네주어 황제에게 올리게 하였다.[150] 봉지(奉旨; 어지(御旨)를 받들다): 짐(朕: 강희제)이 함께 세세히 보았으니, 내일 짐을 만나러 오시오. 흠차(欽此).

25일 정람(呈覽: 황제가 열람할 수 있도록 문서를 제출하다.) 상유(上諭: 황제께서 말씀하셨다): 그대들이 번역한 책은 매우 좋다. 짐이 본 책은 한

---

148 BAV, Borgia·Cinese, 317(4), pp. 22-24. 이곳의 대규모 어제(御旨)는 장서평의 저서(張西平(2003), p. 21에서 전문인용)와 한기의 논문(韓琦(2004a), p. 316에서 부분 인용)에서 각각 언급되었으나, 텍스트와 문장 부호 등 여러 부분에서 약간의 차이가 있다.
149 『역법문답(曆法問答)』: 푸케가 편찬한 천문학 관련 저서이다. 푸케는 프랑스 천문학자 Philippe de La Hire(1640-1718)의 천문표를 번역하고, 그것으로써 티코 브라헤(Tycho Brahe)의 도표를 대체하고자 했다. (Li(2020)) (역주)
150 Wei(2019), pp. 119-120. (역주)

곳으로 모아두었고, 짐이 고친 곳은 이미 보냈으며, 지형(地形)에 관련된 부분은 별도로 초록(抄錄)하여 보낼 것이다.

7월 초4일. 황제가 친필로 고친 『역경』을 바치고, 아울러 제4절, "釋天尊地卑圖爲諸地形立方諸方象類於洛書方圖之原(『천존지비도』가 모든 지형(地形)의 입방체와 모든 사각형의 상(象)이 되며, 낙서(洛書)의 방도(方圖)의 근원이 된다고 해석하였다)"의 구절과 「대연도(大衍圖)」 한 장(一張)을 새로 썼다. 진강(進講)은 아직 끝나지 않았다.

상유(上諭: 황제께서 말씀하셨다.): "네 개의 절을 하나로 합치고, 내일 짐을 만나러 오시오. 흠차."

7월 6일. 앞서 작성한 글을 드리고, 새로 작성한 "釋『天尊地卑圖』, 得先天未變始終之全數法)」(『천존지비도』가 선천미변의 처음과 끝의 전체 숫자의 법칙을 얻었다고 해석함)"의 도표 2장에 대해 황제에게 진강했다. 황제께서 왕도화에게 말씀하셨다. "부베가 수에 대해 쓴 글은 매우 명백하다. 그 정도 수준에 도달하는 것은 정말 쉽지 않다. 그가 새로 쓴 글, 「석천존지비도득선천미변시종지전수법(釋『天尊地卑圖』, 得先天未變始終之全數法)」(『천존지비도』가 선천미변의 처음과 끝의 전체 숫자의 법칙을 얻었다고 해석함)과 도표를 『역경』에 남겨 두었다. 내일 짐을 만나러 오시오. 흠차."

7월7일. 「대연도(大衍圖)」를 황제에게 진상하였다. 황제께서 말씀하시기를, "「대연도(大衍圖)」를 놓고 가시오. 짐(朕)이 보겠소. 그대들은 그림 한 장을 더 그려서 책 안에 삽입하시오."라고 하였다. 흠차. "그대들에게 고하니, 함께 가져가서 보시오." 흠차.

7월 12일. 「류낙서우수방도지법(類洛書偶數方圖之法)」(낙서의 짝수 방도에 유사한 법) 1절을 진강하였고, 도(圖) 1장을 바쳐서 황제가 열람하도록 하였다. 황제께서 말씀하셨다. "「우수방도지법(偶數方圖之法)」(낙서의 짝수 방도에 유사한 법)과 전일(前日)에 가져왔던 「기수지법(奇數之法)」을 합쳐서 한 곳에 보관하라. 그대들은 정성을 다해 잘 보관하기를 바란다." 흠차. 오늘 어전(御前)에서 태감(太監) 엽문충(葉文忠)이 원래 황제께서 친필로 쓰신 「유서방원기수격(類書方圓奇數格)」 한 장과 『우수방원(偶數方圓)』 한 장을 가져가라는 어지(御旨)를 받들었다. 전지(傳旨; 어지(御旨)를 전하였다.) "이러한 모양에 따라 그림 몇 장을 더 그리시오. 흠차" 오늘 그린 「기수방도격(奇數方圖格)」 2장은 태감(太監) 이삼호(李三湖)에게 건네 드려서 황제에게 진상하도록 하였다. 류하(留下).

왕도화(王道化) 근주(謹奏: 삼가 아뢰었다): "초구일(初九日)에 황상(皇上)께서 말씀하신 것을 접하고서는 대학사(大學士) 이광지(李光地)가 올린 주절(奏折) 한 건(件)과 원도(原圖) 한 폭(幅)과 책(冊) 한 절(節)을 부베와 함께 보았습니다. 부베는 그것을 읽고 난 뒤에 깊이 감동해서 말하기를 "대학사 이광지는 역리(易理)에 정통하고, 역법(曆法)도 통달하여 환하게 알고 있습니다.[大學士李光地, 精通易理, 洞曉曆法]"라고 하였습니다. 우리 황상께서는 고금(古今)을 관철(貫徹)하여 수리(數理)에 관한 학문을 더욱 상세하고 긴밀하게 이해하고 계십니다. 지금 대학사가 이처럼 박학(博學)하니, 진실로 성군께서 현상(賢相)을 잘 알아보신 것입니다. 부베는 서양의 미천한 학자(末儒)로서 아는 바가 조금도 없는데도 망극하게도 성은(聖恩)을 먼 곳의 백성에게도 베푸셔서, 날마다 가까운 거리에서 황제를 뵐 수 있었습니다. 또 성군(聖君)과 현상(賢相)이 마치 거울이 비추듯이 그 속마음까지 일치[하니鑒照轍衷], 너무

기뻐서 말로 이루 다하기 어렵고[欣躍難言], 오직 머리를 숙일 뿐입니다. 대학사의 상소에 따르면 의문이 나는 곳이 없기에 회답할 필요는 없을 것 같습니다. 대학사의 상소문과 원도(原圖) 한 폭, 앞서 한 절을 해석한 것[前解], 함께 바친 것[繳上] 외에도, 부베가 『역경』을 해석한 한 절과 그림 한 장을 모두 보았습니다. 부베에 따르면, 지금 진상한 이 한 절은 대학사에게 회답한 것과 대략적으로 비슷한 부분이 많다고 합니다. 이 절은 『역경』이 응용된 순서에 따라 해석한 것으로서 대학사에게 마땅히 여쭤봐야 할 것이 있습니다. 근차(謹此: 삼가 이 글을 올립니다.)

지난번에 황제께서 질문하셨습니다. "10월과 11월에 곤(坤)괘와 복(復)괘 사이에 그 양(陽)이 사라졌다가 다시 와서 회복되는 것은 어째서인가?" 신(臣)이 삼가 궁리(窮理)해서 답변드립니다. "오직 역도(易道)가 정미(精微)하고, 복괘(復卦)에 이르러서는 더욱 미묘(微妙)해집니다. 신(臣)은 제 자신이 어리석다는 것을 잘 알고 있습니다만, 황상의 하문을 받았으니, 어찌 감히 숨기고 말하지 않겠으며, 비루함을 숨기겠습니까! 이에 공경하며 좁은 소견 한 두 가지를 간략히 나열하였습니다. 앙람(仰覽)."

"성훈(聖訓)을 내리셔서 신(臣)의 우매하고 몽매함을 열어주시니, 무릇 도(道)는 그 모습이 뚜렷이 나타나 밝은 것은 일월(日月)만한 것이 없고, 일월은 하늘을 따라 자연히 운행하니, 그 도가 하늘과 함께 둥글고, 처음과 끝이 합일됩니다. 무릇 만물이 생겨날 때에는 반드시 그 도가 있어야 하며, 가는 것에는 반드시 돌아옴이 있으니, 한 바퀴 순환하면 다시 시작하고, 강건함과 항상됨은 쉬지 않으니, 일월의 두 가지 밝은 도는 그 이치의 자연스러움이 이와 같아서, 더이상 기다릴 말이 없습니다.

만약 그것이 사람에게 있으면, 선천(先天)의 원선(元善)과 명덕(明德)과 원길(元吉)의 시기입니다. 하늘과 함께 운행되는 일월은 도(道)와 다르지 않습니다. 도(道)는 본래 이간(易簡: 쉽고 간략)한 것이어서 항구적이며 변하지 않습니다. 사람이 태어나서 고요한 상태는 하늘의 성[天之性]이고, 그것이 이 시간적 질서와 함께 합니다. 후에 그 사람이 불행해짐에 이르러서는, 스스로 사적(私的)인 행동을 하며, 분수를 뛰어넘어 참람함을 범하니, 마음에 변화가 생깁니다. 외물(外物)에 감응하여 움직임은 성(性)의 욕망입니다. 좋아하고 싫어함(好惡)의 감정이 안으로는 절제함이 없고, 밖으로는 그 앎이 유혹을 받아, 스스로 몸을 돌이켜 반성할 수 없으니, 천리(天理)가 사라지게 됩니다! 음도(陰道)가 열리는 것은 구괘(姤卦)로부터 시작되니, 점점 (양효가) 추락하여 박괘(剝卦)에 이릅니다. 악(惡)이 극에 다다르면 양(陽)의 기운이 소진되고, 마침내 곤(坤)의 순음무덕(純陰無德)의 상태에 이르게 되니, 땅 속에 들어가 어두워지고, 천리가 소멸되어 인욕(人欲)이 극에 다다르게 됩니다. 스스로 하늘과의 관계를 끊어버리고, 결코 스스로 뉘우쳐서 회복할 수 없게 됩니다. 그러나 다행히 하늘이 인애(仁愛)를 생기게 함을 좋아하는 덕분에 그 사람을 차마 버릴 수 없어 후천의 도를 열어 주었습니다. 그러므로 특별히 인의(仁義)를 겸비하신 완전한 큰 성인을 내리셔서 순수함이 또한 그치지 않으니, 덕(德)이 천지와 짝하고, 움직이거나 고요할 때에도 그 생각에 허물이 없으며, 하늘을 이어받아 극(極)을 세우고, 존귀한 자리에 있더라도 겸손함을 좋아하며, 아래로 내려가 스스로 낮은 데 처합니다. 이로부터 천도(天道)의 양(陽)이 아래에서 다시 생겨나니, 마치 땅속에서 우레가 솟구치는 것과 같아서, 사람의 마음을 진동시켜 감화하게하고 깨닫게 하여, 그 지나간 허물을 후회하고 다시 천지의 마음[天地之心]을 보아서, 본래 타고난 선한 마음[元善]을 돌이키니, 항상됨과 형통함이 쉬지 않습니다. 신(臣)의 우매한 견해가 이와 같습니다만,

혹시라도 성인의 밝으신 뜻과 반드시 부합하지는 않을까 걱정됩니다."

강희제의 유지(諭旨)에 근거하여 보면, 「석선천미변지원의」와 「하락합일천존지비도위선천미변역수상도지원」, 「석천존지비도위제지형립방제방상류어락서방도지원」, 「류락서우수방도지법」 및 「대연도」 등의 글은 모두 부베가 저술한 것이며, 그 내용은 부베의 『역학외편』과 『역인』 중에서 모두 언급된 것이다.

Borgia·Cinese 317(6) 『역인원고(易引原稿)』(약 18,400자)의 글은 모두 9절을 포함하여, 『역인』의 전체 내용이 되며, 그 가운데 다음의 내용을 포괄한다.

제1절: 선천(先天)·후천(後天)·삼역(三易)의 대강(大綱)을 전체적으로 논한다.
제2절: 선천·후천·삼역의 대강을 나누어 논한다.
제3절: 선천의 만물의 본원(本原)을 밝힌다.
제4절: 삼위일체가 어떻게 만물의 근본이 되는지 밝힌다.
제5절: 삼위일체의 조물주가 만물을 창조하였을 때 언제, 무슨 까닭으로, 어떤 순서로 하였는지를 밝힌다.
제6절: 조물주가 우주를 창조한 근본 의도를 밝힌다.
제7절: 삼역의 첫 번째인 선천의 이간(易簡)인 『연산(連山)』의 원길(元吉)에 대해 조금 상세히 서술하였다.
제8절: 삼역의 두 번째가 선천의 변역인 『귀장(歸藏)』의 비흉(否凶)에 대해 조금 상세히 서술하였다.
제9절: 선천의 인성(人性)이 변역(變易)되고 손괴(損壞)되고, 세상이 혼란에 빠져 인류가 천명을 상실하여, 흉함의 근원이 되었다. 한 사람의 인조(人

祖)가 나타나서 후천에서 새로운 백성[新民]이 다시 태어나는 시기를 열었으며, 마침내 다행히 무한한 진복(眞福)과 천국에서 영원히 평안할 수 있는 길함을 얻었으니, 유일한 인의(仁義)의 덕(德)을 이어받아 지존(至尊)과 지비(至卑), 천(天)과 인(人)[151]의 두 가지 성(性)을 겸비한 원성(元聖)을 회복하였음을 조금 상세히 서술하였다.

제1절은 Borgia·Cinese 317(4) 『역고(易考)』의 제1절의 내용과 같으므로, 여기에서는 다시 설명하지 않는다.

제2절에서는 『성경』과 연계하여, 삼역의 형상(形象)에 대하여 해석하였다. 선천의 신인(神人)의 의지(意志)는 간(艮)괘에서 정해졌다. 상하가 천도와 화합됨은 이간의 『연산』의 천황(天皇)의 『역』과 같고, 인조가 저지른 원죄로 말미암아 천지가 사귀지 않는 것은 변역의 『귀장』의 지황(地皇)의 『역』과 같으며, 천주께서 내려주신 성자(聖子)가 만민을 구제하는 것은 불역(不易)인 『주역』의 인황(人皇)의 『역』과 같다.

제3절에서는 만물의 근본을 삼위일체에 귀속시켜, 『성경』과 비교하였다. 노아의 방주로써 여덟 명의 가족(부모, 세 아들, 세 며느리)이 천하를 나누어 세 대륙의 장자(長子)가 되었다. 대진국의 선사(先師) 모세는 『성경』을 필사하였고, 천도의 정미(精微)한 비학(秘學)을 연구하였다. 모세는 동그란 형상(環)의 하나의 음양과 삼극(三極)과 삼재(三才)가 동체(同體)를 이루고 있는 그림을 남겼는데, 이것이 바로 『삼극삼재도(三極三才圖)』이다. (그림15)

Borgia·Cinese 317(10) 『역학외편』에 대조해서 보면, 이 그림의 세 개의 동그라미의 일·이·삼은 삼극(三極)에 해당되며, 바로 고대의 옛 성인이 근거로 삼은 비밀의 숫자이다. 제3절에서는 『성경』과 『노자』·『회남자』·『역경』 등의 중국 고전과 그 주석을 인용하여 삼위일체와 태극이 함삼위일(函三爲

---

151 원문에는 '인(仁)'으로 되어 있으나, '인(人)'의 오기(誤記)로 의심된다.

一: 삼위를 포함한 일이 됨)의 사상을 설명하였다.

제4절에서는 천지(天地)·음양(陰陽)·신형(神形)·방원(方圓)·동정(動靜) 등 방면에서 만물이 모두 일삼(一三)으로 말미암아 일본이원(一本二元)이 소명(所命)·소생(所生)·소성(所成)이 이루어진다고 전체 결론을 내렸다. 예를 들어 도기(陶器)를 제작하는 방법이 삼대일(3:1)의 비율로 만물을 만드는 작업의 모습과 같다는 것을 가지고 삼일(三一)의 조물주의 공능(功能)을 논증하였다.

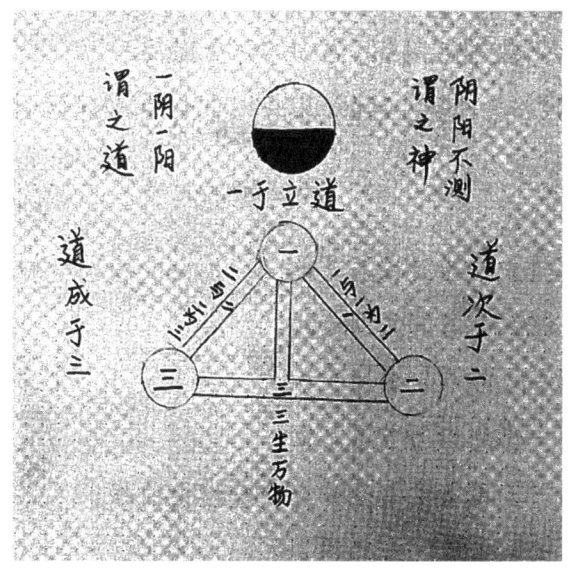

〈그림 15〉 부베가 그린 「삼극삼재도(三極三才圖)」

제5절은 『성경』에 따르면 조물주가 세상을 창조한 지 당시 강희 50년(1711년)으로부터 거의 7천 3백 년이 떨어져 있는데, 중국의 고전(古傳)과 비교해 보면 천지개벽으로부터 요(堯) 임금이 사망한 시기까지의 차이가 매우 크다.(혹자는 1만년이 안된다고 하고, 혹자는 6만4천 8백년이라고 한다.) 부베는 『육십사괘원도(六十四卦圓圖)』를 참고하여 세계가 시초에 관한 중국과 서양

의 계산을 통합하려고 시도하였다. 조물주가 만물을 만든 순서는 소성괘의 3일, 대성괘의 6일, 『역』의 선천초조지공(先天初造之功), 후천재조지공(後天再造之功), 육위시성(六位時成) 등과 같다. 그리고 『성경』에서 "제7일은 안식일이다"라고 한 언급과 『역경』의 "칠일래복(七日來復)"은 비록 표현의 주체는 다르지만, 실제로는 동일한 내용을 말하고 있다.[152]

제6절에서는 주로 『서경』・『회남자』・『맹자』・『대학』 등을 인용하여 조물주가 만물을 창조하였을 때 인애(仁愛)의 성품으로 하였다는 것을 설명하였으며, 신(神)과 인간이 천복(天福)을 함께 향유하니, 선악과 화복이 각각 자기의 위치를 찾게 된다.

제7절에서는 『연산』의 특징과 「복희팔괘방위도」에서 태(兌)의 대응관계를 통해 삼역(三易)의 첫 번째인 이간(易簡)의 『역』이자 『연산』역이며, 천황(天皇)의 『역』을 구체적으로 설명하였다. 아울러 중국 고전(古傳)인 『역경』・『사기』・『악기(樂記)』를 열거하며 상호 검증하였다.

제8절은 삼역의 두 번째인 선천변역(先天變易)인 『귀장』의 비흉을 상세히 설명하였다. 조물주가 천지(天地)와 신인(神人)을 처음 창조하였을 때에는 천지가 본래 원길(元吉)하였으나, 원악(元惡)의 오신(傲神)이 반역하고 항명하여 상제(上帝)와 맞섰다. 중국과 서양의 서적 중에 나타난 오신과 출정자(出征者)의 대비를 통해, 정의와 사악이 쌍방이 맞서는 것을 볼 수 있다. 중국과 서양의 인물들의 대비는 아래와 같다.(표4)

---

152 이곡동공(異曲同工): 곡은 달라도 교묘한 솜씨는 똑같다, 서로 다른 사람의 문장이나 언변 등이 똑같이 훌륭하다고 평가할 때 쓰는 어구이다.(역주)

서양 『성경(聖經)』		동양전적		
오신(傲神)·악마(惡魔)	제복자(制服者)	악의 편	정의의 편	전적출처
루시퍼(Lucifer, 露卽拂爾, 或 路西法): 라틴어로 "빛을 가져오는 자(帶光)"라는 뜻. "치천사(熾天使 seraphim)"153	미카엘(Michael, 彌額爾)(어찌 하느님과 비교하겠는가라는 뜻) "정의천사(正義天使)"	공공씨(共工氏)154	축융(祝融)155	『강감(綱鑑)』『사기(史記)』
		치우(蚩尤)156	헌원(軒轅)157	『서경(書經)』『사기(史記)』
인간의 조상을 유혹한 악마 뱀(魔蛇)	천주(天主)	공공(共工)(人面蛇身)158	전욱(顓頊)159	『귀장(歸藏)』

〈표4〉중국과 서양 경전에서 선악(善惡) 인물 대조표

    제9절에서는 구세주 예수의 일생을 주로 서술하였다. 예수는 성모마리아가 낳았고, 인간 세상에서 33년을 사는 동안 인의충효(仁義忠孝) 등의 덕행으로 자신을 다스리고 민중을 교화하였으며, 마지막으로 만민을 구원하고 자신의 목숨을 바쳤다. 3일 후에 부활하여 하느님의 오른편에 앉았다. 글 뒷부분에 『서경』·『역경』·『맹자』·『예기』·『사서대전(四書大全)』 등의 중국 고전을 인용하여 중국 성인의 이름을 검증하였고, 문왕(文王)을 무왕(武王)과 똑

---

153 치천사(熾天使, seraphim): '타오르는 자들'이라는 히브리어 어원을 가진 치천사는 신과 가장 가까운 어사(御使)이다. (역주)
154 공공씨(共工氏): 전욱과 황제의 자리를 두고 다투었는데, 이기지 못하자 화가 나서 머리로 불주산(不周山)을 쳐서 천주(天柱)가 부러져 지유(地維)가 끊어졌다. 이 때문에 하늘이 서북쪽으로 기울어져 일월성신(日月星辰)이 이동하고 동남쪽 대지가 이지러졌는데, 그곳이 바다가 되었다고 한다. (역주)
155 축융(祝融): 축송(祝誦) 또는 축화(祝和)라고도 한다. 제곡(帝嚳, 고신씨) 때 화정(火正), 즉 불을 다루는 관직에 임명되었다. (역주)
156 치우(蚩尤): 치우는 염제(炎帝) 신농씨(神農氏)의 자손으로서 황제(黃帝)와 천하의 패권을 두고 다투었다고 전해진다. 전설에 따르면 치우는 구리로 된 머리, 쇠로 된 이마, 사람의 몸과 소의 발굽을 하고 있고, 네 개의 눈과 여섯 개의 손을 갖고 있었다고 한다. 치우는 일반 사람들과 달리 모래나 돌을 음식으로 먹었다고 한다. 치우에게는 72명 또는 81명이라는 그와 똑같은 모습을 한 형제들이 있었는데, 그들 역시 모래와 돌을 음식으로 먹었다. (역주)
157 헌원(軒轅): 헌원은 황제의 이름인데 치우 등 포악한 제후들을 정벌하고 신농씨를 이어 제위에 올랐다. (역주)
158 공공(共工): 공공(共工)은 불(火)의 신 축융의 아들로, 사람의 얼굴에 뱀의 몸을 하고 있었다. 공공은 자유자재로 하천을 제어하고 홍수를 일으킬 수 있는 능력을 갖고 있었으며, 홍수를 일으키는 능력을 무기로 삼아 천하의 패자가 되었다. (역주)
159 전욱(顓頊): 전욱은 황제(黃帝)의 손자(孫子)로서 20세에 임금 자리에 올라 고양(高陽)에서 나라를 일으켰으므로 고양씨(高陽氏)라 불렸다. 제구(帝邱)에 도읍(都邑)하고, 재위(在位) 78년이었다고 한다. (역주)

같이 성인으로 보아, "문왕이 무공을 세우면 곧 무왕이다[文王立武功即武王也]" "문왕과 무왕은 모두 동일한 하늘일 뿐이다[文王武王皆一天而已]"라고 하였다.[160] 그리고 서양의 성자와 동양의 문왕이 모두 몸과 말로써 천하를 교화했다고 여겼다.

이상에서 볼 수 있는 것은 부베는 중국과 서양의 고도(古圖)·고전(古典)·고문(古文)이 같은 근원에서 나왔다는 이론을 전개하였으며, 더 나아가서는 선천·후천·삼역의 강령(綱領)을 서술하였고, 삼위일체의 조물주를 만물의 근원으로 삼아 일삼(一三)의 조물주가 우주만물의 본원이라는 것과 그 과정을 상세히 서술했다. 이러한 기초 위에서, 부베는 『역경』의 삼역을 결합하여 선천의 이간(易簡)의 『연산』의 원길(元吉)과 선천의 변역(變易)인 『귀장』의 비흉(否凶), 선천의 인성(人性)이 변역(變易)되고 손괴(損壞)된 이후에 인조(人祖)가 후천의 세상에서 신민(新民)의 진복(眞福)을 재생(再生)하는 길을 다시 열었다는 것에 대해 설명하였다. 또 글의 뒷부분(43쪽)에서는 "이 논의는 역학의 제7절과 제8절에 관한 것이다.[此論系易學七節八節]"라고 하였는데, 한편으로 (삼각형 등의 도형에서) 각변(角邊)의 수(數)·상(象)은 모두 「천존지비도」에서 생겨남을 밝혔고, 다른 한 편으로 여러가지 개방법(開方法)의 근본이 이 도표 안에 포함되어 있다고 설명했다. 『역학외편』의 제7절과 제8절은 「천존지비도」에 대해 설명한 것이다. Borgia·Cinese 317(10) 『역학외편 및 Borgia·Cinese 316(6) 『역학외편원고(易學外篇原稿)』에서 중복되어 나타난다.

Borgia·Cinese 317(8) 『역학총설』(약18,700자)의 앞 부분의 제1편 『역학총설』과 Borgia·Cinese 317(3) 『역경총설고』의 앞 부분의 문장은 대체로 일치한다. 그것은 모두 『역경』의 성격에 대해 설명하고 있으며, 『역경』을 문자의 근본이며, 성인의 도(道)를 싣고 있는 경학의 근원으로 삼는다.

---

160 Bouvet, 『易引原稿』, BAV, Borgia·Cinese, 317(6), p.39.

지극하도다! 『역』이여. 모든 학문의 근원이요, 덕(德)과 복(福)을 끌어들이며, 정미(精微)하고 광대(廣大)하도다. 그 도(道)는 지극히 커서 포함하지 않는 것이 없고, 그 용(用)은 지극히 신묘(神妙)해서 어디에도 없는 곳이 없다. 그 리(理)는 흩어지면 만수(萬殊)가 되고, 통합되면 하나로 일치된다. 멀리로는 육합(六合)에 두루 퍼져 있고, 가까이로는 이 몸 속에 있다. 묘하다. 음양이여. 귀신도 부리는가 하면, 일상의 생활에서도 나타나니, 지극하도다. 그 극진(極盡)함이여. 그 위에 보탤 것이 없도다.[161]

위대하도다! 『역』이여. 문자(文字)의 원조(元祖)이며, 의리(義理)의 종주(宗主)로다. 오경(五經)의 근본이요, 모든 학문의 근원이요, 덕행(德行)의 근원이요, 참된 행복으로 들어가는 문이니라. 천지(天地)의 시종(始終), 인물(人物)의 생사(生死), 고금(古今)의 시대적 변화 등 어느 것이든 지간에 모두 여기에서 벗어나는 것이 없다. 그 체(體)는 광대(廣大)해서 포용하지 않는 것이 없고, 그 용(用)은 정미(精微)해서 없는 곳이 없다. 멀리로는 육합(六合)에 두루하며, 가까이로는 나의 몸에 있다. 지극하도다. 그 극진함이여! 더 이상 보탤 것이 없도다.[162]

이것은 각 부분의 참고자료의 저자(著者) 귀속(歸屬) 문제에 대해 밝힐 수 있는 새로운 근거를 제공할 뿐만 아니라, 『역경』에 대한 충분한 인식을 보여준다. 이어서 다른 행문(行文)의 내용이 있는데, Borgia·Cinese 317(3) 『역경총설고』는 리(理)·수(數)·상(象)의 관계를 탐구하고, 삼역(三易)에 대해 언급하였으며, Borgia·Cinese 317(8) 『역학총설(易學總說)』에서는 황제에게 바친 상소문을 포함하고 있다.

---

161 Bouvet, 『易學總說』, BAV, Borgia·Cinese, 317(8), p. 1.
162 Bouvet, 『易經總說稿』, BAV, Borgia·Cinese, 317(3), p. 1.

우리 황상(皇上)께서는 하늘이 내리신 총명한 분이시며, 그의 학문은 고금(古今)과 내외(內外)를 꿰뚫었습니다. 그는 50여년을 날마다 도(道)의 근본을 연구하는 데 힘썼으며, 몸소 경서(經書)에 관한 책을 저술하고, 사물의 이치를 궁리하였으며, 역수(曆數)와 율려(律呂)의 근원을 환하게 이해하였으며, 이학(理學)의 문장을 모두 갖추었습니다. 천하에 이런 능력을 갖춘 분은 오직 한 사람이 있을 뿐이며, 친히 신하들의 공부를 가르치시고, 역학(易學)의 근원을 비교하여 고찰하였습니다. 그 오묘하고 비밀스러운 뜻을 자세히 연구하니, 『역』의 전체대용(全體大用)이 밝게 드러나지 않음이 없었습니다. 진실로 상제천(上帝天)의 깊은 뜻이 황제에게 머무르니, 성스러운 가르침을 따라 최선을 다할 뿐입니다. 그러므로 역학(易學)을 내편과 외편의 두 편으로 나누었습니다. 선천미변(先天未變), 선천이변(先天已變), 『주역』의 불변(周易不變)의 뜻에 대해 해석하여, 비교해서 보시기 편하도록 하였습니다. 이에 먼저 외편(外篇)에 대해 말하고, 그 뒤에 계속해서 내편(內篇)에 대해 설명하였습니다.[163]

Borgia·Cinese 317에 황제에게 바친 상소문이 Borgia·Cinese 317(2) 『역약(易鑰)』과 Borgia·Cinese 317(4) 『역고(易考)』에 나오는데, 대체적으로 그 뜻이 서로 같다. Borgia·Cinese 317(2) 『역약』과 Borgia·Cinese 317(4) 『역고』에 나오는 상소문은 각각 다음과 같다.

오늘 우리 황상(皇上)께서는 하느님(上主)이 큰 사랑(弘仁)의 성스러운 마음(聖心)을 그 백성들에게 베푸신 것을 본받으시고, 그 은혜를 가깝

---

163 Bouvet, 『易學總說』, BAV, Borgia·Cinese, 317(8), p.1.

고 먼 곳에 두루 미치게 하셨습니다. 하늘이 내려주신 총명함으로 큰 근본의 이치를 훤하게 통하셨고, 그 학문은 고금(古今)과 내외(內外)를 꿰뚫었습니다. 경서(經書)의 고문(古文)을 저술하시고, 친히 유신(儒臣)들을 거느려 그들을 학문의 길로 인도하여 전적(典籍)을 찬수(纂修)하게 하셨습니다. 이것은 하느님(上主)의 깊은 뜻이 있었고, 천도(天道)가 순환하여 갔다고 다시 오지 않는 것이 없으며, 하느님께서 사방(四方)을 보살펴 도와주시며, 중국을 포기하지 않으셨기 때문에 대역(大易)의 성학(聖學)이 다시 회복되는 날이 멀지 않으리라고 상상해 봅니다.[164]

다행스럽게도 이제 성조(盛朝)에서 우리 황상께서 하늘로부터 총명함을 받아 태어나셨고, 전대(前代)에 비해 훨씬 더 뛰어나셨으며, 상고(上古)의 학문을 훤하게 배워 50여년을 날마다 도학(道學)의 근본을 배우는 데 애쓰셨습니다. 격물궁리(格物窮理)의 이치를 꿰뚫어 아시고, 역수(曆數)와 율려(律呂)의 정수(精髓)를 익혀, 몸소 신하들의 공부를 가르치셨으니, 진실로 역학(易學)의 내외(內外)의 올바름을 회복하여, 심오하고 비밀스러운 정미(精微)한 의미를 밝힐 수 있게 되었습니다.[165]

황제에게 바친 글을 통해 부베의 청대 조정에서의 공식적 신분과 구체적 직책을 알 수 있다. 특히 이 글은 Borgia·Cinese 317(4) 『역고(易考)』의 문장과 매우 유사하다. 상소문에서 확인할 수 있는 내용은 다음과 같다. 첫째, 강희제는 1661년에 제위(帝位)에 올랐으며, 오십년이 넘도록 통치하였다고 하였으므로, Borgia·Cinese 317(8) 『역학총설』의 성서(成書) 시기는 1711년 이후가 되어야 한다. 둘째, 강희제는 『역경』을 매우 중시하여, 자주 부베와 직접 토론을 즐겼으며, 역학의 원리를 연구하였다. 셋째, 부베의 저서는 『역

---

164 Bouvet, 『易鑰』, BAV, Borgia·Cinese, 317(2), p.1.
165 Bouvet, 『易考』, BAV, Borgia·Cinese, 317(4), p.17.

학내편』과 『역학외편』의 두 편으로 나뉘는데, 선천연산미변(先天連山未變), 선천귀장이변(先天歸藏已變), 후천주역불변지지(後天周易不變之旨)의 뜻을 논하였다.

그 후『역학외편』의 내용은『역경』의 수리(數理)와 서양 전통의 조화 문제를 중점적으로 연구하였으며,「역수상도총설(易數象圖總說)」과 「역학외편수권(易學外篇首卷)」으로 나누어 설명하였다.「역수상도총설(易數象圖總說)」에서는 리(理)·수·상·도의 관계에서 출발하여, 리(理)를 말하는 것은 수(數)보다 못하고, 수(數)를 밝히는 것은 상(象)보다 못하며, 수(數)와 상(象)은 도(圖)에 미치지 못한다고 주장했다. 그러므로 선사(先師)는 수열(數列)의 상(象)에 의존하여 괘(卦)를 그려, 방도(方圖)와 원도(圓圖)의 두 개의 역도(易圖)를 만들었는데, 64괘와 384효를 통해 천지만물의 시종(始終)의 정(情)을 충분하게 드러내었다. 이어서「석역분선천후천이함삼의지략(釋易分先天後天二函三義之略)」이 이어지는데,『역경』을 선천(先天)·후천(後天)으로 나누고, 이간(易簡)·변역(變易)·불역(不易)의 삼역(三易)으로부터 선천미변(先天未變)·선천이변(先天已變)·후천불변(後天不變)의 세 가지 뜻을 도출해내었다. 천도(天道)·지도(地道)·인도(人道)의 세 가지 도(道)와 천(天)·지(地)·인(人) 셋의 태극도(太極圖)를 결합하여 선천미변(先天未變)·선천이변(先天已變)·후천불변(後天不變)에 대해 분석하였다.

그 다음으로「역학외편수권(易學外篇首卷)」은 Borgia·Cinese 317(4)『역고(易考)』의『역학외편』의 형식과 달리 분절(分節)하여 논술하지 않고, 인용문에 대해 "석(釋)"을 붙여, 14개의 작은 항목으로 나누어 설명하였다.

① 선천미변지원의(先天未變)의 원의(原義)에 대해 설명함.
②「하락합일천존지비도(河洛合一天尊地卑圖)」가「선천미변역수상도(先天未變易數象圖)」의 근원이 된다는 것을 설명함.
③「천존지비도」가 모든 지형(地形)의 입방(立方)과 모든 천상(天象)이

「낙서(洛書)」의 방도(方圖)와 원도(圓圖)의 근원에 유비(類比)된다는 것을 설명함.

④ 「천존지비도」에 「선천미변수상도(先天未變數象圖)」의 태극이 있음을 설명함.

⑤ 태극함삼(太極函三)과 삼재이연(三才已衍)이 형상(形象)의 도(圖)에 나타나지 않음을 설명함.

⑥ 혼돈태극(混沌太極)에 대해 설명함.

⑦ 도(圖)에서 일에서 시작하고(始於一), 삼에서 이루어지며(成於三), 십에서 끝나는(終於十) 것을 설명하고, 중국과 서양이 대체적으로 다르지 않다는 것을 설명함.

⑧ 「천존지비도」가 음양(陰陽)·강유(剛柔)의 생생변화(生生變化)를 혼합(渾合)하고, 천원지방(天圓地方)의 두 역도(易圖)에 통하고, 건곤(乾坤)의 삼기삼우(三奇三偶)의 육효(六爻)와 삼극일도(三極一道)의 근원에 대해 설명함.

⑨ 「원방이도(圓方二圖)」에서 팔괘의 각 삼효(三爻)가 소성괘가 되고, 「천존지비도」가 이로부터 나온 것이라는 것을 설명함.

⑩ 「선천역도원방이도(先天易圓方二圖)」에서 64괘의 각 6효가 대성괘가 되며, 「천존지비도」가 이로부터 나온 것이라는 것을 설명함.

⑪ 「선천역대성원방이도(先天易大成圓方二圖)」와 64괘의 대대(對待)의 순서가 모두 「천존지비도」의 귀천(貴賤)의 위(位)와 연계된 것이며, 자연의 올바른 질서에 부합한다는 것을 설명함.

⑫ 「선천지비도」의 수(數)가 천력(天曆)과 지율(地律)의 근본이 된다는 것을 설명함.

⑬ 「천존지비도」가 음악의 율려(律呂)의 근본이 된다는 것을 설명함.

⑭ 역괘(易卦)의 괘효(卦爻)의 수(數)가 「천존지비도」로부터 나온 것임을 설명함.

부록: 역수상도총설(易數象圖總說)

14개 항목에 대해 구체적으로 서술하면 그 내용은 다음과 같다.

설명 ①: 선천미변(先天未變)의 원의(原義)에 대해 설명하였다. 즉 태고(太古)의 천존지비(天尊地卑)와 상하정위(上下定位)의 세(勢)가 이간원길(易簡元吉)의 상(狀)이 된다.

설명 ②: 「천존지비도」를 「선천미변역수상도(先天未變易數象圖)」의 근원으로 삼는다. 「천존지비도」는 「하도(河圖)」와 「낙서(洛書)」를 합쳐서 하나로 통합하였다. 「천존지비도」의 수(數)는 역수(易數)와 같으니, 천지지수(天地之數)의 기수(奇數)와 우수(偶數)의 합(合)이 55이니,[166] 이것은 선천미변(先天未變)의 수상(數象)의 생생(生生)의 근원이 된다. 일·이·삼, 경일위삼(徑一圍三)[167], 삼각형(△) 등 삼극(三極)으로부터 천상(天象)의 방수(方數: 1에서부터 10까지 연속해서 누적된 수가 55가 됨)[168] 및 지형(地形)의 방수(方數: 1제곱에서부터 9제곱까지 하면, 9제곱에 이르러 81이 됨)[169]가 생성되니, 이것은 수(數)의 생생(生生)의 표현이다.

설명 ③: 「천존지비대연도(天尊地卑大衍圖)」에 대하여 소개하였다. 이것은 「대연도(大衍圖)」의 방형(方形)의 용적(容積, 즉 體積)의 수(數)이며, 천지지수(天地之數)의 전수(全數)의 방상(方象)과 방형(方形)을 이루어, 그것을 더하면 3025가 된다. (즉 天數25와 地數30을 더하면 55가 되고, 55를 제곱하면 3025가 된다.) 이 도(圖)에서 삼극(三極) 천상(天象)의 전수(全數)는 1596이 된다.(즉 532×3=1596 그리고 19月×28日=532) 종합적으로 낙서(洛書)의 방수도

---

166 "천존지비도」의 식을 보면, 이는 「낙서」가 1에서 시작하여 9에서 끝나며, 홀수는 5개, 짝수는 4개로, 합이 45이다. 이는 땅의 부족하고 결함이 있는 수를 나타낸다. 「하도」「낙서」는 1에서 시작하여 10에서 끝나며, 홀수는 5개, 짝수는 5개로, 합이 55이다. 이는 하늘과 땅이 균형을 이루는 완전한 수를 나타낸다." (Bouvet, 「易學總說」, BAV, Borgia·Cinese, 317(8), p.9)
167 경일위삼(徑一圍三): 중국 고대의 산서(算書) 『주비산경(周髀算經)』에서 원의 둘레를 고대 산술로 계산한 원주율(圓周率) 파이(π)의 대략적인 비율이다. 즉, 지름이 1(徑)이면 둘레(圍)는 대략 3이 된다. 정확한 원주율은 3.14이다. (역주)
168 1에서 10까지의 수를 차례로 더하면 55가 된다. (1+2+3+4+5+6+7+8+9+10=55) (역주)
169 1의 제곱은 1이고, 차례로 9까지 제곱해 나가면, 9제곱은 81이 된다. (1×1=1, 2×2=4, 3×3=9, 4×4=16, 5×5=25, 6×6=36, 7×7=49, 8×8=64, 9×9=81) (역주)

(方數圖)와 유사한 종류에 대해 말하였고, 그 다음으로 적수(積數: 곱해서 얻은 수)의 순서에 대해서 말하였는데, 모두 「천존지비도」에 나온다.

설명 ④: "역유태극(易有太極)"이라고 하였으니, 태극은 『역』의 수·상·도의 근본이 된다. 「천존지비도」는 선천미변수상도(先天未變數象圖)의 근원이니, 거기에도 태극이 있다. 중국에는 태극에 관한 세 가지 학설이 있다. 즉 "무극이태극(無極而太極)", "태극함삼(太極含三)", "혼돈태극(混沌太極)"이 그것이다. 그러나 실제로는 하나의 태극일 뿐이다. 이 글에서는 천수(天數)의 만상(萬象)과 지형(地形)의 기하(幾何)의 도형으로 설명하였고, 아울러 태극이 일본(一本)·이원(二元)·삼재(三才)가 되며, 천상(天象)과 지형(地形)의 미연(未衍)의 시초가 된다고 설명하였다.

설명 ⑤: 태극함삼(太極函三)의 원리에 대해 설명하였다. 「천존지비도」는 일에서 시작하여(始於一), 삼에서 전개된다. 아울러 안으로 사방(四方)을 포함하며, 원동천상(圓動天象)으로 수의 원리를 삼고, 방정지형(方靜地形)으로 기하(幾何)의 원리로 삼는다. 천육(天六)과 지사(地四)의 숫자 6과 4를 합친 숫자 10을 천지(天地)의 전수(全數)로 삼는다. 태극에는 삼재이연(三才已衍)의 원리가 있어, 건곤(乾坤)을 혼합(渾合)하고, 삼기삼우(三奇三偶)의 육효(六爻)가 정해져서 「건곤함삼이연도(乾坤函三已衍圖)」를 형성한다.

설명 ⑥: "혼돈태극(混沌太極)"에 대해 설명하면서, 「하도」의 십위(十位)와 「낙서」의 구위(九位)를 합친 십구(十九)가 되는데, 이 숫자는 일월합제지수(日月合齊之數)에 대응된다고 하였다. 이 때 천지음양(天地陰陽)의 이기(二氣)와 천지인 삼재와 화기수토(火氣水土)의 사행(四行)이 혼합(混合)되어, 생생(生生)의 신기(神機)와 조물주가 그 가운데 있어, 만물을 재료로 삼으니, 이것이 「혼천원지방지도(渾天圓地方之圖)」이다.

설명 ⑦: 중국의 「하락합일지도(河洛合一之圖)」는 곧 「천존지비도」이다. 이것은 서양의 대진국(大秦國)의 『성경』에 근거해서 그린 「비학근원지도(秘學根源之圖)」와 동일하다. "그 수(數)와 그 서(序), 그 도(道), 그 리(理), 그 용

(用)의 실상(實相)은 동일하며 차이가 없다"[170] 두 개의 도(圖)는 모두 일음일양(一陰一陽)의 도(道)에서 나왔으며, 천간(天幹)과 지지(地支)의 합계를 포함하고 있다는 점에서도 일치한다. 두 개의 도(圖)가 모두 대연지수(大衍之數) 오십(五十)에 통하며, 선천하락합일(先天河洛合一)의 도식(圖式)이 되는 까닭에 동방과 서방의 고전(古傳)의 원지(原旨)를 다시 되찾으면, 중국과 대진(大秦)이 모두 동일한 조상과 나라에 속한다는 것을 알 수 있다.

설명 ⑧: 주로 「천존지비도」의 원도(圓圖)와 방도(方圖)의 두 개의 도표를 내외(內外)로 나누어 논하고, 내중외(內中外) 삼층(三層)과 상중하(上中下) 삼계(三界)가 삼효(三爻)、삼도(三道), 삼양삼음(三陽三陰), 삼기삼우(三奇三偶), 건곤육효(乾坤六爻)를 이루니, 천구지육(天九地六)과 삼천양지(參天兩地)는 「천존지비도」의 생생변화(生生變化)의 근원이 된다.

설명 ⑨: 「천존지비도」는 양의(兩儀), 사상(四象), 팔괘(八卦)의 자연적 질서를 포함하며, 삼극(三極)과 육효(六爻)의 도식에 근거해서 혼돈태극(混沌太極)의 내층(內層)을 음양(陰陽), 건곤(乾坤)의 양의(兩儀)로 나누고, 중층(中層)에서는 강유(剛柔)의 사상(四象)으로 나누었으며, 외층(外層)에 이르러서는 천(天)의 삼음삼양(三陰三陽), 지(地)의 삼강삼유(三剛三柔)로 나누었다. 그러므로 건(乾), 곤(坤)의 두 괘는 천원지방(天圓地方)의 팔괘(八卦)의 소성괘가 된다. 글 뒷부분에는 소옹(邵雍)의 「복희선천팔괘(伏羲先天八卦)」를 인용하여, 소옹의 도표와 「천존지비도」가 같은 원리에서 나온 것이라고 설명하고 있다.

설명 ⑩: 바로 앞의 절(節)을 바탕으로 대성괘64괘에 대해 설명하였다. 『역』의 소성괘가 중괘(重卦)되어 선천(先天) 64괘를 이루고, 대성괘는 「천존지비이연지도(天尊地卑已衍之圖)」를 이룬다.

설명 ⑪: 대성괘 64괘의 대대(對待) 순서를 설명하였다. 천지방위(天地方

170　Bouvet, 「易學總說」, BAV, Borgia·Cinese, 317(8), p. 25.

位)의 차제(次第)를 나누고, 존귀(尊貴)와 귀천(貴賤)을 바르게 하고, 방위가 선천(先天)의 자연적 질서라는 것을 명확히 하였다.

설명 ⑫: 「천존지비도」의 수(數)가 천력지율(天曆地律)의 근본이 된다는 것을 설명하였다. 구체적으로는 오기오우(五奇五偶)로부터 시작하여, 이(二)와 삼(三)을 더하여 천(天)의 오음(五音)이 된다는 것, 이(二)와 삼(三)을 곱하여 지(地)의 육률(六律)이 된다는 것을 설명하였다. 천력지수(天曆之數)는 천지(天地), 음양(陰陽), 일월지수(日月之數)이며, 천지지수(天地之數) 55는 음양상규지수(陰陽常規之數)를 합한 것 혹은 윤법지수(閏法之數)이니, 태양(太陽), 소양(少陽), 태음(太陰), 소음(少陰)의 사상(四象)은 연세지수(年歲之數)와 같지 않다.

설명 ⑬: 「천존지비도」를 음악(音樂)과 율려(律呂)의 근본이 된다고 하였다. 「천존지비도」의 자연의 원리는 "일에서 시작하고(始於一)", "삼에서 이루어지며(成於三)", "십에서 끝난다(終於十)". 음악(音樂)의 율려(律呂)는 2:1의 비례(比例)로 시작하니, 그 비례 관계는 지(地)가 2이면, 천(天)은 1이 되는 것과 같다. 그러나 그 비례를 맞출 수 없는 경우에 음양(陰陽) 가운데 평방(平方)과 입방(立方)의 순서를 세워서, 2:3의 비례를 이루고, 중화지덕(中和之德)에 감응하는 까닭에 음양율려(陰陽律呂)의 도(道)가 「천존지비도」의 원리와 동일하게 된다.

설명 ⑭: 마지막 절(節)이며, 역괘(易卦)의 괘효(卦爻)의 수(數)가 「천존지비도」에서 나온 것임을 설명하였다. 괘효(卦爻)의 수(數)에는 대성괘의 수(數)와 소성괘의 수(數)가 있으며, 천지지수(天地之數)에서도 대소(大小)가 같지 않으니, 태양(太陽)은 10, 소양(少陽)은 20, 태음(太陰)은 10, 소음(少陰)은 20이 된다. 그 수가 균등(均等)하지 않은 까닭에 변효(變爻)가 생기며, 음양(陰陽) 이괘(二卦) 육효(六爻)의 합수(合數)가 360이 되고, 주천당기지일(周天當期之日)이 된다. 360이 4개가 되면 1440이 되니(360×4=1440), 이것은 『역』의 원도(圓圖)와 방도(方圖)의 두 개의 도(圖)와 팔괘(八卦) 소성괘의 수(數)가 된다. 8개의 1440이 11520이 되니(1440×8=11520), 이것은 『역』의 원도(圓圖)와 방도(方圖)의 두 개의 도(圖)와 팔괘(八卦) 대성괘의 수(數)가 된다.

종합적으로 말하면, Borgia·Cinese 317(8) 『역학총설』의 대지(大旨)는 「천존지비도」를 상세하게 설명한 데 있다. 「선천미변역수상도(先天未變易數象圖)」와 천하의 모든 지형(地形)과 천상(天象)이 모두 여기에서 나온 것이다. 아울러 태극이 삼극지재(三極之才)를 함축하며, 그것이 전개되어 소성괘 8괘를 이루며, 대성괘64괘의 상(象)에 대하여 설명하고, 이것을 기초로 해서 「천존지비도」로부터 전개된 괘효(卦爻)의 상수(象數)와 천력지율(天曆地律)에 대해서도 설명하였다.

Borgia·Cinese 317(10) 『역학외편』(26700字)은 『역인』(共七篇)과 『역학외편』(共九節)을 포괄한다. 기본적으로 Borgia·Cinese, 317 가운데 『역인』과 『역학외편』의 내용이 포괄되어 있다. 『역인』과 『역학외편』의 내용을 대비하면 아래와 같다.(표5)

내용 章節	『역인(易引)』	『역학외편(易學外篇)』 (『역』의 수·상·도를 밝힘)
제1절	이 편(篇)은 중국과 서양의 고전을 비교하여 그 뜻이 서로 일치한다는 것을 밝혔다. (pp.2-5)	이 절(節)에서는 선천(先天)과 후천(後天)과 삼역(三易)에서 수·상·도의 본원(本源)을 탐구하였다.(p.7)
제2절	이 절(節)에서는 선천·후천·삼역의 강령을 나누어서 논하였다. (pp.5-7)	이 절(節)에서는 선천(先天)의 수(數)·상(象)의 본원(本原)을 개괄하였다.(pp.24-27)
제3절	이 절(節)에서는 선천(先天)의 만유(萬有)의 본원(本原)을 밝혔다. (pp.8-15)	이 절(節)은 『역』의 수·상·도의 본원(本原)에 대해 상세히 논하였고, 선천태극(先天太極)의 도(圖)를 밝혀 천지지심(天地之心)에 관해 서술하였다.(pp.44-46)
제4절	이 절(節)에서는 일(一)과 삼(三)이 어떻게 만유(萬有)의 근본이 되는지를 밝혔다.(pp.15-24)	이 절(節)에서는 『역(易)』의 수(數)·상(象)과 태극(太極)의 도(圖)가 어떤 근원으로부터 나온 것인지를 밝혔다.(pp.47-51)

제5절	이 절(節)에서는 일삼(一三)의 조물주(造物主)가 최초로 만물을 창조했을 때 언제, 무슨 이유에서, 어떤 순서로 했는지를 밝혔다. (pp.28-33)	이 절(節)에서는 앞서 선천역(先天易)의 수(數)·상(象)의 본원(本原)과 태극(太極)에 관한 의문을 설명하였다.(pp.51-55)
제6절	이 절(節)에서는 일삼(一三)의 조물주가 우주를 창조한 본래 뜻에 대해 밝혔다.(pp.33-38)	이 절(節)에서는 선천역(先天易)의 수(數)·상(象)과 원본(原本)의 여러 도(圖)의 관계를 밝혔다. 어떻게 「하도」와 「낙서」의 수(數)와 상(象)이 순차적으로 연계되는지, 그리고 건괘와 곤괘의 삼효(三爻)의 총수(總數)와 같은지를 밝혔다.(pp.55-59)
제7절	이 절(節)에서는 삼역(三易)의 첫째인 연산(連山)에서 선천(先天)의 첫번째 이간(易簡)의 『연산(連山)』 원길(元吉)에 대해 간략히 설명하였다.(pp.38-42)	이 절(節)에서는 「천존지비도」가 어떻게 천원지방(天圓地方)을 음양(陰陽)·강유(剛柔)와 모든 수(數)·상(象)의 생생변화(生生變化)와 율려(律呂)의 근원으로 삼았는가를 밝혔다.(pp.55-59)
제8절		이 절(節)에서는 "하나에서 시작하여(始于一)", "열에서 끝난다(終于十)"는 것을 상세히 밝혔다. 미원(微圓)은 삼각미용(三角微容)의 도(圖)를 포함한다. 천원지방(天圓地方)이 수(數)·상(象)의 생생변화(生生變化)의 근거가 되는 이유를 상세히 밝혔다.(pp.63-66)
제9절		이 절(節)에서는 선천(先天)의 「천존지비도」에서 음양(陰陽)·방원(方圓)의 근(根)이 참으로 천지율려(天地律呂)의 근본원인이 된다는 것을 밝혔다.(pp.66-69)

〈표5〉 『역인(易引)』과 『역학외편(易學外篇)』의 내용 대비표

문장 가운데 『역인』(모두 7절)과 Borgia·Cinese 317(6) 『역인원고(易引原稿)』의 앞의 7절(모두 9절)의 내용은 서로 중복된다. 그 서술의 중점은 일삼(一三)의 조물주에 놓여 있다. 즉 삼위일체의 관점에서 일삼(一三)의 조물주가 우주만물을 창조한 목적, 원인, 시간 및 그 과정에 대해서 상세히 설명했다. 아울러 『역경』의 삼역[171]의 강령을 중국과 서양의 고도(古圖)·고전(古典)·고문(古文)과 연계시켜 동일한 근원에서 나와서 전개된 것이라고 주장했다. 그리고 『역학외편』(모두 9절)에 관해서 하락미분(河洛未分)의 「천존지비도」와 선천·후천·삼역의 도(圖) 등을 모두 수·상·도의 근본이며, 모든 수(數)·상(象)과 율려(律呂)의 종주(宗主)가 된다고 보았다. 아울러 그는 「천존지비도」

---

171 삼역(三易): 이간(易簡)·변역(變易)·불역(不易) 혹은 『연산』·『귀장』·『주역』을 가리킨다.

와 「하도」, 「낙서」, 「선천태극도」 등의 관계에 대해서 그 자신의 고유한 성질, 특성 및 그 기능 등을 구체적으로 소개하였다. 『역학외편』(9절)의 내용 (316(6)에서 이미 설명)은 Borgia·Cinese, 361(6) 『역학외편원고(易學外篇原稿)』의 전구절(前九節)의 내용과 Borgia·Cinese, 317(4) 『역고(易考)』 및 Borgia·Cinese, 317(8) 『역학총설』 가운데 『역학외편』의 내용 사이에는 서로 부합하는 곳이 많다. 선천과 후천의 삼역에 관해 집중적으로 논술하였으며, 기하학적 도상(圖像)의 원리가 모두 "하나에서 시작해서(始于一), 셋에서 이루어지니(成于三)", 즉 일본이원(一本二元)의 발생은 천지형상(天地形象)의 근본이 된다고 주장하였다. 나중에 인용된 중국 고전(古傳) 중에서 『회남자』·『민윤자(閔尹子)』·『포일자(抱一子)』·『장자(莊子)』·『문자(文子)』·『육서정와(六書正譌)』[172]·『육서정미(六書精微)』·『품자전해(品字箋解)』 등의 전통경전과 상호 인증(印證)이 된다. 간략히 논하자면, 『역인』은 선천·후천·삼역의 대강과 일삼(一三)의 뜻에 대해 설명하고 있다. 이것은 역학의 근본적 의미에 관해 탐구한 것이다. 『역학외편』은 「천존지비도」의 본원·성질 및 작용에 대하여 설명하였다. 양자 사이의 관계를 논하자면, 『역인』은 『역학외편』의 이론적 기초가 되며, 『역학외편』에서는 『역인』에 근거해서 이론을 전개하고, 도상(圖象)을 표시하였다.

여기서 언급해야 할 것은 Borgia·Cinese, 317(11) 『L'Y King』(약 5,200자)에 관한 사항이다. 이것은 비록 표제도 없고, 작자 서명(署名)도 없으나, 역시 『역경』에 관련된 연구이다. 그 가운데 포함된 두 편의 문장, 제1편 「석선천미변시종지수유천존지비도이생(釋先天未變始終之數由天尊地卑圖而生)」과 Borgia·Cinese, 317(8) 『역학총설』 중에서 「석하락합일천존지비도위선천미변역수상도지원(釋河洛合一天尊地卑圖爲先天未變易數象圖之原)」의 부분은 서로 비슷하다. 제2편 「석류낙서지수함출우천존지비도(釋類洛書之數

---

172 육서정와(六書正譌): 원(元)의 주백기(周伯琦, 1298-1369)가 지은 책.

咸出于天尊地卑圖)」와 Borgia·Cinese, 317(3)『역경총설고』의 「석역괘효지수유「천존지비도」소연이출(釋易卦爻之數由「天尊地卑圖」所衍而出)」의 부분은 그 설명이 서로 같다. 따라서 모두『역학외편』으로부터 선록(選錄) 및 발췌한 내용임을 알 수 있다.

바티칸도서관 Borgia·Cinese 317(3)『역경총설고』, Borgia·Cinese 317(4)『역고(易考)』, Borgia·Cinese 317(6)『역인원고(易引原稿)』, Borgia·Cinese, 317(8)『역학총설』, Borgia·Cinese, 317(10)『역학외편』및 Borgia·Cinese, 317(11)『L'Y King』등 몇 편은『역학외편』의 내용과 관련이 있고, (이것들을 제외한) Borgia·Cinese, 361(5)『역학외편』(9-12절)과 Borgia·Cinese, 361(6)『역학외편원고(易學外篇原稿)』(1-12절)은 모두『역학외편』이다. 그 가운데 Borgia·Cinese, 317(5)『역학외편』(9-12절)과 Borgia·Cinese, 317(6)『역학외편원고』(9-12節)의 내용은 서로 같다. 그러므로 Borgia·Cinese의 361(6)『역학외편원고』는 지금까지 발견된『역학외편』가운데 가장 완정한 사본(寫本)이다. 다음의 12절의 표제(標題)에서 그 주요 내용을 알 수 있다.

① 선천·후천·삼역이 수(數)·상(象)·도(圖)의 근본이 된다는 것을 설명하였다.
② 선천의 수·상의 본원에 대해서 설명하였다.
③『역』의 수·상·도의 본원에 대해서 상세히 설명하고, 선천의 「태극도」가 천지지심(天地之心)에 달(達)한다는 것을 명확히 밝혔다.
④『역』의 수·상과 「태극도」가 어떤 근원과 어떤 근본에서 나왔는지를 밝혔다.
⑤ 앞서『역』의 수·상의 본원과 태극에 관련된 의문에 대해 설명하였다.
⑥ 선천역의 수·상의 원본이 되는 도(圖)와 관련하여, 어떻게 「하도」와

「낙서」의 두 도에서 순차적으로 전개되는 수가 건곤 삼효(三爻)의 총수(總數)와 같은지를 설명하였다.

⑦ 「천존지비도」가 어떻게 천원지방의 원리를 혼융하여, 음양강유(陰陽剛柔)와 모든 수상(數象)의 생생변화(生生變化)가 율려(律呂)의 종주(宗主)를 이루는지에 대해 밝혔다.

⑧ 천원지방(天圓地方)과 음양강유의 수(數)가 생성되는 변화가 어떻게 「천존지비도」의 "일에서 시작하고[始於一]", "십에서 끝난다[終於十]"는 것에서 나왔는지를 간략하게 설명하였다.

⑨ 선천의 「천존지비도」에서 음양의 방(方)·원(圓)의 근거가 실제로 천지율려(天地律呂)의 근본적 이유가 된다는 것을 밝혔다.

⑩ 천지(天地)의 율려(律呂)와 음악(音樂)의 도(道)가 일본이원(一本二元)의 원리에로 귀결되며, 「천존지비도」의 원리에서 벗어나지 않음을 밝혔다.

⑪ 선사(先師)들의 「천존지비도」와 모세의 「비학도(秘學圖)」가 대략적으로 일치한다는 것을 밝혔다.

⑫ "일에서 시작하고[始於一]", "십에서 끝난다[終於十]"는 「천존지비도」의 원리가 천지음양(天地陰陽)의 모든 수가 합제(合齊)하는 근본이 되며, 중앙의 오(五)와 육(六)에로 귀결되어, 선천과 후천이 만나는 근원이 된다는 것을 밝혔다.

그 내용을 구체적으로 서술하면 다음과 같다.

①에서는 주로 『성경』을 종합하여 기우(奇偶)·음양(陰陽)·길흉(吉凶)의 대대(對待) 관계에 따라 선천과 후천의 삼역(三易)을 나누어 선천화합지원길(先天和合之元吉), 선천불합지흉(先天不合之凶), 및 후천중화지원길(後天中和之元吉)의 3단계가 되고, 아울러 이것을 수·상·도의 본원으로 삼는다.

②에서는 일·이·삼의 일본(一本)·이원(二元)을 선천 수상(數象)의 근본으

로 삼고, 선천역수(先天易數)의 정(精)과 역상(易象)의 대(大)가 모두 "일에서 시작하고", "삼에서 이루어진다[成於三]"는 것을 서술하였다.

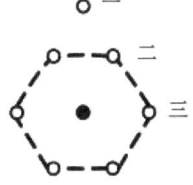
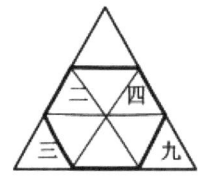
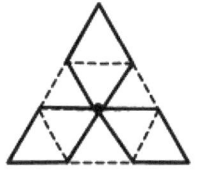

〈그림16〉「건원삼극도(乾圓三極圖)」   〈그림17〉「지방삼극도(地方三角圖)」   〈그림18〉「삼극삼각도(三極三角圖)」

③의 주요내용은 천원지방(天圓地方)의 수상(數象)과 「삼극삼각도(三極三角圖)」의 형성과정에 대해 소개한 것이다. 수(數)와 상(象)의 관계에 대해 논하면서, 일·이·삼으로부터 시작하여 삼극(三極)을 이루었으며, 이로부터 「건원삼극도(乾圓三極圖)」(그림16)가 형성되었다. [일1에서] 2와 3으로 나아가면서 각각 제곱하면, 2의 제곱(22)은 4가 되고, 3의 제곱(33)은 9가 된다. 서로 결합해서 기우(奇偶)와 정방(正方)의 기하(幾何)의 종류가 만들어져서, 지(地)의 상(象)이 되니, 이것이 「지방삼각도(地方三角圖)」(그림17)이다. 선사(先師)들이 천지와 음양의 원도(圓圖)와 방도(方圖)를 합쳐서, 이 두 개의 도(圖)를 배합(配合)하여 다시 하나로 만들었으니, 이것이 「삼극삼각도(三極三角圖)」(그림18)이다.

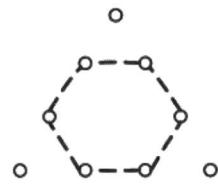
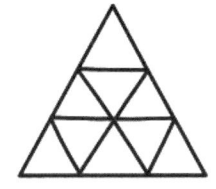

〈그림19〉「천원미권삼극도(天圓微圈三極圖)」   〈그림20〉「지방미용삼각도(地方微容三角圖)」

이 「삼극삼각도」는 「건원삼극도」와 「지방삼각도」의 두 개의 도표를 합쳐서 만든 것으로서 『역』의 수상(數象)의 본도(本圖)가 된다. 만약에 태극을 안에 두면, 그 가운데 1은 빈 채로 남겨두고, 그 나머지는 9가 된다. 밖으로 삼극(三極)이 에워싸고, 안으로는 6을 포함하니, 이것이 「천원미권삼극도(天圓微圈三極圖)」(그림19)이다. 그리고 「지방미용삼각도(地方微容三角圖)」(그림20)는 양수(陽數)인 3을 제곱하면 방수(方數) 9가 되고, 9는 양강(陽剛)의 원(元)이 된다. 안으로는 음수(陰數) 2와 양수(陽數) 3이 서로 곱해져서 6이 되니, 6은 음유(陰柔)의 원(元)이 된다. 따라서 천원(天圓)이 「하도」의 수와 합쳐져 10이 되고, 지방(地方)은 「낙서」의 수와 합쳐져 9가 된다. 「하도」의 수 10과 「낙서」의 수 9를 합하면, 19가 된다. 이것이 곧 태극의 도(圖)가 되어 천지지심(天地之心)을 상징한다.

④ 「태극도(太極圖)」를 설명한 것이다. 비록 천지하락지수(天地河洛之數)를 종합하였으나, 수·상·도의 근본이 되는 것은 아니다. 3(三)을 포함하는 1(一)은 대(大)를 상징하고, 3(…)은 양을 상징하고, 2(--)는 음을 상징한다. 태일(太一)이 2와 3을 혼합(渾合)하여, 천지(天地)·음양(陰陽)·기우(奇偶) 등 여러 수·상의 시작을 이루니, 「태극도」의 근본이 된다. 여기로부터 천지지수와 건곤의 상이 시작된다. 건(☰)의 천(天)은 세 개의 기수이니, 3×3=9가 되고, 곤(坤, ☷)의 지(地)는 세 개의 우수이니, 2×3=6이 된다. 천(天)은 밖에서 둘러싸는 수이니, 6이 된다. 지(地)는 안에서 수용하는 수이니, 4가 된다. 그 도(圖)의 전수(全數)는 천구(天九)와 지사(地四)에서 끝나고, 이삼(二三)의 비례는 합하여 중육(中六)이 된다. 위로 도달하고, 아래로 도달하여, 상하중(上下中)의 율려지악(律呂之樂)과 태화심락지미(太和心樂之美)를 이룬다.

⑤ 태극 개념을 중심으로 『역』의 수(數)·상(象)에 대한 의혹에 대하여 문답 형식으로 답변하였다. 천원지방의 수(數)인 천구(天九)·지사(地四)와 내외삼합(內外參合)의 수인 육(六)으로부터 천(天)·지(地)·중(中)의 삼계(三界)의 화합에 의해 율려(律呂)의 강수(綱數)가 형성된다. 아울러 천육(天六)·지사(地

四)의 숫자를 근본으로 하는 선천의 『연산』은 선천의 원길(元吉)이 되고, 아울러 천구(天九)·지사(地四)의 숫자를 근본으로 하는 선천의 『귀장』은 선천(先天)의 대흉(大凶)이 된다는 것을 논술(論述)하였다. 『연산』과 『귀장』의 두 개의 『역(易)』은 수·상의 근원이 된다.

⑥ 「천원지방도」를 수·상의 원도(原圖)로 삼았다. 이에 의해서 「연태극도(衍太極圖)」와 「천존지비도」의 10층 및 「하도」에서 "일(一)에서 시작하고", "십(十)에서 끝나니", 그 수를 모두 더하면 55가 된다. 「천존지비도」의 9층 및 「낙서」에서는 "일(一)에서 시작하고", "구(九)에서 끝나니", 그 수(數)를 모두 더하면 모두 45가 된다. 「하도」와 「낙서」의 두 도표의 모든 숫자를 합치면 천지를 함께 아울러 음양의 방(方)·(圓)을 이루고, 모든 수(數)의 종(宗)이 된다.

⑦ 원(圓)·방(方)의 「천존지비도」로부터 음양의 여러 도(圖)가 이루어지고, 기우(奇偶)의 여러 방형(方形)은 생생변화(生生變化)의 종도(宗圖)로부터 출발하여, 평방(平方)과 입방(立方)으로 「하도」수 55와 「낙서」수 45를 나누어 논하였다. 그 내외의 3층은 건곤과 음양을 각각 더하거나 빼서 이루어지니, 삼천양지(參天兩地)는 곧 이(二)·삼(三)의 음양이 서로 감응하여, 단지 『역경』 내부의 율려(律呂)의 총강(總綱)이 될 뿐 아니라, 만수만상(萬數萬象)의 생생변화(生生變化)를 이루는 규칙이 된다. 그러므로 「천존지비도」는 수학(數學)의 종주(宗主)가 된다.

⑧ 모든 천원지방의 수상(數象)과 생생변화의 리(理)가 모두 「천존지비도」로부터 나온다는 것을 증명했다. 그러므로 「천존지비도」의 음양과 기우의 순서인 1, 2, 3, 4, 5, 6, 7, 8, 9, 10으로부터 시작하여, 천원·지방·기우의 방수(方數)를 각각 형성하고, 천지와 육합(六合)의 순서를 밝혔다. 정방(正方)으로부터 시작하여 입방(立方)에 이르고, 입방이 다시 변하여 삼극(三極)이 되며, 각각 그것을 제곱하여 방(方)이 되니, 이것은 곧 길흉이 전변(轉變)하는 과정이 된다.

⑨ 주요 내용은「천존지비도」에서 정방수(正方數)와 입방수(立方數)가 서로 합치된다는 것과 그 다음으로 율려(律呂)의 규칙에 대한 것이다. 천수 3과 지수 2를 곱하면 6이 되고(3×2=6), 천수 9와 지수 4를 곱하면 36이 되니(9×4=36), 6이 중화(中和)의 비례의 수(數)가 된다. 천수 3을 세 번 곱한 입방수는 27이 되고(3×3×3=27), 지수 2를 세 번 곱한 입방수는 8이 된다.(2×2×2=8) 그 사이에 12와 18을 배치해서 그 둘 사이를 중화(中和)한다.(8, 12, 18, 27) 정방의 근본이 되는 수 1에서부터 100에 이르기까지 둘 사이에 이처럼 1을 더하여 중화(中和)한다. 이 절에서는 부론(附論)에서 태양(太陽)·태음(太陰)의 역수(曆數)를 논하였고, 아울러「천존지비도」와 합쳤다.

⑩ 천지율려(天地律呂)와 음양조화의 도(道)는 모두 일본이원(一本二元)으로 귀결(歸結)되며, 이현(二弦)의 음악(音樂)의 고저(高低)를 얻어 합치된다. 그러므로「천존지비도」는 곧 율려(律呂)의 종(宗)이 된다. 그리고「천존지비도」는「모세비학도(每瑟秘學圖)」와 마찬가지로 "1에서 시작하여[始於一]", "2로 계승하고[繼於二]", "3에서 완성하니[成於三]", 이것이 곧 삼재의 조화가 된다. 그러므로 일본이원의 수(數)는「하도」·「낙서」의 선천의 올바름을 겸하고, 선천의『연산(連山)』과 후천의『주역』에 통하여, 극묘(極妙)의 수(數)를 화합한 것이다.

⑪ 선사(先師)들의「천존지비도」와「모세비학도」의 수(數)의 질서가 동일하다는 것을 강조했다. 구체적으로 말하면, 먼저「천존지비도」와「모세비학도」의 두 개의 도표는 "1에서 시작하여", "2로 계승하고", "3에서 완성한다"는 점이 같다. 또「천존지비도」와「모세비학도」의 수서(數序)가 모두 천수(天數) 9와 지수(地數) 10에서 끝나니, 이것은 천원지방이 선천의「하도」와「낙서」의 전수(全數)를 이룬다는 뜻을 겸한 것이다. 그 다음으로 두 개의 도표는 천간(天干)의 숫자 10과 지지(地支)의 숫자 12를 더하여 천지(天地)의 전수(全數)를 계산하였다.(10과 12를 더하면 22가 된다.) 그 다음으로 두 개의 도표는 상하화합(上下和合)의 극수(極數)가 모두 10층이 되고, 합치면 55가

되니, 이것은 곧 천존지비의 수(數)이다. 마지막으로 두 개의 도표에서 4층에서 10층에 이르기까지의 숫자를 더하면 49가 되니(4+5+6+7+8+9+10=49), 그것은 모두 칠일래복(七日來復)의 수가 된다.(7×7=49)

⑫ 이 절(節)은 『역전(易傳)』의 기우·음양·중화의 수(數)를 천지·사상(四象)·음양·태소(太少)와 결합하여 일월(日月)의 역법(曆法)과 윤법(閏法)을 계산한 것이다. 사상은 천원삼극(天圓三極)에 합하고, 「지방삼각육합도(地方三角六合圖)」를 이룬다. 그리고 대월(大月)과 소월(小月)의 구분은 선천태초이간지경(先天太初易簡之景)의 체현(体現)이며, 삼극육합(三極六合)의 수(數) 및 선천의 일원이본(一本二元)이 된다. 후천의 『주역』은 천삼(天三)과 지이(地二)가 합쳐져 오(五)가 되며, 후천의 일본이원(一本二元)이 된다.

[제13절] 중요한 논의는 『선천원정도(先天原正圖)』에서 전개된다. 1과 6은 윗쪽에 있고, 6은 천주(天主)의 삼위일체와 육합(六合)의 만유본원(萬有本原)의 상(象)이 된다. 2와 7은 아래 쪽에 있고, 7은 천문일월(天文日月)·오성(五星)·칠정(七政)의 생생변화의 상(象)이며, 또 칠일래복의 주기(週期)에 해당되는 수(數)이다. 3과 8은 오른쪽에 있고, 8은 사립(四立)·이지(二至)·이분(二分)·주세(周歲)·팔절(八節)의 수(數)이다. 4와 9는 왼쪽에 있고, 9는 천하구주(天下九州)를 가리키니, 모두 힘을 합쳐서 천주의 비천(卑賤)한 만민(萬民)이 되는 상(象)이다. 5와 10은 가운데 있어, 3·5의 수(數)가 되며(5+10=15, 3×5=15), 성인(聖人)이 오로지 한결같은 덕으로써 천지에 짝하고, 항상 중정(中正)에 머물면서, 위와 아래로 통하고, 신인(神人)이 상주(上主)에 합치되니, 천지지중심(天地之中心)이 각각 그 올바름을 얻게 된다. 「하도」는 용마(龍馬)가 그 도(圖)를 지고 나왔으니[龍馬負圖], 그 아래에는 1·6이 있고, 위에는 2·7이 있고, 왼쪽에는 3·8이 있고, 오른쪽에는 4·9가 있고, 그 가운데에는 5·10이 있다. 「낙서」는 신령스러운 거북(神龜)이 위로 9를 이고, 아래로 1을 밟고[載九履一], 왼쪽에 3이 있고, 오른쪽에 7이 있다. 2·4는 어깨[肩]에 있고, 5·8은 다리[足]가 된다. 부베의 관점에서 보면 「하도」와 「낙서」는

모두 선천의 천지정위(天地定位)의 도(圖)가 되지 못하며, 인류의 조상이 하늘에 죄를 지어, 천지가 도치되어 선천역(先天易)이 변하여 만물『귀장(歸藏)』의 상(象)이 된 것이다.(그림21)[173]

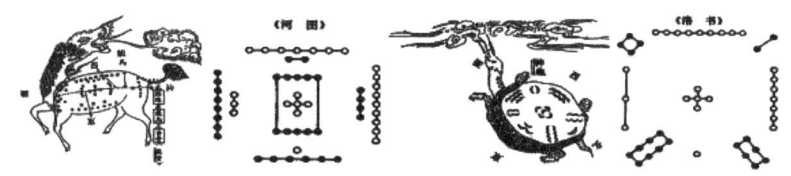

〈그림21〉「하도(河圖)」(馬圖)와 「낙서(洛書)」(龜書)

신(神)의 관점에서 보면, 인류의 조상은 반역한 우두머리가 되었고, 그 상(象)은 「하도」를 짊어진 사나운 용마(龍馬)로 표현되었다. 인간의 관점에서 보면 인류의 조상이 하늘에 죄를 지으니, 그 상(象)은 거북의 등에 그려진 「낙서」가 되었다. 그러므로 「하도」와 「낙서」의 두 개의 그림은 모두 선천대변(先天大變)의 흉상(凶象)이 된다. 옛적부터 전해져 내려온 「하도」와 「낙서」의 두 개의 도(圖)는 비록 선천변역(先天變易)과 천하실도(天下失道)와 상하불합(上下不合)의 상(象)을 품고 있더라도 실제로는 황하에서 「하도」가 나오고, 낙수에서 「낙서」가 나온 뒤로 성인이 이를 본받아 법칙으로 삼았고, 후천에서 다시 새로운 백성을 낳아, 선천의 올바름을 회복시킴으로써, 백세 이전부터 세계만방에서 기대해 오던 성인의 재림(再臨)과 선천의 원길(元吉)이 된 것이다.

종합해서 논하면, 『역학외편』의 내용은 그 편명이 각각 다르고, 각 편에서 취한 내용에 많고 적음의 차이가 있다. 그러나 각 절의 표제는 대체로 같으며, 서술의 순서도 서로 부합한다. 모두 각각의 수상(數象)의 도(圖)의 본원

---

[173] 그림 21에 나오는 「마도(馬圖)」와 「귀서도(龜書圖)」는 명대의 역도(易圖)로, 내지덕(來之德)의 『주역채도(周易采圖)』와 호거인(胡居人)의 『역상초(易象鈔)』 등 책에 보존되었다. (徐芹庭(2008), pp.427 참조)

이 되는 선천·후천·삼역의 큰 강령으로부터 나온 것이며, 중국과 서양에서 옛부터 전해져 내려온 경문(經文)의 원지(原旨)와 합치된다. 중국 경전에 나오는 여러 문장을 인용하여 『성경』의 옛이야기를 해석하고, 「선천태극도(先天太極圖)」가 수·상의 원본(原本)이 아님을 논술하였다. 이어서 「천존지비도」가 「하도」와 「낙서」의 두 개의 도(圖)의 이치를 모두 포함하고 있음을 서술하였다. 즉 건·곤의 삼효(三爻)의 총수(總數)와 통하고, 천원지방의 원리를 모두 포함하며, 선천만유(先天萬有)의 근본이 되며, 수·상이 생성변화의 근본이 되고, 천지율려(天地律呂)의 근거가 된다는 것을 서술하였다. 『역학외편』을 통해 부베의 역학 연구의 방향과 주안점을 엿볼 수 있다.

3. 『역고(易稿)』와 『대역원의내편(大易原義內篇)』의 해설

Borgia·Cinese 317(7) 『역고(易稿)』와 Borgia·Cinese 317(9) 『대역원의내편(大易原義內篇)』은 그 문장의 양식으로 볼 때, 같은 방식을 취하고 있다. 두 편에서 모두 『역경』의 구체적 괘에서 경문과 내의(內意)의 두 부분으로 나누어서 논술하고 있다. 경문은 곧 『역경』의 본경(本經)을 가리키는 것이며, '내의(內意)'는 문학(文學)의 시가(詩歌)에서 많이 채용하는 방식으로서 사상의 내용과 문사(文辭)에서 묘사하는 '외의(外意)'와 상대되는 용어이다. "예를 들면 북송의 시인 매요신(梅堯臣, 字는 聖兪, 1002-1060)[174]의 『속금침시격(續金針詩格)』에 "시(詩)에는 내의와 외의가 있다. 내의로 그 리(理)를 모두 표현하고, 외의로 그 상(象)을 모두 표현하니, 내의와 외의가 함축되어야 비로서 시격(詩格)이 갖추어진다[詩有內外意: 內意欲盡其理, 外意欲盡其象, 內外含

---

[174] 매요신(梅堯臣, 1002-1060): 중국 북송의 시인이다. 자는 성유(聖兪), 호는 완릉(宛陵). 구양수와 함께 송시의 개척자이다. 「속금침시격(續金針詩格)」의 금침(金針)은 문자적으로는 황금으로 만든 침을 뜻하며, 상징적으로는 비법(秘法)을 전수받음을 뜻한다. 『계화총담(桂花叢談)』에 "정간(鄭侃)의 딸 정채랑(鄭采娘)이 칠석날 저녁에 향을 피우고 직녀에게 기도를 드렸더니 직녀가 황금으로 만든 바늘을 치마띠에 꽂아주었는데, 이것으로 바느질을 잘 하게 되었다"고 한다. (역주)

蓄, 方入詩格]"라고 하였다."¹⁷⁵ 내의 중에서 일부 괘, 특히 건괘와 곤괘에 대해서는 다시 내의강(內意綱)과 내의목(內意目)으로 나누었다. 강(綱)과 목(目)은 개요와 세칙으로서, 각각 내용과 상세한 해석에 해당된다. 부베가 경문의 내용의 사상의 해석을 부별했음을 볼 수 있다. 아울러 강(綱)과 목(目)으로 나누어 개괄과 상세한 해석을 아우르고, 특정한 괘효사에 대해서는 의리적 해석을 하였다.

Borgia·Cinese 317(7) 『역고(易稿)』(약 41,000자)는 『역경』의 준(屯)·몽(蒙)·수(需)·송(訟)·사(師)·비(比)·소축(小畜)·리(履)·태(泰)·비(否) 등 10괘를 경문과 내의의 두 부분으로 나누어 어구를 따라 가면서 해석하였다. 여기서 '경문'은 곧 『역경』의 원문을 가리키며, 각 괘의 괘효·단사(彖辭)·대상(大象)·소상(小象) 및 문언(文言) 등의 부분을 포괄한다. 그리고 내의는 『성경』의 이야기를 이용하여 각 괘마다 상세히 해석하였다. 부베의 경학사상의 주요 내용은 내의에 있다. 구체적으로 말하면 다음과 같다.

준괘(屯卦)

부베에 따른다면 준괘¹⁷⁶는 아담과 이브가 창조주에게 원죄를 짓게 된 상황을 설명한 것이다. 온 세상 만 백성들이 곤궁한 함정에 빠져 있는 상태가 감괘(坎卦)라면, 창조주가 예수를 내려보내 온 세상 사람들을 구원한 행위가 진괘(震卦)가 된다. 그러나 아직 세상을 구할 때가 오지 않았는데 성급하게 행동하면 바람직하지 않으므로 "물용유유왕(勿用有攸往)", 즉 "가는 바를 두지 말라"고 한 것이다. 『성경』에서는 선지자를 내세워 예수가 세상에 내려오기를 기다리라고 알렸으니, 이것은 준(屯)의 상황을 체현(體現)한 것이다.

---

175 胡仔纂(1962), p. 259.
176 준괘(屯卦): '屯'의 중국어 발음은 'tún' 혹은 'zhūn'이다. 괘명(卦名)의 경우는 'zhūn'으로 읽는다. 육덕명(陸德明)의 『경전석문(經典釋文)』의 『주역음의(周易音義)』에 '屯'의 반절음(反切音)을 '장륜반(張倫反)'이라고 하였다. 『집운(集韻)』에서도 역시 '屯'의 반절음을 '주륜절(株倫切)'이라고 하였다. (역주)

초구효(初九爻): 부베에 따르면 예수가 굳게 올바름을 지키는 양강(陽剛)의 용(龍)을 상징한다. 예수를 세상에 내려 보내 사람들을 구원하려고 한 것이 창조주의 뜻이므로 "이건후(利建侯)"라고 한 것이다.

육이효(六二爻): 부베는 창조주(造物主)가 예수를 인간에 내려보내 성모 마리아를 선택한 행동을 "어룡임하(御龍臨下, 용을 타고 아래로 강림함)"라고 보았다, 창조주께서는 신성한 혼인(婚姻)의 날짜를 정하여 예수를 내려보냈다. "십년내자(十年乃字)", 즉 "십년이 되어서야 임신을 했다"라고 한 것은 마리아가 정절(貞節)을 지킨 지극한 정도를 묘사하고 있다.

육삼효(六三爻): 아담과 이브가 살았던 에덴동산(伊甸園)은 "복지(福地)"라고 불렸고, 하느님에게 죄를 지어서 쫓겨난 황야는 "황야지림(洪荒之林)"이라고 불렸다. 후대의 자손들은 겁에 질린 사슴[鹿]과 같으니, 지옥의 여러 마귀들과 악조(惡鳥)들과 같은 이류(異類)들이 끊임없이 후대의 자손들을 두려움에 떨게 하였다. 창조주께서는 예수에게 명령하여 만 백성을 구원하도록 하였으니, "우인(虞人)", 즉 산장지기로 탄생하게 함으로써 만민과 더불어 한 곳에 머물도록 하였다. 때를 기다려 만민이 천주에 대한 신앙을 되찾게 하는 것은 마치 고양이와 사슴을 평안한 상태로 되돌아가게 하는 것과 같다.

육사효(六四爻): 부베는 예수와 창조주의 인애(仁愛)의 마음을 모두 음유(陰柔)의 성질로 간주하여 음효에 귀속시켰다. 그리고 초구(初九)의 양효는 창조주와 예수의 순강(順剛)을 상징하는 것으로 보고, 육사의 순강(順剛)과 초구의 순음(純陰)의 형상이 서로 대응하는 것으로 보았다. 따라서 이것은 성모 마리아가 예수를 낳기 위해 (요셉과 더불어) 혼구(婚媾)의 상(象)을 형성한 것을 비유한 것이 된다. 이것은 예수가 만민을 구원하기 위하여 세상으로 내려온 사정을 암시하기 때문에, "왕길, 무불리(往吉, 無不利)", 즉 "가면 길하고, 이롭지 않음이 없다"라고 한 것이다.

구오효(九五爻): 예수께서 비록 지극히 존엄한 구오효의 지위에 머물고 있더라도 천하를 구제(救濟)하려는 마음을 가지고 있다. 그런데도 "소정(小

貞)", 즉 "적게 올바름"의 길(吉)함이 된다고 한 것은 육사와 상육이 모두 음효이기 때문이다. 만민이 예수의 고심(苦心)을 깨닫지 못하였으므로 "대정흉, 시미광야(大貞凶, 施未光也)", 즉 "크게 올바름은 흉하니, 그 베풂이 아직 빛나지 않기 때문이다"라고 하였다.

상육효(上六爻): 부베는 예수가 창조주의 명령을 받아 "승마반여(乘馬班如)"의 기세로 인간 세상에 왔으나, 모든 백성들이 덕을 갖추지 못했고 있었기 때문에 성모 마리아를 선택하여 신성한 결혼의 형식을 빌려서 성자를 내려 보낸 창조주의 길(吉)한 의도를 헛되이 저버렸음을 거듭해서 강조했다. 그 결과 악마의 권세를 불러들여 마침내 최후의 심판에 이르게 되었고, 예수는 "읍혈연여(泣血漣如)", 즉 "피눈물을 연달아 흘리게 된 것"이다.

또 부베는 대진국(大秦國)의 후손들이 온 세상으로 흩어져서, 그 가운데 한 지파의 자손들이 중국으로 흘러 들어왔다고 믿었다. 이들의 종교는 도근교(桃觔敎)(도근교(挑筋敎)[177]라고도 함)·이스라엘교(一賜樂業敎)[178] 등으로 불리는데, 바로 유태교(猶太敎)를 가리킨다. 하남성(河南省) 개봉(開封)에 유태인들의 후예들이 살고 있는데. 이들은 중국과 『성경』 사이의 거리를 좁히는 데 기여했다.

몽괘(蒙卦)

몽괘(蒙卦)에서 부베는 아담과 이브가 최초로 갖고 있던 원길(元吉)의 덕성(德性)을 동몽(童蒙)이라고 불렀다. 다른 한편, 후세의 자손들이 원죄로 말미암아 몽매(蒙昧)한 상태로 있는 것을 동몽이라고 했다. 몽괘의 "산하유험(山下有驗)"의 괘상(卦象)에서 동몽은 인간으로서 마땅히 지켜야 할 윤리를

---

[177] 도근교(挑筋敎): 하남성(河南省) 개봉(開封)의 유대인들은 돼지고기를 먹지 않았으며 소와 양을 죽일 때 힘줄을 골라내 먹지 않도록 했기 때문에 도근교(挑筋敎, 힘줄을 골라내는 종교)라고 불렀다. 그리고 유대인들의 거주 지역을 도근호동(挑筋胡同)이라고 불렀다. (역주)

[178] 일사낙업(一賜樂業): 히브리어의 '이스라엘(Israel)'을 중국어로 음역(音譯)하여 "이츠러예"라고 하였다. 개봉의 유대인들은 명말 예수회 신부가 개봉을 방문하기 전에는 '유대'라는 단어를 모르고 '일사락업(一賜樂業)', 즉 이스라엘이라는 단어로 자신의 정체성을 이해했다. (역주)

상실한 현상을 가리킨다. 조물주는 '어리석은 자들이 하느님을 찾는 것[童蒙求我]'을 차마 거절하지 못해 계몽(啓蒙)의 시간을 정해서, 예수를 지상에 내려 보내서 몽매한 세상에 살면서 계몽의 길을 가도록 했다.

초육효(初六爻): 아담과 이브가 창조주의 경고를 잊음으로써 후세의 자손들로 하여금 몽매한 가운데 살도록 하였다는 것을 설명했다. 예수는 모든 시대와 모든 세상을 위해 속죄(贖罪)한 죄수[刑人]가 되었다. 이것은 창조주께서 모든 세상의 후손의 죄를 용서하시고, 창조주가 내린 징벌을 받아 뇌옥(牢獄)에 갇혀 있는 모든 세상의 후손의 족쇄를 풀어주고, 그들의 죄를 용서하기 위함이었다. 이것은 천하를 계몽하는 지극한 덕행(德行)이다.

구이효(九二爻): 아담과 이브가 창조주의 분노를 일으켰지만, 창조주는 인애(仁愛)의 마음을 일으켜서 몽매함을 포용하고, 하느님의 결혼의 "납부(納婦: 신부를 맞아들임)"와 예수의 탄생을 통해서 '선천원길(先天元吉)'의 상태를 회복하게 하기 위해서 예수에게 발몽(發蒙: 몽매함을 깨우치게 함)의 무거운 책임을 지게 하였다.

육삼효: '금부(金夫)'는 상구(上九)에 있는 양효를 가리킨다. 예수는 '금부'에 대응하며, 창조주는 '금부의 주님(金夫之主)'에 대응한다. 몽매한 아담과 이브는 창조주와의 관계를 끊었고, 이브의 올바르지 못한 행동은 예수를 대하는 세상 사람들의 무지몽매한 태도와 같아서, 예수가 세상 사람들을 깨우치게 하기 위해서 일으켰던 사업을 헛되게 하였으니, 마침내 '무유리(无攸利: 이로운 바가 없게 된 것)'이다.

육사효: 위의 육오와 아래의 육삼이 모두 음효이니, 몽매함으로 말미암아 곤궁한 상황에 처해 있음을 상징한다. 즉 아담과 이브가 저지른 원죄로 말미암아 후대의 자손들이 '곤몽(困蒙)'함에 처해 있게 된 것을 암시하고 있다. 예수가 주군(主君)이 되고, 스승이 되어 몸소 민중을 계몽하는 일에 나섰으니, 선천과 후천 사이에 가로막혔던 상황을 열어 제쳐서, 선천원길(先天元吉)의 상태를 회복시킨 것이다.

육오효(六五爻): 예수는 겸손하고 낮은 자세로 교화(敎化)에 나서서, 모든 세상 사람들로 하여금 아담과 이브가 본래부터 지니고 있었던 천진(天眞)한 동몽의 상태를 회복하도록 하였기에 길하다고 한 것이다.

상구효(上九爻): 양(陽)이 음(陰)의 지위에 있으니, 합당하지 않은 위치[不當位]가 되어, 형세가 긴장된다. 예수가 악마에 대적하기 위하여 힘차게 일어나, 온 세상 사람들이 몽매한 상황에 빠져 있는 것을 바꾸어 변화시키려고 시도하는 정황이다.

수괘(需卦)

수괘(需卦)에서 부베는 주로 구세주를 기다리는 선지자를 중심 개념으로 삼아 여섯 효를 일관되게 해석하였다.

초구효: 하괘(下卦)의 건(乾)은 아담과 이브가 원죄를 저질러서 천하를 위험에 빠트렸음을 상징한다. 그러므로 창조주는 모든 왕조, 모든 세대, 세계의 모든 나라에 희생의 제사를 지내고, "교(郊)의 땅에서 기다리면서[需於郊]", 구세주의 강생을 굳건한 마음으로 기다릴 것을 명령한 것이다. 그러나 구세주는 인류를 구하기 위해서 희생하여 마침내 교외(郊外)에서 죽었다.

구이효: 선유(先儒)들은 초구의 "수우교(需于郊)"의 경우처럼 "수우사(需於沙)"의 구절에 기다림의 의미를 확고하게 부여하지 않았다. 부베는 이러한 선유들의 해석에 대해서 잘 알고 있었음에도 불구하고, 구세주를 기다려 "마침내 길함[以吉終之]"을 얻게 된 것으로 풀이하였다.

구삼효(九三爻): 상괘(上卦)의 감괘(坎卦)에 접근하기 때문에, 악마가 장차 다가와서 엄청난 위험에 빠지게 된다. 이 때에 만민은 "진흙에서 기다려야 하니[需于泥]", 오로지 참고 견디며 공경(恭敬)하고 삼가는 태도로써 위기를 변화시켜 안전으로 만들고, 재난을 피할 수 있다.

육사효: 구세주는 만민을 구원하기 위하여 자기를 희생하고, 구덩이에 묻혀서 장례를 치렀으니, 세상사람들이 "피속에서 기다린다[需於血]"고 한

것이다. 구세주는 이때 3일만에 부활하여, "땅 구덩이에서 나와서[出地穴]". 창조주께서 최후의 심판에서 만민을 지옥에 버려두지 않도록 기도하였다.

구오효: 아담과 이브가 원죄를 저질러서 만세의 자손들이 고통을 겪게 한 것을 다시 강조하였다. 구세주는 자신의 피와 살을 희생으로 삼아 큰 제사를 치렀으며, 만민이 구세주가 와서 구원해 줄 시기를 "제사의 음식을 먹으면서 기다리게 한 것이다[需於酒食]."

상육효: "삼위일체"의 비유를 써서, "초청하지 않은 손님 세 사람[不速之客三人]"의 구절을 해석했다. 구세주가 인간 세상에 와서 만민의 죄를 대신해서 죽었으며, 땅 속에 들어가 묻혔으니, 이것이 그가 세상을 구원한 큰 공을 뚜렷하게 드러낸 것이다.

송괘(訟卦)

부베에게 송괘(訟卦)의 송(訟)은 세 가지 주요 의미를 가지고 있다.

첫째, '소송을 제기하는 도[開訟之道]'의 의미를 지닌다. 원죄를 범해서 창조주의 분노를 불러일으켜, 만세 자손의 죄악을 조성한 아담과 이브를 대신해서 예수가 소송을 제기한 것이다. 상괘의 건(乾)과 하괘의 감(坎)이 합쳐져서 가장 큰 소송의 상(象)을 형성했다.

둘째, '송사의 근원을 끊어버림[絶訟之源]'의 의미를 지닌다. 구세주가 천하를 구제하기 위해, 스스로 최후의 심판의 소송 대상이 된 것이다.

셋째, '소송의 심판[訟之審判]'의 의미를 지닌다. 최후의 심판에서 만민이 구세주의 고심(苦心)을 저버렸으므로 공정(公正)한 심판을 통해 길흉이 판별되는 것이다.

초육효: 부베는 만민이 구세주가 스스로 송사를 벌인 고심을 이해하지 못해서, 최후의 심판에서 징벌을 받게 된 것이라고 주장했다. 만약 만민이 구세주의 고심을 헤아리고 두려워하는 마음을 갖고 회개할 수 있다면 심판을 면할 수 있을 것이다.

구이효: 성자(聖子)가 탄생한 땅을 "읍(邑)"이라고 했으며, 최후의 심판의 때에 소송의 대상자의 숫자가 "삼백호(三百戶)"라고 주장하였다. 구세주 예수가 스스로 소송을 벌여 만민의 죄를 대신해서 갚음으로써 만민이 재앙을 받는 것을 면제해 준 것이다.

육삼효: 부베는 계속해서 아담과 이브의 원죄와 구세주의 덕행을 비교했다. 선천의 원길(元吉)과 원정(元貞)의 상태가 상실된 것은 오로지 구세주에 의지해서 다시 회복될 수 있으므로, "옛 덕을 먹음[食舊德]"으로써 원덕(元德)의 올바름(貞)을 이룬다고 한 것이다.

구사효(九四爻): 부베는 도심(道心)과 인심(人心)의 관점에서 아담과 이브의 득실(得失)과 구세주의 공로(功勞)를 거듭해서 설명하였다. 아담과 이브는 도심의 정미(精微)함을 신중하게 지키지 못하고, 인심의 위태로움을 경계하지 않아서, 후세의 자손들로 하여금 원죄에 연루되게 하였다. 반면에 예수는 후천의 도심을 바로잡고, 송사(訟事)를 받아들임으로써 만민을 지극히 올바른 길함으로 돌아가게 했으므로, '안정길(安貞吉)'이라고 한 것이다.

구오효: 부베는 계속해서 예수의 공로를 강조하였다. 그는 예수가 만민을 위해 기꺼이 소송(訴訟)을 겪을 뜻이 있었기 때문에 '원길(元吉)'의 상태를 회복할 수 있었다고 보았다.

상구효: 부베는 미복(美服: 아름다운 옷)과 반대(鞶帶: 관복 위에 두르는 허리띠) 등의 비유를 사용해서 선천원길(先天元吉)의 상태를 묘사했다. 아담과 이브가 원죄를 범해서 길함은 흉함으로 바뀌었으며, 예수는 삼위일체를 통해 소송의 흉함을 멈추게 하였다. 그러나 세상 사람들은 자기들의 잘못을 고치지 않았기 때문에 최후의 심판이라는 대흉(大凶)의 상(象)을 맞이하게 된 것이다. 여기서 부베는 송(訟)의 길흉은 아담과 이브의 원죄로 말미암아 초래된 것이며, 아담과 이브가 저지른 원죄는 길을 흉으로 변하게 만든 것이라고 설명한 것이다. 예수는 소송의 징벌을 면제시켜주고, 다시 흉함을 길함으로 회복시켰으나, 세상사람들은 다시 죄를 저질러 최후의 심판이라는 대흉의

상태에 이르게 되었다는 것이다.

사괘(師卦)

사괘(師卦)의 '사(師)'에는 두 가지 함의가 있다. 첫째, 아담과 이브는 본래 선천 중민(衆民)의 '사(師)'이다. 둘째, 예수는 후천 신민(新民)의 '사(師)'이다. 아담과 이브는 원죄를 지어서, 만민을 위험 가운데 빠트렸으니, 이것은 사괘의 하괘(下卦)에 있는 감(坎)에 그런 의미가 담겨 있다. 예수는 창조주의 명령에 순응하여, 후천의 군사(君師)가 되었으니, 사괘의 상괘(上卦)의 곤(坤)과 같다. 곤(坤)의 땅에 감수(坎水)가 담겨 있으니, 생명이 영존(永存)을 획득한 것이다.

초육효: 아담과 이브가 창조주의 명령인 '천율(天律)'을 어겨서 선천의 흉함을 불러일으켰음을 설명했다.

구이효: 부베의 해석이 없다. (부베가 주석을 남기는 것을 잊었을 수 있다. 전편에 걸쳐 오직 이 괘효에 대해서만 해석이 없다.)

육삼효: 부베는 아담과 이브가 후세의 자손들을 악마가 침입하는 땅에서 흩어져 헤매도록 하여 악마가 '시체를 수레에 싣는[輿屍] 흉(凶)'함을 겪게 한 것은 그들의 실수라고 믿는다. 예수는 후천세계의 만민의 '원수(元帥)'가 되어 악마와 싸움을 벌였다. 창조주는 예수에게 악마의 위험을 제거하라는 사명을 맡겼으니, 그는 이 사명을 결코 잊지 않았다.

육사효: 부베는 예수가 세상을 구원하는 것의 어려움을 깊이 깨닫고 있었다고 말한다. 그래서 30년 이상 세상을 계속해서 돌아다녔고, 지난 30년 동안 밤낮으로 실천했다. '사좌차(師左次)'는 구세주의 계율을 굳게 지킨 것이며, 그 후 3년 동안 제자들을 가려 뽑아서, "하느님의 병사(兵士)들의 일을 친히 보여주었다[親示之以神兵之事]." 이처럼 그가 하느님의 명령을 근신(勤愼)하며 따랐기 때문에 '허물이 없다[無咎]'고 한 것이다.

육오효: 부베는 '전유금(田有禽)'의 '전(田)'이 선천국가의 가곡신미(嘉穀

神羙)의 전(田), 즉 에덴동산을 가리키는 것이라고 보았고, '금(禽)'은 악금(惡禽), 즉 마귀 사탄(Satan)을 가리키는 것이라고 보았다. 아담과 이브가 악마의 유혹에 넘어가서 원죄를 저질러, 에덴동산에서 쫓겨나니, 후세 자손들은 예수가 마귀를 물리치고 '신전(神田)'으로 돌아오기만을 바랄 뿐이다. '장자솔사, 제자여시(長子帥師, 弟子輿屍)'는 쌍방(雙方)의 전쟁이 얼마나 참혹했는가를 말해주는 비유이다. 그러므로 '정흉(貞凶)'이라고 한 것이다.

상육효: 부베는『상서(尚書)』의「태갑중(太甲中)」에, "임금이 손을 이마에 얹고 머리를 땅에 대어 절하면서 말하기를 "나 소자는 덕에 밝지 못하여 [王拜手稽首日予小子, 不明于德]"[179]라는 구절을 인용하였다.[180] 이윤(伊尹)이 태갑(太甲)을 영접하여, 박(亳)의 도읍으로 돌아온 후에, 태갑을 가르쳐 인도한 일을 인용해서, 아담과 이브가 자신들이 저지른 재앙은 피할 길이 없다는 것을 경계하고, 성자의 구원의 가르침의 은덕에 힘입어, 좋은 결말을 추구할 것을 희망했다.

비괘(比卦)

비괘에서 부베는 중심 개념이 '친비(親比)'이며, 이것은 천하의 정도(正道)를 따르는 것을 상징한다고 보았다. 창조주가 아담과 이브와 맺은 최초의 관계는 '선천친비(先天親比)'의 길한 관계였다. 창조주와 예수의 관계는 서로 돕는 관계이며, 후천 세계에서 '상하(上下)가 서로 친비하기 때문에', 역시 길한 관계이다.

---

179 (漢)孔安國(1999), p.211.
180 탕왕이 죽은 후에 큰 아들 태정(太丁)이 즉위하지 못하고 죽자, 둘째 외병(外丙)은 2년, 셋째 중임은 4년을 왕 노릇 하였다. 이들을 이어 왕이 된 사람이 태갑(太甲)이다. 태갑은 태정의 아들인데 불민하여 탕왕의 법을 괴란(壞亂)시켰다. 이에 이윤이 그를 탕왕의 묘소가 있는 동(桐) 땅에 3년 동안 유폐하였는데, 이 곳에서 태갑은 무덤을 지키는 사람으로부터 힘들게 창업한 조부(祖父)의 옛 이야기를 들을 수 있었다. 이에 태갑은 자신의 행동과 조부의 행적을 비교하며 지난날의 잘못을 뉘우치고, 깊이 반성하였다. 이윤이 몹시 기뻐하며 그를 수도인 박(亳)으로 모셨다. 이에 태갑이 "소자는 덕에 밝지 못하여 욕심으로 법도를 무너뜨리고 방종으로 예를 무너뜨려 이 몸에 죄를 불렀으니 하늘이 내린 재앙은 피할 수 있으나 스스로 지은 재앙은 도망할 수 없습니다. 지난날 사보(師保)의 가르침을 저버려 그 처음에는 잘하지 못했으나, 바로잡아 구제하는 덕에 힘입어 그 끝을 잘 마칠 것을 바라나이다."라고 하였다. (역주)

초육효: 아담과 이브가 원죄를 범하지 않았을 때에는 항상 바르고 본래 선한 상태[恒貞元善]였으며, 창조주의 신임을 잃어버리지 않았기 때문에, '무구(無咎; 허물이 없는 상태)'였다. 그러나 그들은 스스로 창조주의 신임(信任)을 저버렸기 때문에, 만회할 수 없었다. 오직 구세주 예수만이 고난을 기꺼이 감수하고, '유부영부(有孚盈缶; 믿음을 질그릇에 가득 차듯이 가졌으며)', 모든 백성들은 창조주의 은총을 회복하게 되었기 때문에, 흉함을 길함으로 변화되었다.

육이효: 예수가 세상에 온 이후로 세상 사람들과 더불어 '안으로부터[自內]' 친하게 지내고, 은택을 온 세상에 베풂으로써 선천의 원길(元吉) 상태를 회복하려고 노력하였다.

육삼효: 아담과 이브는 과거에 '비인(匪人; 악마를 암시함)'과 친근하게 지내고, 음유(陰柔)의 상태에 빠져 후세 자손들로 하여금 죄악에 연루되도록 했던 잘못을 반성하였다고 설명한다.

육사효: 부베는 예수가 후천세계의 새로운 백성들의 원수(元首)가 되었음을 강조하였다. 예수는 후세 자손들이 다 함께 창조주를 믿도록 친히 인도하였으며, 창조주의 분신이나 다름없는 현신(賢臣)들과 친하게 지내는 것을 좋아하였으므로, '외비지, 정길(外比之, 貞吉: 밖으로 현자와 친하니 올바르고 길하다)'라고 한 것이다.

구오효: 예수의 인간 세상에 와서 행한 공적(功績)과 천하의 대도(大道)를 따랐음을 거듭 밝히고, '하느님의 밭(神田)'에 있는 악마를 사로잡고, 현명한 자를 성대한 예의로서 대하였으니, '읍인불계(邑人不誡: 마을 사람들이 경계하지 않게 되었다)'라고 하였으며, 온 세상 사람들이 하느님께로 귀의하게 되었다고 하였다. 당시에 경성(景星)이 나타나 예수의 탄생을 미리 알렸고, 여러 곳에서 길조(吉兆)가 나타났으니, 이러한 징조들은 모두 창조주에게 귀속된 것이다.

상육효: 부베는 아담과 이브가 원죄를 저지르고 창조주를 배반하여, 창

조주의 총애를 잃어버리게 되었음을 가슴 아프게 여겼다. 상육효의 효사에 "비지무수, 흉(比之無首, 凶; 친하게 지내다가 머리가 없어지게 되었으니, 흉하다)"라고 한 것은 바로 그 때문이다.

소축괘(小畜卦)

소축괘에서 부베는 선천(先天)의 "임우(霖雨: 은택)"가 창조주의 은택(恩澤)을 상징한다고 보았다. 만약 아담과 이브가 창조주의 율법을 계속해서 따랐다면, "아름다운 어린 양들에게는 항상 목자(牧者)의 양육(養育)을 받는 경사가 있었을 것이다." (아담과 이브 두 사람이 에덴동산에서 생활하는 것을 암시함) 그러나 그들이 저지른 원죄로 말미암아 "임우"는 계속될 수 없었다. 창조주는 예수에게 목자(牧者)의 임무를 맡겨서 만민을 구원하러 세상으로 내려갈 것을 명령하였다. 하느님께서는 예수를 대진국(大秦國)의 서교(西郊)에 태어나도록 하였으므로 "자아서교(自我西郊: 나의 서쪽 교외로부터 왔다)"라고 한 것이다. 비록 "밀운불우(密雲不雨: 구름이 짙게 끼었으나, 비는 오지 않음)"의 상황이지만, 구원의 시기가 그렇게 멀지 않았으므로 '형(亨; 형통하다)'라고 한 것이다.

초구효: 부베는 예수가 후천세계에서 선천의 도를 회복시키고, 아담과 이브로 말미암아 생긴 선천의 흉함을 다시 변화시키려고 노력하였기 때문에, "복자도(復自道: 그 길에서 되돌아옴)"하여, 선천의 원길(元吉)을 회복시켰다고 한 것이다.

구이효: 예수가 세상을 구원할 때가 아직 아니라고 믿었기에 구오효와 더불어 '견복(牽復: 끌고 돌아옴)'의 상(象)을 형성했다. 예수가 창조주에게 기꺼이 순종하였기 때문에, '길(吉)'이 된다.

구삼효: '여탈복(輿說輻: 수레에서 바퀴살이 벗겨진 것)'이라고 한 것은 아담과 이브가 창조주의 명령을 듣지 않고, 오로지 강(剛)에 대해서 강(剛)으로 맞서다가 도리어 '부처반목(夫妻反目: 지아비와 아내가 서로 반목)'의 사태를

맞이하고, 선천에서 정도(正道)를 잃게 된 것을 가리킨다.

육사효: 효상(爻象)이 일음(一陰)으로 오양(五陽)을 기르는 상황이기 때문에 그 세력으로 적을 상대할 수 없다. 다만 다행스러운 것은 구오와 상구의 두 양효(陽爻)의 신임(信任)을 받아서 '혈거척출(血去惕出: 피가 제거되고, 두려움에서 벗어남)'이 된 것이다. 예수가 만민의 죄를 대신 갚기 위해 33년 동안 인간으로 생활하고, 마침내 창조주의 신임을 얻어, "무구(無咎)"의 은덕을 얻게 된 것이다.

구오효: 부베는 '인거(鄰居: 이웃)' 관계를 이용하여 창조주와 아담과 이브의 관계를 비유적으로 설명하였다. 창조주는 원래 믿음에 의지하므로 '유부난여(有孚攣如: 믿음을 지니되, 마치 한쪽 팔이 꺾여 부러졌을 때 다른 쪽 팔로 서로 의지하듯이 한다)'라고 하였다. 아담과 이브는 창조주의 은총을 받았으나, 스스로 그 신임을 끊어 버렸기 때문에 창조주의 은총을 받지 못한 것이다. 한편 예수와 만민의 관계를 비유하자면 구세주는 만민을 같은 이웃으로 여기셨으며, 만민을 대신해서 속죄하였을 뿐 아니라 만민을 부유하게 하셨으니, 여기에서 지극한 신뢰 관계를 볼 수 있다.

상구효: 부베는 아담과 이브가 착하지 못한 행위를 쌓아 소인(小人)들의 가정을 이루었으며, 창조주와의 관계를 단절했다고 설명했다. 창조주는 '상재덕(尙載德: 덕을 쌓는 것을 숭상함)'이니, 만민에 대한 신임이 이미 그처럼 지극한 정도에 도달했다. 창조주는 천지가 다시 서로 사귀어 합치고, 온 세상을 윤택하게 하는 단비가 되어, 온 세상 사람들의 마음을 구원하기를 바랐다. 예수는 대진국에서 만민을 구원하기 위해 월망(月望: 보름달)의 기일(期日), 즉 음력 매달 15일에 희생의 제사를 드렸으며, 그가 드린 희생의 제사로 말미암아 창조주는 온 세상에 은혜를 베푼 것이다.

리괘(履卦)

리괘의 괘사에서 부베는 악마를 '구미호(九尾虎)'에 비유했다. '구미호'

는 『산해경』에 나오는 '네 개의 발과 아홉 개의 꼬리를 가진 여우[其狐四足九尾]'[181]이며, 괴려지물(乖戾之物, 괴상한 동물)의 한 종류로 간주된다. 아담과 이브가 '호랑이 꼬리를 밟아[履虎尾]', 악마에게 물림을 당하였고, 함께 창조주를 배반하였으므로 흉함이 된다. 그리고 구세주 예수가 '호랑이 꼬리를 밟고[履虎尾]', 다시 악마들을 쫓아내었으므로 '형통하다[亨]'라고 한 것이다.

초구효: 부베는 아담과 이브가 최초에 지녔던 원선(元善)의 성(性)이 '소리(素履)'에 해당된다고 보았다. 만약 창조주의 계명(戒命)을 한결같이 엄격히 지킨다면, '가더라도 허물이 없을 것[往無咎]'이라고 하였다.

구이효: 부베는 아담과 이브가 천명에 순종하지 않았기 때문에 선천의 대도를 잃어버리게 되었다고 서술했다. 예수가 세상에 내려와서 천하를 다스리고, 친히 천도(天道)를 실천하였고, '유인(幽人)'처럼 모든 고통을 참고 견뎌내고, 선천의 원길의 상태를 회복하려고 노력하였으므로 '정길(貞吉: 바르고 길함)'이라고 한 것이다.

육삼효: 부베는 아담과 이브에게 일어난 사건들에 대해 매우 애석하게 여겼다. 만약 그들이 창조주의 뜻을 계속해서 따랐더라면, "애꾸눈이 보게 되고, 절름발이가 걷게 되었을 것이고[眇能視, 跛能履]", 영원히 인류의 선조로서 지위를 보존할 수 있었을 것이다. 그러나 아담과 이브가 조물주의 권위에 도전하여 아래에서 위에 대항하니, 그 지위가 합당하지 않으며, 마치 늙은 호랑이의 꼬리를 밟아서, 호랑이에게 물리는 결과를 겪게 되는 것과 같으므로, '흉하다'라고 한 것이다.

구사효: 부베는 화제를 돌려서, 예수의 미덕(美德)을 논하였다. 예수는 겸비(謙卑)의 자세로 실천하고, 악마와 기꺼이 싸웠으니, "비록 놀라서 두려워함[愬愬]"은 있겠지만, "끝에 가서는 길하다[終吉]"라고 한 것이다.

구오효: 부베는 악마가 사도(邪道)를 '실천[夬履]'하여, 조물주에게 맞서

---

181 (東晉)郭璞(1985a), p. 21.

고, 아담과 이브로 하여금 원죄를 저지르도록 유혹하고, 창조주를 배반함으로써 천하에 큰 혼란을 불러일으켰으니, '곧더라도 위태로운[貞厲]' 상(象)을 형성하게 된 것이라고 해석했다.

상구효: 부베는 예수가 몸소 실천한 공로를 찬양하며, 예수가 악마와 싸워 선천의 도를 실천하려고 노력하였으므로, 최후의 심판 이후에 예수는 창조주의 오른쪽에 있으면서 선천의 원길의 상태를 누리게 될 것이라고 하였다.

태괘(泰卦)

태괘의 괘사에서 부베는 "군자지도(君子之道)"와 "소인지도(小人之道)"의 기준으로 선천과 후천의 길흉을 분별하였다. 인류의 조상 아담과 이브는 창조주의 "군자지도"를 따라 선천의 원길(元吉)을 즐길 수 있었다. 그러나 유혹을 이기지 못하고, "소인지도"를 자라나게 하니, 하괘(下卦)의 삼양효(三陽爻)로써 위에 거역하며, 비괘(否卦)를 이루게 된 것과 같다. 그리고 예수는 겸손한 인간이지만 실제로는 창조주가 임명한 구세주이다. 괘효의 상방(上方)의 세 개의 양효는 후천을 열어 태괘를 형성한다.

초구효: 부베는 창조주가 에덴동산에서 아담과 이브와 후세의 만민들을 창조한 것을 "농부들이 밭에 좋은 씨를 뿌려서 후손들의 무리를 이룬 것[農夫播善種于厥田而成苗裔之衆]"에 비유하였다. 다만 아담과 이브는 원죄를 저질러서, 본래 곡식의 씨앗이었으나, 띠풀[茅草]이 되어, 지옥에서 "영원히 타오른 불에 던져진 땔감[永火之薪]"이 되어 징벌을 받게 된다. 그리고 구세주 예수는 후천 세계에서 민중을 교화하고, 파종과 수확을 책임지는 주인이니, "띠풀의 뿌리를 뽑을 때에는 그 무리로써 하며[拔茅茹以其彙]", 만민의 죄를 대신 갚아주어, 선천의 원길(元吉)을 회복시키는 것이다.

구이효: 부베는 예수가 장차 후천 세계에서 백성들을 새롭게 하는 아버지가 되어 사이(四夷)와 황야(荒野) 가운데 달려서, 중도로써 실천하고, 고생

스럽게 산을 넘고 물을 건너서, 대중을 구제하니, "중도를 행함에 숭상을 받는다[得尙于中行]"라고 한 것이다.

구삼효: 천지(天地) 태(泰)의 상(象)이 다시 비(否)의 상(象)과 교제(交際)하는 때에 해당된다. 부베는 아담과 이브로 말미암아 초래된 천지의 질서의 붕괴[天地不平]를 "피(陂)"라고 했고, 아담과 이브가 잃어버린 선천원길(先天元吉)의 상태는 이제 "가서 다시 돌아오지 않는 것[往而不復]"이 된 것으로 보았다. 그리고 예수께서 올바름[貞正]을 굳게 지켜서, 만민의 죄를 대속(代贖)하기 위하여 친히 세상에 나타나서, 창조주의 분노를 진정시켰으니, 이로 말미암아 하느님과 인간의 관계가 회복되고, 천지가 서로 사귀어 태(泰)의 상태가 회복되었으므로 "무구(无咎)"라고 한 것이다. 만민이 창조주가 베풀어 준 음식을 누리게 하였으므로, "우식유복(于食有福)"이라고 한 것이다.

육사효: 부베는 내의강(內意綱)과 내의목(內意目)으로 나누어 해석하였다. 뒤에 육오효와 상육효에서도 역시 마찬가지 방식으로 구분하였다. 내의강에서는 인심(人心)이 취약(脆弱)해서 마귀의 유혹을 받기 쉬워, 행동을 삼가고 조심하지 않기 때문에 다시 위험에 빠질 수 있는 가능성이 있다는 것을 명확히 밝혔다. 내의목에서는 선천의 순삼양(純三陽)을 군자지도(君子之道)라고 규정하고, 순삼음(純三陰)을 소인지도(小人之道)라고 규정하였다. 그리고 선천의 아담과 이브는 유혹을 받아 소인지도에 빠졌다고 보았다. 그러나 후세의 예수는 지극한 존경과 겸손을 갖추고, 세상 백성들과 함께 사는 "이웃[鄰人]"으로 세상에 태어났으니, 이것은 "소왕대래(小往大來)"하여 군자의 도를 회복시킨 것이다.

육오효: 내의강에서 창조주를 "제을(帝乙)"에 비유했고, 예수를 "귀인(歸人)", 즉 '귀매(歸妹)'와 동등한 존재로 보았다. "제을"과 "귀인"이 결합하여, 상천(上天)의 원길(元吉)의 복지(福祉)에로 돌아가는 것이다. 내의목에서는 무시지아(無始之兒)와 지형(之兄)과 유시지녀(有始之女)와 지매(之妹)로 나누었다. 아담과 이브는 본래 창조주의 사랑을 받은 자녀였으나 원죄를 범하여

"매(妹)"라는 존칭을 잃었다. 그리고 예수는 출가한 여자처럼 창조주의 뜻에 순종하여 "복을 받고 크게 길한 것이다[以祉元吉]".

상육효: 내의강에서 구세주가 온 세상을 구원하는 시기를 "대경지기(大慶之期)"로 규정하고, 당시에 천지가 서로 사귀고, 창조주와 온 세상 만민이 모두 함께 경축한다고 하였다. 내의목에서는 아담과 이브가 세운 선천국가와 예수가 세운 후천국가로 나누었다. 선천국가에서는 악마의 습격을 당하고, 국도(國都)의 성황(城隍)은 모두 무너져 버려서, "성이 무너져서 흙이 해자로 다시 돌아간다[城復于隍]"고 한 것이다. 후천국가는 성황을 동서남북 사방에 두었으니, 대진국이 있는 곳이다. 대진국이 자기의 고집대로 하지 않고, 창조주에게 복종하였으므로, 비(否)의 상황에 이르지 않았다.

비괘(否卦)

비괘의 괘사는 태괘(泰卦)와 대응되는 방식을 취한다. 태괘는 본래 천지가 서로 사귀고 상하가 서로 통하는 선천의 원길(元吉) 상태이다. 그런데 인류의 조상 아담과 이브의 원죄로 인해 천지가 사귀지 않고 만물이 통하지 않으면 변하여 비괘가 된다.

초육효: 아담과 이브로 말미암아 후세의 만민이 모두 조물주로부터 나와서 큰 나무 주위의 띠풀에서 원죄를 지으니, 마치 "풀을 뽑으니 뿌리까지 같이 뽑혀 나오는 것[拔茅茹以其彙]"처럼 만세토록 자손들에게까지 모두 재앙을 미치게 된 것이다. 다행히 구세주 예수께서 인내심을 발휘하여 만 백성을 구원해 주실 수 있었다. 그러므로 "정길, 형(貞吉, 亨)"이라고 한 것이다.

육이효: 부베는 조물주가 포용하지 않음이 없다는 것을 강조하여, 만유(萬有)를 "포승(包承)"하였다고 하였다. 아담과 이브는 본래 조물주와 동심동체(同心同體)의 존재였으나, 원죄를 지어서 비괘의 상태로 변해 버렸다. 구세주 예수께서는 기꺼이 만백성 가운데 계시면서, 지극히 낮은 곳으로 내려와 지극히 겸손한 소인(小人)이 되어 군자의 도를 행하셨다. 그러므로 "소인길,

대인비, 형(小人吉, 大人否, 亨)"이라고 한 것이다.

육삼효: 하괘(下卦)의 가장 위에 있어서, 세 개의 음(陰)의 흉함이 누적되어, 대진국의 "적불선지가(積不善之家)"가 되었다.[182] 다만 다행히도 악마가 바르지 않은 위치에 처해서, 완전한 승리를 거둘 수 없었다. 구세주 예수께서 아직 모해(謀害)를 당하지 아니하고, 잠시 가슴에 품고 만백성을 구원할 시기를 기다릴 예정이었기 때문에 '포수(包羞)', 즉 "부끄러움을 품었다"라고 한 것이다.

구사효: 이르러 비괘의 삼음(三陰)이 이미 과도(過度)해져서 태괘로 변하는 계기를 맞았다. 삼양(三陽)은 예수께서 만민의 죄를 대신하여 속죄하기 위해서 사람으로 태어난 것을 상징한다. 비괘가 변하여 태괘로 되니, 무구(無咎)의 상(象)이 된 것이다. 후세의 자손들이 각지로 흩어져서 생존하니, "주리지(疇离祉)", 즉 "밭을 일구면서 복을 받는다"라고 한 것이다.

구오효: 부베는 "인심유위, 도심유미(人心惟危, 道心惟微)"[183], 즉 "인심은 오직 위태롭고, 도심은 오직 은미하다"라는 구절에 따라 아담과 이브와 예수의 구별에 대해 언급하였다. 장차 온 세상 모든 곳의 자손들이 "계우포상(繫于苞桑)", 즉 "뽕나무 우거진 뿌리에 매어 둔 것처럼 견고해진다"고 하였으니, 이것은 흉함이 바뀌어 길함으로 된 것이다.

상구효: 비괘의 극단에 처해 있으므로, 부베는 아담과 이브가 이미 원죄를 범해서, 선천의 정도(正道)가 무너진 상태로 간주했다. 이때 조물주는 예수를 지상에 내려보내 탄생시킴으로써 온 세상을 구원하도록 했으므로, 이것은 "경비(傾否)", 즉 "비색한 상황이 뒤집어진 것"이 된다. 따라서 이것은 대인(大人)이 "선비후희(先否後喜)", 즉 "앞서 비색하더라도 나중에 가서는 기뻐하게 됨"의 상(象)이 된다.

---

182 (魏)王弼(1999), p.31.
183 (漢)孔安國(1999), p.93.

Borgia·Cinese 317(9) 『대역원의내편(大易原義內篇)』(약 24,000자) 제1부에서는 『성경』의 조물주의 삼위일체의 사상으로 삼역(三易)의 원의(原義)의 차이에 대하여 해석하였다. 선천과 후천의 길흉의 상(象) 등 삼역에 포함된 함의의 차이를 분석하였다. 제2부는 『역경』의 건(乾)·곤(坤)의 두 괘를 경문(經文)·내의강(內意綱)·내의목(內意目)으로 나누어서 상세히 해석하였다. 내의(內意)를 강(綱)과 목(目)으로 나누었는데, 강(綱)은 설명의 요지를 간략히 소개한 것이고, 목(目)은 괘효에 대해 자세히 설명한 것이다. 『구약』에서는 상제(上帝)의 세계 창조를 주로 인용하였고, 『신약』에서는 예수의 생애를 중심으로 인용하였다. 아울러 중국 고전을 방증(旁證)으로 사용하여, 각 괘에 대해 분석하였다. 다의적 함축을 가진 일부 괘효에 대해서는 내의를 추가로 채택하였다. "『역경』의 괘효사는 깊은 뜻을 가지고 있기 때문에, 어느 한 측면에서만 바라보면 안 된다. 따라서 건괘(乾卦)의 각 효의 내의에 별도로 다른 설명을 덧붙일 필요가 있다."[184] 그러므로 내의목을 또 다시 내의와 우내의(又內意)로 나누었다. 구체적으로 말하면 다음과 같다.

건괘(乾卦)

건괘(乾卦)의 괘사의 전체 요지는 "원형이정(元亨利貞)"이라는 말로 요약된다. 이 구절은 건체(乾體)의 덕성(德性)을 천(天)의 성정(性情)이라는 통합적 관점에서 표현한 것이다. 부베에 따르면 이 구절은 선천의 성부(聖父)가 이 세상에 내려와서 인류의 조상의 원죄를 대신 갚음으로써 원(元)·형(亨)·이(利)·정(貞)의 사덕(四德)을 성취하였음을 강조한 것이다. 원(元)은 위대한 성인의 덕성인 인(仁)을 가리키며, 형(亨)은 건체(乾體)에 전체적으로 적용되는 선(善)이며, 이(利)는 만세(萬世)의 모든 백성들[蒸民]의 덕(德)이며, 정(貞)은 만세를 통해 곧은 마음이다. 구세주 예수는 네 가지 덕으로써 후천세계에서

184　Bouvet, 『大易原義內篇』, BAV, Borgia·Cinese, 317(9), p. 7.

영원히 새로운 백성들의 원수(元首)가 된 것이다.

건괘의 내의목에서는 성자 예수의 원(元)·형(亨)·이(利)·정(貞)의 사덕(四德)에 관하여 구체적으로 해석하였다. 원(元)은 선천의 전능(全能)·원선(元善)·원명(元明)의 성품을 체현(體現)한 덕성(德性)이니, 형(亨)·이(利)·정(貞)의 나머지 천덕(天德)들과 함께 결합된다. 형(亨)은 예수가 창조주의 명령에 순응하여 모든 선(善)을 형통하게 하고, 세상에 인간으로 태어난 이후에 단비와 같은 은택을 베풀어 세상 사람들의 메마른 마음을 윤택하게 한 것을 가리킨다. 이(利)와 정(貞)은 예수가 건도(乾道)로써 사람의 마음을 감화시킴으로써 후천 세상에서 상하가 각각 그 올바른 자리를 얻고, 사방의 만민들도 제각기 이로움을 얻어서, 후천의 길함을 열게 된 것을 가리킨다. 부베는 내의강에서 『역전』의 건괘 「문언」에 나오는 "육위시성(六位時成)"·"육효발휘(六爻發揮)"·"시승육룡이어천야(時乘六龍以御天也)" 등의 경문을 시간과 연계시켜 서술했다. 창조주의 명령에 따라 세상에 사람으로 태어난 구세주는 모든 세대의 사람들이 참고 기다렸던 존재이다.

부베는 내의목에서 선천의 창조와 후천의 구원이 모두 6일만에 완성된다고 서술했는데, 이에 따르면 후천도 (선천과 마찬가지로) 6천 년 동안 지속된다. (여기서 천년이 하루가 된다.) 『역경』에서 건도(乾道)는 육룡(六龍)이 운행(運行)하는 육위(六位)로 이루어져 있으며, 천체가 운행하는 6천 년을 상징한다. 우주의 시초에는 천지와 일월과 군신(君臣)의 도(道)가 올바름을 잃지 않음으로써 자연의 항구적인 법칙을 형성한다. 건괘의 「대상전(大象傳)」에 "하늘의 운행이 건장하니, 군자가 이것을 본받아 끊임없이 노력하며 쉬지 않는다[天行健, 君子以自強不息]"라고 하였으니, 부베는 이 구절에서 "군자"가 성자(聖子) 예수를 가리키는 것이라고 보았다. 그는 "내의강"에서 창조주 성부의 순건(純乾)의 지극히 건장한 덕성(德性)을 성자 예수가 몸소 깨달았다고 하였다. 「내의목」에서는 명대(明代)의 역학자 내지덕(來知德, 1526-1604)의 역상(易象)과 역수(逆數) 및 착종설(錯綜說)[184] 등의 학설에 근거해서 창조주가 성인을 세상에 내려보내고, 역상(易象)을 통해 예언했다고 말했다. 인류의 조상 아담과 이브는 상(象)에 미혹되었기 때문에 선천의 원길(元吉)의 상태를 상실하였으나, 성자 예수가 그 상(象)을 회복시킨 덕택으로 후천세계에서 신민(新民)의 공(功)을 이룰 수 있었다. 「하도」와 「낙서」의 괘효와 천상(天象)은 모두 천지창조의 비밀을 표현한 것이다. 건괘에서 "하늘의 운행의 건장함[天行健]"은 성부와 성자의 지극히 건장한 순건(純乾)과 순양(純陽)의 덕성(德性)에 상응된다. "군자가 이것을 본받아 끊임없이 노력하며 쉬지 않는다[君子以自強不息]"라고 하였으니, 성자 예수는 용을 타고, 조화(造化)와 구세(救世)의 공을 이룬 것이다. 그러므로 성자는 끊임없이 운행하며 잠시도 쉬지 않는[乾乾不息]의 천도(天道)의 덕성(德性)을 본받아 원선(元善)의 길(吉)함을 회복시킨 것이다.

초구효: "잠룡물용(潛龍勿用)"에 대한 해석에서 부베는 내의강에서 예수가 바로 "잠룡(潛龍)"이며, "용덕(龍德)"을 갖추었다고 보았다. 잠룡의 성자는 진(震)의 처음에 있으면서, 스스로 수신하고 있으나, 아직 급하게 나서려고 하지 않는다. 다만 성부가 정해준 구원의 시기가 도래하기를 기다렸다가 인간으로 태어나서 큰 공을 이룬 것이다. 내의목 (1)에서는 성자 예수가 세상을 구원하려고 했던 처음에 아직 그 시기가 이르지 않았기 때문에 건괘의 육효(六爻)의 초위(初位)에 숨어서 세상을 피해서 살고 있으므로 "물용(勿用)"이라고 한 것이다. 내의목 (2)에서는 예수가 세상에 내려와서 삼십년의 생애 동안에 인간 세상에 계속해서 숨어 지냈다. 그는 한편으로 누추한 집에 살면서 아버지의 명령을 기다렸고, 자기가 지닌 천덕(天德)의 광명을 드러내지 않았으며, 다른 한편으로 성모 마리아의 아들로서 효도를 행하였지만 아직 세상에서 아직 알아주지 않아서 숨어 지내는 상태이다.

---

185 착종설(錯綜說): 착종(錯綜)은 명대(明代)의 역학자 래지덕(來知德)이 『역경』의 괘상(卦象)을 설명한 방법이다. 착(錯)이란 음양이 상대(相對)되는 관계를 가리키고, 종(綜)이란 상하가 전도(顚倒)되는 관계를 가리키니, 유행변화(流行變化)의 도(道)가 그 가운데 있다.(來知德(1986), p.3 참고)

구이효: 내의강에서 성자 예수는 아직 성공(成功)의 시기로부터 멀리 떨어져 있지만 이미 덕행을 점차로 드러내기 시작했다. 내의목 (1)에서 그는 '대인(大人)'으로 불린다. 그는 용덕(龍德)은 이미 더 이상 숨겨져 있지 않으며, 세상의 '전(田)'과 '도(道)'가 있는 땅에 널리 알려지게 되었다. 천하의 선지자들이 모두 그의 강림을 기다리고 있었기에, "대인을 만나보는 것이 이롭다[利見大人]"라고 한 것이다. 내의목 (2)에서는 "전(田)"이 구체적으로 대진국을 가리킨다고 하였고, 창조주가 성자를 내려보내 태어나게 한 지방이라고 하였다. 그 결과 창조주는 대진국의 황야를 비옥한 땅으로 만들어, 대진국에 큰 이로움을 주었지만 세상 사람들이 속죄(贖罪)하지 않았기 때문에 아직 그 지위를 얻지 못했다. 그러므로 세상을 구원할 시기를 기다려서 군자가 그 공을 이루어야 한다.

구삼효: 부베는 내의강에서 삼효(三爻)는 3천 년을 상징한다고 주장하였다. 이때, 성자 예수가 강생해서 세상을 구원할 시기가 도래했으며, 성스러운 종교가 세상에 유행하기 시작했다. 내의목 (1)에서 부베는 괘효에 물상성(物象性)과 시간성을 부여했다. 건괘의 상괘의 3효와 하괘의 3효를 합친 6효는 성자가 천상에서부터 인간 세상에 올 때까지 타고 온 여섯 마리의 용이다. 그리고 선갑삼일(先甲三日)과 후갑삼일(後甲三日)은 육운(六運)의 시위(時位)에 해당되면, 합치면 모두 6천 년이 된다. 선갑삼일(先甲三日)의 초효(初爻)는 첫번째 천 년이 끝나는 시기이며, 고대의 선지자가 출현한 시기를 상징한다. 이 시기에 동방에는 포희씨(包羲氏), 즉 복희씨가 있었고, 서방에는 에녹이 있었다. 제2효는 두번째 천년이 끝나는 시기이며, 선지자들이 출현하여, 성교(聖敎)가 세상에 유행하는 시기이다. 제3효는 세번째 천년이 끝나는 시기이며, 구세주 예수가 세상의 만민을 구원하는 위험하고 또 힘든 임무를 수행하는 시기에 해당된다. 이 시기는 위로는 하늘에 속하지 않고, 아래로는 밭에 속하지 않아서, "하루 종일 부지런히 일하고, 저녁이 되면 근심한다[終日乾乾]"고 한 것이다. 여기서 부베는 대진국에서 하느님이 선지자 아브라함(Abraham)

에게 아들 이삭(Isaac)을 태어나게 해서 이스라엘의 조상이 되게 한 것을 예로 들었다. 내의목 (2)에서는 구삼효를 후천세계가 시작되는 시기라고 보았다. 특별히 구세주 예수가 가장 위험한 시기에 스스로 사람으로 태어나서, "종일건건(終日乾乾)"하면서 세상을 구원하는 공을 실천하였기 때문에, 천하에 "허물이 없다[無咎]"라고 한 것이다.

구사효: 내의강에서 부베는 구세주 예수가 만민의 죄를 대신 갚기 위해 세상으로 나아가기로 뜻을 세웠다고 결론을 내렸다. 내의목 (1)에서는 후천의 네번째 천 년이 되었을 때, 선지자 아브라함이 오직 하나뿐인 참된 주님을 찾았으며, 모세 성인은 구세주의 강림을 기다리면서 『성경』을 기록했다고 서술했다. 구세주께서 세상에 오셨을 때 편하게 거처할 곳이 없어서 성과를 거두기가 어려웠으나 하늘에 계신 상주(上主)의 응답으로 세상 사람들과 가까워질 수 있었다. "혹약재연(或躍在淵)"은 예수가 행한 "종일건건(終日乾乾)"의 도(道)를 표현한 것이기 때문에 "허물이 없다[無咎]"라고 한 것이다. 내의목 (2)에서 성자 예수가 처했던 상황에서 출발하여, 예수가 사람으로 태어나기 위해 천국을 떠났지만, 모든 사람들이 예수의 고심(苦心)을 무시한 채로 여전히 악을 행하고 있다고 서술했다. 예수는 위로는 하늘에도 계시지 아니하며, 아래로는 밭에도 있지 아니 하며, 가운데 사람들 사이에도 있지 아니하니, 그 있을 곳을 찾지 못하였다. 그럼에도 불구하고, 예수는 여전히 만세에 만민의 죄악을 짊어지는 고통을 기꺼이 감수하였으므로, 그 덕택에 세상 사람들은 "허물이 없게 된 것[無咎]"이다.

구오효: 부베는 "내의강"에서 예수가 대진국에서 태어나서 세상을 구원하는 데 성공하지 못했던 시기도 있었으나, 그 때에도 선교를 계속해서 세상 사람들을 감화시켰다고 말했다. "내의목 (1)"에서는 건괘의 구오효를 다섯 번째 천 년에 상응하는 것으로 설명했다. 당시에 대진국은 구세주의 탄생지였고, 그 백성들은 창조주가 선택한 민족이었기에, 태뢰(太牢)·소뢰(少牢)의 제사를 지내서 구세주 예수의 강생을 희망했다.

부베는 중국 하남(河南) 개봉부(開封府) 청진사(淸眞寺)[186]에 청대(淸代) 강희제 2년(1663년)에 태자태보(太子太保)·병부상서(戶部尙書)·공부상서(工部尙書) 유창(劉昌, 생몰년 미상)이 지은『중건청진사기(重建淸眞寺記)』[187]의 비문(碑文)에 의거해서, 그것을『대진경교비』[188]라고 부르고, 개봉부 내의 경교(景敎)의 역사에 대해 서술했다. 건괘의 구오의 '비룡재천(飛龍在天)'은 구세주가 세상에서 성공하는 것을 미리 축하한 것이다. 만방의 현자들과 선지자들이 하늘의 상(象)을 관찰하면서 구세주의 도래를 기다려 왔으니, "이견대인(利見大人)"이라고 한 것이다. 부베는 내의목 (2)에서 건괘의 구오효를 구세주에 대응시켜 해석하고 있다.『성경』에서 예시(預示)한 바, 구세주 예수가 십자가에 매달려서, 안팎으로 힘쓰면서, 하늘의 상주(上主)와 지상(地上)의 인간들의 성품에 합치니, 마치 "하늘에서 날아다니는 용[飛龍在天]"이 세상에 내려와서 인간을 구하므로, 하늘 아래에서 "대인을 만나는 것이 이로운 것[利見大人]"과 같다.

상구효: 6천 년의 끝에 해당한다. 끊임없이 움직이는 천도(天道)의 강(剛)이 이 때에 이미 궁극에 이르렀다. 부베는 내의강에서 상구효의 항룡(亢龍)을 반신(叛神)의 괴수(魁首), 즉 마귀 사탄을 암시하는 존재라고 보았다. 후세의 자손들이 모두 사탄의 유혹을 받아 죄악으로 가득 차게 되었을 때, 구세주가 명을 받아 모든 고통을 감수하고, 자기의 생명을 버리면서 만민을 구원함으로써, 위로는 창조주의 분노를 가라앉혀서 건도(乾道)의 지나친 강경함을 멈추게 하고, 아래로는 만민의 죄과(罪過)를 뉘우치게 함으로써 사람의 마음을

---

186 742년 당(唐) 현종(玄宗) 천보(天寶) 원년에 건축되고 역대로 수리되었다. (역주)
187 『중건청진사기(重建淸眞寺記)』: 강희 2년(1663)에 개봉부(開封府)의 대유(大儒) 광록대부 공부상서 유창(劉昌, 生卒年不詳)이 청진사(淸眞寺)의 재건(再建)을 기념하는 비문을 지었는데, 이것을 강희비(康熙碑)라고도 한다. 여기에는 경교의 원류, 역사, 교의 및 사찰의 연혁이 기록되어 있다. (역주)
188 개봉(開封)의 유태사(猶太寺)에는 명청시대에 건립된 세 개의 석비가 있는데, 이것을 삼대비(三大碑)라고 한다. 첫째, 명나라 홍치 2년(1489)에 건립된『중건청진사기(重建淸眞寺記)』이며, 이것을 홍치비(弘治碑)라고 한다. 둘째, 명나라 정덕 7년(1512)에 건립된『존숭도경사기(尊崇道經寺記)』이며, 이것을 정덕비(正德碑)라고 한다. 셋째, 청나라 강희2년(1663)에 건립된『중건청진사기』이며, 이것을 강희비(康熙碑)라고 한다. (역주)

바르게 하려고 노력하였다. 내의목에서는 항룡의 사나운 악마가 만민으로 하여금 상주(上主)를 배반하도록 유혹하고, 구세주 예수를 죽여서 온 세상에 재난을 불러일으켰다는 것을 강조했다. "항룡"은 나아갈 줄만 알고, 물러설 줄은 모르며, 생존하는 것만 알지 사망에 대해서는 알지 못하며, 얻는 것만 알지, 잃는 것은 알지 못한다. 이와 정반대로 구세주는 나아가고 물러감, 그리고 생존과 사망에 대해서 모두 알고 있으며, 천주(天主)와 인성(人性)의 두 가지 성품을 모두 겸비하고 있어서, 창조주가 천하를 다스리는 것을 보좌할 수 있다. 구세주의 창조주에 대한 충심(衷心)은 만민으로 하여금 '뉘우침[有悔]'을 갖게 하고, 그 순수한 사랑[純仁]의 마음은 곤도(坤道)의 시작을 열었다.

『역경』 64괘는 모든 괘에 여섯 효(爻)가 있는데, 오직 건(乾)·곤(坤)의 두 괘에서만 두 개의 효(爻)를 추가하였다. 그 추가된 효를 건괘에서는 용구(用九)라고 부르고, 곤괘(坤卦)에서는 용육(用六)이라고 부른다. 이 두 개의 효로써 천지일월지도(天地日月之道)의 대수(大數)의 규율을 조정하며, 특히 역법(曆法)에서는 이것으로써 세차(歲差)를 조정한다. 천양(天陽)은 구(九)이고, 지음(地陰)은 육(六)이니, 대연지수(大衍之數)는 오십(五十)이며, 그 용(用)은 사십구(四十九)이다. 용(龍)은 잠(潛)·척(惕)·약(躍)·비(飛) 등의 단계를 거쳐서 항룡(亢龍)의 전투(戰鬪)에 이르고, 그 뒤에 건괘의 용구(用九)에서 "군룡무수(群龍無首)"의 상황을 맞이하게 된다. 내의강에서 반신의 악마가 하느님께 죄를 얻어, 인류의 조상 아담과 이브를 유혹하여, 두 사람이 함께 창조주를 배반하게 하여, 천하의 대란을 불러일으켰다고 서술하였다. 지상(地上)의 통치는 오직 성자 예수가 겸손으로써 오만(傲慢)을 정벌한 데 달려 있다. 지상의 통치를 위해서는 반신 군룡(群龍)의 괴수(魁首) 마귀 사탄(撒旦)을 제거할 뿐 아니라 사방의 인심(人心)에 감화를 미치고 우주를 통치하는 원칙을 새롭게 확립해야 한다. 내의목에서는 한 걸음 더 나아가 구부천신(九部天

神)[189] 중에 우두머리(아담과 이브를 지칭)가 하느님께 대항하여 죄를 지어 만민의 수령(首領)이 될 수 없기 때문에 "군룡무수(群龍無首)"라고 하였다고 주장하였다. 오직 구세주 예수만이 기꺼이 하느님의 명령에 순종하여 인간으로 태어나 건덕(乾德)을 성취하였고, 천하가 길(吉)함을 얻었다. 그리고 부베는 수를 써서 해석하였는데, 삼일(三一)은 유일한 창조주의 삼위일체를 표현하는 수이다. 3에 3을 곱하면 9가 되고, 9에 3을 곱하면 27이 되고, 27에 3을 곱하면 81이 되니, 모두 다 순강(純剛)의 숫자이다. 이러한 수(數)의 전개는 항룡의 사나운 악마가 과도하게 강경하여, 하느님께 대항하는 상을 가리킨다. 2에 3을 곱하면 6이 되니, 이것은 음양을 합하고, 곤지(坤地)의 용수(用數)를 쓴 것이다. 건(乾)의 숫자 9는 제6효에서 끝나니, 구(九)는 강(剛)의 숫자이며, 육(六)은 유(柔)의 숫자이다. 그러므로 용구(用九)는 천도(天道)를 반영할 뿐 아니라, 강생하여 사람으로 태어나 구세주가 된 상이 된다.

곤괘(坤卦)

곤괘(坤卦)의 괘사는 다음과 같다. "곤(坤)은 크게 형통하고, 빈마(牝馬)의 곧음에 이롭다. 군자가 가고자 하는 바가 있을 때, 앞에 나서면 미혹되며, 뒤에 있으면 주인을 얻을 것이다. 서남쪽에서는 친구를 얻어 이롭고, 동북쪽에서는 친구를 잃을 것이다. 안정(安貞)하면 길할 것이다.[元亨, 利牝馬之貞. 君子有攸往, 先迷後得主, 利西南得朋, 東北喪朋, 安貞吉.]" 부베의 내의강에 따르면, 인간의 조상 아담과 이브가 잘 길들여진 말[良馬]처럼 창조주의 명

---

[189] 구품천신(九品天神): 천사의 아홉 계급을 일컫는 천주교의 용어이며, '구품천사(九品天使)'라고도 한다. 5세기의 신학자 디오니시우스 아레오파기타(Dionysius Areopagita)는 네오플라토니즘의 도식(圖式)과 성서에 나오는 천사들의 이름을 이용하여 천사의 계보를 세 등급(等級)과 아홉 품계(品階)로 나눈 것이다. 즉 ① 세라핌(seraphim, 熾品), ② 케루빔(cherubim, 智品), ③ 좌품(ophanim, 座品), ④ 주품(domination, 主品), ⑤ 역품(virtus, 力品), ⑥ 능품(potestates, 能品), ⑦ 권품(principatus, 權品), ⑧ 대천사(大天使, archangelus), ⑨ 천사(天使, angelus)의 아홉 등급이다. 구품천사는 상중하의 품급으로 이루어지는데, 상급은 치품·지품·좌품이며, 중급은 권품·능품·역품이며, 하급은 주품·대천사·천사이다. 구부천신(九部天神)이라고도 한다. 구품천사론은 디오니시우스 아레오파기타(Dionysius Areopagita)의 학설이지, 교회의 공식적 교리는 아니다. 교부들의 천사관은 성서와 유다이즘과 이교도들의 관념까지 혼합된 것이지만 차츰 천사의 본성은 창조된 영체요, 자유와 지혜를 가지고 창조되었으므로 그중 일부는 타락하여 악마가 되고, 착한 천사는 하느님의 사자요, 인간의 수호자가 되었다고 하였다. (역주)

령을 계속해서 따랐더라면 타고난 선한 품성을 오랫동안 지킬 수 있었을 것이기 때문에 "갈 곳이 있다[有攸往]"라고 한 것이다. 다만 두 사람이 원죄를 저질렀기 때문에 후세의 자손들이 모두 길을 잃게 된 것이다. 그러나 구세주 예수가 인간 세상으로 와서 충(忠)·효(孝)·신(信)의 세 가지 도(道)를 새롭게 확립했기 때문에 마침내 길하고 이로움을 얻었다는 것이다. 부베는 내의목에서 더 상세하게 해석했다. 아담과 이브가 본래 부부(夫婦)가 되어 서로 한 마음으로 창조주에게 순응하니, 순양(純陽)의 성삼(聖三)의 명령에 속한 것이다. 다만 두 사람이 악마의 유혹을 받아 풀어놓은 사나운 말처럼 마구 날뛰고, 악마와 함께 올바른 가르침을 잃어버려, 엄청난 죄를 저지르게 된 것이다. 다행히 예수는 창조주 성삼(聖三)의 마음에 순응하였고, 인사(人事)의 공(攻)으로써 안정(安貞)의 길(吉)을 다시 새롭게 하였기 때문에 선천지도(先天之道)가 다시 새롭게 유행하게 되었다. 비괘(否卦)에는 원래 동북쪽에서는 친구를 잃는 상(象)이 있었으나 [64괘 방도(方圖)의 비괘(否卦)] 다행히도 후천세계에서 구세주가 태괘(泰卦)의 상(象)으로 다시 전환시켰기 때문에 서남쪽에서 친구를 얻게 된 것이다. [64괘 원도(圓圖)의 태괘(泰卦)]

그리고 부베는 곤괘의 「단사(彖辭)」와 「상사(象辭)」에 관해 내의강에서 예수가 대지(大地)처럼 넓고 후덕한 마음으로 후천 세계를 재건(再建)하여 백성들을 새롭게 하려는 큰 뜻을 품었으며, 곧은 마음으로 만방의 백성들에게 가르침을 펼쳤다고 설명하였다. 내의목에서는 주로 예수가 천도(天道)에 순종하고, 지도(地道)를 본받았음을 찬양했다. 그리고 충(忠)·효(孝)·신(信)의 세 가지 순순(順純)의 곤(坤)의 덕목(德目)을 갖추고, 곤원(坤元)의 후덕(厚德)한 성품을 순승(順承)하였음을 강조하였다. 이것은 빈마의 덕으로써 건원(乾元)의 생민(生民)의 의지에 순응하였으니, "그 덕이 합치됨에 경계가 없다[德合無疆]"라고 한 것과 같다. 또 부베는 서양의 선지자 모세와 동양의 성인 공자를 서로 비교했다. 모세와 공자는 모두 성스러운 가르침을 친히 전했다. 모세의 성문(聖門)에는 종도(宗徒) 12인과 제자 72인[189]이 있어 창조주의 명령에 순종하였고, 예수가 세상을 구원하는 공을 보좌했다. 공자(孔子)에게는 문인 10인과 제자 72인[191]이 있어, 천하에 도를 전하려고 노력하였다. 공자는 도가 행해지지 않음을 한탄하면서 도를 넓게 전할 사람을 기다렸다. 부베는 수백 년 뒤에는 구세주 예수가 강림할 것이라고 믿었다.

초육효: 부베는 내의강에서 세상 사람들이 예수를 죽인 원인을 인류의 조상 이브가 흑룡노음(黑龍老陰: 사탄의 화신인 뱀)의 유혹을 받은 것에 돌렸다. 이브는 아담으로 하여금 원죄를 범하게 하고, 만세의 자손들로 하여금 악행을 쌓게 하였다. 마치 겨울철의 단단한 얼음처럼 악행이 사람의 마음에 응결되어, 나라에 돌이킬 수 없는 재앙을 가져다주었다. 그러므로 "선하지 않은 행실을 쌓는 집에는 반드시 재앙이 있다[積不善之家, 必有餘殃]"라고 한 것이다.[192] 구세주 예수는 세상을 위해 선을 쌓았지만 "서리를 계속 밟다가 단단한 얼음에 이르게 되는 상황을 맞게 되었다[履堅冰霜]". 내의목에서는 곤괘의 초육효의 "이상견빙(履霜堅冰)"의 상태가 인류의 조상 아담과 이브의 원죄를 가리키는 것으로 보았다. 그들의 원죄로 말미암아 음(陰)의 싹이 자라나 쌓이고, 왕성해져서 모든 악이 단단한 얼음처럼 응결되는 위험에 처하게 되었으며, 그 재앙이 자손 대대로 미치게 되었다.

부베는 더 나아가 신하가 임금을 죽이고, 아들이 아버지를 죽이는 예를 들어 구세주가 세상사람들에 의해 죽임을 당하는 운명을 암시하였는데, 그

---

[190] 창세기 10장에 따르면, 노아의 후손들이 대홍수 이후에 세상에 퍼져 새 민족을 이루었는데, 모두 70인종이었다. 그리고 야훼가 모세를 산으로 부를 때 이스라엘의 장로 70명을 대동하라고 명령했다. (출애 24, 1: 민수11, 16-17, 24-25) 산헤드린(Sanhedrin) 최고회의는 70명으로 구성되어 있었다. 그러나 B.C. 300년경에 이스라엘 12지파에서 각각 6명씩, 총 72명의 유대인 번역자들이 알렉산드리아(Alexandria)에 모여서 성서를 희랍어로 번역하였는데, 70인역 그리스 성서에서는 창세기 10장의 새 인종을 72민족으로 서술하였고, 70인역을 번역한 장로들은 모두 72인이었다. 당시에 세계 안에는 72명의 왕자들과 72개의 언어가 있다고 여겨졌다. ("에녹3서』 17:8; 18:2-3; 30:2) 아리스테아스의 편지(the Letter of Aristeas)에 따르면 72명이 번역에 참여했음에도 불구하고 70인역의 번역과정에서 모세가 율법을 수여받을 때 대동한 이스라엘의 장로 70명의 숫자와 맞추려고 했기 때문에, 그리스 성서는 70인역 성서(LXX), 즉 셉투아진타(Septuaginta)로 불리게 되었다. (백민관(1992)) (역주)
[191] 『공자세가(孔子世家)』에 "공자는 시(詩)·서(書)·예(禮)·악(樂)을 가르쳤는데, 제자가 약 3천 명에 달하고, 육예(六藝)에 통달한 자가 72명이나 되었다"라고 함. (역주)
[192] (魏)王弼(1999), p.31.

근본적인 원인은 아담과 이브의 원죄에 있다고 보았다. 그럼에도 불구하고 예수는 온 세상이 차가운 얼음의 재앙을 견디도록 내버려 두지 않았다. 그는 음력 11월 동지(冬至), 즉 양력 12월 25일에 세상에 태어났다. 예수는 사악한 세상에서 서리를 밟는 것을 기꺼이 자원하고, 세상 사람들에게 복을 지어 주었으므로, "적선지가, 필유여경(積善之家, 必有餘慶)"이라고 한 것이다.[193] 또한 곤괘의 초육효는 건괘의 초구효에 상응한다. 후천 세계의 재조(再造)에 성공(成功)하는 전(前) 6천 년이며, 육위(六位)의 시(時)로 말하면, 제1위에 속한다. 후천세계에서 구세주가 탄생한 시간까지는 아직 멀었지만, 세상은 여전히 서리가 내리는 겨울의 상황에 있었다. 그러므로 온 세상 사람들이 도덕적이지 않고, 성인은 아직 나오지 않아서, 홍황(洪荒)의 혼돈 상태에 있었다. 그 상응하는 시기는 건괘에서는 동양과 서양에서 선지자들이 출생한 시기에 해당한다.

  육이효: 부베는 내의강(內意綱)에서 인류의 조상 아담과 이브가 하느님께 죄를 짓고 난 이후에 벌어진 상황에 대해 설명하였다. 이 때에 아담과 이브는 마치 부모를 한꺼번에 잃은 고아처럼 발을 디딜 곳이 없게 되었으며, 자손까지 연루되어, 사방으로 흩어져 유랑하게 되었다. 그러나 구세주 예수는 순종과 정직의 덕에 의지하여, 다시 한번 만민에게 돌아가서 머물 수 있는 곳을 갖게 해 주었으며, 세상을 영원히 평화롭게 만들어 주었다. 내의목에서는 땅의 모양을 방형(方形)이라고 보고, 이것은 우주에서 유일하게 곧고 바른 평화로운 땅에 대한 은유라고 보았다. 천지의 광대함을 짊어진 까닭에 "이롭지 않은 바가 없으며[無不利]", "덕은 외롭지 않다[德不孤]"라고 한 것이다. 예수는 이 땅에 보통 사람의 몸으로 태어났으니, 곤괘의 순덕(純德)의 상(象)에 완전하게 부합한다. 곤괘 육이효와 건괘 구이효는 서로 상응하니, 육위(六位)의 시(時) 가운데 제2위의 중심에 자리잡고 있다. 이 때는 구세주가 세상에

---

[193] (魏)王弼(1999), p.31.

오기를 기다렸던 선사(先師)[194]들이 출생한 시기이며, 대략적으로 노아의 대홍수[195]가 발생하기 2백 56년 전[196]에 해당된다.

육삼효: 내의강의 해석에서 구세주 예수는 위로는 상주(上主)에 유비(類比)되며, 아래로는 세상사람들에 유비되어, 그 덕(德)이 천지에 짝하였으므로 "함장(含章)"이라고 한 것이라고 하였다. 예수는 창조주의 명령에 순응하여, 지극히 겸손하고 순종하여, 마침내 온 세상 모든 사람들을 구원한다는 목적을 완수하였다. 내의목에서 부베는 예수가 위로 하느님과 아래로 인간의 두 성품을 모두 갖추고 있다는 것을 구체적으로 서술하였다. 즉 예수는 인간으로 태어나 음과 양의 두 성품을 갖추고 있고, 안으로는 훌륭하고 아름다운 재능을 갖추고 있지만, 밖으로 드러내지 않았을 뿐이다. 이것을 가리켜 지도(地道)·처도(妻道)·신도(臣道)의 도리라고 한 것이다. 예수는 본성에 순응하고 창조주께서 정해 놓은 시기를 기다려 행동하기 때문에 인간 세상에서 창조주를 대신해서 발언하는 존재이다. 곤괘 육삼효는 건괘 구삼효에 상응하며, 육위(六位)의 시(時) 가운데 제3위의 내(內)가 된다. 이 때는 선지자들이 위로 우러러 보면서 천상(天象)을 관찰하고, 구세주의 도래를 기다리는 때에 해당된다. 그러나 그 당시 세상에는 이단들이 온 세상에 넘쳐나고 있었으며, 중국에서는 요(堯) 임금 때 홍수가 나던 시기에 해당된다. 온 세상에서 구세주가 오기를 기다리고 있었던 것은 오직 아브라함의 가족뿐이었기에, 그 때를 "함장가정(含章可貞)", 즉 "아름다운 덕을 지니고도 드러내지 않고, 곧음을 지킨다"라고 표현한 것이다. 하느님의 성스러운 가르침은 이제 광명을 되찾아,

---

[194] 부베는 노아의 대홍수가 발생하기 256년 전에 선사(先師)가 출현했다고 주장했다. 부베는 선사(先師)로 주로 언급하는 인물은 에녹이다. 노아는 아담의 제10대이고, 에녹은 아담의 제7대이다. 에녹은 아담 이후 622년에 출생했고, 아담과는 동시대에 308년을 같이 살았다. 아담은 930세에 죽었고, 이 때는 에녹이 승천하기 57년전이다. (역주)

[195] 제임스 어서(James Ussher)는 마소라 사본(Masoretic Text)과 불가타(Vulgate) 성경에 의거해서 창조는 BC. 4004년에 발생했고, 노아의 대홍수는 BC. 2348년에 발생했다고 주장했다. 반면에 70인역(Septuagint: LXX)에 따르면 창조는 BC. 5622년에 발생했고, 노아의 홍수는 BC. 3366년에 발생했다. (역주)

[196] 256년이라는 숫자를 어떻게 얻었는지 알 수 없다. 불가타 성경에 따르면, 노아의 대홍수가 발생하기 256년전은 BC. 2092년이 되고, (2348-256=2092) 70인역(Septuagint)에 따르면 BC. 3110년이 된다. (3366-256=3110) 구약성서에 따르면, 노아의 대홍수는 노아가 600세 되던 해에 발생했다. (역주)

만민에게 전파되었기에, 마침내 구원의 시기에 도달했다고 여기고 있었다.

육사효: 내의강에서 부베는 다음과 같이 해석하였다. 예수는 자신의 피를 희생하여, 세상 만민의 죄를 속죄하기로 결심하였다. 그러나 하느님이 예정해 놓은 세상이 아직 오지 않았기 때문에, 일시적으로 숨어서 때를 기다렸다. 부베는 내의목에서 예수가 인간으로 탄생해서, 자기의 성혈(聖血)로써 만세 백성의 혈채(血債)를 갚았다고 상세하게 설명했다. 육사효는 상괘(上卦)의 첫 효이며, 후천 세계가 변화되어 성도(聖道)가 비로소 행해지는 것을 상징한다. 하늘에는 경성(景星)[197]이 나타났으니, 이것은 상서로운 징조를 명확하게 보여줌으로써, 구세주가 출생하는 시간과 장소를 미리 알려준 것이다. 외국의 세 명의 현왕(賢王)은 천상(天象)을 관찰하고, 예수에게 경배하기 위해 왔다. 비록 구세주의 도래와 함께 성혈의 몸이 세상에 이미 왔지만, 당시 대진국 사람들의 마음은 몽매하고 닫혀 있어, 구세주의 도래를 알지 못했을 뿐만 아니라 도리어 구세주에게 위해를 가하려고 모의했다. 그러나 아직 때가 오지 않았으므로 구세주는 오로지 하느님의 명령에 순종하였을 뿐이다. 곤괘 육사의 효사에 "잘못도 없지만 영예도 없다[無咎無譽]"라고 하였으니, 다만 근신하는 자세로 처세할 뿐이다. 곤괘 육사효는 건괘 구사효에 상응하며, 후천세계가 다시 이루어지고, 육위(六位)의 시(時)에서도 제4위의 내(內)에 해당된다. 아브라함은 구세주가 오시기를 꿋꿋하게 기다렸으며, 모세는 하느님의 명령을 받들고 따랐다. 인간 세상에서 거룩한 하느님의 성스러운 가르침을 선양(宣揚)함으로써 속죄하였으나, 모든 사람들로 하여금 거룩한 종교를 완전히 믿게 한 것은 아니기 때문에, 칭찬받을 만한 영예도 없다.

육오효: 부베는 내의강에서 아담과 이브가 창조주의 총애를 받은 것을 황상(黃裳)의 비유로 설명했다. 여기서 황상은 선천(先天)의 여러 덕으로 장

---

[197] 경성(景星): 태평성대에 나타난다고 하는 상서로운 별. 『사기』의 「천관서(天官書)」에 따르면, 경성은 모양이 일정치 않고, 경성이 출현하면 나라에 경사가 생긴다. 『신약』의 「마태복음」에 동방박사들이 상서로운 별이 출현한 것을 보고, 경배하기 위해 베들레헴을 방문했다고 함. (역주)

식된 아름다운 의상을 의미했다. 그러나 아담과 이브는 원죄를 저질러 하느님이 주신 그 의복을 완전히 파괴했을 뿐만 아니라 그 죄를 후세 자손들에게까지 연루되게 하였으니, 황상의 의복을 입지 않은 신체는 악마로부터 박해를 받게 되었다. 구세주 예수는 인간으로 태어나 천(天)·지(地)·인(人)의 여러 덕(德)을 지상에 전파시키고, 만민을 교화하였다. 이것은 만민에게 가장 아름다운 옷을 재단(裁斷)하여 입혀서 선천의 원기(元氣)를 회복시킨 것과 같다. 내의목에서는 창조주가 현황(玄黃)의 아름다움을 좋아하여, 땅을 황토(黃土)로 만들고, 황상의 의복을 갖추게 하였으니, 그 가운데 인(仁)·의(義)·예(禮)·지(智)·신(信)의 지순(至順)한 오덕(五德)과 더불어 겸손의 미덕(美德)이 갖추어져 있음을 설명했다. 그러나 아담과 이브는 자신의 비천한 지위를 잊고 황상의 덕성(德性)을 더럽혔다. 다행히도 창조주께서는 광야에서 옷이 없는 사람들을 불쌍히 여기시고 구세주에게 명령하여 모든 백성들을 위해 아름다운 옷을 봉제(縫制)하여 만들어 입히게 하였으니, "원길(元吉)"이라고 한 것이다. 이 괘에서 부베는 요(堯) 임금과 순(舜) 임금이 의상을 드리우고, 천하가 다스려졌다는 것을 예로 들어 설명하였다.[198] 이 효(爻)는 건괘의 구오효에서 육위(六位)의 시(時) 중에서 제5위의 중심 자리에 있다. 즉 모세 성인이 그의 백성들을 이끌고 광야에서 살아남게 하고 창조주께서 주신 아름다운 땅을 얻게 해 주었으니, 이 때 대진국은 유일하게 하느님의 도가 행해지는 나라[有道之邦]가 되었으며, 거룩한 종교(聖敎)는 원길(元吉)의 시대를 맞이하게 되었다.

상육효: 내의강의 해석에서 부베는 오만한 악마 흑룡(黑龍)이 인류의 조상 아담과 이브를 유인하여 원죄를 저지르게 하였다고 설명하였다. 즉 흑룡은 만민으로 하여금 창조주를 배반하게 하였으며, 구세주 예수를 죽였으니, 그 결과로 선악(善惡)과 음양(陰陽)의 두 세력이 서로 맞서 대적(對敵)하게 된

---

198 『주역·계사전하(繫辭傳下)』에서 "황제와 요순이 의상을 드리우고 앉아, 천하가 잘 다스려졌으니, 이는 건곤(乾坤)에서 취한 것이다.[黃帝堯舜垂衣裳而天下治, 蓋取諸乾坤]"라는 말이 나온다. (역주)

것이다. 천상과 지하의 두 마리의 용(龍)은 각각 원성(元聖)인 창조주와 원악(元惡)인 악마를 상징한다. 두 마리의 용이 서로 싸움을 벌여 상해를 입히고, 마침내 악마가 싸움에서 패배하여 지옥에 떨어지게 된다. 내의목에서는 곤괘의 상육효와 건괘의 상구효가 서로 상응한다고 설명했다. 따라서 건괘의 상구효의 "항룡유회(亢龍有悔)"와 곤괘(坤卦)의 상육효의 "용전우야, 기혈현황(龍戰於野, 其血玄黃)"은 모두 흉상(凶象)이 된다. 제6천 년의 제6위의 때에 인심(人心)은 죄악으로 가득차고, 악행을 쌓은 집에서 악마와 창조주가 서로 싸움을 벌이니, 아래에 있는 세력이 위로 대항하고, 음도(陰道)가 극성을 부리는 상황이다. 그리고 구세주가 인간사를 재건(再建)할 때, 세상의 넓은 들판에서 악마들과 싸움이 벌어진다. 두 마리의 용은 올라가거나 내려가며, 오만하거나 겸손하며, 굳세거나 유순하며, 사납거나 어질며, 순전히 선하거나 순전히 악하다. 두 마리의 용이 서로 싸움을 벌이면서, 모두 상해를 입게 되니, 몸에서 흘러나오는 "그 피가 검고 누렇다[其血玄黃]"라고 한 것이다. 그러나 존비의 지위가 정해지면, 귀천도 거기에 따라 나뉘게 되고, 구세주가 최종적으로 만민을 위해 속죄하고, 악룡(惡龍)을 패배시켜 지옥의 심연(深淵)에 떨어지게 한 것이다.

용육효(用六爻): 전체 곤괘(坤卦)에 대한 총괄적 설명이다. "이영정(利永貞)"은 항구적이고 불변적 사태에 적합한 효사이다. 이 효(爻)에는 내의강의 설명이 없고, 단지 내의목에 긍정적인 측면[正]과 부정적인 측면[反]의 두 측면에서 정고(貞固)함을 굳게 지키는 의미에 대한 설명만 있다. 부베의 설명에 따르면, 인류의 조상 아담과 이브는 음유(陰柔)의 성품을 지키지 않았기 때문에 창조주의 의로운 진노를 받는 소인(小人)이 되었으며, 후세 자손들을 원죄에 연루되게 하였으며, 곧고 바름[堅貞]에 이롭지 않았다. 반면에 구세주 예수는 마음에 겸손한 인간성을 품고 창조주의 명에 순종하였으며, 곤(坤)의 도를 따랐다. 비록 유약(柔弱)해 보이지만 성품은 매우 강경했다. 그러므로 비록 "작은 것에서 시작했지만[始於小者]", "큰 것으로 끝난 것이다[以大終

也].” 이렇게 하여, 건(乾)과 곤(坤)이 하나가 되고 그 덕(德)이 천지(天地)와 짝을 이루며, 선천(先天)의 원길(元吉)을 다시 회복하여 새롭게 하였으니, 이것이 만민에 대한 창조주의 사랑인 것이다. 최종적으로 부베는 곤괘 용육효의 "이영정(利永貞)"의 의미를 결론지었는데, 이러한 해석이 실제로 가리키는 대상은 구세주 예수이다. 천삼(天三)과 지이(地二)가 합하여 육혼(六渾)이 되고, 상주(上主)와 하인(下人)이 합쳐져 중화(中和)의 수(數)를 이루었다. 구세주 예수는 위로는 창조주에 통하고, 아래로는 인심(人心)을 교화시켜, 후천 세계의 만민으로 하여금 영정(永貞)의 덕을 갖게 하였다.

    Borgia·Cinese. 317(7), 『역고(易稿)』에서는 준(屯)·몽(蒙)·수(需)·송(訟)·사(師)·비(比)·소축(小畜)·리(履)·태(泰)·비(否) 등 10괘에 대해 해석하였다. 그리고 Borgia·Cinese. 317(9) 『대역원의내편』에서는 건(乾)·곤(坤)의 두 괘를 해석하였다. 따라서 두 종류의 필사본을 합치면 부베가 다루고 있는 괘는 모두 12괘가 된다. 부베는 각 괘에 대해서 먼저 괘사(卦辭)·단(彖)·상(象)을 먼저 해석하고, 다음으로 초효(初爻)에서 상효(上爻)에 이르기까지 효사를 해석하였다. 사괘(師卦)의 구이효를 제외하면 모두 이러한 순서로 해석하였다. 부베는 서양의 『성경』을 경학(經學)의 참고문헌으로 정식으로 채택하였으니, 이것은 "기독교적 방식으로 『역경』을 해석하는 방식[以耶解易]"을 채택한 것이다. 성부인 천주, 인류의 조상인 아담과 이브, 성자 예수 등 『성경』에 나오는 주요 인물들을 거의 모든 괘의 해석에 등장시켜서, 『역경』의 괘효의 괘상에 대응시키고 있다. 이에 따라 『역경』의 전(前)12괘의 괘효사에 대해서 의리역의 관점에서 합리적 해석을 시도하였다. 부베는 각 괘의 구체적 해석뿐 아니라, 괘효 사이의 관계에 대해서도 관심을 기울였으며, 특히 건(乾)·곤(坤)의 두 괘에 대해서는 가장 상세하게 해석하였다. 건괘에서는 성자의 상징적 의미를 중시해서, 성자를 건룡(乾龍)의 화신(化身)으로 설정해서, 성자가 드러나지 않았던 상태에서 시작해서 최후로 세상에 태어나 자신의 사명을 실현해 나가는 과정을 설명하였다. 곤괘에서는 인류의 조상의 원죄와 성자의 대공(大功)의 대응 관계에 더욱 관심을 기울였으며, 곤음(坤陰)의 정(正)·반(反)의 다원적 특성을 집중적으로 설명하였다. 곤괘에서 마귀의 음악(陰惡)과 음유(陰柔)의 정성(貞性)의 대립 등이 그 사례이다. 이러한 사례를 통해서 부베의 『역경』 해석의 초점이 어디에 놓여있는지를 알 수 있다. 다만 바티칸도서관에 소장된 부베의 역학저서에서 부베의 괘효에 대한 해석은 전십이괘에만 미치고 있으며, 『역경』 64괘에 대한 완정한 설명은 없다.

4. 『천학본의(天學本義)』의 개괄적 서술

Borgia·Cinese. 317(15) 『천학본의(天學本義)』(약 9,200자)[199]는 책이 완성된 이후에도 부베에 의해 여러 차례 개정되어 출판되었다. 이 텍스트는 『고금경천감(古今敬天鑒)』[200]·『고금경천감천학본의』[201]·『경천감인발명천학본의(敬天鑒引發明天學本義)』[202] 등 여러 가지 명칭으로 불려지고 있다. 그 밖에도 이 책에 대응되는 라틴어본으로 *Cœlestis Disciplinæ vera notitia* (『天學本義』)와 *De Cultu coelesti Sinarum Veterum et Modernorum*[203](『古今敬天鑒』)의 두 종류가 있다.[204]

---

[199] 『천학본의』는 부베가 한문으로 쓴 최초의 저서이다. 부베는 1698년에서 1707년 사이에 여러가지 종류의 『천학본의』를 펴냈다. 부베는 『천학본의』를 1702년에 강희제에게 진상하였으나, 강희제는 "난삽하고 모호하며 게다가 많은 오류가 있다[難澀, 模糊, 此有諸多錯誤]"고 혹평하여, 이 책을 돌려보냈다. (오순방 (2019), p.175) (역주)

[200] 『고금경천감』은 프랑스국가도서관에 소장되어 있으며, 모두 두 개의 사본이 있다. 모리스 쿠랑(Maurice Courant)의 편목(篇目) 도서번호는 Chinois 7161과 7162이다.
『고금경천감(古今敬天鑒)』은 『천학본의』를 1707년에 수정하고 확대한 것이다. (역주)

[201] Bouvet, 『古今敬天鑒天學本義』, BAV, Borgia·Cinese, 316(14).

[202] Bouvet, 『敬天鑒引-發明天學本義』, BAV, Borgia·Cinese, 357(9)d.

[203] 『천학본의』의 라틴어본 필사본은 바티칸도서관(BAV) 소장본과 프랑스국립도서관(BnF) 소장본의 두 종류가 있다. 전자는 "*Cœlestis Disciplinæ vera notitia* (天學本義)"(BAV, Borgia Cinese, 317(15))이며, 후자는 "*De cultu coelesti Sinarum veterum et modernorum* (古今敬天鑒)"(BnF Ms. n. a. lat. 155)이다. (Collani(1985), p. 54; 柯蘭霓(2009), p. 57) 콜라니는 2023년에 라틴어본 텍스트를 저본(底本)으로 삼아 『천학본의』를 독일어로 번역하고, 주해를 덧붙여 출판하였다. (Collani(2023)) (역주)

[204] 『천학본의』가 라틴어로 번역된 것은 강희제의 명령에 의한 것이다. 강희제는 『천학본의』를 라틴어로 번역하도록 했다. 강희황제의 어지(御旨)를 받아 번역 작업을 수행한 것은 프레마르와 에르비외였

클라우디아 폰 콜라니는 『천학본의』의 최초의 판본이 1699년 이전에 형성되었을 가능성을 언급했다.[205] 부베는 고비앵(Charles le Gobien, 1653-1708) 신부에게 보낸 편지에서 중국의 고대 경전에서 언급된 천(天)에 관한 관점을 주로 표현하고 있다.[206] 바티칸도서관 소장본 『천학본의』에는 1703년에 예부상서(禮部尙書) 한담(韓菼, 1637-1704)이 쓴 「서(序)」와 부베의 「자서(自序)」가 있어, 이 판본이 처음에 한림원(翰林院)의 인가를 받아 출판된 한문 저서라는 것을 말해준다. 이 글은 크게 상권(上卷)과 하권(下卷)의 두 권으로 나누어져 있다. 상권에서는 경서(經書)에 나오는 천학(天學)의 강령(綱領)을 뽑아서 수집하고, 여기에 모두 18개의 표제(標題)를 붙였다. 이 18개의 명제들은 모두 천(天)의 개념을 중심으로 전개되며, 그 내용은 하느님의 말씀을 찬양한 것이다, 주로 중국적 맥락에서 천(天)의 지위·권력·작용 및 천인 관계를 해석하였는데, 그 표제는 아래와 같다.

① 제(帝)는 상제(上帝)이니, 천(天)의 주재(主宰)이다. [帝, 帝者, 天之主宰.]
② 천(天)에는 주재(主宰)가 있으니, 지극히 존엄하여 대적할 자가 없다. [天有主宰, 至尊無對.]
③ 상천(上天)은 전능(全能)하니 천지인물의 근본이 된다, [上天全能, 爲天地人物之本.]
④ 상천은 지극히 크고, 지극히 밝으며, 모르는 것이 없으며, 어느 곳에도

다. (Standaert(2001), p.670) 두 사람이 번역한 『고금경천감(古今敬天鑒)』의 라틴어 표제는 "De Cultu-coelesti Sinarum Veterum et Modernorum"(고금에 걸친 중국인의 하늘에 대한 경배)이다. (역주)

205　1699년 이전에 부베는 중국어로 『천학본의(天學本義)』라 하고, 라틴어로 *Observata de vocibus Sinicis Tien et Chang-ti*, 즉, "중국인의 천(天)과 상제(上帝)라는 두 단어에 대한 관찰"이라는 책을 저술하였다. 이 책은 1700년 11월 8일에 프랑스 파리의 예수회 신부 고비앵(Charles le Gobien, 1624-1709) 신부에게 쓴 서신 중에 언급한 책으로 강희황제에게 상정(上呈)된 소책자(petit ouvrage)로 추정된다. 이 책의 내용은 주로 부베가 사서오경 중의 문장과 고대 성인의 말씀 및 선교할 때 수집했던 민간속담을 선별하여 초록한 것이다. 이 책의 저술목적은 중국인과 예수회 상급자들에게 천과 상제라는 두 호칭이 모두 하느님을 지칭한다는 사실을 증명하기 위한 것이었다. (오순방(2019), p.175) (역주)

206　柯蘭霓(2009), p.57.

계시지 않은 곳이 없다. [上天極大, 極明, 無所不知, 無所不在.]

⑤ 상천은 형체가 없고, 보고 듣고 길함을 듣는 신으로서 어느 곳에도 계시지 않는 곳이 없다. [上天無形, 其視聽聞吉之神, 無所不在.]

⑥ 상천은 군(君)·부(父)·사(師)가 되니, 명령의 권한을 장악하고 있다. [上天爲君, 父, 師, 掌握命令之權.]

⑦ 세상의 군(君)·부(父)·사(師)의 권력은 상천의 명령에 말미암는다. [世上君、父、師之權, 由上天之命.]

⑧ 상천을 경외(敬畏)하고, 수신(修身)하여 사람을 속이지 말며, 착한 자를 칭찬하고, 악한 자를 제거하는 것은 옳다. 착하지 못한 자는 천도를 거스르는 것이며, 천리를 멸하는 것이다. [敬畏上天, 修身勿欺人, 嘉善除惡, 宜也, 否則悖天道, 滅天理.]

⑨ 상천의 밝음을 공경하고, 언제나 모든 일에 하느님을 향하여 다른 마음을 내지 않는다. 사람들의 죄를 대신하니, 하늘을 감동시키는 자는 오로지 성인이 있을 뿐이니, 덕과 지혜를 갖춘 능력있는 사람이다. [欽敬上天之明, 時時事事, 向一無二, 身代衆罪, 動天惟聖, 德知之能人.]

⑩ 군민(君民)이 모두 상천을 공경하여 섬기고, 오로지 성덕(聖德)으로 교사(郊祀)에 섶을 태우면서 천제(天祭)를 지냄에 희생과 곡주(穀酒)를 사용하며, 음악과 함께 제사를 지낸다. [君民皆當敬事上天, 惟聖德郊祀燔柴, 用犧牲穀酒, 樂以祭之.]

⑪ 상천은 본래 사람들을 사랑하시고, 미워하지 않으며, 착한 사람을 불쌍히 여기시고, 악한 사람을 미워하고 싫어하신다. [上天本愛人, 不惡人, 而有喜矜人善, 怒厭人惡之情.]

⑫ 상천은 사람을 불쌍히 여기시며, 죄를 회개하고 마음을 깨끗이 하여, 재계하고 목욕하여, 하늘을 향해 슬프게 부르짖는 자를 용서하신다. [上天憐人, 容改認罪洗心, 齋戒沐浴, 哀號呼天.]

⑬ 상천은 모든 행복과 은혜를 베푸시는 주님이시니, 그에게 기도해야 한다. [上天爲百祿萬恩之主禱求宜也.]
⑭ 상천은 악한 자에게 재앙을 내리고, 경고를 주니, 두려워하지 않을 수 없다. [上天降災警惡, 不可不畏.]
⑮ 생사와 빈부와 성패는 모두 상천에 달려 있다. [生死貧富成敗皆在上天.]
⑯ 사람의 선(善)은 하늘의 도움에 말미암으며, 악은 스스로 저지르는 것이다. 상천은 상서로움과 재앙을 내리는 원인이다. [人善由天佑, 惡有自爲, 上天降祥降殃因之.]
⑰ 상천은 사람의 마음의 선악을 알아서, 상벌(賞罰)을 내림에 지극히 공정하고 사사로움이 없다. [上天知人心善惡, 賞罰至公無私.]
⑱ 착하게 살고, 천명에 순응하며, 성스러운 덕을 갖춘 사람은 죽은 후에 하늘에 올라가서 영원한 복을 끝없이 받을 것이다. [善生順天命聖德者, 終後升天永遠順福無疆.]

그는 『역경』·『시경』·『상서』·『맹자』·『중용』 등의 중국 고전에서 취한 문장을 천주교 사상과 대조함으로써 상고(上古) 시대의 경천(敬天) 신앙과 천학(天學)의 본래 뜻을 밝히려고 시도했다. 이것은 중국과 서양의 종교가 동일한 근원으로부터 나온 것이라는 것을 증명함으로써, 중국고전에 나오는 상천(上天)이 곧 천주교의 천주(天主)와 같은 것이라는 것을 강조하기 위한 것이었다. 즉 "경문에서 말한 상천의 의미를 명확히 아는 것이 조물주의 신묘한 모습을 보는 것과 같다.[卽明知經文論上天之旨而如見造物主神容之妙也]"(『天學本義』)[207] 하권에서는 경서(經書)와 천학의 주제에 부합하는 중국의 속어(俗語)를 선별하고 수집하여, 거기에 나오는 중국의 속어가 사서오경 이외의 책

---

207 Bouvet, 『天學本義』, BAV, Borgia·Cinese, 317-150, p. 3.

들과 민간전승의 텍스트에서 나왔다는 것을 논증하였다. 그 중에 포함된 경문(經文)·토속(土俗)·민속(民俗)·인부(印符) 등 41개 표제로 정리하면 아래와 같다.(표6)[208]

1.칭호상천 (稱呼上天)	2.천유주재 (天有主宰)	3.천무이존 (天無二尊)	4.상천생만물 (上天生萬物)
5.상천생인 (上天生人)	6.상천위민입군 (上天爲民立君)	7.인인개경상천 (人人皆敬上天)	8.인인개당복사상천 (人人皆當服事上天)
9.상천명인애인 (上天命人愛人) 지유저개본유 (只有這个本有)	10.상천무소부재 (上天無所不在)	11.상천무소부지 (上天無所不知)	12.상천지공 (上天至公)
13.상천무목이시 (上天無目而視)	14.상천무이이소극총 (上天無耳而所極聰)	15.상천소간최진 (上天所看最眞) 호리무차 (毫釐無差)	16.만부득상천 (瞞不得上天) 지명하능공지 (至明何能哄之)
17.상천유상 (上天有賞) 동자장상벌선악지권 (同自掌賞罰善惡之權)	18.상천본애인 (上天本愛人)	19.상천염인악 (上天厭人惡) 인불선, 기재엄기악 (人不善, 其宰嚴其惡)	20.상천오오 (上天惡傲)
21.상천양인 (上天養人)	22.사상천지은 (謝上天之恩)	23.인막능보상천 (人莫能報上天)	24.인약귀우상천 (人若歸于上天) 범개유기명 (凡苦皆由其命)
25.우약당순상천지명 (遇若當順上天之命)	26.앙천안위인심 (仰天安慰人心) 자련지본불부고인지망 (玆憐之本不負苦人之望)	27.앙천경척인심, 불용인악, 불가불외 (仰天警惕人心, 不容人惡, 不可不畏)	28.앙천명백기심, 인무과실, 하이외지 (仰天明白己心, 人無過失, 何以畏之)
29.황기상천수련 (皇祈上天垂憐)	30.빈부재상천 (貧富在上天)	31.상천지명난측 (上天之命難測) 기의심오난지 (其意深奧難知)	32.상천지명불차 (上天之命不差) 기산무궁 (其算無窮)
33.성패재상천 (成敗在上天) 비주재지우, 사사불성 (非主宰之佑, 事事不成)	34.생사재상천 (生死在上天) 인지생사, 구속주재지명 (人之生死, 俱屬主宰之命)	35.기고우상천, (祈告于上天) 진재자내중인지뢰, 사사고지 (眞宰者乃衆人之賴, 事事告之)	36.구우우상천 (求雨于上天)

---

208 BnF. Chinois 7161, 『古今敬天鑒』.

37.구량우상천 (求糧于上天)	38.경천패위 (敬天牌位)	39.경천지례 (敬天之禮) 경주예의 (敬主禮儀)	40.구복우상천 (求福于上天) 진재복선지소, 불외우천 (眞宰福善之所, 不外于天)
41. 구수우상천 (求壽于上天) 진재내장생지근, 구지가수무강(眞宰乃長生之根, 求之可壽無疆)			

〈표6〉『천학본의(天學本義)』하권(下卷) 41개 표제

『천학본의』의 하편에서는 41개 명제를 사용하여 천주교의 교리와 대조하였다. 그런데 그 목적은 옛날이든 지금이든, 혹은 고상한 사람이든 세속적 사람이든지를 가릴 것 없이 하느님의 가르침이 모두 그 안에 있음을 증명하는 데 있었다. 『천학본의』에서 부베가 『역경』을 중시하고 인용한 것을 발견하는 것은 어렵지 않다. 부베는 『천학본의』의 자서(自序)에서 "대역(大易)의 전통을 잃고 나서, 천학(天學)의 생명이 사라져 버렸다[大易失傳, 天學盡熄]"[209]라고 말하였다. 이것은 『역경』을 천학의 근원적 의미를 담고 있는 천학의 근본으로 간주하였음을 의미한다. 본문에서는 『역경』의 원문을 여러 차례 인용하여 천주교의 교리와 비교함으로써 천학의 원지(原旨)를 회복하고자 하였으며, 본문이 끝난 뒤에서도 부베는 천학의 본의(本義)가 "경문의 모든 편의 모든 문구와 속어(俗語) 가운데 들어있다[存于篇篇經文, 句句俗語中]"[210]라는 것을 다시 한번 강조했다. 그리고 부베는 천학의 근본적 본래의 의미를 밝히기 위해서는 토속적 문어(文語) 뿐 아니라, 상고(上古) 시대 경전의 경문의 의미를 이해해야 하며, 후천의 학문을 통해서 선천의 학문을 회복할 수 있다고 주장하였다.

이상에서 언급한 부베의 역학 저서를 보면, 부베의 연구는 그 내용이 상

209　Bouvet, 『易鑰』, BAV, Borgia·Cinese, 317(15), p.2.
210　Bouvet, 『天學本義』, BAV, Borgia·Cinese, 317(15), p.14.

당히 풍부하다. 부베의 역학에서 다루고 있는 내용은 역학의 여러 분야에 걸쳐 있으며, 역학의 근원에 대한 탐구, 삼역(三易)에 대한 이해, 전(前)12괘[211]에 대한 구체적인 해석 및 역학의 주지(主旨)에 대한 탐구 등을 다루고 있다. 역학의 방법론적 측면에서 보면 부베 역학은 의리 뿐 아니라 상수적 요소도 포함하고 있으며, 언(言)·의(意)·상(象) 등 『역경』의 각 방면에 모두 관심을 기울이고 있다. 텍스트 해석에의 측면에서 보면, 부베는 서양의 『성경』을 가장 중요한 참고문헌으로 삼았으며, 거기에 중국 고대의 다른 전적을 함께 참조하였다. 이렇게 해서 『역경』은 중국과 서양의 고전을 상호 검증하기 위한 플랫폼이 되어, 부베 특유의 역학적 특색을 드러내고 있다.

---

[211] 전(前)12괘: 건(乾)·곤(坤)·준(屯)·몽(蒙)·수(需)·송(訟)·사(師)·비(比)·소축(小畜)·리(履)·태(泰)·비(否)의 12괘를 가리킨다. 『대역원의내편』에 건(乾), 곤(坤)괘에 대한 주(注)가 있으며, 『역고(易稿)』에 나머지 10괘에 대한 주(注)가 있다. 여자붕은 부베의 전(前)12괘에 대한 주(注)를 모아 주해(註解)와 함께 『청초야소회사백진역경잔고선주(淸初耶穌會士白晉易經殘稿選注)』(黎子鵬(2020))를 펴낸 바 있다. (역주)

제 3 장
부베의 역학사상 방법

    경학은 문헌학을 기초로 하지만, 문헌학 그 자체에 그치는 것은 아니다. 경전 텍스트는 일단 생성되면, 그 존재 가치와 의의는 언어 부호에 의해 번역되고 해석되며, 후대의 끊임없는 해석을 통해 비로소 자신의 생명을 얻게 된다. 서로 다른 역사적 상황에서 형성되는 고전 텍스트에 대한 개별적 해석은 해석 공간의 개방성에 기초해야 한다. 경전 해석의 관점에서 볼 때, 고대 역학의 연구는 대부분 "이전해경(以傳解經)"의 주석을 통해서 행해졌고, 훈고(訓詁)·상수(象數)·의리(義理) 등의 형식으로 발전하였다. 성인의 실천 규칙을 이해함으로써 "성인의 심오한 근원에 다다르고, 성인의 행적을 아는 것[達聖人之淵奧, 知聖人之行事]"[1]은 역학 해석의 목적이었다. 중국인들은 전통문화에서 대해서는 강렬한 동질감을 오랫동안 형성해 온 반면에, 외래문화에 대해서는 거부감을 자연스럽게 드러냈다. 이것은 외래문화를 전파하려는 선교사들의 선교 혹은 문화교류를 어렵게 만드는 원인이었다. 외국 선교사들의 중국 선교를 가로막았던 원인을 분석하면 다음과 같다.

    첫째, 중국의 오랜 역사는 모든 중국인을 자랑스럽게 만들기에 충분하였

---

1   張汝金(2007), p.87.

다. 비르질 피노(Virgile Pinot, 1883-1936)가 말했듯이, 중국인들은 스스로 "중국은 유구(悠久)한 역사를 갖고 있는 특별한 나라"²라고 여겨왔다. 중국인들의 자기 만족적 정서는 바로 이로부터 생겨났다. 예수회의 샤바냑 신부는 다음과 같이 말했다. "중국인들이 다른 민족을 무시하는 것은 가장 큰 장애물 가운데 하나입니다. 심지어 하층민들 사이에서도 이런 정서가 있습니다. 그들은 그들 자신의 국가·도덕·풍속·관습 및 그들의 학설과 신조에 매우 집착합니다. 그들은 중국만이 오직 사람들의 관심을 받을 자격이 있다고 믿습니다."³ 그리고 샤바냑 신부는 중국인들은 특히 종교적 신념·사상·문화와 관련하여 본토 출신 성인들만을 믿는다고 말했다. "만약에 중국 밖에도 어떤 좋은 것이 정말로 있고, 진실된 것이 정말로 있다면, 우리 성자들이 그것을 알지 못했을 리가 있겠습니까?"⁴ 이러한 중국인들의 자존적 감정은 강희제에게 올린 주절(奏折)에서도 다음과 같이 표현되었다.

> 중국인들은 중국의 경전이 당신들의 서양 경전과 같으며, 또 서양보다 일찍 이루어졌으므로, 당신들 것보다 수준이 높다고 말합니다. 그러니 당신들이 우리에게 가르침을 받아야지, 우리에게 [당신들의] 종교의 교리를 선교할 것은 못됩니다. [경전의 해석은] 중국 경전을 해석한 것에 모두 따라야 하고, 중국인들이 제왕(帝王)과 이기(理氣)에 대해 논한 것에 따라야 합니다. 예컨대 황제의 초상화를 그리면서 절대 어린아이의 누런 똥을 [물감으로] 쓰려고는 하지 않을 것입니다. (다시 말해) 아무리 좋은 노란색의 똥이라고 해도 절대 쓰지 않을 것입니다. 지금 말하는 이 책은 사람의 배설물, 당나귀이나 말의 배설물에 불과하니, 어찌 천주

---

2 維吉爾 畢諾(2000), p. 214.
3 "1703년 2월 10일에 샤바냑 신부가 고비앵 신부에게 보낸 편지". 杜赫德(2001), p. 242.
4 杜赫德(2001), p. 242.

(天主)를 비유하는 데 쓰겠습니까?(『강희조서(康熙詔書)』, 바티칸도서관)[5]

둘째, 선교사들에게 선교는 고통스러울 수밖에 없는 과정이었다. 선교를 위해서 언어 학습은 필수적이었고, 피할 방법이 없었다. 로버트 커밍스 네빌(Robert Cummings Neville)이 말했듯이, 선교사들은 "그들의 언어에 능숙해질 수 있기 위해 스스로 이러한 서로 다른 경험과 조건에서 훈련을 참아내야 한다."[6] 하지만 그들에게 중국어는 쉬운 일이 결코 아니었다. 마테오 리치도 중국학의 어려움을 한탄하며 "외국인에게 중국어만큼 배우기 어려운 언어는 없다"고 하였다.[7]

이러한 상황은 샤바냐 신부가 샤를 고비앵(Charles le Gobien, 郭弼恩, 1653-1708) 신부에게 보낸 편지에서도 언급되어 있다.

"나는 당신께 확실하게 말할 수 있습니다. 만약 하느님을 위한 것이 아니었다면 우리는 결코 이 나라의 언어를 고통스럽게 배워야한다고 스스로에게 요구하지 않았을 것입니다."[8]

그러나 부베는 중국어에 천부적 재능이 있었으며, 만주어와 중국어를 능숙하게 구사했으며, 중국어 고전도 읽을 수 있었다. 강희제의 평가에 따르면, 중국에 온 서양 선교사 중에서 "오직 부베 한 사람만이 중국 책을 읽고, 그 뜻을 조금 이해하는 사람이었다."[9] 부베는 서양 선교사들이 과거 중국에서 축적한 경험과 교훈을 거울삼아, 강한 사명감을 가지고 선교의 길을 힘겹게

---

5 『康熙詔書』, BAV, Borgia·Cinese, 439-C(c).
6 南樂山(1997), p. 27; Neville(1991). (역주)
7 Ricci(1953), p. 28.
8 杜赫德(2001), p. 242.
9 羅光(1961), p. 173.

나아갔다. 그는 색은파 사상의 해석 근거를 『역경』에서 찾았을 뿐 아니라 『역경』 연구를 통하여 색은주의라는 독특한 역학 해석방법론을 개발하였다.

중국의 예의문제(禮儀問題)와 기독교의 선교 이념이 충돌하는 상황에 처하여, 부베가 찾았던 해결책은 서방 기독교 경전인 『성경』으로 중국 유교의 경전인 『역경』을 해석하는 것이었다. 그것은 텍스트 해석을 통해서 동서문화 중에서 권위 있는 담론(談論)을 한번 전환시키려는 시도였으며, 중국의 언어 문자속에서 천주의 원래 계시와 메시아와 구세주의 형상을 찾기 위한 노력이었다.

이것은 『구약』의 상징파인 형상학파(形象學派), 즉 색은파의 연장이라고 할 수 있으며, 『역경』의 연구를 통해 잘 알려진 색은주의를 탄생시켰다.[10] 예를 들어 콜라니(Collani)는 부베에 대한 전문적 사례 연구에서 "색은파는 부베의 필생의 사업이 되었다"라고 하였다.[11] 부베는 서구의 전통적인 신학 방법을 사용하여 『역경』을 『성경』에 숨겨진 의미를 찾는 매개체로 삼으려고 하였으며, 이를 통해 중국 문화에서 여전히 천주(天主)의 빛을 볼 수 있도록 했다. 존 위텍은 색은주의를 부베, 푸케, 장 알렉시스 골레, 프레마르 등 네 명의 예수회 선교사들이 중국 경전에서 구약성서의 인물을 발견하려고 하였던 시도로 정의했다.[12]

먼젤로에 따르면, 색은파의 구성원들 가운데 최소한 두 명의 매우 창의적인 사상가가 있었다. "그들은 부베와 프레마르이다."[13] 그리고 "부베의 관심의 초점은 『역경』에 있었다."[14] 이렇게 해서 『역경』은 부베의 색은파 사상

---

10 중국 색은학파의 전체적 상황에 대해서는 다음의 책을 참조할 것. Collani(1981), pp. 81-108. 그 밖에 데에르뉴는 부베의 색은파를 "중국 고유의 전통과 성경을 조화시키는 자[卽中國的固有傳統和聖經協調起來者]"라고 정의했다. (榮振華(2010), p.80 참고) 황보라는 부베의 사상을 "한어색은신학(漢語索隱神學)"이라고 불렀다. (黃保羅(2011) 참고)
11 柯蘭霓(2009), p.30.
12 魏若望(2006), p.135 참고. 색은주의에 관한 연구는 Rule(1986), pp. 9-13, pp. 16-21, pp. 23-24, pp. 29-31 참고.
13 孟德衛(2010), p.343.
14 孟德衛(2010), p.346.

과 연계되었다. 크누드 룬드백은 부베를 중국 색은학파의 창시자로 간주하였다.[15]

리차드 스미스도 역시 부베를 중국 색은파의 창시자이며, 지도자로 평가하였다.[16]

이로써 미루어 보면, 색은주의는 부베와 그 제자들이 역학을 연구하기 위한 수단이었다. 부베는 『역경』을 여러 경전의 주요 주제로 삼았을 뿐 아니라 『역경』 연구의 목표를 성인의 뜻을 이해하는 데에 두었으며, 색은파 사상과 『역경』을 연계시켰다. 그는 『역경』을 주(主)로 삼고, 『성경』을 객(客)으로 삼아 기독교와 유교 사상이 만나서 소통하는 해석공간을 마련했다. 특히 부베는 『역고(易稿)』와 『대역원의내편』에서 내의강과 내의목으로 나누고, 『역경』의 건괘(乾卦)에서 비괘(否卦)에 이르기까지 12괘의 괘효사에 대해서 『성경』 속의 고사(故事)를 인용해서 축자적으로 해석했다. 부베의 해석은 그 내용이 상세할 뿐 아니라, 그 사상이 체계적이다. 그는 『역경』과 『성경』이라는 두 종류의 서로 다른 경전 텍스트를 연계시켜서 그 전체적 체계를 파악하였으며, 경전의 핵심요지와 세목을 정합적 체계로 구성함으로써 전체가 상호 소통되도록 하였다. 이렇게 해서 『역경』은 부베에게 색은파의 사상 자료를 제공했을 뿐만 아니라 그의 사상의 전체적 틀을 구성하기 위한 효과적인 연구 발상과 방법을 제공했다.

---

15 龍伯格(2009), p.146.
16 Smith(2001), p.30.

제1절
같은 근원을 향해 거슬러 올라가다: 『역경』과 『성경』의 만남

부베는 오랜 시간 동안 각고의 노력을 통해 중국문화에서 『역경』이 지니는 지위에 대해 깨닫게 되었을 뿐 아니라, 기독교적 관점에서 『역경』에 접근할 수 있는 통로를 확보했다.

첫째, 중국의 전통에서 『역경』은 "모든 경전의 우두머리[群經之首]"이며, "오경의 우두머리[五經之首]"로 공인되고 있다. 『역경』은 "보훈성학(寶訓聖學)"[17]으로서 모든 경전과 전적(典籍)의 도(道)를 담고 있다. 또 『역경』은 "천문(天文)·율려(律呂)·격물(格物)의 수(數)와 수신(修身)·제가(齊家)·치국(治國) 등 세상 학문의 이치를 모두 포괄하며[所兼包數天文律呂格物, 修身齊家治國等世學之理]",[18] "천지와 귀신의 심오한 이치[天地鬼神之奧]"[19]를 담고 있다.

둘째, 『역경』은 보편성을 지니고 있어서 관청과 민간, 문인(文人)·백정(白丁)을 가리지 않고 폭넓게 적용될 수 있다. 뿐만 아니라, 『역경』의 오랜 역사와 신비는 그 문장을 읽는 독자에게 흥취를 불러일으킨다.

셋째, 『역경』 텍스트의 내용과 사고방식은 우리의 자발적 사유와 자유로운 상상력을 자극하기 때문에 창조적 해석에 적합하다. 부베는 자신의 지식과 연구 관심을 결합하여 『성경』 이야기를 통해 『역경』을 해석하려고 시도했다. 그리고 자신의 『역경』 해석이 텍스트의 본래적 성격을 자연스럽게 구현한 것이지, 자기가 임의로 조작한 것이 아니라고 믿었다.

17　Bouvet, 『易鑰』, BAV, Borgia·Cinese, 317(2), p.1.
18　Bouvet, 『易鑰』, BAV, Borgia·Cinese, 317(2), p.1.
19　Foucquet, 『易經諸家詳說』, BAV, Borgia·Cinese, 361(3), p.15.

이로써 부베는 기독교의 종교적 교리를 『역경』의 사상 내용에 포함시키 겠다는 결심을 더욱 굳히게 되었다. 그는 기독교와 『역경』의 역사적 원천을 추적해서, 종교 기원의 시초로 거슬러 올라가서, 중국역사를 『성경』의 체계 와 합치시킴으로써 천학(天學)과 심학(心學)의 본원을 찾으려고 시도하였다. 부베의 관점에서 볼 때, 기독교와 『역경』은 모두 고대로부터 전승되어 내려 온 성스러운 학문의 원리이며, 성학(聖學)의 진리를 함축하고 있다. 기독교의 『성경』과 유교의 『역경』은 비록 지역적으로는 동양과 서양으로 나뉠지라도 결국 하나의 이치로 합치된다. (부베의 이해에 따르면) 『역경』은 공자가 죽은 후로 2천년이 넘도록 세상에 알려지지 않았으나, 서양에서 천주(天主)의 『성 경』은 천학과 심학의 이치를 포함하고 있으며, 옛날부터 전해진 진리를 전하 고 있다. 『성경』의 대의(大義)는 진실로 역학의 대지가 되었다. (따라서 부베는 다음과 같이 선언하였다.) "만약에 천주의 『성경』에 담긴 선천과 후천의 큰 의 미로써 『역경』의 큰 의미를 다행스럽게도 대략적으로라도 파악할 수 있다면, 고학(古學)의 본래 의미를 알 수 있을 것이다."[20] 이러한 이해를 바탕으로 부 베는 천주의 『성경』의 참된 의미와 『역경』이 논하는 정미(精微)한 원리를 서 로 연계시켜, 천학의 본래의 의미에 통달할 수 있도록 하였다.

먼저 부베는 『역경』의 건괘(乾卦) 「단전」에서 "때로 여섯 용을 타고서 하 늘을 몰고 다닌다[時乘六龍以御天]"고 한 것과 "여섯 위치가 때에 따라 이루 어진다[六位時成]" 등의 구절을 『성경』을 연계시켜 선천의 조물주가 세계를 창조한 것과 후천의 구세주가 강생하여 사람으로 태어나기까지의 시간을 추 산하였다. 당시 유럽 학계에서는 오로지 『구약』 성서만이 인류 최초의 역사 에 대한 신뢰할 수 있는 유일한 출처가 된다고 믿었다. 고대 중국의 편년사 (編年史)와 유럽의 『성경』의 편년사의 관계에 대하여 부베 이전에 중국에 온 예수회 선교사들은 『70인역성경(Septuaginta)』을 권위있는 논거로 사용했

---

20 Bouvet, 『易鑰』, BAV, Borgia·Cinese, 317(2), p.15.

다.²¹ 대부분 중국의 대홍수, 복희, 요(堯) 등 역사의 중요한 요인에 대하여 설명하였으나, 모두 일치되는 것은 아니었다.²²

첫째, 홍수와 관련하여 마르티노 마르티니(Martino Martini, 衛匡國, 1614-1661)는 요(堯) 임금 시대의 홍수가 노아의 홍수의 여파(餘波)라고 믿었다.²³ 그러나 필립 쿠플레(Philippe Couplet, 柏應理, 1623-1693)는 노아의 홍수가 요임금 시기의 홍수보다 앞선다고 믿었기 때문에²⁴ 마르티노 마르티니의 견해를 거부했다.²⁵

둘째, 복희와 관련하여 포르투갈 출신의 예수회 선교사 엠마누엘 디아스(Emmanuel Diaz Junior, 陽瑪諾, 1574-1659)는 복희를 중국 역사의 시조에 해당하며, 대홍수 시기와 복희 즉위 시기가 비슷한 시기로 추정했다. 루도비코 불리오(Ludovico Buglio, 利類思, 1606-1682)는 요(堯) 임금의 시대가 중국에서 신앙과 역사의 시작이라고 믿었다.²⁶

---

21   구약성경에는 마소라 사본(Masoretic Text: MT)에 의거해서 번역된 라틴어 성경 불가타(Vulgata)와 70인역(Septuagint: LXX)이라 불리는 그리스어 성경이 있다. 라틴어 성경 불가타(Vulgata)는 개신교와 가톨릭에서 널리 사용되며, 70인역 셉투아긴트(Septuagint)는 주로 동방정교회에서 사용되어 왔다. 70인역(Septuagint: LXX)에 따르면, 창조는 기원전 5200년에 발생했으며, 노아의 대홍수는 기원전 2957년에 발생했다. (Benjamein Elman(2005), p.140) 반면에 제임스 어셔(James Ussher)는 마소라 사본에 의거해서 창조는 기원전 4004년에 일어났고, 노아의 대홍수는 BC.2348년에 일어났다고 보았다. 라틴어로 된 불가타 성경이 중국 연대기와 충돌했기 때문에 중국에 온 예수회 선교사들은 불가타 대신에 셉투아긴트를 쓰도록 허용해달라고 교황청에 요청했다. 만약에 셉투아긴트를 쓰게 될 경우에는 중국역사는 노아의 대홍수 이후에 전개된 것이 되기 때문에 성경의 연대기와 충돌을 피할 수 있게 된다. (역주)

22   "Table 5, Overview of different chronologies" (Standaert(2016). p.158) (역주)

23   마르티노 마르티니는 1658년에 출판된 『중국상고사(中國上古史)』(Sinicae historiae decas prima)(A history of China in ten parts)에서 중국 고대의 연대기는 『성경』의 창세기보다 앞서며, 중국인들은 노아의 대홍수 이전부터 중국에 살고 있었다고 주장했다. 그의 주장에 따르면, 중국의 최초의 황제 복희는 대략 기원전 2950년 무렵의 인물이다. 기독교 연대기(chronology)의 체계를 확립한 성서학자 제임스 어셔(James Ussher, 1581-1656)는 마소라 사본에 의거하여 천지창조는 기원전 4004년에 발생했고, 노아의 대홍수는 기원전 2348년에 발생했다고 주장했다. 따라서 마르티니의 견해를 따르게 되면, 복희는 성서학자들이 일반적으로 인정한 노아의 대홍수의 시기보다 6백년 이전에 살았던 인물이 된다. 이러한 마르티니의 주장은 유럽의 지성계에 큰 충격을 주었으며, 많은 논란을 불러일으켰다. (Popkin(1999), p.413) (역주)

24   쿠플레는 중국역사의 기원을 황제(黃帝)로 보고, 그 기점(起點)을 기원전 2697년으로 설정했다. (Elman(2005), p.140) (역주)

25   張國剛·吳莉葦(2006), p.81 참고.

26   루도비코 불리오는 이탈리아 시칠리아의 팔레르모(Palermo) 출신으로서 46년간 중국에서 머물면서 전도했다. 1655년에는 북경에서 동당(東堂)을 창건하고, 1662년에 동당을 수리했다. 1664년에 교안(教案) 기간 동안 체포되어, 1669년에 강희제에 의해 석방되었다. 1682년 10월 7일에 북경에서 죽었다. 향년 76세, 예수회원으로 60년을 보냈다. 북경의 등공책란(滕公柵欄) 묘지에 묻혔다. 그의 장례는

부베의 관점에서 보면, 조물주가 선천 세계의 만물을 창조하는 데 6일이 걸렸고, 천주의 성자(聖子)가 강생해서 사람으로 태어난 뒤에 후천 세계에서 세상을 구원하는 데 역시 6일이 걸렸다.[27] 천년을 하루로 계산하면, 6일은 두 경우에 모두 6천 년이 된다. 조물주의 창조와 구세주의 강림도 6천 년 이전의 과거의 일이다.[28] 6천 년은 『성경』에서 「창세기」의 여섯째 날을 상징하며, 일곱째 날은 안식일이 된다. 부베는 『역학외편』에서 "옛적에 7일마다 일하는 것을 그만두고 쉬었으니, 그것은 보본반시(報本反始)[29]의 예(禮)를 행하기 위한 것이었다[古必每七日罷工, 報本反是之禮]"고 말하였다.[30] 또 6천 년은 건괘의 육효에 상응하며, 7일은 복괘(復卦)의 괘사에서 "반복기도, 칠일래복, 천행야(反復其道, 七日來復, 天行也)"라고 한 것에 상응한다. 여기서 "칠일래복(七日來復)"의 "칠일"은 7년에 해당된다.[31] 이처럼 부베는 『성경』의 시간 개념에 의거해서 숫자 육(6)을 시간의 상징일 뿐 아니라, 완정한 숫자의 표현으로 간주했다.

첫째, 숫자로 보면 6이라는 숫자는 1, 2, 3의 합(合)이며, 다른 분수(分數)의 부분이 없이 단지 세 부분으로만 구성되어 있다. (1+2+3=6) 둘째, 시간으로 보면 천주의 창세기의 시간에서는 하루가 시간 단위가 된다. 천년 단위로

    조정에서 출자했으며, 강희제가 친히 묘지명을 지어서 그 공을 널리 알리어서 드러냈다. 황제가 쓴 묘지명은 다음과 같다. "내가 이제 들으니, 조창래(趙昌來)가 상소문을 올렸는데, 루도비코 불리오가 연로하고 병이 든지 오래 되어, 매우 위독하다고 한다. 짐이 생각건대, 루도비코 불리오는 세조(世祖) 때부터 지금에 이르기까지 다년간 노력하였고, 늙어서도 절박함을 잃지 않았다. 비록 지식은 소박하지만, 그 글은 빛난다. 하물며 이 사람들은 모두 해외에서 온 사람들이 아니겠는가? 루도비코 불리오는 북경의 사저에서 병이 났고 친척과 친구들의 도움도 없으니, 참으로 불쌍하다. 그러므로 짐이 특별히 은(銀) 2백 냥, 비단 10필을 하사함으로써 멀리서 온 신하를 소중히 여기는 내 뜻을 보이고자 한다.[특유(特諭)](Beijing Administrative College(2013), pp.13-14 참고)

27   "上主初造天地神人, 先天之功, 六日而成_自厥初至于再造球世之期, 後天之功, 亦六日而成_蓋據天主聖經, 後天以一千年爲一日, 乾道六龍運行, 乃天運六千年, 始終六周, 六位時成"(Bouvet. Da yi yuan yi nei pian 『大易原義內篇』, BAV, Borgia·Cinese. 317(9), p.5)(역주)

28   Bouvet, 『大易原義內篇』, BAV, Borgia·Cinese, 317(9), p.6 참고.

29   보본반시(報本反始): 생명의 근본에 보답하고 그 시원으로 돌아간다는 뜻. 천지와 선조의 은혜에 보답함. 『예기』 「교특생(郊特牲)」에 "오직 사(社)의 제사를 위해서만 구승(丘乘)이 자성(粢盛)을 올리니, 그것은 보본반시(報本反始)를 위한 것이다[唯社丘乘粢盛, 所以報本反始也]"라고 하였다. (역주)

30   Bouvet, 『易學外篇』, BAV, Borgia·Cinese, 317(10), p.32.

31   Bouvet, 『易鑰』, BAV, Borgia·Cinese, 317(2), p.12.

보면 『성경』에서 천년을 단위로 해서, 현저한 역사적 사건이 나타나 전환점을 이루는 것을 볼 수 있다.

아우구스티누스에 따르면, 첫 번째 시기는 인류의 조상 아담에서 성인 노아까지이다. 두 번째 시기는 노아로부터 선지자 아브라함에 이르기까지 시기이다. 세 번째 시기는 아브라함에서부터 다윗 왕에 이르기까지 시기이다. 네 번째 시기는 다윗왕에서부터 바빌론 유수(幽囚)에 이르기까지 시기이다. 다섯 번째 시기는 바빌론 유수에서부터 성모 마리아의 분만(分娩)에 이르기까지 시기이다. 여섯 번째 시기는 주님의 탄생에서부터 시작되어 오늘날까지 이어지는 시기이다.[32] 아우구스티누스의 분류를 참조하여, 부베는 『구약』과 『신약』에서 선지자들의 예언을 대응시켰다. 첫째는 선지자들에게 있어서 예언의 역할을 설명하는 데 초점을 맞추는 것으로서 『구약』의 선지자 아브라함과 『신약』의 선지자 모세를 대응시켰다. 둘째는 서양의 에녹과 동양의 복희의 두 성인을 대응시켜 동양과 서양의 역사를 연계시켰다.

구체적으로 부베는 건괘와 곤괘의 여섯 괘효를 대응시키고, 또 천년을 단위로 삼아서 『성경』 이야기를 각 괘효에 연계시켜서 서술하였다. 건괘(乾卦) 초구(初九)는 시운(時運)의 수위(首位)로서 6천 년의 첫 번째 천년의 끝에 해당된다. 부베에 따르면 동양의 복희와 서양의 에녹은 고대의 선사(先師)인데, 두 사람은 사실 같은 사람이다. 곤괘(坤卦)의 초육효(初六爻)는 건괘의 초구효의 뜻에 상응하며, 후천 세계에서 공(功)을 거듭 이룬 것이다. 세상 사람들이 구세주로부터 멀어진지 아주 오래되었으니, 세계는 이상견빙(履霜堅冰)의 시기를 맞아 만민이 선사(先師)의 강림을 기다리고 있다. 건괘(乾卦)의 구이효(九二爻)는 6천 년의 두 번째 천 년의 끝에 해당된다. 선사(先師) 이후에 천교(天敎)가 천도(天道)의 문상(文象)을 사람들에게 보인 것이다. 곤괘(坤卦)의 육이효(六二爻)는 에녹과 복희 두 사람의 선사(先師)를 동양과 서양의 장

---

32 奧古斯丁(2005), p.133 참고.

소에 나눠서 앙관부찰(仰觀俯察)케 함으로써 온 세상 사람들이 옛부터 지금까지 오기를 기다려온 성인이 대도(大道)의 길을 열어, 그 도를 널리 펼치는 것을 서술한 것이다. 건괘(乾卦) 구삼효(九三爻)는 시운의 제3위로서 선삼갑(先三甲)의 중위(中位)로서 6천 년 가운데 중간인 제3천년에 상응하며, 천주가 강생하기 이전의 옛적(古時)에서 중간 시기에 해당한다. 곤괘(坤卦) 육삼효(六三爻)는 후천의 때에 사방(四方)의 가운데 아브라함은 인류의 고조(高祖)가 되어, 후천의 세상에서 성스러운 가르침이 온 세상에 널리 퍼져서 다시 광명(光明)을 찾은 것이다. 건괘(乾卦) 구사효(九四爻)는 제4천 년의 종시(終時)이며, 아브라함은 유일신 하느님을 경배한 선사(先師)가 되었다. 그리고 하느님은 모세 성인에게 명하여, 사람들을 이끌고 황량한 사막(曠野)에서 양떼를 키우게 하였다. 곤괘(坤卦) 육사효(六四爻)는 아브라함을 택해서 후천 세상에서 사람들의 종조(宗祖)로 삼아서, 위대한 성인이 강생하는 것을 기다리게 한 것에 상응한다. 모세 성인은 상주(上主)의 명을 받들어 광야에서 성스러운 가르침을 실천하였다. 건괘(乾卦) 구오효(九五爻)는 천주의 아들이 아직 강생해서 공(功)을 이루기 전이며, 6천 년의 제5천 년이 장차 끝나려고 할 때에 상응한다. 이 때 상주(上主)는 대진국을 선택하여, 사방의 나라 중에서 유일하게 참된 주님을 경배하는 나라가 되도록 하였다. 곤괘(坤卦)의 육오효(六五爻)는 모세가 백성들을 이끌고 광야로 나가서, 상주(上主)께서 내려주신 아름다운 곳을 얻어서, 대진국에서 유일한 도(道)가 있는 읍방(邑邦)이 된 것에 상응한다. 건괘(乾卦)의 상구효(上九爻)는 여섯 시위(時位)의 시작과 끝을 모두 다하여, 천제(天帝)의 성자(聖子)가 진방(震方)에서 나와서[帝出乎震], 항룡(亢龍)의 한마(悍魔)가 지천(地天)의 군부(君父)와 함께 결전우야(決戰于野)한 때에 상응한다. 곤괘(坤卦)의 상육효(上六爻)는 인조(人祖) 자손(子孫) 가운데 오랫동안 악행을 쌓아온 집[積不善之家]이 구부(九部)의 반신(叛神)의 우두머리가 되어, 흑룡(黑龍)이 상제(上帝)와 더불어 하늘의 모퉁이(天角)에서 노음(老陰)의 도(道)로 항거한 것에 상응한다. 부베는 『역경』과 『성경』

의 이야기를 시간적 측면으로서 역사와 의리적 측면으로서 원리로써 분석하였다. 우리는 이를 통해 부베가 중국과 서양의 종교문화적 기원과 시간을 통합하여, 문화의 근원을 일치시켰음을 알 수 있다.

그 다음으로, 부베는 『역경』에서 선천과 후천의 천지인 삼재의 도(道)를 매우 중시한다.

첫째, 중국 문화 내에서 그는 먼저 삼재(三才)의 도를 삼역(三易)의 도(道)와 동일시했다. "선천미변(先天未變)과 선천역변(先天易變)과 후천불변(後天不變)의 삼역의 도는 하나가 나뉘어져서 각각 삼재를 겸하여 삼재의 도(道)가 되니, 각각 '셋을 함축한 하나의 태극[函三一太極]'이 된다."[33]

둘째, 삼재의 도와 삼황(三皇)을 연계시켰다.[34] 천도·인도·지도를 일(日)·월(月)·성(星) 삼신(三辰), 상중하(上中下) 삼계(三界), 적황백(赤黃白) 삼도(三道)와 통합(統合)하여, "선사(先師)께서 삼황의 존호(尊號)로써 이름을 불렀다[先師以三皇尊號之文名]."[35] 천도는 "천황(天皇)"에 대응되고, 지도는 지황(地皇)에 대응되고, 인도는 인황(人皇)에 대응되니, 삼황의 신비한 숫자가 팔괘의 상중하 효(爻)의 분별로 말미암아 드러나게 되었다. 「하도」의 도상에 근거해서 보면, 천황의 수(數)는 「하도」의 서방의 숫자 4와 9이며, 서로 합쳐서 13이 된다. 지황의 수는 동방(東方)의 3과 8이며, 합쳐서 11이 된다. 인황의 숫자는 남방(南方)의 2와 7이며, 합쳐서 9가 된다.

셋째, 북방의 1과 6은 합쳐서 7이 되며, 천지인이 된다. 천(天)이 삼도(三

---

33 Bouvet, 『易考』, BAV, Borgia·Cinese, 317(4), p. 16.
34 중국에서 "삼일(三一)"이 삼황(三皇)을 의미하게 된 것은 위서(緯書)로 말미암은 것이다. 서한(西漢) 한무제(漢武帝) 때 방사(方士) 류기(謬忌)가 일찍이 상소문을 올려 "옛적에 태로(太老)가 삼일(三一)에 제사를 드렸다"고 하였으니, 여기서 "삼일(三一)"이란 천일(天一), 지일(地一), 태일(泰一)을 가리키는 말이었다.[古者天子祠三一, 天一地一泰一](『사기』 봉선서(封禪書)에서는 태일(太一)로 썼지만, 『사기』 효무본기(孝武本紀)와 교사지(郊祀志)에서는 태일(太一)을 태일(泰一)로 썼음.) (司馬遷(1959), p. 456 참고.) 이른바 "삼위대신(三位大神)"은 천황(天皇)·지황(地皇)·태황(泰皇)을 가리키는 말이니, 동한(東漢)의 위서(僞書)인 『춘추위(春秋緯)』, 『둔갑개산도(遁甲開山圖)』, 『상서선기검(尙書璇璣鈐)』, 『견요도(甄耀度)』 등의 책에서 이미 천황(天皇)·지황(地皇)·인황(人皇)의 삼황(三皇)으로 고쳐서 기록하였다. (劉惠萍(2013), p. 19 참고)
35 Bouvet, L'Y King(無中文標題), BAV, Borgia·Cinese, 317(11), p. 4.

道)의 총규(總規)를 거치면서, 중앙(中央)의 5와 10은 합쳐서 15의 숫자가 된다. 이에 참오이변(參伍以變)하여, 마침내 천지(天地)의 문(文)을 이루고, 천하의 상(象)을 정한다.

넷째, 부베는 여러 곳에서 이광지(李光地)의 주절(奏折)을 인용하고 있다.

강희 51년(1712년) 7월 초구일(初九日) 이광지 주절: 신(臣) 이광지는 도상(圖象)의 이치에 대해 궁리해 보았습니다. 9는 천수(天數)이고, 9에 4를 더하면 13이 되며, 이것은 천황의 수입니다. 8은 지수(地數)이니, 8에 3을 더하면 11이 되며, 이것은 지황의 수입니다. 7은 인수(人數)이니, 7에 2를 더하면 9가 되며, 이것은 인황의 수(數)입니다. 수의 배합이 매우 자연스럽습니다. 이로써 미루어 보면, 옛적에 삼황이라고 한 것은 곧 황극(皇極)의 황(皇)을 가리키는 것입니다. 천황이란 곧 천제(天帝)를 가리키며, 지황이란 곧 지(地)의 지지(地祇)를 가리키며, 인황이란 곧 천지를 계승하여, 만류(萬類)를 통일하는 주(主)를 가리킵니다. 「홍범(洪範)」에서 "천하왕자(天下王者)"라고 한 것이 바로 이것을 가리킵니다. 그것을 드러낸 사람이 몇이 되며, 세(歲)는 원회(元會)의 운세를 수로 추산하여, 삼재가 병립(幷立)하는 근원을 보여주는 것에 지나지 않습니다. 황극으로써 천(天)의 끝없음(無疆)에 배합(配合)함으로써 역수를 거의 표현합니다. 옛날 책에 은어(隱語)가 많아서 그 설이 신기(神奇)한 것이 이와 같습니다. 어찌 희황(羲皇, 伏羲氏)·요(堯)·순(舜) 이전에 형제(兄弟)가 탕탕(湯湯: 물이 세차게 흐르는 모습)·목목(穆穆, 단정하고 엄숙한 모습)하며 갈마드는 모습이 있었겠습니까? 우리 황상(=康熙)께서는 이미 수(數)의 원리의 근원을 (천황·지황·인황의) 삼황의 호(號)로써 낱낱이 밝히셨으며, 인황을 모두 통일하였으며, 옛적의 황당함을 부수고, 「하도」와 「낙서」의 중요한 비밀을 열었습니다. 황상께서 도통을 가슴속에 간직하시고, 그것을 마음으로 전해서 흘러넘치게 하신 것이 바로 여기에 있습니다. 신(臣) 이광지는 다행히도 (황상으로부터) 성스러운 가르침을 받아서, 약간의 깨달음이 있었습니다.[36]

위에서 인용한 주절은 1712년에 이광지가 강희제에게 올린 상소문으로서 그 내용은 중국의 제왕의 설을 통해서 천황·지황·인황의 수를 분석한 것이다. "천하의 왕 노릇을 한다[王天下]"는 것은 천황·지황·인황의 삼황을 병립시키고, 다시 인황에 통합시킴을 의미한다. 부베는 "삼역"과 "삼황"을 연계시켜서, "천황·지황·인황은 연산·귀장·주역이다"라고 하였다.[37] 이렇게 해서, 천지인 삼재의 도를 문화의 근본으로 삼고, 또 아주 먼 고대의 하락(河洛)의 비요(秘要)를 밝힐 수 있는 열쇠로 삼은 것이다.

이를 바탕으로 부베는 『성경』과 함께 한편으로는 삼역을 인류의 역사를 구분하는 표준으로 삼았다. 그는 인류 역사를 ① 인류가 타락하기 이전의 선천미변(先天未變)의 시기, ② 인류의 최초의 조상 아담이 범죄를 저질러서 타락한 이후의 선천이변(先天已變)의 시기, ③ 구세주가 탄생한 이후의 후천불변(後天不變)의 시기 등 모두 세 개의 역사 시기로 분류하였다.[38] 『역경』에서 천지인 삼재는 곧 천주(天主)의 삼위(三位)가 되며, 천주는 삼재와 결합되어 일체(一體)가 되니, 이것이 곧 조물주의 성스러운 삼위일체가 된다. 천주가 만물을 창조한 최초의 때에는 천하에 악은 없고, 오직 길함만 있었다. 이 때에는 이간(易簡)의 연산역(連山易)이 선천의 밝음(景)이 되었다.[천황(天皇)] 인류의 조상인 아담이 죄를 지어 하늘로부터 버림받았을 때, 천하에는 선(善)은 없고, 오직 흉함만 있었다. 이 때에는 변역(變易)의 귀장역(歸藏易)이 선천의 인(因)이 되었다.[지황(地皇)] 구세주인 성자(聖子)가 탄생한 때에는 천지가 변하지 않고, 음과 양으로 나뉘어 있었다. 이 때에는 불역(不易)의 주역(周

---

36 Bouvet, 『易引原稿』, BAV, Borgia·Cinese, 317(6), p. 2.
37 Bouvet, 『易引原稿』, BAV, Borgia·Cinese, 317(6), p. 2.
38 Bouvet, 『易考』, BAV, Borgia·Cinese, 317(4), p. 16.

易)이 후천의 시작이 되었다.[인황(人皇)] 『역경』에서 선천과 후천으로 나뉘어지는 것은 『성경』이 『구약』과 『신약』의 내용으로 나뉘어지는 것과 같다.

그 가운데 『구약』의 주요 내용은 「창세기」에 집중되어 있다. 그 중점은 천주가 만물과 인류의 조상 아담과 이브를 창조한 이야기로서 선천역학에 대응된다. 『신약』의 주 내용은 성자(구세주 예수)의 탄생, 기적, 고난 및 부활의 역사를 서술한 것이며, 부베는 이것을 후천 역학과 대조시키고 있다. 그 밖에도 부베는 천황수(天皇數) 13, 지황수(地皇數) 11, 인황수(人皇數) 9로 된 삼황의 수(數)와 『천존지비도(天尊地卑圖)』의 수의 관계에 대해서 논했다. 천황으로 이루어진 건지책(乾之策)은 195인데, 13절기(節氣)에 해당되며, 지황으로 이루어진 곤지책(坤之策)은 165인데, 11절기에 해당된다. 절기와 역수(曆數)와 천문(天文)으로 연산(演算)하면, 천지와 세세(世歲)의 합수(合數)는 13절기와 11절기를 합치면 24절기가 되는데, 건지책 195와 곤지책 165을 합치면 모두 360이 되니, 당기지일(當期之日)의 수 360이 일세(一歲)의 수(數)가 된다. 천지세세(天地世歲)의 합수가 「천존지비도」의 전수(全數)가 된다. 상중하(上中下)의 삼도(三道)가 합일(合一)된 수이니, 이것은 『역경』이 발전된 맥락을 통해서 『성경』의 역사발전의 궤적을 바라본 것이다.

마지막으로 비르질 피노(Virgil Pinot)가 말했듯이 "색은파는 중국 고대의 편년사에서 중국의 역사를 찾는 것이 아니라, 대체적으로 『모세오경』에서 발견되는 것과 유사한 인류 기원의 역사를 찾으려고 했던 것이다."[39] 부베는 『역경』과 『성경』이 같은 기원을 갖고 있다는 전제로부터 출발해서 두 경전 텍스트에서 공통적으로 나타나는 성질과 기원을 추구하였다. 두 개의 경전은 모두 성도(聖道)의 고전(古傳)이며, 동시에 천학(天學)과 심학(心學)의 해석이기도 하다. 자연에 대한 관찰은 『역경』과 천학과 심학의 위대함으로 귀결되며, 천주(天主)의 『성경』의 도(道)를 따르는 사람들은 『역경』과 『성경』을

---

[39] 維吉爾 畢諾(2000), p.269.

참된 전승(傳承)이라고 판단할 수 있다.[40] 이러한 바탕 위에서 부베는 『성경』을 중국의 전통적 관념에 따라 중국적 방식으로 해석하였다.

『성경』에는 선천과 후천의 대지(大旨)의 구분이 있다. 부베는 선천의 대지는 천주의 "체일위삼(體一位三), 즉 삼위일체"를 핵심으로 삼는다고 했다. 장차 천주가 만물을 창조할 때 인애(仁愛)를 근본으로 삼았다. 정의의 대천사 미카엘은 지옥의 사탄의 세력과 싸워서 승리함으로써 충의(忠義)의 시작이 되었다. 인류의 조상 아담과 이브는 부부의 예(禮)의 시작이 되었다. 인류의 조상과 천주의 성자(聖子)가 삼강오상(三綱五常)에 합치하니, 이것이 선천 오륜(五倫)의 대도(大道)가 되었다. 그리고 부베는 (『상서』의 「대우모」편에 나오는) "인심유위, 도심유미(人心惟危, 道心惟微)"[41]의 도(道)로써 「창세기」를 해석하여 말하기를, 인류의 조상이 원죄를 저질렀으나, 천주가 인애로써 관대하게 용서하였다고 하였다. 부베는 후천의 대지는 에녹을 후대의 만민의 선사(先師)로 삼은 것이라고 하였다. 에녹은 여러 학문을 세우고, 72명의 제자를 가르치고, 문자를 제정하고, 문명을 개창한 선구자가 되었다. 노아의 가족은 여덟 사람이었는데, 『역경』의 팔괘는 노아의 세 명의 아들과 세 명의 며느리를 상징하며, 인종(人種)을 보존하고자 하는 천주의 인자함을 보여주신 것이라고 하였다. 바벨탑을 파괴하여, 72개의 언어로써 동서양의 여러 나라들을 갈라놓았다. 중국에서 한(漢)나라 애제(哀帝) 원수(元壽) 2년(BC.1년)은 구세주인 성자가 강림한 시기이다. 후천의 성자 예수(耶蘇)의 일생은 충효를 완수했으며, 인의를 지극히 하였다. 천주와 민중들을 사랑하고, 성스러운 가르침의 강령을 세우고, 만세의 원조(元祖)가 되었다. 등등.

또한 부베는 성경에 의하여 전승되어 내려온 역사를 바탕으로 중국에서 성스러운 가르침의 역사를 정리했다. 지리적 위치로 볼 때, 중국과 대진국은 동일한 계통의 조상과 국가를 공유하고 있으며, 동쪽의 땅은 본래 노아의 장

---

40 維吉爾 畢諾(2000), p. 269.
41 (漢)孔安國(1999), p. 93.

남의 후손들의 땅이다. 중국은 동쪽 땅 중에서 가장 큰 나라이므로, 성학(聖學)의 전적을 물려받게 된 것이다.[42] 뒤에 전쟁을 거치면서 서적이 불태워져서 거의 다 사라졌지만, 대진국의 모세 성인은 천주의 명을 받아, 『모세오경』을 편찬하고, 또 비전(秘傳)으로 전해진 그림을 그렸으니, 이것이 곧 「삼극삼재지도(三極三才之圖)」이다. "그 그림의 강령(綱領)을 말하자면, 그 그림은 1에서 시작해서 10으로 끝나는데, 윗 부분은 1에서 시작하여 3에서 완성되어, 「삼극삼재지도」가 된다."[43] 삼위일체의 심오하고도 이해하기 어려운 도리를 깨닫고, 유대국[44]의 72현자에 의해서 번역된 『성경(Septuagint)』의 문자를 통해서, 중국에 와서 성스러운 가르침을 회복하여, 성학(聖學)인 역학(易學)을 그려내고자 한다. 그 가운데 모세에 의해서 전해진 「삼극삼재도」는 비록 그 형식은 「천존지비도」와 다르지만, "그 수(數)·서(序)·도(道)·리(理)·용(用)은 그 근본적 모습에서 동일하며, 차이가 없다.[其數, 其序, 其道, 其理, 其用, 實相同無異.]"[45] 그것들은 모두 일음(一陰)과 일양(一陽)의 도로 말미암아, 절반은 흰 색이고, 다른 절반은 검은 색이 되어, 그 형상을 이루고, 1에서 시작하여 3이 된다. 함께 동일한 근원(一本)에서 두 개의 원소(二元)를 거쳐서 10에서 끝난다. 그 수(數)는 기수(奇數)가 다섯 개이고, 우수(偶數)가 다섯 개이니, 합치면 55이니, 「하도」와 「낙서」에서 건곤과 천지의 전수(全數)가 된다. 따라서 부베는 『역경』에 의거해서 『성경』의 발전단계를 새롭게 분류함으로써, 선천과 후천의 대지(大旨)로써 중국과 서양의 경전의 시간적 맥락을 통합하고, 아울러 『성경』에 의해서 전승되어 내려온 역사와 연계시켜서 성학(聖學)의 뜻을 중화문명의 발생에 부합시키고, 더 나아가서 중국과 서양의 종교문화

42　Bouvet, 『易鑰』, BAV, Borgia·Cinese, 317(2), p.10 참고.
43　"領在始于一終于十之圖. 其圖之冒, 則始于一成于三, 爲三極三才之圖"(Bouvet, 『易引原稿』, BAV, Borgia·Cinese, 317-6, p.6)
44　알레니의 『직방외기』에, "유대국(如德亞國, Judae)은 옛날의 로마제국(大秦國/拂菻)이니, 곧 하느님[天主]이 내려오신 나라이다."[艾儒畧職方外記. 如德亞國卽古大秦國. 亦云拂菻. 卽天主下降之國也.]라고 하였다. (역주)
45　Bouvet, 『易學總說』, BAV, Borgia·Cinese, 317(8), p.25.

의 근원을 탐구하였다.

제2절
문자의 구성요소 분석 — 자의(字義)의 기독교적 해석

한자(漢字)는 처음부터 상형문자이며, 강한 상징적인 의미를 본래부터 함축하고 있다. 그러므로 중국 문자의 의미를 그 구성요소에 의해 분석하는 방법은 이미 마테오 리치 시기에 행해지고 있었다. 마테오 리치가 문자를 구성요소에 의해 분석했던 가장 중요한 목적은 한자를 학습하면서 쉽게 기억하기 위한 데 있었다. 마테오 리치는 기억의 궁전(Memory Palace)[46]에서 여러 개의 한자의 형상(形象)을 사용하여 한자에 대한 지식을 확장했다.

첫 번째, 기억형상(記憶形象)의 예는 "무(武)"자(字)이다. 마테오 리치는 "무(武)"자를 왼쪽 상단에서 오른쪽 하단으로 이어지는 대각선으로 나누었다. 윗부분의 "과(戈)"는 긴 창[長戈]을 의미하며, 한 사람의 무사(武士)가 상대를 찌르는 것을 의미한다. 아랫부분의 "지(止)"는 방지(防止) 혹은 정지(停止)를 뜻하니, 다른 사람을 '막다', '멈추게 하다', '방어한다'는 의미이다. 두 무사가 서로를 공격하고 방어하는데, 이것이 "무투(武鬪)"이다. 마테오 리치의 견해에 따르면 인간의 기억을 돕는 이미지[形象] 법칙은 "생동적이고 활

---

[46] 기억의 궁전(memory palace)은 고대 그리스·로마 시대 이후로 전해내려오는 기억술로서, 추상적인 정보를 구체적인 이미지로 연결하여 기억의 궁전에 저장함으로써 장기기억으로 만드는 방법을 가리킨다. 마테오리치는 어린 시절에 기억의 궁전의 방법으로 기억술을 훈련했으며, 중국에 와서 선교활동을 할 때 적극적으로 활용했다. 유교 경전을 외워야 했던 명나라 사대부들은 그의 기억력을 부러워했다. 마테오 리치는 중국에서 기독교를 전파하던 중 『서국기법(西國記法)』이란 책을 냈는데 이는 서양의 기억술을 소개하는 책이다. 『기억의 궁전(the Memory Palace of Matteo Ricci)』은 조나선 스펜스가 쓴 마테오 리치의 평전의 서명(書名)이기도 하다. (역주)

발해야 하며, 죽은 것처럼 기(氣)가 막혀 있으면 안된다".[47] 한자는 구체적 형상을 지닌 이야기에서 더욱 풍부한 함축을 가지며, 그 함축을 드러내는 것은 시간과 공간속에서 구체적 이야기이다.

마테오 리치가 사용한 두 번째 예는 "요(要)"자이다. 마테오 리치는 "요(要)"자를 수평으로 분할하였다. "요(要)"자의 윗 부분은 서쪽을 뜻하는 "서(西)"이며, 서방에서 왔음을 의미한다. "서(西)"자의 음은 Xi이니, 이것은 "서하(西夏)"의 두 글자 중에서 앞 글자 "서(西)"의 자음(字音)이며, 서하 왕국을 상징한다. "요(要)"자의 아래 부분은 "여(女)"이니, 두 개의 독립적인 표의(表意) 문자가 결합되어 그녀는 서하 왕국으로부터 온 한 사람의 여성이라는 뜻을 형성하게 된다. 따라서 "요(要)"자는 무슬림(Muslim) 종교와 밀접한 관련이 있으며, 교도(教徒)들의 기본의무라는 뜻을 함축하고 있다.[48] 그러므로 마테오 리치는 "요(要)"자에 '기초(基礎, Fundamental)'라는 의미가 포함되어 있다고 본 것이다."[49] 게다가 마테오 리치의 한자 인식은 형상(形象)의 표의문자(表意文字) 뿐 아니라 심오한 문화적, 종교적 함축을 내포하고 있으며 심지어 『성경』의 어떤 의미와도 연결되어 있다.

마테오 리치는 "리(利)"자를 예로 들어 글자를 가운데에서 세로로 나누었다. "리(利)"자의 왼쪽 부분은 벼 "화(禾)"로 "화묘(禾苗)", 오른쪽의 "도(刂)"는 칼을 뜻하는 "도(刀)" 또는 칼날을 뜻하는 "인(刃)"을 표시한다. 왼쪽과 오른쪽의 두 부분이 합쳐져서 낫을 들고 밭에서 곡식을 거두고 있는 농부를 나타낸다.[50]

---

47 史景遷(2005), p. 40.
48 『설문해자』에는 '요(要)'자에 이러한 뜻은 없다. '요(要)'는 여자가 두 손[臼]을 잘록한 허리에 댄 모습을 그린 글자이다. 신체의 중요한 부분이라는 뜻에서 중요하다는 뜻이 나왔고, 이후에 그런 것을 '구하다', '요구하다'라는 뜻이 생겼다. (허신(2022), p. 763)(역주)
49 史景遷(2005), p. 135.
50 마테오 리치의 '리(利)'자 해석은 전통적 해석과 어긋나지 않는다. '리(利)'자는 벼 화((禾)와 칼 도(刀)로 이루어진 글자이다. 곡실을 자르는 칼로부터 '날카롭다'는 뜻이 나왔고, 이로부터 '순조롭다', '언변이 뛰어나다' 등의 뜻이 나왔다. 예리한 날을 가진 쟁기는 땅을 깊게 잘 갈아 곡식을 풍성하게 해 주고, 말이 예리한 칼은 곡식의 수확에 유리하기에 이익(利益)의 뜻으로부터 다시 이윤(利潤)이나 이자(利子) 등의 뜻이 나왔다. (허신(2022), p. 1200)(역주)

이것은 『성경』에서 여러 차례 언급된 "밀을 수확하는 사람들[收割麥子]", "밀을 타작하는 사람들[打麥子]"과 유사한 형상이다.

"무리가 밀을 심어도 가시를 거두며, 수고하여도 소득이 없은즉, 그 소산으로 말미암아 스스로 수치를 당하리니, 이는 야훼의 분노로 말미암음이니라."(「예레미야서」 12:13)

"벧세메스(Bethshemesh) 사람들이 골짜기에서 밀을 베다가 눈을 들어 궤(櫃)를 보고 그 본 것을 기뻐하더니"(「사무엘기」 상 6:13)

"그 때에 오르난(Ornan: Araunah)은 밀을 타작하고 있었다.[51] 오르난은 뒤로 돌이키다가 천사를 보고, 그의 네 아들과 함께 숨었다."(「역대기」 상 21:20)

이러한 수확(收穫), 획리(獲利), 익처(益處) 등은 『성경』에서 언급하는 익처(대략 61차), 이익(약 8차)에 대응된다. 대부분 신앙의 경건, 생명의 가치, 도

---

[51] 다윗이 교만한 마음이 들어 인구조사를 했다. 다윗이 범하였던 죄는 인구 조사를 하여 그들의 전쟁 준비 상태를 점검함으로서 왕국의 힘과 영광을 찾으려 했던 그 우쭐한 마음이 있었다. 이러한 죄에 대해 하느님의 벌이 내려졌다. "다윗이 사람들의 수를 자랑하고, 그 수에서 영광을 찾으려 했기 때문에 하느님은 기근이나 전쟁, 역병으로서 그 수를 줄이는 벌을 내리셨던 것이다." 다윗은 양심의 가책을 느끼고 하느님께 회개를 했다. 하지만 징계가 면해지지는 않았다. 하느님은 이스라엘을 치기로 결심하시고 갓 선견자를 다윗에게 보내어 어떤 형벌을 받을 것인지 선택하라고 했다. 갓은 다윗에게 가서 하느님의 지시대로 3년 동안 기근, 3개월 동안 패전, 3일 동안 전염병 이 세 가지 중 하나를 선택하라고 했다. 이 세 종류의 재앙은 성경에 자주 언급되는 재앙인데(「레위기」 26:25; 「열왕기 상」 8:37; 「역대기 하」 20:9; 「예레미야」 14:12), 기근과 패전의 재앙은 이미 경험한 재앙이었다(「사무엘 하」 12:10; 「사무엘 하」 21:1). 다윗은 자신이 마땅히 징계를 받아야 마땅하다고 생각하고는 세 재앙 가운데 3일 동안 내리는 전염병을 선택했다. 고대인들은 기근이나 전쟁보다는 전염병을 하느님의 직접적인 재앙으로 인식했다. 다윗이 전염병을 선택한 것은 하느님께 직접적으로 형벌을 받기를 원한 것이고 하느님의 긍휼을 기대했기 때문이다. 다윗이 전염병을 택하자 하느님이 천사를 통해 이스라엘 백성에게 전염병을 내려 백성 중에 죽은 자가 70,000명이나 되었다. 오르난의 타작마당은 예루살렘 동편 언덕 모리아산(Moriah)에 있었다. 모리아산은 예루살렘 근교에 있는 산으로서 아브라함이 독자 이삭을 제물로 드려 응답을 받았던 곳이고(「창세기」 22:14), 다윗이 제단을 쌓아 응답을 받은 곳이고(「역대기 상」 21:26; 「역대기 하」 3:1), 솔로몬이 성전을 지은 곳이다. 다윗은 오르난의 타작마당에서 천사의 모습을 보고 장로들과 함께 굵은 베옷을 입고 얼굴을 땅에 대고 엎드려 범죄한 자는 백성이 아니니 백성들에게는 재앙을 내리지 말고 자기와 자기 집에 내려 달라고 간구했다. 다윗은 자기 죄를 시인하고, 자기의 잘못으로 백성들이 전염병으로 징계를 받는 것에 대해 다윗은 철저하게 회개하고, 하느님께 긍휼의 성품에 의탁하고, 백성들을 살리려는 탄원을 했다."(「역대기 상」 21장)(역주)

덕과 관련이 있으며, 익처는 성실(誠實)·공의(公義)·근로(勤勞)·지혜(智慧)·자율(自律) 등과 같은 미덕을 가리킨다. 마테오 리치와 『성경』에서 '리(利)'라는 단어가 칭송하는 유익[益處]은 상징적 의미뿐 아니라 풍부한 도덕적 함의를 함축하고 있음을 알 수 있다. 그리고 그는 또한 그의 이름 '리마두(利瑪竇)'의 '리(利)'를 읽을 때, '리(利)'자의 로마 발음 체계의 'ly'로 발음했다.[52] 기억의 궁전을 계속해서 탐구하는 마테오 리치의 문자형상에는 성모(聖母)와 아기와 같은 구체적 종교 인물이 포함되어 있다.

마테오 리치가 사용한 '호(好)'자를 예로 들자면 중간에서 세로로 두 부분으로 나누어 보면, 왼쪽의 '여(女)'는 '여인'을 나타내고, 오른쪽의 '자(子)'는 '아기'를 나타낸다. 두 부분이 합쳐져서 한 사람의 여인이 아기를 품고 있는 형상이 된다.[53] 이러한 이미지는 기독교 종교에서 성모와 성자의 이미지를 쉽게 연상시킨다. '호(好)'자에 포함된 비유적 의미[寓意]는 아름다움[美好]을 상징하고, 성모가 성자를 포옹하고 있는 형상은 환희를 상징하며, 구세주의 도래(到來)를 예시(豫示)한다. 마테오 리치는 자형(字形)과 자의(字義)를 결합하여 한자에 기독교의 신성한 의미를 부여했다.

부베는 어렸을 때부터 언어와 수학에 재능을 보였으며, 이집트 상형문자, 카발라 철학, 피타고라스 학파의 수(數) 신비주의, 신플라톤주의 등의 학문을 공부하였으며, 이것은 이후 한자 학습과 철학적 사고의 토대를 마련해 주었다. 그는 한자 연구를 통해 이러한 종류의 상형 문자가 실제의 역사를 반영할 뿐 아니라 상징적이고 예언적인 의미를 더 많이 함축하고 있다고 믿게 되었다.

한편 부베는 『성경』의 유형학(類型學, Typology)에 대한 해석학적 이념을

---

52 史景遷(2005), p.231.
53 마테오 리치의 '호(好)'자 해석도 전통적 해석과 일치한다. '호(好)'자는 여자 여(女)와 아들 자(子)로 구성되어, 자식에 대한 어미의 사랑, 혹은 아이를 생산하는 여자가 좋다는 뜻에서 '선호하다', '좋다', '좋아하다', '훌륭하다'는 뜻이 나왔다. (허신(2022), p.3540)

수용하여 『구약』을 『신약』과 비교하였다. 즉 "『신약』은 『구약』 안에 감추어져 있고, 『구약』은 『신약』으로 말미암아 나타난 것"이라는 것이다.[54] 다른 한편으로 그는 이 방법을 확장하여 서구의 신학 해석학을 차용(借用)하여 이교(異敎) 텍스트의 비의(祕義)와 기독교와의 관계를 연구하고, 중국 경전 중에서도 특히 『역경』 속에 숨겨져 있는 『성경(聖經)』의 남겨진 자취를 찾고자 하였다. 그는 텍스트 비교를 통해 고대 문헌의 심층적 의미를 탐구하고, 한자의 구조에 담긴 함축적 의미를 분석하고, 중국 유교 문화에서 기독교의 그림자를 찾아서, 메시아와 최후의 심판의 비유, 삼위일체, 인류의 타락과정과 구속(救贖)의 의미 등을 밝혀내고자 하였다.

부베는 『역경』에 대한 해석에서 문자학의 관점을 중시하였으며, 특정 단어를 『성경』의 이야기를 끌어들여 해석하였다. 그는 중국의 한자를 편방(偏旁)의 부수(部首)나 필획(筆畫)의 구성에 따라 여러 개의 독립적인 의미 그룹으로 분해해서, 그 의미를 분석했고, 그 상징적 의미를 해독하였다. 부베의 관점에서 볼 때, 문장은 글자를 통해서 살필 수 있으며, 의미는 문장을 통해서 이해될 수 있다.[由字察文, 由文察意] "대역(大易)은 참으로 문자(文字)의 조상[大易乃眞爲文字之祖]"[55]이므로 『역경』을 읽는 것은 중국 문자에 대한 연구가 된다. 우선 부베는 문자의 분석을 통해 『역경』의 저자 복희(伏羲)에 대해 과감한 추측을 시도했다. 필립 쿠플레, 테오필루스 지크프리트 바이어(Theophilus Gottlieb Siegfried Bayer, 1694-1738) 등은 복희를 서양에서 온 인물이라고 보는 관점에서 아담과 동일시하였고, 존 웹(John Webb, 1611-1672)은 중국인을 노아의 직계 자손이라고 보았다. 그 밖에 복희를 노아라고 보거나, 혹은 노아의 둘째 아들 함, 혹은 에녹(Enoch)이라고 주장하는 사람들도 있었다.[56]

54　奧古斯提尼(Augustine), 『敎會聖師著作硏究』第34卷, p.623. 諾斯洛普 弗萊(1998), p.112에서 재인용.
55　Bouvet, 『易鑰』, BAV, Borgia·Cinese, 317(2), p.1.
56　張國剛·吳莉葦(2006), p.85.

부베는 색은파의 대표로서 고대 중국의 성인들을 『구약성경』의 인물들과 비교하였고, 『역경』의 저자인 복희가 다름 아닌 에녹이라고 믿었다. 에녹의 화신(化身)인 복희는 신기한 괘상과 상형문자를 통해 기독교의 진리를 드러낸 것이다. "부베는 『역경』의 저자가 복희라고 믿었다. 복희는 카인의 후예인 에녹이며, 그의 사적(事跡)은 『성경외전(聖經外傳)』(Apocrypha 혹은 Pseude-pigrapha)의 『에녹서』(The Book of Enoch)에 기록되어 있다. 복희는 하느님이 세계를 창조한 자연법칙과 천지창조의 조화로운 법칙을 알았으며, 그것을 기록하여 중국에 전수함으로써 계속 계승해가게 할 수 있었다."[57]

문자의 의미로 보면, '복(伏)'은 '인(人)'과 '견(犬)'이 합쳐진 글자이며, 즉 개의 머리를 가진 지혜로운 사람을 의미한다. 역사적 관점에서 보면, 복희는 "개의 머리를 지닌 사람의 신체[犬首人身]"이며, 신농은 "소의 머리를 가진 사람의 몸[牛首人身]"이며, 황제(黃帝)는 "인간의 얼굴을 가진 인간의 신체[人面人身]"이다.[58] 부베는 "복희"를 두 부분으로 나누었다." 남자를 의미하는 'jen' 또는 'git'와 개를 의미하는 'kou'가 합쳐져서 'man-dog(伏)'이 된다"고 풀이했다.[59]

부베는 한 걸음 더 나아가서 마르티노 마르티니(Martino Martini), 폴 뷰리어(Paul Beurrier, 1608-1696) 및 아타나시우스 키르허(Athanasius Kircher) 등 학자들의 복희에 대한 연구를 비교했으며, 복희를 서양 신화의 인물인 헤르메스(Hermes) 혹은 에녹이라고 믿었다.[60] 두 사람은 형상이 비슷할 뿐 아니라, "그의 이름(= 伏羲)에 있는 (伏과 羲의) 두 개의 상형문자에는 어떤 필요한 관련이 있을 것이라고 추정해 볼 수 있다.

첫 번째 상형문자 복(伏)은 사람(人)과 개(犬)라는 두 개의 문자부호(文字

57　卓新平(2006), p.8.
58　ARSI, Japonica·Sinica, IV5, p.50.
59　Swiderski(1981), p.145.
60　"헤르메스가 바로 에녹이다". 복희가 곧 에녹이라는 증명에 대한 자세한 내용은 콜라니의 저서를 참고할 것. (柯蘭霓(2009), p.194)

符號)로 구성되어 있다.[61] …… 트리스메기스투스(Trismegistus)의 경우와 마찬가지로 상형문자의 발명가는 개의 머리에 사람의 몸[狗頭人身]이 붙어 있는 것으로 묘사하였다.

두번째 문자부호 '희(羲)'는 [희생(犧牲)의] 제사(獻祭)를 가리킨다. 이 글자는 복희가 제사를 주관하는 사제(司祭) 또는 대제사장(大祭司長)일 뿐 아니라, 또한 제사의 질서와 종교의 예배의 규정의 제정자임을 나타낸다. 이에 대해 … 경전에서는 그에게 태호(太皞)라는 호칭을 부여하였는데 이는 "트리스메기스투스", 즉 "세 배로 위대하다"는 의미이다.[62]

더욱이 (복희·에녹의) 두 사람의 역사적 업적도 매우 유사하다. 복희의 공로에 대해서는 여러 문헌에서 다음과 같이 기록되어 있다.

『역경·계사하전』: "옛날에 포희씨(包羲氏)가 천하를 다스릴 때, …… 가까이는 몸에서 취하고, 멀리서는 사물에서 취하여, 비로소 팔괘를 만들었다"[古者包羲氏之王天下也, …… 近取諸身, 遠取諸物, 于是始作八卦]

『상서(尙書)·서(序)』: "옛날 복희씨가 천하를 다스릴 때, 처음 팔괘를 그리고 서계(書契)를 만들어 결승(結繩) 문자로 시행하던 정치를 대신하니 이것을 말미암아 문적(文籍)이 생겼다."[古者伏羲氏之王天下也, 始畵八卦造書契, 以代結繩之政, 由是文籍生焉][63]

『제왕세기(帝王世紀)』: "복희씨가 …… 서계를 만들어, 결승 문자로 시행

---

61 '복(伏)'자는 인(人)과 견(犬)을 조합한 회의자이다. 『설문해자』에서는 개가 엎드려 사람을 '살피다[司]'는 의미로 설명했는데, 시라카와 시즈카(白川靜)는 이것을 속설(俗說)이라고 간주했다. 그는 이 글자가 고대에 사람과 개를 묘실의 관 밑에 희생으로 묻어 땅 속에 숨은 악령을 물리친 것과 관련이 있다고 보았다. 은대(殷代)에 무인(武人)과 개를 매장한 사례가 있다고 하며, 진대(秦代)에는 재액을 물리치기 위해 개를 희생으로 사용했다고 주장했다. 개를 희생으로 매장한다는 의미에서 후에 '숨기다', '엎드리다', '숙이다'라는 의미가 파생되었다는 것이다. (시라카와 시즈카(2021), p.399)
62 1701년 11월 4일에 부베가 라이프니츠에게 보낸 편지(Zacher(1973), p.272)
63 (漢)孔安國(1999), pp.1-2.

하던 정치를 대신하고, 팔괘를 그려서 신명의 덕에 통하였다."("伏羲氏 ……
于是造書契以代結繩之政, 畫八卦以通神明之德".)[64]

위의 기록을 통해 복희는 『역경』의 저자일 뿐만 아니라 한자를 만든 공로가 있음을 알 수 있다. 그리고 에녹은 또한 천지의 신비를 알고, 관료를 양성하고, 문자를 제정하고, 문명을 개척한 전대(前代)의 현인(賢人)인 동시에 성인(聖人)이었다. "에녹이라는 대성인을 낳아 후대의 뭇 백성들의 스승이 되게 하였고, 그에게 총명한 지혜를 주어서, 수(數)와 음악의 미묘함에 통하게 하고, 천체 운행의 심오한 신비를 통달하게 하였다. 백공(百工)의 기구(器具)를 관리함에 지극히 정밀하고, 상세하게 하였고, 모든 학문을 닦고, 제자를 가르치며, 문자를 만들어, 역대 왕조의 천문(天文)의 질서와 만물의 배열에서 나타나는 개별적 상서로운 징조들을 밝게 알았다."[65] 부베는 중국의 전통문화에 등장하는 성인과 『성경』의 인물을 참고하여 중국과 서양의 역대(歷代) 성인(聖人)을 비교하였다.(표7 참조)[66]

대응번호	『성경』의 인물	중국의 성인
1	아담(Adam, 亞當)	반고(盤古)
2	셋(Seth 塞特)	천황(天皇)
3	에노스(Enos, Enoch 以諾)	지황(地皇)
4	카이난(Cainan, Cain 該隱)	인황(人皇)
5	마할랄렐(Mahalalel 瑪勒列)	유소(有巢)
6	야렛(Sared, Jared 撒拉)	수인(燧人)
7	에녹(Enoch 赫諾格)	복희(伏羲)
8	메두셀라(Mathusale 馬太)	신농(神農)

---

64 (晉)皇甫謐(1985), p. 2.
65 Bouvet, 『易鑰』, BAV, Borgia·Cinese, 317(2), p. 8.
66 ARSI, Japonica·Sinica, IV5, p. 43.

| 9 | 라멕(Lamech 拉麥) | 황제(黃帝) |
| 10 | 노아(Noah 諾亞) | 제요(帝堯) |

〈표7〉 부베의 중국과 서양의 역대 성인 비교표

위의 표를 보면 부베가 에녹과 복희를 모두 선사로 지목했음을 알 수 있다. 부베는 『대역원의내편』에서 "동쪽에서는 포희씨라고 전해지고, 서쪽에서는 에녹이라고 전해졌다[在東傳爲包義氏, 在西傳爲赫諾格]"라고 하였다.[67] [그런데 부베에 따르면 포희씨, 에녹] 두 사람은 사실은 같은 사람이다. (부베가 주로 언급하는) 에녹은 아담의 셋째 아들 셋(Seth)의 자손이니, 그는 곧 야렛(Jared)의 아들이자, 노아의 증조부가 된다. 반면에 지황에 해당하는 에노스(Enos)는 아담의 손자이며, 카인의 아들이다. 영문 철자는 에녹과 같으나, 카인의 아들 에노스와 야렛(Jared)의 아들 에녹은 실제로는 다른 사람이며, 부베가 주로 언급하는 인물은 야렛의 아들이며, 노아의 증조부인 에녹이다.[68] 부베는 다음과 같이 말했다. "무리로부터 뛰어난 한 사람이 있어서, 총명하고 지혜로운 성인이 나왔으니, 그의 이름은 에녹이었다. 그 호칭이 트리스메기스투스, 즉 '세 배로 위대하다'이니, 중국의 태호(太昊) 복희씨와 같은 인물이다."[69] 하느님의 거룩한 사업과 "이루어진 모든 업적들, 도덕과 예절의 전적(典籍), 수학과 음악과 천문 등의 모든 과학 도구, 제기(祭器)의 신기(神器), 백공(百工)의 용구(用具)"[70] 등도 에녹의 공로 덕택으로 전해진 것이다. 에녹과 복희의 두 사람은 함께 일하면서, 하늘과 땅을 관찰하고, 경전을 쓰고 동양과 서양의 문명을 창조했다. "천문과 율려의 법칙을 새롭게 제정하고, 여러 종류의 과학을 연구하고, 심오하고 비밀스러운 비유로써 말을 지어내었

67　Bouvet,『大易原義內篇』, BAV, Borgia·Cinese, 317(9), p. 9.
68　어떤 학자는 "복희가 지역에 따라 아담, 노아, 에녹(Enoch, 카인의 아들)로 간주되었다."고 했는데, 이는 잘못된 것이다."(方嵐生(2013), p. 30. 참고)
　　원서: Perkins(2004), p. 25. (역주)
69　Prémare,『周易理數』, BAV, Borgia·Cinese, 361(4), p. 41.
70　Bouvet,『易鑰』, BAV, Borgia·Cinese, 317(2), p. 9.

으니, 성스러운 글을 새겨넣은 것이다."[71]

그 결과 부베의 중국신화 연구에서 복희는 가장 중요한 인물 중 하나가 되었으며, 부베는 "복희를 에녹과 같은 인물로 보게 되었다.[72] 이를 통해 복희의 정체성에 대한 인식은 부베의 문자 분석의 커다란 "성취(成就)"였으며, 동양과 서양의 성인을 통합하고, 중국에 서양의 경전이 전승되었을 가능성을 열었다는 것을 알 수 있다.

그 다음으로 부베는 『성경』의 구체적인 사건들을 통해 한자의 의미를 설명하였다. 그 가장 대표적인 예는 『구약·창세기』의 노아의 방주 이야기를 바탕으로 한자 '선(船)'자를 해석한 것이다. 그는 노아의 가족 여덟 사람이 탔던 배를 "내천하제일지선(乃天下第一之船(하늘 아래 첫째가는 배))"라고 하였고, '선(船)'자가 팔(八)·구(口)·주(舟)로 구성되어 있는 것은 바로 여기에 근거한다"고 주장하였다.[73] 따라서 주(舟)·팔(八)·구(口)의 세 가지 요소에 의해 형성된 선(船)자는 인간의 죄(罪)로 말미암아 하느님이 일으키신 대홍수에서 유일한 피난처가 되어 인류의 뿌리를 보전할 수 있었음을 암시한다.[74] 부베는 여기에서 한 걸음 더 나아가 노아의 여덟 가족(부모·3남·3녀)[75]이 팔괘(八卦)에서는 부(父)·모(母)에 해당하는 건(乾)·곤(坤), 그 부모가 낳은 진(震)·감(坎)·간(艮)의 삼남(三男)과 손(巽)·리(离)·태(兌)의 삼녀(三女)에 해당된다고 하였다. 하느님이 여덟 사람을 살려준 것은 인류의 종자(種子)를 보존해 주려는

71　Prémare, 『周易理數』, BAV, Borgia·Cinese, 361(4), p. 41.
72　柯蘭霓(2009), p. 197.
73　Bouvet, 『易鑰』, BAV, Borgia·Cinese, 317(2), p. 9. ARSI, Japonica, IV5, p. 51.
74　스탄다트의 책에서도 색은파의 문자분석에 대해 설명하고 있다. '선(船)'자를 '팔(八)'·'구(口)'·'주(舟)'의 세 개의 구성요소로 이루어진 글자로 분석함으로써 노아의 가족 8인이 홍수에서 구원을 받음을 예시(豫示)했다는 것으로 풀이하였다. 그 밖에도 '삼(三)'자가 삼위일체를 나타낸다는 것, '언(言)'자를 '구(口)'와 '이(二)'로 구성된 것으로 보고, 제2위의 성자(聖子)가 성부(聖父)의 입(口)으로 나왔다고 해석한 것, '천(天)'자를 '이(二)'와 '인(人)'으로 구성된 것으로 보고, 삼위일체의 제2위(第二位)를 상징한다고 본 것, '납(婪)'자를 두 사람의 '모(母)'와 '녀(女)'로 보고, 원죄를 저지른 이브(夏娃)를 상징한다고 본 것, '고(古)'자를 '십(十)'과 '구(口)'의 두 부분이 합성된 것으로 보고, 『구약』에서 성부(聖父)가 노아의 입을 빌려 하느님의 정해진 교의(教義)를 설명한 것 등이 있다. (Standaert(2001), p. 675 참고)
75　노아의 가족 여덟 명은 노아(Noah), 노아의 부인, 노아의 세 아들 셈(Shem)·함(Ham)·자페드(Japheth), 그리고 세 아들의 부인이다. (역주)

인자(仁慈)한 마음을 나타낸 것이며, 아울러 옛부터 전해 내려온 『성경』을 '불간지서(不刊之書)', 즉 '시대를 초월하여 전해지고, 길이길이 전할 불후(不朽)의 영원한 진리의 경전'으로 삼으려고 한 것이다.

이와는 반대로 부베는 『역경』에 나오는 특정한 자의(字義)를 사용하여 『성경』에 나오는 인물의 형상(形象)을 설명하기도 하였다. 예를 들면, 준괘(屯卦) 육이(六二)의 "혼구(婚媾)"의 사건을 이용하여 인류의 조상이 하느님에게 죄를 짓고, 그 죄가 후대의 자손들에게 영원토록 연루되었으나, 하느님이 인애(仁愛)하는 마음 때문에 차마 사람들을 버리지 못하여 인간 중에서 동정녀 마리아를 선택하여, 신혼(神婚)의 기간에 성자(聖子)를 내려 보내서 혼구를 성사시킨 것이다. 그리고 부베는 준괘 육이(六二)의 효사, "여자가 정절을 지켜 자식을 낳지 못하다가, 10년만에 자식을 낳게 된다[女子貞不字, 十年乃字]"에서 "10"에 대해 설명하면서, 『역학외편(易學外篇)』의 "10년이 되면, 10에서 수(數)가 끝나고, 리(理)가 극에 다다른다[至于十年, 數窮理極]"[76]라는 구절과 공영달의 『주역정의』의 소(疏)에서 "10은 수의 끝이니, 수가 그 끝에 다다르면, 변하게 된다. 그러므로 '십년'이라고 한 것이다[十者數之極, 數極則變, 故云, '十年'也]"[77]라는 구절을 인용했다. 이것은 성모(聖母)의 지극히 순결한 정도를 묘사한 것이며, 성모 마리아가 아기를 임신하게 된다는 것과 구세주가 도래할 것임을 암시한 것이다.

셋째, 부베는 형이상학적 의미를 지닌 단어에 대하여 글자 그대로의 의미를 강조하였다. 예를 들어 '천(天)'자는 체일위삼(体一位三)의 사상을 함축하고 있는데, 그것은 '천(天)'자가 '이(二)'와 '인(人)'의 두 가지 요소로 구성되어 있는 것으로 보았기 때문이다. '이(二)'는 '성삼일(聖三一)' 사상에서 제2위를 대표하니, 이것은 곧 성자(聖子)를 의미한다. 성자가 강생하여 사람이 되었으니, 이것이 '천(天)'자를 통해 표현하고자 하는 바가 된다.

76　Bouvet, 『易稿』, BAV, Borgia·Cinese, 317(7), p. 2.
77　(魏)王弼(1999), p. 36.

한편, '주(主)'자의 옛 글자(古字)는 '주(ヽ)'인데, '주(ヽ)'는 그 자체로 독립적 의미를 지닌다. 문자의 첫 부분 '주(ヽ)'는 주인(主)을 뜻하며, 일(一), 이(二), 삼(三)이 아직 나눠지기 이전의 일(一), 즉 삼위일체(三位一體)의 일(一)이다. "ヽ, ヽヽ, ヽヽヽ은 일(一), 이(二), 삼(三)이다. 일(一), 이(二), 삼(三)은 일본양원(一本兩元)이니, 일본양원은 『역』에서 삼위일체의 태극이 말미암는 바가 된다."[78] 다른 한편으로, "주(ヽ)"는 또 다른 단어를 구성한다. 예를 들어 "태(太)"라는 단어는 "대(大)"와 "주(ヽ)"로 구성된다. 단어의 원래 의미에 따르면 "대(大)"는 가장 큰 것을 의미하고, "주(ヽ)"는 하나(一)이며, (삼위일체로서) 삼일(三一)이다. 그러므로 "태(太)"는 선천의 근본이며 주재(主宰)가 된다. 이것은 지극히 존귀한 지위[至尊之位]의 성자(聖子) 예수가 인간으로 태어나기를 원해서 강생하여 지극히 겸손하고 작은 존재가 되어, 하느님이 후천세계를 다시 만드실 능력을 보여주실 것을 죄인을 위해 무릎을 꿇고 기도하는 모습을 형용한다. 따라서 "태일함삼(太一含三)"은 성부·성자·성령의 삼위가 하나로 합쳐져서 삼위일체가 된 위대하신 주님[大主]을 가리킨다.

마지막으로 부베는 괘효사에 대한 구체적인 해석에서 핵심 단어들에 대한 해석을 시도하였다. 앞서 언급한 바와 같이 부베는 수괘(需卦)의 수(需)자가 '유(儒)'자와 연계되어 있으며, '언(言)'자는 '신(信)'자와 연계되어 있다고 믿었다. 유자(儒者)에는 반드시 필요로 하는 사람[以需其人]이라는 뜻이 있으니, 수(需)자에는 구세주를 기다린다는 뜻이 함축되어 있다. 따라서 구세주를 기다리는 사람[需人]이 바로 '유(儒)'가 된다. 여기에서 "후세 사람이 그 말을 듣고 믿으면, 모두 신자(信者)가 될 것이다"[79]고 하였으니, 『성경』에서 말하는 말씀[言]은 첫째, 하느님의 입으로 말씀하신 성약(聖約), 거룩한 율법(聖律), 전장(典章) 등 법규(法規)와 계명(誡命)을 가리키며, 둘째, 구세주 예수

---

78 Bouvet, 『易稿』, BAV, Borgia·Cinese, 317(7), p. 41.
79 Bouvet, 『易稿』, BAV, Borgia·Cinese, 317(7), p. 8. 另外參見羅馬耶穌會檔案館, Japonica·Sinica IV, 5, p. 143

의 탄생 이후에 하느님을 대신해서 하는 말씀을 가리킨다. 아우구스티누스의 관점에서는 "성자(聖子)를 곧 말씀, 즉 로고스(Logos)라고 하는데, 여기에서 로고스는 곧 '말하다(說)'를 의미한다. 무릇 말씀(說)으로부터 나온 것에는 그 말하는 것의 대상이 있으니, 성자의 '말씀이 이루어져서 육신이 된 것'이다."[80] '인(人)'자는 대(大)와 소(小)의 두 가지로 나뉜다. '인(人)'자의 큰 것(大)은 지존(至尊)의 상주(上主)이고, 제천(帝天)의 군부(君父)이니, "일(一)과 인(人)을 합쳐서 대(大)가 되고, 일(一)과 대(大)를 합치면 천(天)이 되니, 지극히 존엄하여 더이상 그 위에 다른 존재가 없는 자의 호칭이다[尊無二上之號]".[81] 작은 것(小)은 다시 둘로 나뉘는데, 모두 대인(大人)의 상대적 개념이다. 첫째는 오만해서 하느님에게 반항하는 소인(小人)으로서 인류의 조상이 하늘에 죄를 지어 본래 갖고 있던 대인의 본성을 잃어버린 것을 상징한다. 둘째는 겸손하고 순종하는 소인(小人)으로서 구세주 예수가 하느님으로부터 명을 받아 강생하여 사람이 된 것이니, "선천 대인의 착한 본성을 다시 회복한 것[以復得先天大人之元良]"이다.[82]

부베는 '인(人)'자를 기초로 삼아 '목(木)'자를 예수의 상징으로 간주했다.

첫째, '목(木)'은 봄의 생명이며, 만물이 새 싹을 내고, 인덕(仁德)의 형상이다. 예수는 크고 어진 덕[洪仁之德]을 세워서 이전과 이후의 만민(萬民)의 죄(罪)를 대신해서 속죄(贖罪)한 까닭에 '목(木)'으로써 십자가 위의 예수가 세상의 구원하고, 세상을 다시 새롭게 만든 공로를 세운 것을 묘사한 것이다.

"예수는 아버지(聖父)의 명령에 순종하여, 십자가를 지고, …… 예수가 십자가에 못박혔을 때는 춘분(春分) 정오(正午) 기망(旣望, 음력으로 매달 16일)이었고, 대세지추(大歲之秋)에 권세가 균형을 되찾았으니, 원길(元

80　奧古斯丁(2005), p. 15.
81　Bouvet, 『大易原義內篇』, BAV, Borgia·Cinese, 317(9), p. 8
82　Bouvet, 『大易原義內篇』, BAV, Borgia·Cinese, 317(9), p. 8

吉)의 상(象)이다."(『역약(易鑰)』)[83]

둘째, '목(木)'은 '대(大)'와 '십(十)'의 합성어로서 '대(大)'의 구성요소인 인(人)은 구세주 대인(大人)으로서 십자가를 짊어진 지극한 인(仁)의 목덕(木德)을 지닌 왕이다. 그 '목(木)'은 만민의 죄를 갚기 위하여 예수가 수난을 당한 것을 상징한다. 부베는 건괘 구오효에서 "그때 세상을 구원할 위대한 성인이 십자가에 매달리는 고난을 통해 새로운 창조의 중심(樞紐)이 되었다[時乃救世大聖, 乘苦懸十字, 再造化之樞紐]"[84]라고 언급하였다. 이것은 예수가 안팎으로 열심히 수고롭게 일하고, 위로는 제천(帝天) 성부(聖父)의 정의로운 분노를 멈추게 해서, 세상 사람들의 죄를 씻어주고, 아래로는 세상 사람들이 지나간 날들의 잘못을 뉘우치고, 하느님의 힘으로 선한 존재로 변화시켜서, 후천 세계를 새롭게 창조하신 공을 성취하신 것이다.

또 익괘(益卦)의 상(象)은 상괘(上卦)는 손(巽)이고, 하괘(下卦)는 진(震)이니, 바람과 천둥이 요란하게 부딪치는 형상이다. 이것은 성자 예수가 후천의 도를 열라고 한 성부의 명을 받들어, 사람들로 하여금 하느님께서 세상을 다스리는 근본법칙을 받아들이게 한 것과도 같고, 또 태양의 바퀴[日輪]가 북쪽으로부터 구르기 시작하여, 사람들 마음을 바로잡는 기본 법칙을 밝혀서 알려준 것과 같다.

여기서 부베는 북두(北斗)의 '두(斗)'자를 '이(二)'와 '십(十)'으로 구성된 것으로 보고 해석했다.[85] 이것이 상징하는 것은 (삼위일체에서) 하느님의 제2

---

83 Bouvet, 『易鑰』, BAV, Borgia·Cinese, 317(2), p.13.
84 Bouvet, 『大易原義內篇』, BAV, Borgia·Cinese, 317(9), p.13.
85 허신(許愼)은 『설문해자·서(敍)』에서 '두(斗)'의 속자(俗字)에 대해 설명하면서, '사람(人)'이 '십(十)'을 잡은 것을 '두(斗)'라고 한다고 하였다. 이것은 동한시대의 사람들이 '두(斗)'자에 대해 가졌던 잘못된 속설(俗說)을 전해준다. (염정삼(2007), p.680) 부베도 역시 '십(十)'을 '두(斗)'의 구성요소로 보았는데, 이것은 어원학적으로 볼 때 분명히 잘못된 견해이다. '두(斗)'자는 갑골문과 금문에서 긴 손잡이[柄]가 달린 국자의 형상을 하고 있다. 두(斗)자가 커다란 국자의 모양을 나타내기 때문에, 하늘에 일곱 개의 별이 커다란 국자 모양으로 무리를 이룬 모양을 斗, 즉 북두성(北斗星)이라 했다. 두(斗)는 고대에 술을 담거나 곡식의 양을 재는 기구였으므로, 용량의 단위라는 의미가 파생되었다. (허신(2022), p.4078) (역주)

위의 성자가 의(義)와 인(仁)으로 이루어진 후천의 도를 세우기 위해 십자가를 짊어진 것을 상징한다. 성자 예수는 사람들을 올바른 길로 인도하고, 근본으로 되돌아가게 함으로써 그 올바른 방향을 회복하고 모든 선으로 이어지는 길을 열어준 것이다.

부베는 비괘(否卦)의 '비(否)'자에 대해서는 "구(口)와 인(人)이니, 입(口)이 없으면 사람(人)이 아니다"[86]라고 해석하였다.[87] '구(口)'는 사람의 입의 형태를 상징하며, 사람을 나타낸 것이다. 입이 없다면 사람이라고 할 수 없다.

"비지비인(否之匪人)"의 '비(匪)'는 "사람이 지켜야 할 도리를 지키지 않은 사람이 나라를 망치는 것[非人破國]"을 상징한다. 인류의 조상이 하늘에 죄를 지어, 인자(人子)로서 가야 할 길을 따르지 않고, 선천국가(先天國家)의 원길(元吉)을 파괴하고, 천하를 나라 없음에 이르게 한 것을 암시한다.

따라서 우리는 부베의 한자 해석은 한편으로 괘효의 본래 의미를 따르면서, 다른 한편으로 『성경』에서 나타난 기독교의 종교적 상징성을 부여했다는 것을 알 수 있다.

---

[86] 『설문해자』에서는 "부(否)는 '아니다'의 뜻이며, '구(口)'가 의미부이고, '부(不)'도 의미부이다. (否, 不也, 从口从不)라고 하였다. 그리고 단옥재(段玉裁) 주(注)에서는 "구(口)와 부(不)로 구성되어 회의(會意)이다. 부(不)는 소리부를 겸하지 않는다(从口从不, 會意, 不亦聲)"(허신(2022), p.399) 따라서 부(否)를 구(口)와 인(人)으로 구성된 글자로 보는 견해는 발견되지 않는다. 시라카와 시즈카는 부(否)를 구(口)와 부(不)로 구성된 회의(會意)자라고 하고, 구(口)는 신에게 바치는 축문(祝文)을 넣은 그릇이라고 하였다. 축문을 외치며 신에게 기도하여 신이 승낙하지 않는 것을 부(否)라고 하여, '아니다', '부정하다', '그렇지 않다', '없다' 등의 뜻이 된다고 하였다. (시라카와 시즈카(2021), p.408) (역주)

[87] Bouvet, 『易鑰』, BAV, Borgia·Cinese, 317(2), p.18.

제3절
수리(數理)와 도상(圖像) ― 「천존지비도(天尊地卑圖)」를 바탕으로

부베의 원고를 보면 『역경』을 해석하기 위해 산술(算術)·도상(圖像)·천문(天文)·음악(音樂) 등과 관련하여 수학 지식을 활용하였음을 알 수 있다. 그러한 지식들은 부분적으로 부베가 예수회 학교에서 받았던 엄격하고 체계적인 수학 학습을 통해서 얻은 것이다. 산술·기하(幾何)·천문·음악 등은 전통교회의 학교에서 모두 수학 학과에서 공부하던 수업과목이었다. 또 부베는 그 자신이 수학 지식에 대한 깊은 관심과 뛰어난 연구 수준을 가지고 있어서 발군의 실력을 발휘할 수 있었다. 그는 국왕수학가로 중국에 와서 북경의 자금성에 머물렀다. 그는 강희제의 선생이 되어 프랑스의 예수회 학자 파르디(Ignace Gaston Pardies, 巴蒂, 1636-1673)의 『기하학 원리』(Éleméns de Géométrie)를 교재로 사용해서 강희제에게 기하학을 가르쳤다. 마침내 강희제는 기하학의 원리에 정통하게 되었을 뿐 아니라, 비례(比例)와 (원을 그리기 위한 도구인) 콤파스(compass, 規) 등의 조작법과 그 밖에 주요 수학(數學)의 기(儀器)들의 용법과 몇 종류의 기하학과 산술의 응용법 등에 숙달하게 되었다.[88]

이 문제와 관련해서 조나단 스펜스의 책 『중국의 황제: 강희제의 자화상』(Emperor of China: Self-Portrait of K'ang-hsi)의 기록을 참조할 수 있다. "나는 예수회 신부인 토마스 페레이라, 제르비용, 부베에게 만주어를 공부하라고 교지(敎旨)를 내렸다. 그리고 서양의 산술과 유클리드 기하학에 관한 논문을 한 편 써서 필사하도록 했다. 1690년 초에 나는 종종 그들과 함께 하루에

---

[88] 白晉(1981), p.34.

몇 시간씩 서양의 기하학을 공부했다."[89]

다른 한편으로『역경』은 그 자체로 "도서지학(圖書之學)"을 포함한다. 『역경』의 내용은 대부분 부호(符號), 도형(圖形), 수리(數理), 문자(文字)의 형태로 표현되며, 그 안에 위대한 철학, 산수, 기하학, 음악, 천문학 및 기타 중요한 이론이 담겨 있다. 남회근(南懷瑾)은『주역금주금역(周易今注今譯)』에서 역학을 양파십종(兩派十宗)으로 개괄했다. 여기서 양파는 상수역학과 의리역학을 가리키고, 십종은 점복(占卜)·재상(災祥)·참위(讖緯)·노장(老莊)·유리(儒理)·사사(史事)·의약(醫藥)·단도(丹道)·담여(堪輿)·성상(星相)을 가리킨다.[90]『역경』이 다루고 있는 범위가 넓다는 것을 알 수 있습니다.

또한 후대에『주역』경전을 해석할 때, 상수의 학문을 문자가 아닌 수단으로 사용하는 데 익숙해졌다. 왕필은 일찍이 "득의망상(得意忘象)"의 이론을 제출하여, 괘상(卦象)과 언어의 부호(符號)를 인문적 방법으로 해독하면, 더 이상 냉랭한 기호나 무의미하게 그은 선이나 낙서가 아니라, 그 안에 담긴 뜻을 나타낼 수 있다고 했다. 단지 "말을 찾아서 상을 보고, 상을 찾아서 의를 본다[尋言以觀象, 尋象以觀意]"[91]고 할 뿐 아니라, "뜻을 얻는 것은 상을 잊음에 있고, 상을 얻는 것은 말을 잊음에 있다[得意在忘象, 得象在忘言]"[92]고 하였다.

역학에서 상학(象學)의 대표적 사례는 주돈이의「태극도(太極圖)」이며, 수학(數學)의 대표적 사례는 소옹(邵雍)의 "선천지학(先天之學)"이다. 유목(劉牧)이 지은「역수구은도(易數鉤隱圖)」는 더욱 철저히 수학의 경우라고 할 수 있다.[93] 따라서 부베가『역경』에 수학을 응용한 것이 그의 특기 중 하나임을 알 수 있다. 둘째로『역경』의 해석법칙과 일맥상통한다. 그래서 수리(數

89　史景遷(2001), p. 111.
90　南懷瑾·徐芹庭(2009), pp. 9-10 참고.
91　(魏)王弼(2012), p. 285.
92　(魏)王弼(2012), p. 284.
93　鄭吉雄(2008), p. 92.

理)와 도상(圖像)으로 『역경』을 해석하여 인정을 받았다. "부베가 『역경』을 연구한 일정표(日程表) 및 강희제가 부베의 연구논문을 읽은 후에 내린 어비 (御批)를 보면, 그 주요 내용은 『역경』에 포함된 수학 문제와 관련된 것이었다.[94] 수리(數理) 방면에서 부베는 "수학이 천주의 세계를 설계한 의도를 반영하는 종교과학이라고 믿는다"라고 말했다.[95] 그는 특히 이진법의 사용을 중요하게 간주해서, 복희의 64괘와 이진법을 통합했다. 그의 관점은 라이프니츠에 의해 인정되고 지지를 받았다.[96]

부베는 라이프니츠에게 보낸 편지에서 고대 중국의 철학이 현재의 『역경』의 도표(圖表)에 형상화되어 있다고 말했다. 한편 부베는 라이프니츠가 말한 물질과 추력(推力) 등 자연법칙은 『역경』의 음양(陰陽)과 동정(動靜)의 변화와 같다고 주장했다.[97] 한편 부베는 소옹의 「선천도(先天圖)」의 괘서(卦序)와 라이프니츠의 이진법(二進法)의 산술의 순서를 연계시켜서 양자의 유사성을 증명하고, 편지의 끝에 「복희육십사괘차서도(伏羲六十四卦次序圖)」와 「복희육십사괘방위도(伏羲六十四卦方位圖)」의 도표를 첨부했다. 라이프니츠는 부베가 보낸 도표에 의거해서, 1703년에 파리 학술원에서 발간되는 학술지 『왕립과학원사』(Histoire de l'Académie Royale des Sciences)에 부베가 보내준 소옹의 괘도에 근거해서 1703년에 「0과 1이라는 문자만을 사용하는 이진법의 설명, 그 유용성에 대한 주석과 복희의 중국 고대 도상의 의미에 대한 해석과 함께」(Explication de l'arithmétique Binaire, qui se sert des seuls caractères 0 et 1 avec des remarques sur son utilité et sur ce qu'elle donne le sens des anciennes figures chinoises de Fohy)라는 논문을 발표하였다.[98] 이 논문은

94　柯蘭霓(2009), pp. 10-11.
95　張國剛·吳莉葦(2003).
96　柯蘭霓(2009), p. 42 참고.
97　胡陽·李長鐸(2006), p. 42.
98　이 글은 『왕립 학술원 연보』(Histoire de l'Académie Royale des Sciences) 1703년호(Ann MDCCIII.)에 발표되었으며, 원고 접수일은 1703년 5월 5일, 출판일은 1705년이다.

이진법의 산술과 역경의 팔괘도(八卦圖)와의 관계를 설명한 것이다.[99]

도상과 관련해서 부베가 가장 기초로 삼은 것은 천·인·지 삼극(三極)의 관계를 다룬 도표인 「삼재도(三才圖)」였다. 그 다음으로 부베는 『하도밀법(河圖密法)』과 『낙서밀법(洛書密法)』을 저술하여 「하도」와 「낙서」의 기원에 대해서 다루었고, 더 나아가 주돈이의 「태극도」 및 「천존지비도」에 대해서도 상세히 설명했다. 그리고 소옹의 「복희팔괘방위도(伏羲八卦方位圖)」·「문왕팔괘방위도(文王八卦方位圖)」·「복희육십사괘차서도(伏羲六十四卦次序圖)」·「복희육십사괘방도(伏羲六十四卦方圖)」·「복희육십사괘원도(伏羲六十四卦圓圖)」 등에 대해서도 모두 연구했다. 그 원고는 로마의 예수회 문서 아카이브에 보관되어 있으며, 그 기본적 서지 정보는 다음과 같다.[100]

A 「천존지비도」
A1 「당일월철감(唐日月鐵鑑)」,(「당십이진철감(唐十二辰鐵鑑)」, 「당이십팔수철감(唐二十八宿鐵鑑)」, 「수십육부철감(隋十六符鐵鑑)」
A2 「영귀부도서(靈龜負圖書) 한귀사연적일(漢龜蛇硯滴一)」, 「용마부도서(龍馬負圖書) 한귀사연적일(漢龜蛇硯滴一)」
A3 「하도(河圖)」, 「낙서(洛書)」, 「건곤(乾坤)」(도표 일곱 개)
A4 「하도(河圖)」, 「낙서(洛書)」, 「음양도(陰陽圖)」(도표 일곱 개)
A5 「하도(河圖)」, 「낙서(洛書)」(도표 네 개)
B1 「태극도(太極圖)」, 「하도(河圖)」, 「낙서(洛書)」(도표 여섯 개)
B2 주렴계태극도(周濂溪「太極圖」), 「천간지지표(天干地支表)」(도표 네 개)
C1 「하도팔괘효(河圖八卦爻)」

99　Wilhelm(1977), p.8.
100　여기에 언급된 도표는 로마에 있는 예수회 문서 아카이브(Jesuit Archives in Rome)의 ARSI, Japonica·Sinica, IV25-4, E-M. 에 있다. 그밖에 Chan(2002), p.554 참고. 호양(胡陽)과 이장탁(李長鐸)은 "부베가 라이프니츠에게 보낸 「복희육십사괘차서도(伏羲六十四卦次序圖)」는 현존 문헌 중에는 보이지 않는다"라고 하였는데, 잘못된 견해인 것 같다. (胡陽·李長鐸(2006), p.30)

C2 *Figura Tai-kie finesis*「태극도(太極圖)」

E 「복희육십사괘방원이도(伏羲六十四卦方圓二圖)」, 「하도(河圖)」, 「낙서(洛書)」, 「문왕팔괘방위도(文王八卦方位圖)」, 「복희팔괘방위도(伏羲八卦方位圖)」

F 「복희육십사괘원도(伏羲六十四卦圓圖)」, 「복희육십사괘방도(伏羲六十四卦方圖)」

G 「기하삼위도(幾何三位圖)」

H 「하도밀법(河圖密法)」(*Ho-t'u mifa*)

I 「낙서밀법(洛書密法)」(*Lo-xu mifa*)

J 「천존지비도(天尊地卑圖)」

K 「복희육십사괘차서도(伏羲六十四卦次序圖)」(*Fu-hsi liu-shih-ssu kua tz'u-hsu t'u*)

L 「복희육십사괘방원이도(伏羲六十四卦方圓二圖)」(*Fu-hsi liu-shih-ssu kua fang yuan erh t'u*)

M 「문왕육십사괘원도(文王六十四卦原圖)」(*Wen-wang liu-shih-ssu kua yuan t'u*)

부베는 예수회 문서보관소에 소장된 『흠정일강역경강의(欽定日講易經講義)』[101]에 수록된 여러 도표들 이외에도 이광지가 편찬한 『주역절중(周易折中)』(2권) 및 장황(章潢, 1527-1608)의 『도서편(圖書編)』(7권)을 가장 많이 인용했는데,[102] 그 도표에 모두 인용표시가 있다. 예를 들어 부베는 『역인』과 『역학외편』에서 장황의 『도서편』에 나오는 「삼재도(三才圖)」를 여러 차례 인용했을 뿐 아니라[103] 『주역절중』의 「가배변법도(加倍變法圖)」, 「대연구고지원

---

101 『봉지간행일강역경해의』의 말미(末尾)에 첨부된 도표와 로마의 예수회아카이브, ARSI, Japonica·Sinica, I(18) 참고.
102 『봉지간행일강역경해의』는 BAV, Rac·Gen·Or. II, 1138과 ARSI, Japonica·Sinica, I(18)에 보인다. 『周易折中』은 BAV, Borgia·Cinese, 69-70에, 『圖書編』은 BAV, Borgia·Cinese, 103-107에 보인다.

(大衍句股之原)」도[104] 인용하고 있다.[105] 부베는『역경』의 심오한 의미를 이해하기 위하여 도상을 사용하여 해석하는 방법을 매우 즐겼다. 그 가운데「천존지비도」는 수학의 방법을 사용하여 역학을 연구한 전형적 사례이다.

『천존지비도』[106]의 명칭은「역전(易傳)」의 "천존지비, 건곤정의, 비고이진, 귀천위의(天尊地卑, 乾坤定矣. 卑高以陳, 貴賤位矣.)"의 구절에서 나왔다. 그 가운데 "천존지비"라는 말은 천지인 삼재의 도가 일체가 된다는 뜻을 함축하고 있다. 역학의 옛 그림들을 조사해 보면,『천존지비도』라는 명칭을 사용한 선례로는 원대(元代)에 장리(張理)[107]의「대역상수구심도(大易象數鉤深圖)」(그림22)가 유일하다.[108]

해설 : 1에서 10까지 천(天)의 존귀함은 위에 있고, 지(地)의 비천함은 아래에 있다. 존귀함은 건(乾)의 자리이니, 아비(父)가 되고, 지아비(夫)가 된다.

---

103 (明)章潢(1971), pp.872-873. "前易引首節引『圖書編』『三才圖』". (Bouvet,『易學外篇』, BAV, Borgia·Cinese, 317(10), pp52-53) "『圖書編』尚存『天地人三才古圖』". (Bouvet,『易經總說稿』, BAV, Borgia·Cinese, 317(3), p.12) "『圖書編』『三才圖』乃天地人三才各一太極也". (Bouvet,『易考』, BAV, Borgia·Cinese, 317(4), p.3)

104 「가배변법도」와「대연구고지원」의 도표는「주역절중」에 있는 도표이다. 그러나 이 도표는 이광지가 부베의 도표를 가져서 삽입한 것으로 보인다. (방인,「『주역절중·계몽부론』을 통해서 본 동서문화접변」,『한국실학연구』46호, 2023, pp.462-465) (역주)

105 (清)李光地(1990), p.552, p.546; Bouvet,『易經總說稿』, BAV, Borgia·Cinese, 317(3), p.12 참고.

106 알버트 찬은 부베의『천존지비도』(All Illustration showing God's dignity above all creatures on earth)를 이렇게 설명했다. "상단의 삼각형 옆에는 '천(天, 하늘)'이라는 글자가 있으며, 이는 검은 원으로 둘러싸여 있다. 하단의 삼각형 옆에는 '지(地, 땅)'라는 글자가 있고, 마찬가지로 검은 원으로 둘러싸여 있으나 내부는 옅은 색으로 칠해져 있다. 중간 삼각형 옆에는 '인(人, 사람)'이라는 글자가 있으며, 이는 원으로 둘러싸여 있는데, 내부의 절반은 검게 칠해져 있다. 이는 사람이 하늘과 땅 사이에 위치함을 나타낸다." Chan(2002), p.549 참고.

107 장리(張理): 원대(元代)의 역학사상가. 저서로『역상도(易象圖)』(三卷),『대역상수구심도(大易象數鉤深圖)』(三卷),『역상도설외편(易象圖說外篇)』등이 있다.「하도」와「낙서」에 관한 진단, 유목(劉牧), 소옹(邵雍), 채원정(蔡元定)의 학설을 받아들이고, 주돈이의「태극도」, 소옹(邵雍)의「선천도」와「후천도」를 받아들여서 이 도설들을 하나로 결합하여, 음양오행을 기본구조로 하는 새로운 도식을 제기하였다. (주백곤(2012), pp.79-82) (역주)

108 『천존지비도(天尊地卑圖)』는 부베 이전에도 있었다. 즉『천존지비도』는 장리의『대역상수구심도(大易象數鉤深圖)』에도 나온다.『사고전서총목(四庫全書總目)』에 따르면『대역상수구심도』는 원대(元代)의 연우(延祐) 연간(年間: 1314-1320)에 활동했던 장리의 저서로 되어 있다. 그러나 곽욱(郭彧)은『천존지비도』가 송대(宋代)의 양갑(楊甲, 約. 1110-1184)의『육경도(六經圖)』가운데 하나의 도표라는 것을 고증했다. (郭彧, 周易圖像集解, 華齡出版社, 2019, pp.195-196) 어쨌든 양갑(楊甲)의『천존지비도』와 장리의『천존지비도』는 완전히 같은 도표이며, 양갑이 장리보다 이전 시대의 인물이라는 것이 분명하므로,『천존지비도』를 양갑(楊甲)의 도표로 간주하는 것이 옳다. (방인,「『주역절중·계몽부론』을 통해서 본 동서문화접변」,『한국실학연구』46호, 2023, pp.459) (역주)

비천함은 곤(坤)의 자리이니, 신하가 되고, 어미가 되고, 아내(婦)가 된다. 이것은 모두 천존지비(天尊地卑)의 뜻에서 나온 것이다. 그러므로 『역경』에 "천존지비, 건곤정의(天尊地卑, 乾坤定矣.)"라고 한 것이다.[自一至十, 天尊于上, 地卑于下, 尊者, 乾之位, 故乾之君, 爲父, 爲夫; 卑者, 坤之位, 爲坤爲臣, 爲母, 爲婦, 皆出于天尊地卑之義也. 故曰：天尊地卑, 乾坤定矣.][109]

〈그림22〉장리(張理)의 「대역상수구심도(大易象數鉤深圖)」

부베가 장리의 『대역상수구심도』를 인용한 것은 아직 발견되지 않았다.[110] 그러나 확실한 것은 부베가 「천존지비도」의 연구에 비상한 관심을 기울였다는 점이다. 한편 「천존지비도」는 그의 작품에 단독으로 등장할 뿐만 아니라 (바티칸도서관 Borgia·Cinese, 361-10 (C) IV, Jesuit Archives Japonica·Sinica, IV 25-1), 바티칸도서관에 소장된 중국어로 쓰인 부베의 역학 저서, 『역학외편』의 핵심 내용이기도 하다. 한편 「천존지비도」는 부베가 강희제에게 바친 『역경』 연구의 성과물이기도 하다. 강희제는 어비 가운데 여러 차례 「천존지비도」를 언급했다.[111](모두 4차례)

109　施維(2005), p.337.
110　(宋)劉牧·(元)張理(2020); 劉牧(2019). (역주)

부베의 저술 가운데 「천존지비도」는 모든 수(數)와 상(象)의 으뜸이 된다.[112] 『역경』의 괘효의 수는 모두 그 유래하는 바가 있다. "복희씨가 괘를 긋고, 『역』을 지었을 때, 그 선천의 수·상에 관한 도표는 64괘에서 완성되며, 원도(圓圖)와 방도(方圖)의 두 도표의 수·상은 모두 「천존지비도」에 갖추어져 있다."[113] 복희를 작자로 하여 「천존지비도」로부터 건(乾)의 삼기(三奇)와 곤(坤)의 삼우(三偶), 육효(六爻)의 삼극(三極)의 도(道)를 이끌어내어 팔괘의 소성괘와 64괘의 대성괘의 도를 생성시키고, 선천 64괘의 방도와 원도의 두 개의 도표를 이루었다. 이로써 천지의 음·양을 나누고, 만방의 존·귀의 지위를 이루었으며, 하늘의 역법(曆法)과 땅의 기율(紀律)을 정하고, 음악과 율려(律呂)의 근본이 되었다.

우선 「천존지비도」의 이론적 기초는 「주역·계사 하」에서 말한 "유천도언, 유지도언, 유인도언(有天道焉, 有地道焉, 有人道焉)"의 삼재의 원리에 있다.[114] 이것은 천지 사이에 깃든 공간적 의미 뿐 아니라, "하늘과 땅이 먼저 있은 뒤에 만물이 생겨난다[有天地, 然後, 萬物生焉]"라는 만물의 창조와 발전의 질서정연한 논리적 순서를 의미한다.[115] 하늘은 세상을 덮어주고, 땅은 만물을 실어주며, 이간(易簡)의 원리가 천지를 관통하니, 인간은 남자와 여자로 나뉘고, 사물은 나뉘어 차별적 만물이 되어, 천지의 조화를 얻으니, 이에 따라 낳고, 또 낳아 천지를 만들어낸다. 「천존지비도」의 도상이 기초로 삼은 것은 「삼재지도(三才之圖)」이다. 장황의 『도서편』에는 「삼재고도(三才古圖)」라는 도표가 있어 천지인의 모습을 보여준다.[116] 서근정(徐芹庭)의 『역도원류(易圖源流)』에 「삼재지도」(그림23)[117]가 있고, 원대(元代) 장리의 『역상도설(易象

---

111 Bouvet, 『易考』, BAV, Borgia·Cinese, 317(4), p. 22.
112 Bouvet, 『易鑰』, BAV, Borgia·Cinese, 317(2), p. 7 참고.
113 Bouvet, 『易考』, BAV, Borgia·Cinese, 317(4), p. 6.
114 (魏)王弼(1999), p. 375.
115 (魏)王弼(1999), p. 394.
116 Bouvet, 『易經總說稿』, BAV, Borgia·Cinese, 317(3), p. 4.
117 徐芹庭(2008), p. 520.

圖說)』, 래지덕(來知德)의 『주역채도(周易采圖)』,[118] 장황의 『도서편』 등의 책에도 이 도표가 나온다.

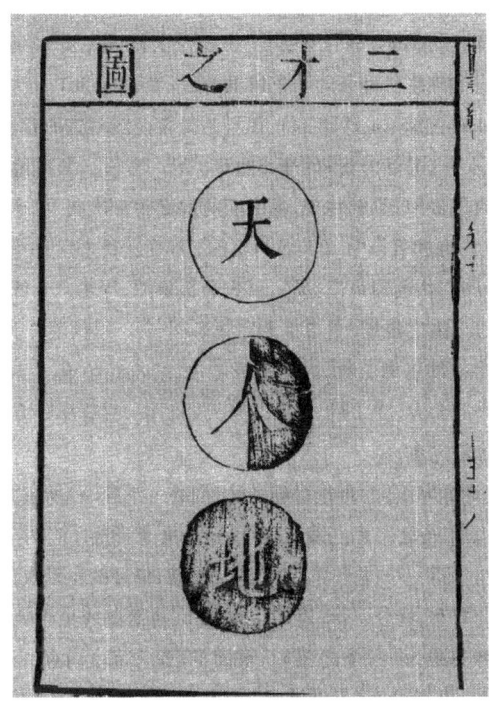

〈그림23〉「삼재지도(三才之圖)」

장황의 『도서편』[119] 가운데 제1단은 장리의 『역학도설외편(易學圖說外篇)』[120]과 더불어 완전히 동일하다. 그 근거는 모두 소옹(邵雍)·한유(韓愈)·정이(程頤)·정호(程顥) 등의 어구에서 단서를 얻어서, 천지인 삼재가 각각 하나의 태극이 된다는 것을 밝힌 것이다.

소옹: "하늘은 자시(子時)에 열리고 땅은 축시(丑時)에 열리고 사람은 인

---

118 高雪君(1988) 참고.
119 ARSI, Japonica·Sinica, IV5.
120 章潢(1971), pp.872-873.

시(寅時)에 태어난다. 하(夏)나라의 정월(正月)은 인월(寅月)로 하였으니 인통 (人統)이 되니, 『역』에 『연산(連山)』은 간(艮)으로써 머리로 삼으니, 간(艮)은 곧 사람이다." [하(夏)나라의 정월(正月)은 인월(寅月)로 하였으니 인통(人統)이 되며, 상(商)나라의 정월(正月)은 축월(丑月)로 하였으니 지통(地統)이 되고, 주 (周)나라의 정월(正月)은 자월(子月)이 된다.]

한유: "형이상자(形而上者)를 가리켜 천(天)이라 하고, 형이하자(形而下者)를 가리켜 지(地)라고 하며, 그 둘 사이에 명(命)을 받은 것을 사람이라 이른다."(『당송팔대가문(唐宋八大家文)』)

정이·정호: "천지가 교류하여, 만물이 그 가운데에서 생겨난 뒤에야 삼재가 갖추어진다. 사람은 가장 영특하기 때문에 만물의 우두머리가 되니, 천지의 가운데에서 태어난 것은 모두 사람의 도이다." 이와 같은 말을 글의 머리로 하여 천지인 삼재가 각각 하나의 태극이라고 설명하였다.

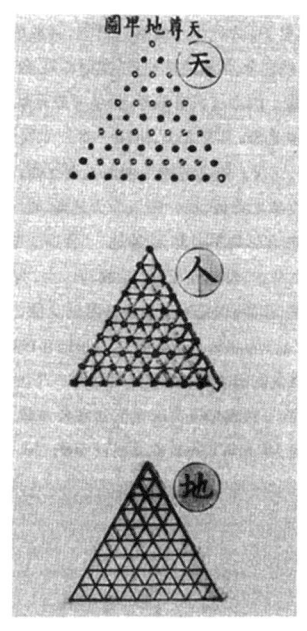

〈그림24〉 부베가 그린 「천존지비도(天尊地卑圖)」

부베의 『천존지비도』(그림24)[121]의 기본이념은 8괘의 3효 가운데 아래 획은 '지(地)'를 상징하고, 가운데 획은 '인(人)'을 상징하고, 위의 획은 '천(天)'을 상징하니, 합치면 천지인 삼재의 뜻이 된다. 64괘효 가운데 초효(初爻)와 제2효는 '지(地)'를 상징하고, 제3효와 제4효는 '인(人)'을 상징하고, 제5효와 상효(上爻)는 '천(天)'을 상징한다. 천도(天道)는 천(天)을 위주로 하고, 지도(地道)는 지(地)를 위주로 하여, 인도(人道)에 합치니, 셋(三)이 하나(一)로 합쳐져서, 천지인의 전체를 이루니, 이 하나(一)가 스스로 본체가 되며, 스스로 근원이 되는 태일(太一)이며, 또한 만수만상(萬殊萬象)의 조물주인 것이다.

하나(一)가 다시 둘(二)이 되고, 하나(一)와 둘(二)을 합쳐서 삼(三)이 되니, 이 세 개의 점(点)은 단지 일본(一本)과 이원(二元)의 셋[三]이 될 뿐 아니라, 성부·성자·성신의 삼위일체의 셋(三)이 된다. "천주의 『성경』에 비추어 보더라도 천하의 성학(聖學)의 근본은 삼역(三易)의 원의(原義)에 있다는 것이 다시 분명해 진다."[122]

이러한 기초위에서 수리(數理)의 측면에서 말해 보면, 「천존지비도」는 선천의 미변(未變)의 자연지상(自然之象)을 나타낸 것이며, 그 수는 1에서 시작하여 10에서 끝난다. 천수(天數)는 5이고, 지수(地數)도 5이니, 처음과 끝의 자연의 전체를 얻은 것이 된다. 천지의 10위의 수는 순서대로 곱하여, 최종적으로 얻는 수가 곧 선천미변시종지수(先天未變始終之數)가 된다.[123] 도상의 측면에서 말해 보면, 「천존지비도」는 만수만상의 근본인 하나(一)로부터 나뉘어져서 둘(二)이 되며, (하나와 둘이 합쳐져서) 「삼일지도(三一之圖)」를 이룬다. 「삼일지도」는 태극의 상과 만물의 심오함을 포용하니, 이로부터 나아가서 일본이원(一本二元)이 밖으로 발전하여 6이 되고, 다시 이로부터 사방으

---

121 施維(2005), pp. 319-320.
122 「三易原義之異」, Bouvet, 『大易原義內篇』, BAV, Borgia·Cinese, 317(9), p. 1.
123 「天尊地卑圖」, BAV, Borgia·Cinese, 361(1), (C)Ⅳ 참고.

로 확장되어 10이 된다.

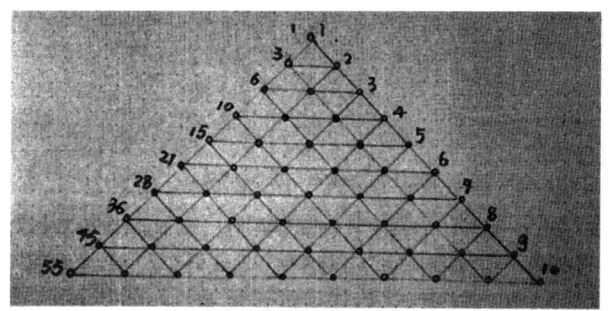

〈그림25〉「삼각삼변수상총도(三角三邊數象總圖)」

이로써 미루어 보면, 삼위일체의 조물주가 천지만물을 창조해 낼 때, 그 발생은 10에까지 이르고, 그 총수는 55가 되니, 55는 삼각삼변(三角三邊)의 수상(數象)의 총수가 된다. 경일위삼(經一圍三)은 천(天)의 상(象)이 되니, 이것이 「삼각삼변수상총도(三角三邊數象總圖)」이다.(그림25)

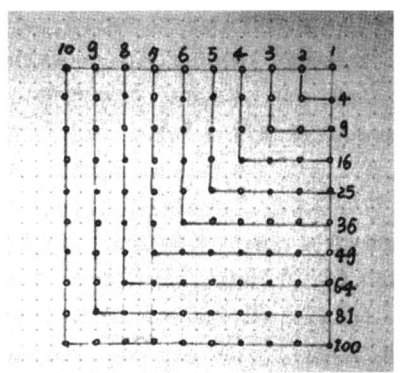

〈그림26〉「사각사변수상총도(四角四邊數象總圖)」

사방형(四方形)은 강(剛)과 유(柔)가 함께 뒤섞여서 이루어진 지(地)를 상징한다. "이 두 개의 도표에는 화(火)·기(氣)·수(水)·토(土)의 사행(四行)의 상(象)이 갖추어졌다."[124] 그러므로 수(數)의 평방(平方)은 확장되어 10에까지 이르고, 그 총수는 100에까지 이르니, 사각사변(四角四邊)의 수상(數象)의 총수가 되고, 경일위사(經一圍四)는 지(地)의 상(象)이 된다. 이것이 「사각사변수상총도(四角四邊數象總圖)」이다.(그림26)

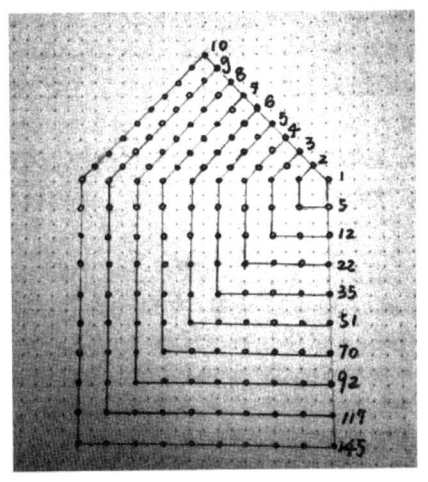

〈그림27〉「오각오변수상총도(五角五邊數象總圖)」

「오각오변수상총도(五角五邊數象總圖)」(그림27)는 「삼각삼변수상총도」와 「사각사변수상총도」를 종합한 것이다. 삼각삼변(三角三邊)의 일(一)과 사각사변(四角四邊)의 사(四)를 연계시키면 오(五)가 된다. 이렇게 해서 한 개의 오각오변(五角五邊)의 수가 된다. 양층(兩層)을 격(隔)해서 연계시켜서, 십(十)에서 끝난다. 총수는 145가 되니, 이것이 오각오변(五角五邊)의 수상(數

---

124 Bouvet, 『易學外篇(九節)』, BAV, Borgia·Cinese, 361(5), p. 5.

象)의 총수이다. 경일위오(經一圍五)는 성인지수(聖人之數) 오(五)가 천지지상(天地之象)과 합쳐서 된 것이니, 이것이 「오각오변수상총도」이다.(그림27)[125]

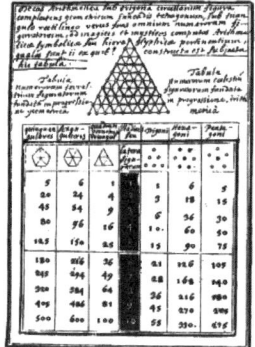 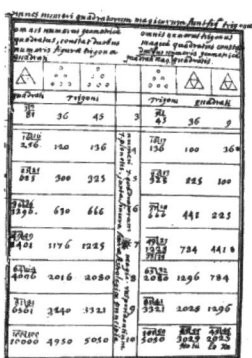

〈그림28〉 부베가 수(數)로 해석한 「천존지비도」

부베는 상과 수를 결합하여, 「천존지비도」의 도상에 대응하는 수에 대하여 상세하게 추산하였다.(그림28)[126] 수학의 기하학 도형과 미원(微圓, micro circle)을 시범(示範)으로 삼아, 자수자(子數字, latera figurarum) 1에서 10까지 수를 사용하여, 미원(微圓)에서 삼각미원(三角微圓 trigoni), 육각미원(六角微圓 hexagoni), 오각미원(五角微圓 pentagoni) 및 기하도형에서 삼각형(三角形 triangul), 육변형(六邊形 sexangulares), 오변형(五邊形 quinquangulares)에 이르기까지 수를 예로 제시했다. 여기서, 3을 기본으로 삼아서, 삼각형의 3과 미원(微圓)의 3이 9의 양과 6의 음의 수로 나뉘어진다. "3에 3을 곱하면 9가 되니, [3은] 기수(奇數)이며, 양(陽)이다. 또 [삼천양지(參天兩地)라고 하였으니] 양(兩)을 기본으로 삼으면, 2에 3을 곱하면 6이 되니, [2는] 우수(偶數)이며, 음(陰)이다".[127]

---

125 「天尊地卑圖」, BAV, Borgia·Cinese, 361(4), p. 7, II, III도 이와 같다.
126 ARSI, Japonica·Sinica, IV5 참고.

이를 바탕으로 여기에서 삼각미원(trigoni)의 수는 경일위삼(徑一圍三: 원주[圓周]가 1이면, 직경[直徑]은 대략적으로 3)[128]이 되고, 각각 수를 차례대로 쌓아서 더하면, 삼각삼변(三角三邊)의 수상(數象)의 수와 같아진다. 즉, 1에서 55까지 된다. 육각미원(hexagoni)의 수는 삼각미원(三角微圓, trigoni)의 수의 6배이니, 6에서 330까지 된다. (1+2+3+4+5+6+7+8+9+10=55, 1×6=6, 3×6=18, 10×6=60, ⋯ 55×6=330). 오각미원(pentagoni)의 수는 삼각미원의 수의 5배이니, 5에서 275까지 된다.(1×5=5, 3×5=15, 6×5=30, ⋯ 55×5=275)

삼각형은 최초(最初)의 일본(一本)·이원(二元)·삼위(三位)와 삼극(三極)·삼재(三才)의 본도(本圖)를 상징한다. 그러므로 자승방지수(自乘方之數)는 1에서 100까지이다. 육각형은 삼각형의 삼각으로부터 덜어낸다.(6-1=5, 18-3=15, 24-20=4, ⋯) "그 수는 2에 3을 곱하여 6이 된다. 그 식(式)은 육각(六角)이 된다. 우수(偶數)가 되고, 유(柔)가 되어 상수(象數)가 된다."[129] 또한 『역경』의 팔괘의 삼효(三爻)는 다시 육효(六爻)의 근원을 이룬다. "따라서 4각형은 3각형과 6각형의 형태를 포용하고, 각각 6개의 층을 가지고 있으며, 두 번째 9와 6의 수서(數序)의 비례(比例)는 『역경』의 방(方)·원(圓)과 건(乾)·곤(坤)의 6효의 구(九)·육(六)의 수서의 비례와 동일하다."[130] 그러므로 삼각형의 수의 6배는 6에서 600까지이다. 오각형은 천(天)의 삼극(三極)과 지(地)의 사방(四方)이 합쳐져서 천지의 상(象)을 이룬다. 삼각형의 수의 5배이니, 5에서 500까지이다. 「천존지비도」는 만수(萬數)의 상(象)의 종(宗)이 된다. 이를 바탕으로 삼각미원과 삼각형을 도출하고, 자수자(子數字)가 245로 끝나고 삼각형의 수는 60025가 되고, 삼각미원의 수는 39135가 된다.

---

127 Bouvet, 『易學外篇(九節)』, BAV, Borgia·Cinese, 361(5), p. 5.
128 원의 둘레의 길이를 원주(圓周)라고 한다. 그리고 원주율(圓周率)은 '원의 지름'에 대한 '원의 둘레의 비'이다. 즉 '지름이 1일 때 원의 둘레'를 원주율이라고 한다. 원의 지름과 둘레는 정비례 관계로 지름에 파이(π)를 곱하면 정확하게 둘레가 된다. 『구장산술(九章算術)』에서는 원주율의 근사치(近似値)로 3을 사용하였다. 조충지(祖冲之, 429~500)는 아르키메데스의 다각형법으로 3.1415926이라는 원주율의 값을 얻어 냈다. (역주)
129 Bouvet, 『易學外篇(九節)』, BAV, Borgia·Cinese, 361(5), p. 5.
130 Bouvet, 『易考』, BAV, Borgia·Cinese, 317(4), p. 15.

「하도」와 「낙서」의 수(數)는 연산(演算) 가운데 있는데, 「하도」의 수는 3,025가 되고, 「낙서」의 수는 2,025가 된다.[131] 더욱 공교로운 것은 『하도』와 『낙서』의 수가 현대 인도의 수학자 다타트레야 라마찬드라 카프리카(Dattatreya Ramachandra Kaprekar, 1905-1986)가 발견한 카프리카수[132]의 규칙과 부합한다는 점이다.(카프리카수를 '뇌벽수(雷劈數, the thunder number))라고도 한다. 그 예를 들면 다음과 같다.(30+25=55, 55×55=3025; 20+25=45, 45×45=2025)

부베는 「천존지비도」를 「태극도」·「하도」·「낙서」의 수(數)와 연계시켰다.[133] 부베의 관점에서 보면 『역경』의 괘효지상(卦爻之象)·팔괘소성지수(八卦小成之數)·육십사괘대성지수(六十四卦大成之數) 등은 모두 「천존지비도」에서 나온 것이다. 『역경』에서는 천지지수(天地之數) 55에 대하여 다음과 같이 서술하였다. "천(天)은 일(一)이며, 지(地)는 이(二)이다. 천(天)은 삼(三)이며, 지(地)는 사(四)이다. 천(天)은 오(五)이며, 지(地)는 육(六)이다. 천(天)은 칠(七)이며, 지(地)는 팔(八)이다. 천(天)은 구(九)이며, 지(地)는 십(十)이다. 천수(天數)는 다섯 개이며, 지수(地數)는 다섯 개이다. 천수(天數)와 지수(地數)가 각각 다섯 자리씩 차지하니, 그 각각의 합으로 보면, 천수(天數)의 합은 25가 되고(1+3+5+7+9=25), 지수(地數)의 합은 30이 된다.(2+4+6+8+10=30) 무릇 천지지수(天地之數)는 55이니, 이 숫자를 써서 변화를 이루고, 귀신을 움직이는

---

131 「하도」에서 1에서 10까지 수(數)를 합하면, 55가 되고, 「낙서」에서 1에서 9까지 수를 합하면, 45가 된다. 「하도」에서 천수(天數)와 지수(地數)가 각각 다섯 자리씩 차지하니, 그 각각의 합으로 보면, 천수의 합은 25가 되고(1+3+5+7+9=25), 지수의 합은 30이 된다. (2+4+6+8+10=30) 천수 25와 지수30을 합한 수 55를 천지지수(天地之數)라고 한다.

132 카프리카수(Kaprekar number): 인도의 수학자 다타트레야 라마찬드라 카프리카(Dattatreya Ramachandra Kaprekar, 1905-1986)가 발견한 수의 규칙을 가리킨다. 카프리카는 1949년 인도의 한 소도시를 걷다가 기차길에 3025km라고 쓰여진 이정표를 발견했다. 어느 날 이 표지판이 심한 폭풍우 때문에 두 부분으로 쪼개졌는데 정확히 30과 25로 나뉘었다. 그러자 카프리카는 30+25=55이고, 55의 제곱은 3025가 된다는 점을 발견했다. 이와 같이 어떤 수의 제곱수를 두 부분으로 나누어 더하였을 때 다시 원래의 수가 되는 수를 카프리카 수라고 한다. 카프리카가 발견한 또 다른 수의 규칙으로 카프리카 상수(Kaprekar constant)가 있다. 카프리카 상수란 모든 자릿값의 수가 같지 않은 임의의 세 자리 혹은 네 자리 수에서 특정한 방식으로 빼는 과정을 반복할 때 수렴하는 수를 말한다.

133 이것의 원래 그림은 ARSI, Japonica·Sinica, IV5, C에 있다.

것이다."¹³⁴ 즉 「천존지비도」와 「하도」의 수¹³⁵는 일(一)에서 시작하여 십(十)에서 끝나니, 수학(數學)의 으뜸[宗]이 된다.

중국과 서양의 수학에서 근(根)과 방(方)의 연산(演算)의 외적 형식은 같지 않지만, 그 비례와 용법은 모두 동일하다. 부베는 중국의 수학경전인 명대(明代) 정대위(程大位, 1533-1592)의 저서 『산법통종(算法統宗)』(즉 『신편직지산법통종(新編直指算法統宗)』) 가운데 실린 「개방구렴율작법본원도(開方求廉率作法本源圖)」¹³⁶를 「천존지비도」와 대조해서 그 근본을 탐구하였다.¹³⁷

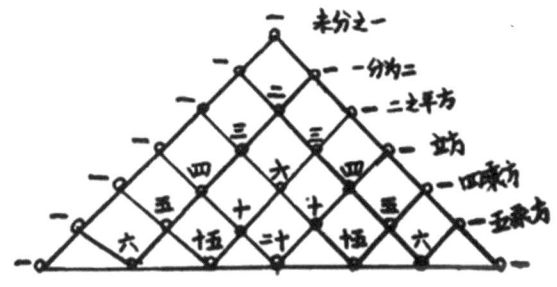

〈그림 29〉「개방구렴원도(開方求廉原圖)」

「개방구렴원도(開方求廉原圖)」(그림 29)에서 보이는 것처럼 미분지일(未分之一)은 지일(至一)이 되니, 이것은 조물주가 만물을 낳고, 지극히 높은 곳(至上)에 존재하며, 시작이 없으며, 항상 변하지 않는 것을 상징한다. 그런데

---

134 (魏)王弼(1999), p. 330-331.
135 Bouvet, 『易經總說稿』, BAV, Borgia·Cinese, 317(3), p. 15.
136 『송사(宋史)·예문지(藝文志)』에 가헌(賈憲)의 『황제구장산법세초(黃帝九章算法細草)』 구권(九卷)이 기록되어 있으나, 지금 그 책은 전해지지 않는다. 1261년에 남송(南宋)의 수학자 양휘(揚輝)가 그의 저서 『상해구장산법(詳解九章算法)』 중에서 「개방작법본원도(開方作法本源圖)」라는 한 장의 진귀한 도형을 기재(記載)했다. 양휘(揚輝)의 자주(自注)에 따르면 이 도(圖)는 "『석쇄산서(釋鎖算書)』에서 나온 것이며, 가헌(賈憲)이 그 방법을 썼다"고 한다. 즉 이 도형은 11세기의 가헌에 의해 작성되었으며, 가헌이 이 표로 개방연산(開方演算, 제곱근 계산)을 수행했다. 도형이 삼각형처럼 생겼기 때문에 이것을 "가헌삼각형(賈憲三角形)"이라고 부르며 "양휘삼각(揚輝三角)"이라고도 한다.
137 Bouvet, 『易考』, BAV, Borgia·Cinese, 317(4), pp. 10-12.

(삼각형에서) 숫자 1이 왼쪽과 오른쪽의 두 쪽으로 나뉘어져서 배치되며, 제2층에서 각각 1이 된다. 이렇게 제2층에서 좌우 양쪽에 배치된 1을 더하면, 제3층의 2가 된다. 2는 면형(面形)을 둘러싸지 못한다. 제3층은 제2층의 평면(平面)의 두제곱(2^2)이니, 4가 된다. 제4층은 제2층의 2의 세제곱(2^3)이니, 8이 된다. 제5층은 2의 네제곱(2^4)이니, 16이 된다. 제6층은 2의 다섯 제곱(2^5)이니, 32가 된다. 제7층은 2의 여섯 제곱(2^6)이니, 64가 된다. 이러한 추산은 끝없이 진행될 수 있다. 끝없이 진행되는 자연의 질서는 곧 『역경』의 괘를 생성하는 「개방구렴원도(開方求廉原圖)」(그림29)와 「가배변법도(加倍變法圖)」(그림30)는 파스칼 삼각형과 동일하다.(역주).

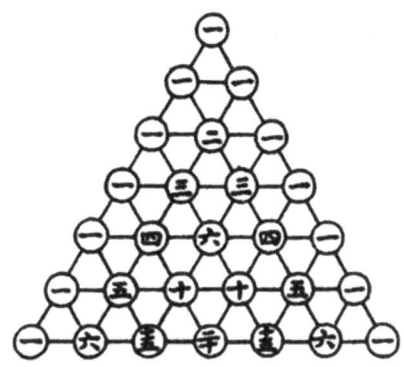

〈그림30〉「가배변법도(加倍變法圖)」

이 도표는 이광지의 『주역절중』에 나오는 「가배변법도(加倍變法圖)」(그림30)와 같다. 그 도표에 대한 설명은 다음과 같다. "이 그림은 소옹의 가일배법(加一倍法)을 사용한 것이니, 수학의 개방구렴율(開方求廉率)에서 나온 것이다.[138][139] 그 방법은 왼쪽을 방(方)[140]으로 삼고, 오른쪽을 우(偶)[141]로 삼아서,

---

[138] (淸)李光地(1990), p.552.
[139] 석쇄개방술(釋鎖開放術): 2,000년전 『구장산술(九章算術)』에 나타나는 개방술, 특히 제곱근과 세제곱

(그 두 개의 수를 합쳐서) 그 중간의 수를 구하는 방법이니, 그것을 염법(廉法)[142]이라고 한다."

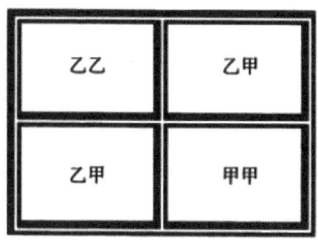

〈그림 31〉 갑합을방(甲合乙方)

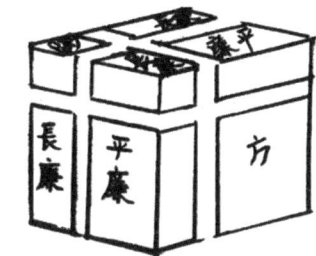

〈그림 32〉「개방구렴도(開方求廉圖)」

이 방법을 써서 사각형과 평면에 적용시켜, 일을 이로 나눠서 제곱근[方根]을 구하는 방법을 시도해보면, 갑(甲)을 을(乙)과 합쳐서 사각형[方]을 만들면, 고도(古圖)에서 두 개의 승방(乘方)이 방법이 된다. 이제 갑(甲)·을(乙)로 이루어진 모든 사각형은 4격(格)을 포함하니, 한 개의 작은 사각형(小方), 두 개의 염(廉),[143] 한 개의 우(隅)[144]가 그것이다. 갑갑(甲甲)은 곧 갑(甲)의 작은 사각형(小方)이고, 을을(乙乙)은 을(乙)의 최고차항의 계수[隅]이며, 두 개

근을 구하는 방법을 사용하여 방정식을 푸는 방법을 통칭하여 고법(古法)이라고 부른다. 이 방법, 특히 천원술을 사용하여도 파스칼삼각형(가헌삼각형)을 사용하여 계산하는 방법을 가헌인 석쇄개방술(釋鎖開方術)이라 불렀다. 증승개방술(增乘開方術)이 생기기 이전까지는 방정식 형태에 따라 다음과 같은 여러 가지 개방술이 있었다. (감종개방술(減從開方術), 대종개방술(帶從開方術), 번적술(醺積術), 익적술(益積術))(역주)

140 방(方): 방정식에서 1차항의 계수를 방(方)이라 부른다. (역주)
141 우(隅), 우법(隅法): 이차방정식의 계수에서 최고차항의 계수를 우(隅) 또는 우법(隅法)이라고 부른다. (역주)
142 염법(廉法): 천원술로 나타낸 방정식에서 최고차항과 상수항을 제외한 계수를 염(廉) 혹은 염법(廉法)이라고 한다. (역주)
143 염(廉): 천원술로 나타낸 방정식에서 최고차항과 상수항을 제외한 계수를 염(廉) 혹은 염법(廉法)이라고 한다. 일반적인 방정식에서 이차항의 계수(binomial coefficient)를 가리켜 상렴(上廉)이라고 한다. 그리고 최고차항의 다음차수 항의 계수를 가리켜 하렴(下廉)이라고 하고, 삼차항의 계수를 가리켜 차렴(次廉)이라고 한다. 그리고 이차방정식에서 일차항의 계수를 가리켜 종렴(從廉)이라고 한다. (역주)
144 우(隅), 우법(隅法): 최고차항의 계수를 우(隅) 또는 우법(隅法)이라고 부른다. (역주)

의 갑을(甲乙)은 갑(甲)과 을(乙)을 곱해서 생기는 양렴(兩廉)이니, 이것을 갑합을방(甲合乙方)이라고 한다.(그림31) 그리고 3차방정식의 근을 구하는 방법[開立方術][145]도 다르지 않다.

「천존지비도」에서 제4층의 우변(右邊)의 1은 여기에서 숨겨진 한 개의 작은 입방체이다. 우변의 1은 그 곳의 숨겨진 구석에 있는 1을 가리킨다. 우변의 3은 오른쪽 1의 근방(根方)이다. 좌일(左一)의 근(根)과 합하여 3차(次)로 생성된 3면(面)이 된다. 그리고 우변의 3은 우변의 근방(根方)을 가리킨다. 좌변의 1의 근(根)과 합하여, 3차(次)로 곱해서 생성된 3면(面)이 된다. 모두 8건이다. 개립방(開立方)의 때에 이것을 근거로 삼았으니, 이것이 「개방구렴도(開方求廉圖)」이다.(그림 32) 이를 통해 『산법통종』 중에 「천존지비도」가 실려 있어서, 그것으로 개방구렴(開方求廉)의 근본으로 삼았음을 알 수 있다.

그 밖에 부베는 『성경』의 이야기를 복희 64괘의 방도(方圖)와 원도(圓圖)의 두 괘의 형성과 연계시켜 해석하였다. 먼저 『역경』의 도상(圖象)은 수리(數理)와 기하(幾何)의 표현이다. "『역경』의 형상의 배열은 다른 것이 아니라, 수(數)의 다과(多寡: 많고 적음) 혹은 기하의 대소(大小: 크고 작음)의 차이에 불과하다."[146] 그러므로 선사(先師)는 수(數)의 다과로써 천원(天圓)의 여러 음양의 상(象)을 세우고, 기하의 대소로써 지방(地方)의 여러 강유(剛柔)의 상(象)을 세웠다.

그 다음으로, 복희가 획괘하여 『역경』을 지었을 때, 그 선천의 수와 상의 도표는 64괘에서 모두 끝난다. 곤괘로 해석해 보면, 부베는 선천의 인류의 조상이 순곤(純坤)의 양선(良善)의 성(性)을 더럽혀서, 곤(坤)의 하와(夏娃, Ḥawwā)가 건(乾)의 아담(Adam)을 유혹하고, 천지인 삼재의 큰 윤리를 무너트리니, 하늘에 죄를 얻어서, 함께 미혹되어 그 길을 잃어버린 것이다.[147] 이어

---

145 개방술(開方術): 일반적으로 다항방정식의 근을 구하는 방법을 개방술(開方術)이라 부른다. 특히 2차방정식의 근을 구하는 방법을 개평방술(開平方術)이라고 하고, 3차방정식의 근을 구하는 방법을 개입방술(開立方術)이라 한다. (역주)

146 Bouvet, 『易考』, BAV, Borgia·Cinese, 317(4), p.6.

서 곤이 건에 도전하여, 비괘(否卦)가 되니, 그 상이 아래 사람과 상주(上主)의 사이가 가로막힌 것이다. 하늘과 땅이 서로 사귀지 않으니, 곤의 음도(陰道)가 성(盛)하여 위로 올라가고, 건의 양도(陽道)가 쇠하여 아래로 내려가니, 선천의 위(位)가 도치되어, 상남하북(上南下北)과 우동좌서(右東左西)가 된다. 그러므로 64괘 방도(方圖)가 선천대변(先天大變)의 흉상(凶象)을 형성하는 것이다.

후천의 성자(聖子)가 순덕(順德)으로 건을 승계하고, 세상에 태어나서 사람이 되니, 후건(後乾), 즉 후천원자(後天元子)가 강생하여 사람이 된 것이다. 순곤(順坤)의 충(忠)·효(孝)·신(信)의 세 가지 덕으로써 곤을 건이 무릅쓰고(冒) 있으니, 다시 태괘(泰卦)가 된다. 아래 사람(下人)이 다시 상주(上主)에 합치게 됨이니, 하늘과 땅이 다시 사귀고, 양도(陽道)가 성하여 위로 향하고, 음도(陰道)는 쇠하여 아래로 향하니, 후천의 불역(不易)의 길(吉)이 되고, 그 상(象)은 천지가 다시 그 바름을 회복한 것이 되어, 64괘 원도(圓圖)를 이룬다. 그러므로 부베가 말하기를, "그 원도와 방도의 두 개의 도표의 수와 상이 「천존지비도」에 모두 갖추어졌다[其圓、方二圖之數象, 俱備于「天尊地卑圖」]"[148]라고 한 것이다. 이로써 미루어 보면, 수리와 도상의 운용이 부베의 역학사상 체계에서 중요한 위치를 차지한다는 것을 알 수 있다.

147　Bouvet, 『大易原義內篇』, BAV, Borgia·Cinese, 317(9), p. 15 참고.
148　Bouvet, 『易考』, BAV, Borgia·Cinese, 317(4), p. 6.

제4절
철학적 의미 해석 — 중서 텍스트의 교섭과 융합

잘 알려진 바와 같이, 부베의 생애와 '색은(索隱)' 두 글자는 분리될 수 없다. 부베는 전통 경전, 특히 『역경』에서 색은학(索隱學)을 개척했을 뿐만 아니라 색은학파라는 전문적 학술 연구 단체를 설립했다. '색은'이라는 두 글자에 대응되는 서양의 단어는 『구약』 성경의 "Figura"(Figurisme 혹은 Figurism)이다.[149] 프랑스의 한학가(漢學家) 폴 드미에빌(Paul Demiéville, 戴密微, 1894-1979)은 부베를 "구약의 상징을 말한 사람"이라고 불렀다.

색은주의에서는 『성경』 텍스트의 의미가 "상징"의 형식을 통해 『역경』에 전달되어 있다고 여기며, 중국경전에서 예시(豫示)되어 있는 『신약』의 교의(敎義)를 발견하려고 시도한다. 사실 이것은 성서 해석학의 전통에서 보면 "매우 오래된" 방법에 속한다.[150]

기독교 자체의 관점에서 볼 때 이것은 비유적인 상징에 대한 유대인의 해석 전통으로 거슬러 올라갈 수 있는 전통적인 『성경』 연구 방식이다. 중국 종교사에서도 이와 유사한 예가 있는데, 화호(化胡, conversion des Barbare)[151]의 이론이 바로 그것이다.[152] 화호설(化胡說)에서는 불교는 도가의 노자(老子)

---

149 柯蘭霓(2009), p.1 참고.
150 戴密微(1993) 참고.
151 화호(化胡): 오랑캐를 교화시켰다는 뜻. (역주)
152 戴密微(1993) 참고. "노자화호설(老子化胡說)"은 진대(晉代) 왕부(王浮)의 저서 『노자화호경(老子化胡經)』에 나온다. 그 기본내용은 노자(老子)가 윤희(尹喜)를 데리고 함곡관(函谷關)에서 나간 이후에 천축(天竺)으로 들어가서 부처가 되어, 불교의 시조가 되었다는 것이다. 『속수사고전서(續修四庫全書)·자부(子部)·도가류(道家類)·장외(藏外)』에는 다음과 같은 관련 자료들이 포함되어 있다.
『노자화호경 잔본(殘本) 이권(二卷)』(22-80)
『노자화호경 잔본 이권(二卷)·부록(附錄) 일권(一卷)』(1-139)
『노자화호경고증부보고(老子化胡經考證附補考) 일권(一卷)』(22-72)
『노자화호설고증(老子化胡說考證) 일권(一卷)』(22-81)
그리고 『장외도서(藏外道書)』중에도 다음과 같은 자료들이 포함되어 있다.

가 서역(西域)으로 가서 이민족들을 교화하기 위하여 설법한 것에 불과하다고 주장하는데, 이것은 도가의 노자를 불타(佛陀, Buddha), 즉 불교의 성인으로 변화시킨 것으로서 불교와 도교의 투쟁을 집중적으로 표현한 것이다. 데에르뉴 신부는 "색은파(索隱派)"를 다음과 같이 정의했다. "부베, 프레마르, 푸케 등 18세기 초 사제들이 중국인들에게 그들의 고전이 기독교에서 실현된 원래의 계시[墨啓]의 반향(反響)임을 보여주기 위해 생각해낸 선교 방식이다."[153]

호주 학자인 폴 룰(Paul Rule, 1937-2024)은 파스칼이 『팡세』에서 모세와 중국의 관계[154]를 바라보는 관점이 프랑스 예수회의 색은파의 실천을 이해하는 데 효과적인 접근방식을 제공한다고 보았다.[155] 그 중 유교 전통을 대표하는 중국의 초기 역사와 종교를 『성경』과 조화시키는 방법이 색은파의 주요 표지(標志)가 되었다.

벨기에의 중국학자 니콜라 스탄다트(Nicolas Standaert, 鐘鳴旦)는 색은파의 방법이 주로 주석 유형학(typological exegesis), 고대신학(ancient theology), 유대-기독교 카발라(The Judeo-Christian Cabala)의 세 가지 방법에서 나온다고 보았다.[156]

"유형학"의 기초는 텍스트의 비교에 있다. 『구약』에는 『신약』이 은밀하게 담겨 있으며, 『신약』은 『구약』을 분명하게 드러낸다. 『구약』과 『신약』의

---

737 『노자화호경(老子化胡經)』(21-4)
738 『태상영보노자화호경(太上靈寶老子化胡經)』(21-29)
  그 고증과 관련하여 王利器(1988) 참고. 그 밖에, 노자화호설의 역사 및 구침(鉤沈)에 관해서는 張雪松(2013), pp.93-102 참고.
153 榮振華(2010), p.491.
154 "중국사나는 증인이 그 역사를 위해 죽음조차 사양하지 않는 역사만을 믿는다. (이 둘 중에서 어느 쪽이 더 신빙성이 있는가? 모세인가? 아니면 중국인가?) 문제는 그것을 개관(槪觀)하는 것이 아니다. 내가 너희에게 말하고 싶은 것은 거기에는 눈을 멀게 하는 것과 눈을 밝게 하는 것이 있다는 사실이다. 이 한 마디로써 나는 너희의 모든 이론을 타파한다. 그러나 중국은 사람들의 지혜를 가린다"라고 너희는 말한다. 그러나 나는 답하되, "중국은 사람들의 지혜를 가린다. 그러나 거기에는 발견할 만한 빛이 있다. 그것을 찾아라"(帕斯卡爾(1986), p.266)
155 Rule(1986), p.150.
156 Standaert(2001), p.668.

대립은 선행 모형(type)과 이에 대응되는 원형(antitype)을 형성하며, 그 핵심은 예정(豫定)과 상징에 있다. 이러한 종류의 유형론은『성경』자체에서 시작하여『성경』이외의 텍스트에서 하느님의 언어를 탐구하는 것으로 발전되었으며, 특히 메시아와 최후의 심판의 언어를 탐구하는 것에 관련된다.

"고대신학"은 여러 나라의 고대의 권위있는 문헌들을 해석 텍스트로 삼아 대조하고 (이교도들도 역시 선지자들에 의해 인도되고, 천주에 의해 구원을 받을 권리를 갖고 있다.) 비교 연구와 언어적 비유(allegory)[157]를 이용하여 접근함으로써 보편성을 지닌 신학을 창립하려는 시도이다.『구약』의 족장(族長)의 계보 밖의 교의에 대해 탐구함으로써 하느님의 얼굴을 드러내고, 더 많은 사람들이 기독교의 교의를 받아들일 수 있도록 하기 위함이다.

"유대-기독교 신비주의"는 카발라라고도 불리는데, 이것은 12세기에 등장한 신비주의 체계로서 "진정한 유대교와 진정한 기독교는 같은 종교일 수밖에 없다는 것을 표명한다."[158]

이처럼 기독교의 거룩한 역사는 유대교의『구약』의 교리에 통합되어 있다. 예를 들어 하느님의 창조 교리, 인류원죄설, 유일신의 개념과 모세의 계시 등의『구약』의 교리는 신비주의의 핵심적 내용이 되어 중요한 상징적 의미를 지닌다. 그러나 정통 유대교에서는 이교(異敎)와 범신론(泛神論)으로 간주된다. 신학과『성경』연구의 지속적인 발전과 함께 이러한 "카발라"의 사고방식은 유대 문화를 이해하는 데에만 국한되지 않고 여러 나라의 다양한 종교 경전을 연구하는 데까지 확장되었다. 중국에 온 서양의 선교사들 중에서도 특히 예수회 학자들은 "카발라"의 학술에 능통하였다. 그들은 학습 경험을 중국 한자로 표현함으로써『성경』이 중국 현지 문화와 유사한 얼굴로

---

[157] 우언(寓言), 즉 비유(比喩)는 문학적 수식(修飾)의 한 가지 방법으로서, 라틴어로는 Allegoria, 그리스어로는 ἀλληγορία라고 한다. 알레고리(Allegory)는 함축적 암시와 도상(圖像)의 방식의 언어로써 일반적으로 일종의 비유를 확장시키는 방법으로 간주된다. 철학에서 가장 유명한 예는 플라톤의 "동굴의 비유"이다.

[158] 帕斯卡爾(1986), p. 272.

나타나게 되었다. 부베는 "고대 중국의 지고무상(至高無上)의 주재(主宰)로서의 상제 개념에서 유대의 일신교와 같은 하느님을 발견하고자 했다."[159] 즉 그는 색은주의의 관점에서 중국이라는 이역(異域)에서 『성경』 연구를 실현시켰던 것이다.

중국문화에서는 『주역·계사 상』에 "탐색색은, 구심치원(探賾索隱, 鉤深致遠)", 즉 "깊숙하고 신비로운 것을 찾아내어, 숨은 이치(理致)를 찾아내며, 깊은 데 있는 것을 끌어내고, 먼 데 있는 것을 이르게 한다."[160]라는 말이 있다. 여기서 "탐색색은"은 그 자체가 일종의 연구 방법론으로서 경전에 숨겨져 있어 이해하기 어려운 깊은 진리를 탐구한다는 뜻을 가지고 있다. 그 내면적 의미는 학문적 연구의 수준이 높아질수록 더욱 정밀해지고, 탁월함을 위해 노력하고, 그 궁극에 이를 때까지 탐구를 멈추지 않는 정신으로 정밀한 연구의 방향을 확장하고 심화시키는 데 있다.

일찍이 당(唐)의 사마정(司馬貞, 679-732)은 사마천의 『사기(史記)』에 대해서 『사기색은(史記索隱)』[161]이라는 책을 펴냈다. 그런데 이 책에서 "색은(索隱)"은 찬문(撰文), 집해(集解), 정의(正義) 등의 전통적 방식과 달랐다. 그리고 청대 말기와 민국(民國) 초기에 "홍루몽색은(紅樓夢索隱)"[162]이라는 책도 나왔는데, 이것은 소설 『홍루몽』에 대한 일종의 정치적 연구(政治紅學)'로서 대량의 사료에 의해 뒷받침된 역사적 사실에 근거해서 소설 속의 인물들이 암시적으로 가리키는 역사 속의 실존 인물들에 대한 상세히 논증을 통해 역사의 진실성을 드러내려고 한 시도이다. 부베는 경전의 단어와 의미를 결합하여 "색은"을 진행하면서, 고대 경전의 근본적 진리는 『역경』에 있다고 주장하였다. "『시경』과 『서경』 등 여러 고대 경전과 전적(典籍)들의 진리는 모

---

159 戴密微(1993).
160 (魏)王弼(1999), p. 289.
161 (唐)司馬貞(1991) 참고.
162 王夢阮·沈瓶庵(2011) 참고.

두 대역(大易)에 근본을 두고 있으며, 이러한 문헌들의 문장과 문자에 깊이 숨겨져 있는 심오함은 『역』의 이치와 조금도 다르지 않다. 이것은 경서의 올바른 의미를 평가함에 균형을 취한 것이며, 그 심오한 문장에서 우러나오는 영험함을 통해서 그 깊은 바닥에 잠재되어 있는 신비적 의미를 탐구한 것이다."[163] 부베는 『역경』을 모든 경전의 근본으로 삼았을 뿐 아니라, 성인의 큰 뜻이 담겨있는 책이라는 최고의 지위를 부여했다. 이렇게 해서 『역경』은 서구의 『성경』에 견줄 수 있는 경전이 되었으며, 『역경』의 의미에 대한 추구는 중국의 종교문화의 근원에 대한 탐구가 되었다.

여기에서 특히 주목할 것은 부베의 역학 연구 방법론을 형성하고 있는 색은법(索隱法)이다. 부베는 서양의 『성경』 연구 방법이었던 색은법을 『역경』 연구에 적용함으로써 『역경』에서 숨겨져 있는 하느님의 얼굴을 찾아내고자 했던 것이다. 부베 역학의 가장 두드러진 특징은 "『역경』의 기독교적 해석[以耶解易]"에 있다. 부베의 『역경』 해석에서는 『역경』은 연구대상[客]이 되고, 기독교는 해석주체[主]가 된다. 유교역, 도교역, 불교역이 그러했던 것처럼 부베도 역시 자신이 소속되어 있던 종교인 기독교의 입장에서 『역경』을 해석하였으며, 그것을 자신의 사상적 원천으로 삼고 있는 것이다. 『역』자에 붙인 '야(耶)'라는 한정어는 해석자의 소속을 드러낸다. 이것은 한편으로는 중국과 서양의 문화적 교섭과 융합을 반영하며, 다른 한편으로는 『역경』 연구의 새로운 영역을 개척하였다는 의의가 있다. 즉 색은파들은 기독교 신학의 믿음을 바탕으로 삼아 『역경』 연구를 수행함으로써 독특한 양식의 경학적 특색을 보여주고 있는 것이다. 따라서 역학의 색은법은 부베의 역학 연구의 구체적 방법으로 전개되며, "이야해역(以耶解易)"은 부베의 역학 연구의 전반적 특징을 요약하는 용어가 된다. 따라서 색은법과 "이야해역"의 양자는 기독교에 바탕을 둔 역경의 경학적 연구의 경향을 구성하게 된다. 이

---

163 Bouvet, 『易鑰』, BAV, Borgia·Cinese, 317(2), p.1.

책에서는 연구 방법에 있어서 경전 해석의 방법 뿐 아니라 부베와 그의 제자들의 색은파의 방법에 대해서도 분석하고자 한다. 이를 통해 색은파의 사유 경향 뿐 아니라 그들이 "이야석역(以耶釋易)"을 그들의 연구방법으로 삼게 된 계기를 이해할 수 있을 것이다.

먼저 "이상해역(以象解易)"은 상징적 의미에 주목하는 방법이다. 『역경』은 원래 상(象)을 중시하니, "상(象)"을 이용해서 괘효의 의리(義理)를 해석하는 체재를 갖추고 있다. "하늘·땅·새·짐승·인체 등의 대상을 관찰하여, 대상의 '상(象)'·'법(法)'·'문(文)'·'의(宜)'를 취하고, 팔괘를 만들어, 신명(神明)에 통한 것이다. 이러한 것들은 오로지 상을 통한 직각적 사유의 표현인 것이다".[164] 이로 말미암아 "입상이진의(立象以盡意)"[165]라고 하였으니, 상을 통해서 성인의 뜻을 온전하게 표현하였으며, 천지인의 도(道)를 밝힌 것이다. "상"은 성인이 만들어 괘에 담았으니, "팔괘성열, 상재기중의(八卦成列, 象在其中矣)"[166]라고 하였다.

상의 분류에는 종류가 매우 많은데, "괘정지상(卦情之象)·괘획지상(卦畫之象)·대상지상(大象之象)·중효지상(中爻之象)·착괘지상(錯卦之象)·종괘지상(綜卦之象)·효변지상(爻變之象)·점중지상(占中之象)"이 있다..[167]

크게 분류해보면, 『역』의 상에는 네 종류가 있다. 첫째, 괘효에는 자체적으로 가지고 있는 상[自有之象]이 있다. "기획상양, 우획상음(奇畫象陽, 耦畫象陰)"[168]이라고 했으니, 기우(奇偶)로써 음양을 나누어, 실물(實物)의 본상(本象)을 취했다. "양의생사상(兩儀生四象)"이라고 했으니, 금(金)·목(木)·수(水)·화(火)의 상(象)을 취하여, 천시(天時)를 주관하게 했고, 건(乾)·곤(坤)·진(震)·손(巽)·감(坎)·리(离)·간(艮)·태(兌)의 팔괘로써 천(天)·지(地)·뢰(雷)·풍(風)·

---

164 張立文(2005a), p.7.
165 (魏)王弼(1999), p.343.
166 (魏)王弼(1999), p.346.
167 (明)來知德(1990), p.7.
168 (淸)李光地(1990), p.27.

수(水)·화(火)·산(山)·택(澤)을 분별하여 그 상을 삼았으니, 이것은 상의 근본이 된 것이다.

둘째, 직접 괘명(卦名)과 같은 형상(形象)을 취한 것이다. 예를 들면 사괘(師卦)의 「상전(象傳)」에 "지중유수(地中有水)"라고 하였으니, 이것은 "감하곤상(坎下坤上)"의 상을 취한 것이며, 군자(君子)의 "용민휵중(容民畜衆)"[169]의 미덕을 설명한 것이다. 정(井)괘의 「상전」에 "목상유수(木上有水)"라고 하였으니, 이것은 "손하감상(巽下坎上)"의 상을 취한 것이며, 군자의 "노민권상(勞民勸相)"의 행위를 설명한 것이다.

셋째, 천지자연, 사회(社會), 기물(器物)의 상이다. 이러한 종류가 가장 광범위해서, 천(天)·지(地)·인(人)·물(物) 등의 여러 범주에 두루 미친다. 「설괘전」에서는 팔괘에 대응되는 상을 상세하게 나열하고 있다. 건(乾)의 상의 경우만 보면 다음과 같다. "건은 하늘[天], 둥근 것[圜], 인군[君], 아버지[父], 옥(玉), 금(金), 찬 것[寒], 얼음[冰], 크게 붉은 것[大赤], 좋은 말[良馬], 늙은 말[老馬], 마른 말[瘠馬], 얼룩말[駁馬], 목과[木果]가 된다[乾爲天, 爲圜, 爲君, 爲父, 爲玉, 爲金, 爲寒, 爲冰, 爲大赤, 爲良馬, 爲老馬, 爲瘠馬, 爲駁馬, 爲木果]". 이것만 보더라도 그 광범위함을 엿볼 수 있으므로 여기에서 모두를 설명할 필요는 없다.

넷째, 사람과 사람, 사람과 동물의 작용 관계를 나타내는 상이다. 예를 들어 혁괘(革卦)의 "이녀동거, 기지불상득(二女同居, 其志不相得)"은 인간관계에서 그 괘의 의미를 취했다. 준괘(屯卦)의 육삼효(六三爻)의 "즉녹무우, 유입우림중(即鹿无虞, 惟入于林中)"은 동물을 사냥하는 것과 관련해서 그 효의 의미를 설명하고 있다.

부베는 괘상(卦象)을 파악함에 있어 중국의 전통적인 취상(取象)의 원칙의 기초 위에서 괘상에 새로운 의미를 부여했다. 우선 그는 상의 본래의 상징

---

[169] '畜'은 '축' 혹은 '휵'으로 읽는다. '쌓는다'고 할 때는 '축'이 되고, '기른다'고 할 때는 '휵'이라 읽는다. "용민휵중(容民畜衆)"은 "백성을 포용하고 무리를 기른다"는 뜻이 된다. (역주)

에 충실한 해석을 하였는데, 예를 들어, 준괘는 "하괘는 진(震)이니, 우뢰가 움직이고 있으며, 상괘는 감(坎)이니, 비가 아직 내리지 않고 있는 상이다[下震雷動, 上坎雨未降之象]"[170]이라고 했고, 몽괘(蒙卦)는 "감(坎)이 하괘에 있고, 간(艮)이 상괘에 있으니, 산 아래에 험난함이 있으니, 안으로는 험하고, 밖으로는 멈춘 상태[坎下艮上, 山下有驗, 內險外止之狀]"[171]라고 했으며, 송괘(訟卦)는 "하늘의 강함이 위에 있고, 물의 부드러움이 아래로 향하니, 아래로는 험난하고, 위로는 강건함이며, 건과 곤의 움직임이 서로 어긋나서, 송사에 이르게 된 상이다[天剛在上, 水柔就下, 下險上健, 乾坤相違, 至訟之象]"라고 한 것 등이다.

그 다음으로 부베는 『성경』 속의 인물들을 형상화하여 괘효에 적용하였다. 예를 들면, 비괘(比卦)에서 구오효의 양효는 위에 머무르고 있는 한 사람, 즉 성부이신 천주를 상징한다. 그리고 나머지 다섯 개의 음효(陰爻)는 남북동서중(南北東西中)의 오방의 만국(萬國)의 무리들이며, 그 군중들이 성부이신 천주를 우러러 보고 있는 형상이다. 위와 아래에서 서로 친하게 가까이 지내니, 조화로움이 널리 퍼져 있는 형상이 된다. 그리고 부베가 선양하려고 했던 가장 중요한 인물은 구세주 예수이다. 부베는 『역경』의 많은 형상을 예수의 사적(事迹)에 연계시키고 있다. 그 중에서 성자의 형상이 가장 풍부하며, 생동적인데, 세 가지로 나눌 수 있다.

첫 번째 종류는 『성경』의 전통적 상징 형상이다.

첫 번째 종류는 『성경』의 전통적 상징 형상이다. (첫 번째 종류 중에서) 첫째 예를 들면, 전통적인 기독교 신학에서 "하느님의 어린양"의 형상이다. 『성경·요한복음』 1:29에 "보라, 세상의 죄를 짊어지고 가는 하느님의 어린양이로다"라고 한 것에 이러한 형상이 표현되어 있다. 부베는 그의 글에서 성자(聖子)를 "하느님이 가장 사랑하는 어린 양",[172] "성부(聖父)께서 친히 총애하

170　Bouvet, 『易稿』, BAV, Borgia·Cinese, 317(7), p. 1.
171　Bouvet, 『易稿』, BAV, Borgia·Cinese, 317(7), p. 4.

시는 착한 어린 양[173] 등으로 여러 차례 표현했다. 그리고 구세주가 만민을 위해 기꺼이 희생한 것이 마치 "희생으로 바쳐진 어린 양이 피를 흘림에 울지도 않고, 거역하지도 않는 것"[174]과 같다고 하였다. 그는 이러한 관점에서 소축괘 육사효의 "무구(无咎)"의 상을 해석하였다.

둘째 예를 들면, 모세의 지팡이 위의 청동뱀[銅蛇]의 형상이다. "모세가 놋뱀을 만들어 장대 위에 다니, 뱀에게 물린 자가 놋뱀을 쳐다본즉 모두 살더라"(「민수기」 21:9) ; "모세가 광야에서 뱀을 든 것 같이 인자(人子)도 들려야 하리니."(「요한복음」 3:14,) 여기서 뱀은 그리스도의 도래와 그의 운명을 예시(豫示)하고 있다. 부베는 『성경』의 상징을 가져와서 놋뱀[銅蛇]을 놋쇠뱀[銅金蛇]으로, 지팡이를 몽둥이와 나무[水杆木]로 바꾸었으며, 금(金)·목(木)·물(水)·피(血) 등을 세상을 구원하는 대성인(大聖人)의 상징으로 삼았다. 한편으로 성자가 만민을 구원하고, 사악한 마귀를 물리치는 것을 표현하였으며, 곤괘(坤卦) 상육의 "용전우야, 기혈현황(龍戰于野, 其血玄黃)"의 우의(寓意)를 해석할 때, "천주의 『성경』에 의거하여, 옛적에 놋쇠뱀[銅金蛇]을 몽둥이[水杆]에 휘감아서, 하느님의 아들이 강생해서, 십자가 나무 위에 매달려 그 목숨을 잃게 되었다"라고 하였다.[175]

한편 부베는 건괘(乾卦) 구오(九五)의 "비룡재천, 이견대인(飛龍在天, 利見大人)"의 효사의 의미를 설명하면서, 세상 사람들이 들판에서 독사에 물려서 피해를 당하는 것과 연관시켜서 해석하고 있다. 선지자 모세가 "하느님의 명을 받들어, 놋쇠로 만든 뱀을 십자목(十字木)의 장대에 매달아 놓으니, 그것은 이것을 본 사람들이 설령 뱀에게 물리더라도 생명을 건지게 하기 위함이었다"[176]라고 하였으니, 이것은 구세주의 도래를 예고한 것이다.

172　Bouvet, 『易鑰』, BAV, Borgia·Cinese, 317(2), p.7.
173　Bouvet, 『易稿』, BAV, Borgia·Cinese, 317(7), p.22.
174　Bouvet, 『易稿』, BAV, Borgia·Cinese, 317(7), p.24.
175　Bouvet, 『易鑰』, BAV, Borgia·Cinese, 317(2), p.22.
176　Bouvet, 『大易原義內篇』, BAV, Borgia·Cinese, 317(9), p.13.

두 번째 종류는 『역경』의 "새로운 형상[新形象]"이다. 우선 "용"의 형상인데, 건괘 초구(初九)의 "잠룡물용(潛龍勿用)"의 "잠룡", 구이(九二)의 "현룡재전(見龍在田)"의 "현룡", 구삼(九三)의 "종일건건(終日乾乾)"의 용(龍), 구사(九四)의 "혹약재연(或躍在淵)"의 용(龍) 및 구오의 "비룡재천(飛龍在天)"의 "비룡"에 이르기까지 예수의 탄생을 준비하는 것에서부터 인간 세상에 태어나서 "상제(上帝)의 (에덴) 동산에서 시작된 후천 세계를 여는 것으로부터 세상에 태어나서 마지막 날에 (죽음과 부활로써 하느님이 그에게 맡겨준 사명을 완수함으로써) 공(功)을 이루기까지"[177] 인생 역정인 것이다. 예수를 "용"의 형상에 대응시킨 것은 준괘(屯卦) 초구(初九)의 효사에 대한 부베의 해석에서 "양강지룡(陽剛之龍)"이라고 한 것에서도 나타난다. 용의 형상 이외에도 성인(聖人), 선사(先師)와 같은 구체적 인물의 형상도 있다. 수괘(需卦)의 "백세만방이 기다리는 세상을 구원할 군사(君師)[百世萬方可望需救之君師]"와 사괘(師卦)의 "후천 세계에서 백성들을 새롭게 할 스승[後天新民之師] 등이다. 그 밖에도 준괘(屯卦) 육삼(六三)의 사슴을 사냥하는 "우인(虞人)", 몽괘 초육의 온 세상 사람들의 죄를 구속(救贖)하는 "형인(刑人)", 몽괘(蒙卦) 육삼(六三)의 하느님이 계몽(啓蒙)할 "금부(金夫)" 등이다.

세 번째 종류는 『성경』의 원래 비유와 『역경』에서 묘사된 물상(物象)을 연계시킨 형상이다. 가장 대표적인 예는 『성경』이 상징하는 구세주 그리스도의 음식과 그리스도의 피를 상징하는 포도주를 가져와서 『역경』의 물상을 설명하는 것이다.

"우리가 축복하는 잔은 그리스도의 피에 참여함이 아니며, 우리가 떼는 떡은 그리스도의 몸에 참여함이 아니냐?"(『고린도전서』 10:16)

---

177 Bouvet, 『大易原義內篇』, BAV, Borgia·Cinese, 317(9), p. 4.

"너희가 이 떡을 먹으며 이 잔을 마실 때마다 주의 죽으심을 그가 오실 때까지 전하는 것이니라."(『고린도전서』 11:26)

부베는 수괘(需卦) 구오효에서 "주식(酒食)"이 곧 "술과 떡의 두 가지 맛[酒餠二味]"을 가리킨다고 해석하였다. 술과 음식을 기다리는 것은 곧 구세주 그리스도가 세상에 친히 강림하는 것을 보는 것을 상징한다. "(술과 음식을) 피와 살로 변화시킨 것은 후세 세계 모든 지역의 새로운 사람들을 위함이니, 그들이 기다렸던 것은 영원한 생명을 유지하고, 기르는 데 필수적인 음식인 것이다."[178] 구세주가 구속의 사역(使役)과 구속의 기간(其間)을 행하여 온 세상 사람들로 하여금 새로운 생명을 얻게 하였으므로 "먹는 것이 바르고 길하다[食貞吉]"라고 한 것이다.

구세주와 성자(聖子)의 형상 이외에도 성부의 형상은 주로 지고무상의 창조주에 관련된 것이다. 예를 들어 소축괘(小畜卦)에서는 성부의 은택을 선천의 "임우(霖雨)"에 비유하였고, 태괘(泰卦) 육오(六五)에서는 하느님[上主]을 "제을(帝乙)"로 보고, "제을"이 "시집보낼 누이(歸妹)"를 골라서, 성자로 태어나게 함으로써, 하느님의 가정에 원길(元吉)의 복[祉]을 회복하게 하였다고 하였다. 인조(人祖)의 형상에서 중요한 것은 "동몽(童蒙)"에 대한 상징이다. "몽(蒙)" 자에는 두 가지 뜻이 있다. 첫째, 선천적으로 부여된 원량(元良)의 명덕(明德)과 태어날 때부터 가진 순수하고 더럽혀지지 않은 천진한 상태를 "동몽"이라고 한다. 둘째, 악마의 말에 귀를 기울임으로써 그 명덕(明德)을 혼미(昏迷)하게 함으로써, 후세의 자손들이 "곤몽(困蒙)"의 "동몽"에 연루(連累)된 상태를 가리킨다.

성모마리아의 형상은 준괘(屯卦) 육이(六二)의 "여자불자(女子不字)"의 "여자"와 몽괘 구이의 "납부(納婦)"의 "부(婦)"에 주로 나타난다.

178　Bouvet, 『大易原義內篇』, BAV, Borgia·Cinese, 317(9), p. 9.

부정적 인물과 관련된 형상으로는 『성경』에 나오는 악마인 사탄이 있다. 사탄은 주로 인간의 조상을 유혹하여 죄를 저지르게 하는 "독사"의 형상으로 표현된다. ("사탄은 특히 뱀의 형상을 빌려서 금단의 과일에 사악한 마귀의 독기(毒氣)를 내뿜어 오염시키고", "원조모(元祖母)를 유혹하여 오만한 생각을 내도록 하여, 마침내 금단의 열매를 먹고, 이어서 원조부(元祖夫)를 끌어들여 함께 먹었다.")[179] 건괘(乾卦) 상구(上九)에서는 (하느님의 명을 어기고) 뉘우치는 한마(旱魔)를 "항룡(亢龍)"이라고 했고, 곤괘(坤卦) 초육(初六)에서는 "흑룡노음(黑龍老陰)"을 언급하였으며, 상육(上六)에서는 "흑룡이 곧 오만하고 사악한 마귀[傲鬼邪魔]"라고 하였다. 그리고 리괘(履卦)에서 구부(九部)의 오만한 귀신악마[傲神惡魔]를 "구미호(九尾虎)"라고 하였다. 이러한 형상들은 모두 서로 다른 괘효와 결합되어 있는데, 부베는 『성경』의 이야기를 이러한 형상들에 연계시켜서 합리적인 설명의 요소를 찾아냄으로써, 『역경』에서 함축적으로 표현되어 있는 계시를 보여주었다.

그 다음으로 『역』에서는 변동을 중요하게 여기기 때문에, 효위(爻位)의 변화를 강조한다. 변역(變易)은 역(易)의 세 가지 뜻 가운데 하나이다. 『역위건착도』에서 "역이라는 한 가지 단어는 세 가지 뜻을 가지고 있다[易一名而含三義]"라고 하였고, 정현(鄭玄)은 "이간(易簡)이 첫 번째요, 변역(變易)이 두 번째요, 불역(不易)이 세 번째이다.[易簡一也. 變易二也. 不易三也.]"라고 하였다. 『주례·춘관종백하(春官宗伯下)』에서는 태복(大卜)이 "삼역의 법을 관장하는데, 첫째는 연산이고, 둘째는 귀장이고, 셋째는 주역이다"[180]라고 하였다. 따라서 "역"은 가장 현저(顯著)하고도 기본적인 특징이 된다. (『주역·계사전』에서 말했다.) "한 번 닫고, 한 번 여는 것을 일컬어 '변(變)'이라고 하며, 오고 감에 끝이 없는 것을 일컬어 '통(通)'이라고 한다. 드러남을 '상(象)'이라 하고, 나타남을 '기(器)'라고 하며, 만들어 씀을 '법(法)'이라 하고, 씀을 이롭

179　Bouvet, 『易鑰』, BAV, Borgia·Cinese, 317(2), p. 5.
180　(漢)鄭玄(1999), p. 637.

게 하여 나가고 들어와서 백성들이 모두 사용함을 '신(神)'이라고 한다.[一闔一辟謂之變, 往來不窮謂之通, 見乃謂之象, 形乃謂之器; 制而用之謂之法, 利用出入, 民咸用之謂之神]".[181] (이처럼) 변화를 좇아서 통(通)함에 이르고, 그 상(象)을 이루었으니, 이로 말미암아 기(器)와 법(法)의 학설이 있게 되었다. 이러한 것들은 모두 백성들이 실용(實用)에 쓰도록 하기 위함이니, 이를 통해 그 신묘(神妙)함을 드러내는 것이다. 따라서 변역이 『역경』에서 기초적 지위를 지닌다는 것을 알 수 있다.

서양에서는 『역경』에 대한 권위있는 번역이 리하르트 빌헬름(Richard Wilhelm)에 의해 나왔는데, 1924년에 칼 구스타프 융(Carl Gustav Jung, 1875-1961)이 그 책의 독일어판에 서문을 쓰면서 『역경』을 "The Book of Changes", 즉 "변화의 책"이라고 번역하였다.

서법(筮法)으로 보면 "시고사영이성역, 십유팔변이성괘(是故四營而成易, 十有八變而成卦)"[182]라고 했다. "사영(四營)"이란 두 부분으로 나누고[分二], 하나를 걸고[掛一], 넷씩 세어서[揲四], 합치고 계산함[歸齊]의 연산(演算) 과정을 말한다. 사영으로 일변(一變)의 과정이 이루어지고, 삼변(三變)의 과정이 이루어지면 일효(一爻)가 이루어진다. 18변이 되면, 6효가 이루어지고, 이에 따라 한 괘가 만들어진다. 여섯 효에는 각각 변(變)과 불변(不變)이 있어서, 한 괘를 연역(演繹)해서 64괘의 변화가 이로부터 나온다. 각각의 효에 기(奇)·우(偶)가 서로 교차하고, 음·양이 서로 대립하면서, 효의 변동(變動)으로 말미암아 괘의 변화가 발생하니, "효는 변화를 말하는 것이다[爻者, 言乎變者也]"라고 한 것이다.[183] 그러므로 "변화[變]"는 복서(卜筮)의 연산 과정의 모든 단계에 수반될 뿐 아니라, 복서가 점(占)으로 실현되는 것을 가능하게 해준다.

---

181 (魏)王弼(1999), p.288.
182 (魏)王弼(1999), p.282.
183 (魏)王弼(1999), p.264.

역리(易理)로 보면 효 뿐 아니라 상도 역시 "오로지 변화를 좇는다[唯變所適]". 변화는 시(時)를 따르니, "꺼지거나 자라는 것, 혹은 가득 차거나 텅 비는 것을 가리켜 '시'라고 한다[消息盈虛謂之時]".[184] (변화를 좇는 것은) 시(時) 뿐 아니라 위(位)도 역시 마찬가지이다. "존귀하거나 비천함, 혹은 위와 아래를 가리켜 '위'라고 한다[貴賤上下之謂位]".[185] 그러므로 시(時)와 위(位)의 변화는 괘효의 변화의 표현이다. 그리고 그 변화의 기초는 음과 양의 이원적 요소가 강(强)·약(弱)으로 교체되는 역량에 있다.

공영달은 "생생지위역(生生之謂易)"에 대한 해석에서 "음양이 전변(變轉)하여 이전에 생성된 것에 이어서 그 다음으로 이후의 생성이 일어난다[陰陽變轉, 後生次于前生]"[186]라고 했다. 이것은 만물의 항구적 생성 원인을 음양의 전변으로 말미암아 발생하는 변화로 본 것이다. 음양은 서로 대립할 뿐 아니라 상호 전화(轉化)된다. 음양의 승강(升降), 소식(消息), 강약(强弱)은 괘효 사이의 변화 및 괘 내부의 역량의 강약(强弱)의 전변을 형성한다. 효상(爻象) 사이의 부침(浮沈)과 승강, 동정과 굴신(屈伸)은 만물이 차지하는 각각의 자리와 생생불식(生生不息)에 의해 형성된다.

부베는 괘효의 해석에서 특히 변역(變易)의 규칙에 주의를 기울였다.

첫째, 부베는 괘효의 성질을 화복길흉(禍福吉凶)이 진행되는 정위(定位)에 연계시킨 뒤에, 그 기초위에서 변역의 인과 관계를 설명했다. 부베에게서 많이 나타나는 해석은 선천인조(先天人祖)가 원죄를 저질러서 흉험(凶險)이 시작되었고, 이에 따라 선천의 원길(元吉)이 파괴되었다는 것이다. 예를 들어 몽괘의 "산하유험(山下有驗)"의 "험(險)", 그리고 수괘(需卦)에 있는 부베의 주(注)에서 "건한지지(乾旱之地)"와 "인심지강(人心之剛)" 등의 해석이 그러하다. 그리고 이어서 부베는 구세주가 세상에 내려와 세상 사람들을 구원하

---

[184] (淸)李光地(1990), p. 35.
[185] (淸)李光地(1990), p. 35.
[186] (魏)王弼(1999), p. 271.

고, 후천의 구세의 공을 이루었으며, 다시 선천의 원길을 회복하였다고 설명하였다.

예를 들어, 몽괘에서는 하느님이 인자함을 베풀어 성자(聖子)를 내려 보내, 계몽(啓蒙)의 스승이 되어 계몽의 도를 행하게 하였으므로 "험난함에 멈추다[險而止]"라고 한 것이다. 수괘(需卦)에서는 구세주가 백세만방(百世萬方)이 기다려왔던 지도자[君師]였기 때문에, 가뭄 끝에 내리는 단비[旱之甘霖]를 기다리는 상서로운 상징[吉象]으로 해석한 것이다.

둘째, 괘와 괘효 사이에 길흉의 전변이 있으며, 그것을 보여주는 대표적 두 괘는 태괘(泰卦)와 비괘(否卦)이다. 부베는 일반적으로 선천의 원조(元祖)의 원선(元善)을 선천의 태(泰)로 간주한다. 그런데 인조(人祖)가 교만한 마귀[傲魔]의 유혹을 받아 속으로는 소인이면서 겉으로는 군자인 것처럼 행동함[內小人而外君子]이니, 이것은 선천의 태괘(泰卦)의 상태에서 비괘(否卦)의 상황으로 변한 것이다. 그런데 다행스럽게도 성자가 세상에 태어나, 그 올바름을 회복시켰으니, 이것은 비괘(否卦)의 상태에서 다시 태괘(泰卦)의 상황으로 변한 것이다.

태괘(泰卦)와 비괘(否卦)는 상호 전변하는데, 그 체현(體現)에는 세 가지가 있다.

첫 번째 체현은 곤괘의 괘사에서 장차 인류의 조상이 위로 치받는 강(剛)이 되어 감히 곤(坤)으로써 건(乾)에 덤벼드니, "자기의 사심(私心)의 삼사(三司)의 억측(臆測)으로써 건(乾)이 되고, 상(上)이 되고, 주(主)가 되려고 함이니, 이것은 "곤모건(坤冒乾)", 즉 "곤(坤)의 위에 건(乾)이 덮어쓰고 있는 상이 되어 비괘가 된다."[187] 또 세상을 구원하는 군자가 순종의 덕으로써 건을 이어받아, 세상에 사람으로 태어나니, 이것은 곧 "건모곤(乾冒坤)", 즉 "건의 삼효(三爻)의 위에 곤의 삼효(三爻)가 덮어쓰고 있는 상이 되어 태괘의 육효(六爻)

187　Bouvet, 『易稿』, BAV, Borgia·Cinese, 317(7), p. 15.

가 된다."¹⁸⁸ 다행스럽게도 만악(萬惡)을 피하여 만선(萬善)으로 나아가는 도를 얻은 것이 된다.

두 번째 체현은 소축괘(小畜卦) 초구(初九)에서 천(天)·지(地)가 서로 사귀거나 사귀지 않음에 따라 태(泰)와 비(否)로 나뉘어진다. "천·지가 서로 사귀지 않았을 때에는 곤(坤)이 그 위로 건(乾)의 세 개의 건장(健壯)한 양획을 덮어쓰고 있으니, 비(否)가 된다."¹⁸⁹ "천·지가 다시 사귐에, 천(天)과 인(人)이 다시 합쳐서 하나가 되니, 태(泰)가 된다".¹⁹⁰

세 번째 체현은 태괘(泰卦)의 괘사 가운데 인류의 조상이 본래 지니고 있던 원초(原初)의 성(性)을 태(泰)로 하니, "군자의 도가 커지는[君子道長]" 상이 된다. (따라서 부베가 다음과 같이 말했다.) "(태괘(泰卦)에서는) 상·하와 존·비와 건(健)·순(順)이 대대(對待)의 상태를 이루고 있어 (그 상태가) 원정(原正)하다."¹⁹¹ (그런데) 하늘에 죄를 지어[獲罪于天], 태(泰)가 변하여 비(否)로 되었으니, "소인의 도가 커지는[小人道長]" 상이 된 것이다. (따라서 부베가 다음과 같이 말하였다.) "(태(泰)의 때에는) 곤이 위에서 군자의 지순(至順)한 삼우(三偶)의 관(冠)을 쓰고 있었는데, 이제 그 관(冠)을 벗어버리고 그 대신에 지존(至尊)의 삼기(三奇)의 면류관을 써서 비괘䷋를 이루었으니, 이에 선천의 원정(原正)함을 잃게 된 것이다."¹⁹² 다행스럽게도 세상을 구원할 군자를 만나서 그 덕이 천지에 짝하게 되었으니, 위에 계신 주님(上主)의 위대함과 아래에 있는 사람들(下人)의 작음(小)을 겸하였으며, 이에 따라 후천의 태(泰)의 도를 열어서 성취한 것이다. (그러므로 부베가 다음과 같이 말했다.) "하늘에 계신 하느님[上主]의 지극히 존귀한 삼기(三奇)의 면류관을 벗어 버리고 아래로 내려온 건(乾)이 그 대신에 하인(下人)의 지극히 비천한 삼우의 모자(帽子)를 써

---

188 Bouvet, 『易稿』, BAV, Borgia·Cinese, 317(7), p. 15.
189 Bouvet, 『易稿』, BAV, Borgia·Cinese, 317(7), p. 23.
190 Bouvet, 『易稿』, BAV, Borgia·Cinese, 317(7), p. 23.
191 Bouvet, 『易稿』, BAV, Borgia·Cinese, 317(7), p. 23.
192 Bouvet, 『易稿』, BAV, Borgia·Cinese, 317(7), p. 23.

서 태괘[䷊]를 이루었으니, 후천의 덕으로서 천지원길(天地元吉)의 상에 짝한 것이다"[193] 이렇게 해서 태(泰)에서 비(否)로, 그리고 다시 비(否)에서 태(泰)로 전변이 일어나게 된다.

셋째, 괘효의 육효(六爻) 가운데 변역(變易)이 발생함으로써, 하나의 변동의 과정이 형성된다. 예를 들어 건괘(乾卦)에서 초구(初九)의 "잠룡"의 위치는 연못이며, 그 시기는 성자(聖子)가 진(震)에서 나왔을 처음[初]이며, 성자가 아직 세상에 태어나기 이전의 단계에 해당된다. 구이효(九二爻)의 "현룡(見龍)"의 위치는 밭(田)이며, 성자가 인간 세상에 도래할 것은 선사(先師)가 예언한 것이다. 구오(九五)의 "비룡"의 위치는 하늘이다. 이제 "잠룡"이 "현룡"을 거쳐 "비룡"에 이르기까지의 과정은 하나의 끊임없는 상승의 과정이다. 그리고 구오의 "비룡"(길하고 이로운 상)에서부터 상구(上九)의 "항룡(亢龍)"(뉘우침이 있는 상)에 이르기까지 형성되는 또 하나의 형세는 하강의 과정이다. 그 과정에서 양(陽)의 세력은 시작해서 (점차로) 왕성해지고, 구오(九五)에 이르러 극치(極致)에 도달하며, 물극필반(物極必反)의 이치에 따라 쇠약함이 점차로 뚜렷해진다.

그리고 수괘(需卦)의 하괘(下卦)의 건(乾)의 삼효(三爻)는 초구(初九)에서는 "상괘의 감(坎)의 험난함에서 멀리 있음"이며, 구이에서는 "상괘의 감의 험난함에 가까이 간 것"이며, 구삼에서는 "상괘의 감의 험난함에 아주 가까이 다가간 것"이다. 이처럼 수괘의 하괘(下卦)의 건의 삼효는 점진적 완만한 변화의 경우를 형용한다.

그 다음으로 고사(故事)로써 『역』을 해석하는 것이니, 사상의 의인화(擬人化)의 방법이다. 이것은 고대전통의 옛 설화로써 『역경』을 해석하는 방법이니, 이를 통해 괘효사에 함축된 의미를 보다 정확하게 이해하게 된다. 이처럼 역사 속의 설화를 경전의 의미를 이해를 돕는 보조적 수단으로 사용하는

193　Bouvet, 『易稿』, BAV, Borgia·Cinese, 317(7), p. 30.

것은 송대 이후로 실현 가능한 방법으로 인정되어 왔다.

『사고전서총목제요』에서는 역학 해석방법을 논하면서, 선진 이전의 복서(卜筮)의 방법은 한유(漢儒)의 상수(象數)와 위진(魏晉)의 노장(老莊)의 도가적 해석을 거쳐서 송유(宋儒)들의 성리학적 역리 해석으로 발전해 갔다고 서술하였으며, 이것을 "다시 변하여 이광(李光)과 양만리의 역사적 사건(史事)을 참조하는 역학이 되었다[再變而李光, 楊萬里, 又參證史事]"라고 하였다.[194] 이것은 역사적 사실을 경전의 의미를 이해하기 위한 보조 수단으로 삼는 방식으로 역학 해석의 방향이 발전해 나갔음을 보여준다.

그러므로 『사고전서총목제요』에서는 『역경』은 "모든 효(爻)에서 그 단어의 의미를 해석할 때 역사적 사실을 들어서 실증한다"[195]고 하였고, 또 "책에서 괘효사는 모두 군신(君臣)의 입언(立言)으로 역사적 사건들을 실증한다"[196]고 하였다. 이처럼 역사적 실례를 인용해서 『역경』을 해석하는 방법이 매우 일반적으로 사용되었음을 알 수 있다. 『역경』은 그 자체로 여러 가지의 사학 자료를 포함하고 있으며, 괘의(卦義)를 해석하는 방식과 경전과 역사의 상호 관련 등 밀접하게 서로 연계되어 있어서, 일찍부터 『역』의 해석 방법이 되었다.[197]

부베의 해석 가운데 중국의 고사를 인용하고 있는 사례는 주로 몽(蒙)·비(比)·소축(小畜)·리(履)·태(泰) 등의 괘효사에 집중되어 있다.

예를 들어, 몽괘(蒙卦) 구이효(九二爻)에서 "옛날에 이윤(伊尹)이 재상의 자리(鼎鼐)를 맡아서 성탕(成湯)을 도와서 큰 성인[元聖]이 되었으며, 왕의 사부 아형(阿衡)이 되어 성탕의 총애를 받았다. 그리고 부열(傅說)[198]은 은(殷)나

---

194 『易類一』序((淸)紀昀(1997), p.3).
195 『用易詳解提要』((淸)紀昀(1997), p.30).
196 『用易詳解提要』((淸)紀昀(1997), p.14).
197 陳欣雨(2012a).
198 부열(傅說) : 중국 은(殷)나라 고종(高宗) 때의 재상. 토목 공사(土木工事)의 일꾼이었는데, 재상으로 등용되어 은나라 중흥(中興)의 대업(大業)을 이룩하였다. (역주)

라 고종(高宗)으로부터 염매(鹽梅: 塩梅, 혹은 梅鹽)[199]의 균형을 맞춰 왕을 보좌하는 역량을 갖추었으니, 고종이 꿈속에서 본 부열을 찾아 나서, 재상으로 삼았다.[200] 이처럼 그 당시의 명성이 후세에까지 전해졌으니, 모두 그 상(象)이다".[201]

몽괘(蒙卦)의 구이효(九二爻)에 대한 부베의 역주(易注)는 두 개의 고사를 포함하고 있다. 첫 번째는 『사기』에 나오는 "이윤이 제물(祭物)을 담는 그릇인 정(鼎)과 조(俎)를 메고, 음식에 대한 맛을 예로 들어 탕왕을 설득하였다.[伊尹負鼎俎, 以滋味說湯]"[202]의 고사로서 이윤이 어떻게 제왕(帝王)의 눈에 들어, 마침내 성탕이 그를 큰 성인[元聖]으로 삼게 되었다는 이야기를 설명하고 있다. 두 번째는 『상서·열명(說命)하(下)』에 나오는 "약작화갱, 이작염매(若作和羹, 爾作鹽梅)"[203]로서 은나라 고종이 부열을 재상으로 삼았을 때의 이야기이다. 그는 재능있는 인재로서 국을 만들 때 간을 맞추는 것을 예로 들어 국가를 경영함에 반드시 동량(棟梁)인 양신(良臣)을 선발해서 맡겨야 하니, 인재 선발의 중요성을 말한 것이다.

부베는 두 개의 이야기를 『성경』의 이야기와 결합시켰다. 성자(聖子)는 본래 하느님의 성품과 인간의 성품을 모두 지니고 있음에도 불구하고, 기꺼이 하느님을 아래에서 섬기는 신하가 되었으니, 강(剛)과 유(柔)가 서로 도와서, 음과 양을 조화시키니, 하느님의 의로운 분노를 식히고, 무지하고 완고한

---

199 염매(鹽梅: 塩梅, 혹은 梅鹽): 음식을 만들 때 소금(鹽)의 짠 맛과 매실(梅)의 신 맛을 조화시켜야 음식의 간을 알맞게 맞출 수 있다. 이로부터 신하가 이러한 두 가지를 조화시켜 군주(君主)의 덕치(德治)를 보좌한다는 뜻이 되었다. 『상서(尙書)』 열명(說命) 하(下)에 은나라 고종이 부열을 정승으로 임명하면서, "국을 끓이면 너를 소금과 매실로 삼아 국맛을 조화시키겠다"라고 하였다. 여기에서 염매는 (1)나라에 꼭 필요한 인재, (2)매실 식초나 소금처럼 조화나 화해를 시키는 사람이나 물건을 뜻하는 의미로 사용되어 왔다. (역주)
200 고종인 무정(武丁)이 즉위하였을 때, 그는 어느 날 꿈속에서 나라의 정사를 도울 어진 사람을 만났는데, 그가 바로 부열이었다. 그는 부열을 재상으로 등용하여 나라의 중흥에 힘쓰게 되었고, 국세를 크게 회복하였다. (역주)
201 白晉, 『易稿』, BAV, Borgia·Cinese, 317(7), p.6.
202 (漢)司馬遷(1959), p.94.
사마천(1996), p.55. (역주)
203 (漢)孔安國(1999), p.253.

사람들의 마음을 교화시켜서 상하가 다시 소통되게 하였으니, "포몽(包蒙)"의 길한 상(象)이 된다.

이어서 몽괘(蒙卦)의 육사효(六四爻) 가운데 『상서·상서(商書)』의 「중훼지고(仲虺之誥)」를 인용하여 계몽(啓蒙)의 주(主)를 구하는 예를 들었다. 군주(君主)와 현자를 구하는 것[求賢]과 정권존망[政權存亡]이라는 삼자 관계에서 군주가 스스로 고루하게 행동하게 되면, 곤몽(困蒙)한 상태에 처하게 되므로, 당연히 현명한 선비를 찾아서 도움을 구해야 할 뿐 아니라, 스승으로 섬겨야 한다. "옛날에 중훼(仲虺)가 성탕에게 다음과 같이 말하였다. '제가 듣자오니, '능히 스스로 스승을 얻는 자는 왕자가 되고, 남들이 자기만 못하다고 말하는 자는 망한다[能自得師者, 王, 謂人莫己若者, 亡]'라고 한 것은 이것을 말한 것입니다.'"[204]

『성경』에 나오는 인류의 조상이 하느님에게 죄를 짓는 이야기와 연계시켜 보면, 선천의 명덕(明德)이 어두워져, 후세의 자손들이 조상의 원죄에 연루되게 되니, 곤몽에 빠지지 않을 수 없게 된 것이다. 다행스럽게도 하느님께서 인자한 마음을 베푸셔서 성자 예수를 내려 보내셨다. 이제 예수께서 계몽(啓蒙)의 스승이 되어 선천의 닫힘을 열어젖히고, 후천의 몽매한 자들을 깨우치시니, 다시 선천의 밝음을 회복할 수 있게 되었다. 몽괘(蒙卦)의 육사효(六四爻)에 가까이 붙어 있는 제5효와 제3효는 모두 음효(陰爻)이니, 예를 들면 군주와 만민이 다 함께 깊은 몽매함에 빠져 곤경에 처한 상태에서는 반드시 현신(賢臣) 혹은 성자(聖子)와 같은 현명한 스승이 와서 몽매함을 깨우쳐 주어야 하는 것이다. 만일 그렇지 않다면, 곤경에서 벗어날 수 있는 방법이 없게 될 것이므로, "몽매함에 빠져서도 그 잘못을 고침에 인색하다[困蒙而吝]"라고 한 것이다.

그리고 비괘(比卦)의 초육효(初六爻)에서 『사기』의 「오제본기(五帝本

---

204 (漢)孔安國(1999), pp. 5-9.

紀)」에 기재된 "순(舜)이 역산(歷山)에서 농사를 짓고, 뇌택(雷澤)에서 물고기를 잡고, 황하의 물가에서 질그릇을 만들었으며, 수구(壽丘)에서 집기를 만들었다[舜耕歷山, 漁雷澤, 陶河濱, 作什器於壽丘]"[205]라고 한 것처럼 순 임금이 힘들게 일하고, 효도를 준수(遵守)해서 행하고, 예양(禮讓)의 풍속을 일으킨 것을 찬송하였다. 마찬가지로 예수가 하느님을 대신하여 이 세상에 태어나서, 온갖 고통을 다 겪으셨으나, 하느님을 굳게 믿고, 성심(誠心)으로 섬겼으며, 만민의 죄를 대신 갚으니, 하느님이 감동하여 은총을 다시 베푸셨다고 풀이하였다.

비괘(比卦)의 육사효(六四爻)에서는 다시 『상서』의 「우서(虞書)」「익직편(益稷篇)」에서 고요(皐陶)가 순임금의 노래에 이어서, "원수(元首)가 현명하시면, 고굉(股肱)이 어질게 되어, 모든 일이 편안해질 것입니다[元首明哉, 股肱良哉, 庶事康哉]"[206]라고 한 것을 예로 들어 임금의 지혜가 밝아지면, 신하들도 어질게 되고, 모든 일이 안정되어 천하가 태평해지는 상이 된다고 칭송하였다. 이로써 성자(聖子)가 백세(百世) 전후(前後)의 무리들을 이끌고, 하늘에 계신 천주를 가까이 따르며 보좌해서 돕고, 선천을 회복시켜 밖으로 원수(元首)의 길(吉)함을 친하니, 이로 말미암아 위와 아래로 하늘과 인간 세계의 일들이 모두 편안하고 길하게 된 것이다.

그리고 이어서 비괘(比卦)의 구오효(九五爻)[207]에서 『사기』 가운데 성탕이 들판에서 그물을 사면(四面)으로 펼쳐서 "이에 그 세 쪽을 터 주어 가게 했다[乃去其三面]"[208]의 고사를 인용했다. 성탕이 밖으로 나가서 수렵을 하며

---

205 (漢)司馬遷(1959), p.32.
206 (漢)孔安國(1999), p.130.
207 比卦 九五: "王用三驅, 失前禽" 무릇 삼면 몰이의 예는 짐승이 자기를 향하는 놈이면 놓아주고, 자기를 등지는 놈이면 활을 쏘아 죽이는데, 이는 앞의 짐승을 놓아주는 것이다.[凡三驅之禮, 禽向己者則舍之, 背己者則射之, 是失於「前禽」也.](『周易正義』比九五)(역주)
208 (漢)司馬遷(1959), p.95.
  탕이 교외로 나갔다가 사방에 그물을 치고, "천하의 모든 것이 모두 내 그물로 들어오게 하소서"라고 축원하는 사람을 만났다. 그러자 탕은 "어허! 한꺼번에 다 잡으려고 하다니!"라고 하며, 세 면의 그물을 거두게 하고서, 다음과 같이 축원하게 하였다. "왼쪽으로 가고 싶은 것은 왼쪽으로 가게 하고, 오른쪽으로 가고 싶은 것은 오른쪽으로 가게 하소서. 내 명령을 따르지 않는 것만 내 그물로 들어오게 하소

놀 때에 그물의 세 쪽을 터주고, 한 쪽만 남겨두어, 시혜의 덕을 베풀었다. "세 면의 그물을 거두게 하고서, 다음과 같이 말하였다. '왼쪽으로 가고 싶은 것은 왼쪽으로 가게 하고, 오른쪽으로 가고 싶은 것은 오른쪽으로 가게 하소서. 오로지 내 명령을 따르지 않는 것만 내 그물로 들어오게 하소서.'라고 하였으니, 이것이 그 상이다."[209] 이처럼 그 인애(仁愛)의 마음을 체현하여, 민심을 깊이 얻었으므로 상조(商朝)를 건립할 수 있었던 것이다.

부베는 성탕의 인덕(仁德)을 예수의 사랑에 대응시켰다. 성자(聖子) 예수가 강생했을 때 하늘에 경성(景星)이 출현하였으니, 이것은 자기와 서로 응하는 자를 친애하는 현비(顯比)의 도를 나타낸 것이다. 만세(萬世)의 만민(萬民)을 구원하는 주님이 탄생할 시기가 이미 도래하여, 대진국(大秦國)에까지 그 도가 행해지니, 멀리까지 하느님의 은총을 가까이 할 수 있는 기회를 널리 펴져서 만방(萬方)과 삼주(三州)[210]에 이르기까지 모두 구세주의 도(道)에 친하게 되어 귀의하니, 이에 천하가 통합(統合)된 것이다.

그 밖에도 소축(小畜)의 괘사(卦辭)에 대한 해석에서 『사기』에 문왕이 유리(羑里)에서 『역』을 연역(演繹)했다고 한 기록을 인용하면서, "『역』의 8괘를 늘려서 64괘로 만든 것[蓋益易之八卦爲六十四卦]"[211]과 그에 의거해서 "여러 천문(天文)의 역상(曆象)의 질서를 상세히 밝힌 것[詳厥諸天文象之序]"[212]을 예로 들었고, 구세주의 내림(來臨)과 구세(救世)의 기회를 기다리는 것 등에 상응시켰다. 인용의 많은 부분은 『상서』, 『사기』 등 전적에 기재된 상탕(商湯), 이윤, 순 등과 같은 제왕 및 선사(先師) 이야기에 집중되어 있고, 건괘 문

서." 제후들이 이 소식을 듣자, "탕의 덕이 지극하구나! 그 덕이 금수에까지 이르렀도다!"라고 감탄하였다. (사마천(1994), p.56) (역주)
209　Bouvet, 『易鑰』, BAV, Borgia·Cinese, 317(7), p.21.
黎子鵬(2020), p.197. (역주)
210　삼주(三州): 고대에 중국 전 국토를 9개의 주(州)로 나누어서 구주(九州)라고 함. 구주(九州)는 고대 중국의 고서에 기록된 하나라, 상나라, 주나라 시대의 행정 구역이며, 이후 춘추 시대와 전국 시대를 거치면서 지리적 구분의 의미를 갖게 되었다. 중국에서는 중국 전역을 총칭하는 의미로 사용되며, 천하나 세계 전체의 의미로 사용되는 경우도 있다. 삼주(三州)는 구주(九州)의 3분의 1이다. (역주)
211　(漢)司馬遷(1959), p.119.
212　Bouvet, 『易稿』, BAV, Borgia·Cinese, 317(7), p.22.

언(文言)의 주석에서는 "제요내기상(帝堯乃其象)",²¹³ 수괘(需卦) 구오의 주석에서 "시운(『詩』云): 제명솔육(帝命率育)²¹⁴, 후직내기상야(後稷乃其象也)",²¹⁵ 리(履)괘 구사(九四)의 주석에서 "[문왕]소심익익(小心翼翼)"²¹⁶과 "[주공(周公)]적석궤궤(赤舄几几)²¹⁷, 내기상야(乃其象也)"²¹⁸ 등 제요(帝堯)·후직(后稷)·문왕·주공과 관련된 것도 있다.²¹⁹

부베가 『성경』 이야기를 선택할 때, 구세주 예수 그리스도의 일생과 관련된 이야기를 끌어와서 괘의(卦義)를 해석한 경우가 많다. 『역고(易稿)』와 『대역원의내편』 중에서 건괘·곤괘에서 태괘(泰卦)·비괘(否卦)에 이르기까지 12괘를 해석하면서 각각의 괘마다 성자가 하느님의 명령에 순종하여 만민을 구원하기 위해 이 세상에 태어난 것에 관한 이야기를 연계시켜 설명하고 있다. 예를 들어 사괘(師卦)에서는 예수가 여러 곳에서 기적을 행하신 이야기가 나온다. 소축괘(小畜卦)에서는 성자가 성부께서 기르신 어린양에 자신을 기꺼이 비유하였고, 모든 사람들의 죄를 속죄하고, 국도(國都)의 서교(西郊)에 희생을 바쳐서, 성부의 진노를 누그러뜨렸다는 이야기를 서술하였다. 수괘(需卦) 육사효(六四爻)의 "수우혈, 출자혈(需于血, 出自穴: 피를 흘리며 천명을 기다리니, 그렇게 천명을 기다리면 험난한 구덩이에서 나가게 될 것이다)"의 효사에 대해서는 예수 그리스도가 붙잡혀서 수난을 당하는 이야기를 연계시켜서,

---

213 Bouvet, 『大易原義內篇』, BAV, Borgia·Cinese, 317(9), p. 5.
214 "이아내모, 제명솔육(貽娥來牟, 帝命率育)": (우리에게 밀과 보리를 주시니) 상제께서 두루 기르도록 명하심이라. (『시경(詩經)』, 「주송(周頌)·청묘지십(淸廟之什)」) 주나라의 조상인 후직(後稷)에게 제사하는 노래이다. 옛날 요임금 때, 홍수로 백성들이 굶주렸는데, 후직이 여러 가지 곡식을 심어서 흉년을 무사히 넘겼다고 한다. (역주)
215 Bouvet, 『易稿』, BAV, Borgia·Cinese, 317(7), p. 10.
216 "문왕소심익익(文王小心翼翼)": "문왕께서는 삼가시며 힘쓰시어"(『시경(詩經)』, 『대명(大明)·대아문왕지십(大雅文王之什)』)(역주)
217 "적석궤궤(赤舄几几)": 붉은 신 신으신 걸음걸이 의젓하시네". 적석(赤舄)은 면복(冕服)의 신발이다. 궤궤(几几)는 안중(安重)한 모양이다. 시경(詩經)-빈풍(豳風)-낭발(狼跋), "낭발기호, 재체기미, 공손석부, 적석궤궤(狼跋其胡, 載疐其尾, 公孫碩膚, 赤舄几几)", 즉, "이리가 턱밑살에 밟히고, 뒤로는 그 꼬리에 걸려 넘어지네. 주공(周公)께서는 도량이 넓으시고, 붉은 신 신으신 걸음걸이 의젓하시네"(성백효 역주, 『시경집전』 상(上), p. 346)(역주)
218 Bouvet, 『易稿』, BAV, Borgia·Cinese, 317(7), p. 28.
219 黎子鵬(2020), p. 229. (역주)

예수의 피가 "희생의 피"를 상징하며, 구세주의 보혈(寶血)[220]의 상징이 된다는 것을 서술하였다. "최후의 심판" 이야기는 송괘(訟卦)에 구체적으로 나오는데, 완전히 선하고, 지극히 의로운 구세(救世)의 군자가 중정(中正)한 지존(至尊)의 자리에 단정히 앉아서, 심판의 소송을 진행하니, 이에 따라 중대한 소송[至訟]에 이르게 된다는 것 등을 말하였다.

부베는 『성경』을 남본(藍本: 底本)으로 삼아서 선천의 인조(人祖)와 구세주 그리스도 예수의 비교를 여러 차례 행했다. 그는 『성경』이야기를 『역경』의 효상(爻象)과 결합하여 예수의 존재의 진실성을 완성하려고 시도하였다. 부베의 묘사는 그림보다 사진 필름처럼 매우 생생하다. 『역경』과 『성경』이야기 융합시켜 설명할 때 그 생생함으로 설득력을 높였다. 그의 글을 읽어보면 부베가 얼마나 경건한 신앙심을 지니고 있었던 인물인지를 엿볼 수 있다.

마지막으로 부베는 그의 기독교 해석에 확고한 권위를 부여하기 위하여 많은 중국의 경전을 인용하였다. 예수회 아카이브에 소장된 문서에서 "Japonica·Sinica IV, 5A"의 편호가 붙어 있는 부베의 몇 편의 편지는 주로 부베와 그를 반대하는 일부 프랑스 선교사들 사이에서 고대 중국의 고전의 해석을 둘러싸고 벌어진 논박과 부베의 색은주의 연구와 관련된 것이다. 알버트 찬(Albert Chan) 신부는 그의 저서에서 예수회 아카이브에 소장된 문서목록의 적요(摘要)를 적었다. 알버트 찬 신부는 이 책에서 부베와 푸케 두 사람이 모두 고대 중국의 유적과 서적에서 기독교의 흔적을 찾으려는 시도를 했으며, 그들이 "색은파(索隱派, figurists)" 혹은 "색은주의(索隱主義, figurism)라고 불린다는 것을 말했다.[221] 부베가 연구과정에서 언급한 중국 서적은 다음과 같다.[222]

『자치통감(資治通鑒)』·『제경고이(諸經考異)』·『도서편』·『주역전(周易傳)』·『대

---

220 보혈(寶血); 인류의 죄를 구속(救贖)하기 위하여 예수가 십자가에 못 박혀 흘린 피.(역주)
221 Chan(2002), pp. 518.
222 Chan(2002), pp. 521-522.

학연의보(大學衍義補)』・『순자(荀子)』・『사기(史記)』・『춘추좌전(春秋左傳)』・『묵자(墨子)』・『회남자』・『춘추대전(春秋大全)』・『예기(禮記)』・『동자(董子)』・『노자익(老子翼)』・『노자(老子)』・『장자(莊子)』・『어제주역절중(御制周易折中)』・『열자(列子)』・『할관자(鶡冠子)』・『설문자원(說文字原)』・『역혹(易惑)』・『서경(書經)』・『여씨춘추(呂氏春秋)』・엄준(嚴遵)『도덕경지귀(道德經指歸)』・『성리정몽집석(性理正蒙集釋)』・『패문운부(佩文韻府)』・『주역도설(周易圖說)』・『육경도(六經圖)』・『남화부묵(南華副墨)』・『로사(路史)』・『설원(說苑)』・『육서정온(六書精蘊)』・『통감강목원시(通鑒綱目原始)』・『강목전편변의(綱目前篇辨疑)』・『이광지주절(李光地奏折)』・『자휘(字彙)』・『회남홍렬해(淮南鴻烈解)』・『로사후기(路史後記)』・『공양전(公羊傳)』・『곡량전(穀梁傳)』・『사서고(四書考)』・『가의신서(賈誼新書)』・『금궤(金櫃)』・『주자(朱子)』・『통지(通志)』・『산해경(山海經)』・『중용(中庸)』・서원약언(『西原約言)』・『역정의(易正議)』・『역위건착도(易緯乾鑿度)』・『계암자(桂岩子)』・『풍속통(風俗通)』・『대학(大學)』・『주역도설술(周易圖說述)』・『상상관견(像象管見)』・『안자(晏子)』・『잠학류서(潛确類書)』・『포박자(抱朴子)』・『설문(說文)』・『현중기(玄中記)』・『초사외국도(楚辭外國圖)』・『논어(論語)』・『소자(邵子)』・『이정유서(二程遺書)』・『양자주(揚子注)』・『귀곡자(鬼谷子)』・『맹자(孟子)』・『성리회통(性理會通)』・『왕필역해(王弼易解)』・『백호통(白虎通)』・『태평어람(太平御覽)』・『설부(說郛)』・『논형(論衡)』・『노자소주(老子蘇注)』・『부득이변(不得已辨)』・『쾌서(快書)』・『한시외전(漢詩外傳)』・『일통지(一統志)』・『사문유취(事文類聚)』・『주역고본(周易古本)』・『대대례내경(大戴禮內經)』・『역래지덕주(易來知德注)』・『관윤자(關尹子)』・『한서예문지서(漢書藝文志序)』・『어비고문연감(御批古文淵鑒)』・『문헌통고(文獻通考)』・『염철론(鹽鐵論)』・『사물원시(事物原始)』・『월령광의(月令廣義)』・『서응도(瑞應圖)』・『정자통(正字通)』・『춘추운두추(春秋運斗樞)』・『공총자(孔叢子)』・『춘추감정부(春秋感精符)』・『사물감미(事物紺珠)』・『성경(星經)』・『비아(埤雅)』・『예함문가(禮含文嘉)』・『한서천문지(漢書天文志)』・『수서천문지(隨書天文志)』・『이아익(爾雅翼)』・『점서(占書)』・『춘추공연도(春秋孔演圖)』・『후한서(後漢書)』.

    이를 통해 부베의 중국 고전에 대한 섭렵이 경(經)・사(史)・자(子)・집(集)

에 걸쳐 광범위하게 이루어졌음을 알 수 있다. 바티칸 도서관에 소장되어 있는 부베의 역학(易學) 저술에서 중국 고전에 대한 인용은 대부분 경·사의 부류에 집중되어 있다.

첫째, 부베는 유가의 권위 있는 경전을 인용하여 이론적 설득력을 높임으로써, 그가 주장하는 견해의 진실성과 권위를 재확인하였다.

부베는 중국 경전의 인용을 매우 중요하게 생각했다. 예를 들어 그는 『역약(易鑰)』에서 다음과 같이 말했다. "그러므로 나는 먼저 하느님의 참된 가르침을 전하고 있는 『성경』의 대강(大綱)을 성스러운 천주교의 위대한 진리의 세목(細目)과 함께 상권(上卷)에 배치했습니다. 그리고 나서 중국의 전적에 실려 있는 옛 글을 『역경』 등 경전에서 논해진 정밀한 문장과 함께 선택해서 하권에 배치했습니다."[223] 『역인』에 대한 설명은 다음과 같다. "『역인』, 이 책은 중국의 전적을 서양의 고전(古傳)과 서로 비교하여 고증한 것이다."[224]

『천학본의』는 "어떤 경문을 택하여 하느님의 오묘한 진리에 담긴 대략의 요점을 논하고, 각각을 그 세목(細目)으로 분류한 다음에 그 핵심적 강령(綱領)을 세운 것이 『천학본의』 상권(上卷)이다. 마치 여러 면을 가진 깨끗한 거울과 같아서, 사람이 그것을 보면 경전에서 하느님에 관해 논한 뜻을 한 번에 알 수 있을 것이며, 마치 창조주 하느님의 신비한 모습을 보는 것과 같을 것이다."[225]

"『천학본의』 하권에는 사민(士民, 양반 혹은 평민)들이 하느님[上天]에 관해 논한 공용어(公用語)와 속어(俗語)를 수집하기로 하였고, 경문을 그 세목에 따라 분류해서, 고대로부터 전해져 내려운 진정한 도를 얻고자 했다. 이로 말미암아 천학(天學)이 더욱 밝아지고, 상고 시대 경전의 본래의 의미를 회복

223　Bouvet, 『易鑰』, BAV, Borgia·Cinese, 317(2), p. 1.
224　Bouvet, 『易考』, BAV, Borgia·Cinese, 317(4), p. 1.
225　Bouvet, 『天學本義』, BAV, Borgia·Cinese, 317(15), p. 3.

할 수 있을 것이다."²²⁶ 부베의 관점에서 본다면, 천학을 이처럼 중요하게 여기는 이유는 "모든 경전의 진리가 이미 『역』에 모두 갖추어져 있음을 알기 때문이다. 바로 그러한 까닭에 모두 천학과 심학을 말할 뿐이다."²²⁷ 따라서 중국 전적의 연구를 통해서 『성경』의 진정한 의미를 이해할 수 있다.

『역경』의 연구를 위해서는 가장 많이 인용된 것은 『역전(易傳)』이며, 『역경』에 관한 연구서로는 관방(官方)에서 만든 『흠정일강역경강의(欽定日講易經講義)』, 이광지의 『어찬주역절중(御纂周易折中)』, 호광(胡廣)의 『주역전의대전(周易傳義大全)』, 내지덕(來知德)의 『주역집주(周易集注)』, 장황(章潢)의 『도서편』 등에서 광범위하게 인용했다.

『시경(詩經)』은 오경(五經) 중에서 『역경』 다음으로 부베가 가장 중점적으로 연구한 책이다.²²⁸

예를 들어, 부베는 『시경』에서 문왕과 후직에 대한 칭송을 인용하여 성자 예수의 덕에 대응시켰다. "『시경』의 「대아(大雅)·문왕지십(文王之什)·황의(皇矣)」에 '제위문왕, 여회명덕(帝謂文王, 予懷明德)', 즉 '상제께서 문왕에게 이르시기를, 나는 밝은 덕을 가슴에 품고 있으니'라고 하였고, [이어서] '불식부지, 순제지칙(不識不知, 順帝之則)'²²⁹, 즉 "우리는 아무것도 알지 못하지만, 상제(上帝)가 정해준 법(法)을 따른다"라고 하였으니, 이것은 문왕의 모습을 형용한 것이다."²³⁰ 또 "『시경』의 「주송(周頌)·청묘지십(淸廟之什)」에 '제명솔육(帝命率育)', 즉 '상제께서 (밀과 보리를) 두루 기르도록 명하심이라'고 했으니, 이것은 후직의 모습을 형용한 것이다.²³¹

226　Bouvet, 『天學本義』, BAV, Borgia·Cinese, 317(15), p. 4.
227　Bouvet, 『易鑰』, BAV, Borgia·Cinese, 317(2), p. 1.
228　"부베는 그의 연구의 출발점으로서 경전 중에서 가장 고대의 경전이라고 간주되는 『역경』과 『시경』을 선택했다. (Chan(2002), p. 518)
229　"不識不知, 順帝之則": 『시경(詩經)』, 대아(大雅), 문왕지십(文王之什), 황의(皇矣)에 나오는 구절이다. "우리는 아무것도 알지 못하지만, 임금님이 정하신 대로 살아가네"라는 뜻이다. (역주)
230　Bouvet, 『易稿』, BAV, Borgia·Cinese, 317(7), p. 27.
231　Bouvet, 『易引原稿』, BAV, Borgia·Cinese, 317(6), p. 10.

『서경(書經)』에서는 군신 관계를 많이 인용하여, 성부(聖父)와 인조(人祖), 성자(聖子)와 만민(萬民)에 이르기까지 관계에 대응시켰다. 예를 들어, 사괘(師卦) 상육효에서는 『상서·태갑(太甲)·중(中)』에서 이윤이 태갑을 영접하여 박(亳)의 도읍으로 돌아오는데, 태갑을 가르침으로 인도했다는 이야기를 인용하였다.[232] 즉 "왕배수계수, 왈, 여소자불명우덕, 자저불류(王拜手稽首, 曰: 予小子不明于德, 自底不類; 임금은 손을 이마에 얹고, 머리를 땅에 대고 절하면서 말하기를 나 소자(小子)는 덕에 밝지 못하여 스스로 못난 짓을 하였다)"[233]는 것을 예로 들어, 인류의 조상이 스스로 불러들인 재앙으로부터 빠져나갈 수 없었음을 경계하여 알리고, 성부가 성자를 내려보내 구원의 가르침의 은덕을 보여주신 것에 의존하여 좋은 결말을 얻기를 바란 것이다.[234]

부베는 『예기』에서 제사의 예절에 관해 말한 것도 많이 인용했다. "『예기·교특생(郊特牲)』편에 말하기를, '교지제야, 대보본반시야(郊之祭也, 大報本反始也)', 즉 '교(郊)의 제사를 지내는 것은 천지와 선조(先祖)의 은혜에 크게 보답하고 처음으로 돌아가기 위한 것이다'라고 하였다."[235]

그 밖에도 『논어』, 『맹자』, 『중용』, 『이아(爾雅)』 및 완원(阮元) 교각본(校刻本) 『십삼경주소(十三經注疏)』, 동중서(董仲舒)의 『춘추번로(春秋繁露)』, 정현(鄭玄) 주(注)의 『역위건착도』, 풍응경(馮應京)의 『월령광의』 등이 있고, 역사와 관련된 서적으로 사마천의 『사기』, 좌구명(左丘明)의 『춘추좌전』, 마단림(馬端臨)의 『문헌통고』, 남송(南宋) 나필(羅泌; 1131-1189)의 『노사(路史)』[236] 등을 인용했다. 부베의 글 중에서 공자, 맹자, 순자, 안자(晏子), 소자(邵子), 정

---

232 상(商) 나라 군주 태갑(太甲)이 폭정으로 하남성(河南城) 동궁(桐宮)에 유폐되어 삼년 만에 박(亳)의 도읍으로 돌아왔는데, 이윤(伊尹)과 백성들이 그를 맞아 영접하였는데, 이 때 이윤은 태갑이 군주로서 적합한 자격을 가졌는지, 그리고 얼마나 반성하였는지를 확인하고자 백성을 대신하여 태갑에게 질문한 것이다. (역주)

233 (漢)孔安國 傳, (唐)孔穎達 疏;「太甲中」第六,『尙書正義』, 卷八, 李學勤 主編,『十三經注疏』, 標點本, 北京大學出版社, 1999, p.211.

234 Bouvet,『易稿』, BAV, Borgia·Cinese, 317(7), p.16.

235 Bouvet,『易引原稿』, BAV, Borgia·Cinese, 317(6), p.21.

236 나필(羅泌)의『노사(路史)』는 색은주의자들이 선호하던 문헌이었다. (Standaert(2016), p.130) (역주)

자(程子), 주자(朱子) 등 유가(儒家)의 인물들에 대해서 "자(子)"라는 존칭을 썼는데, 이것은 그의 유가 사상에 대한 친밀감을 보여준다.

부베의 역학 연구 중에서 도가 경전인 『도덕경(道德經)』・『장자(莊子)』・『회남자』 등에 대해서도 『역경』의 일삼(一三)의 큰 강령과 삼일(三一)의 이치에 관한 해석을 하면서 많이 인용했다. 그는 『노자(老子)』의 "도생일, 일생이, 이생삼, 삼생만물(道生一, 一生二, 二生三, 三生萬物)"과 『장자』의 "일여언위이, 이여일위삼(一與言爲二, 二與一爲三)"을 기초로 삼아, 일본이원삼재(一本二元三才)의 이치에 대해 토론했으며, "일본이원(一本二元)과 삼재합일(三才合一)의 예(禮)가 모두 여기에 갖춰져 있다"라고 말했다.[237]

『노자』의 "도생일, 일생이, 이생삼, 삼생만물"에 대해서도 한편으로는 기독교의 성부・성자・성신의 "삼위일체"에 대응시켰다. 부베는 말하기를, "내가 생각하기에 이 몇 글자는 하느님의 삼위일체의 학설의 흔적을 분명하게[昭昭] 보여준다"고 하였다. 반대로 "『성경』을 보면 거기에 담겨 있는 창조주의 삼위일체의 진리가 노자가 전수한 진리와 같은 것임을 알 수 있다."[238]

한편 『노자』와 『성경』 사이에는 구별이 있다. 노자에 있어 도(道)의 생성은 각각 독립적이며, 그 '생(生)'자에는 "지금 있는 상태로 생겨난다(生如己)"는 의미를 갖고 있다. 일(一)은 스스로 생겨나며, 시작도 없고, 근원도 없는 존재이다. 이(二)는 음양이니, 독립존재이며, 일(一)과 동일한 존재론적 지위를 갖는 것은 아니다. 삼(三)은 만물을 생성하니, 천지의 사물들은 각각 자기를 함양(涵養)한다. ["도생일(道生一), 일생이(一生二), 이생삼(二生三), 삼생만물(三生萬物)"의 구절에서] "생(生)자는 모두 네 번 나오는데, 각각 다른 뜻을 가지고 있다".[239] 반면에 천주교의 "삼위일체"는 성부・성자・성신의 "삼위가 균형을 이루고 있으며, 서로 분리되지 않으며, 다른 존재에 의해 구속되지 않

---

237 Bouvet, 『易稿』, BAV, Borgia·Cinese, 317(7), p. 47.
238 Bouvet, 『易鑰』, BAV, Borgia·Cinese, 317(16), p. 10.
239 Bouvet, 『易稿』, BAV, Borgia·Cinese, 317(7), p. 48.

는 상태[均然渾然自由]"일 뿐 아니라, 셋 사이에는 수수(授受: 주고 받음)의 순서가 있다.[240] 동등한 삼위 사이에서 아직 삼위의 관계가 형성되지 않았을 때에는 먼저 성부가 존재하며, 성신은 아직 존재하지 않는다. 먼저 성부와 성자가 있은 뒤에라야 수수의 순서가 형성되게 된다. 성부와 성자 이전에 성성(聖性)이 있으며, 성부와 성자는 서로 조응(照應)되는 존재이다. 성신은 성부와 성자의 이위(二位)가 (일단 성립된 이후에 양자가) 공동으로 발생시키는 것이다. (그리고) "천지·신인(神人)·만물은 [성부·성자·성신의] 삼위가 함께 만들어내는 존재들이다".[241]

이를 바탕으로 부베는 『노자』와 『성경』의 두 가지 이론을 종합했다.

첫째 부베는 노자의 1·2·3을 창조주의 삼위를 가리키는 것으로 보았다. 노자는 만물의 창조주를 나타내기 위하여 수를 사용하였으며, 형(形)을 사용하지 않았는데, 그것은 모든 형상을 초월한 존재인 창조주를 대표하기에 형은 적합하지 않다고 보았기 때문이다. 부베는 1, 2, 3이 수의 근원이므로 창조주를 표현하기에 적합하다고 생각한 것이다. "그러므로 노자는 이 숫자를 써서 모든 형상을 초월한 창조주의 삼위일체의 정수(精髓)를 표현하는 것이 가장 합리적이라고 생각한 것이다."[242]

둘째, 노자의 일·이·삼의 상생(相生)의 이치로 창조주의 창조의 공로를 설명하였다. 창조주는 일(一)에 해당되고, 성자를 낳은 것은 이(二)에 해당되고, 일(一)과 이(二)가 서로 합쳐져서 성신을 낳으니, 삼(三)에 해당된다.

셋째, 부베는 노자의 삼(三)을 창조주의 삼위(三位)에 상응시켜, 삼위일체의 숫자 "삼(三)"을 노자의 만물의 생성원리에 합치시켰다. 만물의 생성은 궁극적으로 일본이원(一本二元)의 원리로 소급되니, 그는 이것을 만물 생성의 원리로 확장시켰다. 또한 창조주의 근본에 합치되니, 삼위일체는 만물의 참

240　Bouvet, 『易稿』, BAV, Borgia·Cinese, 317(7), p. 48.
241　Bouvet, 『易稿』, BAV, Borgia·Cinese, 317(7), p. 48-49.
242　Bouvet, 『易鑰』, BAV, Borgia·Cinese, 317(16), pp. 10-11.

된 근원의 정미(精微)함을 표현하는 근본원리인 것이다. 『장자·제물론(齊物論)』에서 "하나와 말이 합쳐지면 둘이 된다[一與言爲二]"라고 한 것은 제2위의 성자가 제1위의 성부가 인간에게 말씀의 구현(具現)으로 나타난 것이라는 것을 말한 것이다. 하느님의 경전의 참다운 뜻의 비밀은 창조주의 삼위일체의 제2위 및 제1위의 말씀에 있으니, 『장자』에 "일여언위이"라고 한 것은 이것을 가리킨 것이다."²⁴³ 장자가 말한 "일(一)"은 삼위일체의 성부이며, "언(言)"은 성부 자신의 말씀이며, 성자가 인간 세상에서 한 말은 모두 성부의 말씀이라는 것을 알 수 있다. 그러므로 성부의 말씀이 인간에게 체현되어 나타난 것이 성자라는 것을 알 수 있다. 그리고 『장자·대종사(大宗師)』에서는 도(道)가 태극보다 앞선다고 말한다. "무릇 도는 정(情: 도의 실제적 작용)도 있고, (그것이 존재한다는) 신(信: 믿음)도 있으나, (그것은 무위이며 무형의 존재이다.) …… 도는 태극보다 앞서 있지만, 스스로 높다고 여기지 않으며, 육극(六極)보다 더 밑에 있지만 스스로 깊은 척하지 않는다" 부베는 창조주의 지능(至能)·지신(至神)·지명(至明)의 삼위(三位)를 만유(萬有)의 원본(原本)으로 간주했다. 그리고 "『장자』에서 태극이 그 상(象)이 된다"고 말했다.²⁴⁴ 여기서 더 나아가 그는 도의 선천의 속성에 대해 토론했다. (『도덕경』 18장에) "큰 도가 없어지니, 인의가 생겨났다[大道廢有仁義]"라고 하였으니, 후천의 인문(人文)은 선천의 도보다 뒤에 나온 것이다. 도가 음과 양으로 나뉘어지니, 음과 양이 다시 합쳐져서 만물을 생성하게 되었다.

　『회남자』의 「천문훈(天文訓)」편에서 말하였다.²⁴⁵ "도는 일(一)에서부터 시작되는데, 일(一)만으로는 그 무엇도 발생시킬 수가 없다. 그러므로 나뉘어져서 음과 양이 되며, 음과 양이 화합하여 만물을 만들어 낸다. 그러므로 일(一)은 이(二)를 낳고, 이(二)는 삼(三)을 낳고, 삼(三)은 만물을 낳는다"라고

243　Bouvet, 『易學外篇』, BAV, Borgia·Cinese, 317(10), p. 11.; Bouvet, 『易引原稿』, BAV, Borgia·Cinese, 317(6), p. 8.
244　Bouvet, L'Y King(無中文標題), BAV, Borgia·Cinese, 317(11), p. 12.
245　유안(2001), pp. 149-151. (역주)

한 것이다."²⁴⁶ 부베가 여기에서 도가사상을 인용한 것은 『성경』과 유가사상의 융합 이외에 또 다른 문화적 융합의 구현임을 알 수 있다.

또한 부베는 중국 고전을 인용하여 『성경』속의 사물과 인물의 형상을 비교하고 있다. 예를 들어 『성경』에 나오는 에덴동산의 생명의 나무와 『산해경』에 나오는 장생불사(長生不死)의 생명의 나무를 대응시키고 있다.²⁴⁷

『성경』속의 "구미마신(九尾魔神)"에 대응되는 것은 『산해경·서산경(西山經)』에 나오는 육오(陸吾)인데, "그 신(神)의 형상은 호랑이의 몸에 아홉 개의 꼬리, 사람의 얼굴에 호랑이 발톱을 하고 있는데, 그것이 육오신이다.[其神狀虎神而九尾, 人面而虎爪, 是神也.]"라고 하였다.²⁴⁸ 구미마신이 하느님에게 거역하니, 그로 말미암아 겹겹이 위기가 쌓여 매우 위태롭다. "산과 바다가 위험해진 천하에서 강(剛)으로써 강(剛)의 자리에 머무니, 그곳에서는 구미마신이 왕(王)이다. 이것이 그 형상이다."²⁴⁹

부베는 태괘(泰卦) 육사효(六四爻)에서 『산해경』을 또 다시 언급하였다. "『산해경』에 수록된 글과 그림 중에서 세 개의 머리(三首)²⁵⁰, 세 개의 뿔(三角)²⁵¹, 세 개의 눈(三目)²⁵²과 삼두구미(三頭九尾)²⁵³ 등 괴이한 동물들이 바로

---

246 Bouvet, 『易引原稿』, BAV, Borgia·Cinese, 317(6), p.8.
247 Bouvet, 『易引原稿』, BAV, Borgia·Cinese, 317(6), p.21.
248 (東晉)郭璞(1985a), 21.
　　정재서(1996), p.91. (역주)
249 Bouvet, 『易稿』, BAV, Borgia·Cinese, 317(7), p.26.
250 『산해경』, 「해외남경(海外南經)」편에 '삼수국(三首國)은 동쪽에 있다. 그 나라 사람들은 머리가 셋이다. 일설에는 착치(鑿齒)의 동쪽에 있다.'라고 하였다. 착치(鑿齒)는 이빨이 끌(鑿)과 같고 그 이빨의 크기가 5척(150cm)에서 6척(180cm)이나 되는 부족으로 방패가 발달된 부족이다. 착치는 곤륜허(崑崙虛)의 동쪽인 수화(壽華)의 들에서 예(羿)와 싸웠으니, 삼수국은 그 동쪽에 있는 부족이다. 착치를 끌에 비유하였으니, 나무를 잘 조각하고 다루는 것에 뛰어나다는 것이고, 이는 곧 방패를 잘 만드는 기반 기술을 가졌다는 표현일 것이다. 이가 5~6척이라는 것은 치아가 실제로 5~6척이 아니라 치아가 발달하여 5~6척의 무게도 잘 끌고 옮길 정도로 힘이 좋다는 뜻일 것이다. 사람 몸 부분 중에 치아가 가장 힘을 발휘하는 곳이니 이를 잘 활용 하였을 것이다. 삼수국은 세 신(神)이 하나가 된 삼신일체(三神一體) 사상을 믿는 부족이라는 뜻이다. 삼신(三神)은 일(日), 월(月), 성(星)의 삼신(三神)을 말하며, 국가의 경영도 이에 따라 3명의 우두머리를 두어 하였을 것이다. 머리가 셋인 것은 이들이 의논하여 국가의 일을 결정하였다는 것이다. (역주)
251 『산해경』, 「해내북경(海內北經)」에 "융(戎) 나라 사람은 그 머리에 세 개의 뿔이 있다[戎, 其爲人, 人首三角]"이라고 했음. (역주)
252 『산해경』, 「해외서경(海外西經)」에 기굉국(奇肱國) 사람들은 눈이 셋이라고 하였다. 기굉국이 그 북쪽에 있다. 그 사람들은 팔이 하나에 눈이 셋이며 암수 한 몸이고, 무늬 있는 말을 탄다.[奇肱之國在其北,

이러한 형상이다."²⁵⁴

마지막으로 부베는 본인이 저술한 『역학외편』에서도 인용하면서, 상호 대조를 통해 해석하고 있다. 특히 괘효의 구체적 해석에서 준괘(屯卦) 육이효(六二爻)의 "십년지수(十年之數)", 송괘(訟卦) 구이효(九二爻)의 "삼백호(三百戶)", 태괘(泰卦)에서 건곤(乾坤)의 천간(天干)과 지지(地支)를 합한 숫자 "이십이(二十二)" 등은 모두 『역학외편』의 내용을 참고하여 논술하였다.

이를 통해 부베는 『역경』 본문의 의미를 그 구체적인 맥락과 결합시켜, (『성경』과 『역경』의 두 개의) 경전이 역사적으로 동일한 근원에서 나왔다는 것을 추적하였다. 그는 한자의 구성요소를 분석하여 자의(字義)를 이해하였고, 수리(數理)와 도상(圖像)을 비교하여 해석하였다. 연구 방법의 측면에서 보면, 그는 『성경』과 중국 경전의 텍스트를 대응시켜 그 의미를 연계하여 유기적으로 융합함으로써 방법론적 혁신을 이루었으며, 자기의 독자적인 색은사상의 체계를 만들어내는 데 성공했다. 『역경』은 부베의 학문적 연구에서 가장 중요한 영역일 뿐 아니라, 그의 기독교 선교를 위한 중요한 수단이었다. 그는 중국인들이 잘 알고 있는 문자와 언어적 표현방식을 통해 기독교 교리를 전달하였다. 그리고 『역경』의 의미를 밝히기 위해서, 중국 고대 경전을 인용함으로써 『역경』과 『성경』이 같은 근원에서 나온 것이며, 상호유사성을 가지고 있다는 것을 증명하는 근거로 삼았다. 이렇게 해서 『역경』은 전통문화에서 그리스도교의 흔적을 찾으려는 그의 색은주의 사상을 확립하는 데 중요한 참고문헌이 되었다. 부베는 『역경』 자체의 특징을 차용하였다. 『역경』에는 태극, 제(帝), 천(天) 등 형이상학에 관련된 어휘들을 많이 포함되어 있

其人一臂三目, 有陰有陽, 乘文馬](역주)
253 구미호(九尾狐)는 중국 전설에 나오는 꼬리가 아홉개로 갈라진 여우이며, 동방의 영물스런 짐승, 영수(靈獸)로 여겨졌다. 『고본죽서기년(古本竹書紀年)』에 하(夏)나라의 백서자(伯杼子)가 동정(東征)하여 꼬리 아홉 달린 여우를 잡고 천하를 얻었다고 했으니, 구미호(九尾狐)의 출현은 천하가 태평해지면 나타난다는 상서로운 조짐의 하나로 간주되었다. 『산해경』「해외동경(海外東經)」에 청구(青丘) 나라에 사는 여우는 꼬리가 아홉이라고 했으며, 『산해경』의 「대황동경」에는 "군자국 북쪽 나라에 아홉 개의 꼬리가 달린 여우인 구미호(九尾狐)가 있다."라고 서술되어 있다. (역주)
254 Bouvet, 『易稿』, BAV, Borgia·Cinese, 317(7), p.32.

으며, 괘효에는 형상학(形象學)의 의의가 잘 갖추어져 있고, 연역(演繹)해서 발휘(發揮)할 내용과 사상이 많이 있어서 그 변통성이 상당히 크다.『성경』에 나오는 창조주의 창세기, 삼위일체, 인류의 타락, 메시아의 강림과 최후의 심판 등 천주교의 교리를 가장 잘 반영하는 이야기들을『역경』해석에 끌어들였다. 부베는 한편으로 전통문화에 내재된 역량을 이용하여 이러한『성경』이야기에 바탕을 둔 기독교 문화를 주입하고 있으며, 색은주의 사상을 구성하기 위한 신뢰할 수 있는 텍스트 자원으로 삼고자 했다. 다른 한편으로 부베는 중국과 서양이라는 두 개의 근본적으로 다른 문명의 충돌과 교류에 있어서 융합의 가능성을 구현하였다. 중국과 서양의 고전 문화의 학문적 통합을 통해서 천주교의 선교 사업을 위해 새로운 방식을 개척했을 뿐 아니라,『역경』을 연구하는 새로운 길을 열어 완전히 새로운 해석의 차원을 부여했다.[255]

---

255 https://freewechat.com/a/MzA5MTMyNzM2MQ==/2649651440/1.

제 4 장
부베의 역학사상의 특징

중국인들이 실용과 현재를 중시하는 세계관을 지녔다는 것은 부인할 수 없다. 특히 샤머니즘과 귀신 관념 등의 전통 신비문화 및 유교·불교·도교 신도들이 많은 주변 인문 환경의 영향으로 말미암아 중국인들에게 기독교를 선교하려는 첫 번째 시도는 실패할 수밖에 없었으며, 그 이후로도 역시 실패를 거듭했다. 예를 들면 당대(唐代)의 경교(景敎)와 원대(元代)의 야리가온교(也裏可溫敎)[1]의 기독교의 선교 시도는 역사 속에서 유산되는 운명을 피해가지 못했다.

마테오 리치는 1583년에 광동(廣東)의 조경(肇慶)에 도착한 이후로 중국에 온 아담 샬, 페르비스트 등의 선교사들은 궁정에서 좋은 관계를 쌓았다. 따라서 부베가 중국에 왔을 시기에는 기독교에 대해서 우호적 분위기가 이미 형성되어 있었으며, 조정·유생·사대부 계층과 평민들 사이에서 모두 천주교에 대해서 다소 인정해 주었다. 그중에는 천주교에 대해 관심이 많아서 하느님을 받아들이고 세례를 받은 사람도 있었다. 이러한 상황에서 선교사

---

[1] 야리가온교(也裏可溫敎): 경교는 당나라 말기 이후로 쇠퇴하였으나, 13세기경 몽골 제국의 칭기즈칸의 손자 쿠빌라이가 세운 원(元) 나라 때에 다시 일어났다. 이 때에는 경교라는 명칭 대신 몽골어로 '야리가온교(也裏可溫敎)'라고 하였는데, '야리가온'은 '복음을 믿는 자'란 뜻을 지닌 몽골어 '아르카운(Arkaun 혹은 Arcoun, Arkaiun)'을 음역한 것이다. (역주)

들은 중국 땅에 천주교의 씨앗을 더욱 퍼뜨릴 필요가 있었다. 부베의 목표는 『역경』 연구를 통해 중국 문화와 서양 문화의 톱니바퀴 사이에서 중국 문화의 흐름을 파악하고, 적절한 접점을 찾음으로써 천주교에 대한 승인을 획득하는데 있었다. 그런데 이러한 심층적 차원에서의 신앙의 목표는 단지 승인의 차원에 그치는 것이 아니라, 천주교에 대한 감정적 신뢰를 이끌어내야 하는 데 있다. 이렇게 함으로써 더 많은 중국인이 하느님을 받아들이고 개종시킬 수 있으며 하느님의 영광의 씨앗을 중국의 땅에서 넓이 퍼뜨릴 수 있을 것이다.

제1절
기독교로 『역』을 해석하고, 『역』으로 기독교를 담다

부베는 『성경』 이야기를 『역경』에 연계시키는 방법을 통해 『역경』에 대한 기독교적 해석을 시도했다. 그는 전통적 역학에서 운용되던 역학해석방법, 즉 팔괘(八卦)의 취상(取象) 원리, 괘위(卦位)의 당(當)·부당(不當), 괘시(卦時)의 중(中)·부중(不中), 원형이정(元亨利貞) 및 회(悔)·척(惕)·성(性)·항(恒)·수(愁)·혜(惠)·우(忧)·우(憂)·사(思)·동동(憧憧) 등 괘효(卦爻)의 성질 및 본괘(本卦)·변괘(變卦)·착괘(錯卦) 등 역례(易例) 이외에도 『역경』과 『성경』의 근원을 추적하여, 동서양의 경전이 다 함께 조물주에게로 귀일된다는 것을 설득시키기 위해서 노력했다. 부베는 『역경』의 핵심 용어들을 분석해서, 거기에 천주교적 의미를 부여하고, 『역경』의 문장 속에 내재화시켰다. 그리고 수학의 도상을 운용하여, 중국과 서양 문화가 만나서 일치점을 찾을 수 있는 접점을 생동적이고 구체적으로 설명하였다. 의리의 해석방법의 측면에서 본다면 색은주의를 채택하여, 역학 분야에서 "신경학(新經學)"을 독창적으로 고안하여 새롭게 발전시켰다.

우선 살펴볼 것은 부베가 『성경』 속 인물들을 역학과 어떻게 연계시킬 것인가의 문제이다. 부베의 역학사상에는 『성경』의 인물들이 많이 등장하는데, 그 관계를 표로 정리하면 다음과 같다.

『성경』 속 인물	『성경』 인물에 대응되는 중국의 호칭
천주(天主)	성부(聖父)·천(天)·상주(上主)·조물주(造物主)·주재(主宰)·신(神)·일(一)·태일(太一)·신명(神明)·십(十)·『역(易)』의 태양(太陽)·군부(君父)·제천군부(帝天君父)·성삼상주(聖三上主)·일삼지주(一三之主)·농부(農夫)·제천신농(帝天神農)·대인(大人)·황천황부(皇天皇父)·전욱(顓頊)·『귀장(歸藏)』
성자예수 (聖子耶蘇)	성자(聖子)·천자(天子)·천주자(天主子)·원자(元子)·태자(太子)·군자(君子)·구세군자(救世君子)·장자(長子)·진자구세주(眞子救世主)·후천신민지원수(後天新民之元首)·후천교민가색지주(後天敎民稼穡之主)·인인(鄰人)·황천태자천자(皇天太子天子)
성령(聖靈)	성신(聖神)·황천신천천신(皇天神天天神)
아담(亞堂)·하와(夏娃)	인조(人祖)·원조(元祖)
성모(聖母)	지정동녀(至貞童女)·성녀(聖女)
하와(夏娃)	"물용취녀(勿用取女)"(무덕지녀(無德之女)·부정지녀(不貞之女)(몽괘(蒙卦)))
마귀(魔鬼) 사탄(Satan)	흑룡노음(黑龍老陰)(사(蛇)·공공(共工)(인면사신人面蛇身)·구부오신악마(九部傲神惡魔)("구미호(九尾虎)"호마虎魔)(리괘(履卦))
루시퍼 (Lucifer, 路西法)	로즉불이(露即拂爾)("대광(帶光)"이라고 번역.)·露際弗耳·輅齊拂兒("치천사(熾天使)"라고 번역.)·공공씨(共工氏)(『강감(綱鑒)』·『사기(史記)』), 치우(蚩尤)(『서경(書經)』, 『사기(史記)』)
미카엘 (Michael, 米伽勒)	미액이(彌額爾)("하감비의상주(何敢比擬上主)"나 "정의천사(正義天使)"라고 번역.), 축융(祝融)(『강감(綱鑒)』·『사기(史記)』)·헌원(軒轅)(『서경(書經)』·『사기(史記)』)

〈표8〉『성경』 인물의 동방명칭표

그 중에서 부베는 성부와 인조(人祖), 성부와 성자, 성부와 성모 및 인조와 성자의 관계를 가장 중시하였다. 그들의 관계에 대한 설정을 보면 부베의 역학사상이 발전되어나간 맥락을 알 수 있다. 인조·성자·성모는 모두 성부로부터 태어났다.

먼저 성부와 인조의 관계를 보면, 인조는 처음에는 선천원길(先天元吉)

의 상태에서 살고 있었으나, 아담과 이브가 사탄의 유혹을 받아 원죄(原罪)를 범했기 때문에 인조와 성부의 관계는 단절되었으며, 선천의 원길의 상(象)은 선천의 변역(變易)의 흉상(凶象)으로 변화되었다.

그 다음으로 성부와 성자의 관계를 보면, 성자는 후천의 주(主)가 되어 (성부로부터) 만민을 구원하는 사명을 부여받았고, 후천불역(後天不易)의 상을 이루어 선천원길의 상을 회복하였다. 예를 들어 비괘(比卦)에서 성부와 인조의 최초의 관계는 "선천친비(先天親比)"의 길(吉)의 관계였지만 인조는 스스로 성부와 친한 관계를 단절하였다. 성부가 성자를 지상에 내려보내 태어나게 하였을 때, 성자는 스스로를 "성부의 팔과 다리[聖父之股肱]"에 비유하였다. 후천 세상에서 상하가 서로 친비(親比)하는 관계를 이루어서, 선천에서 밖으로 원수(元首)와 친한 관계를 회복하여 길하게 되었다. 그 다음으로 성부와 성모의 관계를 보면, 성모는 성부의 선택을 받아 신혼(神婚)의 기일(期日)을 정하고, 성자를 낳음으로써, 만세(萬世)의 어머니가 되었다.

그 다음으로 인조와 성자의 관계는 한 번은 흉했다가, (그 다음에) 한 번은 (다시) 길하고, 한 번은 깨트려졌다가, (그 다음에) 한 번은 (다시) 세우니, 대응의 역량을 형성한 것이다. 예를 들어 몽괘(蒙卦)에서 인조는 선천의 상태에서 "동몽(童蒙)"의 몽매(蒙昧)함을 벗어나지 못했으며, 이로 말미암아 만세의 자손들까지 "곤몽(困蒙)"의 상태에 빠트리게 되었다. 그러나 성자는 몽매(蒙昧)한 세상에 있으면서도 온 세상의 어리석음을 깨우치고, 계몽(啓蒙)의 도를 실천하여 선천에 천주로부터 받은 명을 회복하였다.

또 태괘(泰卦)에서는 인조의 도(道)를 선천소인(先天小人)의 도로 보고, 성자의 도를 후천군자(後天君子)의 도로 보았다. 비괘(否卦)에서는 인조소인(人祖小人)과 성자대인(聖子大人)으로 나눈 것에 이어서, 선천과 후천의 길흉을 정하였다.

성부와 악마의 관계는 주로 건·곤 두 괘의 상효(上爻)에 반영되어 있다. 악마는 인조의 마음을 유혹함으로써 선천의 원길을 파괴하고 선천의 흉으로 인도하였다. 부베는 건괘(乾卦)의 상구(上九)의 "항룡유회(亢龍有悔)"는 물론이고, 곤괘(坤卦) 상육(上六)의 "용전우야, 기혈현황(龍戰于野, 其血玄黃)"의 효사를 역시 선악과 음양의 두 세력 사이에서 일어나는 싸움이라는 관점에서 해석하고 있다. 음과 양이 한 번 오르고 한 번 내려옴(一升一降)과 두 마리 용이 한 번 위로 치받음과 한 번 겸손해짐(一亢一謙)에 따라 선악이 나뉘고, 길흉이 정해진다.

그 다음으로 "하느님의 사랑[天主之愛]"이 "인애(仁愛)"로 변화된 것에 대해 말하였다. 간단히 말해서『성경』의 근본적 의미는『구약』과『신약』으로 나뉘어진다.『구약』이 하느님이 인류를 사랑하여 구세주를 세상에 보낼 것을 예비한 것에 대해 말한 것이라면,『신약』은 구세주가 세상에 태어난 것에 대해 말한 것이다. 기독교 문화에서 하느님의 사랑은 일종의 신성한 사랑이며, 기독교 신자의 모든 덕의 근원이며, 일체의 덕행이 모두 그 사랑 속에 포괄된다. 하느님의 사랑은 지고무상의 절대적 사랑이며, 세속적 사랑과 다르다. "(너의 마음을 다하고 목숨을 다하고 뜻을 다하고 힘을 다하여 주 너의) 하나님을 사랑하라"(마가복음 12:30)와 "너의 이웃을 너 자신과 같이 사랑하라"(마가복음 12:31)는 기독교 신앙의 "최대의 계명"이다. 그리고 "하느님을 사랑하라"는 계명은 기독교도라면 누구라도 평생동안 추구해야 하는 목표이다. "주께서 너희 마음을 인도하여 하느님의 사랑과 그리스도의 인내에 들어가게 하시기를 원하노라"(「데살로니가 후서」, 3:5)라고 하였으니, "다른 사람을 나 자신처럼 사랑하게 되면[愛人如己]", 이 사랑을 인간 세상에 구현하게 되고, "유대인이나 그리스 사람이나 종이나 자유인이나 남자나 여자나 간에, 모두 그리스도 예수님 안에서 하나가 되므로 차별이 없게 된다."(「갈라디아서」 3:28) 이웃에 대한 사랑이든지 혹은 원수에 대한 사랑이든지 간에 하느님의 사랑이 현실 생활과 인간관계에서 구체적으로 나타난 것이 바로 평등한 사랑이다. 이것은 유교에서 주장하는 인애와 근본적으로 다르다. 유교에서도 역시 "널리 백성을 사랑할 것[泛愛衆]"을 주장하지만 이것은 어디까지나 "추기급인(推己及人)", 즉 "나 자신의 처지를 헤아려 남의 처지를 이해한다"는 원리에 근거한 것이다. 유교의 인애는 친밀하거나 소원함의 차등에 바탕을 둔 사랑이며, 인륜에서 지켜야하는 상도(常道)와 질서 위에 세워진 일종의 불평등한 사랑인 것이다. 군군신신(君君臣臣)·부부자자(父父子子)·군인신충(君仁臣忠)·부자자효(父慈子孝) 등은 인애가 베풀어지는 관계이지만, 모두 예법에 의하여 그 역할이 정해진다. 부베는 『성경』에 나오는 인물의 형상을 『역경』에 이식하여 『성경』의 근본적 의미를 『역경』에 융합시켰다. 그는 중국의 전통문화에 친근하게 다가가기 위해 "인애"를 천주의 이름에 귀속시켜, 하느님의 사랑이 구체화되는 것이 바로 "인애"라고 하였다. 그리고 여러 차례에 걸쳐 "하느님 아버지는 인애의 근원이다"라고 언급했다.[2]

한편 부(富)를 홀로 독점하는 것을 용인하지 않는 것은 바로 하느님의 사랑 때문이다. 예를 들어 부베는 소축괘(小畜卦) 구오효(九五爻)의 주(注)에서 다음과 같이 말했다. "모든 축복받은 생명의 주님은 본래 인애(仁愛)의 마음을 가지셨기 때문에 부를 홀로 독점하는 것을 견디지 못하셨으며, 가지고 있는 모든 부를 선천의 국가의 사람들에게 나눠주고자 하셨다"[3]. 그러므로 하느님은 인조를 창조하여, 낙원에서 영원히 천복(天福)을 누리게 하였던 것이다. 다른 한편으로 인조가 하느님을 거역하여, 후세의 자손들도 연루되었으나, 하느님이 이런 일을 당하고도 차마 인류를 버리지 못하고, 성자를 내려보내 만민을 구원한 것은 바로 하느님이 인애의 마음을 가졌기 때문이다. 그러므로 부베는 다음과 같이 말했다. "다행히 하느님께서 인애의 마음을 내셔서 인류를 차마 멸절시키지 못하시고, 후천의 도를 열어 주셨다."[4] 그 밖에 성부의 "인애"는 "삼위일체"의 삼위가 모두 인애를 갖게 결정하는 요소이다. (부베의 설명에 따르면) "조물주의 제1위이신 성부는 오로지 선(善)하고, 인애

---

2 Bouvet, 『易鑰』, BAV, Borgia·Cinese, 317(2), p. 6.
3 "全有福生人之主, 本心仁愛, 不忍獨富, 欲通厥全有之富, 于先天國家之衆"(Bouvet, 『易稿』, BAV, Borgia·Cinese, 317(7), p. 25)
4 "幸蒙上天好生仁愛, 不忍絶其人也, 開後天之道"(Bouvet, 『易考』, BAV, Borgia·Cinese, 317(4), p. 24)

의 마음을 가진 존재이다."[5] 성부의 인애로운 마음으로 말미암아 "성자도 역시 인애의 마음을 갖게 되었고, "성신도 역시 인애의 지극히 감동적이고 신성한 덕을 갖게 되었다."[6] "상주(上主: 하늘에 계신 주님)의 성삼(聖三: 삼위일체의 하느님)이 인애의 마음을 아낌없이 베푸시고, 지극히 너그러우셨음이 이와 같았다".[7] 아울러 괘효의 구체적 해석에서도 하느님의 인애가 여러 번 언급되었다. 예를 들면 건괘(乾卦)의 구사효(九四爻)에서는 상주(上主)의 "인애의 노(仁愛義怒)"[8]에 대해서 언급하였으며, 곤괘(坤卦)의 육삼효(六三爻)에서는 "상주의 본심은 인애이다[上主本心仁愛]"[9]라는 것에 대해 언급하였다. 준괘(屯卦)의 괘사에서는 "제천(帝天)의 군부(君父)는 전지(全知)하며, 인애의 본심을 가졌다"[10]에 대해 언급하였고, 몽괘(蒙卦)의 초육효(初六爻)에서는 "전지하고 인애의 본심을 가진 대부대군(大夫大君)에 대해서 몽매함"[11]에 대해 언급하였다.

또 비괘(比卦)의 괘사에서는 "본심에 인애를 가진 조물주가 선천의 시초부터 인조를 태어나게 하시고 원선항정(元善恒貞)하게 하였다."[12]고 하였고, 소축괘(小畜卦)의 구삼효(九三爻)에서는 "인애의 본심을 가진 하느님이 하느님과 인간, 상하, 부부 사이에서 반목하는 흉함을 참지 못한다."(『역고(易稿)』)[13]라고 하였다. 이러한 『역경』의 구절들은 하느님이 인애의 마음을 가졌기 때문에 구세주가 오실 것을 예언한 것이라고 하였다.

마지막으로, 『역경』에서 구세주의 일생을 설명하였다. 구세주는 선천과

---

5 "造物主第一位聖父全善仁愛之心"(Bouvet, 『易考』, BAV, Borgia·Cinese, 317(4), p.17).
6 "惟聖神乃仁愛至動至神之德"(Bouvet, 『易鑰』, BAV, Borgia·Cinese, 317(2), p.6).
7 "上主聖三窮盡仁愛至柔如此"(Bouvet, 『易鑰』, BAV, Borgia·Cinese, 317(2), p.6).
8 Bouvet, 『大易原義內篇』, BAV, Borgia·Cinese, 317(9), p.10.
9 "上主本心仁愛"(Bouvet, 『大易原義內篇』, BAV, Borgia·Cinese, 317(9), p.19).
10 "帝天君父全知本心仁愛"(Bouvet, 『易稿』, BAV, Borgia·Cinese, 317(7), p.1).
11 "蒙全知本心仁愛之大夫大君"(Bouvet, 『易稿』, BAV, Borgia·Cinese, 317(7), p.5). 黎子鵬(2020), p.123.(역주)
12 "本心仁愛造物主, 先天之初, 生人祖賦以元善恒貞"(Bouvet, 『易稿』, BAV, Borgia·Cinese, 317(7), p.17).
13 "本心仁愛之主, 不忍天人上下夫妻反目之凶"(Bouvet, 『易稿』, BAV, Borgia·Cinese, 317(7), p.23).

후천을 구분하는 표지(標志)이며, 또한 선천의 흉함을 후천의 길함으로 전환시키는 원인이다.

구세주 예수에 대한 부베의 설명은 다음과 같다.

첫째, 예수의 탄생은 복음의 도래를 상징한다. 예수 그리스도가 강생한 사건에 대해서는 『마태복음』 1:18에 기재되어 있다. 준괘(屯卦)에서는 "제출호진(帝出乎震)"을 인용하여 구세주가 진방(震方)에서 나온다는 것을 설명하였다. "구세주가 진방에서 나온다는 것을 미리 헤아려서 알고[逆知][14], 온 세상의 혼란을 다스리고, 태양이 뜨는 언덕[堬][15]에 성좌(聖座)를 세우다[逆知救世主出乎震, 以理普世之亂, 立厥聖座于太陽之堬]"라고 하였다.[16] 이에 따라 구세주가 강생하여 구원의 혜택을 온 세상을 적시게 나누어 줌으로써 천하의 만물과 만민이 누리게 된 것이다.

둘째, 부베는 여기에서 한 걸음 더 나아가 구세주의 미덕에 대해 묘사하였다. 하느님은 "인류를 사랑하는 대덕[愛人之大德]"[17] 뿐 아니라 "지극히 영명한 덕[至靈至明之德]"[18]을 지니고 있다.

셋째, 성자(聖子)는 "모든 것을 다 알고, 지극히 밝고, 지극히 고요한 재능을 갖추고 있는데"[19], 그중에서 가장 중요한 것은 겸손하여 낮은데 처하면서 하느님께 순종하며, 하느님의 명령에 따르니, 지극히 순종하는 덕을 갖춘 것이다. 그러므로 부베는 『역고(易稿)』에서 말하기를, "계몽은 겸괘(謙卦)에서와 마찬가지로 어리석음을 깨우쳐 주는 근원을 구세주에 두고 있으니, 구세주는 제천군부(帝天君父)이며, 유일한 총명한 자이며, 전지하며 시작이 없는

---

14   본서의 원서에서는 '지(之)'로 되어 있으나, 여자붕의 주(注)에서는 '지(知)'로 되어 있음. (黎子鵬(2020), p. 107) (역주)
15   본서의 원서에서는 '밭두둑 륜(堬)'으로 되어 있으나, 여자붕의 주에서는 '바퀴 륜(輪)'으로 되어 있음. (黎子鵬(2020), p. 107) (역주)
16   Bouvet, 『易稿』, BAV, Borgia·Cinese, 317(7), p. 1.
17   Bouvet, 『易鑰』, BAV, Borgia·Cinese, 317(2), p. 6.
18   Bouvet, 『易鑰』, BAV, Borgia·Cinese, 317(2), p. 3.
19   "全知至明至靜之才"(Bouvet, 『易稿』, BAV, Borgia·Cinese, 317(7), p. 27).

하느님의 아들이다"라고 하였다.[20] 바로 성자가 하늘에 공경하고 겸손했기 때문에 사람들을 깨우치는 임무를 떠맡을 자격을 얻었으며, 사람들의 군사(君師)가 되어, 하느님의 말씀을 전하고, 후천의 도를 행한 것이다. (그러므로 부베가) "구세주가 강생하여 사람들의 군사가 되었으며",[21] 만민을 구원하는 공을 세웠다고 하였다.

넷째, 예수의 죽음에 대해 탐구하고 토론하였다. 모든 사람들이 구세주의 은혜를 모르고 그의 덕을 거역하였기 때문에, 부베는 준괘(屯卦) 상육효(上六爻)의 주(注)에서 덕이 없는 종들이 은혜를 배반함으로 말미암아 구세주가 수난을 당할 것을 예고하였다. 즉 "천은(天恩)을 저버렸으니, 흉함을 당해서 후회하더라도 아무 소용이 없다. 참으로 피눈물을 흘리게 될 것이다"(『易稿』)[22] 그리고 구세주를 죽인 죄는 대진국(大秦國) 선조들의 죄로 규정되었다. "대진국 사람들이 구세주를 죽였으니, 그 죄가 더 이상 클 수 없다"(『易稿』)[23] 부베는 이것이 유태인들이 천년 이상 세계 각지로 흩어져서 유랑 생활을 하게 된 이유라고 보았다.

다섯째, 예수의 부활에 대해 이야기하였다. 예수의 부활은 기독교 신앙의 초석이다. 예수는 스스로 그의 죽음에 대해 예언했다. "이때로부터 예수 그리스도께서 자기가 예루살렘에 올라가 장로들과 대제사장들과 서기관들에게 많은 고난을 받고 죽임을 당하고 제삼일에 살아나야 할 것을 제자들에게 비로소 나타내셨다"(「마태복음」 16:21) 그리고 부활은 신도들의 믿음이 되어, 기독교의 선교 이념이 되었다. 그래서 『성경·고린도전서』에서 "그리스도께서 만일 부활하지 않으셨으면 우리가 전파하는 것도 헛것이요 또 너희 믿음도 헛것이다"(「고린도전서」 15:14)라고 하였으며, "그리스도께서 다시 살아

---

20 "啓蒙之由, 原本與謙, 謙本于救世主, 乃帝天君父, 惟一聰明, 全知無始之天子"(Bouvet, 『易稿』, BAV, Borgia·Cinese, 317(7), p.5).
21 "救世主已降生爲人君師."(Bouvet, 『易稿』, BAV, Borgia·Cinese, 317(7), p.9)
22 "辜負天恩, 凶悔無益, 眞可泣血漣如."(Bouvet, 『易稿』, BAV, Borgia·Cinese, 317(7), p.3)
23 "夫大秦士民, 弒救世主莫大之罪."(Bouvet, 『易稿』, BAV, Borgia·Cinese, 317(7), p.4)

나신 일이 없으면 너희의 믿음도 헛되고 너희가 여전히 죄 가운데 있을 것이요"(「고린도전서」 15:17)라고 한 것이다. 이처럼 부활은 기독교에서 지극히 중요한 교리이다.

부베는 수괘(需卦) 육사효(六四爻)의 "수우혈(需于血)"과 "출자혈(出自穴)"의 은유를 교묘하게 사용하여, 구세주의 희생과 부활의 의미를 설명하였다. 여기에서 "혈(血)"은 예수의 생명의 피요, 그리스도의 성혈의 상징이다. 『성경·레위기』에서 "(육체의 생명은 피에 있음이라 내가 이 피를 너희에게 주어 제단에 뿌려 너희의 생명을 위하여 속죄하게 하였나니) 생명이 피에 있으므로 피가 죄를 속하느니라"(「레위기」 17:11)라고 하였다. 구세주가 강생하여 모든 위험을 무릅쓰고, 만민을 위해 속죄하였으니, 속죄는 그리스도의 현세에서의 생명이 사라지는 것을 암시하고 있다. 그리고 십자가에 못박혀 피를 흘리며 자기의 생명을 하느님께 바친 것이다. 속죄와 함께 "피"는 생명에서 사망으로 옮겨감을 완성한다.

그리고 3일이 지난 뒤에 부활하였으니, "육신과 영이 다시 결합하여 다시 살아나니, 땅속의 동굴에서 나와서 마침내 하느님의 의로우신 진노(震怒)를 피하고, 지옥의 영원한 고통의 동굴에서 빠져나오게 된 것이다."[24] 이것은 예수 그리스도의 구속(救贖)이 하느님의 인가를 받았다는 것을 상징하며, 이는 예수의 죽음의 의미를 가장 잘 해석한 것이다.

또한 부베는 『성경』에 나오는 최후의 심판에 대해서도 언급했는데, 송괘(訟卦)의 송(訟)이 바로 최후의 심판을 표현한 것이라고 보았다. 부베는 송괘의 송이 갖는 의미를 다음과 같이 설명하였다.

첫째, 이것은 하느님이 구세주에게 부여한 권리이다. 『성경·시편』에 이르기를, "그가 온 세상을 심판하러 임하실 것이로다. 그가 공의(公義)로써 세계를 판단하시며 공정(公正)으로써 그의 백성을 심판하시리로다"(「시편」

---

24 "身靈復結而活, 出地中之穴, 終免上主義怒, 而出地獄永苦之穴"(Bouvet, 『易稿』, BAV, Borgia·Cinese, 317(7), p.9).

98:9)라고 하였다.

둘째, 이것은 구세주를 거부하는 자들에 대해서 구세주께서 이 세상에서 완성해야 할 의무이다. "마지막 날에 그를 심판하리라"(「요한복음」 12:48)고 하였으니, 이것은 선악을 따져서 천당과 지옥으로 나눈 것이다. 구세주는 기꺼이 세상 속으로 들어가서 심판으로 죄를 짊어지게 된 모든 세상 사람들을 대신해서 속죄하는 용덕(勇德)을 발휘하였다.

셋째, 이것은 구세주를 "공명지대인(公明之大人)"[25]으로 간주함이니, 그는 중정(中正)의 자리에 단정하게 앉아 심판의 송사를 진행한다.

이처럼 부베의 역학사상에서 구세주 예수의 탄생에서 부활에 이르기까지 생애가 중요하게 다루어지고 있음을 알 수 있다.

이를 통해 부베의 역학 연구는 도가의 이론에 의해서 뒷받침되고 있는 도가역과도 같지 않음을 알 수 있다. 도가역은 유가와 도가를 융합하여 현학적(玄學的) 역학의 경계를 향하여 발전해 나아갔으며, 노자(老子)의 관점에서 『역』을 해석하고, 유가의 인의예법(仁義禮法)과 도가의 자연무위(自然無爲)의 특징을 융합함으로써, 역학 해석학의 전통에서 정통적 지파(支派)로 발전해 나갔다. 그리고 부베의 역학은 불가역(佛家易)과도 같지 않다. 불가역은 유가와 도가의 두 계통의 이론을 결합하고, 선불교적 관점에서 『역』을 해석하였으며, 선(禪)과 『역』의 상호 소통을 시도함으로써 불교사에서 뿐 아니라 역학사에서도 그 지위를 인정받았다. 그러나 부베의 역학은 도가역과 다를 뿐 아니라, 불가역과도 같지 않다. 부베의 "이야석역(以耶釋易)"은 기독교적 관점에서 『역』의 해석을 시도한 것으로서, 역학에 종교적 차원의 해석을 도입한 것이다. 그의 "이야석역"은 그의 제자 푸케, 프레마르 등의 사상에서 구체화되었으며, 색은파 사상에서 중요한 구성 요소를 차지하고 있다. 그러나 그의 작품은 대부분 바티칸 등 유럽의 도서관에 있기 때문에 여전히 연구를

---

25 Bouvet, 『易稿』, BAV, Borgia·Cinese, 317(7), p.11.

기다리고 있다.

제2절
건(乾)·곤(坤)이 짝을 이루어, 공생(共生)과 화합(和合)을 이루어내다

건(乾)·곤(坤)의 두 괘는 『주역』 텍스트의 세계로 들어가는 문호(門戶)이다. "건·곤은 나머지 모든 괘들의 문호이며, 나머지 모든 괘들은 모두 건곤에 의지해서 변화되고, 형성된다."[26] 건·곤의 쓰임새는 광대해서 모든 것을 갖추고 있으니, 두 괘의 지위는 철학자들로부터 널리 인정받았다. 장재는 『서명(西銘)』에서 "건은 아버지를 가리키고, 곤은 어머니를 가리킨다[乾稱父, 坤稱母]"고 하였다. 천지만물의 공통적 성질[大同之性]은 건·곤으로 말미암아 형성된다. 장재는 "모든 사람은 나의 동포이고 모든 사물은 나와 더불어 함께 있는 존재이다[民吾同胞, 物吾與也]"라고 하였다.[27] 정이천(程伊川)·정명도(程明道)의 두 정씨 형제는 고대에 건·곤의 두 글자가 없었는데, 『역』에만 독특하게 있었다고 주장했다. "이 두 글자로써 하늘과 땅 사이의 모든 사건들을 형용하기 위한 것[以此形容天地間事]"[28]이라고 했으며, 아울러 "건은 성인의 도리이며, 곤은 현인의 도리이다[乾是聖人道理, 坤是賢人道理]"라고 하였다.[29]

주희는 건·곤의 성질이 천도(天道)의 운행과 사람의 성정(性情)을 결정한

---

[26] 호거인(胡居仁)의 『역상초(易象鈔)』 중에서 『건곤역지문도(乾坤易之門圖)』를 채록함. 또한 『괘변도(卦變圖)』가 됨,(徐芹庭(2008), p.495).
[27] (宋)張載(1978), pp.62-63.
[28] (宋)二程(2004), p.78.
[29] (宋)二程(2004), p.79.

다고 생각했다. 『주자어류(朱子語類)』에서 주희는 "지극히 건장(健壯)한 것은 오직 하늘[天]이며, 지극히 유순한 것은 오직 땅[地]이다. 후세에 이로부터 상(象)을 취한 경우가 많았으니, 건은 곧 하늘이며, 곤은 곧 땅이다.[至健者惟天, 至順者惟地, 多以後來取象, 乾便爲天, 坤便爲地.]"라고 하였다.[30] 이로부터 건장함[健]과 유순함[順]의 이치가 인문(人文)의 숨결을 부여받게 되었다.

왕수인(王守仁)도 역시 건·곤의 『역』에서 심성(心性)의 이치를 깨달았다고 하였다. 그는 일찍이 시(詩)를 지어 다음과 같이 말했다. "하늘과 땅이 『역』이요 원래 획(畫)이 아니로다, 심성에 무슨 형체가 있어 티끌을 일으키겠는가?[乾坤是易原非畫, 心性何形得有塵]"[31]

청대(淸代)의 왕부지(王夫之)는 다음과 같이 말했다. "건·곤을 함께 머리로 세우니, 『역』의 본체가 된다.[乾坤并建以爲首, 易之体也]"[32]

이광지는 다음과 같이 말했다. "건·곤이 세로로 늘어서고, 육자(六子)가 가로로 배열되니, 『역』의 근본이다.[乾坤縱而六子橫, 『易』之本也]"[33]

이러한 것들은 모두 건도(乾道)는 하늘을 본받고, 곤도(坤道)는 땅을 본받는다는 개념을 구체화시킨 것으로서, 건도와 곤도가 전변(轉變)하여, 생명의 화육(化育)에 공동으로 참여하는 특색을 드러낸다.

먼저 건·곤의 두 괘는 전체 역학의 기준이며 모든 괘효의 수를 통제한다. 부베는 그의 역학사상에서 특별히 건·곤의 두 괘를 중요하게 여겼는데, 그것은 다음과 같은 측면에서 구체적으로 나타난다.

(1) 건괘·곤괘에 대한 별도의 책을 저술했다. 바티칸도서관 Borgia·Cinese, 317(9) 『주역원의내편(周易原義內篇)』은 건·곤의 두 괘만을 대상으로 상세한 해석을 한 저서이다. 경문(經文)에 대해서 내의(內意)·강(綱)·목(目)을

---

30 "至健者惟天, 至順者惟地, 多以後來取象, 乾便爲天, 坤便爲地"((宋)黎靖德(1986), p.1683. 張克賓(2010) 참고.
31 (明)王守仁(1992), p.790.
32 (明)王夫之(1981), p.542.
33 (淸)李光地(1990), p.486.

풀이하였고, 각각의 효에 대해 많은 주석을 하고 있다. 『성경』을 해석의 기초 텍스트로 삼고, 많은 중국 고전을 참조하여 건·곤의 두 괘의 효사·「문언(文言)」·「상전(象傳)」 등에 대해서 해석하였다.

(2) 건·곤의 위(位)에 따라 선천과 후천의 상(象)을 나누었다. 부베의 관점에서 보면, 건·곤의 위치가 정해지면 천지의 대대(對待)가 이루어지고, 각각 그 올바름을 얻어서, 길흉의 관계를 정하게 되니, 이에 따라 선천의 도를 행하게 된다. "『역』에서 말하였다. '천지가 그 위치를 정하면, 괘도(卦圖)에서 건·곤의 대대의 올바름이 갖추어지니, 이것이 그 형상이다. 이에 복희의 선천팔괘가 서로 영향을 주고 받는 위치가 각각 그 올바름을 얻어서, 선천의 도가 행해지게 된다."[34] 『성경』과 연계시켜 보면, 건은 선천의 간이(簡易)·원길(元吉)의 천(天)이며, 인조(人祖)의 죄로 말미암아 선천이 크게 변하는 재앙을 불러들였으나, 성자(聖子)의 덕(德)으로 말미암아 천지의 올바름을 회복하였으니, 곤에서 후천의 불역(不易)의 길함을 이루게 된 것이다.

(3) 건·곤의 의인화(擬人化)이다. 『성경』 속의 인물을 연계시켜, 『역경』에 숨겨져 있는 천주교의 교리를 탐색했다. 우선, 인류의 조상 아담과 하와가 사람의 부모가 된다. 아담은 건이고, 하와는 곤이다. 건과 곤의 근본이 바르게 되면, 원형이정(元亨利貞)의 네 덕이 갖추어진다. 그러나 하와가 아담을 유혹하여 두 사람이 함께 하늘에 죄를 지으니, 곤이 건을 침범하여, 선천의 큰 변화를 일으키게 되니, 원재(元災)와 원흉(元凶)이 비로소 이루어진다. 그다음으로 제천군부(帝天君父)가 건이 된다. "선천의 국가가 정해지니, 그 때에 제천군부가 오직 하나의 건덕(乾德)으로서 하늘을 통일한 것이다."[35] 그리고 성모마리아는 곤이 되니, "동정녀(童貞女)이고, 천덕(天德)을 가진 성녀(聖女)가 어머니가 된다."[36] 시작을 갖지 않는 성자를 낳으니, 강생구세(降生救世)의 공

---

34 Bouvet, 『易鑰』, BAV, Borgia·Cinese, 317(2), p. 18.
35 "先天國家定矣, 時乃帝天君父, 惟一乾德統天"(Bouvet, 『易稿』, BAV, Borgia·Cinese, 317(7), p. 1).
36 "以童貞天德之聖女爲母"(Bouvet, 『大易原義內篇』, BAV, Borgia·Cinese, 317(9), p. 2).

(功)을 이룬 것이다.

(4) 건과 곤의 관계는 다른 괘에도 마찬가지로 적용된다. 예를 들면 준괘(屯卦)의 상은 진하감상(震下坎上)이다. [부베 주(注)] "건과 곤이 처음으로 서로 사귐에 뇌(雷)·우(雨)가 번갈아 발생하고, 하늘과 땅 사이에 가득차게 된다."[37] 이것은 성자가 세상에 탄생하여 후천의 세상을 구원하는 공로를 세운 것을 상징한다. 소축괘(小畜卦) 초구효(初九爻)에서는 "복자도(復自道)"의 뜻을 건·곤의 전변(轉變)에 의해서 설명했다.[38] 선천에서는 건하곤상(乾下坤上)의 태(泰)괘의 도(道)였는데, 원조(元祖)가 저지른 원죄로 말미암아 천지(天地)가 막혀 서로 통하지 않는 건상곤하(乾上坤下)의 비괘(否卦)의 도가 된다. 성자의 공은 선천의 원량(元良)한 정의(正義)를 회복한 데 있으니, 하느님의 의로운 자식이 되어, 하느님과 인간이 서로 사귀고 만나서 선천의 원길(元吉)한 태도(泰道)를 회복하였으므로 "복자도(復自道)"라고 한 것이다. 태괘와 비괘에서는 다시 건·곤의 관계로써 선천과 후천의 길흉의 전변을 설명했다.

전체적으로 태괘(泰卦)에는 두 가지 길이 있다.

첫째, 선천의 태괘의 도이니, 원선(元善)의 시초(始初)에는 건·곤이 올바른 위치를 차지하여, 존(尊)·비(卑), 건(健)·순(順)이 상응하여 대대의 관계를 이루고 있어서, 군자(君子)의 도가 자라나는 상이 되며, 선천의 길(吉)함이 정해진다.

둘째, 후천의 태괘의 도이니, 세상을 구원할 군자가 세상에 내려와서, 천지가 다시 사귀니, 상주(上主)의 위대함과 하인(下人)의 작음을 겸하여 후천의 태괘의 도를 새롭게 여니, 후천신민(後天新民)의 원길(元吉)이 된다. 비괘(否卦)의 도는 선천의 태(泰)괘의 도를 파괴함이니, 곧 인조(人祖)의 원죄를 표현한 것이다.

---

37 "乾坤始交, 雷雨交作, 盈滿于地天地之間"(Bouvet, 『易稿』, BAV, Borgia·Cinese, 317(7), p.1. 黎子鵬(2020), pp.106-107. (역주)

38 Bouvet, 『易稿』, BAV, Borgia·Cinese, 317(7), p.23.

(5) 부베는 건과 곤의 두 괘의 괘상 가운데 "대재건원, 만물자시(大哉乾元, 萬物資始)"와 "지재곤원, 만물자생(至哉坤元, 萬物資生)"에 대하여 그 중요성을 거듭 강조해서 설명했다.[39] 아울러 「하도(河圖)」와 결합하여, 건괘와 곤괘의 수(數)를 계산해서, 5, 10, 20, 25를 제외하고, 건에서 기수(奇數)인 1, 3, 7, 9, 11, 13, 17, 19, 21, 23, 27, 29를 모두 더하면 그 합계가 180이 된다. (1+3+7+9+11+13+17+19+21+23+27+29=180) 180에 다시 7을 곱하면, 1,260이 된다. 이것은 곧 1년의 수가 된다.(1개월은 30일이고, 모두 42주가 있으므로 30에 42를 곱하면 1,260이 된다.)

곤은 우수(偶數)이며, 2, 4, 6, 8, 12, 14, 16, 18, 22, 24, 26, 28을 모두 더하면, 합계가 180이 된다. (2+4+6+8+12+14+16+18+22+24+26+28=180) 180에 다시 7을 곱하면, 1,260이 된다. 이것은 곧 1년의 수가 된다.(1개월은 30일이고, 모두 42주가 있으므로 30에 42를 곱하면 1,260이 된다)[40] 뒤이어서, 건효(乾爻)와 곤효(坤爻)를 삼각칠층(三角七層)의 멱수(冪數: 거듭제곱수)로 계산하면 다음과 같은 결과가 나온다. (표9를 참조할 것)

1	1	곤효(坤爻)	20	40	20	건효(乾爻)	1
2	2		40	80	40		2
3	4		80	160	80		4
4	8		160	320	160		8
5	16		320	640	320		16
6	32		640	1280	640		32
7	63		1260	2520	1260		63

〈표9〉 삼각칠층(三角七層)의 승멱수(乘冪數)로 계산한 건곤(乾坤)의 효수표(爻數表)

이 표는 건·곤의 두 괘가 초효(初爻)에서 상효(上爻)에 이르기까지 용효

39　ARSI, Japonica·Sinica, IV 25(3), p.8.
40　ARSI, Japonica·Sinica, IV 25(3), p.27.

(用爻)의 층수(層數) 칠(七)을 사용하여, 초효에서 상효에 이르기까지의 수를 음·양·건·곤 등으로 동등하게 나눈 것이다. 그 진위원칙(進位原則)은 낮은 곳에서 높은 곳을 향하여 나아가며, "봉이진일(逢二進一: 이진법의 원리에 따라 한 단계씩 나아감)"의 원리를 따른다. 즉 초효(初爻)는 $2^0=1$가 되며, 이효(二爻)는 $2^1=2$가 되며, 삼효(三爻)는 $2^2=4$가 되며, 사효(四爻)는 $2^3=8$이 되며, 오효(五爻)는 $2^4=16$이 되며, 상효(上爻)는 $2^5=32$가 되며, 용효(用爻)는 6효의 합수(合數)가 되니, 전체의 수를 더하면 천지지수(天地之數) 63이 된다. (1+2+4+8+16+32=63)

건곤지수(乾坤之數)는 20을 기수(基數)로 삼으며, 제곱(乘)의 차수(次數)를 증가시켜 그 다음 위수(位數)로 나아간다. 즉 2^0, 2^1, 2^2, 2^3, 2^4, 2^5의 합수(合數)는 40, 80, 160, 320, 640이 되며, 용효(用爻)의 합수(合數)는 1260이 되며(20+40+80+160+320+640=1260), 또 2520이 된다. (40+80+160+320+640+1280=2520) 수학에서 2520은 1·2·3·4·5·6·7·8·9·10의 최소공배수(最小公倍數: least common multiple)가 되며, 하나의 고도의 합성수(合成數)가 된다.[41] 부베는 수학 지식을 결합하여 『역경』에서 건·곤 두 괘의 효수(爻數)를 계산하였다. 『역경』의 괘효의 주기(周期)는 2^n(n:0-5)의 과정을 거쳐서 완성되며 건·곤의 효수가 수의 기초가 됨을 증명하였다.

그 다음으로 건·곤 두 괘의 주요 특색은 화합에 있다. '화합(和合)'이라는

---

41 최소공배수를 구하기 위해 소인수분해를 하면 다음과 같다. $2=2^1$, $3=3^1$, $4=2^2$, $5=5^1$, $6=2^1 \times 3^1$ … 여기서, 소인수를 표를 만들면 아래의 왼쪽의 표가 만들어진다.

소인수 수	2	3	5	7		소인수 수	2	3	5	7
1						1				
2	1					2				
3		1				3				
4	2					4	2			
5			1			5				
6	1	1				6				
7				1		7				1
8	3					8	3			
9		2				9		2		
10	1		1			10			1	
최대값	3	2	1	1						

위의 표에서 각 열에 적힌 숫자는 위의 소인수가 몇 번 곱해져 있는지를 나타낸다. 예를 들어서 6은 소인수 2와 3이 각각 한 번씩 곱해져 있으므로 해당 칸에 각각 1이 적혀있다. 이 때, 각 칸에 적힌 숫자중에서 가장 큰 숫자만 골라 맨 아랫줄에 적으면 위의 오른쪽의 표가 만들어진다. 여기서 소인수 2, 3, 5, 7에 아래의 최대값 3,2,1,1을 제곱하면 최소공배수 $L=2^3 \times 3^2 \times 5 \times 7=8 \times 9 \times 5 \times 7=2520$이 된다. (역주)

두 글자는 춘추전국시대 이후로 중국의 민족문화에 뿌리를 내리고, 어떤 특정한 사상가나 학파의 사상이나 주장에 그치지 않고, 모든 세대를 거치면서 모든 사상가들에게 스며들어가 인문정신으로 내재화되었다. "오경(五經)"이라는 원천에서 나오는 생명수에 의지해서 온갖 학문의 발전이 왕성하게 이루어졌으니[百花齊放], 이것은 많은 경전에서 볼 수 있다. 그 가장 이른 사례는 『국어(國語)』[42]에서 볼 수 있다. 『국어·정어(鄭語)』에 "상(商)나라 시조인 설(契)은 오교(五敎)를 화합하여, 백성들을 보호했다[商契能和合五敎, 以保于百姓者也]"[43]고 했으니, 이것은 인간관계의 관점에서 화합을 논한 것이다. 오교는 순임금이 설을 사도(司徒)에 임명하여 최초의 인륜의 기초를 세운 것으로서, 아버지의 의로움[父之義], 어머니의 자애로움[母之慈], 형의 우애[兄之友], 동생의 공경[弟之恭], 아들의 효도[子之孝] 등의 다섯 가지 덕목을 가리킨다. 이 다섯 가지 덕목을 화합하여, "가정을 세우고[立家]", 나아가서 "나라를 세우는데[立國]" 쓰이게 되는 것이다. 『국어·정어』에서는 서주(西周) 말년에 사백(史伯, BC.806-BC.771)이 화(和)와 동(同)의 관계에 대해 언급한 것을 기록하였다. 즉 "무릇 '화(和)'는 만물을 실제로 생성하지만, '동(同)'은 계통을 잇지 못한다. 다른 것으로 다른 것을 조화롭게(平) 하는 것을 화(和)라 한다. 따라서 만물이 풍성하게 자라고 만물이 생성된다."[44]

조화[和]가 일상생활, 사회정치, 건강한 생명활동 등에서 중요한 역할을 하고 있음을 증명한다. 가정 내에서 인간관계를 예로 들면, 『묵자(墨子)』는 '화(和)' 자와 '합(合)' 자를 연결하여 '화합'이라는 용어를 썼다. 『묵자·상동』에 "안으로는 부자(父子)와 형제(兄弟)가 서로 원망하고 미워하여, 뿔뿔이 흩어져 서로 화합할 수가 없었다[內者父子兄弟作怨惡, 離散不能相和合]"라고 한 것이 그것이다.[45] 사회관계에서는 『관자(管子)』에서 '화' 자와 '합' 자를 나

---

42 『국어(國語)』에 나오는 "화합(和合)"에 관해서는 張永路(2012), p. 53 참고.
43 (淸)徐元浩(2002), p. 466.
44 (淸)徐元浩(2002), p. 470.

란히 써서, 백성을 덕으로 양육해야 한다는 것을 말했다.『관자·유관(幼官)』에서 "백성이 화합하고 단결하게 되면, 하나로 모을 수 있고, 모을 수 있게 되면, 함께 협조하게 된다. 하나로 모아 함께 협조하여 힘을 다하면, 능히 해치는 사람이 없게 된다.[和合故能習, 習故能諧, 諧習以悉, 莫之能傷也]"[46]라고 한 것이 그것이다.

그 밖에도 '화', '합', '화합', '합화(合和)' 등 어휘들이 고대의 경전에서 많이 발견된다. 인터넷으로 검색하면, 문연각(文淵閣)『사고전서』에 "화합"이라는 두 글자가 연달아서 쓰인 것이 모두 2123회에 걸쳐 나타나며, 경부(經部)에서 550회, 사부(史部)에서 290회, 자부(子部)에서 1017회, 집부(集部)에서 263회, 부록(附錄)에서 3회 나타난다.[47]

"화합"이라는 두 글자는 주로 다음 경전에 나온다.『예(禮)』(『예기(禮記)』,『주례(周禮)』,『의례(儀禮)』),『역(易)』(『주역(周易)』,『역전(易傳)』,『역위(易緯)』),『시(詩)』(『모시(毛詩)』,『한시(韓詩)』),『상서(尙書)』,『이아(爾雅)』,『춘추(春秋)』(『춘추좌전(春秋左傳)』,『맹자(孟子)』,『논어(論語)』.

그 밖에도 훈고류(訓詁類)로『당운(唐韵)』,『음운(音韵)』,『고음(古音)』,『자류(字類)』,『자고(字詁)』,『방언(方言)』,『악률(樂律)』,『고악(古樂)』,『종율(鐘律)』, "육서(六書)"[48] 및『고공기(考工記)』,『급취편(急就篇)』등 특히 "오경(五經)", "칠경(七經)", "구경(九經)", "십삼경(十三經)", "사서(四書)" 등의 경전에 나온다.

그 가운데 '화합'이라는 두 글자는『주역』을 해석한 책들에서 가장 많이 출현한다. '화합'의 두 글자가 출현한 전적(典籍)의 성서(成書) 연대 및 저자의 분포는 서한(西漢)이 5회, 동한(東漢)이 6회, 위(魏)가 4회, 동진(東晉)이 2

45　(淸)孫詒讓(2001), p.74.
46　郭末若·聞一多·許維遹(2001), p.137.
47　陳欣雨(2012b).
48　"육서(六書)"는 한자의 조자(造字)방법, 즉 상형(象形)·지사(指事)·회의(會意)·형성(形聲)·전주(轉注)·가차(假借)를 가리킨다.

회, 남조(南朝)가 2회, 당(唐)이 19회, 북송(北宋)이 9회, 남송(南宋)이 27회, 원(元)이 25회, 명(明)이 29회, 청(淸)이 66회 등이다. 이것은 '화합'이라는 두 글자가 선진 시대 이후로 역대의 유학자들과 문인들에게 받아들여져 일반적으로 널리 알려진 기본 단어가 되었으며 경·사·자·집의 각각의 연원과 유파에서 공유자원이 되었음을 보여준다. 그 중 '화합'이라는 두 글자는 청나라 시대에 쓰인 저서에서 가장 많이 등장하는데, 이것은 청대의 학술이 집성과 정리 작업을 통해 총체적 결론을 이끌어 내려고 했던 정황을 반영할 뿐만 아니라 '화합'이라는 두 글자가 청대에 널리 인식되고 있었다는 사실을 확인시켜 준다.

부베의 역학에 나타난 '화합'이라는 두 글자는 여러 가지 의미를 표현한다.

첫째, 부베의 역학사상에서 '화합'에 관한 묘사가 가장 많이 이루어진 부분은 "삼역(三易)" 중에서 "선천이간『연산(連山)』천황역도(先天易簡『連山』天皇易道)"의 경(景)에 관한 서술이다. 여기에서 "선천·이간·『연산』·천황·역도"는 삼역 중에서 제일역(第一易)인 이간(易簡)·연산역(連山易)·천황(天皇) 등 여러 종류의 범주가 한꺼번에 합쳐져 있다. "마치 산(山)이 하나로 연결되어 서로 통하고, 그 사이에 가로막힌 것이 없는 것처럼 선천의 경계도 이와 같다. 이간의 『연산역』이 이루어지고, 천황역(天皇易)이 행해진다."[49] 이것은 (부베가) 선천의 경계를 묘사한 것이다. 아울러 부베는 『역학외편』에서 화합의 특징에 대해서 특별히 자세히 해설하였다.

> 삼역의 제일역은 이미 유순(柔順)하고 화합의 길(吉)함이 있어서, 그 수상도(數象圖)의 본원이다. 반드시 기우(奇偶)가 서로 짝을 이루어, 천지가 서로 사귀고, 음양이 조화되어 감응이 이루어지니, 율려(律呂)의 여

---

49 Bouvet, 『易學外篇』, BAV, Borgia·Cinese, 317(10), p. 5.

러 숫자들의 자연의 본원에 해당된다.[50]

『성경』과 대조해 보면 화합은 선천의 원경(元景)이니, 조물주가 창세기에 인간을 처음으로 창조했을 때의 상태이다. 한편으로 조물주가 천지와 화합하여 만물을 생성시킨 공로를 구체적으로 표현한 것이요, 다른 한편으로 사시(四時)와 사방(四方)이 모두 정해지고, 천지만물이 모두 조물주의 인애(仁愛)의 성심(聖心)과 합치되어, "상하의 관계가 화합되고, 천도가 안정되게 잘 다스려지니[上下和合, 天道平平]",[51] 이로써 "우주가 화합해서, 천지의 순길(純吉)한 법상(法象)을 본받게 된 것[宇宙和合效天体地純吉之法象][52]"을 드러내게 될 것이다. 그러므로 "화합"은 원형이정의 지극한 상태의 "천지가 화합되어 지극히 아름다운 길상[天地和合極美之吉象]"[53]에 합치된 것임을 묘사한 것이다.

둘째, '화합'은 조물주가 창조한 원조(元祖, 즉 人祖)에게 최초로 부여한 성품이다. 원조가 원죄를 범하기 이전에는 "천명에 따르고 화합하는[和合順命]"[54] 성정(性情)을 지녔다. 위로 천도(天道)를 우러러 보고 천상(天象)의 질서를 관찰하고, 아래로 지도(地道)를 굽어보고 만물의 법칙을 관찰하니, 그가 "화합순명(和合順命)"함으로써 상중하의 삼계가 태화보화(太和保和)를 이루어 "이간지역(易簡之易)과 연산지역(連山之易)과 천황지역(天皇之易)이 행해질 수 있었고",[55] 선천의 국가의 영원한 안녕과 원길(元吉)을 지킬 수 있었다.

셋째, "화합"은 구세주 성자 예수의 탄생 원인이다. "삼위일체"의 성부(聖父)·성자(聖子)·성신(聖神)의 사이에서 "화이부동(和而不同)"하고, "친밀

---

50 Bouvet, 『易學外篇』, BAV, Borgia·Cinese, 317(10), p. 7.
51 Bouvet, 『易引原稿』, BAV, Borgia·Cinese, 317(10), p. 4.
52 Bouvet, 『易引原稿』, BAV, Borgia·Cinese, 317(10), p. 27.
53 Bouvet, 『易學外篇』, BAV, Borgia·Cinese, 317(10), p. 38.
54 Bouvet, 『易引原稿』, BAV, Borgia·Cinese, 317(6), p. 27.;『易學外篇』, BAV, Borgia·Cinese, 317(10), p. 39.
55 Bouvet, 『易引原稿』, BAV, Borgia·Cinese, 317(6), p. 28.

무간(親密無間)"해서 합쳐서 하나가 되니, "삼위일체는 천주와 그의 또 다른 자기의 관계가 조화롭고 완전한 관계를 이루고 있음을 보여준다.[56]

"성스러운 삼위일체를 이루고 있는 조물주의 총애와 화합으로 짝지어주신 혼인의 경사"로 말미암아[57] 성모마리아를 선택하여 이 세상에 성자를 태어나게 하였으니, 성부·성자·성신의 삼위일체는 성자의 일위(一位)에 화합된 것이다. 이로 말미암아 천지와 천인(天人)과 신인(神人)이 다 함께 친하게 되고, "상중하 삼계가 위대한 조화[太和保和]의 세계를 이루게 되었다."[58] 그러므로 구세주 예수야말로 참으로 삼위일체의 위대한 성인이다.

넷째, 화합은 예수가 만민을 구원하려고 세상에 오셨을 때 이루려고 했던 상태이며, 목표이다. 원조가 저지른 죄로 말미암아 선천원길(先天元吉)의 상태가 이미 변하여, 만세(萬歲)의 자손들까지 연루되기에 이르렀다. 후세 사람들은 주님을 따르고, "지극한 인(仁)과 의(義)로써 상하의 화합을 이루어 원길의 상태를 회복해야 한다[至仁至義, 和合上下, 而復其元吉]"[59] 부베는 선천원길의 "화합"이 "삼역" 중에서 제3역인 "후천불역주역인황지역(後天不變周易人皇之易)"의 상태에 해당된다는 것을 설명하였다.

부베는 『역학외편』에서 다음과 같이 지적하였다.

> 삼역의 세 번째. 이미 항역(亢逆)의 화합되지 못한 흉함이 있었으나, 천지중화(天地中和)의 덕(德)에 힘입어, 변하여 유순(柔順)하게 되고, 다시 선천화합(先天和合)의 원길(元吉)을 회복하게 되니, 수상도(數象圖)의 본원에 해당된다. 반드시 상중하와 천지인의 삼도(三道)의 모든 수(數)가 서로 감응하여, 중화(中和)를 이루면 가장 선하고 아름다운 상태가

---

56 華理克(2004), p. 131.
    원서: Warren(2002). (역주)
57 Bouvet, 『易稿』, BAV, Borgia·Cinese, 317(7), p. 10.
58 Bouvet, 『易學外篇』, BAV, Borgia·Cinese, 317(10), p. 40.
59 Bouvet, 『易考』, BAV, Borgia·Cinese, 317(4), p. 4.

되어, 하늘과 인간의 관계를 바로잡고[格天人], 상하의 즐거움을 화합하니, 모든 수의 본원에 해당된다.[60]

이로써 선천이 이미 흉으로 변했으나, 후천의 불변의 길함이 이르렀음을 알 수 있다. 그 관건은 "인황(人皇)"인 성자의 공에 달려 있으니, 성자가 상하의 관계를 순화시키고, 천지를 화합하여, 그 원길의 상(象)을 회복한 것이다. 성자 그리스도가 원한 것은 "사람과 하느님, 그리고 사람과 사람의 관계를 화목하게 하는 것[要人與神和好, 人與人也和好]"이었다.[61] 『성경·에베소서』에서 말한 바도 이러한 관점에서 이해된다. "그것은 때가 되면 하늘에 있는 것이나 땅에 있는 것이 다 그리스도 안에서 통일되게 하려 하심이라."(「에베소서」 1:10)

다섯째, "화합"은 천지의 모든 현상을 음양의 두 가지 요소의 완전한 구현으로 보는 것이다. 역·수·상의 근본은 물론이고, 천체의 움직임과 율려의 수에 이르기까지 모두 비례(比例)의 규칙에 부합한다. 천원지방(天圓地方)이 모두 음과 양과 삼천양지(參天兩地)와 천·지·인 삼계의 화합의 원리로 소급된다. 한편으로 천수는 구(九)이고 지수(地數)는 사(四)이니, 이것은 천지의 수상(數象)의 근본이 된다. 구(九)는 순전한 기수(奇數)이고 순양(純陽)이며, 사(四)는 순전한 우수(偶數)이고 순음(純陰)이니, "구(九)와 사(四)가 짝을 이루어 합쳐져, 천지가 화합된 극묘(極妙)의 상태를 그림으로 표현한 것이다".[62] 다른 한편으로 "화합율려(和合律呂)"에 대하여 설명하였다.[63] 천수 구(九)와 지수 사(四)의 가운데 육(六)을 얻으면 천수 구(九)와 지수 사(四)가 2대3의 비례를 이루게 되니, 이 비율로써 음악의 규칙을 세우고, 음양을 정하고, 천

60　Bouvet, 『易學外篇』, BAV, Borgia·Cinese, 317(10), p. 7.
61　丁光訓(1998), p. 234.
62　Bouvet, 『易學外篇』, BAV, Borgia·Cinese, 317(10), p. 51.
63　Bouvet, 『易學外篇』, BAV, Borgia·Cinese, 317(10), p. 66.

지를 조율한다. "상하가 서로 감응하여 화합하고, 율려의 아름다움을 이루어",[64] 모든 수의 감응의 법칙을 형성하니, 여기에 따라 "매우 조화롭고 아름다운 소리를 듣고, 천지의 음율을 이루게 된다."[65]

여섯번째, '화합'의 반면(反面) 및 조화를 상실한 형상에 대하여 설명하였다. 부베는 여기에서 이에 상응하는 것이 "선천역변『귀장』지황역도(先天易變『歸藏』地皇易道)"라고 하였으며 다음과 같이 설명하였다.

> 삼역 중 두 번째는 처음에 순하고 평화롭다가, 나중에 치받고 거스르는 흉함이 있으니, 수상도(數象圖)의 본원에 해당한다. 그리고 기수와 우수가 합치되지 않고, 천지가 서로 사귀지 않으며, 음양이 조화되지 않고, 율려를 이루지 않으니, 모든 방형(方形)과 방상(方象)이 여러 강수(剛數)의 본원이 된다.[66]

선천의 역이 변하고, 원조가 그 명덕(明德)에 어두워 원죄를 저지르니, 상하가 조화로움을 잃고, 천지가 사귀지 않으니, 대흉(大凶)의 근원이 된다. 원조가 범죄를 저지른 이후에 부부 사이에도 양 쪽이 서로를 탓하며, 그 잘못을 따지니, 아담이 하와를 가리켜 "여자 그가 그 나무 열매를 내게 주므로 내가 먹었나이다"(『창세기』 3:12)라고 한 것이다. 형제 사이에 질투로 서로 죽이니, 카인과 아벨 사이에 싸움이 일어났으니, (『창세기』에) "카인이 그의 아우 아벨을 쳐 죽이니라"(『창세기』 4:8)라고 한 것이다. 이런 까닭에 천상(天象)이 크게 변하여, 『하도』와 『낙서』가 나오고, 성인이 나오기를 기다려서, 천지를 다시 살린 것이다.

그 다음으로, 건곤이 짝을 이루어 공생하여 화합을 이루어낸다. 건곤이

---

64 Bouvet, 『易學外篇』, BAV, Borgia·Cinese, 317(10), p. 66.
65 Bouvet, 『易學外篇』, BAV, Borgia·Cinese, 317(10), p. 51.
66 Bouvet, 『易學外篇』, BAV, Borgia·Cinese, 317(10), p. 7.

짝을 이루어 만물이 화합을 이룬다는 것이 부베의 사상이 최종적으로 도달한 결론이다.

첫째, 화합에는 건곤과 천지만물이 공생한다는 전제가 포함되어 있다. 부베에 따르면 『창세기』에 조물주가 천지건곤(天地乾坤)과 세상의 모든 존재를 창조하였을 때 만물에 차별을 두었기 때문에 그로 말미암아 화합의 필요성이 생기게 되었다. 선천 세계의 화합은 조물주의 주도에 의해 이루어졌고, 인류의 원조는 여기에 따랐다. 세상 만물은 이미 예정해져 있으며, 사물은 달라도 그 원리는 동일하므로 "참(參: 참여)"할 수 있다. 그러므로 『순자·천론(天論)』에 "하늘에는 사시(四時)의 운행이 있고, 땅에는 재물(財物)이 있으며, 사람에게는 그것을 다스릴 수 있는 능력이 있다. 그러므로 '능참(能參)', 즉 '참여할 수 있다'고 하였다[天有其時, 地有其財, 人有其治, 夫是之謂能參]."[67] 이처럼 천지인의 삼재가 각각 그 맡은 바 역할을 수행하고, 그 능력을 발휘하여 서로 협력함으로써 화합을 이루어내고, 질서있고 상호보완적인 체계와 조화로운 구조를 형성하게 된다.

둘째, "화합"은 건곤천지와 음양의 변화의 원리를 찾아내는 것이다. 부베는 "화합"이라는 단어를 선천과 후천의 상태를 나타내는 표지로 삼았다. '선천원길화합(先天元吉和合)'의 상태로부터 '선천의 화합을 상실함[先天失之和合]'을 거쳐 '후천에서 다시 화합을 회복함[後天復之和合]'으로 나아가니, 이에 따라 "삼역", 즉 '선천간이『연산』(先天簡易『連山』)', '선천변역『귀장』(先天變易『歸藏』)', 및 '후천불변『주역』(後天不變『周易』)'의 구별을 확정짓고, 건곤과 음양의 두 가지 요소의 변화를 탐구하였다. 선천원길화합은 음양이 그 있어야 할 위치에 있어서, 양은 양의 자리에 있고, 음은 음의 자리에 있어서, 조물주와 원조가 각각 자기의 위치에 머무르는 상태이다. 그런데 선천이 화합을 잃어버리고, 원조가 하느님께 죄를 지어, 하느님으로부터 버림을 받으

---

[67] 安小蘭(2007), p.109.

니, 음이 양을 배반하고, 음과 양이 서로 다투니, 이로 말미암아 선천원길의 상태가 더 이상 존재하지 않게 된다. 그러다가 다시 반대로 음과 양이 서로 대대하고, 의존하고, 교감하여 화합을 이루어내고, 작용을 주고받기 때문에 화합의 생명력이 발현될 수 있다.

셋째, '화합'은 구세군자(救世君子)의 처세 방식을 규정한다. 성자 예수가 세상에 태어나서, 구세군자의 신분으로 다시 세상을 구하였다. 『역경』에 대한 전통적 해석에서 군자와 '화합'은 함께 사용된다.

> 정이천이 말하기를, "무릇 상하가 서로 사귀어 통하고, 강유가 화합하는 것이 군자의 도이다."[68] 수화(水火) 미제괘(未濟卦)에서 화(火)는 본래 텅 빈 곳에서 빛나고 위로 타오르며, 수(水)는 본래 땅으로 다니면서 아래로 적시며 나아가니, 각각 자기의 위치에 안주하여 서로 교착(交錯)되는 바가 없으니, 서로 화합이 되지 않는 것이, 미제괘(未濟卦)의 상이다. 군자는 이것을 본받아 자기의 성품을 닦는다.(黃宗炎,「未濟卦」,『周易象辭』)[69]

> 이천(伊川)이 말하였다. "음양이 화합하는 것을 '옛적에 비를 만났다(遇雨)'라고 표현하였다. 또 말하기를 오직 군자라야 그 때에 처하여 '쾌쾌(夬夬: 결단하여 의심하지 않음)'이니, …… 이렇게 하여야 허물이 없게 된다.[70]

여기서 말하는 "군자지도(君子之道)"는 부베의 관점에서 보면 "성자지도(聖子之道)"에 해당하며, 군자는 성자의 화신에 해당한다. "군자체물(君子體

---

68 (淸)程廷祚(1986), p. 581.
69 (淸)黃宗炎(1986), p. 604.
70 (南宋)方實孫(1986), p. 722.

物)"하여 만물의 화합을 이루어내는 것은 부베의 표현을 빌리면, 구세주가 세상에 내려온 사명이며, 만민을 구원함으로써 만물의 화합을 회복하는 상에 해당한다. 여기서 "성자는 만물의 형상과 인사의 의리를 지극히 달성하여 변화의 도를 완성하였다."[71] 구세주는 성자의 지극한 뜻에 따라 건곤천지의 올바름을 다시 회복시키고, 상하의 화합을 이루어내며, 선천원길의 상을 다시 회복시켰다.

넷째, "화합"은 건곤선천과 후천이 화합된 경지이다. 부베의 관점에서 보면, 그것은 선천원길의 화합일 뿐 아니라 후천이 다시 화합을 이루어낸 상태이기도 하다. 전자는 조물주가 태초에 만물을 화합시키는 권능으로 건(乾)과 천도(天道)를 하나로 만들고, 곤(坤)과 지도(地道)를 하나로 만들어, 건곤의 도로써 천지의 도를 구현했다. 후자는 구세주가 탄생하였을 때 다시 천지를 화합시키는 공을 이루었으니, 이것은 부베가 말한 바 인지도(人之道)에 해당한다. 건곤이 주도하고, 사람[人]이 (여기에) 참여하는 화합의 경계이니, 천지인이 공생하며 화합하는 상태이다.

장립문 선생이 1988년에 제안한 '화합학(和合學)'은 자연, 사회, 인간관계, 사람들의 심리상태 및 다른 문명에 존재하는 화합 현상에 대한 연구로서 화합의 원칙에 의지하여 포용과 충돌의 극복과 융합을 시도하는 학문이다.[72] 결과적으로 화합학은 고유한 핵심범주, 주도적 개념 및 범주체계, 고유한 함축 및 성격, 해석의 대상인 경전 텍스트를 가지고 있을 뿐 아니라 그것을 표현하는 고유한 방식과 그에 상응하는 개념과 형식을 가지고 있다. 화합학은 역학과 밀접한 관련이 있는데, 그것을 표현하면 다음과 같다.

첫째, "화합세계의 구조모형은 역학의 구조모형을 계승하고 있다. 그 구조모형의 방식은 역학과 상호 대응한다."[73] 역학이 화합학의 사유모형을 계

---

71 (北宋)胡瑗(1986), p. 547.
72 張立文(2005b), p. 71.
73 楊慶中(2000), p. 422.

발하는데 자극을 준다는 것을 알 수 있다.

둘째, 화합학의 삼계(三界)[74]·사우(四隅)[75]·육상(六相)[76]·팔유(八維)[77] 등은 모두 『역경』에서 영감을 얻어서 화합학 전체의 논리적 구조[78]를 구성한 것이다.[79]

셋째, '화합학'의 전체 구상의 착안점은 『역경』의 '생생(生生)' 개념이다. 이러한 '생생'은 화합철학의 창의적 주제인 동시에 화합철학의 본성을 정의하는 규범이다. 따라서 화합학이 곧 '생생철학(生生哲學)'인 것이다.[80] 그러므로 '화합학'에서 주장하는 '생생철학'은 부베가 언급한 건곤천지의 생생의 본질과 근본적으로 일치한다.

그 밖에도 장립문 선생은 화생(和生)·화처(和處)·화립(和立)·화달(和達)·화애(和愛)의 5대 원칙을 제시하여, 천지자연과 인간 활동에 규범을 부여하였다. 이것은 (『중용』에서 말한 것처럼) "(자연과 인간이) 같이 자라나더라도 서

---

[74] 삼계(三界): 화합의 삼계(三界)의 천지인의 삼층(三層)으로 이루어져 있다. 상층(上層)은 천(天)의 세계로서 화합가능세계(和合可能世界)를 가리키며, 중층(中層)은 인(人)의 세계로서 화합의의세계(和合意義世界)를 가리키며, 하층(下層)은 지(地)의 세계로서 화합생존세계(和合生存世界)를 가리킨다. 그 중에서 인(人)의 세계가 핵심이다.(역주)
[75] 사우(四隅): 사우(四隅)는 사유(四維)를 말한다. 화합의 사유(四維)는 화합역사철학(和合歷史哲學), 화합가치철학(和合價値哲學), 화합언어철학(和合言語哲學), 화합예술철학(和合藝術哲學)을 가리킨다.(역주)
[76] 육상(六相): 기화(己和)·기도(己道)·기명(己命)·기성(己性)·기리(己理)·기경(己境).(역주)
[77] 팔유(八維): 형상화합(形上和合), 도덕화합(道德和合), 인문화합(人文和合), 공구화합(工具和合), 형하화합(形下和合), 예술화합(藝術和合), 사회화합(社會和合), 목표화합(目標和合).(역주)
[78] 화합학의 논리구조는 다음과 같다.(역주)

화합삼계 (和合三界) \ 화합사유 (和合四維)	역사철학	언어철학	가치철학	예술철학
화합생존세계 (和合生存世界) 정(精)--리(理)	정(情)	언(言)	진(眞)	입(立)
화합의의세계 (和合意義世界) 성(性)--명(命)	세(勢)	상(象)	선(善)	달(達)
화합가능세계 (和合可能世界) 도(道)--화(和)	리(理)	의(意)	미(美)	애(愛)

[79] 楊慶中(2000), p.422 참고.
[80] 張立文(2005b), pp.471-481 참고.

로 해치지 아니하며[并育而不相害]", "같이 가면서도 서로 어그러지지 않으면서[并行而不相悖]", 공동으로 함께 살고, 함께 도달하는 것을 추구하는 것이다.[81]

그리고 장립문 선생은 『역경』을 참조하여 화합의 이상세계를 실현하기 위한 구체적 실천원리로 "건도달화(健道達和: 강건의 도로써 화합에 도달한다)"와 "순도구화(順道求和: 유순의 도로써 화합을 추구한다)"를 제시했다. "'내건(內健: 안으로 강건함)'은 건괘의 본질인 강건함에 해당하고, '외순(外順: 밖으로 유순함)'은 곤괘의 본질인 유순에 해당한다".[82] 그러므로 건순(健順: 강건과 유순)은 천지만물의 존재상태의 특질을 표현한 것이다.

천지의 도(道)의 건순은 '화(和)'의 실현과 관련이 있다. 도와 화(和)를 중화(中和)하고 통합하여 인간의 주체적 사고와 화합의 가능세계에 다리를 놓을 수 있다. 이것은 부베 역학의 건곤선천후천화합(乾坤先天後天和合)의 영역과 더불어 '이곡동공(異曲同工: 방법은 다르더라도 그 효과는 같다)'이라고 말할 수 있다. 여기서의 화합은 더 이상 동사 혹은 단순한 상태가 아니라 형이상학적 성격을 지니고 있다. 방법론적 차원 혹은 우주의 생성론의 차원으로부터 본체론적 차원으로 승격되어, 존재세계, 의미세계, 및 미래세계에 대한 주체의 인식과 경험이 되기에 이르렀다. 그렇게 되면 천지만물의 정(情)을 서로 관통(貫通)시켜, 천도와 인도를 서로 통하게 하고, 천지만물의 조화로운 생성과 화합, 천하가 화합해서 조성되는 즐거움과 아름다움의 경지에 도달하게 된다.

---

81 張立文(2005b), pp. 480-490 참고.
82 張立文(2005b), p. 284.

제3절
대립(對立)의 논리와 유도(儒道)의 천양(闡揚)

『성경』에서 가장 근본적인 대립은 조물주(구세주)와 마귀 사이에 일어난다. 조물주는 생명을 주고, 구세주는 생명을 지켜주지만, 마귀는 인조(人祖)를 유혹하여 사망에 이르게 한다. 아우구스티누스는 말하기를, "마귀는 높은 곳에서 추락하여 그에게 찬동하는 자들을 함께 물로 끌고 들어간다. 반면에 그리스도는 낮은 곳으로부터 위로 올라가고 그를 믿는 자들을 높은 곳으로 들어 올린다"고 하였다.[83] 이렇게 하여 천당과 지옥, 정의(正義)와 사악(邪惡), 광명과 암흑의 양극이 형성되었다.

먼저 부베는 선천과 후천을 구분하고, 역학의 큰 강령으로 삼았다. 전통 역학에서 선천과 후천의 구분은 북송(北宋)의 선천지학(先天之學)에서 유래한 것으로서 소옹의 선천상수학(先天象數學)이 여기에서 시작된 것이다. 그 학설은 진단으로부터 발단되어, 종방(種放)과 목수(穆修)와 이지재(李之才) 등을 거치면서 전수되었고, 소옹에 이르러 집대성되었다. 후천지학(後天之學)은 "선천입본, 후천치용(先天立本, 後天致用)"의 개념에 따라 함께 형성되었다.[84] 소옹은 "심위태극(心爲太極)"과 "도위태극(道爲太極)"[85]의 개념을 내세워 선천지학을 세웠고, 이로부터『복희선천팔괘도(伏羲先天八卦圖)』와『문왕후천팔괘도(文王後天八卦圖)』가 나왔다. 부베의 역학사상에서 가장 보편적인 대립 범주 가운데 하나는 선천과 후천이다.

첫째, 부베는『성경』에 나오는『구약』의 이야기를 선천이라고 하고,『신

83　奧古斯丁(2005), p.138.
84　張善文(2005), p.266.
85　(宋)邵雍(1986), p.1075.

약』의 이야기를 후천이라고 했다. 선천의 이야기는 조물주가 천하만물을 창조하고, 성부·성자·성신의 삼위일체를 이루고, 원조가 원죄를 저지르는 것까지 포함한다. 그러므로 원초(元初)의 길상(吉象)으로부터 선천의 흉상(凶象)으로 전변된다. 후천 이야기는 상주(上主)가 구세주를 내려보내서 예수로 태어나게 하고, 사망에서 부활에 이르기까지 과정을 강술한 것이 주요 내용이며, 온 세상의 죄를 친히 짊어지고, 세상 사람들을 모두 구원하여 선천을 회복하는 길상을 보여주고 있다.

둘째, 부베는 『성경』의 선천과 후천의 큰 뜻을 『역경』에서 탐구하였다. 기우(奇偶)·음양(陰陽)·길흉(吉凶)의 대대 관계를 선천과 후천의 범주에 따라 "선천간이연산지원길(先天簡易連山之元吉)", "선천변역귀장지대흉(先天變易歸藏之大凶)" 및 "후천불변주역복지원길(後天不變周易復之元吉)"의 삼역(三易)으로 구분하였다. 이러한 삼역의 도(道)는 각각 삼재가 되며, 각각 삼(三)과 일(一)의 이치를 포함한 태극에 근본을 두고 있다. 그 리(理)는 일에서 시작하여, 삼에서 이루어지니, 그 이치가 역학사상 전체를 관통하고 있다.

셋째, 『천존지비도』가 선천의 근원을 정하며, 후천의 상(象)을 형성한다. 『천존지비도』는 천지음양과 만수만물(萬數萬物)의 생성의 근본이며, 또한 『역경』의 수·상·도의 근본이다. 선천과 후천의 만사만물(萬事萬物)의 전체의 근원을 명확히 밝히면, 역수(易數)의 정(精)을 물론이고, 역상(易象)의 대(大)도 모두 그것으로부터 시작한다. 그러므로 『천존지비도』는 선천이 전도되어 후천의 도상(圖像)과 표지(標志)로 된 것이다.

넷째, 선천과 후천은 부베 역학 저작의 서술 순서이다. 부베의 『역학외편』과 『역인』 등의 저서는 선천과 후천의 순서로 논술되어 있다. 특히 『역학외편』의 체제에 대해서 부베는 다음과 같이 말했다. "역학을 내·외의 두 편으로 나누고, 선천의 미변(未變), 선천의 이변(已變), 『주역』의 불변(不變)의 의미에 대해 서술했다. 이에 먼저 외편에 대해 말하고, 그 다음으로 내편으로 그 뜻을 계승해서 말했다."[86]

이를 통해 부베의 역학사상에서 선천과 후천의 구분은 동서양 경전의 특성을 나타내는 표지(標識)가 될 뿐 아니라 역학 이론을 통합하는 기능도 하고 있는 것을 알 수 있다. 의리의 측면에서 보면 『천존지비도』는 선천과 후천과 삼역의 도를 통합한 것이며, 도상의 관점에서 보면 선천과 후천의 표지가 된다. 선천과 후천의 양자는 일음일양의 대대 구조 속에서 선천지학은 체(體)가 되고, 후천지학은 용(用)이 되니, 역사적으로 발전적 측면을 지닐 뿐 아니라, 논리적 측면으로 보더라도 계승 관계가 있다.

그 다음으로 도심(道心)과 인심(人心)을 나누어서 심성(心性)의 이치를 밝혔다. 부베는 도심과 인심의 구별을 통해서 심성의 학문을 탐구했다. 도심과 인심이라는 단어는 『상서(尙書)·대우모(大禹謨)』의 "십육자심결(十六字心決)", 즉 "인심유위, 도심유미, 유정유일, 윤집궐중(人心惟危, 道心惟微, 惟精惟一, 允執厥中)"에 처음으로 나온다.[87] 부베는 그의 역학사상에서 인심과 도심에 대해서 여러 차례 언급하였으며, 그 인용의 전거도 명확히 밝혔다. 부베는 중국고전에 천학(天學: 하느님에 관한 학문)의 본의(本義)가 감추어져 있으며, 서양의 『성경』에 실려 있는 것과 다르지 않은데, 다만 유생들이 그 참다운 뜻을 밝혀내지 못했을 뿐이라고 말했다. 부베에 따르면 그렇게 된 데에는 정전(正傳)을 상실했다는 것 이외에도 다른 두 가지 이유가 있다. 첫째는 천학과 천도(天道)가 지극히 정미(精微)하기 때문이요, 둘째는 인심이 가려져서 진리를 알 수 없는 위험이 있기 때문이다. 이 두 가지 이유에 대해서는 『상서』에서 자세하게 밝혀져 있다."[88] 여기서 우리는 부베가 자기 주장의 근거를 『상서』로부터 가져왔음을 알 수 있다.

이를 바탕으로 부베는 도심과 인심에 대한 해석을 전개했다.

첫째, 부베는 "천도가 정미함[天道精微]"과 "인심이 가려진 위험[人心所

---

86 Bouvet, 『易學總說』, BAV, Borgia·Cinese, 317(8), p. 1.
87 (漢)孔安國(1999), p. 93.
88 Bouvet, 『易鑰』, BAV, Borgia·Cinese, 317(16), p. 2.

蔽之危]"에 대하여 해석했다. 부베의 관점에서 보면 "천도가 정미하다[天道精微]"는 것은 천도가 소리도 없고, 냄새도 없으며, 만물을 초월하고 있으나, 인심의 심령(心靈)을 홀로 꿰뚫고 있음을 의미한다. 부베는 이로부터 상주(上主)를 경외하라는 최고의 신성한 명령을 도출해 내었다. 이처럼 상주를 경외하고, 수기(修己)를 통해 여러 덕을 밝힌 사람은 죽은 뒤에 천국에서 영원한 생명의 정수를 얻게 된다. 인심에 가려진 위험은 인류의 원조인 아담과 이브가 하느님께 죄를 지었기 때문에 그 잘못으로 말미암아 온 세상 만 백성들이 오관(五官)이 가려지고, 하느님을 경외하지 않고, 그 본래의 지향(志向)을 잃게 된 데에 있다.[89]

둘째, 부베는 도심을 조물주의 제1위인 성부의 온전히 선한 인애지심(仁愛之心)으로 여겼다. 그는 "도심이 주재(主宰)하면 그 가운데 은택이 널리 흐른다[道心主宰, 其中普流恩澤]"[90]라고 하였고, 아울러 이 도심이 바로 삼위일체의 마음에 해당된다고 보았다. 따라서 성자는 "스스로 도심을 깨닫고, 천리를 밝힌다[自見道心明天理]".[91]

셋째, 부베는 "인심은 오로지 위태롭고, 도심은 오로지 미약하다[人心惟危, 道心惟微]"라고 한 『상서·대우모(大禹謨)』의 구절을 인용하여 원죄의 근원을 설명하였고, 인류의 조상인 아담과 하와의 인심의 변화를 서술하였다. "인성(人性)이 처음 주어졌을 때에는 지극히 선하며 모든 본래의 덕을 갖추고 있었다.[人性初畀, 極爲純善, 備有原義諸德]"[92] 그러나 아담과 하와는 마귀에게 속아 본래의 선(善)을 잃고 원성(原性)이 손상되어 후손들에게까지 재앙이 미치게 된 것이다. 이것은 인류의 원조가 범한 죄이기 때문에 "원죄"라고 하며, "사욕과 모든 죄악의 뿌리[私欲與諸罪之根苗也]"[93]가 된다.

---

89 Bouvet, 『易鑰』, BAV, Borgia·Cinese, 317(16), p. 3.
90 Bouvet, 『易引原稿』, BAV, Borgia·Cinese, 317(6), p. 27.
91 Bouvet, 『易鑰』, BAV, Borgia·Cinese, 317(2), p. 17.
92 Bouvet, 『易鑰』, BAV, Borgia·Cinese, 317(2), p. 5.
93 Bouvet, 『易鑰』, BAV, Borgia·Cinese, 317(2), p. 5.

부베는 인류의 조상이 원죄를 범한 후에 생겨난 선천의 변화와 변역(變易)의 흉함이 모두 인심의 위태로움과 도심의 미약함 때문에 일어난 것으로 보았다. 부베는 다음과 같이 말했다.

"참으로 슬프도다. 인심은 오직 위태롭고, 도심은 오직 미약하니, 온 백성들의 마음에 하느님에 대한 경외심이 없도다[嗟呼誠哉, 人心惟危, 道心惟微, 蒸民之心, 不敬不畏]."[94]

세상 사람들의 마음이 사악한 마귀들과 함께 한 무리가 되어, 여호와의 명령을 무시하고, 상하를 분별하지 아니하며, 여호와께 경배하는 것을 배척하였으니 그 이후로 하느님 나라의 풍속이 크게 무너져, 사술(邪術)이 유행하고, 사방에 이단(異端)이 봉기하여, 온 세상이 모두 대흉(大凶)의 상(象)에 떨어지게 된 것이다.

넷째, 부베에 따르면 복희가 획괘(畫卦)하여 만든 역도(易圖)를 기초로 삼아 도심(道心)의 상(象)의 규범을 도출했다. 기우(奇偶)·음양(陰陽)의 수상(數象)은 일(一), 혹은 한 개의 점(丶)으로부터 형성되거나 또는 한 개의 원(○)을 수상도(數象圖)의 근본으로 삼는다. "천지의 시작과 끝, 만유(萬有)의 생성과 변화, 도심의 상이 모두 이 근원으로부터 나온다[用以爲天地始終, 萬有生生化化, 道心之象]."[95] 구체적으로 천지의 수·상은 나누어지지 않은 하나[一]를 근본으로 삼고, 모두 하나[一], 둘[二], 셋[三]의 극미(極微)와 극대(極大)로부터 비롯된다. 한자로 보면, "일(一), 이(二), 삼(三)"의 세 글자는 길이가 다르게 보이는 획으로 구성되었는데 그것은 모두 다 한 개의 점(丶)으로부터 형성된 것이다. 그러므로 선사(先師)들은 한 점의 극미를 '주(主)'자의 고자(古字)인 '丶'로 표현했다. "내도심유미, 유정유일(乃道心惟微, 惟精惟一)"[96]이라

94　Bouvet, 『易鑰』, BAV, Borgia·Cinese, 317(2), p. 8.
95　Bouvet, 『易鑰』, BAV, Borgia·Cinese, 317(2), p. 18.

고 한 것은 만유의 원본(原本)의 자연스러운 상태를 표현한 문장이다. 특히 『혼돈태극도(混沌太極圖)』에서 삼재가 합일된 정미한 상을 천상(天象)과 지형(地形)의 수를 표현한 것으로 보았으며, "참된 상(象)으로 표현된 도심은 오직 미세하고, 소리도 없고, 냄새도 없다[實象道心惟微, 無聲無臭]"[97]라고 하였다. 일삼(一三)은 조물주가 지정지미(至精至微)의 성(性)으로 도심의 체현으로 삼은 것이며, 일(一)로부터 삼(三)이 생기며, 끊임없는 생성과 변화의 신기(神機)를 체현하는 것이다.

다섯째, 인심과 도심의 관계를 괘효의 구체적 해석에 적용하였다. 부베는 송괘(訟卦)의 구사효(九四爻)에서 인조와 성자를 나누어 소송의 인과와 길흉을 논하였다. 조물주는 인조에게 선천의 원량(元良)한 성품을 부여하였고, 도심의 올바른 이치에 따라 살도록 명령하였다. 그러나 인심은 오직 위태롭고, 도심은 오직 미약하니, 인조는 하느님에 대한 외경심을 갖고 있지 않아, 도심의 미약함에도 불구하고 삼가는 바가 없었고, 인심의 위태로움에도 불구하고 두려워하는 바가 없었으니, 선천의 자연의 올바른 이치를 거스르고, 하늘에 죄를 얻어 마침내 송사에서 변호할 수 없는 흉함을 불러들였으니, 이로 말미암아 "송사에서 이기지 못함(不克訟)"의 사태에 이르게 된 것이다.

그러나 천주(天主)가 인애(仁愛)를 베풀어 성자를 세상에 태어나게 하였으니, 후천에서 측량할 수 없는 도심의 올바름을 얻어, 지극한 인의(仁義)와 강유의 덕을 갖추게 된 것이다. 스스로 옳고 그름을 가리고, 하느님의 뜻을 이어받아, 허물을 뉘우치고 착한 자가 되었으니, 하느님께 다시 순종하고, 하느님의 의로운 분노를 가라앉힌 것이다. [송괘의 구사효의 효사에서] "복즉명, 투안, 정길(復即命, 渝安, 貞吉)", 즉 "다시 천명으로 나아가니, (허물을 뉘우쳐) 바꾸어 편안하고, 올바름을 지키니 길하다"라고 한 것이 바로 이 뜻이다.[98] 이

---

96 Bouvet, 『易引原稿』, BAV, Borgia·Cinese, 317(6), p. 16.
97 Bouvet, 『易學外篇(九節)』, BAV, Borgia·Cinese, 361(5), p. 5.
98 Bouvet, 『易稿』, BAV, Borgia·Cinese, 317(7), p. 13.

를 통해 우리는 도심과 인심이 신과 인간을 구별하는 기준이 될 뿐 아니라 신과 인간을 통합하는 가능성도 갖추고 있음을 알 수 있다.

마지막으로 부베는 군자와 소인으로 나누어 도의 발전과 쇠퇴를 설명했다. 선진(先秦) 유가의 이상적 인격을 표현하는 단어에 성인(聖人)·인자(仁者)·현자(賢者)·선인(善人)·군자(君子)·지자(智者)·용자(勇者)·광자(狂者)·견자(狷子)[99]·유항자(有恒者)·지사(志士) 등이 있다. 그 가운데 성인은 더할 수 없이 착하고 아름다운 완전한 인격을 구현한 사람이다. 이러한 성인은 요(堯)임금과 순(舜) 임금도 오히려 어려워했을 정도이니,[100] 보통 사람이 이러한 수준에 도달하기는 더욱 어렵다.

그러므로 '군자'는 실현가능한 이상적인 성격이 되었다. 군자는 외모에 품위 있고, 행동이 공손하고 예의 바르며, 인의와 충신(忠信)을 몸소 실천한다. 혼자 있을 때에는 신독(愼獨)과 낙도(樂道)를 행하며, 사람들과 같이 있을 때에는 "다른 사람들과 화합하지만, 동화되지 않으며[和而不同]", "여러 사람들과 어울리지만 무리를 짓지 않는다[周而不黨]". 요컨대, 군자는 자발적인 자각(自覺)에 의지해서 행동하며, "홀로 선을 행하면서 자신을 수양하며[獨善其身]", "하고 싶은 대로 하여도 법도를 어기지 않으면서[從心所慾不踰矩]" 자아의 가치를 실현한다. 『주역』, 특히 『역전』에 성인과 대인(大人) 외에 군자에 대한 해석도 있다. 한편으로 군자는 진덕(進德)·명덕(明德)·숭덕(崇德)·극기수신(克己修身)·광업안인(廣業安人)에 힘쓴다. 다른 한편으로 군자는 항상 소인(小人)과 상대되는 존재이니, "군자의 도가 자라면, 소인의 도는 근심스럽다[君子道長, 小人道憂也]."[101] 이것은 부베의 역학사상에서 중점적

---

99 "공자께서 말씀하셨다. 부득이 중용을 행하는 사람과 함께 할 수 없다면, 차라리 미친 사람(狂者)이나 고집이 센 사람(狷者)과 함께 할 일이다. 미친 사람은 진취적인 데가 있고, 고집이 센 사람은 (옳지 않다고 생각하는 일을) 하지 않는 바가 있다.[子曰, 不得中行而與之, 必也, 狂狷乎.狂者進取, 狷者有所不爲也]"(『論語·子路』)(역주)

100 "자공이 말했다. 만일 백성에게 널리 은혜를 베풀고 뭇사람들을 구제할 사람이 있다면 어떻습니까? 인(仁)하다고 일컬을 만합니까? 선생님께서 말씀하셨다. 어찌 인에 그치겠는가? 틀림없이 성인이리라. 요임금과 순임금도 그렇게 하기는 쉽지 않았을 것이다.[子貢曰：如有博施於民而能濟衆, 何如？可謂仁乎？子曰：何事於仁！必也聖乎？堯舜其猶病諸]"(『論語·雍也』)(역주)

해석의 대상이 되었다.

부베의 관점에서 보면 『성경』에서 '군자'에 대응되는 존재는 구세주이고, '소인'에 대응되는 존재는 아담과 하와이다. 좀 더 정확히 말하면 인류의 조상은 "속으로는 소인이지만 겉으로는 군자[內小人而外君子]"인데, 여기에서 '소인'은 하느님에게 죄를 지은 '소인'을 가리킨다. 반면에 구세주는 '속으로는 군자이지만 겉으로는 소인[內君子外小人]'인데, 여기에서 소인은 겸손하고 스스로 낮은 곳에서 머무르며 하느님께 순종하는 소인이다. 그는 주님의 명을 받고, 이 세상에 사람의 몸으로 태어나서, "선천 대인의 본래 선함을 되찾아[以復得先天大人之元良]"[102] 미덕을 가진 소인이 되었다. 부베는 군자와 소인을 다음과 같이 대비시킨다.

첫째, 부베는 군자의 도와 소인의 도에 있어서 소장(消長)과 강약(強弱)은 선천과 후천의 길흉과 변역(變易)의 상태를 반영한다고 믿는다. 그것은 선천의 때에 인류의 조상이 마귀의 유혹을 받아 소인의 길에 빠지게 된 것에서 비롯된 것이니, 이로 말미암아 소인의 도는 성장하고, 군자의 도는 쇠퇴하게 되며, 세상의 큰 변화와 선천의 원길 상태의 파괴로 이어지게 된 것이다.

그러나 후천의 세상이 되면 하느님이 인애의 마음을 베푸셔서 성자를 이 세상을 구원할 군자로 보내어, 세상 사람들을 구속(救贖)하게 하셨으니, 그렇게 해서, 소인의 죄와 도가 소멸되고, 반면에 군자의 도는 자라나게 된 것이다. 그러므로 온 세상의 모든 사람들이 진복(眞福)과 다함이 없는 홍은(洪恩)을 누리게 되니,[103] "군자의 도가 꺼지고, 소인의 도는 자라나니, 대역의 도이다[君子道消, 小人道長, 大易之道]"라고 한 것은 선천변역(先天變易)의 도를 가리킨 것이고, "소인의 도를 쇠퇴시키고, 선천군자의 도를 회복시킨다고 한 것은 모두 후천의 도를 가리킨다[消小人之道復先天君子之道, 所言皆後天之

101　(魏)王弼(1999), p. 401.
102　Bouvet, 『大易原義內篇』, BAV, Borgia·Cinese, 317(9), p. 8.
103　Bouvet, 『易鑰』, BAV, Borgia·Cinese, 317(2), p. 16 참고.

道也]"¹⁰⁴라고 하였다.

둘째, 부베는 특정의 괘효사, 특히 태괘(泰卦)와 비괘(否卦) 등의 괘효사를 결합하여, 군자와 소인의 구별을 이용하여, 괘효의 의미를 설명했다. 그는 선천의 순삼양(純三陽)을 군자의 도를 가리킨다고 보고, 순삼음(純三陰)을 소인의 도를 가리킨다고 보았다. 아울러 태괘와 비괘의 괘사를 군자지도와 소인지도에 따라 선천과 후천의 길흉으로 나누었다. 삼양(三陽)이 삼음(三陰)을 이기게 되면 태괘가 되어, 군자의 도를 이루고, 삼음이 삼양을 이기게 되면, 비괘가 되어 소인의 도를 이루게 된다.

셋째, 부베는 구세군자(救世君子)의 의미를 중점적으로 해석했다. 성자는 "선천의 하느님 아버지를 대신하여, 후천의 군자가 되었으니[代先天君父爲後天之君子]", 선천을 계승해서 후천을 세운 것이 되고, 세상을 구원하는 사람이 된 것이다. 군주를 세우고, 임금을 세워서 후천 세상에서 재조신민(再造新民)의 주인이 된 것이다.¹⁰⁵

한편으로 성자는 계몽(啓蒙)의 군사(君師)가 되어 세상에 기꺼이 나와서 계몽의 도를 실천하였다. 부베가 『역고(易稿)』에서 말했다. "후(后)가 계몽과 신화(神化)의 흐름을 사방에 편달(遍達)케 하고, 만방과 만세(萬歲)의 덕을 넓게 기른 것이다."¹⁰⁶ 다른 한편으로 구세군자는 세상의 위험을 구하기 위해 스스로 고발을 당해 재판을 받고 마침내 최후의 심판에서 정의의 화신이 되었다. 그리고 "죄인들에게 믿음의 길을 넓게 열어주고, 지성(至誠)으로 그들의 죄를 깨달아 뉘우치게 하였으니, 그 두려움속에서도 자기를 극복하고, 스스로를 심판대에 맡긴 성자의 길을 곡진하게 드러낸 것이다.[廣開罪人信孚至誠識悔己罪, 惕曲曲盡其超性自訟之聖道]"¹⁰⁷ 여기서 부베가 쓰고 있는 군자

104　Bouvet, 『易鑰』, BAV, Borgia·Cinese, 317(2), p. 22.
105　Bouvet, 『易稿』, BAV, Borgia·Cinese, 317(7), p. 1.
106　Bouvet, 『易稿』, BAV, Borgia·Cinese, 317(7), p. 5.
107　Bouvet, 『易稿』, BAV, Borgia·Cinese, 317(7), p. 12.

와 소인이라는 용어는 『성경』에 나오는 구체적 인물을 가리키며 뚜렷한 인간적 특성을 가지고 있음을 알 수 있다.

제4절
선악의 근원으로서 여성의 형상

부베의 역학사상에서 무시할 수 없는 것은 여성에 대한 중시이다. 『성경』에서는 인류의 최초의 여성 이브가 지은 원죄와 그로부터 파생된 여인의 죄, 그리고 성모마리아가 구현한 지극한 정결[至貞]의 미덕을 반복적으로 언급하고 있다.

부베는 『성경』에 나오는 여성의 형상을 중국 신화에 나오는 여와(女媧)의 형상과 비교하여, 여와가 황토를 빚어 사람을 창조한 조물주의 능력을 상징하며, 제을(帝乙)의 누이는 성모마리아를 상징한다고 주장했다. 그리고 몽괘(蒙卦)의 "물용취녀(勿用取女)"의 '여(女)'는 무덕지녀(無德之女) 혹은 부정지녀(不貞之女)를 가리키며, 여인의 악(惡)을 상징한다고 보았다.

역사를 거슬러 올라가 보면 기독교의 기원에는 여성이 있었다. 가장 먼저 등장한 여자는 원죄의 창시자인 이브, 즉 하와였다. 『성경』의 「창세기」에 따르면 아담과 이브는 인류의 조상으로 에덴동산에서 살았고, 아담의 갈빗대로 이브를 만들었다. 여호와는 에덴동산에서 선악과를 먹는 것을 금지하였고, "선악을 알게 하는 나무의 열매는 먹지 말라! 네가 먹는 날에는 반드시 죽으리라 하시니라(「창세기」 2:17)"고 하였다. 그러나 이브는 뱀의 시험을 받아 여호와가 금지한 선악과를 훔쳤을 뿐 아니라, 아담도 함께 먹게 하였으니, 죄악의 근원이 되어 인류를 영원토록 고통에 빠지게 만든 인류 타락의 원죄자가 되었다. 『성경』의 「창세기」에 "(여호와 하느님이 여자에게 이르시되 네가 어찌하여 이렇게 하였느냐) 여자가 이르되 '뱀이 나를 꾀므로 내가 먹었나이다'(「창세기」 3:13)"라고 하였으니, 이것은 뱀을 유혹의 원인으로 보고, 이브를 그 유혹에 피동적으로 넘어간 "최초의 범죄자"로 간주한 것이다. 그러나 어원적으로 본다면 히브리어 하와(ḥawwāh)는 뱀을 뜻하는 아람어 히브야(hivya)로부터 나왔다. 세월이 흘러 에덴동산의 이야기에서 "하와가 유혹을 당했다"는 "하와가 아담을 유혹했다"로 바뀌었다.[108] 그리하여 이브는 지극히 선한 존재로부터 선과 악이 갈라지는 시작이 되었다. 이러한 『성경』 이야기로부터 여자는 남자에게 복종해야 하고, 여자가 죄의 원인이라는 관념이 자연스럽게 형성되었다.

그러나 이브와 달리 『성경』에 나오는 성모마리아의 형상은 최고의 미(美)와 선(善)을 상징한다. 마리아는 동정녀(童貞女)와 성모(聖母)의 형상으로 사람들에게 나타나며, 기독교 문화에서 하느님과 예수 다음으로 중요한 인물로 간주된다. 그녀는 성부께서 선택하신 거룩한 여인이요, 성자 예수의 어머니이며, 세상 사람들을 구원하는 성모이다. 그녀는 평범한 사람에서 성인으로 변화되는 과정을 거쳤으니, 천사들은 그녀를 동정녀 상태에서 수태(受胎)시켰다. 중세 이후로 마리아에 대한 찬송과 숭배가 널리 퍼지기 시작해서 그녀를 예수그리스도의 어머니, 영원한 동정녀, 만국의 어머니, 심지어 천주에게 들어가는 문(門)이라고 불렀다. 이브는 하느님을 배반한 죄로 징벌을 받았고, 그녀의 원죄는 여자의 "정결하지 못함[不潔淨]"을 낳았다. 반면에 마리아는 성부가 선택한 성자의 어머니로서 가장 정결한 여인의 대표가 되어 하느님에 대한 신앙과 순종으로 말미암아 존귀하게 되는 영광을 얻었으며, 한편으로 재난과 사망, 그리고 다른 한편으로 구속(救贖)과 희망을 상징하게 된 것이다. 교부 히에로니무스(Hieronymus, Jerome, 347-420)가 말한 것처럼,

---

108 南宮梅芳(2012), p.65.

"죽음은 이브를 통해 오고, 생명은 마리아를 통해 온다."[109] 이처럼 죽음과 생명은 서로 대립되면서 『성경』의 주선율(主旋律)을 구성한다.[110]

성모 마리아 이외의 다른 여인들은 이브의 원죄에 영향을 받아 『성경』에서 항상 부정적 이미지를 갖고 있다. 예를 들어 리브가[111]는 에서와 야곱[112] 형제로 하여금 서로 반목하게 하였고, 보디발[113]의 아내는 품행이 단정치 못하였고, 브닌나[114]는 질투심으로 가득 차 있었고, 욥의 아내는 하느님에게 등을 돌렸고, 롯[115]의 아내는 하느님의 은혜를 중히 여기지 않았으며, 디나[116]는 호기심으로 말미암아 죄악과 비통함에 빠지게 되었다. 이처럼 여자는 "정결하지 않음"의 한 부류가 되어, "정결하지 못한 사람"으로 간주되었다. 정결한 것과 정결하지 않은 것, 거룩한 것과 속된 것, 의인과 죄인을 구별할 필요가 있으므로, 『성경·레위기』에 "그리하여야 너희가 거룩하고 속된 것을 분별하며 부정하고 정결한 것을 분별하고"(「레위기」 10:10)라고 하였다.

음식·질병·물품·행위 등의 방면에서 시체의 고기, 파충류, 되새김질하는

---

109 "죽음은 이브를 통해 오고, 생명은 마리아를 통해 온다(Death came through Eve: life has come through Mary.)": 교부 히에로니무스가 성녀 율리아 에우스토키움(Julia Eustochium, 370-419)에게 보낸 편지에 나오는 문구이다. (Jerome, "Letter XXII: To Eustochium")(역주)

110 Amt(1993), p.24.

111 이삭은 40세에 리브가를 아내로 맞아 60세에 쌍둥이 에서와 야곱을 낳았다. 리브가는 야곱을 더 사랑했기 때문에 장자에게 내릴 아버지의 강복을 야곱이 받게 하는데 성공하고, 형의 복수를 안전하게 피하게 하였다. (「창세기」 25:20-26, 27:1-29, 27:41-45, 28:1-5)(역주)

112 야곱: 「창세기」 32장에 나오는 이삭과 리브가의 아들이다. 에서(에사우)의 쌍둥이 동생인데, 태어날 때부터 형 에서의 뒤꿈치를 붙잡고 나왔다고 한다. 흔히 '집념의 사나이'라고 불리며 그의 삶은 강한 의지와 관련된 사건으로 가득하다. (역주)

113 보디발: 「창세기」 37장과 39장에 나오는 인물로, 이집트의 파라오의 친위대장이었다. 보디발은 미디안 상인들로부터 요셉을 사서 하인으로 삼고 그를 신임하여 집안의 모든 살림살이를 총괄하는 직무를 맡겼다. 그 덕에 집안이 번창했지만 보디발은 요셉이 자기를 추행하려 했다는 자기 아내의 거짓말만 듣고는 무고한 요셉을 감옥에 가두었다(「창세기」 39:20). (역주)

114 브닌나: 「사무엘 상」 12장에 등장하는 에브라임 사람 엘가나의 두 아내 중 한 명. 브닌나는 여러 자녀를 두었지만 다른 아내인 한나는 자식이 없었다. 브닌나는 이 점을 가지고 한나에게 많은 고통을 주었다. 한나는 간절히 기도하여 사무엘을 낳게 된다. (역주)

115 롯: 「창세기」 11-14장, 19장에 언급되는 등장인물이다. 아브라함의 조카로, 소돔에서 살았다. 타락한 두 도시 소돔과 고모라가 파괴될 때 천사들의 도움으로 롯의 가족들이 탈출하던 중, 뒤를 돌아보지 말라는 천사들의 경고를 무시하고 뒤를 돌아본 롯의 아내는 소금 기둥이 되었다. (역주)

116 디나: 「창세기」 34장에 등장하는 디나는 야곱과 레아의 딸로, 가족들과 가나안 땅 세겜성 근처에 거주하였다. 디나가 그 땅의 여자들을 보러 나갔다가 히위 족속 하몰의 아들 세겜이 그녀를 붙잡아 동침하여 욕되게 하는 사건이 벌어졌다. (역주)

동물, 발굽이 없는 동물, 날개와 비늘이 없는 동물, 날개가 있으나 기어다니는 동물 등은 먹을 수 없는 것들이다. 문둥병, 피고름이 나오는 누증(漏症) 등은 부정한 질병이며, 병자들이 입던 의복과 그들이 살던 주택과 사용한 물건은 깨끗이 씻지 아니하면 모두 부정한 물건에 속한다. 또한 유정(遺精)[117]과 월경(月經) 기간 중의 여성과의 성교 등은 부정한 행위로 간주된다. 히브리 사람들은 여자를 "부정한 사람"으로 여겼고, 『레위기』의 여러 곳에서 "정결하지 않음"에 대해 언급하고 있다. 특히 월경이 되면 더러워지는 시기이다.

　　아이를 낳은 여자는 산혈(産血)이 깨끗하지 않기 때문에 남자든 여자든 아기를 낳은 후 보름달(33일)이 지나야 종교 활동을 할 수 있다. 그러므로 『성경·레위기』에 "(그 여인은 아직도 삼십삼 일을 지내야 산혈이 깨끗하리니) 정결하게 되는 기간이 차기 전에는 성물을 만지지도 말며 성소에 들어가지도 말 것이며"(「레위기」 12:4)라고 한 것이다. 그러므로 『성경』은 부정한 것을 없애기 위해 힘쓰라고 권면하고 (여자를 포함하여) 부정한 것은 성소(聖所)에 들어갈 수 없고 제물(祭物)로 바치지도 못하며 어떤 종교 활동도 할 수 없다고 규정하고 있다. 여자가 월경 혹은 해산 이후로 보름달이 되면 여호와 앞에 어린 양이나 집비둘기 새끼나 산비둘기 같은 제물을 바쳐서 그 죄를 속죄함으로써 그녀의 피를 정화할 수 있다. 따라서 여자가 악의 근원으로 여겨져서 "정결하지 않음"을 대표하는 단어가 되었음을 알 수 있다.

　　부베는 『역경』과 『성경』을 비교하여 『성경』 속의 여성의 형상을 중국의 설화를 서술하는 방식으로 중국에 소개하였다. 가장 우선적으로 다룬 것은 이브의 형상이다. 『역전』에 "천지가 있은 뒤에 만물이 있고, 만물이 있은 뒤에 남녀가 있다[有天地然後有萬物, 有萬物然後有男女]"라고 하였으니, 중국의 전통문화에서 여성은 음(陰)의 구체화이며, 항상 양(陽)의 남성에 대응되는 존재로서 나타난다. 이것은 『성경』에서 아담과 이브가 대응되는 존재로

---

[117]　유정(遺精): 성교를 하지 아니하고 무의식중에 정액이 몸 밖으로 나오는 일. 수면 중에 나오는 것을 몽유(夢遺)라고 하며, 꿈꾸지 않을 때에 나오는 것을 활정(滑精)이라 한다. (역주)

나타나는 것과 같다. 부베가 『역약(易鑰)』에서 말했다. "하느님의 참된 말씀을 전하고 있는 『성경』에 따르면 지각과 형체를 갖춘 존재를 창조하시고, 한 사람의 남자와 여자를 이 땅에 내려 보내셨다."[118] 하느님이 인간을 창조하신 이야기를 소개하여 창조의 근원을 설명하였고, 아담은 하느님이 자기의 형상을 본떠서 황토로 빚어 만들었고, 이브는 아담의 신체의 일부를 취하여 만들었다. 그러므로 "인류의 원조가 되는 남자와 여자 두 사람을 만들었으니, 남자의 이름은 아담(Adam: 황토로 빚어내 만들었다는 뜻)이고, 여자의 이름은 이브(Eve), 혹은 하와(Heva, ḥawwā)라고 하니, 생생지모(生生之母)[119]라는 뜻이다."[120]

아담과 이브는 인류의 원조가 되어 부부로서 지내게 되었다. (부베는 다음과 같이 말했다.) "태초에 생명을 받아 인류의 원조가 되었으니, 남자의 이름은 아담이고, 여자의 이름은 하와였다. …… 부부의 예가 후세에 전승된 것도 여기에서 비롯되었다."(『역약(易鑰)』)[121] "부부지례(夫婦之禮)"는 중국과 서양이 같으니, 즉 여자는 남자의 명령에 순종하고, 부인은 지아비의 명을 따른다. 『성경』에 따르면 이브는 아담의 갈비뼈를 취해서 만들어졌으므로, 아담에게 복종해야 한다. 중국의 전통적인 유교 규범에 따르면 여자는 남편의 도를 따르고 삼종사덕(三從四德)[122]을 닦는 것이 하늘과 땅의 당연한 이치[天經地義]

---

118 Bouvet, 『易鑰』, BAV, Borgia·Cinese, 317(2), p.3. (역주)
119 이브(Eve)는 『성경』에 나오는 인류 최초의 여성이다. 'Eve'는 라틴어 'Eva'에서 왔다. 'Eve'에 상응하는 히브리어는 'havvah', 'hawwah' 혹은 'chavah'이다. 'hawwah'는 문자적 의미로는 '살아있는 존재'를 뜻한다. 'havvah' 혹은 'chava'는 '숨쉬다(breathe)", 혹은 "생명을 주다"를 뜻한다. 어근이 되는 'hawa'는 '그는 살았다(he lived)'라는 뜻이다. 창세기에 나오는 인명에 대한 설명은 민간의 전승에 바탕을 두고 있거나, 소리로 연상되는 의미와 연계된다. 히브루어에서 'Eve'에 상응하는 단어는 'hawah'이며, 그 동사 어근은 'hayah', 즉 '살다(to live)'를 뜻한다. Eve의 명칭이 매우 다른 어원을 숨기고 있을 가능성도 제기되었다. 왜냐하면 Eve는 뱀(serpent)을 뜻하는 아람어(Aramaic word) 단어 'hivya'의 발음과 매우 유사하기 때문이다. (Alter(2004), p.24)(역주)
120 Bouvet, 『易引原稿』, BAV, Borgia·Cinese, 317(6), p.19.
121 Bouvet, 『易鑰』, BAV, Borgia·Cinese, 317(2), p.4.
122 삼종사덕(三從四德)이란 송명 시대부터 규정된 여성에 대한 행동규범이다. 삼종(三從)이란 미가종부(未嫁從父: 여자가 시집을 가기 전에는 아버지를 따른다), 출가종부(出嫁從夫: 시집을 가서는 남편을 따른다), 부사종자(夫死從子: 남편이 죽고 나서는 아들을 따른다)라는 세 가지 여성의 덕을 가리킨다. 사덕(四德)이란 부덕위정순(婦德謂貞順: 부인의 덕은 정조가 굳고 순종해야 한다), 부언위사령(婦言謂辭令: 다른 사람과 대화할 때 예의를 지켜야 한다), 부용위완만(婦容謂婉娩: 용모가 단정하고, 말을 온유하게 해

가 된다. 그러므로 이브는 인류의 조상이며, 생생지모가 되어, 아담과 더불어 부부의 예를 이루었다. 이브의 근원은 사실 조물주이다. 만물은 천지와 일음일양(一陰一陽)이 서로 합쳐져서 창조되었고, 만민은 원조인 일남일녀(一男一女)가 짝을 이루어 살게 되었지만, 인간과 사물은 모두 삼위일체인 하느님에 근본을 두고 있다. 조화와 생생의 권능을 지닌 유일한 조물주만이 명령하고 주재할 수 있다.[123] 부베는 『회남자·설림훈(說林訓)』에 나오는 "황제생음양(黃帝生陰陽)"의 한 구절을 끌어와서 황제(黃帝)를 고대의 천신(天神)과 동일시하였고, 태초에 인간을 창조했을 때 음양을 변화시켜 생성해 내었다고 하였다. 부베가 "음과 양을 변화시켜 한 사람의 남자와 한 사람의 여자를 창조하였고, 온 백성의 원조가 되게 하였다[化生陰陽一男一女以爲萬民之元祖]"[124]라고 하였으니, 이브가 아담으로부터 만들어졌지만 실제로는 그 생성의 근원은 조물주라고 보고 있음을 알 수 있다.

그 다음으로 성모마리아의 형상이다. 부베에 앞서 성모마리아의 생애와 신학적 의미를 중국어로 소개한 것은 알폰소 바뇨니(Alfonso Vagnoni, 高一志, 1582-1640)였다. 바뇨니는 『성모행실(聖母行實)』에서 마리아를 "중국인들에게 친숙한 용어로 표현한다면 '숙녀(淑女)'"라고 부를 수 있다고 말했다.[125]

줄리오 알레니는 『천주강생언행기략(天主降生言行紀略)』에서 성모를 "모든 덕을 갖추고", "여인들 가운데 특별히 복을 받은" 동정녀[126]라고 묘사했다. 또 마리아가 구세주를 낳은 뒤에 장성하게 클 때까지 보호했으며, "예수와 요셉을 데리고 밤에 도망을 나와서 7년동안 숨어 지냈으며", "예수를 데

야 한다), 부공위사탁(婦功謂絲橐: 수화(繡花)와 직포(織布) 등 가정살림에 뛰어나야 한다)의 네 가지 덕을 가리킨다. (역주)
123 Bouvet, 『易學外篇』, BAV, Borgia·Cinese, 317(10), p. 30.
124 Bouvet, 『易引原稿』, BAV, Borgia·Cinese, 317(6), p. 19-20.
125 代國慶(2010), 第6期.
126 艾儒略(2003), p. 656 참고.

리고 흉사(凶事)을 피해서 다닌 것이 여러 차례였다"고 자모(慈母)의 형상을 서술했다.[127]

부베는 『역경』을 통해 성모마리아의 여러 모습을 보여주었다.

첫째, 성모마리아는 성부가 선택하여, 그 품성이 "지극히 정결한 동정녀[至潔至貞之童女]"[128], "지극히 겸손하고 곧은 덕을 가진 동정녀[至謙貞德童女]",[129] "지극히 순결하고 원죄에 의해 더럽혀지지 않은 동정녀[至潔無之原罪之汚童女]"[130] 등 지고(至高)하고 순결하고 꿋꿋하고 곧은 여인의 상징으로 묘사되어 있다.

둘째, 준괘(屯卦) 육이효의 "혼구(婚媾)"는 성모마리아의 신혼(新婚)을 상징한다. 하느님이 마리아를 선택하여 성자의 어머니로 삼았고, 요셉과 짝을 지워주었으나, 다만 동정(童貞)을 지키게 하였다. "동정의 천덕을 지닌 성녀가 어머니가 되었기 때문에, 특별한 도가 세상에 태어나게 되었다."[131] 요셉도 역시 동정을 지키고자 뜻을 세웠기 때문에, "후천의 신혼을 이루고, 선천의 가정을 계승하여, 후천의 신인(新人)을 낳은 것이다."[132] 이것은 성모마리아가 복음을 듣고 성자를 잉태한 과정을 설명한다.

셋째, 성모마리아의 사명은 성자를 낳아 후천에서 세상을 구원하는 공을 이루는 것이다. "성모마리아가 낳은 성자는 시작없는 옛적부터 하느님과 함께 있으면서, 천하의 큰 해로움을 영원히 제거하였다[所生之子, 乃天主從無始所生之聖子, 以永除天下之大害]."[133] 또한 부베는 마리아의 아들이 태어난 지역을 동서남북의 중앙에 대진국(大秦國)에서 유일하게 도를 지키는 나라로 지정했다.[134]

127　艾儒略(2003), p.661 참고.
128　Bouvet, 『易鑰』, BAV, Borgia·Cinese, 317(2), p.6.
129　Bouvet, 『易鑰』, BAV, Borgia·Cinese, 317(2), p.7.
130　Bouvet, 『易鑰』, BAV, Borgia·Cinese, 317(2), p.19.
131　Bouvet, 『易稿』, BAV, Borgia·Cinese, 317(7), p.2.
132　Bouvet, 『易稿』, BAV, Borgia·Cinese, 317(7), p.2.
133　Bouvet, 『易鑰』, BAV, Borgia·Cinese, 317(2), p.7.

넷째, 부베는 성모마리아가 성자를 낳은 시간을 대략적으로 기원전 1년, 즉 중국에서는 한(漢) 애제(哀帝) 원수(元壽) 2년이라고 하였다.[135] "이 때 하느님께서는 가브리엘 대천사를 보내서 다윗 성왕(聖王)의 후예에게 경배했다."[136] 여기에서 부베는 "성왕의 후예"라는 표현을 써서 중국 지역의 사람들을 암시적으로 가리킴으로써 중국 역사에 성모마리아와 성자의 이야기가 배치될 수 있는 단서를 부여하였다.

다섯째, 부베는 태괘(泰卦) 육오효의 "제을귀매(帝乙歸妹)"의 효사에서 제요(帝堯)의 누이를 성모마리아에 대응되는 형상(形象)으로 간주했다.

"(삼위일체의 관계에서) 천주의 제2위에 해당하는 성자는 강생하여 사람의 몸을 받아 태어났다. 성자는 성부와 동격이지만 땅에서 태어났으므로 음(陰)에 속한다. 이것은 (원래는 성모였지만) 제을의 누이[妹]로 태어난 경우와 마찬가지이다. 그러므로 『역』에서 '제을귀매'라고 한 것은 천주가 강생했을 시기의 상을 가리킨다."[137] 이러한 방식으로 성모마리아는 중국 역사에서 특정한 구체적 인물과 연계되게 된다. "태괘(泰卦) 육오의 '제을귀매, 이지원길(帝乙歸妹, 以祉元吉; 제을이 누이동생을 시집보내니, 복을 받아 크게 길하다)'의 효사에 대해서 『일강역경강의(日講易經講義)』의 주(注)는 다음과 같이 풀이하였다. "제을은 지존의 상이고, 귀매는 하현(下賢)[138]의 상이다[帝乙, 至尊之象, 歸妹, 下賢之象]."[139] 부베는 『일강역경강의』의 주와 연계해서 천주를 제

---

134   Bouvet, 『易引原稿』, BAV, Borgia·Cinese, 317(6), p. 34.
135   『명사(明史)』 권(卷) 326 「열전(列傳)」 제214 외국(外國) 7에 "예수는 여덕아(如德亞)에서 태어났는데, 그 나라는 아세아주(亞細亞洲) 가운데 있고, 서쪽으로 가서 구라파에 교의를 실행하였다. 그는 일찍이 한나라 애제(哀帝) 원수(元壽) 2년 경신(庚申)에 태어났다.[耶穌生於如德亞, 其國在亞細亞洲之中, 西行教於歐羅巴. 其始生在漢哀帝元壽二年庚申.]"고 하였다. (역주)
136   Bouvet, 『易鑰』, BAV, Borgia·Cinese, 317(2), p. 11.
137   Bouvet, 『易鑰』, BAV, Borgia·Cinese, 317(2), p. 19-20.
138   『일강역경강의(日講易經講義)』에서는 '하현(下賢)'을 제을의 누이가 지극히 존귀한 신분임에도 불구하고, 자신을 낮춘 것처럼, 군주가 정치를 할 때 겸손하게 처세하고 위세를 부리지 않는다는 의미로 해석했다. ("不以勢位自高, 而謙卑以下賢, 如帝乙之妹, 至尊貴也. 今乃降尊貴以下歸庶人, 而不以爲屈, 則得賢致治. 以此保泰, 眞天下之福矣. 非大善而吉乎!") 『日講易經講義』, 中州古籍出版社, p. 124. (역주)
139   "帝乙, 至尊之象, 歸妹, 下賢之象", 『日講易經講義』, 中州古籍出版社, p. 124. (역주)

을에 대응시켰다. "'제을'은 곧 천주이며, '하현'은 천주가 성자를 세상에 내려 보냈을 때 보통 사람들과 마찬가지로 처신했음을 뜻한다. 천주는 지극히 존귀하고 부귀한 누이를 시집보냈으니, (이것은) 하늘의 뜻을 이어받아 근본을 세운 것[繼天立極]이다."[140] 그리고 제요(帝堯)의 누이가 존귀한 덕성을 갖추었다는 것을 강조하여 다음과 같이 말했다. "이 한 개의 효(爻)는 여인의 성덕(盛德)을 아름답게 여겨서 가정을 꾸릴 만하다고 말한 것이다. [귀매 육오의 효사[141]에서] 군(君)은 여군(女君)을 가리킨다."[142] 부베는 제을이 시집보낸 여자를 성모마리아의 형상으로 보고, 제을의 누이와 성모마리아를 통합시켜 동일한 인물로 간주한 것이다.

부베는 이를 바탕으로 성부·성자·성신의 삼위일체의 사상을 여성의 여(女)·매(妹)·혼배(婚配)와 연계해서 해석했다. (부베는 다음과 같이 말했다.)

"그 때에 다행히 제천군부(帝天君父)[143]가 총애하는 여자, 제천군자(帝天君子)[144]가 총애하는 누이[妹], 제천성신(帝天聖神)이 총애하는 혼배가 있었다. 이에 성삼(聖三)의 상주(上主)는 먼저 땅에 같은 총애를 주었다.("後福之于天"[145]; 그 다음에 하늘에 축복을 주었다)"[146]

따라서 귀매의 결혼은 후천에서 선천의 원길(元吉)의 상을 회복한 것을 상징한다.

---

140 Bouvet, 『易鑰』, BAV, Borgia·Cinese, 317(2), p.19.
141 歸妹 六五: '帝乙歸妹, 其君之袂, 不如其娣之袂'(역주)
142 (淸)牛鈕(1986b), p.46.
143 제천군부(帝天君父)는 성부(聖父)를 가리킨다. (역주)
144 제천군자(帝天君子)는 성자(聖子)를 가리킨다. (역주)
145 "後福之于天(그 다음에 하늘에 축복을 주었다)"는 문구는 본서의 원문에는 없으나, 여자봉의 『淸初耶穌會士白晉易經殘稿選注』에 의거하여 보충하였다. (黎子鵬(2020), p.251)(역주)
146 "人祖厥初, 若恒愼養厥所秉元善之性, 時幸爲帝天君父寵愛之女, 帝天君子, 寵愛之妹, 帝天聖神, 寵愛之配, 乃上主聖三所先同寵愛之地, 後福之于天." Bouvet, 『易稿』, BAV, Borgia·Cinese, 317(7), p.33. 黎子鵬(2020), p.251. (역주)

여섯째, 부베는 성모마리아를 태괘(泰卦)와 비괘(否卦)의 상(象)이 전변되는 표지로 삼았다. 성모마리아는 성자를 낳음으로써 건곤은 그 지위를 회복하고, 존귀함과 비천함은 스스로 그 올바름을 찾았으며, 비(否)는 개변(改變)되어 태(泰)의 상황으로 되었다. (부베는 다음과 같이 말했다.) "특별히 (성자를) 동정녀의 어린 아들로 태어나게 하였으니, [지천(地天)] 태괘(泰卦)는 하괘에 있는 삼양(三陽)이 위로] 일곤(一坤)의 삼비(三卑)의 삿갓(笠)을 뒤집어 쓴 형상이다."147 …… 허유(虛柔)의 삼비는 지극히 신묘(神妙)하여 헤아리기 어렵고 미묘(微妙)하다. 죄인(罪人)을 삼사(三司)148의 폐색(蔽塞)의 실강(實剛)으로 다스리니, 비괘와 대대의 관계를 이루고 있는 것은 태괘(泰卦)이며, ䷊가 태괘의 상(象)이다."149 이처럼 부베는 성모마리아에게 풍부한 형상을 부여함으로써 『역경』 텍스트에서 마리아에게 '살아있는[活]' 이미지를 부여했다.

그 다음으로 부베는 여성에 대한 부정적인 이미지를 언급하면서 '정(貞)' 또는 '부정(不貞)'을 구분의 핵심용어로 사용했다. 그는 인조 하와에 상응하는 여성을 "부정지녀(不貞之女)"라고 불렀다. 특히 몽괘(蒙卦)의 육삼효(六三爻)에서 그는 괘효의 위(位)에 따라 해석했다. 몽괘의 육삼효는 본래 상구효(上九爻)와 응(應)의 관계에 있는데, 상구효는 조물주에 해당하고, 육삼효의 바로 아래에 있는 구이효(九二爻)는 구세주에 해당되며, 육삼효는 음유(陰柔)의 덕(德)으로 양위(陽位)에 머무르니, 그 위가 바르지 않기 때문에 죄(罪)가 있고, 덕은 없는 자에 해당된다. 부베는 다시 괘상(卦象)을 해석하여, 육삼효의 "물용취녀(勿用取女)"에 대해서는 "무덕지녀(無德之女)"가 두 마음이 부정(不貞)하여, 순종치 아니하고, 삼가지 않아서 금부(金夫)가 싫어하므로 "이로운 바가 없다[无攸利]"라고 한 것이다 라고 하였다.150 그는 이브의 원죄로

---

147 "成開後天之泰, 如下乾脫厥上主至尊三奇之冕, 代冠下人至卑三偶之帽而成䷊ 乃後天德配天地元后之象."(黎子鵬(2020), p. 238)(역주)
148 삼사(三司): 영혼에 선천적으로 포함되어 있는 세 종류의 본성, 즉 자전(自專)·총명(聰明)·선욕(善欲)을 가리킨다. 부베의 『역고(易稿)』 비괘(否卦)의 괘사(卦辭)의 「내의(內意)」에 나온다. (黎子鵬(2020), p. 259)(역주)
149 Bouvet, 『易鑰』, BAV, Borgia·Cinese, 317(2), p. 19.

말미암아 부정한 여자와 무덕지녀가 생기게 되었다고 풀이했다.

마지막으로 중국사에서 나오는 여성의 형상과 관련하여, 부베가 가장 많이 언급한 것은 여와(女媧)이다. 고대의 문헌에는 여와와 관련된 기록이 많이 있다.[151] 그 형상은 신화로부터 종교로 점차적으로 옮겨 가서 도교의 「구황도(九皇圖)」[152]에서는 여와를 구황군(九皇君) 가운데 하나로 간주하게 되었다. 이것은 여와의 형상이 전파 과정의 초기 단계에서 이미 종교문화적 함의를 갖게 되었다는 것을 암시한다.[153] 부베는 『사기』·『노사(路史)』·『풍속통의(風俗通義)』 등에서 여와와 관련된 기록을 여러 차례 인용하였다.

첫째, 여와를 실제로 조물주로 보았다. "『노사』에 말하기를, 복희가 천지를 창조하였다라고 하였다. 또 말하기를, 여와가 하늘을 창조하고, 근본을 세웠다[造天立極]"라고 하였다.[154] 이것은 여자의 이름을 빌려와서, 만물을 생성하는 능력을 표현한 것이다.

부베는 조물주가 황토로 사람을 만들었기 때문에, 아담[155]의 이름도 "황토로서 이루어졌다고 번역된다[譯言因黃土而成]"고 하였다.[156] 또 "조물주는 선천의 대부(大父)이며 마치 옹기를 빚듯이 황토로 인조의 형체를 빚어 만들었다"고 하였다.[157] 여와의 공적도 역시 황토로 사람을 빚어 만든데 있으니, "『풍속통(風俗通)』에 "속설에 천지가 개벽되어 아직 사람이 있지 않았을 때

---

150 Bouvet, 『易稿』, BAV, Borgia·Cinese, 317(7), p. 7.
151 이인경(2015). (역주)
152 도교에서 말하는 구황(九皇)은 일반적으로 북두칠성과 관련된 천상(天上)의 아홉 명의 황제신을 가리킨다. 이들은 천계(天界)의 통치자들로서, 인간의 수명, 복덕, 재앙, 복락 등을 관장한다. 여와는 구황도에서 도교적 우주질서의 창조자로서, 구황신들이 수호하고 있는 세계 구조의 근원자로 묘사된다. (역주)
153 王子今·張經(2010), p. 11 참고.
154 Bouvet, 『易引原稿』, BAV, Borgia·Cinese, 317(6), p. 18.; Bouvet, 『易學外篇』, BAV, Borgia·Cinese, 317(1), p. 30.
155 아담(Adam)은 히브루어로 "황토의 아들(son of the red Earth)"을 의미한다. 이 단어는 히브루어 흙을 뜻하는 "adamah"에서 왔다. 따라서 아담이 흙으로 빚어 만들어졌다는 뜻을 함축하고 있다. 또 아담은 인간의 피부색인 붉은 색을 가리킨다. (역주)
156 Bouvet, 『易鑰』, BAV, Borgia·Cinese, 317(2), p. 4.
157 Bouvet, 『易稿』, BAV, Borgia·Cinese, 317(7), p. 18.

여와가 황토로 사람을 빚어 만들었다'라고 하였으니, 이것이 사람의 시초이다."라고 하였다.[158] 부베는 조물주를 여성의 이름으로 표현한 것이 사람의 형구(形軀)를 만든 힘이 음(陰)과 지(地)에 속한다는 것을 상징하며, 실제로는 "삼위일체의 조물주의 제2위가 짝(偶)과 음(陰)의 재(才)로 형체를 측정하는 것"[159]으로서 삼위일체의 사상을 반영한다고 보았다.[160]

둘째, 여와가 하늘의 찢어진 부분을 메웠다는 여와보천(女媧補天)의 전설에 관한 것이다. 여와보천의 전설이 가장 일찍 출현한 것은 『산해경(山海經)·대황서경(大荒西經)』인데, 거기에서 "열 명의 신이 있는데, 이름을 '여와의 장[女媧之腸]'이라고 한다. 신(神)으로 변화하여, 율광(栗廣)[161]의 들판에서 큰 길 한가운데를 가로질러 살고 있다."라고 하였다.[162] 그 밖에, 『회남자·남명훈(覽冥訓)』에서도 "여와가 오색(五色)의 돌을 다듬어서 창천(蒼天)을 보수했다"고 하였다.[163]

셋째로, 여와의 지위에 관한 것이다. 여와는 삼황[164] 가운데 가장 높은 지위에 있다. 남송(南宋)의 나필(羅泌, 1131-1189)에 따르면, "천지의 처음 시작할 때에 혼돈씨(渾敦氏)가 나와서 다스렸는데, 그 뒤를 천황씨(天皇氏)·지황씨(地皇氏)·인황씨(人皇氏)가 나와서 계승했다. 『도장·동신부(洞神部)』에 이른바 태초에 삼황군(三皇君)이 있었다고 하고, 이것으로써 중삼황(中三皇)[165]

---

158 劉琳(1984), p. 143에서 재인용.
159 Bouvet, 『易引原稿』, BAV, Borgia·Cinese, 317(6), pp. 19-20.
160 "按: 上文'女媧搏黃土爲人', 明明女媧爲造物生人之主, 其以女名之者, 蓋陶人形軀之功, 屬陰屬地, 乃係一三造物主第二位主偶主陰之才測形." (黎子鵬(2020), p. 292)
161 율광(栗廣): 대황(大荒)의 서쪽에 있는 넓은 들판의 이름. (역주)
162 (東晉)郭璞(1985b), p. 127.
163 (西漢)劉安(2009), p. 96.;
  유안(2001), p. 292. (역주)
164 삼황오제(三皇五帝)에 대해서는 여러 가지 설이 있다. 공안국(孔安國)은 삼분(三墳)은 삼황(三皇)의 일을 실은 책이요, 오전(五典)은 오제(五帝)의 사적(史蹟)을 적은 책이라고 했다. 삼황을 천황씨·지황씨·인황씨라는 사람이 있고, 사마천은 포희(包犧)·여와·신농을 삼황이라 하고, 황제(黃帝)·전욱·제곡(帝嚳)·당요(唐堯)·우순(虞舜)을 오제라고 했다. 공안국은 복희·신농·황제를 삼황이라 하고, 소호(少昊)·전욱·고신(高辛)·당요(唐堯)·우순(虞舜)을 오제라고 했다. (역주)
165 중삼황(中三皇): 『사기·본기(本紀)』의 「효무본기(孝武本紀)」에 9황(九皇)이 나온다. 3황(三皇)을 천황(天皇)·지황(地皇)·태황(泰皇)이라 하였는데, 이를 세분하여 전삼황(前三皇)·중삼황(中三皇)·후삼황(後

으로 삼았다"¹⁶⁶라고 하고, 천황씨·지황씨·태황씨(泰皇氏)에 대해 서술하였다. 여기서 "삼황"은 복희·여와·신농이다. 부베는 이에 대해 "여와는 공이 높고, 삼황의 업적을 보충¹⁶⁷하여, 오색의 돌을 다듬어서 하늘을 수리하였다"¹⁶⁸라고 하였다. 부베는 삼황을 '일삼상황(一三上皇)', 즉 '삼위일체인 하느님[一三之主]'이라고 간주하였으며, 여와가 삼황을 보충하여, 삼위일체의 하느님을 대신하여 창조의 공을 이루었다고 주장한 것이다. 부베는 『성경』과 중국의 창세기 신화는 다른 것처럼 보이지만, 실제로는 차이가 없다고 보았다. '보천(補天)', 즉 '하늘을 보충한다'는 것은 성자가 세상에 내려와서 만민을 구원하는 행위를 상징한다. "성보천대공지전성(成補天大功之全聖)"¹⁶⁹, 즉 "하늘을 수선하는 위대한 공적을 세운 온전한 성인"이라고 한 것은 여와의 형상과 조물주의 형상을 함께 연계시킨 것이며, 남성과 여성의 성적 차이를 초월해서 공적을 기준으로 삼아 창조주의 형상을 제시한 것이다. 이를 통해 부베의 견해에서 여성의 긍정적인 이미지와 부정적인 이미지가 함께 뚜렷하게 제시되고 있으며, 이와 연계해서 선천과 후천의 선악도 변화된다는 것을 알 수 있다.

여와의 형상은 조물주와 동등하게 나타나며, 선천의 지선(至善)의 단서

三皇)으로 하여 9황(九皇)이라고 하였다. (사마천(1994), p. 381) (역주)

166 (宋)羅泌(1985), p. 1.
167 충삼황(充三皇): "삼황에 채운다", "삼황을 보충한다"는 뜻. 당(唐)의 사마정(司馬貞, 656-720)이 쓴 『삼황본기(三皇本紀)』에 나오는 말. "여와씨 역시 풍성이다. 뱀의 문양으로 몸에 장식을 하고 사람의 머리를 하였고, 복희씨를 이어 즉위하였는데, 여희씨라 불렀다. 고치고 새로 지은 것이 없이 (여희씨는 태호씨를 물려받았으며) 오직 생황(笙簧)만을 만들었다. 그러므로 『역』에 싣지 않았고, 오운(五運)도 잇지 않았다. 또 일설에 여와씨도 또한 목덕(木德)의 왕이라 한다. 대개 복희씨의 뒤로 이미 몇 세대가 경과하였다. 금목(金木)의 세대가 순환하고 돌고 돌아 다시 시작하였다. 특별히 여와를 들어서 그 공(功)이 높기 때문에 삼황에 보충해서 채운 것이다. 그러므로 자주 목왕(木王)이라고 한다. [女媧氏亦風姓, 蛇身人首, 有神聖之德. 代宓犧立, 號曰女希氏. 無革造, 惟作笙簧. 故 『易』不載, 不承五運. 一曰女媧亦木德王. 盖宓犧之後, 已經數世. 金木輪環, 周而復始. 特舉女媧, 以其功高而充三皇, 故頻木王也.]"(역주)
168 『회남자·남명편(覽冥篇)』과 『논형(論衡)·담천편(談天篇)』에 따르면 태초에 공공씨(共工氏)와 축융씨(祝融氏)가 부주산(不周山)에서 결투를 벌였다. 그 결과 공공씨가 패해 자신의 머리로 부주산을 들이받는 바람에 부주산이 부러졌다. 부주산은 하늘과 땅 사이의 주요한 기둥인데 기둥이 부러지자 큰 틈이 벌어져서, 땅은 균형을 잃고 동남쪽으로 기울어지고, 홍수가 발생해 천지는 망망한 바다로 변했다. 인류는 피할 곳이 없어 큰 고통을 겪었는데, 여와씨(女媧氏)가 인류의 고통을 차마 보지 못하고 산위에 있던 오색석(五色石)을 이용해 찢어진 틈을 수선하였다. (역주)
169 Bouvet, 『易引原稿』, BAV, Borgia·Cinese, 317(6), p. 31.

가 된다. 이브는 원죄를 일으킨 최초의 시작이며, 선천의 지선의 상태에서 나타난 악의 근원이다. 성모마리아는 성자의 어머니이며, 만민의 성모이며, 후천의 만선(萬善)의 근원이다. 반면에 부정지녀(不貞之女)는 선천의 악이 후천에서 구체화된 것이다. 부베는 선과 악의 개념을 통해 중국과 서양의 여성을 비교하고 중국과 서양의 문화를 연결시킨 것이다.

요컨대 부베의 『역경』 연구는 하루 아침에 이루어진 것이 아니다. 그는 어린 시절에 예수회에서 전문적인 학문적 훈련을 받았고, 이것은 그가 나중에 중국으로 건너와서 학문을 닦는데 튼튼한 기초를 마련해 주었다. 그리고 그는 중국에 와서 선교 활동을 함으로써 자신의 신앙적 요구를 실현하게 된 것이다. 또한 부베는 중국에 머무는 동안 중국과 프랑스의 두 나라의 황제에게 총애를 받아 『역경』과 끊을 수 없는 인연을 맺었다. 바티칸 도서관에 소장된 중국어로 쓰여진 역학 자료를 통해 우리는 다음과 같은 사실을 알 수 있다. 즉 부베의 역학 저서는 주로 1710년에서 1716년 사이에 쓰였으며, 이 기간은 부베의 『역경』 연구의 황금기였다. 그는 강희제의 지지를 얻었을 뿐 아니라 또한 유능한 제자들의 도움을 받아 역학 분야에서 풍부한 성과를 이루어 냈으며, 그의 역학 연구는 여러 측면을 포함하고 있다. 그는 『역경』의 연구 과정에서 색은주의라는 독자적 역학해석방법론을 개발해서 적용했다. 그는 역사적 접근을 통해 중국과 서양의 경전의 기원을 추적하였고, 문자 분석을 통해 중국과 서양의 경전에 나오는 인물들 사이에 친연성(親緣性)을 탐구하였다.

그리고 수리와 도상의 연구를 통해 중국과 서양의 경전 사이에서 유사성이 있다는 것을 논증하였고, 의리해석의 방식으로 중국과 서양 경전에 함축된 의미를 통합시켰다. 이렇게 해서 부베는 역학의 독자적 특징을 형성했다.

첫째, 부베는 기독교로 『역』을 해석하는 방법[以耶解易]을 써서 역학의 내용을 개발했으며, 『역』에 기독교를 싣는 방법[以易載耶]을 통해 기독교 역학의 본질을 구현했다.

둘째, 부베는 건(乾)·곤(坤)의 두 괘를 특별히 중시하였다. 건·곤의 정위(定位)를 역학의 기준으로 삼아서, 건·곤을 통해 화합을 이루어낸다는 것을 주장하였으며, 중국과 서양 문화의 근원적 동일성을 구현하였다.

셋째, 부베는 선천·후천, 도심·인심, 군자·소인 등 역학 연구의 핵심적 대립 범주를 설정하고, 『성경』에서 역사적 전개, 신인(神人)의 성(性) 및 사람의 덕성 등에 적용함으로써, 역학 범주 중에 함축된 『성경』의 의미를 밝혀내고자 했다.

마지막으로 부베는 『성경』과 『역경』의 여성의 형상을 매우 창의적인 방식을 써서 대응시켰다. 이러한 여성 형상의 비교는 중국과 서양 문화, 특히 기독교 문화와 중국의 전통문화 사이의 거리를 더욱 가깝게 만들었다. 부베는 역학 연구의 과정에서 자기의 고유한 담론 체계를 형성했을 뿐 아니라, 역학에서 색은학파라는 새로운 학파를 만들어 내었다. 그는 서양의 선교사들의 『역경』 연구를 대표하는 상징적 인물이 되었다. 그는 또한 역학 발전의 새로운 방향을 제시하였고, 역학의 생동적 특징을 기독교 차원에서 반영한 새로운 역학의 탄생에 기여했다.